Cynnwys

Arweiniad i'r Cynnwys

Cwestiynau ac Atebion

Gwneud y defnydd gorau o'r llyfr hwn

Patrwm cwestiynau yn yr arholiad

Sylwadau ar y cwestiynau

Awgrymiadau ar yr hyn sydd angen i chi ei wneud i ennill marciau llawn, a nodir gan yr eicon ⓔ

Enghraifft o ateb myfyriwr

Rhowch gynnig ar y cwestiynau, cyn troi at yr atebion myfyrwyr sy'n dilyn.

Sylwadau ar atebion sampl myfyrwyr

Darllenwch y sylwadau (cyn yr eicon ⓔ) sy'n dangos faint o farciau a fyddai'n cael eu dyfarnu i bob ateb yn yr arholiad ac yn union ble mae marciau'n cael eu hennill neu eu colli.

■ Gwybodaeth am y llyfr hwn

Ysgrifennwyd y Canllaw hwn gydag un bwriad: darparu'r adnodd delfrydol i chi ar gyfer adolygu ar gyfer ail flwyddyn Safon Uwch Busnes CBAC.

Wrth astudio'r pwnc, byddwch yn edrych ar fusnes mewn amrywiaeth o gyd-destunau, bach a mawr, cenedlaethol a byd-eang, gwasanaethau a gweithgynhyrchu. Mae'r llyfr hwn yn cwmpasu thema Uned 4: Busnes mewn byd sy'n newid.

Mae'r adran **Arweiniad i'r Cynnwys** yn cynnig ymdriniaeth gryno, gan gyfuno trosolwg o dermau a chysyniadau allweddol â nodi cyfleoedd er mwyn i chi ddangos lefel uwch o sgiliau dadansoddi a gwerthuso.

Mae'r adran **Cwestiynau ac Atebion** yn rhoi enghreifftiau o ddeunyddiau ysgogi a'r gwahanol fathau o gwestiynau yr ydych yn debygol o'u hwynebu: cwestiynau strwythuredig ac ymateb i ddata. Mae'r cwestiynau'n cwmpasu Safon Uwch Busnes CBAC. Maent hefyd yn cynnig esboniadau o eiriau gorchmynnol y gellir eu defnyddio i unrhyw gwestiwn gyda'r un gair. Mae'r atebion hefyd yn cael eu hesbonio'n fanwl, gan gynnwys y graddau a gafwyd.

Problem gyffredin i fyfyrwyr ac athrawon yw'r diffyg adnoddau – a chwestiynau arholiad enghreifftiol yn enwedig – sy'n ymdrin â meysydd astudio unigol. Mae'r cwestiynau yn y canllaw hwn wedi'u teilwra fel y gallwch gymhwyso eich dysgu tra bo'r testun yn dal i fod yn newydd yn eich meddwl, naill ai yn ystod y cwrs ei hun neu pan fyddwch yn adolygu pwnc wrth baratoi ar gyfer yr arholiad. Ynghyd â'r atebion enghreifftiol, dylai hyn roi sylfaen gadarn i chi wrth sefyll arholiad mewn Busnes.

Gwybodaeth flaenorol

Byddwch eisoes wedi cwblhau blwyddyn gyntaf eich cwrs, felly byddwch wedi cwmpasu corff sylweddol o theori busnes. Bydd angen i chi ddatblygu eich gwybodaeth a'ch sgiliau drwy gymryd diddordeb yn y newyddion diweddaraf a'r busnesau rydych chi eisoes yn gyfarwydd â nhw, fel *Apple* a *McDonald's*. Mae busnes yn bwnc lle mae gofyn i chi ddefnyddio termau allweddol ar gyfer busnesau go iawn, felly bydd ymddiddori mewn busnesau ar y newyddion yn eich helpu'n sylweddol i roi cyd-destun i'r damcaniaethau. Dyma'r rhan o'r pwnc sy'n hynod bleserus, a bydd yn eich cynorthwyo tuag at gael marciau da yn yr arholiad.

Arweiniad i'r Cynnwys

■ Newid

Mae **newid** yn weithred neu'n broses lle mae rhyw agwedd ar y busnes yn newid. Rheoli newid o fewn **busnes** yw'r dull a ddefnyddir i oruchwylio cyfnod pontio o fewn busnes. Y cwmnïau sy'n llwyddo orau yw'r cwmnïau hynny sy'n cynllunio ar gyfer hynny ac yn llwyddo i reoli'r newid yn effeithiol.

Achosion newid

Mae newidiadau'n digwydd mewn busnes am sawl rheswm, ac mae modd categoreiddio'r rhain i achosion **mewnol** neu **allanol**.

Achosion mewnol newid

Y newidiadau a achosir gan ffactorau mewnol yw'r rhai sy'n digwydd o fewn y busnes, gan gynnwys:

- **Newidiadau ym maint y busnes.** Gall twf fod o ganlyniad i fwy o wario ar gapasiti cynhyrchu. Gall gostyngiad fod o ganlyniad i newid yn strwythur y sefydliad, fel ei wneud yn llai o faint (*downsizing*). Ymhlith y materion i fynd i'r afael â nhw mae cyfathrebu, rheoli perfformiad, cymhelliant a chostau llafur.
- **Newidiadau mewn perchnogaeth,** sy'n gallu digwydd o ganlyniad i gydsoddiad (*merger*) neu drosfeddiant (*takeover*) gan fusnes arall, neu'r busnes yn tyfu'n gwmni cyfyngedig neu'n gwmni cyfyngedig cyhoeddus (ccc). Ymhlith y materion i'w trafod mae dyblygu rôl (*duplication*), gwrthdaro diwylliannol a chyfathrebu.
- **Perfformiad busnes gwael,** fel cynhyrchiant isel, ffigurau gwerthiant gwael neu elw sy'n is na'r disgwyl. Ymhlith y materion i'w trafod mae gwrthwynebiad i newid a newid y strategaeth gorfforaethol.
- **Newidiadau yn y gweithlu,** fel yr angen i wneud diswyddiadau oherwydd llai o alw am y cynnyrch. Er enghraifft, yn ystod gaeaf 2017, gwelwyd gostyngiad o 12% yng ngwerthiant ceir.
- **Arweinyddiaeth drawsnewidiol,** fel newid yn ethos y busnes yn dilyn penodi prif weithredwr newydd. Y mater i fynd i'r afael ag ef yw gwrthwynebiad i newid.

Achosion allanol newid

Y newidiadau a achosir gan ffactorau allanol yw'r rhai sy'n digwydd y tu allan i fusnes, gan gynnwys:

- **Newidiadau yn y farchnad,** fel cystadleuwyr newydd yn cymryd cyfran y farchnad o'r busnes.
- **Newidiadau gwleidyddol,** fel effeithiau posibl Brexit ar fusnesau'r DU.
- **Newidiadau economaidd,** fel y cynnydd mewn cyfraddau llog i 0.5% ym mis Tachwedd 2017 yn rhannol oherwydd pwysau cynyddol chwyddiant fel y cynnydd mewn dyled prynwr. Bydd angen i fusnesau fel banciau ystyried cynyddu cost eu morgeisi a'r llog y maen nhw'n ei dalu i gynilwyr.

Lleihau Lleihau maint cwmni drwy gael gwared ar weithwyr, swyddogaethau neu adrannau o fewn y cwmni (neu gyfuniad o rai ohonyn nhw).

Arweinyddiaeth drawsnewidiol Pan mae arweinydd yn nodi newid sydd ei angen, yn creu gweledigaeth i arwain y newid drwy ysbrydoli, ac yn cyflawni'r newid gyda chytundeb pawb o'r grŵp.

- **Newidiadau cymdeithasol**, fel y ffocws cynyddol ar ffyrdd iach o fyw ac ar ddefnyddio'r cyfryngau cymdeithasol.
- **Newidiadau technolegol**, fel datblygu ceir trydan a gwylio fideos ar alw drwy deledu clyfar.
- **Newidiadau amgylcheddol**, fel y pwysau ar economïau'r 'Gorllewin' i symud o danwydd ffosil i ynni cynaliadwy fel ynni gwynt.

Newidiadau wedi'u cynllunio a heb eu cynllunio

Newidiadau wedi'u cynllunio yw'r rhai y mae'r busnes wedi gallu eu hystyried yn ofalus a chreu strategaeth i leihau unrhyw risgiau ac elwa ar unrhyw fanteision. Er enghraifft, byddai cyflwyno technoleg newydd yn gofyn am gynllunio o ran niferoedd staff, hyfforddiant staff a'r effeithiau ar y broses gynhyrchu.

Newidiadau heb eu cynllunio yw'r rhai y mae gan y busnes ychydig neu ddim amser i gynllunio ar eu cyfer, neu sydd wedi gwneud penderfyniad ymwybodol i beidio â chynllunio. Er enghraifft, gallai newidiadau sydyn Llywodraeth y DU i'r rheolau ar allyriadau ceir diesel olygu bod gan weithgynhyrchwyr ceir gryn dipyn o stoc sydd bellach yn llai o ran ei gwerth. Mae llywodraethau'n ceisio osgoi newidiadau dirybudd o'r fath er mwyn rhoi amser i fusnesau gynllunio a lleihau unrhyw effeithiau negyddol.

Effeithiau newid ar fusnes

Bydd newid yn effeithio ar y ffordd y mae busnes yn gweithredu. Efallai y bydd angen:

- **Newid dulliau ac offer cynhyrchu:** er enghraifft, mae robotiaid wedi chwyldroi cynhyrchu ceir, gan leihau nifer y staff sy'n ymgymryd â thasgau fel weldio. Ond mae hyn yn gofyn i staff fod yn fedrus wrth raglennu a chynnal a chadw'r offer. Yn y modd hwn, mae cynhyrchu yn symud o un sy'n waith llafurus i fod yn un sy'n ddwys o ran cyfalaf, gyda chynhyrchiant yn cynyddu.
- **Datblygu cynhyrchion newydd:** er enghraifft, mae cyfryngau digidol newydd fel y *Kindle* ar gyfer e-lyfrau wedi newid y ffordd y mae llyfrau'n cael eu dosbarthu. Mae busnesau fel y llyfrwerthwr, *Waterstones*, wedi gorfod addasu i'r cynhyrchion newydd hyn drwy ddatblygu gwefan ac apiau mwy soffistigedig. Mae dosbarthu, felly, wedi cael ei ailddiffinio, gyda busnesau yn lleihau nifer y siopau ac yn cynyddu eu presenoldeb ar-lein.
- **Bodloni gofynion cyfreithiol newydd:** yn aml, mae'n rhaid i fusnesau addasu i newidiadau deddfwriaethol – er enghraifft, newidiadau mewn cyfraddau trethiant, gofynion iechyd a diogelwch neu ofynion cyfreithiol ar gyfer gwerthu cynnyrch mewn gwahanol wledydd. Yn 2017, roedd newidiadau i'r trethi a delir gan fusnesau ar siopau (sef **trethi busnes**) yn golygu bod llawer o fanwerthwyr llai wedi gorfod symud eiddo er mwyn lleihau costau fel y gallan nhw ddal ati.
- **Ailhyfforddi'r gweithlu:** pan fydd yna newid sylweddol i'r cynhyrchion, neu os oes rhaid i'r busnes addasu i dechnoleg newydd, bydd angen i staff ddysgu sgiliau newydd.
- **Chwilio am farchnadoedd newydd:** mae llawer o fusnesau yn ceisio tyfu drwy ehangu i farchnadoedd eraill. Yn aml, gall hyn gynnwys edrych ar farchnadoedd tramor – er enghraifft, ymdrechion *Apple* i werthu ei *iPhones* yn India a China.

Trethi busnes Treth ar eiddo busnes, sy'n cael ei gosod gan y llywodraeth ac a gesglir gan gynghorau lleol. Mae'n cael ei benderfynu ar sail y gwerth ardrethol (*rateable value*).

Pwysigrwydd rheoli newid yn effeithiol

Mae'n bwysig i fusnesau addasu i newid yn ogystal â'i reoli am nifer o resymau:

- **Parhau'n gystadleuol:** mewn ymateb i newid, bydd angen i fusnes sicrhau ei fod yn dal i fod yn fwy effeithiol na chystadleuwyr eraill yn ei farchnad neu o fewn y diwydiant. Gellir cyflawni hyn drwy leihau costau a/neu drwy fod yn wahanol i bawb arall yn y farchnad.
- **Cynyddu cynhyrchiant:** gall newidiadau yn y broses gynhyrchu neu'r modd y caiff gweithwyr eu cymell fod yn ffordd lwyddiannus o reoli newid. Yn ôl ymchwil a wnaed yn ddiweddar gan Brifysgol Lincoln, gall codi cyflogau gweithwyr sydd ar gyflog isel gynyddu cynhyrchiant hyd at 15% – gallai busnesau sy'n newid eu strwythur cyflogau drwy wobrwyo elwa ar ddull o'r fath.
- **Gwella perfformiad ariannol:** o ganlyniad i newid, efallai y bydd angen i fusnes fynd i'r afael â materion ariannol yn y tymor byr er mwyn bod yn fwy cystadleuol a llwyddiannus yn yr hir dymor.
- **Rheoli rhanddeiliaid:** mae'n bosibl y bydd angen i weithwyr gael eu hailhyfforddi neu eu diswyddo, ac efallai y bydd angen i gyfranddalwyr (*shareholders*) fod yn barod i dderbyn difidend is er mwyn i'r busnes ariannu unrhyw newid.

Dull John Storey o reoli newid

Datblygodd yr Athro John Storey yr hyn a welai fel dull mwy dyngarol o reoli newid, a oedd yn pwysleisio ymrwymiad y staff yn hytrach na chydymffurfiaeth yn unig. Mae gan ei ddull bedair elfen:

1 **Credoau:** roedd Storey o'r farn mai'r adnodd dynol, y bobl yn y busnes, yw'r ffactor pwysicaf wrth gynhyrchu. Lle gellir annog staff i fod yn ymrwymedig i newid drwy sicrhau bod ganddyn nhw'r sgiliau a'r galluoedd cywir, a'u bod yn cael eu trin fel ased gwerthfawr, credai Storey y byddai hyn yn gwneud y newid yn llai o risg a bod ganddo fwy o siawns o lwyddo.

2 **Nodweddion strategol:** er mwyn rheoli adnoddau dynol, mae angen sylw'r uwch-reolwyr oherwydd natur ddynamig y broses o newid. Mewn geiriau eraill, nid oes modd rhagweld newid bob amser, ac mae angen cyfuniad o gynllunio a'r gallu i arloesi'n gyflym er mwyn rheoli'r broses yn llwyddiannus.

3 **Rôl rheolwyr llinell:** mae angen cysylltiadau cryf rhwng y gweithwyr a'u rheolwyr llinell o ddydd i ddydd.

4 **Cydweithio a chyd-drafod:** mae diwylliant yn bwysicach na gweithdrefnau a systemau gan ei fod yn lleihau'r risg o wrthdaro o fewn y busnes. Mae cael consensws ymhlith y gweithwyr a'u rheolwyr ynglŷn â chredoau a gwerthoedd sefydliadol yn hanfodol i sicrhau bod y busnes yn ddigon hyblyg ac ymroddedig i'r newid.

Drwy gyfuno'r pedair elfen hyn yn llwyddiannus, credai Storey y byddai gan fusnes y sgiliau a'r rhinweddau sydd eu hangen i leihau effaith unrhyw agweddau negyddol ar newid. Byddai hefyd yn gallu gwella'r effeithiau cadarnhaol er mwyn creu mantais gystadleuol.

John Storey Datblygodd John Storey ddull mwy dyngarol o reoli newid, a bwysleisiai ymrwymiad y staff yn hytrach na chydymffurfiaeth yn unig. Pedair elfen y dull hwn yw: credoau, nodweddion strategol, rôl rheolwyr llinell a chydweithio a chyd-drafod.

Cyngor i'r arholiad

Cofiwch y gall gwahanol randdeiliaid ystyried newid yn wahanol. Ar gyfer y cwestiynau marciau uwch, bydd angen i chi nodi a gwerthuso hyd at wyth rhanddeiliad i ennill yr holl farciau sydd ar gael.

Gwrthwynebiad i newid a ffyrdd o gael gwared ar hyn

Bydd pobl, yn naturiol, yn wrthwynebus i newid, ond mae yna ffyrdd y gall busnes oresgyn hyn:

- **Diwylliant sefydliadol**: er mwyn i newid fod yn llwyddiant, mae angen i fusnes sicrhau bod ei staff yn deall y rhesymau dros newid a'u bod nhw'n gallu perchnogi'r broses.
- **Maint y sefydliad:** mae newid llwyddiannus mewn sefydliadau mawr yn dibynnu ar allu rheolwyr i gyfathrebu ac ymgynghori, cyfaddawdu ac ystyried costau'r newidiadau ar amcanion a nodau eraill y busnes.
- **Amser a chyflymder y newid:** os caiff newidiadau eu cyflwyno'n araf ac yn **raddol** (un cam ar y tro), mae'n fwy tebygol y bydd y rhan fwyaf o staff yn deall ac yn cymryd perchnogaeth o'r broses. Fodd bynnag, y risg gyda'r dull hwn yw y gallai olygu mwy o gostau, a allai ddileu unrhyw fantais gystadleuol a oedd yn gyrru'r newid yn y lle cyntaf. Fel arall, gellir gwneud newidiadau'n gyflym a fyddai'n **aflonyddgar** (*disruptive*). Efallai y bydd y busnes yn ennill mantais gystadleuol o ganlyniad i hyn, ond mae'r risg o fethu yn llawer iawn uwch.
- Er mwyn **rheoli'r gwrthwynebiad i newid**, gallai rheolwyr fynd ati i addysgu staff a dweud wrthyn nhw beth yw'r rhesymau dros newid. Y nod yw cael y staff i ddeall a chymryd cyfrifoldeb am y newid, a thrwy hynny helpu i wneud y broses yn llwyddiant. Fodd bynnag, mae'r dull hwn yn dibynnu ar faint mae'r staff yn ymddiried yn eu rheolwyr.
- **Rôl arweinyddiaeth:** gall gwahanol ffyrdd o arwain helpu i wneud y broses o newid yn un fwy esmwyth. Bydd arweinyddiaeth ddemocrataidd, er enghraifft, yn ceisio cynnwys y **cyfan** o'r gweithwyr wrth benderfynu a yw'r newid yn angenrheidiol. Bydd gofyn iddyn nhw gymryd cyfrifoldeb dros wneud dewisiadau anodd, a hynny tra bo'r newid yn digwydd.

Proses dri cham Lewin ar gyfer delio â gwrthwynebiad i newid

Mae **model newid Lewin** yn ceisio goresgyn y gwrthwynebiad sydd gan weithwyr i newid drwy eu hannog i gefnu ar hen batrymau gweithio ac agweddau a strwythurau sefydliadol. Credai Lewin fod gweithwyr yn gwrthwynebu newid oherwydd eu bod yn teimlo'n ddiogel gyda'r sefyllfa bresennol – neu'r 'sefydlog', yn ôl Lewin. Mae ei fodel yn annog gweithwyr i newid drwy ddangos, cyn belled ag y bo modd, pa fanteision a ddaw iddyn nhw yn sgil newid.

Mae model Lewin i'w weld yn Ffigur 1. Mae ganddo dri cham:
- **Dadrewi:** mae gweithwyr yn cydnabod bod y busnes yn mynd i ddechrau'r broses o newid, ac mae angen i'r busnes ddelio â theimladau fel gwadu, diffyg amynedd ac amheuaeth. Mae angen i'r busnes ddatgelu'n llawn y newidiadau sydd ar fin digwydd. Drwy gyfathrebu'n glir, bydd gweithwyr yn fwy parod i dderbyn newid a chefnu ar hen agweddau. Mae hyn yn cael ei gyflawni drwy ganiatáu i weithwyr fod â rhan adeiladol a gweithredol yn y broses o newid.
- **Newid:** mae angen gweithredu'r newid o fewn cyfnod byr er mwyn sicrhau bod y broses yn un lwyddiannus. Drwy oedi'r newid, mae yna'r risg o weithwyr yn glynu

at eu hen ddulliau a bod yn fwy tebygol o wrthwynebu newid. Drwy weithredu'r newid o fewn cyfnod byr, bydd gweithwyr yn fwy ymwybodol o bwysigrwydd y newid ac yn fwy parod i fabwysiadu'r newidiadau.

■ **Ailrewi:** ar ôl i'r newidiadau gael eu cyflwyno, mae yna'r risg y bydd gweithwyr yn dychwelyd i'w hen brosesau ac arferion gwaith. Mae modd osgoi hyn drwy werthuso, monitro a gwneud addasiadau i'r broses o newid, lle bo angen. Unwaith y bydd pethau wedi sefydlogi, bydd gweithwyr yn dechrau cefnogi'r agweddau cadarnhaol ar y newid a fydd yn arwain, yn y pen draw, at ganlyniad llwyddiannus.

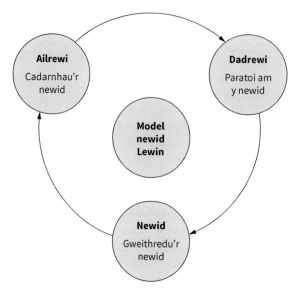

Ffigur 1 Proses dri cham Lewin ar gyfer rheoli gwrthwynebiad i newid

Sut i werthuso'r modd y caiff newid ei reoli

Mae modd gwerthuso'r broses o reoli newid drwy archwilio gwahanol ddangosyddion ar ôl y newid, gan gynnwys:

■ **Refeniw gwerthiannau:** a fu cynnydd yn nifer y gwerthiannau? Efallai y bydd gwerthiannau uwch yn dynodi bod newidiadau, er enghraifft o ran y cynnyrch neu ansawdd y cynnyrch, neu lefelau'r gwasanaeth cwsmer, wedi bod yn llwyddiant.

■ **Cynhyrchiant:** a yw'r staff yn fwy cynhyrchiol? Mae'r cynnydd mewn cynhyrchiant yn lleihau costau'r uned ac yn cynyddu elw posibl.

■ **Trosiant llafur:** a yw nifer y staff sy'n gadael y sefydliad dros gyfnod o amser wedi lleihau neu gynyddu mewn cymhariaeth â'r sefyllfa cyn y newid?

■ **Gwasanaeth cwsmer:** a yw lefelau boddhad cwsmeriaid wedi cynyddu?

■ **Amcanion newid:** a fodlonwyd neu a ragorwyd ar y targedau a osodwyd ar gyfer y broses o newid?

■ **Elw a chyfran/twf y farchnad:** a yw elw neu gyfran o'r farchnad wedi cynyddu? Cynnydd mewn elw fel arfer yw'r prif fudd a ddaw o ganlyniad i newid. Efallai fod hyn wedi digwydd cyn i gyfran neu dwf y farchnad gynyddu. Fodd bynnag, mae'n bosibl na welir gwahaniaeth eto, o ganlyniad i'r costau a wariwyd ar sicrhau twf fel, er enghraifft, agor siopau newydd a marchnata.

Profi Gwybodaeth 1

Rhowch reswm pam y mae rhai busnesau'n gorfod delio â newidiadau'n llawer mwy rheolaidd nag eraill.

■ **Taliadau difidend neu buddran:** a oes taliad difidend/buddran wedi'i wneud i gyfranddalwyr? Mae mwy o elw yn golygu bod cyfranddalwyr yn fwy tebygol o dderbyn taliad difidend. Dyma arwydd arall o reoli newid yn llwyddiannus.

Gwerthuso pwysigrwydd newid a'i effaith ar fusnes a'i randdeiliaid

Y broblem fwyaf gyda'r mwyafrif o newidiadau yw sicrhau bod staff yn derbyn ac yn cefnogi'r broses o newid. Gall newid gynyddu cynhyrchiant a bodlonrwydd staff, gan arwain at fwy o foddhad ymhlith cwsmeriaid, mwy o werthiannau a mwy o elw yn y pen draw. Fodd bynnag, gall rhai gweithwyr wrthod â newid, sy'n gallu arwain at lai o gymhelliant, llai o gynhyrchiant a gwrthdaro. Gallai rheoli'r gwrthwynebiad hwn, gan ddefnyddio dulliau fel model newid Lewin, helpu'r busnes i ddatrys unrhyw wrthdaro a sicrhau bod gweithwyr yn teimlo'n rhan o'r broses.

Gall newid wella **cynhyrchiant gweithwyr** drwy gyflwyno prosesau newydd, fel awtomeiddio neu well systemau ansawdd. Gall hyn arwain at lai o ailweithio. Efallai y bydd gan staff fwy o gymhelliant o ganlyniad i welliannau i wasanaeth cwsmeriaid. Fodd bynnag, mae cynhyrchiant yn debygol o leihau dros dro wrth i'r newidiadau gael eu cyflwyno a'u gwreiddio. Er enghraifft, gall problemau technegol effeithio ar awtomeiddio ar y dechrau.

Gall rhai newidiadau, fel y penderfyniad i ddarparu cynnyrch neu wasanaeth gan gyflenwyr allanol (*outsourcing*). Mae hyn yn gallu arwain at niweidio'r berthynas rhwng y cwmni a'i weithwyr. Mae newidiadau eraill, fel hyrwyddo gweithwyr yn fewnol ac ychwanegu adrannau newydd drwy gyflogi talent newydd, yn gallu **cryfhau** ac ehangu cysylltiadau'r cwmni. Ond weithiau, gall fod yn amhosibl achub y busnes heb dorri cysylltiad â rhai gweithwyr.

Mae newidiadau fel arfer yn cael eu cyflwyno er lles y busnes, ond mae'n anodd **rhagweld** canlyniadau newid. Er bod y rhan fwyaf o newidiadau sefydliadol yn cael eu cyflwyno ar ôl cryn dipyn o ymchwil a thrafodaeth, mae'n dal i fod yn bosibl i fusnes fod yn waeth ei fyd ar ôl newid.

> **Cyngor i'r arholiad**
>
> Mae cwestiwn arholiad yn debygol o ofyn i chi gysylltu materion busnes eraill â newid, fel busnesau'n uno (cydsoddiad) neu rai newydd yn cael mynediad i'r farchnad. Bydd ateb da yn dod ag amrywiaeth o ffactorau ynghyd, ac yn cynnwys argymhelliad ynghylch sut i reoli newid yn llwyddiannus.

Crynodeb

Ar ôl astudio'r pwnc hwn, dylech chi allu:
- esbonio beth yw achosion newid mewn busnes a gwahaniaethu rhwng achosion mewnol ac allanol, a gwahaniaethu rhwng newid sydd wedi'i gynllunio a heb ei gynllunio
- esbonio beth yw effeithiau newid ar fusnes a phwysigrwydd rheoli newid yn effeithiol, gan gynnwys pedwar dull gwahanol J. Storey
- esbonio pam y gall fod gwrthwynebiad i newid a ffyrdd o gael gwared ar wrthwynebiad, gan gynnwys proses dri cham Lewin, newidiadau mewn diwylliant sefydliadol a rôl arweinyddiaeth
- esbonio sut i werthuso'r modd y mae newid yn cael ei reoli
- gwerthuso pwysigrwydd newid a'i effaith ar fusnes a'i randdeiliaid

■ Rheoli risg

Adnabod risgiau allweddol

Gall risgiau gynnwys:

- **Trychinebau naturiol.** Mae daeargrynfeydd, llifogydd neu firws fel Covid-19 er enghraifft, yn gallu cael effaith ddinistriol ar fusnesau lleol. I gadwyni cenedlaethol, nid yw colli incwm o, dyweder, siop goffi Costa yn Llanberis neu Porthmadog yn Eryri yn mynd i gael fawr o effaith, ond gall fod yn andwyol i fusnes annibynnol lleol.
- **Methiannau systemau TGCh neu offer** sy'n golygu nad yw cwsmeriaid a'r busnes yn gallu cwblhau trafodion. Er enghraifft, yn 2016, methodd system TG banc HSBC â gwneud 275,000 o daliadau unigol, gan adael cwsmeriaid heb arian dros gyfnod gŵyl y banc.
- **Camgymeriad gan weithiwr,** gan wneud y busnes yn agored i golledion sylweddol oherwydd esgeulustod gwaith. Er enghraifft, cafodd miloedd o gyfrifiaduron y Gwasanaeth Iechyd Gwladol eu heintio gan 'ymosodiad *ransomware*' yn 2017 yn dilyn methiant i ddilyn argymhellion seiber-ddiogelwch ac uwchraddio hen systemau cyfrifiadurol.
- **Problemau cyflenwi** fel methu â chael deunyddiau crai ar gyfer y broses gynhyrchu.
- **Ffactorau economaidd** fel newidiadau mewn cyfraddau llog, chwyddiant neu gyfraddau cyfnewid.
- **Heriau cyfreithiol** fel yr achos rhwng *Samsung* ac *Apple* a ddechreuwyd yn 2017, wrth i'r naill hawlio $400 miliwn wrth y llall.
- **Cysylltiadau cyhoeddus a methiannau cynnyrch** fel y *Windows Phone*, a achosodd i *Microsoft* golli biliynau o ddoleri rhwng ei lansio yn 2010 a'i therfyn yn 2017.
- **Colli staff allweddol** fel prif weithredwr neu arbenigwyr technegol y busnes. Yn y gorffennol, roedd modd dod ag arbenigwyr technegol i mewn o dramor pe bai prinder sgiliau ym Mhrydain – ond gall y bleidlais Brexit wneud hyn yn fwy anodd yn y dyfodol.

Tebygolrwydd risg

Mae rhai risgiau yn fwy tebygol o ddigwydd nag eraill. Er enghraifft, mae'r risg y gallai systemau TG fethu neu staff allweddol ymadael yn rhywbeth na allai'r un busnes ei osgoi. Fodd bynnag, mae'r risg o her gyfreithiol yn llawer llai tebygol o ddigwydd i'r rhan fwyaf o fusnesau.

Bydd tebygolrwydd o risgiau penodol i fusnesau yn amrywio yn dibynnu ar ffactorau fel lleoliad daearyddol, y farchnad neu'r diwydiant y mae'r busnes yn rhan ohono, pa un a ydy'r busnes yn allforio neu'n mewnforio nwyddau, lefel ei fuddsoddiad mewn cyfalaf, a sgiliau ei staff.

Bydd maint y risg posibl a'i gost, o ran y golled ariannol bosibl a ddaw i'r busnes, yn pennu faint, os o gwbl, y dylid ei wario ar atal y risg. Er enghraifft, bydd y gost o gynnal systemau gweithdrefnol ac wrth gefn busnes TG fel *Google* yn uchel iawn, ond bydd y risg o golli cwsmeriaid a'i enw da yn llawer mwy na hyn.

Cyngor i'r arholiad

Gall yr amrywiaeth o risgiau posibl fod yn wahanol wrth ystyried strategaethau tymor byr, canolig a hirdymor y busnes. Er mwyn ennill marciau uchel, dylech gynnwys y trafodaethau hyn yn eich gwerthusiad o fater penodol.

Pwysigrwydd asesu risg

Er mwyn adnabod risg sy'n gysylltiedig â sefyllfa neu ddigwyddiad arbennig, bydd busnes yn cynnal asesiad risg a fydd yn edrych ar y risgiau a wynebir, y gost bosibl i'r busnes a'r tebygolrwydd y bydd y risg yn digwydd.

Mae asesiadau risg yn bwysig gan eu bod yn helpu i:

- adnabod materion a allai achosi niwed ffisegol neu ariannol i'r busnes, gan gynnwys ffactorau risg penodol
- dylech ddadansoddi a gwerthuso'r risg sy'n gysylltiedig â'r niwed posibl
- penderfynu ar ffyrdd priodol o ddileu, lleihau neu reoli'r risg fel bod ei effaith ar y busnes yn cael ei reoli mor effeithiol â phosibl

Camau y mae busnes yn gallu eu cymryd i leihau neu osgoi risg

Mae modd osgoi neu leihau risgiau penodol drwy gymryd camau ataliol, gan gynnwys:

- Gosod systemau chwistrellu dŵr i leihau'r risg o dân yn achosi difrod mawr i adeiladau, offer neu ddeunyddiau crai.
- Diogelu data TG er mwyn osgoi colli gwybodaeth hanfodol fel cofnodion cwsmeriaid, archebion cwsmeriaid a gwybodaeth bwysig i'r busnes.
- Hyfforddi gweithwyr i ddelio â risgiau penodol a nodwyd. Gall hyn gynnwys hyfforddiant ar beth i'w wneud os bydd tân, sut i weinyddu cymorth cyntaf, a beth i'w wneud pan fydd llinell gynhyrchu yn methu.

Gall busnesau hefyd gymryd polisïau yswiriant i ddiogelu eu hunain rhag risgiau penodol, ond nid oes modd yswirio pob risg:

- **Risgiau y gellir eu hyswirio:** mae'r rhain yn cynnwys tân, lladrad, colli elw a cholli staff allweddol. Po fwyaf y colledion y mae'r busnes yn dymuno eu hyswirio, y mwyaf y gost am yswiriant. Bydd hyn yn cael ei ystyried yn gost busnes.
- **Risgiau na ellir eu hyswirio:** mae'r rhain yn cynnwys newidiadau yn yr economi sy'n cael effaith negyddol ar fusnes fel cynnydd mewn chwyddiant, lefelau uwch o ddiweithdra, amrywiadau mewn cyfraddau cyfnewid neu bandemig fel pandemig Covid-19.

Cynllunio wrth gefn

Ar ôl i'r busnes gynnal asesiad risg o'i weithgareddau, mae cynllunio wrth gefn fel arfer yn dilyn. Mae hyn yn debygol o roi blaenoriaeth i'r risgiau sy'n cael yr effaith fwyaf ar y busnes a/neu sydd fwyaf tebygol o ddigwydd. Mae cynllun wrth gefn (contingency plan) yn cael ei lunio gan nodi sut y dylai'r busnes ymdrin â digwyddiadau posibl yn y dyfodol neu amgylchiadau a allai effeithio ar y busnes. Bydd busnesau'n ymgymryd â chynllunio senario i adnabod digwyddiadau posibl o'r fath yn y dyfodol.

Gall cynlluniau wrth gefn ymdrin â llawer o faterion gwahanol, gan gynnwys:

- **Yr angen am gronfeydd arian wrth gefn:** gall busnesau gadw arian wrth gefn i dalu am wahanol risgiau. Er enghraifft, mae'r gyfraith yn gorfodi banciau'r DU i ddal digon o arian wrth gefn rhag ofn y bydd argyfwng ariannol byd-eang.
- **Trefniadau cynhyrchu amgen:** efallai y bydd busnes fel gwneuthurwr ceir yn gallu symud ei broses gynhyrchu o safle sydd wedi dioddef methiant i safle arall er

---

Asesiad risg Proses systematig o werthuso'r risgiau posibl a allai fod yn gysylltiedig â sefyllfa neu ddigwyddiad yn y dyfodol.

Profi gwybodaeth 2

Rhowch reswm pam y gallai hyfforddiant fod yn bwysig er mwyn lleihau risgiau pan fydd dau gwmni gwerthu ffonau symudol yn uno.

Cynllun wrth gefn Cynllun a gynlluniwyd i ystyried digwyddiadau neu amgylchiadau posibl yn y dyfodol a allai effeithio ar y busnes.

Cynllunio senario Ffordd strwythuredig i fusnesau feddwl am y dyfodol. Mae rheolwyr yn cael eu hannog i ystyried gwahanol senarios posibl ar gyfer y busnes a chynllunio sut y bydd yn ymateb i leihau lefel y risg. Gall hefyd fanteisio ar gyfleoedd posibl.

mwyn sicrhau bod y broses o gynhyrchu ceir yn parhau a bod gwerthiant yn cael ei gynnal. Er enghraifft, mae'n siŵr bod gan BMW gynlluniau wrth gefn os yw ei safle yn Rhydychen, lle mae'r Mini yn cael ei gynhyrchu, yn dioddef methiant trychinebus. Mae gan y busnes rwydwaith o ffatrïoedd ledled y byd.

- **Rhannu cyfrifoldebau rhwng rheolwyr/gweithwyr:** bydd busnes yn rhoi rôl benodol i reolwyr a gweithwyr pe bai digwyddiad yn codi. Er enghraifft, efallai y bydd gofyn i aelod o staff fod ar gael ar unrhyw adeg yn ystod y 24 awr er mwyn delio â'r gwasanaethau brys pe bai tân yn digwydd. Mae rheoli argyfwng yn caniatáu i risgiau gael eu rheoli mor gynnar â phosibl gan leihau'r effaith ar y busnes.

- **Delio â Chysylltiadau Cyhoeddus** (*Public Relations*): bydd cysylltiadau cyhoeddus effeithiol mewn argyfwng yn helpu'r busnes i ddiogelu ei ddelwedd brand ac yn lleihau unrhyw effeithiau ar ostyngiadau mewn gwerthiant ac elw hirdymor. Bydd angen i'r busnes, felly, reoli sut y mae'n cyfleu negeseuon i'w randdeiliaid, a all gynnwys negeseuon am y ffordd y digwyddodd y digwyddiad a'r effaith y mae hynny'n ei chael ar waith y busnes ar hyn o bryd. Efallai fod adran farchnata'r busnes yn gyfrifol am y rôl hon fel estyniad o'i gweithgareddau cysylltiadau cyhoeddus presennol. Mae'n bosibl bod gan yr adran hon eisoes gysylltiadau â'r wasg, hysbysebwyr a chyfranddalwyr ac ati.

> **Rheoli argyfwng** Y broses sydd gan fusnes o ddelio ag argyfwng sydyn.

Ymateb i risgiau posibl

Gall busnes ymateb i risgiau posibl mewn nifer o ffyrdd, gan gynnwys:

- **Cynllunio parhad y busnes**, sy'n nodi sut y bydd y busnes yn gweithredu yn dilyn digwyddiad, a sut y mae'n disgwyl dychwelyd i normalrwydd yn yr amser cyflymaf posibl wedyn. Bydd hyn yn cynnwys bod mewn sefyllfa ariannol gref i ymdrin ag unrhyw ergydion tymor byr a achosir gan y risg, gan sicrhau bod y cynlluniau wrth gefn manwl yn gyfarwydd i'r rhai a fydd yn rheoli ei weithredu, a bod staff allweddol yn deall eu rôl. Bydd angen ystyried materion fel incwm a fydd yn cael ei golli, costau uwch ac anfodlonrwydd cwsmeriaid, yn ofalus er mwyn lleihau effaith y digwyddiad ar y busnes.

- **Cynllunio olyniaeth**, sy'n broses ar gyfer adnabod a datblygu staff sydd â'r gallu i gyflawni swyddi allweddol fel arwain y cwmni i'r dyfodol. Bydd cynllunio olyniaeth effeithiol yn sicrhau bod y person newydd yn deall strategaethau a sefyllfa bresennol y busnes fel bod unrhyw newid yn llyfn ac yn achosi cyn lleied ag sy'n bosibl o darfu i'r busnes.

Pwyso a mesur pwysigrwydd rheoli risg a chynllunio wrth gefn

Mae rheoli risg a chynllunio wrth gefn yn **fuddiol** oherwydd:

- Maen nhw'n helpu i leihau'r colledion i'r busnes drwy ddadansoddi'r materion posibl ymlaen llaw a chreu strategaeth i ddelio â nhw. Er enghraifft, bydd angen i gwmni glustnodi cwmni arall o flaen llaw fydd yn gallu cynnig ynni ar frys os bydd eu cyflenwad arferol nhw'n methu. Bydd cynllunio o flaen llaw fel hyn yn lleihau'r effaith ar y cwmni gan ei fod yn gallu parhau i gynhyrchu.

- Maen nhw'n helpu i atal panig a phenderfyniadau gwael a achosir gan sefyllfa sydd fel arall yn annisgwyl. Er enghraifft, bydd staff allweddol eisoes wedi cael eu dewis i ymdrin â materion ac yn gwybod beth yw eu rôl.

- Mae'r cynllun wrth gefn yn gorfodi'r busnes i feddwl yn fanwl iawn am y risgiau posibl a'r dulliau o'u lleihau mewn proses drefnus.

Mae gan reoli risg a chynllunio wrth gefn y **problemau** canlynol:

- Mae'n waith costus sy'n cymryd amser, ac efallai na fydd y cynllun wrth gefn yn cael ei ddefnyddio byth. Cyn dechrau'r broses o gynllunio wrth gefn, bydd angen i'r busnes ystyried y manteision o gael cynllun mewn lle o gymharu â chost y risg.
- Bydd angen i gynlluniau gael eu diweddaru'n gyson er mwyn adlewyrchu newidiadau yn y busnes a'i amgylchedd, e.e. bygythiadau i iechyd staff gyda Covid-19 a'r angen i gynllunio dulliau newydd o weithio neu symud i ffatri newydd lle bydd angen ailhyfforddi.
- Bydd angen i staff fod yn rhan o'r broses o greu cynlluniau a chael eu hyfforddi ynglŷn â'u rôl. Os yw'r trosiant staff yn uchel, bydd hyn yn golygu bod angen cynnig y wybodaeth ddiweddaraf yn gyson ar eu cyfer a darparu hyfforddiant yn rheolaidd. Bydd hyn yn arwain at fwy o gostau.
- Yn hytrach na chynllunio ar gyfer digwyddiadau ar hap, gallai fod yn effeithiol o ran cost i fusnesau osgoi'r risgiau'n llwyr, e.e. drwy fabwysiadu arferion gwaith mwy diogel.
- Mae'n bosibl na fydd y cynllun wrth gefn yn cynnwys y risg y cynlluniwyd ef ar ei gyfer. Ni fydd y busnes mewn gwell sefyllfa yn yr achos hwn, felly.

Crynodeb

Ar ôl astudio'r pwnc hwn, dylech chi allu:

- adnabod y risgiau y mae busnesau yn debygol o ddod ar eu traws ac esbonio bod rhai risgiau yn fwy tebygol o ddigwydd nag eraill ac y bydd yn effeithio ar y gwario ar atal risgiau
- esbonio pwysigrwydd asesu risg a chamau ataliol i fusnes wrth osgoi risgiau

- esbonio'r gwahaniaeth rhwng risgiau y gellir eu hyswirio a'r rhai na ellir eu hyswirio a'r hyn y mae cynllun wrth gefn a rheoli argyfwng yn eu golygu
- esbonio'r ffyrdd y gall busnesau ddefnyddio cynlluniau wrth gefn i ddelio â risgiau
- gwerthuso'r ymatebion posibl sydd gan fusnes i risgiau posibl a phwysigrwydd rheoli a chynllunio wrth gefn

■ Ffactorau PEST

Mae dadansoddiad PEST yn ddull sy'n cael ei ddefnyddio i asesu'r effaith y gallai pedwar dylanwad allanol ei chael ar weithgareddau busnes ar unrhyw adeg benodol. Mae PEST yn golygu ffactorau gwleidyddol, economaidd, cymdeithasol a thechnolegol.

Ffactorau gwleidyddol

Mae **ffactorau gwleidyddol** yn cynnwys ystyried sut y gallai polisïau llywodraeth a chyfreithiau rhanbarthol, cenedlaethol a rhyngwladol effeithio ar y busnes. Er enghraifft, mae ffermwyr yn poeni a fydd Llywodraeth y DU yn darparu cymhorthdaliadau i helpu eu busnesau ar ôl i'r Deyrnas Unedig adael yr Undeb Ewropeaidd.

Mae angen i fusnesau hefyd ystyried rheoleiddio'r diwydiant, fel y cyflog byw newydd i staff 25 oed a throsodd a chymhellion sy'n cael eu cynnig gan Lywodraeth y DU fel grantiau a benthyciadau.

Swyddogaeth y llywodraeth yw creu amgylchedd sy'n sefydlog ac yn rhagweladwy ac sy'n annog twf economaidd dinasyddion a busnesau. Mae hyn yn cynnwys polisïau sy'n ystyriol o fusnesau, fel cymorth i fusnesau newydd, lefelau trethiant teg a gwariant ar isadeiledd modern fel ffyrdd, rheilffyrdd, porthladdoedd a meysydd awyr.

Trethiant a chymhorthdaliadau

Trethiant yw'r ffordd y mae llywodraethau'n ariannu eu gwariant, fel ar adeiladu ysgolion a ffyrdd. Mae arian yn cael ei godi drwy osod trethi ar ddinasyddion a busnesau. Mae yna drethi uniongyrchol ar incwm unigolion a busnesau. Mae yna hefyd drethiant anuniongyrchol sy'n cael ei osod ar fusnesau sy'n cynhyrchu nwyddau, fel toll tanwydd ar betrol.

Treth incwm yw'r dreth bersonol a delir gan unigolion ar unrhyw incwm y maen nhw'n ei dderbyn, fel eu cyflog neu log o gynilon. Mae hyn yn effeithio ar fusnesau gan mai po fwyaf o dreth y mae'n rhaid i unigolion ei thalu, y lleiaf o incwm sydd ganddyn nhw i'w wario ar nwyddau sy'n cael eu darparu gan fusnesau.

Mae **Treth ar werth (TAW)** yn dreth anuniongyrchol sy'n cael ei gosod ar werthiant nwyddau penodol fel setiau teledu a dillad i oedolion. Mae busnesau sy'n gwerthu'r nwyddau hyn yn casglu'r dreth hon, cyn ei thalu i'r llywodraeth. Unwaith eto, po uchaf yw lefel y TAW, y mwyaf tebygol ydyw y bydd yn effeithio ar nifer yr eitemau y mae busnes yn eu gwerthu. Er enghraifft, ar hyn o bryd ni chodir TAW ar ddillad plant gan fod y rhain yn cael eu hystyried yn nwyddau hanfodol y gallai rhai teuluoedd gael trafferth i'w fforddio.

Treth gorfforaeth yw'r arian sy'n cael ei dalu gan gwmnïau cyfyngedig ar eu helw net. Ar hyn o bryd, yn 2020, mae gan y DU yr hyn sy'n cael ei ystyried yn lefel isel o dreth gorfforaeth o 19% o gymharu ag economi fel Ffrainc, sydd â lefel o 33.3%.

Yr effaith gyffredinol a gaiff pob math o drethiant ar fusnesau yw po uchaf y swm a delir, y lleiaf tebygol y caiff ymchwil, datblygu a chyflwyno cynhyrchion arloesol eu hannog, a'r lleiaf tebygol y bydd dinasyddion yn gallu fforddio cynhyrchion o'r fath.

Cymhorthdaliadau yw'r cymorth ariannol a roddir gan lywodraeth i gefnogi'r gweithgareddau economaidd a chymdeithasol y mae'n dymuno eu hannog. Er enghraifft, nod llywodraeth yw lleihau'r llygredd sy'n cael ei greu gan orsafoedd

---

PEST Acronym ar gyfer y ffactorau gwleidyddol, economaidd, cymdeithasol a thechnolegol sy'n gallu effeithio ar weithgareddau busnes ar unrhyw adeg benodol.

Trethiant Mae llywodraethau yn gosod ffioedd (trethi) ar ddinasyddion a busnesau i godi arian ar gyfer gwariant gwariant cyhoeddus, fel adeiladu ysgolion a ffyrdd. Mae trethi naill ai'n uniongyrchol neu'n anuniongyrchol.

Treth uniongyrchol Mae'n cael ei gosod ar incwm unigolion a busnesau, cyfoeth neu elw, e.e. treth incwm a threth gorfforaeth.

Treth anuniongyrchol Mae'n cael ei gosod ar y rhai sy'n cynhyrchu neu'n darparu nwyddau neu wasanaethau, e.e. sigaréts, alcohol neu danwydd.

Cymhorthdaliadau Cymorth ariannol sy'n cael ei ddarparu gan lywodraeth i gefnogi'r gweithgareddau economaidd a chymdeithasol y mae'n dymuno eu hannog.

pŵer sy'n llosgi glo, felly mae'n cynnig cymhorthdal ariannol i fusnesau sy'n dymuno adeiladu tyrbinau gwynt neu ffermydd solar.

Gall cymhorthdaliadau helpu i gynyddu a/neu leihau'r cyflenwad o gynhyrchion a gwasanaethau penodol. Mae gan fusnesau sy'n cael cymhorthdal fantais gystadleuol ar unwaith o'u cymharu â'r rheiny nad ydyn nhw'n cael cymhorthdal yn y farchnad neu'r diwydiant hwnnw. Gall y cymhorthdaliadau sy'n cael eu cynnig i fusnes hefyd gynyddu'r galw am gynnyrch neu wasanaeth gan fod prisiau'n tueddu i fod yn is na chynhyrchion nad ydyn nhw'n cael cymhorthdal.

Polisi cyllidol ac ariannol

Polisi cyllidol yw'r modd y mae llywodraeth yn addasu ei lefelau gwario a'i chyfraddau treth i fonitro a dylanwadu ar economi gwlad. Gellir hefyd ddefnyddio polisi cyllidol i ailddosbarthu incwm a chyfoeth, e.e. mae talu treth incwm yn helpu i gyfrannu at y system fudd-daliadau i'r rheiny sydd allan o waith neu sy'n rhy sâl i weithio.

Mae polisi cyllidol yn effeithio ar fusnesau gan y gall annog neu beidio ag annog buddsoddi mewn meysydd penodol o'r economi. Er enghraifft, mae'r llywodraeth wedi caniatáu i unigolion dalu arian i mewn i'w cynlluniau preifat yn ddi-dreth gan y bydd hyn yn helpu pobl i fod yn llai dibynnol ar y wladwriaeth ar ôl ymddeol. O ganlyniad i doriad o'r fath mewn treth, mae'r sector pensiwn preifat wedi tyfu, gan alluogi busnesau i gynnig pensiynau a chyngor.

Mae busnesau hefyd wedi cael eu hannog i ymsefydlu yn y DU yn hytrach nag yn yr UDA, oherwydd, hyd at 2018, roedd gan y DU lefelau is o dreth corfforaethol. Roedd gan y DU hefyd weithlu medrus iawn oherwydd buddsoddiad y llywodraeth mewn cynlluniau hyfforddi.

Polisi ariannol yw'r broses lle mae'r llywodraeth (drwy Fanc Lloegr) yn penderfynu ar y gyfradd llog er mwyn sicrhau cyfradd chwyddiant gymedrol a hyder cyffredinol yn yr arian.

Mae cyfraddau llog isel yn gyffredinol yn annog unigolion i fenthyg arian a'i wario. Mae hyn felly yn helpu busnesau i gynyddu eu gwerthiant ac, yn y pen draw, eu helw. Er enghraifft, roedd cyfradd llog Banc Lloegr ar y gyfradd hanesyddol o isel o 0.25% tan 2017. Mae hyn wedi annog pobl i brynu eitemau moethus fel ceir a setiau teledu, gan arwain at refeniw gwerthiant iach i'r busnesau cysylltiedig. Fodd bynnag, cododd Banc Lloegr gyfraddau llog ym mis Tachwedd 2017 i 0.5% er mwyn annog mwy o bobl i gynilo mwy a gwario llai. Mae hyn yn debygol o olygu y bydd gweithgynhyrchwyr ceir, er enghraifft, yn gwerthu llai o geir.

Drwy fonitro targedau chwyddiant yn ofalus, mae Banc Lloegr yn ceisio sicrhau bod prisiau'n aros yn gymharol sefydlog, a bod defnyddwyr a busnesau'n cael eu hannog i wario'n ofalus, bod hyder defnyddwyr (*consumer confidence*) a busnesau'n cael ei gynnal, bod lefelau cyflogaeth yn uchel, a bod benthyciadau yn fforddiadwy.

Swyddogaeth y llywodraeth fel prynwr nwyddau a gwasanaethau

Mae'r llywodraeth yn prynu nwyddau a gwasanaethau gan y sector preifat, e.e. contractwyr amddiffyn, darparwyr addysg, adeiladwyr llongau ac adeiladwyr ffyrdd. I rai busnesau, llywodraethau yw eu hunig gwsmeriaid neu maen nhw'n dibynnu

Polisi cyllidol Y modd y mae'r llywodraeth yn addasu ei gwariant a'i chyfraddau trethi i ddylanwadu ar yr economi.

Polisi ariannol Y broses y mae'r llywodraeth (drwy Fanc Lloegr) yn penderfynu arni o ran y gyfradd llog er mwyn sicrhau sefydlogrwydd prisiau ac ymddiriedaeth yn yr arian cyfred.

arnyn nhw am ran sylweddol o'u refeniw e.e. cwmni Carillion, cyn iddyn nhw fynd yn fethdalwyr yn 2018, oedd yr ail gwmni adeiladu mwyaf yn y DU a phrif ddarparwr gwasanaethau adeiladu i Lywodraeth y DU.

Er mwyn ceisio lleihau'r effaith sydd gan gost prosiectau mawr ar y trethdalwr, mae llywodraethau wedi annog perthynas gyhoeddus-breifat, e.e. pan mae cwmni adeiladu fel Carillion yn adeiladu ac yn talu am ysbyty newydd a'r llywodraeth wedyn yn ei rentu'n ôl dros gyfnod o amser.

Gwerthuso'r berthynas rhwng llywodraeth a busnesau

Ymhlith y materion sy'n ymwneud â'r berthynas rhwng llywodraeth a busnes mae:

- Yr agosaf y bydd busnes yn gweithio gyda llywodraeth, y mwyaf tebygol ydyw y bydd yn gallu perswadio'r llywodraeth honno i fabwysiadu rheolau sy'n cefnogi ei ymdrechion neu o leiaf ddeall a chynllunio ar gyfer unrhyw newidiadau a allai effeithio arno.
- Mae'n bosibl y bydd busnesau'n gallu cael cymhellion ariannol fel grantiau a benthyciadau gan y llywodraeth sy'n caniatáu iddyn nhw ddatblygu a thyfu am gost is o lawer na'r hyn sydd ar gael gan fanciau.
- Efallai y bydd busnesau hefyd yn gallu cael mynediad at arian ymchwil a datblygu (*Research and Development – R&D*), yn ogystal â sgyrsiau masnach drwy'r llywodraeth a fyddai'n caniatáu i gynhyrchion newydd gael eu cyflwyno'n rhatach i farchnadoedd sydd ganddyn nhw yn barod a marchnadoedd newydd. Er enghraifft, mae Fforwm Economaidd y Byd yn gyfarfod blynyddol rhwng arweinwyr busnes a llywodraethau lle mae modd tynnu sylw at faterion masnach a'u trafod.
- Fodd bynnag, mae gan lywodraethau lawer o flaenoriaethau sy'n gwrthdaro ac efallai na fyddan nhw'n gallu, nac yn barod i wrando ar bryderon busnes. Er enghraifft, mae busnesau wedi gofyn dro ar ôl tro am newidiadau mewn trethi busnes er mwyn ei gwneud yn decach i siopau, ond nid oes fawr ddim wedi'i wneud i ateb y cais.
- Mae busnesau'n aml yn teimlo nad yw prosesau ymgynghori gyda'r llywodraeth yn arwain at lawer o gymorth ganddyn nhw. Er enghraifft, bu Llywodraeth y DU a'r UE yn ymgynghori â gweithgynhyrchwyr ceir ar y mater o ansawdd aer gwael a cheir diesel. Penderfynodd Llywodraeth y DU wneud perchnogaeth ceir diesel yn ddrutach o lawer oherwydd lefelau uchel o lygredd, er i weithgynhyrchwyr ddadlau nad hwn, o bosibl, yw'r cam gorau.

Ffactorau economaidd

Mae nifer o ffactorau economaidd yn effeithio ar berfformiad busnes, gan gynnwys gweithgarwch defnyddwyr, newidiadau economaidd a chyfraddau cyfnewid. Er enghraifft, bydd newidiadau mewn cyfraddau cyfnewid yn effeithio ar fusnesau sy'n mewnforio deunyddiau crai.

Un dangosydd economaidd allweddol ar gyfer busnesau yw **cynnyrch mewnwladol crynswth (*Gross Domestic Product* – GDP)**, cyfanswm gwerth yr allbwn mewn gwlad sydd hefyd yn mesur pa mor dda mae'r economi yn ei wneud. Mae'r cynnydd a'r gostyngiad naturiol mewn GDP yn cael ei alw'n **cylchred busnes**. Er enghraifft, mae Ffigur 2 yn dangos, hyd at fis Mehefin 2016, gynnydd iach mewn GDP o 0.6% dros gyfnod o 3 mis. Yn ystod Chwefror, Mawrth ac Ebrill 2020 fodd bynnag fe welwyd gostyngiad o 10.4% mewn GDP o ganlyniad i Covid-19 yn y DU. Mae'n bwysig i fusnesau ystyried y tueddiadau yn hytrach na dim ond canolbwyntio ar un set o ddata economaidd. Bydd hyn yn galluogi busnesau i wneud asesiadau mwy realistig i weld a yw'r economi'n tyfu neu'n crebachu, cyn gwneud cynlluniau i addasu i'r amgylchiadau hyn.

Cynnyrch mewnwladol crynswth (GDP)
Cyfanswm gwerth yr holl nwyddau a gwasanaethau sy'n cael eu cynhyrchu mewn gwlad mewn cyfnod penodol o amser.

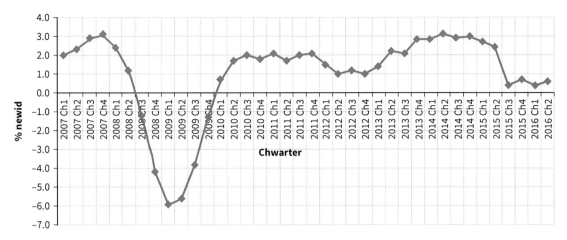

Ffigur 2 Newidiadau yn nhwf economaidd y DU, 2007–2016

Ffynhonnell: Swyddfa Ystadegau Gwladol Gorffennaf 2016

Cyfraddau llog

Cyfraddau llog yw'r wobr am gynilo a'r gost o fenthyca wedi'u mynegi fel canran o'r arian a gafodd ei arbed neu ei fenthyg. Banc Lloegr sy'n penderfynu beth yw'r gyfradd llog ar gyfer benthyca er mwyn helpu i reoleiddio'r economi a chyflawni amcanion economaidd. Fodd bynnag, y banciau a sefydliadau ariannol eraill sydd i benderfynu pa gyfradd llog benodol y byddan nhw'n ei chynnig. Er enghraifft, bydd cyfraddau llog ar forgeisi i brynu tŷ yn llawer is na'r rhai ar gyfer dyled cerdyn credyd.

Mae cyfraddau llog isel yn annog busnesau a defnyddwyr i fenthyca gan fod y gost o ad-dalu benthyciad yn is. Mae hyn yn annog busnesau a defnyddwyr i wario mwy o arian. Pan fo cyfraddau llog yn isel, mae hyder defnyddwyr yn gallu cynyddu hefyd o ran gwariant. Caiff hyn ei wella gan y ffaith y dylai taliadau morgais, sy'n gost fisol fawr i'r rhan fwyaf o unigolion, fod yn **is**, gan roi mwy o incwm gwario iddyn nhw ac arwain at fwy o alw am gynnyrch defnyddwyr.

Mae cyfraddau llog wedi aros yn hanesyddol isel yn y DU ers 2008. Gyda'r lefel hon o sefydlogrwydd, mae busnesau wedi gallu buddsoddi mwy gan ei bod yn gymharol rad i fenthyg arian, ac mae prynwyr yn debygol o fod â digon o incwm i'w wario i brynu nwyddau fel ceir newydd. Mae cyfraddau llog uwch yn tueddu i gael effaith sydd i'r gwrthwyneb, er y bydd busnesau'n gwerthfawrogi cyfraddau sefydlog bron gymaint â chyfraddau isel. Y rheswm am hyn yw bod cyfraddau llog sefydlog yn galluogi busnesau i ragweld faint o alw a fydd am eu cynnyrch.

Cyfraddau llog Y wobr am gynilo a chost benthyca wedi'u mynegi fel canran o'r arian a arbedwyd neu a fenthycwyd.

Chwyddiant

Mae **chwyddiant** yn cael ei fesur yn ôl y newid canrannol blynyddol mewn prisiau prynwyr, sy'n cael ei alw'n Mynegai Prisiau Defnyddwyr (*Consumer Price Index – CPI*). Gwneir hyn drwy fesur y newid ym mhrisiau nwyddau mewn basged nodweddiadol o siopa a brynir gan deuluoedd – dyma'r gwahaniaeth canrannol rhwng basged siopa gyffredin eleni o'i gymharu â'r flwyddyn flaenorol. Ym mis Rhagfyr 2017, roedd cyfradd chwyddiant yn 3%, h.y. roedd cost y fasged siopa wedi codi o 3% o gymharu â Rhagfyr 2016.

Mae Banc Lloegr, ar ran Llywodraeth y DU, yn gyfrifol am fonitro cyfradd chwyddiant yn erbyn y targed a osodwyd gan y llywodraeth. Mae gan Fanc Lloegr

Chwyddiant Y cynnydd cyson yng nghost byw sy'n arwain at leihau'r grym prynu sydd gan arian.

nifer o strategaethau i gadw chwyddiant o fewn y targed, fel cynyddu neu ostwng cyfraddau llog neu ei gwneud hi'n haws neu'n anoddach i fanciau fenthyg arian.

Ymhlith achosion chwyddiant mae:

- cynnydd mewn gwariant oherwydd cyfraddau llog isel, a allai annog busnesau i gynyddu prisiau wrth i'r galw am gynnyrch gynyddu
- cynnydd mewn costau ynni a thanwydd
- costau cyflogau uwch gyda gweithwyr yn hawlio cyflogau uwch i gyd-fynd â chynnydd mewn costau byw
- trethi anuniongyrchol uwch, fel toll ar danwydd neu gynnydd mewn treth ar werth

Mae chwyddiant uchel yn golygu bod costau byw yn cynyddu'n gyflym, ac mae modd gweld yn gyffredinol fod hyn yn cael effaith negyddol ar yr economi. Nid yw gostyngiad mewn chwyddiant yn golygu bod prisiau'n gostwng. Y cyfan y mae'n ei olygu yw nad yw cost byw yn codi cymaint â'r hyn a fesurwyd ynghynt, h.y. mae prisiau'n codi'n arafach.

Cyfraddau cyfnewid

Cyfradd cyfnewid yw pris un arian cyfred (currency) yn erbyn y llall. Mae cyfraddau cyfnewid yn amrywio un diwrnod i'r llall ar gyfer cynhyrchion sy'n cael eu masnachu rhwng cenhedloedd (fel ceir) ond nid yw hyn yn effeithio ar gynhyrchion a gwasanaethau sydd ond yn cael eu masnachu o fewn gwlad (fel torri gwallt).

Gall cyfraddau cyfnewid effeithio ar fusnes yn uniongyrchol gan eu bod yn penderfynu faint o un arian cyfred y mae'n rhaid ei golli er mwyn prynu swm penodol o arian cyfred arall. Mae punt gryfach yn ei gwneud yn rhatach i dalu am fewnforion, ond bydd allforion yn ymddangos yn ddrutach i gwsmeriaid tramor. Y broblem yw bod cyfraddau cyfnewid yn tueddu i amrywio llawer, felly mae'n anodd penderfynu a fydd cael mynediad i farchnad mewn gwlad benodol yn ddeniadol am y rheswm hwn yn unig. Fodd bynnag, drwy edrych ar ddata hanesyddol ar arian cyfred, efallai y bydd busnes yn gallu penderfynu pa bryd y mae'n well cael mynediad i farchnad newydd neu brynu deunyddiau crai o wlad arall.

Mae Ffigur 3 yn dangos gwerth y bunt sterling yn erbyn y koruna Czech am bob mis am ddwy flynedd hyd at 2018. Yn ystod y ddwy flynedd, byddai busnes yn y DU sy'n allforio i'r Weriniaeth Tsiec wedi profi amrywiad yng ngwerth yr arian lleol rhwng 28 a 37 koruna am bob punt. Er enghraifft, ym mis Medi 2016, roedd y bunt yn werth 32 koruna; ym mis Rhagfyr 2017, roedd y bunt yn werth 29 koruna. I fusnes yn y DU sydd eisiau prynu, dyweder, ffatri siocled yn y Weriniaeth Tsiec, y mwyaf o koruna y gall ei gael am bunnoedd, y gorau oll. Os yw'r ffatri'n costio 30 miliwn koruna a'r gyfradd cyfnewid yn £1 = 30 koruna, yna byddai'r ffatri'n costio £1 miliwn yn union. Pe byddai'r bunt yn cyfateb i 39 koruna, byddai'r ffatri'n costio 30 miliwn/39 koruna = £769,000. Mae hynny'n arbediad o £231,000.

Cyngor i'r arholiad

Mae'n debygol y bydd angen i chi asesu gwlad fel marchnad o'r dystiolaeth a roddwyd i chi yn yr arholiad. Bydd angen i chi ddarllen y dystiolaeth yn ofalus i ddewis y materion sy'n cystadlu, er mwyn i chi allu rhoi gwerthusiad da i'r busnes neu'r diwydiant y mae'r cwestiwn yn canolbwyntio arno. O ran cyfraddau cyfnewid, ffordd dda i gofio'r effaith y mae cynnydd mewn gwerth arian cyfred yn ei chael, yw 'SPICE': *strong pound = imports cheaper, exports dearer* (punt gref = mewnforion rhatach, allforion drutach).

Cyfradd cyfnewid Pris un arian cyfred yn erbyn y llall.

Profi Gwybodaeth 3

Rhowch reswm posibl pam y mae cynnyrch marchnad arbenigol fel ceir *Jaguar* yn gwerthu cystal yn China.

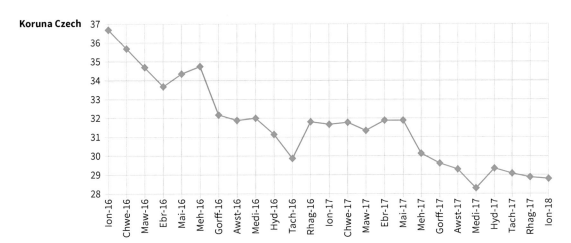

Ffigur 3 Punt sterling yn erbyn y koruna Czech 2016–2018

Ffynhonnell: www.exchangerates.org.uk

Diweithdra

Cost i'r llywodraeth yw **diweithdra**, gan fod yn rhaid iddi dalu am fudd-daliadau a'r costau o ailhyfforddi'r boblogaeth. Fodd bynnag, gallai busnes elwa ar ddiweithdra gan y bydd yna ddewis ehangach o weithwyr ar gael yn y farchnad lafur, sydd hefyd yn golygu y gellir cadw costau cyflogau cyn lleied â phosibl o gymharu â'r sgiliau sydd eu hangen. Mae'n bosibl hefyd y bydd cynnydd yn nifer y busnesau sy'n dechrau o'r gronfa ddi-waith.

Mae diweithdra uchel yn debygol o effeithio'n negyddol ar fusnesau sy'n gwerthu nwyddau moethus a drud gan fod llai o gwsmeriaid yn gallu prynu nwyddau o'r fath. Fodd bynnag, caiff hyn ei wrthbwyso i ryw raddau gan lwyddiant busnesau sy'n gwerthu mwy o eitemau disgownt fel *Aldi* neu *Poundland*, gan fod defnyddwyr yn debygol o brynu mwy o nwyddau sy'n is o ran safon y cynnyrch yn aml.

> **Diweithdra** Nifer neu gyfran (%) y bobl o oed gweithio nad ydyn nhw'n gallu dod o hyd i swydd, er eu bod wrthi'n chwilio am un.

Gwerthuso effaith ffactorau economaidd ar fusnesau

Gall ffactorau economaidd gael yr effeithiau canlynol ar fusnesau:

- **Cylchred busnes:** gall cyflwr yr economi effeithio ar y potensial i gynnal twf yn y farchnad ac mewn gwerthiant. Mewn cyfnod o ffyniant, mae busnesau'n gallu tyfu'n gyflymach a chynyddu eu maint o ran gwerthiannau ac elw gan fod gan ddefnyddwyr, yn gyffredinol, fwy o incwm i'w wario. Fodd bynnag, gall busnesau ddod yn llai effeithlon wrth wneud cynhyrchion ac wrth reoli costau ac, o bosibl, golli eu mantais gystadleuol gan fod gwerthiant yn gymharol hawdd i'w hennill.
- **Chwyddiant uchel:** mae chwyddiant, yn gyffredinol, yn cael effaith negyddol ar fusnesau gan ei fod yn golygu bod cost deunyddiau crai yn codi. Mae hyn yn arwain naill ai at elw is neu at gynnydd ym mhris y cynnyrch i'r defnyddiwr. Pan na fo'r cynnyrch yn angenrheidiol, fel nwyddau moethus, bydd y gwerthiant a'r elw yn gostwng.
- **Cyfraddau cyfnewid:** os oes cynnydd ym mhris y bunt o'i gymharu ag arian tramor arall, fel y ddoler, bydd hyn yn tueddu i fod o fudd i'r busnesau hynny sy'n mewnforio o'r Unol Daleithiau. Gall hyn olygu elw uwch neu'r busnes yn gallu cynnig prisiau mwy cystadleuol i gwsmeriaid, gan gipio cyfran uwch o'r farchnad. Bydd gostyngiad

yng ngwerth y bunt o'i gymharu ag arian tramor arall yn cael effaith i'r gwrthwyneb. Er enghraifft, bydd cynhyrchion UDA yn fwy costus i gwsmeriaid y DU gan y bydd y busnesau'n debygol o drosglwyddo'r gost ymlaen i'r cwsmeriaid.

- **Diweithdra:** gall hyn arwain at fusnesau yn cael llai o werthiant, yn enwedig os yw eu cynnyrch yn nwyddau moethus. Ond mae hyn yn dibynnu ar beth yw graddfa'r diweithdra. Gall diweithdra uchel a thymor hir olygu bod busnesau yn cael trafferth i werthu nwyddau a bod yn rhaid iddyn nhw geisio torri costau er mwyn sicrhau y gallan nhw ddenu cwsmeriaid i brynu cynhyrchion. Fodd bynnag, mae'n bosibl y bydd y busnesau hynny sy'n ymdrin â chynnyrch angenrheidiol neu brisiau gostyngol, fel *Poundland* neu *Lidl*, yn gweld eu gwerthiant yn cynyddu wrth i gwsmeriaid newid o nwyddau moethus i nwyddau rhatach.

Ffactorau cymdeithasol

Mae ffactorau cymdeithasol yn cynnwys edrych ar newidiadau demograffig, fel poblogaeth gynyddol y DU sydd hefyd yn heneiddio, newid ffyrdd o fyw, a newidiadau mewn chwaeth a ffasiynau defnyddwyr, fel yr angen am nwyddau a chynhyrchion mwy ecogyfeillgar.

Ffactorau cymdeithasol
Mae'r rhain yn cynnwys newidiadau demograffig, newid ffyrdd o fyw, a newid chwaeth a ffasiynau defnyddwyr.

Newid demograffig

Mae **newid demograffig** yn ymwneud â newid ym maint a chyfansoddiad poblogaeth. Mae newidiadau demograffig yn tueddu i ddigwydd yn araf dros amser, ond mae newidiadau demograffig allweddol yn y DU yn cynnwys lefelau uchel o fewnfudo a phoblogaeth sy'n heneiddio.

Gall newid demograffig effeithio ar weithgarwch busnes yn y ffyrdd canlynol:

- **Chwaeth a ffasiynau defnyddwyr yn newid:** mae barn defnyddwyr ar faterion yn newid dros amser, ac maen nhw'n cael eu dylanwadu gan ffactorau fel y cyfryngau ac oedran. Yn ôl arolwg o chwaeth defnyddwyr ym mhapur newydd *The Guardian* yn 2017, creodd y ffilm *The Great Gatsby* alw am ddillad o'r 1920au. Mae defnyddwyr, yn gynyddol, yn prynu cynnyrch a gwasanaethau ar-lein yn hytrach nag o siopau, waeth beth yw eu hoedran.
- **Newid ffyrdd o fyw a gwerthoedd diwylliannol:** mae'r ffordd y mae pobl yn byw eu bywydau yn effeithio ar ba gynnyrch y mae busnesau'n eu gwerthu a sut y maen nhw'n eu gwerthu. Er enghraifft, rhwng 1971 a 2012, cynhaliodd y Swyddfa Ystadegau Gwladol yr arolwg, *The General Household*, i edrych ar newidiadau mewn ffyrdd o fyw. Yn 1971, dynion oedd yn bennaf gyfrifol am ennill arian i'r teulu. Bellach, mae mwy o deuluoedd lle nad ydyn nhw bellach yn dibynnu'n ariannol ar ddynion. Mae mwy o deuluoedd un rhiant hefyd.
- Mae newidiadau o ran ffyrdd o fyw yn cael effaith sylweddol ar fusnesau. Er enghraifft, gan fod teuluoedd wedi newid eu harferion bwyta i brydau llai ffurfiol a mwy cyflym, bu cynnydd mawr yn y farchnad têcawe, gyda chynnydd o 8% mewn siopau têcawe ers 2014. Fodd bynnag, mae busnesau nad ydyn nhw'n ddigon dynamig i ragweld na pharhau i fod yn seiliedig ar y farchnad, yn gweld eu gwerthiannau a'u marchnad yn gostwng ac, yn y pen draw, mae'r elw yn gostwng. Er enghraifft, methodd *HMV* â gweld sut y byddai newidiadau i ffyrdd o fyw yn effeithio ar y ffordd y byddai cwsmeriaid yn prynu ac yn gwrando ar gerddoriaeth. Arweiniodd hyn at golledion enfawr i'r cwmni yn 2006 a lleihad yn ei rwydwaith o siopau o ganlyniad i ostyngiad sylweddol mewn gwerthiannau a chyfran o'r farchnad.

Gwerthuso effaith newid demograffig a ffactorau cymdeithasol eraill ar fusnesau a'u rhanddeiliaid

Gall newid demograffig a ffactorau cymdeithasol eraill effeithio ar fusnesau yn y ffyrdd canlynol:

- **Incwm:** gall incwm o fewn rhai grwpiau mewn cymdeithas newid dros amser. Er enghraifft, gydag enillion merched yn cael eu cymharu â chyflogau dynion, mae mwy o gyfleoedd i fusnesau ehangu marchnadoedd neu greu cynhyrchion newydd. Mae busnesau hefyd wedi ymateb i'r nifer gynyddol o bobl sydd ar incwm is drwy greu mwy o gynhyrchion sydd â phrisiau llai, fel sydd i'w weld yn llwyddiant *Aldi* a *Poundstretcher*. Er mwyn parhau i gystadlu a bod yn llwyddiannus, rhaid i fusnesau edrych yn barhaus ar newidiadau mewn dosbarthiad incwm ar draws y boblogaeth a sicrhau bod eu cynhyrchion yn gallu bodloni unrhyw newidiadau demograffig.
- **Oedran:** a phoblogaeth sy'n gynyddol oedrannus, bydd angen i lawer o fusnesau newid eu cynhyrchion fel eu bod yn apelio at y farchnad 50 oed a throsodd. Bydd methiant i adlewyrchu newid o'r fath yn arwain at lai o werthiant a cholli mantais gystadleuol i gystadleuwyr sydd wedi gweld y duedd ddemograffig yn newid ac wedi addasu yn unol â hynny.
- **Rhanbarth daearyddol:** gall hyn bennu arferion prynu a hefyd newid dros amser. Gall busnesau sy'n gallu addasu i anghenion unigryw cwsmeriaid mewn ardaloedd penodol gael cyfran uwch o'r farchnad a mwy o werthiant. Er enghraifft, daeth arolwg a gynhaliwyd yn 2015 i'r casgliad mai trefi yng ngogledd Lloegr fel Blackpool a Burnley oedd prif brynwyr têcawe yn y DU. I'r busnesau sy'n dymuno sefydlu masnachfraint (*franchise*) bwyd cyflym fel *Subway*, mae'r math hwn o wybodaeth ddemograffig yn debygol o fod yn allweddol i lansio siop newydd yn llwyddiannus.
- **Ffactorau cymdeithasol:** mae angen i fusnesau ystyried y rhain er mwyn sicrhau bod eu cynhyrchion yn cael eu targedu at y gynulleidfa gywir a bod eu cynhyrchion yn adlewyrchu ffyrdd o fyw a chwaeth bresennol y defnyddwyr. Os gall busnes addasu'n llwyddiannus i dueddiadau, yna mae'n fwy tebygol o gynnig cynhyrchion y mae cwsmeriaid yn dymuno eu prynu, gan arwain at werthiant uwch, mwy o dwf a chynnydd mewn elw.

Fodd bynnag, gall canolbwyntio eich marchnata ar ffactorau demograffig a chymdeithasol yn unig olygu bod y busnes **yn colli cwsmeriaid** nad ydyn nhw'n cyd-fynd â'r duedd gyfartalog. Mae rhagweld tueddiadau demograffig a chymdeithasol yn dibynnu ar gasglu'r data cywir, gan ddefnyddio ymchwil i'r farchnad gynradd neu eilaidd. Mae hyn yn gostus i fusnes ac yn dod â llawer o risgiau ac ansicrwydd. Os yw'r dystiolaeth sy'n cael ei chasglu yn rhy generig, gallai busnes golli cyfran fawr o gwsmeriaid nad ydyn nhw'n ffitio'r stereoteip.

Mae tueddiadau demograffig a chymdeithasol hefyd yn newid yn gyson, gan ychwanegu at y gost o gasglu data cywir. Bydd rhaid i'r busnes gwestiynu a yw'r swm a fuddsoddir mewn ymchwil ac addasu cynnyrch yn cael ei wrthbwyso gan y swm a geir o refeniw gwerthiant a thwf y farchnad.

Ffactorau technolegol

Gall **ffactorau technolegol** effeithio ar weithgareddau busnes yn y ffyrdd canlynol:

- **Awtomeiddio**, sy'n golygu defnyddio peiriannau yn lle llafur dynol i ymgymryd â rhan neu'r cyfan o'r broses gynhyrchu. Er enghraifft, mae *Amazon* wedi buddsoddi'n helaeth mewn 100,000 o robotiaid ar gyfer cyflymu dosbarthu. Mae'r rhain wedi disodli gweithwyr yn y broses o ddewis, pecynnu a phostio cynnyrch i gwsmeriaid.

Ffactorau technolegol
Mae'r rhain yn cynnwys materion fel prosesau cynhyrchu newydd, mabwysiadu technoleg symudol a thechnolegau aflonyddgar.

- **Technoleg cyfathrebu**, sy'n cynnwys unrhyw ddull o gyfathrebu fel e-bost, defnyddio'r cyfryngau cymdeithasol, ffôn neu'r rhyngrwyd sy'n caniatáu i fusnes gyflawni ei swyddogaethau'n fwy effeithiol. Er enghraifft, mae bancio wedi cael ei chwyldroi gan dechnolegau bancio rhyngrwyd a dyfeisiau symudol. Mae hyn yn cynnwys cwsmeriaid yn cefnu ar arian parod ac yn troi at systemau talu digyswllt drwy apiau fel *Apple* ac *Android Pay*.
- Mae **technoleg aflonyddgar** (*disruptive technology*) yn cynnwys newidiadau mewn cynnyrch neu wasanaeth sy'n creu marchnad newydd ac sydd, yn y pen draw, yn trawsnewid marchnad sydd eisoes yn bodoli. Er enghraifft, mae datblygu ceir di-yrrwr yn debygol o effeithio ar sawl marchnad gan gynnwys y defnydd o dacsis. Mae cwmnïau fel *Uber* eisoes yn bygwth y farchnad draddodiadol gyda'i wasanaeth, sef tacsi a archebir drwy ap symudol.

Gwerthuso'r effaith sydd gan ffactorau technolegol ar fusnesau a'u rhanddeiliaid

Gall ffactorau technolegol gael yr effaith ganlynol ar fusnesau a'u rhanddeiliaid:

- **Awtomeiddio:** ymhlith manteision awtomeiddio mae cynhyrchu o ansawdd llawer uwch, gweithio 24 awr, lleihau costau a chynyddu cynhyrchiant. Mae cyfranddalwyr a pherchnogion eraill y busnes yn debygol o weld cynnydd mewn proffidioldeb o ganlyniad i gostau is parhaus o ran y llafurlu a mwy o gynhyrchiant ac ansawdd. Fodd bynnag, mae peirianwaith yn ddrud iawn i fuddsoddi ynddo i ddechrau, ac mae ganddo gostau trwsio a gwasanaeth uchel. Ceir hefyd y bygythiad o beiriannau'n methu oherwydd toriad pŵer neu hacwyr. I weithwyr, mae yna fygythiad uniongyrchol o golli swyddi ac i'r llywodraeth, mae'n bosibl y bydd hi'n colli refeniw treth o incwm y bobl hynny sydd wedi cael eu disodli gan beiriannau.
- **Technoleg cyfathrebu:** ymhlith manteision technoleg cyfathrebu mae gwelliannau sylweddol o ran mynediad at gynhyrchion a gwasanaethau busnes, gostyngiadau mawr mewn costau ac, o bosibl, fwy o elw. Gall gweithwyr elwa ar allu gweithio o gartref, sy'n caniatáu iddyn nhw weithio'n hyblyg a lleihau eu hamser teithio. Gall busnesau farchnata eu gwasanaethau yn fyd-eang am gost lawer is. Gall cyfranddalwyr weld cynnydd mewn proffidioldeb o ganlyniad i lefelau cynhyrchiant uwch a gwelliant mewn ansawdd. Fodd bynnag, gall staff gael eu diswyddo, mae'r gwariant dechreuol ar gyfer y dechnoleg a'r gwaith cynnal a chadw parhaus yn ddrud, ac mae'r gwasanaethau a ddarperir yn dibynnu ar argaeledd technoleg fel cysylltiadau rhyngrwyd cyflym. Gallai hyn olygu na fydd gan gwsmeriaid yn y byd sy'n datblygu fynediad i'r cynhyrchion a gallan nhw ddewis cystadleuwyr lleol yn lle.

Profi Gwybodaeth 4

Pam y gallai dadansoddiad PEST fod yn aneffeithiol o ran sylwi ar dechnolegau aflonyddgar?

Cyngor i'r arholiad

Mewn unrhyw ateb sy'n defnyddio SWOT neu PEST cofiwch wirio'r gwahaniaeth rhwng sut y gall yr offer dadansoddol hyn weithio mewn theori ac yn ymarferol. Er enghraifft, ar gyfer materion allanol sy'n effeithio ar strategaeth fusnes, mae gwybodaeth allweddol yn aml yn seiliedig ar ragfynegiadau o'r dyfodol sy'n gallu bod yn anghywir.

Crynodeb

Ar ôl astudio'r pwnc hwn, dylech chi allu:

- esbonio sut y mae busnesau'n cael eu heffeithio gan ffactorau gwleidyddol, gan gynnwys trethiant a chymhorthdaliadau, a pholisi cyllidol ac ariannol
- gwerthuso'r berthynas rhwng llywodraeth a busnesau
- esbonio sut y mae ffactorau economaidd yn effeithio ar fusnesau, gan gynnwys cyfraddau llog, chwyddiant, cyfraddau cyfnewid a diweithdra
- gwerthuso'r effaith sydd gan ffactorau economaidd ar fusnesau a'u rhanddeiliaid

- esbonio sut y mae busnesau'n cael eu heffeithio gan ffactorau cymdeithasol, gan gynnwys newid demograffig, newid ffyrdd o fyw a newidiadau mewn chwaeth a ffasiynau defnyddwyr
- gwerthuso'r effaith sydd gan newid demograffig a ffactorau cymdeithasol eraill ar fusnesau a'u rhanddeiliaid
- esbonio sut y mae busnesau'n cael eu heffeithio gan ffactorau technolegol, gan gynnwys awtomeiddio a thechnoleg cyfathrebu
- gwerthuso'r effaith sydd gan ffactorau technolegol ar fusnesau a'u rhanddeiliaid

Ffactorau moesegol, cyfreithiol ac amgylcheddol

Ffactorau moesegol

Mae moeseg yn gallu cynnig canllawiau moesol sy'n rheoli ymddygiad da. Mae **moeseg busnes** yn diffinio ymddygiad derbyniol ym mhob achos busnes. Mae hefyd yn sail i'r ffordd y dylai'r rheolwyr wneud penderfyniadau.

Bydd busnes yn wynebu amrywiaeth o faterion moesegol.

Ymhlith y **materion amgylcheddol** i'w hystyried mae allyriadau, datgoedwigo (*deforestation*), llygredd dŵr ac aer, a gwaredu gwastraff. Mae angen i fusnesau sy'n delio mewn coed mewn gwledydd fel Brasil ystyried yr effaith amgylcheddol hirdymor sydd gan ddatgoedwigo o'i gymharu â'r enillion tymor byr o dorri coed mewn fforestydd glaw.

Mae **hawliau anifeiliaid**, fel gofalu am anifeiliaid sy'n cael eu cludo i wahanol farchnadoedd, yn fater arall. Mae cyfreithiau'r UE yn nodi'r safonau gofynnol ar gyfer cludo anifeiliaid. Er enghraifft, dim ond hyn a hyn o anifeiliaid y gellir eu cario mewn gofod penodol ar gerbyd, ac mae'n rhaid archwilio eu lles yn rheolaidd. Fodd bynnag, nid oes gan wledydd fel Twrci unrhyw ofynion cyfreithiol o'r fath. Felly bydd angen i fusnesau benderfynu pa un ai i fod mewn perygl o gael cyhoeddusrwydd gwael a chosbau troseddol wrth gael mwy o elw drwy leihau'r gofal o ran lles anifeiliaid mewn gwledydd y tu allan i'r UE, neu fod mewn perygl o fod yn llai cystadleuol nag eraill drwy lynu wrth bolisïau lles anifeiliaid moesegol. Mae hyn yn broblem arbennig mewn economïau sydd â safonau byw isel ac ychydig iawn o reoleiddio ar yr hyn y gall ac na all busnesau ei wneud, ac sydd ag awydd i ennill buddsoddiad uniongyrchol o dramor (FDI) i wella gwasanaethau cyhoeddus y gwledydd.

Mae'r **driniaeth o weithwyr** yn golygu y bydd angen i fusnesau wneud dewisiadau ynghylch lefel y cyflog a'r amodau sy'n cael eu cynnig – po fwyaf y cymhellion ariannol ac anariannol sy'n cael eu cynnig, y mwyaf fydd yr effaith ar gostau a phroffidioldeb yn y pen draw.

Mae angen trin **cyflenwyr** yn deg, ac mae hyn wedi bod yn broblem gyda busnesau mawr yn arbennig. Er enghraifft, mae rhai busnesau wedi mynd ati mewn ffordd anfoesegol i dalu cyflenwyr drwy atal taliadau ar gyfer cynhyrchion a gwasanaethau am gyfnodau hir o amser. Mae hyn wedi achosi problemau mawr o ran llif arian i'r cyflenwyr ac, mewn rhai achosion, mae wedi arwain at fethdaliad. Er enghraifft, yn 2017, cafodd llawer o fusnesau eu henwi a'u cywilyddio am fod yn araf yn talu cyflenwyr, gyda *Vodafone*, y gwaethaf ohonyn nhw, ond yn talu cyflenwyr ar gyfartaledd o 84 diwrnod ar ôl derbyn gwasanaethau.

Mae angen i fusnesau drin **cwsmeriaid** yn foesegol hefyd, gan fod hyn yn annog boddhad cwsmeriaid, teyrngarwch, ailbrynu a gwell elw. Gall hyn gynnwys osgoi honiadau ffug am gynhyrchion a gwasanaethau, fel yr hysbyseb a waharddwyd yn ddiweddar ar gyfer car trydan *BMW* a oedd yn honni bod ganddo ddim allyriadau. Ond, mewn gwirionedd, roedd gan y car injan betrol fechan i gyd-fynd â'i fatris trydan.

Cyfrifoldeb cymdeithasol corfforaethol

Cyfrifoldeb cymdeithasol corfforaethol (*Corporate Social Responsibility – CSR*) Parodrwydd busnes i asesu a chymryd cyfrifoldeb am ei weithredoedd a'i effaith ar

Moeseg busnes Yr egwyddorion moesol sy'n llywio'r ffordd y mae busnes yn ymddwyn.

Cyfrifoldeb cymdeithasol corfforaethol Lle mae busnes yn derbyn cyfrifoldeb am ei weithredoedd a'i effaith gymdeithasol, economaidd ac amgylcheddol ar amrywiaeth o randdeiliaid.

amrywiaeth o randdeiliaid. Mae CSR yn seiliedig ar y cysyniad bod angen busnesau ar gymdeithas i gyflogi staff, gwneud buddsoddiad a chodi trethi o elw. Mae angen cymdeithas ar fusnes i greu galw, i ddarparu'r ddarparu'r isadeiledd angenrheidiol fel ffyrdd ac ynni y bydd busnesau'n eu defnyddio, ac ar gyfer amddiffyniad cyfreithiol.

Gwrthdaro posibl rhwng moeseg a phroffidioldeb

Mae moeseg yn tueddu i wrthdaro â phenderfyniadau strategol allweddol eraill y busnes. Gall y busnes ystyried y rhesymau moesol sy'n ymwneud â phenderfyniad, ond efallai y bydd yn ildio ar y ffordd foesol gywir yn erbyn yr hyn sydd er lles gorau'r busnes. Bydd angen i'r busnes hefyd ystyried y tegwch yn lefel y risg sy'n cael ei hysgwyddo gan wahanol bleidiau. Gallai'r cyfaddawd gynnwys llai o elw, costau uwch a disgwyliadau ffug, o bosibl, am allu'r busnes i fod yn llwyddiannus ac yn foesegol.

Mae **proffidioldeb** (*profitability*) yn gallu gwrthdaro ag egwyddorion moesegol, gan fod cyflwyno amrywiaeth o arferion busnes y mae rhanddeiliaid yn eu hystyried yn deg yn aml yn golygu cynnydd mewn costau. Er enghraifft, efallai y bydd angen cynyddu cyflog staff, yn ogystal ag ymchwil a datblygu, er mwyn sicrhau bod cynhyrchion yn cael yr effaith amgylcheddol leiaf a bod lefelau uchel o wasanaeth cwsmer yn cael eu cynnal.

Mewn byd delfrydol, byddai ystyriaethau moesegol mewn busnes yn seiliedig ar yr hyn sy'n foesol gywir yn unig. Mae pwysau eraill (fel proffidioldeb) yn gwneud hyn yn anodd ei gyflawni.

Ymhlith **manteision** posibl mabwysiadu egwyddorion moesegol mae refeniw uwch o ganlyniad i gefnogaeth gadarnhaol gan ddefnyddwyr, gwell ymwybyddiaeth a chydnabyddiaeth o ran brand a busnes, gwell cymhelliant a recriwtio i weithwyr, a ffynonellau cyllid newydd. Mae busnesau moesegol, felly, yn dadlau mai tymor byr yw'r gwrthdaro rhwng moeseg a phroffidioldeb, ac y bydd unrhyw gostau ychwanegol yn cael eu hadennill yn yr hirdymor.

Ymhlith yr **anfanteision** mae costau a gorbenion uwch (fel hyfforddiant) a fydd yn golygu llai o elw, yn enwedig yn y tymor byr. Er bod y busnes yn addasu ei strategaethau wrth ddilyn dull moesegol, y perygl yw y gallai golli ei fantais gystadleuol o ran pris, a phrofi problemau llif arian a methiant busnes, o bosibl, os bydd refeniw'n gostwng yn sylweddol ac am gyfnod hir o amser.

Gwerthuso safbwynt moesegol busnesau o safbwyntiau gwahanol randdeiliaid

Efallai y bydd gan wahanol randdeiliaid safbwyntiau gwahanol am foeseg busnes:

- Mae **staff** yn debygol o ymddiried mwy yn y busnes os bydd yn gofyn iddyn nhw ddefnyddio dull teg o greu, cynhyrchu a marchnata eu cynhyrchion. Mae hyn yn debygol o wella cymhelliant staff, a'r gallu i'w cadw, yn ogystal â gwella enw da'r busnes ymhellach. Mae'r manteision hefyd yn cynnwys staff yn cael tegwch o ran tâl a derbyn budd fel rhannu elw. Fodd bynnag, gall ymagwedd foesegol achosi gwrthdaro ac anfodlonrwydd mewn busnes sy'n delio â cheir, lle mae gweithwyr, yn draddodiadol, yn cael eu talu drwy gomisiwn, oherwydd efallai na fyddan nhw'n cael gweithredu ar ymyl yr hyn sy'n cael eu hystyried yn arferion teg wrth werthu ceir.

- Mae canfyddiad **cwsmeriaid** o'r busnes yn debygol o wella, ac mae'n bosibl y byddent yn elwa o gynhyrchion gwell a gostyngiadau tymor hir yng nghostau prynu cynnyrch o ganlyniad i ddulliau moesegol fel ailgylchu, lleihau carbon a deunyddiau crai mwy cynaliadwy. Fodd bynnag, efallai na fydd cwsmeriaid yn gwerthfawrogi

---

Pam fod cwmnïau olew mawr fel *BP* eisiau cael eu gweld yn gweithredu dull cyfrifoldeb cymdeithasol corfforaethol?

Proffidioldeb Gallu'r busnes i gynhyrchu elw o'i weithgareddau, a chyflawnir hyn drwy ostyngiadau mewn costau a chynnydd mewn elw.

cynnydd ym mhris cynnyrch oherwydd y costau cynyddol o fabwysiadu arferion moesegol. Mae'n bosibl y byddan nhw hefyd yn ystyried ymdrechion y busnes i fod yn fwy moesegol yn ddim ond yn ymdrech pellach i'w camarwain drwy geisio **rhoi golwg dda ar bethau** (*window dressing*).

- Gallai barn **cyfranddalwyr** ar faterion moesegol ddibynnu ar yr hyn y maen nhw am ei gyflawni o'u rhan nhw yn y busnes. Os oes gan y cyfranddaliwr ddiddordeb yn nhwf a chynaliadwyedd hirdymor y busnes, yna gallai agwedd foesegol fod o fudd iddyn nhw o ran rhannu gwerth a chynyddu difidend/buddran yn raddol. Fodd bynnag, i gyfranddalwyr sydd am gael enillion tymor byr drwy ddifidend uwch, mae'n bosibl y byddai gosod pwyslais ar agweddau moesegol yn gallu arwain at lai o elw o'u buddsoddiad.

Ymhlith y **dadleuon dros fusnesau'n gweithredu'n foesegol** mae'r ffaith y gall wella delwedd ac enw da'r busnes; gall helpu osgoi ymyrraeth gan lywodraeth drwy gyfreithiau newydd; bydd buddsoddwyr a gweithwyr yn cael eu denu i'r busnes; gall gynyddu cymhelliant gweithwyr; mae'n helpu i gywiro problemau cymdeithasol sy'n cael eu hachosi gan fusnes; mae'n lleihau effaith negyddol carfanau pwyso ac, efallai'n fwyaf oll, gall fod yn broffidiol.

Ymhlith y **dadleuon yn erbyn busnes yn gweithredu'n foesegol** mae'r ffaith mai unig gyfrifoldeb y busnes yw creu cyfoeth i gyfranddalwyr. Y dadleuon eraill yw ei fod yn lleihau'r defnydd effeithlon o adnoddau os caiff busnesau eu cyfyngu yn ôl y modd y maen nhw'n gweithredu; ni all busnesau benderfynu beth sydd orau er budd cymdeithas; bydd costau ychwanegol yn cael eu trosglwyddo i gwsmeriaid; bydd llai o gyfle i dyfu ac mae perygl y gall atal arloesedd.

Ffactorau cyfreithiol

Mae'r **ffactorau cyfreithiol** yn cynnwys cyflogaeth, cyfreithiau iechyd a diogelwch a **deddfwriaeth**. Gall y rhain fod yn faterion nid yn unig ym marchnad y DU, ond hefyd mewn unrhyw farchnad ryngwladol y mae'r busnes yn gweithredu ynddi. Er enghraifft, yn 2016, yr isafswm cyflog yn China oedd £2.17 yr awr ar gyfer gweithiwr 18 oed o'i gymharu â £5.30 yr awr yn y DU.

Mae deddfwriaeth yn tueddu i weithredu er mwyn cyfyngu busnesau yn eu gweithrediadau. Gall greu costau ychwanegol hefyd.

Cyfraith Cwmnïau

Mae **cyfraith cwmnïau** yn ymwneud â hawliau a chyfrifoldebau cyfreithiol cwmnïau cyfyngedig preifat a chyhoeddus. Mae gan gwmnïau cyfyngedig cyhoeddus lawer mwy o gyfrifoldebau o dan y gyfraith, fel y rhai sy'n ymwneud â dyrannu cyfranddaliadau ar y gyfnewidfa stoc.

Ymhlith **manteision** cyfraith cwmnïau yw'r ffaith y caiff busnes ei drin fel hunaniaeth gyfreithiol ar wahân gan ei gyfranddalwyr, gan gyfyngu ar eu hatebolrwydd os bydd y busnes yn methu. Fodd bynnag, mae llawer o gostau'n gysylltiedig â chymhwyso cyfraith cwmnïau, fel paratoi ac archwilio cyfrifon.

Y Gyfraith Cyflogaeth a Gwrthwahaniaethu

Bwriad **y gyfraith cyflogaeth a gwrthwahaniaethu** yw diogelu staff rhag gwahaniaethu neu driniaeth annheg yn y gweithle. Mae cyfres o gyfreithiau yn rhoi gwarant (yn ddamcaniaethol) o gyflog cyfartal ynghyd â gwahardd recriwtio neu hyrwyddo gwahaniaethu ar sail hil, rhyw, oedran neu grefydd.

Rhoi golwg dda ar bethau Tacteg tymor byr wedi'i mabwysiadu gan fusnes i bortreadu agwedd gadarnhaol ar berfformiad neu strategaeth er mwyn ennill gwerthiannau, twf neu fantais ariannol.

Cyngor i'r arholiad

Gall materion sy'n ymwneud â moeseg busnes gael eu cysylltu â rhanddeiliaid a diwylliant corfforaethol wrth ateb cwestiwn. Yn gynyddol, mae dulliau moesegol yn cael eu hystyried yn synnwyr busnes da, ond peidiwch ag anghofio ystyried yr hyn y mae'n rhaid i fusnesau ei gyfaddawdu, yn y tymor byr o leiaf.

Deddfwriaeth Y cyfreithiau a gyflwynwyd gan y Senedd yn y DU neu'r Undeb Ewropeaidd sy'n effeithio ar y busnes.

Un **anfantais** o'r gyfraith cyflogaeth yw ei bod yn gosod costau ychwanegol ar y busnes mewn meysydd fel cyflog a recriwtio. Fodd bynnag, os yw staff yn credu eu bod yn cael eu trin yn deg a bod ganddyn nhw fwy o sicrwydd swydd, mae hyn yn debygol o wella lefelau cymhelliant a chystadleurwydd y busnes yn y tymor hwy.

Diogelu defnyddwyr

Mae **cyfreithiau diogelu defnyddwyr** wedi'u hanelu at wneud yn siŵr bod busnesau'n gweithredu'n deg tuag at eu cwsmeriaid a'u defnyddwyr. Mae'r Ddeddf Gwerthu a Chyflenwi Nwyddau yn nodi bod yn rhaid i nwyddau fod o ansawdd boddhaol, e.e. mae'n rhaid i sychwr gwallt sychu gwallt yn ddiogel. Mae'r Ddeddf Disgrifiadau Masnach yn datgan bod yn rhaid i nwyddau a gwasanaethau berfformio yn y ffordd y maen nhw'n cael eu hysbysebu gan y busnes, e.e. mae'n rhaid i gar sy'n cael ei hysbysebu fel un sydd â system awyru gael y nodwedd honno.

Ymhlith **manteision** cyfraith diogelu defnyddwyr mae'r ffaith bod cwsmeriaid yn gallu gorfodi eu hawl i gael eu trin yn deg o ran y cynhyrchion a'r gwasanaethau y maen nhw'n eu prynu. Gan fod yn rhaid i bob busnes ddefnyddio'r un rheolau, mae'r costau ychwanegol o wneud hynny yn debyg, felly nid oes mantais gystadleuol yn cael ei cholli dros y busnesau hynny yn yr un farchnad. Fodd bynnag, gall rhai busnesau dorri corneli er mwyn lleihau costau, ac oherwydd nad yw'r cyfreithiau'n cael eu plismona'n dda, maen nhw'n gadael cwsmeriaid yn agored i nwyddau a gwasanaethau gwael.

Polisi cystadlu

Mae **cyfreithiau cystadleuaeth** wedi'u cynllunio i sicrhau bod yna gystadleuaeth deg ym mhob diwydiant. Mae llywodraethau'n credu bod mwy o gystadleuaeth yn arwain at brisiau is, nwyddau o ansawdd gwell ac amrywiaeth ehangach o gynhyrchion. Gall yr Awdurdod Cystadleuaeth a Marchnadoedd ymchwilio i achosion o drosfeddiannau, cydsoddiadau ac arferion gwrth-gystadleuol, a dwyn achos troseddol yn erbyn unigolion sy'n cyflawni troseddau **cartél**. Gall unrhyw fusnes sy'n ymddangos fel ei fod yn cyfyngu ar gystadleuaeth deg fod yn destun ymchwiliad gan yr Awdurdod Cystadleuaeth a Marchnadoedd.

Deddfwriaeth iechyd a diogelwch

Deddfwriaeth iechyd a diogelwch sy'n diogelu iechyd a diogelwch gweithwyr yn y gwaith. Er enghraifft, mae'r Ddeddf Iechyd a Diogelwch yn y Gwaith 1974 yn datgan bod yn rhaid i gyflogwyr ddarparu safleoedd a pheiriannau diogel. Mae'n rhaid iddyn nhw sicrhau nad yw iechyd gweithwyr yn cael ei effeithio gan eu gwaith. Mae hyn yn ychwanegu at gostau'r busnes yn y tymor byr, gan ei fod yn rhaid iddyn nhw hyfforddi staff a chynnal safonau diogelwch yn y gweithle. Fodd bynnag, yn y tymor hwy, mae modd lleihau costau oherwydd llai o absenoldeb staff a llai o hawliadau iawndal am anafiadau yn y gwaith.

Diogelu data

Mae **deddfau diogelu data** yn diogelu preifatrwydd gwybodaeth bersonol unigolion, sydd fel arfer yn cael ei storio ar system gyfrifiadurol sy'n perthyn i fusnes. Mae'r ddeddfwriaeth yn gorfodi busnesau i reoli data yn llym, sy'n ychwanegu at gostau rhedeg y busnes.

Eiddo deallusol

Mae **cyfreithiau eiddo deallusol** (*intellectual property – IP*) yn diogelu'r rhai sy'n creu cynnyrch a gwasanaethau newydd neu arloesol. Mae hyn yn cynnwys diogelu cerddoriaeth a chyfryngau eraill drwy gyfraith hawlfraint, a diogelu enwau brand drwy nodau masnach.

Cartél Grŵp o weithgynhyrchwyr neu gyflenwyr sy'n dod ynghyd gyda'r diben o gadw prisiau ar lefel uchel a chyfyngu ar gystadleuaeth.

Ymhlith **manteision** cyfreithiau eiddo deallusol mae amddiffyn unigolion a busnesau sy'n creu cynhyrchion, yn ogystal ag amddiffyn gwasanaethau a chyfryngau newydd rhag colli refeniw gwerthiant ac elw o gopïau anghyfreithlon. Fodd bynnag, mae'r gost o ddiogelu a gorfodi hawliau eiddo deallusol yn uchel iawn, sy'n golygu y gallai unigolion fod o dan anfantais beth bynnag ac mai busnesau mawr yn unig a all fforddio diogelwch o'r fath.

Isafswm cyflog

Mae **deddfwriaeth isafswm cyflog** yn ei gwneud yn ofynnol i gyflogwyr dalu cyfradd o isafswm fesul awr i'w gweithwyr, pa un a ydyn nhw'n cael eu talu fesul awr, yn ddyddiol, yn wythnosol neu'n fisol.

Ymhlith **manteision** y ddeddfwriaeth yw ei bod yn atal gweithwyr rhag cael eu hecsbloetio gan gyflogwr ac, mewn rhai mathau o ddiwydiant, gall yrru gweithredwyr anghyfreithlon o'r farchnad. Gall hefyd helpu busnesau llai i gyllidebu'n fwy effeithiol. Fodd bynnag, efallai y bydd rhai busnesau, yn enwedig y rhai llai, yn gweld na allan nhw gynnal eu helw oherwydd y cynnydd mewn costau llafur.

Ffactorau amgylcheddol

Mae **ffactorau amgylcheddol** yn cynnwys cynaliadwyedd, effaith y busnes ar yr amgylchedd, ac allyriadau carbon. Mae rhai busnesau yn canolbwyntio eu cynhyrchion ar ddenu cwsmeriaid a buddsoddwyr oherwydd eu rhinweddau amgylcheddol.

Dyma'r costau amgylcheddol posibl sydd gan weithgarwch busnes:

- **Llygredd aer** o ffatrïoedd ac o'r cynhyrchion a gynhyrchir gan fusnesau mawr. Er enghraifft, yn 2016, cafodd y gwneuthurwr ceir, *Volkswagen*, ei ddirwyo $14.7 biliwn gan gan Lywodraeth UDA am ffugio'r allyriadau carbon ar ei geir fel ei bod yn ymddangos eu bod yn bodloni safonau allyriadau. Prif fantais busnesau ceir fel *Tesla* yw nad oes allyriadau o'u ceir trydan.
- **Llygredd dŵr**, sy'n gallu bod yn faich mawr ar fusnes. Er enghraifft, cafodd *Thames Water*, sy'n darparu dŵr yfed i filiynau o gartrefi, ddirwy o £20 miliwn yn 2017 am lygru afon Tafwys.
- **Llygredd sŵn**, fel yr hyn sy'n cael ei greu gan awyrennau ym maes awyr Heathrow yn Llundain. Mae'r maes awyr bellach yn dirwyo cwmnïau awyrennau sy'n torri rhai lefelau sŵn, gan ychwanegu at y costau o gynnal hediadau.
- **Newid yn yr hinsawdd**, sydd wedi cael effaith ar y rhan fwyaf o fusnesau o ran costau uniongyrchol ac anuniongyrchol. Yn 2013, cyflwynodd y DU 'dreth carbon' sy'n ei gwneud yn ddrutach i weithredu dulliau cynhyrchu (fel gorsafoedd pŵer sy'n llosgi glo) sy'n achosi newid yn yr hinsawdd. Mae'r dreth yn doll ar allyriadau carbon.
- **Tagfeydd** (*congestion*), sy'n gost fawr i fusnesau gan fod y deunyddiau crai a'r nwyddau gorffenedig sy'n cael eu cludo ar y ffyrdd yn cael eu hoedi, gan achosi cynnydd mewn costau tanwydd a staff. Mae dinasoedd mawr fel Llundain wedi cyflwyno tâl atal tagfeydd traffig er mwyn ceisio annog unigolion i beidio â theithio mewn car. Mae hyn mewn lle er mwyn lleihau'r effeithiau amgylcheddol a gwella amgylchiadau iechyd y bobl leol.
- **Dinistrio'r amgylchedd** fel mewn ardaloedd o Brasil, lle mae torri coed yn achosi difrod enfawr i fforestydd glaw yr Amazon.

Cyngor i'r arholiad

Gwnewch yn siŵr eich bod yn darllen y darnau'n ofalus wrth ystyried deddfwriaeth a'i heffaith ar fusnes. Yn aml, mae yna gostau dechreuol i'r busnes, ond cofiwch fod hyn yn berthnasol i'r holl fusnesau ac y gall fod manteision hirdymor hefyd sy'n gwneud yn iawn am y costau.

Profi Gwybodaeth 7

Rhowch un rheswm pam y mae *Volkswagen* wedi dioddef dirwyon mawr yn UDA am ddweud celwydd ynghylch lefel y llygredd roedd ei geir yn ei gynhyrchu, tra bod Llywodraeth y DU heb gymryd unrhyw gamau yn erbyn y cwmni.

- **Gwaredu gwastraff**, sy'n gallu bod yn gost fawr i gwmnïau amlwladol a allai gael eu temtio i roi elw o flaen yr amgylchedd. Yn ôl adroddiad gan y Cenhedloedd Unedig yn 2010 a ystyriodd gostau amgylcheddol 3,000 o gwmnïau mwyaf y byd, byddai'r cwmnïau hyn yn colli un rhan o dair o'u helw pe byddan nhw'n cael eu gorfodi i dalu am y golled a'r difrod a achoswyd ganddyn nhw i'r amgylchedd.

Rheoli costau amgylcheddol posibl

Ymyrraeth gan y llywodraeth

Mae llywodraethau yn gallu ymyrryd i reoli costau amgylcheddol posibl:

- **Llygredd aer:** mae Llywodraeth y DU wedi cyflwyno deddfwriaeth fel y Ddeddf Aer Glân sy'n rheoli faint o fwg, gronynnau a llwch a gaiff eu gollwng o'r cartref a simneiau masnachol. Mae gronynnau o beiriannau diesel yn bryder arall i'r llywodraeth ac mae rheolaethau caeth ar lefel y gronynnau sy'n cael eu gollwng gan geir diesel a phetrol.
- **Sŵn a niwsans:** er mwyn lleihau effaith llygredd sŵn, mae gan y llywodraeth reolau, ynghylch ble y gellir adeiladu gorsafoedd pŵer, meysydd awyr a ffyrdd newydd.
- **Llygredd dŵr:** mae gan y llywodraeth ddeddfau mewn lle i sicrhau nad yw cemegau sy'n niweidiol i'r amgylchedd yn cael mynediad i gyflenwadau dŵr.
- **Newid yn yr hinsawdd:** mae'r llywodraeth wedi gosod targed i'r DU leihau ei hallyriadau niweidiol, gan ostwng lefelau 1990 o 80% erbyn 2050. Er mwyn helpu i gyrraedd y targed hwn, mae grantiau a chymhorthdaliadau ar gael fel bod y diwydiant ynni yn cefnu ar danwyddau ffosil ac yn troi at ddulliau adnewyddadwy, fel pŵer gwynt a phŵer solar.

Carfanau pwyso ac addysg

Mae carfanau pwyso (*pressure groups*) yn gallu dylanwadu ar weithgareddau busnes naill ai drwy weithredu uniongyrchol, lle mae protest ffisegol neu achos llys yn atal gweithgaredd; neu drwy weithredu anuniongyrchol fel boicotio mathau penodol o gynnyrch. Mae carfanau pwyso yn cynnwys *Greenpeace, Compassion in World Farming* a *Chyfeillion y Ddaear Cymru*.

Rhaid cofio hefyd fod yna garfanau pwyso sy'n gweithio i hyrwyddo achos busnesau hefyd, fel Cydffederasiwn Diwydiant Prydain (CBI).

Fel rhan o'u hymgyrchoedd, mae carfanau pwyso hefyd yn ceisio **addysgu** defnyddwyr a busnesau am broblemau amgylcheddol posibl. Er enghraifft, dechreuodd *Greenpeace* ar ei ymgyrch 'Achub yr Arctig' yn 2012 i atal olew rhag cael ei ddrilio a physgota anghynaliadwy yn rhanbarth yr Arctig. Targedwyd y gweithrediadau ar *Lego* fel rhan o'r ymgyrch er mwyn ei berswadio i ddod â'i bartneriaeth â *Shell* i ben, gan fod y cwmni'n bwriadu drilio am olew yn yr Arctig.

Fodd bynnag, ceir digon o sefyllfaoedd lle mae cwmnïau amlwladol wedi parhau â'u gweithgareddau busnes, er gwaethaf ymgyrchoedd ar y cyfryngau cymdeithasol. Mewn gwledydd fel China, mae'r llywodraeth yno'n craffu'n fanwl ar gyfryngau cymdeithasol. Mae unrhyw newyddion neu negeseuon nad ydyn nhw'n dderbyniol i'r wladwriaeth yn cael eu gwahardd o'r rhyngrwyd gan y wladwriaeth.

Carfan bwyso Grŵp sy'n ceisio dylanwadu ar bolisi cwmni er budd achos penodol.

Cyngor i'r arholiad

Byddwch yn realistig ynghylch gallu gwahanol grwpiau, yn enwedig carfanau pwyso a chyfryngau cymdeithasol, i allu rheoli neu ddylanwadu ar gwmnïau amlwladol. Mae pobl yn aml yn 'poeni' am ddiwrnod neu ddau, cyn anghofio am y mater.

Sut mae busnesau'n ymateb i faterion amgylcheddol

Mae sut mae busnesau'n ymateb i faterion amgylcheddol yn dibynnu ar y math o fusnes a'i faint. Gall ymatebion gynnwys:

- **Gwastraff:** yn y pen draw, mae gwastraff yn gost i fusnesau, felly mae llawer yn ceisio lleihau'r sgil-gynhyrchion yn eu prosesau gymaint â phosibl, gyda'r sgil-effaith o ddiogelu'r amgylchedd. Bydd gweithgynhyrchwyr hefyd yn rhwym wrth gyfreithiau amgylcheddol, fel y rhai sy'n atal pwmpio gwastraff i afonydd.
- **Deunyddiau crai cynaliadwy:** mae llawer o weithgynhyrchwyr a manwerthwyr bellach yn creu ac yn prynu cynnyrch y daw eu deunyddiau crai o stoc gynaliadwy. Er enghraifft, mae *Ikea* ond yn prynu pren ar gyfer ei gynhyrchion dodrefn o goedwigoedd sy'n cael eu rheoli a'u hailstocio'n gyfrifol.
- **Allyriadau:** mae gofynion cyfreithiol ar fusnesau i sicrhau bod eu safleoedd gweithgynhyrchu yn allyrru cyn lleied o lygredd aer â phosibl. Mae rhai ffatrïoedd wedi troi at ynni solar neu wynt i leihau allyriadau o'r fath, gyda'r fantais ychwanegol o gyflenwi ynni rhatach.

Gwerthuso effaith gweithgarwch busnes ar yr amgylchedd

Gall gweithgarwch busnes effeithio ar yr amgylchedd mewn sawl ffordd, gan gynnwys:

- **Cynyddu gwastraff i afonydd lleol**, gan effeithio ar bysgod a bywyd gwyllt arall. Gall hyn hefyd effeithio ar y dŵr a ddefnyddir gan y boblogaeth leol ar gyfer ymolchi ac yfed.
- **Achosi sychder** drwy orddefnyddio cyflenwadau dŵr cyfyngedig yn y broses gynhyrchu.
- **Creu ansawdd aer gwael** drwy bwmpio gronynnau gwastraff o simneiau ffatrïoedd. Er enghraifft, mae lefel y mwg yn ninasoedd diwydiannol China wedi dod yn broblem fawr i iechyd dinasyddion, yn bennaf oherwydd diffyg rheolaeth ar y llygredd sy'n cael ei ryddhau o'r ffatrïoedd i'r aer a'r gorsafoedd pŵer sy'n llosgi glo.
- **Defnyddio dulliau gweithgynhyrchu aneffeithlon**, sy'n creu cynhyrchion gwastraff fel plastig, pren, metel a chemegau peryglus.
- **Gwenwyno neu anafu gweithwyr a/neu'r boblogaeth leol** drwy ddulliau cynhyrchu anniogel a gwaredu sgil-gynhyrchion yn anniogel o'r broses weithgynhyrchu.

Fodd bynnag, yn y tymor byr, efallai y bydd busnes yn dod o hyd i fantais o ran cost drwy feddwl dim am faterion amgylcheddol.

Gall busnesau hefyd fod ar eu hennill yn sgil yr arbedion a wneir drwy beidio â gweithredu mewn ffordd ecogyfeillgar. Mae hyn yn broblem benodol mewn economïau sy'n datblygu, lle mae llywodraethau'n awyddus i ddenu buddsoddiad o dramor ac yn barod i anwybyddu'r amgylchedd er mwyn sicrhau cynnydd economaidd.

Gwerthuso'r effaith ar fusnesau o weithredu polisïau ecogyfeillgar

Gall busnes sy'n gweithredu polisïau ecogyfeillgar gael yr effaith ganlynol:

- **Defnyddio llai o ddeunyddiau crai a phecynnu:** bydd hyn, i ddechrau, yn costio gan y bydd rhaid ailgynllunio cynnyrch, ond bydd yn arwain at ostyngiad mewn costau yn gyffredinol yn yr hirdymor.
- **Lleihau neu ddileu'r defnydd o gemegau peryglus:** bydd hyn yn lleihau'r perygl o sylweddau niweidiol yn dianc i'r ecosystem ac yn difrodi planhigion neu hyd yn oed bywyd dynol. Mae modd osgoi'r perygl o ddirwyon uchel a chyhoeddusrwydd gwael i'r busnes drwy ddefnyddio dull o'r fath.
- **Defnyddio deunyddiau crai o ffynonellau cynaliadwy:** bydd hyn yn aml yn annog cwsmeriaid i brynu cynhyrchion a helpu i sicrhau bod y busnes yn parhau i greu ei gynhyrchion mewn ffordd gynaliadwy. Er enghraifft, mae *John West* bellach yn gwerthu tiwna sydd ond yn cael ei ddal o ffynonellau cynaliadwy. Arweiniodd hyn at garfanau pwyso yn rhoi'r gorau i alw ar gwsmeriaid i foicotio'r cynnyrch.
- **Creu pwynt gwerthu unigryw** (*USP*): mae llawer o fusnesau yn canolbwyntio ar gynaliadwyedd neu ar eu rhinweddau amgylcheddol fel pwynt gwerthu unigryw i annog pryniant. Er enghraifft, mae *Ecover* yn gwerthu amrywiaeth o hylifau a phowdrau golchi sy'n cael eu cynhyrchu heb gemegau niweidiol, gan ganiatáu i'r busnes werthu ei gynhyrchion ar elw uwch.

Bydd yna rai busnesau beth bynnag, lle mae'n well ganddyn nhw anwybyddu materion amgylcheddol oherwydd eu pwyslais ar dorri costau neu'r canfyddiad y bydd cwsmeriaid yn prynu'r cynnyrch beth bynnag fo'i effaith ar yr amgylchedd. Ond mae llawer o fusnesau'n deall bod polisïau sy'n gyfeillgar i'r amgylchedd, nid yn unig yn arbed arian yn yr hirdymor, ond hefyd yn gallu helpu i ddenu cwsmeriaid.

Fodd bynnag, efallai na fydd rhai busnesau yn gallu gweithredu polisi sy'n gyfeillgar i'r amgylchedd oherwydd union natur yr hyn y maen nhw'n ei gynnig. Er enghraifft, bydd darparwr ynni niwclear fel *EDF* bob amser yn delio â gwastraff sy'n beryglus iawn i bobl a'r amgylchedd. Yna, mae'r mater yn dod yn fater o gyfaddawd rhwng y risgiau gwaredu ar wastraff niwclear a gwneud y cyhoedd yn ymwybodol bod yr angen am ynni yn werth y risg.

Crynodeb

Ar ôl astudio'r pwnc hwn, dylech chi allu:

- esbonio'r mathau o faterion moesegol y bydd busnes yn eu hwynebu ac ystyr cyfrifoldeb cymdeithasol corfforaethol
- esbonio'r gwrthdaro posibl rhwng moeseg a phroffidioldeb
- gwerthuso safiad moesegol busnesau o safbwynt rhanddeiliaid gwahanol
- esbonio sut y mae ffactorau cyfreithiol yn effeithio ar fusnesau, gan gynnwys y cyfyngiadau y mae deddfwriaeth yn eu rhoi ar fusnesau
- esbonio'r costau amgylcheddol posibl sydd gan weithgarwch busnes a sut y gellir rheoli'r rhain drwy ymyrraeth gan y llywodraeth, dylanwad carfanau pwyso ac addysg
- esbonio sut y gall busnesau ymateb i faterion amgylcheddol
- gwerthuso effaith gweithgaredd busnes ar yr amgylchedd a gweithredu polisïau eco-gyfeillgar

Masnach ryngwladol

Masnach ryngwladol a'r rhesymau dros ei gweithredu

Masnach ryngwladol yw cyfnewid cyfalaf, nwyddau a gwasanaethau ar draws ffiniau rhyngwladol neu diriogaethau.

Bydd busnesau'n ceisio defnyddio unrhyw fantais sydd ganddyn nhw dros eu cystadleuwyr wrth gyflenwi nwyddau neu wasanaethau, felly fe fyddan nhw'n awyddus i fanteisio ar fasnach ryngwladol oherwydd eu bod yn chwilio am:
- farchnadoedd newydd ar gyfer twf ac elw
- mwy o effeithlonrwydd cynhyrchu
- llai o gostau a chynnydd mewn ansawdd

Gellir cyflawni **twf busnes** drwy fasnach ryngwladol a'i fesur mewn nifer o ffyrdd, gan gynnwys asedau, refeniw gwerthiannau, elw gweithredol a chyfran o'r farchnad. Gall twf ddod â manteision i fusnes amlwladol, fel mwy o werthiant, cyfran uwch o'r farchnad, darbodion maint a mwy o elw.

Mae rhesymau eraill dros ymgymryd â masnach ryngwladol, gan gynnwys:
- Mae marchnadoedd newydd yn golygu ehangu ac, o bosibl, cynyddu elw i'r busnes.
- Cynnig mynediad i farchnad newydd i wneud i fyny am ostyngiad mewn gwerthiant mewn marchnadoedd traddodiadol. Hefyd yn cynnig marchnad ar gyfer cynhyrchion newydd.
- Bod cydsoddiad (*merger*), trosfeddiannu (*takeover*) neu bartneriaeth yn galluogi busnes yn y DU i ennill marchnad newydd a hynny mewn amser byr.
- Efallai y bydd cyfleusterau cynhyrchu newydd mewn economïau sy'n datblygu, lle mae'r gweithlu yn tueddu i fod â disgwyliadau isel o ran cyflog ac amodau, a all arwain at ostyngiad ym mhris pob uned.

Mewnforion ac allforion

Mae busnes yn gallu **mewnforio** neu maen nhw'n gallu **allforio** deunyddiau crai, nwyddau neu wasanaethau.

Gall **mewnforion** naill ai fod yn nwyddau parod fel yr *iPad*, neu'n ddeunyddiau crai sy'n cael eu defnyddio i weithgynhyrchu cynhyrchion, Er enghraifft, roedd 36% o fewnforion y DU yn 2016 yn beiriannau ac offer cludiant. Yn India fodd bynnag, y prif gynnyrch i'w fewnforio oedd olew (34%).

Mae **allforion** yn nwyddau neu wasanaethau sy'n cael eu cynhyrchu mewn un wlad, cyn cael eu gwerthu mewn gwlad arall. Er enghraifft, yn ôl adroddiad gan y *Daily Telegraph*, roedd ceir yn cynrychioli 11.2% o'r allforion o'r DU i China yn 2015.

Ymhlith y gwahaniaethau rhwng mewnforion ac allforion mae:
- Mae allforion yn ennill arian i'r wlad a'r busnes.
- Mae mewnforion yn costio arian i'r wlad ac i fusnesau.
- Mae **dibrisiant** yn yr arian cyfred, sy'n cael ei ddefnyddio gan allforiwr, yn gwneud y nwyddau'n fwy cystadleuol yn y farchnad fyd-eang. Mae hyn yn arbennig o wir lle mae'r allforiwr yn gallu dod o hyd i'w ddeunyddiau crai o fewn y wlad y mae'n gweithgynhyrchu ynddi.

Twf busnes Y broses o gynyddu maint y busnes.

Mewnforion Nwyddau neu wasanaethau sy'n cael eu prynu o wlad arall.

Allforion Nwyddau neu wasanaethau a gynhyrchir mewn un wlad, cyn eu gwerthu mewn gwlad arall.

Arbrisiant a dibrisiant arian cyfred Cynnydd/gostyngiad yng ngwerth un arian cyfred yn erbyn y llall.

- Mae **arbrisiant** (*appreciation*) yn gwanhau sefyllfa allforwyr, ond mae'n helpu mewnforwyr. Mae nwyddau tramor yn rhatach i'w prynu ac yn fwy cystadleuol yn y farchnad leol. Mae hyn yn helpu'r nifer fawr o fanwerthwyr sy'n prynu o dramor, fel *Carphone Warehouse*.

Cyngor i'r arholiad

Disgwyliwch gael eich profi'n rheolaidd ar gyfrifo sut i drosi un arian cyfred i'r llall ac ystyr 'arbrisiant' a 'dibrisiant' arian cyfred.

Masnach rydd a diffynnaeth (gan gynnwys tollau a chwotâu)

Masnach rydd yw pan mae prynwyr a gwerthwyr o wahanol wledydd yn gallu masnachu'n wirfoddol heb rwystrau (fel trethi) gan lywodraethau ar nwyddau a gwasanaethau. Mae'n golygu cytundebau rhwng gwledydd i fasnachu â'i gilydd heb godi rhwystrau i fasnach.

Diffynnaeth (*protectionism*) yw unrhyw ymgais gan wlad, bloc masnach neu ranbarth i osod cyfyngiadau ar fewnforio nwyddau a gwasanaethau.

Gall gwlad ddefnyddio mesurau amddiffynnol oherwydd pryderon am anghydbwysedd masnach (gormod o fewnforion o gymharu â rhy ychydig o allforion) i ddiogelu swyddi neu i ddiogelu diwydiannau sy'n sensitif yn wleidyddol fel adeiladu llongau.

Tollau

Mae toll yn dreth neu'n ddyletswydd sy'n codi pris cynnyrch a fewnforir. Mae'r cynnydd yn y pris yn debygol o leihau'r galw am yr eitem a hefyd annog entrepreneuriaid lleol i gynhyrchu mwy.

Mae tollau'n cael eu gosod yn aml i amddiffyn diwydiannau newydd mewn gwledydd fel India a Malaysia. Fe'u defnyddir i alluogi twf diwydiannau newydd fel y gallan nhw fanteisio'n raddol ar ddatblygiadau technolegol a darbodion maint sy'n eu galluogi i ddod yn gystadleuol, yn y pen draw, yn y farchnad fyd-eang.

Cwotâu mewnforio

Cwota mewnforio yw terfyn ar swm y mewnforion a ganiateir, neu derfyn ar werth mewnforion a ganiateir i wlad mewn cyfnod penodol o amser. Yn aml, rhoddir trwyddedau i fewnforwyr ar draul busnesau byd-eang eraill. Nid yw cwotâu fel arfer yn dod ag unrhyw refeniw treth i'r llywodraeth.

Rhwystrau masnach eraill

Ymhlith rhwystrau masnach eraill mae:

- **Deddfwriaeth llywodraeth** y gellir ei gosod er mwyn diogelu defnyddwyr a chyfyngu ar fewnforion. Er enghraifft, mae'r Undeb Ewropeaidd yn gwahardd defnyddio 1,328 o gemegau mewn colur i ddiogelu defnyddwyr. Ni ellir mewnforio cynhyrchion sy'n defnyddio unrhyw rai o'r cemegau hyn.
- **Cymhorthdaliadau domestig**, sef taliadau i annog cynhyrchu domestig drwy ostwng costau. Gellir defnyddio benthyciadau sydd â llog isel neu ddim llog i ariannu'r arfer o waredu cynhyrchion mewn marchnadoedd tramor. Ymhlith yr enghreifftiau adnabyddus o gymhorthdaliadau mae Polisi Amaethyddol Cyffredin

yr UE, cymhorthdaliadau cotwm i ffermwyr UDA, a chymhorthdaliadau fferm a gyflwynwyd gan wledydd fel Rwsia.

Profi Gwybodaeth 9

Nodwch anfantais o'r Polisi Amaethyddol Cyffredin sy'n darparu cymhorthdaliadau i ffermwyr yr UE.

Cyngor i'r arholiad

Ffordd dda o drafod diffynnaeth mewn ateb arholiad yw cymharu â chyferbynnu gwahanol ddulliau fel tollau yn erbyn cwotâu. Bydd yn eich helpu i werthuso manteision ac anfanteision pob un.

Blociau masnach a marchnad sengl

Bloc masnach yw grŵp o wledydd sy'n ymwneud â masnach ryngwladol gyda'i gilydd. Mae'r gwledydd yn ymwneud â'i gilydd drwy gytundeb masnach sy'n lleihau neu'n dileu rhwystrau masnach o fewn y grŵp. Nod y rhan fwyaf o flociau o'r fath yw creu masnach, gan eu bod yn trin aelodau o'r bloc masnach yn fwy ffafriol na'r rhai nad ydyn nhw'n aelodau. Fel arfer, ceir wal doll allanol.

Er enghraifft, mae'r Undeb Ewropeaidd yn floc masnach sydd bellach â thros 30 o gytundebau masnach ryngwladol ar wahân, gan gynnwys gwledydd fel Colombia a De Korea.

Mae nifer y blociau masnach wedi cynyddu o tua 70 yn 1990 i dros 300 erbyn hyn, gan adlewyrchu newid tuag at fwy o fasnach rhwng y rhanbarthau yn yr economïau marchnad hynny sy'n tyfu'n gyflym yn y byd. Y pedwar bloc masnach mwyaf yw'r UE, ASEAN, MERCOSUR a NAFTA, ond mae yna nifer fawr o flociau masnachol eraill sydd o bwys mewn cyd-destun rhanbarthol. Mae Tabl 1 yn nodi manylion y blociau masnach mawr.

Bloc masnach Grŵp o wledydd sy'n ymwneud â masnach ryngwladol gyda'i gilydd, wedi'u huno gan gytundeb masnach ffafriol.

Tabl 1 Y pedwar bloc masnach mawr

Bloc masnach	Sefydlwyd	Prif aelodau	Cyfanswm GDP	Cyfanswm poblogaeth (2015)
Undeb Ewropeaidd (UE)	1958	Yr Almaen, Ffrainc, Yr Eidal (cyfanswm o 27)	$16,200 biliwn	505 miliwn
Cymdeithas Cenhedloedd De-ddwyrain Asia (ASEAN)	1967	Indonesia, Gwlad Thai, Vietnam (cyfanswm o 10)	$2,431 biliwn	608 miliwn
MERCOSUR (enw Sbaeneg ar gyfer Marchnad Gyffredin De America)	1991	Brasil, Yr Ariannin, Uruguay (cyfanswm o 6)	$3,184 biliwn	303 miliwn
Cymdeithas Masnach Rydd Gogledd America (NAFTA)	1994	UDA, Canada, México (cyfanswm o 3)	$20,600 biliwn	484 miliwn

Ffynhonnell: Banc y Byd

Mae Sefydliad Masnach y Byd (*World Trade Organisation* – *WTO*), sy'n rheoleiddio masnach ryngwladol, yn caniatáu bodolaeth blociau masnach ar yr amod nad ydyn nhw'n ei gwneud hi'n anoddach i wledydd sydd y tu allan i'r bloc gael mynediad i'w nwyddau oherwydd bodolaeth tollau a osodir gan y bloc.

Mae maint yn bwysig o ran blociau masnach. Mae Ffigur 4 yn dangos y GDP ar gyfer economïau mwyaf y byd. Mae gan yr Almaen GDP sy'n sylweddol is na China ac UDA. Fodd bynnag, sylwch ar y budd i'r Almaen (ac i'r DU ar hyn o bryd) o fod yn rhan o floc masnach yr Undeb Ewropeaidd. Mae GDP y ddwy wlad bron yn gyfartal.

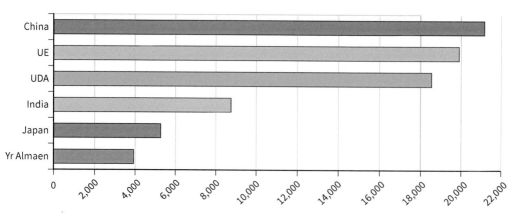

Ffigur 4 Economïau mwyaf y byd (cyfanswm GDP – cymharu pŵer prynu mewn $ biliynau)

Ffynhonnell: CIA World Factbook 2015

Marchnad sengl neu'r undeb tollau yw'r **Undeb Ewropeaidd** (UE), math o floc masnach sy'n ardal fasnach rydd gyda tholl allanol cyffredin. Fe'i sefydlwyd yn 1958 ac mae ganddi 27 o aelod-wladwriaethau ar hyn o bryd, gan gynnwys Ffrainc, yr Almaen, Sbaen a'r Eidal ac mae'n dal i dyfu. Fe adawodd y DU yr UE yn 2020.

Sefydlwyd y bloc masnach **ASEAN** yn 1967 ac mae'n cynnwys 10 gwlad gyda gwerth economaidd o $2.3 triliwn. Nod ASEAN yw cael ardal fasnach rydd heb doll ar nwyddau na gwasanaethau, a llif rhydd o weithwyr medrus. Mae'r bloc masnach hwn yn cynnwys amrywiaeth o economïau – o economïau datblygedig fel Singapore i wledydd sy'n datblygu fel Myanmar.

Mae ASEAN wedi llofnodi cytundebau masnach rydd gyda China, Japan, Korea, India, Awstralia a Seland Newydd. Mae China yn arbennig o bwysig i lwyddiant y bloc masnach a hi yw'r partner masnach mwyaf. Mae modd gweld hyn yn Nhabl 2, y twf mewn GDP prif aelod-wladwriaethau ASEAN fel Indonesia a Vietnam o'i gymharu â'r DU.

Tabl 2 Twf mewn GDP y pen – cymharu pŵer prynu i $UDA, 2015

	1990	2000	2015	% newid mewn GDP 1990–2015
Indonesia (aelod o ASEAN)	$2,892	$4,601	$11,035	281%
Vietnam (aelod o ASEAN)	$6,755	$12,798	$26,891	298%
India	$1,148	$2,020	$5,730	399%
China	$980	$2,195	$13,400	1,267%
DU	$17,985	$27,340	$38,657	115%

Ffynhonnell: Banc y Byd

Sefydlwyd **NAFTA**, sy'n cynnwys México, UDA a Canada yn 1994. Er bod UDA a Canada yn wledydd datblygedig iawn, caiff México ei nodi'n swyddogol fel gwlad incwm canolig (mae ei GDP y pen yn chwarter yr hyn yw GDP y pen UDA). Amcanion NAFTA yw lleihau rhwystrau masnach ac annog masnachu nwyddau a gwasanaethau.

Marchnad sengl Grŵp o wledydd sydd wedi cytuno i godi'r un doll mewnforio â'i gilydd ac i ganiatáu masnach rydd rhyngddyn nhw eu hunain.

Profi Gwybodaeth 10

Rhowch un rheswm pam fod economïau sy'n tyfu, wedi teimlo'r angen i fod yn rhan o flociau masnach.

Mae blociau masnach yn sicr o ymddangos ar ryw adeg yn eich arholiad, gan eu bod wedi dod yn fater pwysig i fusnesau yn fyd-eang. Yn benodol, mae disgwyl i ymadawiad y DU o'r UE fod yn faes tebygol ar gyfer cwestiynau arholiad.

Effaith blociau masnach ar fusnes

Mae effaith blociau masnach ar fusnes yn dibynnu ar ba un a yw'n masnachu o fewn y bloc neu y tu allan i'r bloc:

1 **I fusnesau sy'n masnachu o fewn y bloc**, mae'r manteision yn cynnwys mynediad i farchnad heb unrhyw rwystrau, os o gwbl, i fasnachu, heblaw am y rhai a osodir gan gystadleuaeth; mynediad i weithlu mwy o faint a mwy medrus; a diogelwch rhag mewnforion rhatach o'r tu allan i'r bloc masnach.

2 **Ar gyfer busnesau sy'n masnachu y tu allan i'r bloc**, mae'r anfanteision yn cynnwys costau uwch oherwydd y tollau a osodwyd a'r angen i fodloni'r gofynion cyfreithiol o fasnachu o fewn y bloc. Gall hefyd fod yn anodd cystadlu am fod cystadleuwyr lleol yn derbyn cymhorthdal.

Mae Tabl 3 yn crynhoi manteision ac anfanteision blociau masnach i fusnesau. A'r DU wedi pleidleisio i adael yr UE ym mis Mehefin 2016, bydd yn ddiddorol gweld a yw manteision gadael undeb tollau'r UE yn gorbwyso'r anfanteision.

Tabl 3 Manteision ac anfanteision blociau masnach i fusnesau

Manteision blociau masnach i fusnes	Anfanteision blociau masnach i fusnes
■ Mae symud nwyddau'n rhydd rhwng aelodau yn cynnig y potensial i greu 'marchnad sengl' fawr. ■ Mae waliau tollau allanol yn amddiffyn y busnes rhag cystadleuaeth o rannau eraill o'r byd. ■ Wrth i fasnach dyfu rhwng cymdogion, mae'n dod yn fater economaidd (ac yn angenrheidiol) i lywodraethau ddarparu cymorth isadeiledd. ■ Mae'r manteision yn llawer mwy os oes yna symudiad rhydd o ran llafur yn ogystal â nwyddau.	■ Mae masnach fwy rhydd yn creu mwy o gystadleuaeth, a gallai'r rhai sydd â monopoli dros fasnach wynebu colli eu grym. ■ Er mwyn creu marchnad sengl, gellir cytuno ar reolau a rheoliadau newydd, gan gynnwys cyfraddau isafswm cyflog. ■ Gall y ffaith fod modd cael mynediad hawdd i farchnadoedd cyfagos leihau busnes gyda marchnadoedd pell, ond dynamig, fel China. ■ O fewn bloc daearyddol, gall ffactorau cyffredin, gyda'i gilydd, ddod yn broblemau cyffredin, e.e. prisiau nwyddau isel.

Gwerthuso masnach rydd a diffynnaeth ar gyfer busnesau a rhanddeiliaid

Masnach rydd

Ymhlith manteision masnach rydd mae:

■ **Arbedion effeithlonrwydd o arloesi:** mae masnach yn gwella dewis yn y farchnad ac yn ysgogi busnesau i fod yn fwy arloesol wrth greu cynhyrchion i ddefnyddwyr. Fodd bynnag, gall mewnforwyr fod mor effeithlon ac arloesol fel eu bod yn tarfu ar farchnadoedd lleol, gan arwain at fusnesau lleol yn methu â chystadlu, gyda cholled o ran elw ac, yn y pen draw, swyddi.

■ **Mynediad at dechnoleg a gwybodaeth newydd:** mae masnach yn ysgogi cyfnewid syniadau, offer a chyfalaf, a hynny am brisiau is. Fodd bynnag, mae busnesau

Rhowch reswm pam y gellid ystyried bod bloc masnach fel yr UE yn methu wrth hyrwyddo masnach rydd yn fyd-eang.

amlwladol mawr yn debygol o wrthod rhannu technegau cynhyrchu a marchnad mwy effeithlon gan eu bod nhw eisiau cael mantais gystadleuol a chyfran gynyddol o'r farchnad. Gall cynhyrchwyr lleol fethu, felly.

- **Safonau byw yn codi a gostyngiad mewn tlodi i'r economi leol:** mae tystiolaeth yn dangos bod gwledydd â masnach rydd yn tyfu'n gyflymach a bod ganddyn nhw lefelau incwm uwch na'r rhai sy'n cael eu diogelu. Fodd bynnag, ceir hefyd lawer o enghreifftiau o fusnesau mawr sy'n methu â chynyddu cyflog ac amodau gweithwyr, ond sy'n amddifadu'r economi leol o ddeunyddiau crai am y pris rhataf. Ar yr un pryd, maen nhw'n methu â gwneud unrhyw fuddsoddiad gwirioneddol i wella safonau byw.

Ymhlith anfanteision masnach rydd mae:

- **Diwydiannau a busnesau newydd yn cael eu mygu** gan fusnesau rhyngwladol hynod gystadleuol.
- **Diffyg cyfreithiau eiddo deallusol cadarn** mewn gwledydd sy'n datblygu, sy'n golygu y gall busnesau tramor weld bod eu cynhyrchion yn cael eu copïo ac yna eu gwerthu am brisiau llawer rhatach.
- **Amodau gwaith a chyfraddau cyflog gwael:** mae cwmnïau amlwladol yn gallu trin gweithwyr lleol yn wael, a gall cynefinoedd lleol a deunyddiau crai gael eu cloddio am ychydig o fudd i'r boblogaeth leol.
- **Llai o refeniw treth** gan nad oes tollau ar nwyddau sy'n cael eu mewnforio.

Diffynnaeth

Mae gan wahanol **fesurau diffynnol** fanteision ac anfanteision.

- **Tollau:** Mae gosod tollau yn hyrwyddo diwydiannau lleol drwy brisio eu cynnyrch islaw pris nwyddau sydd wedi'u mewnforio; cynyddu refeniw'r llywodraeth i'w wario ar wasanaethau cyhoeddus drwy drethu'r cynnyrch; sicrhau nad yw cynhyrchion yn cael eu dympio; a chaniatáu i egin fusnesau ffynnu. Mae tollau sydd wedi'u hanelu'n benodol at ddiogelu busnesau domestig yn cael eu galw'n **wal dollau**. Ymhlith yr anfanteision mae atal masnach, lleihau dewis i ddefnyddwyr, codi prisiau a chyfyngu ar gystadleuaeth. Gallai'r olaf arwain at gynhyrchwyr lleol yn mynd yn aneffeithlon, a fydd yn arafu twf yr economi yn y pen draw.
- Mae **cwotâu mewnforio** yn cadw nifer y mewnforion yn ddigyfnewid hyd yn oed pan fydd y galw am gynhyrchion sy'n cael eu mewnforio yn cynyddu; mae canlyniad y cwota yn sicr ac yn fanwl gywir; gall swyddi lleol gael eu creu neu eu diogelu gan arwain at fwy o refeniw treth; a gall cwotâu fod yn fwy hyblyg na thollau. Mae'r anfanteision yn cynnwys y ffaith eu bod yn tueddu i ystumio masnach ryngwladol, gan eu bod yn cyfyngu ar swm y mewnforion; maen nhw'n cyfyngu ar gystadleuaeth; ni dderbynnir refeniw treth o fewnforion ychwanegol posibl; ac mae perygl o lygredd mewn rhai gwledydd wrth i gwmnïau lwgrwobrwyo er mwyn cael mynediad i'r farchnad.
- Mae **deddfwriaeth llywodraeth** yn caniatáu i gwmnïau lleol ffynnu yn y farchnad, ond efallai y bydd hynny'n ysgogi dial gan wlad arall os ystyrir bod y gwaharddiad yn annheg.
- Mae **cymhorthdaliadau** yn diogelu swyddi a diwydiannau lleol ac yn lleihau costau er mwyn gwneud busnesau yn fwy cystadleuol yn y farchnad fyd-eang. Un anfantais yw y gallan nhw annog aneffeithlonrwydd ac y gellir eu gweld fel polisi diffynnol yn unig, gan arwain at ddial.

Dympio (*Dumping*) Term sy'n cael ei ddefnyddio mewn cyswllt â'r farchnad ryngwladol. Bydd gwlad yn allforio cynnyrch i wlad arall dramor sy'n rhatach na phris y cynnyrch o fewn y wlad sy'n allforio'r cynnyrch. Mae hyn yn tanseilio diwydiannau yn y gwledydd sy'n mewnforio cynhyrchion rhad hyn.

Y Wal Dollau Tollau mewnforio sy'n cael eu gosod gan wlad er mwyn lleihau llif mewnforion. Gellir gosod cyfraddau gwahanol o doll. Er enghraifft, gosododd UDA dreth o 25% ar unrhyw fewnforion o ddur yn 2018.

Heriau i fusnesau mewn marchnadoedd rhyngwladol sy'n datblygu

Mae'r heriau y gallai busnes ddod ar eu traws wrth ddatblygu cynhyrchion ar gyfer marchnad ryngwladol yn cynnwys:

- **Adnabod anghenion marchnad ryngwladol cwsmeriaid**, h.y. canolbwyntio ar y farchnad. Gan ei bod yn bosibl nad yw'r perchenogion busnes wedi profi diwylliant y farchnad ryngwladol, gallan nhw wneud rhagdybiaethau am arferion gwario defnyddwyr a dewisiadau ffyrdd o fyw sy'n anghywir.
- Gall **gwahaniaethau diwylliannol** olygu y bydd yn rhaid i'r busnes newid y cynnyrch a/neu'r ffordd y caiff ei farchnata i'r cwsmeriaid lleol.
- Gall **gwahaniaethau o ran amser a phellter** olygu costau teithio a chludiant sylweddol. Efallai y bydd hefyd angen i staff fod ar gael yn y pencadlys busnes 24 awr y dydd wrth i'r farchnad ryngwladol fod yn weithredol ar adeg pan fydd y cwmni allforio fel arfer yn cau ei ddrysau.
- Gall **dod o hyd i bartneriaid dibynadwy** er mwyn helpu gydag ymchwil, dosbarthu a manwerthu, fod yn allweddol ar gyfer lansiad llwyddiannus i farchnad ryngwladol.
- Gall **cyfathrebu** â'r cwsmeriaid a'r staff lleol olygu rhwystrau ychwanegol i lwyddiant y busnes.

Gwerthuso penderfyniad busnes i ddatblygu marchnadoedd rhyngwladol newydd ar gyfer ei gynhyrchion

Dyma'r **manteision** i fusnes sy'n datblygu marchnadoedd rhyngwladol newydd:

- Pan fydd cynnyrch wedi cyrraedd y pwynt dirywio a gwerthiant yn gostwng yn y farchnad gartref, efallai y bydd y busnes yn gallu ei werthu yn y farchnad ryngwladol fel strategaeth ymestyn ac ennill mwy o elw heb fawr ddim buddsoddiad mewn datblygu cynnyrch.
- Efallai y bydd y farchnad gartref yn rhy gystadleuol, felly er mwyn sicrhau twf mewn gwerthiant a chyfran o'r farchnad, gall y farchnad ryngwladol ddarparu sylfaen gwsmeriaid newydd bosibl.
- Mae gan lawer o'r marchnadoedd newydd gostau cyflog is wrth gynhyrchu cynhyrchion ac wrth eu marchnata a'u gwerthu, gan gyflwyno llawer o gyfleoedd i arbed costau.
- Efallai y bydd y busnes am elwa o'r fantais achub y blaen (*first-mover advantage*), ac felly ennill y lleoliadau gorau ar gyfer ei ffatrïoedd neu siopau manwerthu, neu sefydlu ei frand gyda'r boblogaeth leol, cyn i unrhyw gystadleuydd arall wneud hynny. Bydd hyn yn creu rhwystr ar gyfer busnesau eraill i ymuno â'r farchnad.
- Gall fod grantiau a chymhellion treth sylweddol ar gael i'r busnes ar gyfer ymuno â'r farchnad. Er enghraifft, un rheswm pam y mae'r diwydiant ffilm ym Mhrydain mor llwyddiannus yw bod cynhyrchwyr ffilm UDA yn cael manteision o ran treth am leoli eu cynyrchiadau yn y DU.

Mantais achub y blaen
Pan mae busnes yn ennill mantais fasnachol dros ei gystadleuwyr go iawn a chystadleuwyr posibl, a hynny drwy fod y cyntaf i gael mynediad i farchnad newydd. Gall hyn arwain at fwy o refeniw ac elw dros gyfnod o amser.

Dyma'r **manteision** i fusnes sy'n datblygu marchnadoedd rhyngwladol newydd:

- Efallai na fydd cynhyrchion yn trosi'n hawdd i fodloni anghenion cwsmeriaid lleol, ac efallai y bydd angen buddsoddiad sylweddol i'w gwneud yn werthadwy. Efallai y bydd hyn yn dileu unrhyw enillion a enillwyd drwy lansio mewn marchnad newydd.
- Gall cyfathrebu â chwsmeriaid a staff lleol fod yn rhwystr i greu a marchnata'r cynnyrch yn llwyddiannus, gan arwain, o bosibl, at fethiant a cholledion yn y farchnad.
- Mae'r busnes yn cymryd risg wrth ymdrin â chyfraddau cyfnewid sy'n newid drwy'r amser. Er enghraifft, gall cynnyrch fod yn rhatach na chynnyrch cystadleuwyr lleol i ddechrau, ac yna'n dod yn ddrutach, gan leihau'r gwerthiant.
- Efallai y bydd tollau sylweddol a rhwystrau eraill yn cael eu rhoi ar waith gan lywodraethau lleol er mwyn lleihau'r fantais gystadleuol.
- Gall llywodraethau hefyd geisio gorfodi rheolau, fel yr angen i fusnesau ymuno mewn partneriaethau â chwmni lleol, gan arwain at y risg o golli eiddo deallusol fel patent a gorfodaeth i rannu elw.

Crynodeb

Ar ôl astudio'r pwnc hwn, dylech chi allu:

- esbonio'r rhesymau dros fasnach ryngwladol
- esbonio beth a olygir gan fasnach rydd a diffynnaeth, a'r heriau i fusnesau yn y DU o ran datblygu marchnadoedd rhyngwladol newydd
- gwerthuso masnach rydd a diffynnaeth ar gyfer busnesau yn y DU a'u rhanddeiliaid
- gwerthuso penderfyniad busnes i ddatblygu marchnadoedd rhyngwladol newydd

Globaleiddio

Globaleiddio yw'r broses lle mae'r byd yn mynd yn llai oherwydd y cynnydd aruthrol mewn masnach a theithio. Mae globaleiddio wedi cynyddu'r broses o gynhyrchu nwyddau a gwasanaethau. Bellach, mae llawer llai o fusnesau yn masnachu'n genedlaethol yn unig, ac yn gweithredu'n rhyngwladol fel cwmnïau amlwladol, gyda gwahanol rannau o'r busnes (sy'n cael eu galw'n is-gwmnïau) yn gweithredu mewn nifer o wledydd.

Natur globaleiddio a marchnadoedd byd-eang gan gynnwys marchnadoedd sy'n datblygu

Mae **globaleiddio** yn seiliedig ar gwmni amlwladol sydd ag is-gwmnïau wedi'u lleoli mewn gwahanol rannau o'r byd. Mae gan bob is-gwmni nodau ac amcanion cyffredin, ac maen nhw'n gallu defnyddio adnoddau'r cwmni amlwladol, fel cyllid, gwybodaeth, patentau a systemau rheoli. Rhoddir i bob is-gwmni strategaeth i weithredu arni ym mhob gwlad. Bydd yna gynnyrch yn cynrychioli'r cwmni amlwladol ym mhob un o farchnadoedd gwlad yr is-gwmni, a bwriad pob un ohonyn nhw yw cynyddu'r gyfran o'r farchnad, gwerthiant a refeniw, yn ogystal â gwneud elw er budd y prif fusnes. Bydd rhai is-gwmnïau'n gwneud yn well nag eraill ond, yn gyffredinol, mae'r busnes yn cynhyrchu refeniw ac elw enfawr.

Marchnadoedd sy'n datblygu yw'r rhai lle mae'r busnes o'r farn bod yna botensial i werthu cynhyrchion neu wasanaethau am elw. Mae'r rhain yn aml mewn economïau sy'n dechrau datblygu'n economaidd ac yn gymdeithasol yn unol â safonau gwledydd y 'Gorllewin' fel y DU neu UDA.

Yn ôl y Swyddfa Ystadegau Gwladol, mae economi'r DU wedi tyfu 2.2% ar gyfartaledd bob blwyddyn ers 1956. Fodd bynnag, mae economïau sy'n datblygu, fel China ac India, yn tyfu ar gyfraddau llawer cyflymach. Mae rhai busnesau yn y DU, felly, yn rhoi hwb i'w twf eu hunain drwy ganolbwyntio ar yr economïau hyn sy'n prysur ddatblygu. Mae Ffigur 5 yn dangos enghraifft o gynhyrchiant ceir o 2000 i 2016 ymhlith yr economïau BRIC, sy'n amlygu twf economaidd anhygoel China.

Globaleiddio Y broses lle mae'r byd yn dod yn fwyfwy cydgysylltiedig o ganlyniad i fwy o fasnachu a chyfnewid diwylliannol.

Economi sy'n datblygu Economi sy'n dod yn fwy datblygedig, fel arfer drwy dyfu'n gyflym a sefydlu diwydiannau newydd.

Economïau BRIC Acronym ar gyfer economïau Brasil, Rwsia, India a China sydd i gyd fwy neu lai yn yr un lle o ran datblygiad economaidd.

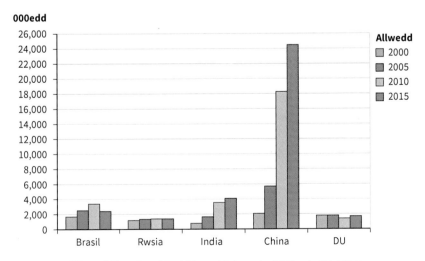

Ffigur 5 Y cynhyrchiant blynyddol o geir, BRICs a'r DU, 2015

Ffynhonnell: OICA 2016

Defnyddir GDP i gymharu **cyfraddau twf** gwahanol wledydd. Fe'i mynegir fel arfer mewn arian cyfred cyffredin fel doler UDA. Mae Ffigur 6 yn dangos y GDP ar gyfer 20 o economïau'r byd yn 2015, a'r GDP a ragamcanir erbyn 2030.

Cyfradd twf Y gyfradd y mae GDP gwlad benodol yn newid neu'n tyfu o un flwyddyn i'r llall.

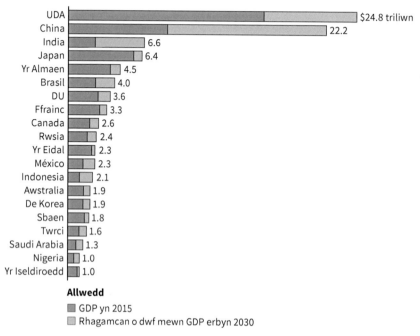

Allwedd
- GDP yn 2015
- Rhagamcan o dwf mewn GDP erbyn 2030

Ffigur 6 20 o economïau mwyaf y byd, 2015 a 2030 (rhagamcan)

Ffynhonnell: Adran Amaeth UDA

Gall trosi arian cyfred arall i ddoleri UDA er mwyn cymharu GDP gwahanol wledydd achosi problemau oherwydd y cyfraddau cyfnewid. Mae cyfrifiadau GDP sy'n seiliedig ar gyfraddau cyfnewid y farchnad yn tueddu i oramcangyfrif costau byw mewn gwledydd tlotach sy'n datblygu. Er mwyn ceisio sicrhau bod GDP yn cael ei fesur yn realistig, gellir defnyddio **paredd y gallu i brynu** (*Purchasing Power Parity* – PPP).

Mae PPP yn ystyried basged siopa gyffredin o nwyddau ac yn eu prisio ar gyfer pob gwlad. Ffordd syml o esbonio hyn yw trwy fynegai *Big Mac* yr *Economist*, sy'n prisio *Big Mac McDonald's* gan ddefnyddio PPP i ddangos y gwir gost byw. Er enghraifft, ym mis Ionawr 2018, pris PPP *Big Mac* yn y DU oedd $4.41, o'i gymharu â $5.11 yn Brasil.

Paredd y gallu i brynu Mae'n dangos y gwahaniaeth mewn costau byw gwahanol wledydd, ac yn caniatáu cymariaethau mwy realistig o'r GDP.

Yn draddodiadol, mae gwledydd y 'Gorllewin' fel y DU, yr Almaen a'r Unol Daleithiau wedi bod yn farchnadoedd o dwf i fusnesau eu targedu o ran allforion a masnach ryngwladol. Fodd bynnag, o edrych ar Ffigur 6, mae'n amlwg bod hyn yn newid yn gyflym wrth i wledydd sy'n datblygu dyfu'n gyflymach na marchnadoedd y 'Gorllewin' oherwydd y cynnydd mewn GDP a chyfoeth cyfatebol y boblogaeth.

Mae gan economïau fel China ac India lefelau cymharol uchel o fuddsoddiad o'u cymharu â gwledydd y 'Gorllewin' fel y DU, sy'n dod â swyddi, isadeiledd a marchnadoedd newydd i fusnesau ehangu iddyn nhw. Mae gan wledydd eraill sy'n datblygu, fel Indonesia a Tanzania, boblogaethau mawr sy'n cynyddu, cyflenwad mawr o weithwyr cymharol ifanc, a mwy o ddiwydiannau ym mhob economi.

Profi Gwybodaeth 12

(a) Nodwch pam y mae economïau fel un y DU wedi colli i wledydd fel China o ran gweithgynhyrchu.

(b) Sut mae economïau fel un y DU wedi ymateb i golli gweithgynhyrchu?

Ffactorau sydd wedi cyfrannu at globaleiddio

Mae'r ffactorau canlynol wedi cyfrannu at globaleiddio:

- **Lleihau'r rhwystrau masnach ryngwladol/gwneud masnach yn fwy rhyddfrydig.**
Mae gwledydd yn gosod rhwystrau masnach am lawer o resymau – i ddiogelu
swyddi lleol, i ganiatáu i ddiwydiannau ffynnu, i ddiogelu defnyddwyr rhag
cynhyrchion neu wasanaethau penodol, ac i ddial am arferion masnachu gwlad
arall. **Rhyddfrydoli masnach** yw dileu neu leihau cyfyngiadau neu rwystrau er
mwyn cyfnewid nwyddau yn rhad ac am ddim rhwng gwledydd. Mae sefydliadau
fel Sefydliad Masnach y Byd (*WTO*) yn hyrwyddo masnach rydd rhwng gwledydd,
sy'n helpu i ddileu rhwystrau rhwng gwledydd.

- **Newid gwleidyddol.** Mae masnach fyd-eang wedi cynyddu wrth i wledydd fel
China ganiatáu i fwy o fusnesau gael eu perchenogi'n breifat. Mae mwy o wledydd
wedi ymuno â'r *WTO* hefyd. Mae Ffigur 7 yn dangos yr effaith enfawr a gafodd
newid gwleidyddol yn China ar allforion dros y 30 mlynedd diwethaf.

$ biliynau

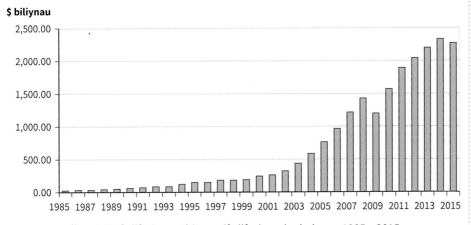

Ffigur 7 Twf allforion o China, prif allforiwr y byd, rhwng 1985 a 2015.

Ffynhonnell: Banc y Byd

- **Llai o gostau cludiant a chyfathrebu.** Mae llongau cargo mwy o faint wedi golygu
bod y gost o gludo nwyddau rhwng gwledydd wedi gostwng yn sylweddol. Mae
darbodion maint yn golygu y gall y gost fesul eitem leihau wrth weithredu ar raddfa
fwy.

- **Y rhyngrwyd a thechnoleg symudol.** Mae'r rhain wedi caniatáu mwy o gyfathrebu
rhwng pobl mewn gwahanol wledydd. Erbyn hyn, gall archebu cynnyrch ar-lein
neu ar y ffôn ddigwydd rhwng gwahanol wledydd.

- **Mwy o arwyddocâd i gwmnïau trawswladol.** Mae gan **gwmni trawswladol**
(*transnational*) bencadlys mewn un wlad ac mae'n gweithredu is-gwmnïau, sydd
dan ei reolaeth yn llwyr neu'n rhannol, mewn un neu fwy o wledydd eraill. Ond
yr un yw'r cynhyrchion sy'n cael ei gynnig ganddo ym mhob gwlad, yn y bôn. Er
bod cwmni amlwladol (*multinational*) yn gweithredu mewn gwahanol wledydd
hefyd, mae'n wahanol yn y ffordd y mae'n tueddu i addasu ei gynhyrchion neu
wasanaethau i ymateb i ofynion lleol.

- **Mwy o lifoedd buddsoddi.** Dyma'r symudiad o arian at ddibenion masnach neu
gynhyrchu. Gall buddsoddiad gael ei wneud drwy farchnadoedd rhyngwladol
fel cyfnewidfeydd stoc neu farchnadoedd arian. Gall cwmni amlwladol hefyd

Rhyddfrydoli masnach
Dileu neu leihau
cyfyngiadau neu
rwystrau ar gyfnewid
nwyddau yn rhydd rhwng
gwledydd.

Profi Gwybodaeth 13

(a) Rhowch reswm pam
y mae dympio dur
o China ar farchnad
y DU yn peryglu
gweithfeydd dur yn y
DU, fel Tata Steel yn
Port Talbot.

(b) Beth all Tata Steel ei
wneud i leihau effaith
hyn ar ei fusnes byd-
eang?

Cwmni trawswladol
Busnes sydd wedi'i
gofrestru ac sy'n
gweithredu mewn mwy
nag un wlad ar y tro
ond sy'n gwerthu'r un
cynhyrchion.

gynyddu'r llifoedd buddsoddi drwy adeiladu ffatrïoedd a chyfleusterau cynhyrchu mewn gwledydd eraill. Mae cydsoddiadau, trosfeddiannau a phartneriaethau trawswladol hefyd yn gallu cynyddu llifoedd buddsoddi.

- **Mudo oddi mewn a rhwng economïau.** Gan fod trafnidiaeth rhwng gwledydd wedi dod yn rhatach, yn gyflymach ac yn llai rheoledig, mae globaleiddio wedi annog gweithwyr i symud o gwmpas er mwyn dod o hyd i'r swyddi a'r tâl gorau am eu sgiliau.

- **Twf yn y gweithlu yn fyd-eang.** Mae gan wledydd fel India gostau llafur isel a (yn y sector TG) lefelau sgiliau uchel. Mae'n arferiad gan fusnesau i leoli rhai o'u prosesau neu wasanaethau dramor, er mwyn manteisio ar gostau llai.

- **Newid strwythurol.** Mae hwn yn gyflwr economaidd sy'n digwydd pan fydd gwlad, diwydiant neu farchnad yn newid y ffordd y mae'n gweithredu neu'n gweithio. Gall effeithio ar yr hyn y mae gwledydd yn ei gynhyrchu. Y nod ydy gwella safon byw y bobl.

- **Chwaeth defnyddwyr.** Mae chwaeth defnyddwyr ar draws yn byd yn dod yn fwy tebyg i'w gilydd gyda dyfodiad globaleiddio. Mae brandiau'n cael eu hysbysebu ledled y byd ar lawer o wahanol gyfryngau fel y rhyngrwyd a chyfryngau cymdeithasol, ac nid yw defnyddwyr bellach yn cael eu cyfyngu i stereoteip cenedlaethol, e.e. pobl y DU yn bwyta pysgod a sglodion. Wrth i farchnadoedd newydd greu cyfoeth i'w pobl, mae defnyddwyr bellach yn fwy anturus o ran y math o gynnyrch a gwasanaethau y maen nhw'n eu prynu.

Effaith globaleiddio ar Gymru a gweddill y DU

Ymhlith effeithiau globaleiddio ar Gymru a gweddill y DU mae:

- Cynnydd mewn cystadleuaeth o wledydd sy'n datblygu sy'n gallu cynhyrchu cynnyrch yn rhatach. Mae hyn yn arwain at gynnydd yn eu gwerthiant a'u cyfran nhw o'r farchnad.

- Mae mwy o gystadleuaeth yng Nghymru wedi golygu bod llawer o ddiwydiannau traddodiadol, fel haearn a dur yn gweld lleihad yn y gwerthiant oherwydd mewnforion rhatach. Er enghraifft, yn 2017, gosododd yr Undeb Ewropeaidd doll o 73% ar ddur a fewnforiwyd o China gan fod ei bris i brynwyr yn y DU mor isel fel ei fod yn bygwth cau gwaith dur Port Talbot, gan beryglu hyd at 11,000 o swyddi.

- I'r rhai sy'n mewnforio deunyddiau crai fel gweithgynhyrchwyr ceir a chynhyrchwyr dur, mae globaleiddio wedi arwain at gostau llawer rhatach. Gellir naill ai trosglwyddo hyn i gwsmeriaid ar ffurf cynnyrch rhatach neu drwy greu mwy o elw a fydd, yn y pen draw, yn cael ei drosglwyddo i gyfranddalwyr.

- Mae mewnforion rhatach yn golygu bod busnesau domestig y DU wedi gorfod bod yn fwy effeithlon a chynnig pwyntiau gwerthu unigryw, fel cynnig cynhyrchion o well ansawdd er mwyn sicrhau bod gwerthiant yn cynyddu.

Strategaethau a ddefnyddir gan fusnesau er mwyn cyflawni twf byd-eang

Defnyddir strategaethau amrywiol gan fusnesau er mwyn cyflawni twf byd-eang.

Un strategaeth yw **brandio byd-eang**, sef creu brandiau sy'n cael eu hadnabod drwy'r rhan fwyaf o'r byd, e.e. *Apple* neu *Coca-Cola*. Mae hyn yn ei gwneud yn haws i'r busnes dreiddio i wahanol farchnadoedd a sicrhau twf.

Mudo Pobl yn symud o un lle i le arall.

Cyngor i'r arholiad

Cofiwch fod buddsoddiad uniongyrchol o dramor yn cynnwys dau beth: buddsoddiad ffisegol a buddsoddiad ariannol. Nid yw Qatar yn prynu *Harrods* yn gwneud fawr o wahaniaeth i'r DU (mae hynny'n fuddsoddiad ariannol), tra bo *Haribo* yn agor ei ail ffatri yn Swydd Efrog yn darparu swyddi yn y diwydiant adeiladu, yn ogystal â 300 o swyddi i gynnal y ffatri.

Brandio byd-eang Creu brandiau sy'n cael eu hadnabod drwy'r rhan fwyaf o'r byd.

Mae'r **manteision** o frandio byd-eang yn cynnwys gallu elwa ar ddarbodion maint ar gyfer cynhyrchu, dosbarthu, marchnata a chyfathrebu, llai o risgiau, a gallu gwerthu cynnyrch tebyg am gostau uned is. Fodd bynnag, mae sefydlu brand byd-eang yn eithriadol o gostus; efallai na fydd marchnadoedd lleol yn derbyn brand sydd heb ei ddeilwra'n ddigonol i fodloni eu hanghenion a'u disgwyliadau; ac mae anfodlonrwydd cwsmeriaid â'r brand mewn un wlad yn debygol o effeithio ar bob marchnad arall, gan arwain, o bosibl, at golli refeniw sylweddol.

Strategaeth arall a ddefnyddir gan fusnesau i gyflawni twf allanol yw **buddsoddiad uniongyrchol o dramor** (*foreign direct investment* – FDI). Mae gwledydd yn ceisio denu buddsoddiad FDI, gan ddefnyddio cymhellion fel lefelau is o dreth gorfforaeth, cymhorthdaliadau ar gyfer codi ffatrïoedd, a buddsoddi mewn isadeiledd fel ffyrdd, porthladdoedd a meysydd awyr.

Mae **FDI mewnol** yn cynnwys busnes tramor yn buddsoddi yn yr economi leol. Un enghraifft yn y DU yw'r cwmni o Ffrainc, *EDF*, sy'n cynnig adeiladu gorsaf bŵer niwclear yn Hinkley Point, gan fuddsoddi hyd at £18 biliwn yn y prosiect.

FDI allanol yw pan fydd busnes lleol yn ehangu ei weithrediadau i wlad dramor. Er enghraifft, mae *Dyson* wedi gwario £200 miliwn wrth fuddsoddi mewn gweithgynhyrchu yn Malaysia.

Manteision FDI fel dull o dwf yw costau cynhyrchu is wrth ddefnyddio deunyddiau crai rhatach, a chostau llafur is, sy'n golygu mwy o brisio cystadleuol ym marchnad gyfredol y busnes. Mae gan farchnadoedd sy'n datblygu hefyd y potensial ar raddfa fawr ar gyfer cynigion cynnyrch newydd a chyfredol. Fodd bynnag, bydd angen i'r busnes fuddsoddi'n sylweddol mewn costau sefydlu dechreuol, sicrhau bod y cynnyrch yn canolbwyntio'n ddigonol ar y farchnad leol, delio â rheolau, rheoliadau a threthi llywodraeth leol, ac ystyried y risg o'r cynnyrch yn methu a dim twf yn y tymor byr.

Er mwyn cael mynediad cyflym i farchnad nad yw'n orlawn, gall busnes **gydsoddi, trosfeddiannu neu weithio mewn partneriaeth** â busnes tramor.

Mantais cydsoddiad (*merger*) neu greu partneriaeth gyda busnes lleol yw y bydd modd trosglwyddo gwybodaeth a sgiliau arbenigol o'r farchnad leol, a ddylai hwyluso twf yn llawer cyflymach, gan leihau costau sefydlu dechreuol. Fodd bynnag, gall diwylliant pob busnes fod mor wahanol i'w gilydd fel nad oes modd cydweithio'n effeithiol, gan achosi gwrthdaro a allai leihau'r gallu i dyfu yn y farchnad leol.

Mae trosfeddiannu (*takeover*) busnes lleol yn gallu arwain at dwf sylweddol a chyflym, gan ei bod yn bosibl bod y busnes lleol eisoes wedi sefydlu ymwybyddiaeth dda o frand a sylfaen o gwsmeriaid ffyddlon y gellir ehangu ymhellach ohoni. Fodd bynnag, efallai y bydd diwylliannau'n gwrthdaro wrth i'r busnes geisio dwyn y cwmni newydd i mewn i'r cwmni mwy. Mae costau integreiddio fel hyn yn gallu bod yn llawer uwch na'r disgwyl. Bydd hyn yn golygu bod unrhyw dwf yn cael llai o effaith ar yr economi.

Manteision ac anawsterau i fusnesau sy'n gweithredu mewn marchnad fyd-eang

Manteision gweithredu mewn marchnad fyd-eang i fusnes yw:

- Mae marchnadoedd newydd yn gallu arwain at ehangu a chynnydd mewn elw.
- Gellir defnyddio strategaeth estyn ar gyfer cynhyrchion sy'n llwyddiannus, neu rai sy'n dangos lleihad yn eu gwerthiant hyd yn oed, drwy gael mynediad i farchnad sydd heb ei chyffwrdd o'r blaen.

Buddsoddiad uniongyrchol o dramor (FDI) Pan fo cwmni mewn un wlad yn berchen ar, neu'n rheoli cyfran helaeth o gwmni sydd wedi'i leoli mewn gwlad arall.

FDI mewnol Pan fo busnes tramor yn buddsoddi yn yr economi leol.

FDI allanol Pan fo busnes lleol yn ehangu ei weithrediadau i wlad dramor.

Profi Gwybodaeth 14

Rhowch reswm pam y mae gwlad fel Iwerddon mor awyddus i annog cwmnïau amlwladol mawr fel *Apple* i sefydlu canolfan yn ei gwlad.

- Gan fod economïau sy'n datblygu yn tueddu i fod yn gyfoethog o ran adnoddau naturiol, gall busnesau brynu deunyddiau crai yn rhad a thrwy hynny leihau eu costau cynhyrchu.
- Mae gwledydd tramor yn barod i gynnig cymhellion fel toriadau mewn treth er mwyn denu cwmnïau amlwladol i sefydlu gweithgynhyrchu yn y farchnad newydd.

Gall busnesau sy'n gweithredu mewn marchnad fyd-eang wynebu'r **anawsterau** canlynol:

- Gall marchnadoedd newydd, yn enwedig economïau sy'n datblygu, fod yn anodd ac yn gostus i gael mynediad iddyn nhw, e.e. os bydd tollau a chwotâu yn cael eu gosod.
- Efallai nad oes digon o weithwyr ar gael sy'n meddu ar y sgiliau angenrheidiol, sy'n arwain at fwy o gostau naill ai oherwydd yr angen am hyfforddiant neu gyfraddau cyflog uwch.
- Efallai y bydd angen ailgynllunio ac ailfarchnata'r cynnyrch yn sylweddol er mwyn ymateb i ofynion cwsmeriaid lleol.
- Efallai na fydd y busnes yn cael ei ystyried yn un moesol os gwelir ei fod yn manteisio ar gyflogau ac amodau isel y farchnad leol. Gall hyn arwain at adwaith yn y cyfryngau a chan gwsmeriaid yn ei farchnad ddomestig.

Addasu cynnyrch a gweithgareddau marchnata er mwyn adlewyrchu anghenion lleol (glocalisation)

Addasu'r cynnyrch

Mae'r addasiadau hyn yn cynnwys:

- Newid hunaniaeth y brand a/neu'r deunydd pacio fel ei fod yn adlewyrchu arferion a ffyrdd o fyw lleol.
- Sicrhau bod y cynnyrch yn cyd-fynd â rheolau a rheoliadau lleol, gan gynnwys gofynion ynni.
- Sicrhau bod technegau gweithgynhyrchu yn bodloni gofynion cymdeithasol y cwsmeriaid, e.e. cig *Halal*.

Addasu gweithgareddau marchnata

Marchnata yw'r broses o ddeall gofynion cwsmeriaid a dod o hyd i ffyrdd o ddarparu cynhyrchion neu wasanaethau y mae cwsmeriaid yn galw amdanyn nhw. Mae Canllaw Myfyrwyr 2: Swyddogaethau Busnes yn trafod marchnata.

Bwriad marchnata byd-eang yw ceisio pontio amcanion busnes unigol a'i sefyllfa unigryw yn y farchnad. Mae marchnata byd-eang yn ceisio cynyddu gwerthiant drwy hyrwyddo a hysbysebu yn y farchnad ryngwladol.

Mae Tabl 4 yn cynnig enghreifftiau o sut y gallai gwahanol strategaethau byd-eang gyd-fynd â strategaethau cyffredinol y busnes.

Glocalisation Gair sy'n gyfuniad o 'globalisation' a 'localisation'. Mae'n cyfeirio at gynnyrch sy'n cael ei ddatblygu neu ei gynhyrchu ar raddfa byd-eang ond sydd hefyd wedi'i addasu ar gyfer anghenion lleol, e.e. *McDonald's*.

Profi Gwybodaeth 15

Rhowch enghraifft o sefyllfa lle mae cwmni gweithgynhyrchu yn y DU wedi newid cynnyrch ar gyfer y farchnad fyd-eang a nodwch pa mor llwyddiannus y mae hyn wedi bod.

Marchnata byd-eang Marchnata sy'n gofyn i fusnesau ddewis y strategaeth farchnata fwyaf addas er mwyn pontio amcanion busnes unigol â'i sefyllfa unigryw yn y farchnad.

Tabl 4 Enghreifftiau o strategaethau busnes sy'n gysylltiedig â strategaethau marchnata byd-eang

Strategaethau busnes	Strategaethau marchnata byd-eang
Cynyddu gwerthiant	■ Lansio cynnyrch newydd mewn marchnadoedd gwahanol ■ Dechrau gwerthu cynnyrch cyfredol i farchnadoedd tramor
Cynyddu elw	■ Cynyddu prisiau gwerthu mewn marchnadoedd tramor ■ Lleihau'r swm sy'n cael ei wario ar hysbysebu byd-eang
Meithrin ymwybyddiaeth cwsmeriaid	■ Buddsoddi mwy mewn hysbysebu byd-eang

Mae **brandiau byd-eang**, fel *Apple*, *Amazon* neu *Samsung*, yn defnyddio'r un strategaethau marchnata byd-eang ym mhob marchnad y maen nhw'n gweithredu ynddi. Mae gan hyn y fantais o ddarbodion maint ar draws marchnadoedd byd-eang. Fodd bynnag, mae llawer o fusnesau wedi dod i wybod yn fwyfwy bod marchnadoedd yn fwy soffistigedig. Mae'r gystadleuaeth yn fwy dwys hefyd ac felly mae adlewyrchu gofynion lleol (*glocalisation*) yn cael ei ffafrio fel y dull gorau erbyn hyn. Mae hyn yn golygu bod busnes yn gweithredu'n fyd-eang gan ddefnyddio eu strategaethau marchnata cyffredinol ond hefyd yn addasu i fodloni anghenion pob un o'r marchnadoedd lleol y mae'n gweithredu ynddyn nhw. Dyna ystyr yr ymadrodd 'meddyliwch yn fyd-eang, gweithredwch yn lleol'.

Profi Gwybodaeth 16

(a) Rhowch reswm pam y byddai brand moethus fel bagiau llaw *Chanel* yn mabwysiadu'r un dull o farchnata ar draws y gwahanol wledydd y mae'n gweithredu ynddyn nhw.

(b) (a) Pam nad yw hyn wedi gweithio i *McDonald's*?

Mae Tabl 5 yn crynhoi cryfder brandio byd-eang o'i gymharu â brandio sy'n adlewyrchu anghenion lleol.

Tabl 5 Brandio byd-eang yn erbyn brandio wedi'i glocaleiddio

Cryfder brandio byd-eang	Cryfder brandio lleol
■ Mae gwerthiant enfawr yn darparu masgynhyrchu a darbodion maint sylweddol ■ Mae llawer o'r offer hyrwyddo yn rhai byd-eang ac maen nhw'n gost-effeithiol dim ond os yw'r brandiau'n cael eu gwerthu'n fyd-eang ■ Mae gweithredu ar raddfa fyd-eang yn golygu grym o ran trafod gyda manwerthwyr	■ Mae teilwra cynnyrch i chwaeth ac arferion lleol yn hwb i ennill mwy o'r farchnad ■ Mae prynwyr lleol yn tueddu i gysylltu mwy â'r cynnyrch gan eu bod yn credu ei fod yn cael ei gynhyrchu'n lleol ■ Gall brandiau lleol olygu cynhyrchu lleol, gan gynnig arbedion cost a delwedd fwy ecogyfeillgar i'r busnes

Yr her i fusnesau yw defnyddio'r **cymysgedd marchnata** mwyaf addas yn ofalus er mwyn bodloni anghenion cwsmeriaid ym mhob marchnad. Pan fydd busnes yn ymsefydlu mewn gwlad, bydd angen iddo ganolbwyntio ar addasu'r cynnyrch yn ddigonol er mwyn ymateb i'r galw a thrwy hynny gynyddu'r gwerthiant. Bydd angen iddo hefyd sicrhau bod pobl yn dod i adnabod y brand a'r cynnyrch.

Adlewyrchu anghenion lleol

Er mwyn addasu cynnyrch i adlewyrchu anghenion lleol, bydd angen i'r busnes:
- gynnal ymchwil i'r farchnad ar anghenion posibl y cwsmer
- ystyried yr anghenion a'r gofynion lleol fyddai'n effeithio ar werthiant y cynnyrch neu ar y broses o'i farchnata
- ystyried y pris y mae cwsmeriaid yn fodlon ac yn gallu ei dalu
- sicrhau bod digon o gymorth i gwsmeriaid er mwyn rheoli unrhyw faterion a ddaw pan fydd y cynnyrch yn cael ei lansio. Bydd hyn yn ei dro yn debygol o leihau anfodlonrwydd cwsmeriaid.

Cymysgedd marchnata Y dulliau marchnata mae busnesau yn eu defnyddio i dyfu'r busnes. Mae'n cynnwys pedair elfen sef y cynnyrch, y pris, y lleoliad a'r hyrwyddo. Nod hyn yw sicrhau bod y cynnyrch yn ymateb i ofynion darpar gwsmeriaid.

Gwerthuso effaith globaleiddio ar fusnesau a'u rhanddeiliaid

Effaith ar fusnesau

Manteision globaleiddio i fusnesau:

- Mae'n annog busnesau i elwa ar rannu llafur a darbodion maint drwy weithredu ar raddfa lawer mwy.
- Mae marchnadoedd cystadleuol yn lleihau elw monopoli ac yn cymell busnesau i chwilio am fentrau sy'n lleihau costau.
- Mae llafur sy'n symud yn rhydd ar draws ffiniau cenedlaethol yn golygu y gall busnesau gyflogi gweithwyr medrus a hefyd fod yn agored i syniadau newydd.
- Mae technoleg a gwybodaeth yn fwy tebygol o gael eu rhannu ar draws ffiniau, gan arwain at gynhyrchion mwy effeithlon ac o ansawdd uwch.

Anfanteision globaleiddio i fusnesau:

- Gallai globaleiddio fygu cystadleuaeth os bydd busnesau byd-eang sydd â brandiau blaenllaw a thechnoleg gwell yn cymryd rheolaeth o farchnadoedd allweddol fel telathrebu neu geir, er enghraifft.
- Mae busnesau lleol yn fwy tebygol o gael eu tanseilio gan gystadleuwyr tramor sy'n fwy effeithlon a mwy o ran eu maint.

Effaith ar randdeiliaid

Ymhlith **manteision** globaleiddio i randdeiliaid busnes mae:

- **Llai o ddiweithdra:** gydag allbwn uwch a thwf economaidd cadarnhaol, mae cwmnïau yn tueddu i gyflogi mwy o weithwyr gan greu mwy o swyddi.
- **Swyddi yn cael eu creu gan gwmni amlwladol**, sy'n gallu bod yn rhan fawr o'r economi leol. Gall hyn helpu i wella safonau byw lleol. Yn bwysicach efallai, mae ymchwil gan Fanc y Byd yn dangos bod cwmnïau amlwladol yn trosglwyddo sgiliau i weithwyr lleol a'r wlad sy'n derbyn y cwmni amlwladol. Mae hyn yn helpu i wella cynhyrchiant y cwmni amlwladol, yn ogystal â sgiliau'r wlad yn yr hirdymor.
- **Incwm cyfartalog uwch:** mae mwy o waith yn golygu bod gan ddefnyddwyr fwy o incwm i fwynhau mwy o nwyddau a gwasanaethau a gwell safonau byw. Mae'r cwmni amlwladol yn aml yn talu cyflogau uwch na'r cyfraddau lleol ac yn cynnig gwell amodau gwaith hefyd.
- **Gwasanaethau cyhoeddus gwell:** gyda mwy o refeniw treth gan fusnesau tramor, gall llywodraethau wario mwy ar wasanaethau cyhoeddus fel iechyd ac addysg.
- **Mwy o fuddsoddiad,** yn enwedig o fuddsoddiad uniongyrchol o dramor (FDI). Mae twf economaidd yn annog buddsoddiad, sy'n annog twf pellach. Gall busnesau tramor weithredu fel catalydd ar gyfer twf, gan fod o fudd nid yn unig i unigolion drwy safon byw uwch, ond hefyd i helpu i wella is-adeiledd fel ffyrdd a gwasanaethau lleol.

Ymhlith **anfanteision** globaleiddio i randdeiliaid busnes mae:

- **Anhydraddoldeb (*inequality*):** mae globaleiddio wedi cael ei gysylltu â chynnydd mewn anghydraddoldebau o ran incwm a chyfoeth. Mae hyn wedi arwain at densiwn gwleidyddol a chymdeithasol, yn ogystal ag ansefydlogrwydd ariannol a fydd yn cyfyngu ar dwf. Dydy llawer o bobl dlotaf y byd ddim yn gallu cael gafael ar dechnoleg na nwyddau sylfaenol. Maen nhw'n cael eu heithrio o fanteision globaleiddio.

Trosglwyddo sgiliau Trosglwyddo gwybodaeth dechnegol a sgiliau allweddol cwmni amlwladol i weithwyr lleol a'r wlad sy'n derbyn cwmni amlwadol.

- **Effeithiau negyddol ar fusnesau lleol:** mae'r rhain yn cynnwys y gostyngiad yn y gronfa o weithwyr sydd ar gael oherwydd bod y cwmni amlwladol yn cynnig tâl ac amodau gwell. Gall maint y cwmni amlwladol ddarparu manteision sylweddol o ran cost dros gystadleuwyr lleol, gan ei gwneud yn fwy anodd i fusnesau lleol gystadlu. Mae cwmnïau amlwladol yn cyflwyno technoleg newydd yn ogystal â ffyrdd o weithio sy'n fwy effeithlon na chwmnïau lleol efallai.
- **Bod yn agored i effeithiau economaidd allanol:** mae economïau cenedlaethol yn fwy cysylltiedig a chyd-ddibynnol, ac mae hyn yn eu gwneud yn fwy sensitif i ddigwyddiadau allanol fel argyfwng ariannol byd-eang neu gynnydd neu gwymp sydyn yn y gyfradd cyfnewid neu bandemig fel Covid-19.
- **Ras i'r gwaelod:** yn aml, mae gan wledydd sydd angen FDI drethi is, cyfreithiau diogelwch llac a chyflogau llawer is er mwyn denu busnesau.

Cwmnïau amlwladol a pham eu bod yn bodoli

Mae cwmni amlwladol yn fusnes sy'n gweithredu mewn nifer o wledydd. Er mwyn cael ei gyfrif fel cwmni amlwladol, mae'n rhaid i fusnes weithredu o fewn o leiaf ddwy wlad. Dydy gwerthu mewn mwy nag un wlad yn unig ddim yn cyfrif fel cwmni amlwladol.

Mae cwmnïau amlwladol yn bodoli oherwydd:
- Mae cynhyrchu nwyddau yn nes at farchnadoedd targed yn lleihau costau, fel costau cludiant, ac yn gwella ymchwil i'r farchnad ac amser ymateb y busnes i hyn.
- Gellir gwneud arbedion sylweddol o ran costau cynhyrchu, yn enwedig mewn economïau sy'n datblygu. Er enghraifft, gall costau staff fod yn is, gall cost deunyddiau crai fod yn is ac yn haws cael gafael arnyn nhw.
- Gall gweithredu mewn gwlad arall hefyd helpu i osgoi mesurau amddiffynol fel rhwystrau masnach a thollau.

Mae cwmnïau amlwladol yn tueddu i fod â'u pencadlys mewn marchnadoedd 'gorllewinol' fel y DU neu UDA, tra bo swyddogaethau eraill, fel cynhyrchu, mewn marchnadoedd eraill, yn enwedig lle mae yna fantais o ran cost. Mae Tabl 6 yn cynnwys y pum cwmni amlwladol mwyaf ac yn cymharu eu maint. Gwneir hyn er mwyn dangos faint o effaith bosibl y gall y busnes ei chael ar wlad, yn enwedig economïau sy'n datblygu.

Tabl 6 Maint cymharol y pum cwmni amlwladol mwyaf a rhai gwledydd dethol

Gwlad/cwmni	2015 GDP/gwerthiannau ($ biliwn)
DU	2,848
Bwlgaria	489
Nigeria	481
1 *Walmart*	482
2 *Sinopec-China*	283
3 **Petro China**	274
4 *Shell*	264
5 *VW*	246
Sri Lanka	82
Uruguay	53

Ffynhonnell: *Forbes Magazine* 2015 a Banc y Byd 2015

Cyngor i'r arholiad

Mae siartiau a graffiau am faterion fel GDP yn aml yn cael eu cynnwys mewn cwestiynau arholiad, felly mae'n arbennig o bwysig eich bod yn gallu dehongli'r ffigurau yn ofalus ac yn chwilio am dueddiadau. Bydd hefyd angen i chi allu edrych ar fesurau ehangach yr economi a drafodir yn y cwestiwn er mwyn gwerthuso'r hyn sy'n digwydd yn fyd-eang.

O ystyried bod incwm cwmni fel *Shell* ddeg gwaith cymaint ag un Kenya, mae'n rhesymol gofyn a oes gan gwmnïau amlwladol ormod o bŵer dros lywodraethau lleol.

Gwerthuso penderfyniad busnes i weithredu fel cwmni amlwladol

Mae'r **manteision** i fusnes sy'n troi'n gwmni amlwladol yn cynnwys:

- **Cynyddu cyfran o'r farchnad:** efallai y bydd cwmnïau'n gweld bod eu marchnad ddomestig yn orlawn a bod angen lleoliadau gwerthu newydd. Efallai y byddan nhw'n dechrau drwy allforio i wledydd eraill, cyn lleoli eu cynhyrchu dramor.
- **Sicrhau eiddo a llafur rhatach:** bydd cost tir a llafur yn rhatach mewn marchnadoedd sy'n datblygu.
- **Osgoi treth neu rwystrau masnach:** mae gan wahanol wledydd lefelau amrywiol o dreth gorfforaeth, yn ogystal â rhwystrau mynediad gwahanol, o bosibl. Er enghraifft, mae Japan ond yn caniatáu i ganran fechan o geir tramor gael eu gwerthu yn Japan, a hynny er mwyn diogelu ei diwydiant ceir nhw.
- **Ennill grantiau'r llywodraeth a dylanwad gwleidyddol:** denwyd cynhyrchwyr ceir o Japan fel *Nissan* i'r DU i adeiladu ffatrïoedd oherwydd y grantiau hael a gynigiwyd gan Lywodraeth y DU. Gall maint cwmni amlwladol olygu ei fod yn gallu rhoi mwy o bwysau ar lywodraethau ar nifer o faterion, gan gynnwys atal cymeradwyo deddfwriaeth i wella cyfraddau cyflog gweithwyr.
- **Osgoi a lleihau trethi:** mae llawer o gwmnïau amlwladol yn gallu symud eu helw i wledydd lle maen nhw'n gweithredu gan elwa ar gostau trethi sy'n sylweddol is o ganlyniad i hynny.

Mae'r **anfanteision** i fusnes sy'n troi'n gwmni amlwladol yn cynnwys:

- Efallai fod gan rai gwledydd **ofynion cyfreithiol tynnach** ynghylch sut y mae cwmni'n rheoli ei weithrediadau. Gall hyn achosi gwrthdaro o fewn y wlad ac arwain at broblemau o fewn y sefydliad.
- Mae mwy o fygythiadau i **hawliau eiddo deallusol** y busnes, yn enwedig mewn gwledydd lle nad oes fawr ddim gwarchodaeth gyfreithiol, neu ddim o gwbl, yn erbyn copïo cynnyrch y cwmni amlwladol. Mae gweithredu busnes ar draws y byd yn golygu cynnydd sylweddol yng nghost diogelu hawliau patent a nodau masnach.
- Gall fod **annarbodion maint** (*diseconomies of scale*) sylweddol, fel y rhai sy'n ymwneud â chyfathrebu. Gall hyn gynyddu costau ac arwain at ostyngiad yn yr elw.
- Mae yna fwy o berygl o fusnesau'n cael eu **targedu gan garfanau pwyso a'r cyfryngau** dros ymddygiad annerbyniol ar sail foesol, gan arwain at niwed i enw da'r busnes ar draws y cyfan o'r cwmni, a hynny nid mewn un wlad yn unig.

Gwerthuso effaith cwmnïau amlwladol ar y gwledydd maen nhw'n gweithredu ynddyn nhw

Effaith ar lafur lleol, cyflogau, amodau gwaith a'r broses o greu swyddi

Mae cwmnïau amlwladol yn effeithio ar lafur, cyflogau, amodau gwaith a'r broses o greu swyddi yn lleol. Mae cwmnïau amlwladol yn sefydlu eu hunain mewn marchnadoedd newydd am sawl rheswm, gan gynnwys mynediad i **lafur rhatach**.

Er enghraifft, yr isafswm cyflog ar gyfer gweithwyr di-grefft yn Delhi, India, yn 2016 oedd £4.17 y dydd o'i gymharu â chyfradd y DU o £6.70 yr awr ar gyfer rhywun rhwng 21 a 24 oed. Y busnesau sydd ar eu hennill yw'r rhai sy'n gweithgynhyrchu cynhyrchion ac yna'n eu gwerthu'n fyd-eang, gan y gall y costau uned is wneud y cynhyrchion yn fwy cystadleuol yn y farchnad fyd-eang.

Gall cwmnïau amlwladol chwarae rhan fawr yn y broses o greu swyddi newydd mewn economi, felly. Maen nhw'n aml yn talu cyflogau uwch na chyfraddau lleol ac yn cynnig gwell amodau gwaith. Yn ogystal, drwy greu swyddi a gwella safonau byw dros gyfnod o amser, mae disgwyliadau gweithwyr lleol yn codi hefyd. Gall undebau llafur ddod yn fwy pwerus, gan ddod ag arferion gweithio mwy diogel yn ogystal â chyflogau uwch yn aml.

Mae Tabl 7 yn crynhoi'r effeithiau cadarnhaol a negyddol y gall cwmni amlwladol eu cael ar weithlu lleol.

Tabl 7 Effeithiau cadarnhaol a negyddol cwmni amlwladol ar weithlu lleol

	Effaith gadarnhaol cwmnïau amlwladol	Effaith negyddol cwmnïau amlwladol
Gweithlu lleol	Gall dulliau hyfforddi cwmni amlwladol wella cynhyrchiant a chyflogadwyedd, gan arwain at drosglwyddo sgiliau	Mae'n bosibl y bydd cwmnïau amlwladol yn denu gweithlu sydd â'r mwyaf o sgiliau, gan amddifadu busnesau lleol o staff talentog a medrus
Cyflogau	Mae cwmnïau amlwladol fel arfer yn talu cyflogau uwch na chyfraddau lleol a busnesau lleol, gan wella safonau byw	Mae gweithwyr sydd â swyddi cyflog is yn flin iawn, a gall busnesau lleol weld bod yna brinder staff medrus yn lleol gan eu bod wedi cael eu denu at y cwmni amlwladol
Amodau gwaith	Mae cwmnïau amlwladol yn tueddu i sicrhau bod yr amodau gwaith yn bodloni disgwyliadau cwsmeriaid y 'Gorllewin', felly maen nhw'n uwch na'r cyfartaledd ar gyfer y wlad	Efallai y bydd amodau uwch na'r cyfartaledd yn dal i gael eu hystyried yn wael, gan gael effaith negyddol ar frand y cwmni amlwladol ac, yn y pen draw, gwerthiant eu cynnyrch
Creu swyddi	Mae cwmnïau amlwladol yn cael effaith sylweddol ar gyflogaeth sydd, yn y pen draw, o fudd i'r wlad wrth i fwy o drethi gael eu talu, gan arwain at fwy o wariant ar wasanaethau cyhoeddus	Gan fod cwmnïau amlwladol yn tueddu i fod â systemau cost effeithlon, efallai na fydd busnesau lleol yn gystadleuol mwyach, gan arwain at swyddi yn cael eu colli; y cwestiwn yw a fu cynnydd net mewn swyddi?

Effaith ar fusnesau lleol, defnyddwyr, cymunedau a'r amgylchedd

Mae cwmnïau amlwladol yn cyflwyno **sgiliau a thechnoleg** i wlad sy'n eu derbyn ac yna defnyddir y rhain yn yr economi ehangach, e.e. gan fusnesau lleol eraill. Gall hyn arwain, yn y pen draw, at weithlu mwy arloesol sydd hefyd wedi'i addysgu'n well. Bydd yn caniatáu i'r wlad ddod yn fwy cystadleuol yn y farchnad fyd-eang.

Mae gwell amodau economaidd sy'n dynodi dyfodiad cwmni amlwladol yn caniatáu i fusnesau lleol wella eu sefyllfa fasnachu. Mae cwmnïau amlwladol yn aml yn ffurfio **partneriaethau** â busnesau lleol, efallai drwy sefydlu cyd-fenterau. Mae hyn yn golygu llai o risg i'r busnes lleol ynghyd â mynediad at sgiliau newydd a dulliau cynhyrchu mwy effeithlon.

Gall gwerthoedd, neu **ddiwylliant busnes**, y cwmni amlwladol fod yn broffesiynol iawn, ac yn canolbwyntio ar dwf, elw, effeithlonrwydd ac ansawdd. Bydd economi sy'n datblygu yn elwa o'r athroniaeth hon gan fod cwmnïau amlwladol yn dod â ffordd broffesiynol o weithio a fydd yn cael ei derbyn gan fusnesau lleol yn y pen draw. Mae

Cyngor i'r arholiad

Gwnewch yn siŵr nad ydych chi'n rhoi'r argraff bod cwmnïau amlwladol o'r 'Gorllewin' yn cyflwyno diwylliant sy'n well na chwmnïau sydd wedi'u lleoli mewn rhannau eraill o'r byd. Mae yna aelodau o staff ym mhob cwmni sy'n gallu bod yn euog o wendidau mewn moesoldeb ac ymddygiad.

hyn yn golygu cynnydd cyffredinol yn ansawdd busnesau yn y wlad sy'n datblygu. Fodd bynnag, mae'n ymddangos bod rhai cwmnïau amlwladol yn gweithredu mewn ffyrdd anfoesegol o ran agweddau diwylliannol ac a allai arwain at fwy o niwed nag o les i'r farchnad dramor y mae'n gweithredu ynddi.

Mae **defnyddwyr** yn tueddu i elwa o gwmnïau amlwladol, gan eu bod yn cael eu cyflwyno i gynhyrchion gwahanol neu gynhyrchion sy'n costio llai ac sydd â gwell ansawdd na brandiau lleol. Mae hyn yn arbennig o wir os yw'r cwmni amlwladol wedi llwyddo i adlewyrchu anghenion lleol ar gyfer eu cynhyrchion. Fodd bynnag, gall cwmnïau amlwladol gael cyhoeddusrwydd negyddol wrth i ddefnyddwyr gredu eu bod yn arwain at leihad yn y swyddi lleol neu'n gyfrifol am gau cwmnïau lleol.

Mae cwmnïau amlwladol yn ymwybodol iawn o'r effeithiau y gallan nhw eu cael ar **gymunedau lleol a'r amgylchedd** y maen nhw'n gweithredu ynddo. A thwf carfanau pwyso byd-eang fel *Greenpeace*, mae cwmnïau amlwladol yn cael eu harchwilio'n fanwl o ran sut y maen nhw'n rhyngweithio â chymunedau lleol a'r amgylchedd. Fodd bynnag, ceir sawl enghraifft o hyd o gwmnïau amlwladol sy'n cael effaith negyddol naill ai'n fwriadol neu'n anfwriadol. Bydd rhai diwydiannau fel olew a nwy bob amser yn creu lefel o risg i'r amgylchedd ac i'r gymuned leol. (Dylid cysylltu'r pwnc hwn ag amcanion corfforaethol a chyfrifoldeb cymdeithasol corfforaethol sy'n cael eu trafod yn Canllaw Myfyrwyr 3.)

Effaith ar drethiant a'r fantol daliadau

Llif **buddsoddiad uniongyrchol o dramor** (*FDI*) yw'r trosglwyddiad o arian gan gwmni amlwladol i dderbyn cyfalaf i godi ffatri neu brynu offer pwrpasol. Er enghraifft, arweiniodd penderfyniad *Mercedes* a *Renault-Nissan*, i symud eu gwaith cynhyrchu i *México*, at greu 5,700 o swyddi ychwanegol yn y wlad. Mae hyn wedi cael effaith luosydd (*multiplier effect*) ar economi *México*, gan fod gan y gweithwyr hyn fwy o incwm gwario go iawn. Bydd rhaid iddyn nhw hefyd, ynghyd â'r cwmni ceir, dalu trethi sy'n arwain at baratoi cyfleusterau cyhoeddus gwell fel ysbytai ac ysgolion.

Er y gall y llif arian *FDI* gael effaith gadarnhaol yn y tymor byr, gall hefyd gael effaith negyddol yn yr hirdymor os bydd yr elw a wneir gan y safle newydd yn osgoi talu trethi yn *México*. Gall osgoi trethi fel hyn arwain at lai o fuddion o'r *FDI* nag a ragwelwyd ar y dechrau.

Mae mantol daliadau (*balance of payments*) yn cynnwys cofnodi'r holl drafodion ariannol a wnaed rhwng y wlad sy'n mewnforio nwyddau â gwledydd eraill. Mae'r fantol daliadau yn dweud wrthym faint sy'n cael ei wario mewn gwlad ar fwydydd sydd wedi'u mewnforio a pha mor llwyddiannus y mae busnes lleol yn allforio i wledydd eraill. Mae diffygion yn y fantol daliadau yn tueddu i achosi i werth yr arian cyfred ostwng o'i gymharu ag eraill, gan greu'r risg o chwyddiant. I gwmnïau amlwladol sy'n gweithredu mewn economïau bach, gall mewnlifoedd ac all-lifoedd FDI gael effaith fawr ar y fantol taliadau.

Gall **refeniw treth**, sy'n cael ei dalu gan gwmnïau amlwladol, wneud gwahaniaeth enfawr i unrhyw economi, yn enwedig i'r rhai llai sy'n datblygu. Mae cwmnïau amlwladol yn ceisio sicrhau bod yna gyn lleied â phosibl o rwymedigaethau treth. Mae cwmnïau amlwladol sydd ag is-gwmnïau mewn gwahanol wledydd yn ei chael yn hawdd symud elw o gwmpas y busnes ac i wlad lle mae trethiant yn isel iawn neu ddim yn bodoli o gwbl.

Profi Gwybodaeth 17

(a) Sut y gallai busnes fel cwmni olew *Shell*, ddylanwadu ar economïau sy'n datblygu i roi telerau ffafriol iddyn nhw ar gyfer chwilio am olew?

(b) Beth yw'r anfantais bosibl o hyn i wlad fel Nigeria?

Cyngor i'r arholiad

Wrth ateb y cwestiwn arholiad cofiwch edrych ar beth yw maint y cwmni amlwladol. Gallwch gymharu wedyn beth yw effaith y cwmni ar economi'r wlad y maen nhw'n cael mynediad iddi. Yna trafodwch beth fydd effeithiau posibl y cwmni amlwladol ar economi'r wlad.

Mantol daliadau Cofnod ariannol o faint sy'n cael ei wario mewn gwlad ar nwyddau a gwasanaethau sydd wedi'u mewnforio, a pha mor llwyddiannus y mae busnesau lleol yn allforio i wledydd eraill.

Mae'r dull hwn o weithredu'n cael ei alw'n **trosglwyddiad pris mewnol** (*transfer pricing*), sy'n cymryd lle pryd bynnag y bydd dau gwmni sy'n rhan o'r un grŵp amlwladol yn prynu oddi wrth ei gilydd. Mae Ffigur 8 yn nodi enghreifftiau o wahanol gyfraddau treth gorfforaeth mewn gwahanol wledydd.

Trosglwyddiad pris mewnol Lle mae dau gwmni sy'n rhan o'r un grŵp amlwladol yn defnyddio prisiau mewnol i drosglwyddo elw yn artiffisial o wledydd sydd â threth uchel i rai sydd â threth isel.

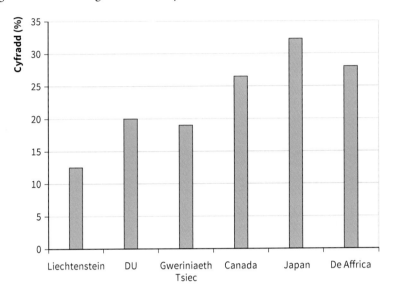

Ffigur 8 Amrywiaethau mewn treth gorfforaeth mewn gwahanol wledydd

Ffynhonnell: KPMG 2016

Cyngor i'r arholiad

Ceisiwch fod yn gytbwys yn eich dadansoddiad o sut mae cwmnïau amlwladol mawr yn gallu effeithio ar economi gwledydd. Er enghraifft, ceisiwch beidio â stereoteipio busnesau fel cwmnïau olew sy'n gallu bod yn negyddol, o gofio bod y rhan fwyaf yn bodoli i wasanaethu gofynion nifer fawr o gwsmeriaid. Bydd ateb da yn tynnu ar dystiolaeth allweddol a roddwyd i chi yn y cwestiwn, ynghyd â'ch gwybodaeth ehangach i ffurfio barn gytbwys o'r effeithiau ar y farchnad y gofynnir i chi ei hystyried.

Profi Gwybodaeth 18

(a) Rhowch un fantais o drosglwyddiad pris i gyfranddalwyr cwmni amlwladol.

(b) Pam y mae pobl yn y DU yn credu bod trosglwyddiad pris yn arfer negyddol i economi'r wlad honno?

Crynodeb

Ar ôl astudio'r pwnc hwn, dylech chi allu:

- esbonio beth a olygir wrth globaleiddio a'r rhesymau o'i blaid
- esbonio beth yw'r ffactorau sydd wedi arwain at gynnydd mewn globaleiddio a beth oedd effaith hynny ar Gymru a gweddill y DU
- esbonio'r strategaethau y gall busnes eu defnyddio i gyflawni twf byd-eang a gwerthuso manteision ac anawsterau gweithredu mewn marchnadoedd byd-eang
- esbonio sut mae busnesau'n addasu eu cynhyrchion, eu gweithgareddau marchnata a'u harferion gwaith i adlewyrchu anghenion lleol (*glocalisation*)
- gwerthuso effaith globaleiddio ar fusnesau a'u rhanddeiliaid
- esbonio beth a olygir gan gwmnïau amlwladol a pham eu bod yn bodoli
- gwerthuso penderfyniad busnes i weithredu fel cwmni amlwladol ac effaith cwmnïau amlwladol ar y gwledydd maen nhw'n gweithredu ynddyn nhw.

■ Yr Undeb Ewropeaidd

Natur a phwrpas yr Undeb Ewropeaidd (UE) a'r farchnad sengl Ewropeaidd

Daeth yr **Undeb Ewropeaidd** (Y Gymuned Economaidd Ewropeaidd ar y pryd) i fodolaeth yn 1958. Mae'n undeb gwleidyddol ac economaidd sy'n cynnwys 27 o wledydd Ewrop, gan gynnwys Ffrainc, Yr Almaen a Sbaen. Un o ddibenion yr UE yw gweithredu marchnad sengl Ewropeaidd, sy'n galluogi nwyddau a phobl i symud yn rhydd o fewn y 27 gwlad. O'r 27 aelod-wladwriaeth, mae 19 yn defnyddio un arian cyfred, sef yr ewro.

Pan fydd gwlad yn ymuno â'r Undeb Ewropeaidd, maen nhw'n cytuno, yn ôl y gyfraith (sy'n cael ei galw'n gytundeb), i uno eu cyfreithiau cenedlaethol â chyfreithiau'r UE ar unrhyw nwyddau neu wasanaethau sy'n cael eu cynnig ar draws y farchnad.

Efallai y bydd dal angen i gwmnïau sydd wedi'u lleoli mewn gwledydd y tu allan i'r farchnad sengl Ewropeaidd dalu tollau os ydyn nhw am allforio nwyddau i'r UE. Er enghraifft, mae gwneuthurwyr ceir sy'n dymuno allforio i'r UE yn gorfod talu toll o 10% ar bob car.

Effaith yr UE ar fusnesau yng Nghymru a gweddill y DU

Mae'r UE yn cael yr effaith ganlynol ar fusnesau yng Nghymru a'r DU (cyn i'r DU adael yr UE):

- **Symud nwyddau:** mae pob aelod o'r UE yn cael mynediad i'r 27 aelod-wladwriaeth a'u marchnadoedd yn rhydd o unrhyw rwystrau masnach neu gwotâu. A chystadleuaeth agored ar draws yr UE, bu'n rhaid i fusnesau ddod yn fwy effeithlon a chynhyrchiol. Mae hyn wedi lleihau costau ac, yn y pen draw, wedi bod o fudd i fusnesau a'u cwsmeriaid wrth i nwyddau fod ar bris llai.

- **Symud llafur:** cyn gadael yr UE yn 2020, roedd gan fusnesau yn y DU fynediad at weithwyr medrus o bob rhan o'r UE heb unrhyw rwystrau i symud. Helpodd hyn i wella eu mantais gystadleuol. Roedd gweithwyr anfedrus hefyd yn derbyn cyfleoedd i gael gwaith mewn gwahanol feysydd gan gynnwys casglu llysiau a ffrwythau a nifer o swyddi eraill mewn gwahanol feysydd.

- **Symud cyfalaf:** roedd cyllid ar gael i fusnesau yn y DU gan unrhyw wlad a buddsoddwyr o fewn yr UE. Roedd gan fusnesau'r DU hefyd y cyfle i fuddsoddi mewn busnesau yn yr UE fel dull o ehangu a thyfu. Roedd busnesau yn y DU wedi gallu dominyddu mewn rhai marchnadoedd, yn enwedig ym maes gwasanaethau ariannol, e.e. allforiwyd gwerth £81.3 biliwn o wasanaethau, fel yswiriant, i wledydd yr UE yn 2014.

- **Deddfwriaeth, rheoliadau a safonau:** mae'r Undeb Ewropeaidd yn darparu llawer o gyfreithiau a rheolau er mwyn cynorthwyo cystadleuaeth decach ar draws y farchnad sengl. I Gymru, roedd hyn yn cynnwys tollau'r UE ar fewnforion dur rhad o China er mwyn amddiffyn swyddi ym Mhort Talbot. Mae'r UE hefyd yn rhoi gwarchodaeth arbennig i fusnesau sy'n creu cynhyrchion unigryw sy'n seiliedig ar ardaloedd daearyddol, fel na all busnesau eraill sydd ddim wedi'u lleoli yn y

Marchnad Ewropeaidd Sengl Gwledydd Ewropeaidd sy'n aelodau o'r EU yn masnachu â'i gilydd heb gyfyngiadau na thollau.

rhanbarthau, eu copïo. Mae hawliau eiddo deallusol hefyd yn cael eu diogelu ledled yr aelod-wladwriaethau, gan sicrhau na werthir nwyddau ffug a fyddai'n effeithio ar broffidioldeb busnesau.

- **Cymhorthdaliadau a chwotâu'r UE:** mae'r Undeb Ewropeaidd yn cynnig cymhorthdaliadau ariannol i ddiwydiannau fel ffermio a physgota er mwyn sicrhau bod busnesau'n gallu gwneud elw. Mae'n gytbwys o'i gymharu â faint o gynnyrch sydd ei angen ar gwsmeriaid yr UE. Er enghraifft, cafodd ffermwyr iawndal o £3 biliwn yn 2017 er mwyn helpu i gynnal eu busnesau.

- **Buddsoddiad yr UE yn y DU:** yng Nghymru, rhwng 2016 a 2017, buddsoddodd yr UE gyfanswm o £681 miliwn mewn 131 o brosiectau er mwyn annog datblygu busnes. Mae prosiectau ledled y DU yn cynnwys prosiectau isadeiledd, fel amddiffynfeydd môr, cymhorthdaliadau ffermio a phrosiectau amgylcheddol. Derbyniodd y DU gyfanswm o £8.4 biliwn yn y cyfnod 2014–20. Mae cyllid o'r fath yn galluogi busnesau i wneud cais am gontractau i adeiladu ffyrdd a phrosiectau eraill, sy'n gyfle iddyn nhw gynyddu eu refeniw.

Profi Gwybodaeth 19

Sut y byddai aros yn rhan o'r Undeb Ewropeaidd wedi dod dod â mwy o fudd economaidd i ardaloedd difreintiedig yn y DU o'u cymharu ag ardaloedd cefnog?

Gwerthuso effaith yr UE ar fusnesau a'u rhanddeiliaid

Manteision yr UE i fusnesau a'u rhanddeiliaid:

- Gall busnesau fasnachu'n rhydd â gwladwriaethau, cwsmeriaid a busnesau eraill yr UE heb unrhyw gostau treth ychwanegol. Mae hyn yn helpu i reoli costau sy'n rhwystr i fusnesau rhyngwladol sy'n ceisio cystadlu ym marchnad yr UE.

- Gall dinasyddion yr UE symud yn rhydd ar draws yr UE i gael cyfleoedd addysg a chyflogaeth. I fusnesau'r DU, mae hyn yn golygu bod cyflenwad ehangach o weithwyr medrus ar gael, a allai helpu i roi mantais gystadleuol iddyn nhw yn eu dewis farchnad.

- Gall busnesau ffurfio partneriaethau, cyd-fentrau a ffurfio cydsoddiadau mewn marchnad fwy sydd â llai o rwystrau nag mewn economïau eraill.

- Gall busnesau gael mynediad i economïau sy'n datblygu fel Gwlad Pwyl a Lithuania, gan eu galluogi i dyfu ac ehangu gwerthiannau a phroffidioldeb.

- Mae busnesau a gweithwyr yn gallu dibynnu ar set safonol o reolau a hawliau ar draws y farchnad sengl, sy'n arwain at gostau is.

- Gall busnesau elwa ar y cymhorthdaliadau a'r grantiau sydd ar gael gan yr UE ar gyfer rhai diwydiannau, ynghyd â chyllid ar gyfer sefydlu gwaith cynhyrchu mewn ardaloedd sy'n datblygu neu sydd mewn trafferthion economaidd. Er enghraifft, caeodd *Hoover*, y gwneuthurwr sugnwyr llwch a pheiriannau golchi, ei ffatri ym Merthyr Tudful yng Nghymru, gan symud y gwaith cynhyrchu i'r Weriniaeth Tsiec, a hynny gyda chefnogaeth yr UE.

- Gall busnesau'r DU leihau costau cynhyrchu a dosbarthu drwy adleoli eu holl weithrediadau neu ran ohonyn nhw i wledydd yr UE sy'n cynnig costau llafur is.

- Mae'r ewro, fel arian cyfred cyffredin ar draws y mwyafrif o wledydd yr UE, yn lleihau costau amrywiadau yn y gyfradd cyfnewid ar gyfer busnesau sy'n allforio.

Anfanteision yr UE i fusnesau a'u rhanddeiliaid:

- Mae rheolau a rheoliadau'r UE yn tueddu i ychwanegu costau at fasnachu yn y farchnad sengl, sy'n gorbwyso ei manteision.

- Roedd busnesau yn y DU yn dal i orfod delio ag amrywiadau yng nghyfradd cyfnewid yr arian cyfred, gan nad yw'r DU wedi mabwysiadu'r ewro.
- Mae llawer o'r polisïau a fabwysiadwyd gan yr UE, fel y Polisi Amaethyddol Cyffredin, yn tueddu i ddylanwadu ar y farchnad fwyd. Gall hyn arwain at brisiau uwch i gwsmeriaid a rhai ffermwyr yn methu â chystadlu â thirfeddiannwyr cyfoethog sy'n gallu cael mwy o fudd o gymhorthdaliadau o'r fath.
- Gan fod y DU yn cael ei gweld fel gwladwriaeth gyfoethog gan bobl mewn rhai aelod-wladwriaethau eraill, fel Bwlgaria, mae llawer o weithwyr yn symud o'r gwledydd hynny i'r DU er mwyn chwilio am waith.

Yr arian cyfred sengl Ewropeaidd (yr ewro) a pharth yr ewro

Cafodd yr arian cyfred sengl Ewropeaidd, sy'n cael ei alw'n ewro, ei greu yn 1999 a'i ddefnyddio am y tro cyntaf yn 2002. Yn 2017, roedd 19 aelod-wladwriaeth yn defnyddio'r ewro fel arian cyfred, e.e. Gwlad Groeg a'r Almaen.

Mae gwledydd sy'n perthyn i barth yr ewro (*eurozone*) yn gorfod cadw at reolau penodol, gan gynnwys y polisïau a nodir gan **Banc Canolog Ewrop** (*European Central Bank* – ECB). Mae'r ECB wedi'i leoli yn Frankfurt yn yr Almaen ac mae'n atebol i'r UE yn hytrach na'r aelod-wladwriaethau. Swyddogaeth y banc yw rheoli'r ewro, cadw prisiau'n sefydlog a rheoli polisi economaidd ac ariannol yr UE. Mae gwledydd parth yr ewro yn gorfod sicrhau:

- **Prisiau sefydlog:** ni ddylai chwyddiant ym mhob aelod-wladwriaeth fod yn fwy na 1.5% yn uwch na'r cyfartaledd a gafwyd gan y tair aelod-wladwriaeth sydd â'r chwyddiant isaf.
- **Cyfraddau cyfnewid:** mae'r ewro yn cael ei fasnachu ar farchnadoedd rhyngwladol yn erbyn pob arian cyfred, gan gynnwys y bunt sterling a doler UDA.
- **Cyfraddau llog:** nid yw cyfraddau llog bondiau 5-mlynedd y trysorlys yn gallu bod yn fwy na 2% yn uwch na chyfartaledd aelod-wladwriaethau eraill parth yr ewro.

Gwerthuso costau a manteision yr arian cyfred sengl Ewropeaidd i fusnesau a'u rhanddeiliaid

Daw'r ewro â'r **costau** canlynol i fusnesau a'u rhanddeiliaid:

- Wrth i fusnesau ac unigolion parth yr ewro fasnachu gan ddefnyddio'r ewro, mae ganddyn nhw lai o reolaeth dros y **cyfraddau llog**, gan mai'r ECB sy'n rheoli hyn. O ganlyniad i hyn, gall cyfraddau llog ddod yn gost fawr ychwanegol i fusnes os ydyn nhw'n cael eu codi'n sylweddol.
- Wrth i economïau parth yr ewro barhau i weithredu'n annibynnol, mae'r **cylchredau busnes** yn gallu bod yn wahanol. Er enghraifft, er i'r Almaen ddod allan o gyfnod o enciliad (*recession*) a phrofi twf yn 2017, roedd Gwlad Groeg yn dal i fod ynghanol dirwasgiad. Golygai hyn fod busnesau yng Ngwlad Groeg yn llai abl i werthu nwyddau, gan arwain at broblemau sylweddol o ran diweithdra.
- Caiff gwledydd eu cysylltu â'i gilydd gan barth yr ewro, felly mae unrhyw **sioc allanol**, fel enciliad sy'n effeithio ar un wlad, hefyd yn effeithio ar wledydd eraill yr ewro. Mae hyn yn golygu y bydd busnesau ar draws pob gwlad yn dioddef o ganlyniad i brisiau'n codi ac amrywiadau yn y cyfraddau cyfnewid, er bod yr

Arian cyfred sengl Ewropeaidd Arian swyddogol yr Undeb Ewropeaidd, sy'n cael ei adnabod fel yr ewro.

Parth yr ewro Yr ardal economaidd a ffurfiwyd gan yr aelod-wladwriaethau hynny o'r Undeb Ewropeaidd sydd wedi mabwysiadu'r ewro.

Bondiau'r trysorlys Bondiau hirdymor sy'n cael eu gwerthu gan lywodraethau i fuddsoddwyr ar y farchnad agored. Mae bondiau fel arfer ar gyfer cyfnod o 5 neu 10 mlynedd ac yn gwarantu cyfradd llog benodol dros y cyfnod hwnnw. Mae bondiau yn cael eu hystyried yn un o'r buddsoddiadau mwyaf diogel gan fod llywodraethau'n eu cefnogi, ac nid ydyn nhw fel arfer yn methu.

economi leol yn sefydlog. Gall hyn arwain at fusnesau'n dod yn llai cystadleuol ac yn fwy agored i gystadleuaeth gan fusnesau nad ydyn nhw'n rhan o barth yr ewro, e.e. busnesau o'r DU.

■ Nid yw'r ECB yn rhoi rhesymau ynghylch pam y mae'n gwneud penderfyniadau penodol ar gyfraddau llog, sy'n golygu ei bod hi'n anodd i fusnesau wneud cynlluniau wrth gefn ar gyfer cynnydd neu gwymp posibl.

Manteision yr ewro i fusnesau a'u rhanddeiliaid:

■ Gan fod yr ewro yn arian cyfred llawer cryfach na rhai o arian cyfred blaenorol aelodau parth yr ewro (e.e. drachma Gwlad Groeg), gallai gael ei weld fel risg llai i'r busnesau a'r buddsoddwyr hynny sy'n dymuno ymgymryd â FDI.

■ Gydag arian cyfred sengl, gall gwledydd ym mharth yr ewro fasnachu â'i gilydd heb y costau na'r risgiau sy'n gysylltiedig ag amrywiadau mewn arian cyfred. Mae ymchwil yn awgrymu y gall hyn fod o fudd i bob gwlad o gymaint ag 1% mewn GDP, ac wrth i'r GDP godi, mae grym gwario busnesau ac unigolion yn codi hefyd.

■ Gall busnesau brynu nwyddau a deunyddiau crai rhatach ar draws parth yr ewro o ganlyniad i'r un arian cyfred. Gall hyn arwain at farchnadoedd mwy cystadleuol ac effeithlon sydd, yn y pen draw, o fudd i unigolion, gan gynnwys y rhai sydd yn yr UE ond nid ym mharth yr ewro.

■ Mae cyfraddau llog yn fwy sefydlog ac yn is ym mharth yr ewro erbyn hyn, sy'n golygu ei bod hi'n rhatach i fusnesau fenthyg arian a buddsoddi mewn datblygu cynnyrch a thwf.

■ Mae masnach wedi gwella rhwng aelodau parth yr ewro. Er enghraifft, yn ôl yr ECB, cynyddodd mewnforion ac allforion o fewn parth yr ewro o 27% yn 1999 i 32% yn 2006.

Gwerthuso effaith aelodaeth o'r UE a pharth yr ewro ar fusnesau yn y DU

Mae aelodaeth o'r UE a pharth yr ewro yn cael yr effaith ganlynol ar fusnesau yn y DU (cyn gadael yr UE):

■ Mae'r UE yn creu bloc economaidd mwy dylanwadol sy'n cynnig cyfleoedd gwell i fusnesau yn y DU o ran allforio a mewnforio. Mae yna fwy o gyfleoedd hefyd ar gyfer masnach rydd ar draws aelod-wladwriaethau'r UE, gan helpu busnesau'r DU i ehangu i farchnadoedd newydd.

■ Mae teithio o fewn gwledydd yr UE yn haws gan mai prin yw'r rheolaethau ar ffiniau, gan leihau costau dosbarthu. Mae hyn hefyd yn galluogi busnesau'r DU i gael mynediad at y gweithwyr mwyaf medrus ar draws y farchnad sengl.

■ Mae cyllid yr UE, drwy gymhorthdaliadau, wedi helpu i sefydlu a chynnal busnesau yn y DU mewn ardaloedd o amddifadedd cymdeithasol (*social deprivation*).

■ Ceir tystiolaeth bod aelodaeth o'r UE wedi creu hyd at 10% yn fwy o gyfleoedd cyflogaeth. Mae mwy o swyddi'n golygu cynnydd yn nifer y defnyddwyr sy'n fodlon ac yn gallu prynu cynhyrchion o'r DU. Mae hyn, yn y pen draw, yn sicrhau twf a mwy o elw.

■ Mae parth yr ewro o fudd i fusnesau yn y DU oherwydd ei fod yn caniatáu cymharu nwyddau a deunyddiau crai, gan ddefnyddio'r un arian cyfred ar draws y gwledydd. Gelwir hyn yn brisio tryloyw (*transparent pricing*).

Profi Gwybodaeth 20

(a) Sut y gallai banc o'r DU elwa wrth i'r DU fod yn aelod o'r UE?

(b) Beth yw'r anfantais bosibl?

- Gan ei bod yn ymddangos bod cylchred busnes parth yr ewro yn wahanol i rai'r DU, gall hyn ganiatáu i fusnesau yn y DU elwa o fod â chyfraddau llog is a chyfraddau twf uwch na chystadleuwyr ym mharth yr ewro.
- Fodd bynnag, nid yw busnesau'r DU yn rhydd i fasnachu yn fyd-eang heb gyfyngiadau oherwydd rheolau'r UE, sy'n golygu y gall busnesau fod o dan anfantais mewn marchnadoedd y tu allan i'r UE.
- Mae gan yr UE lawer o rwystrau, cwotâu a thollau ar gyfer busnesau yn y DU sy'n dymuno mewnforio o wledydd y tu allan i'r UE. Gall hyn fygu cystadleuaeth a chost-effeithlonrwydd.
- Ni all busnesau'r DU gael mynediad rhwydd at weithwyr medrus o wledydd y tu allan i'r UE heb gostau gweinyddol ychwanegol.
- Mae'n rhaid i Lywodraeth y DU dalu ffi aelodaeth i'r UE bob blwyddyn, sy'n gorfod cael ei hariannu drwy drethi. Yn 2016, y swm hwn oedd 8.6 biliwn, sy'n golygu baich ychwanegol ar fusnesau ac unigolion sy'n talu treth.

Gwerthuso'r effaith o beidio â bod yn aelod o'r UE neu barth yr ewro ar fusnesau yn y DU

Pleidleisiodd y DU o blaid gadael yr UE yn 2016 ac nid yw'r effaith y bydd hynny'n ei chael yn gwbl glir eto. Fodd bynnag, gallai peidio â bod yn aelod o'r UE neu barth yr ewro gael yr effaith ganlynol ar fusnesau yn y DU:

- Efallai y bydd yn rhaid i fusnesau yn y DU dalu tollau a chael eu llywodraethu gan gwotâu pan fyddan nhw'n masnachu gyda'r UE, gan ychwanegu costau ychwanegol at gynnyrch a gwasanaethau sy'n cael eu cynnig.
- Bydd busnesau yn y DU yn dal i orfod cydymffurfio â'r rheoliadau a'r rheolau ar fasnachu yn yr UE a fydd hefyd yn ychwanegu costau ychwanegol.
- Gan na fydd gan Lywodraeth y DU lais ar y rheolau sy'n cael eu pennu ar gyfer masnachu o fewn yr UE, efallai y bydd rheolau'n cael eu cyflwyno sydd â'r bwriad o atal busnesau'r DU rhag masnachu â gwledydd yr UE.
- Mae'n bosibl na fydd busnesau'n gallu cyflawni'r un darbodion maint o gynhyrchu a masnachu ar draws holl farchnad yr UE ag y gallan nhw ar hyn o bryd.
- Mae'n bosibl na fydd gan fusnesau yr un mynediad at weithwyr medrus am gost ratach o'r UE.
- Ni fydd ffermwyr na physgotwyr bellach yn derbyn cymhorthdaliadau sy'n helpu i wneud eu busnesau'n llwyddiant, gan arwain at fethiant busnes, o bosibl.
- Fodd bynnag, ni fydd yn rhaid i'r DU dalu biliynau o bunnoedd bob blwyddyn i'r UE, sy'n golygu y gallai'r cyllid hwn gael ei ddargyfeirio'n uniongyrchol ac yn anuniongyrchol at fusnesau yn y DU. Mae'n bosibl y bydd hyn yn arwain at fanteision cynaliadwy mwy hirdymor.
- Efallai y bydd gan y DU fwy o reolaeth dros fewnfudo, gan dargedu'r gweithwyr â'r sgiliau sydd eu hangen ar fusnesau yn y DU yn hytrach na chaniatáu symudiad rhydd i unrhyw weithwyr o wledydd yr UE i'r DU. Gallai hyn gynyddu cynhyrchiant a chystadleurwydd busnesau.
- Bydd Llywodraeth y DU yn rhydd i wneud cytundebau masnach â gwledydd eraill fel UDA a China, a all arwain at gyfleoedd mwy proffidiol i fusnesau.

- Efallai y bydd gan fusnesau yn y DU fwy o lais ar y math o reolau sy'n rheoli eu diwydiannau, gan arwain at gostau is.
- Bydd y DU yn gallu rheoli ei pholisïau ffermio a physgota ei hun, gan gynnwys mewnforio bwyd rhatach.

Cyngor i'r arholiad

Ceisiwch gyflwyno ateb cytbwys sy'n cynnwys manteision ac anfanteision yr effaith y gallai'r UE ei chael ar fusnesau sy'n masnachu ar draws yr aelod-wladwriaethau. Cofiwch, i rai busnesau, efallai y bydd y bleidlais Brexit yn rhoi mwy o hyblygrwydd iddyn nhw. I eraill wedyn, gallai olygu mwy o gostau a chystadleuaeth. Bydd atebion sy'n haeddu marciau uchel yn adlewyrchu cymhlethdod y berthynas a fydd rhwng busnesau yn y DU a'u partneriaid yn yr UE yn y dyfodol.

Profi Gwybodaeth 21

Rhowch un rheswm pam y mae busnes byd-eang fel *Dyson* wedi dweud bod rheoliadau'r UE yn rhwystro ei allu i fod yn gystadleuol ym marchnad sengl yr EU. Sut y gallai'r gwrthwyneb fod yn wir?

Crynodeb

Ar ôl astudio'r pwnc hwn, dylech chi allu:

- esbonio natur a phwrpas yr Undeb Ewropeaidd (UE) a'r farchnad sengl Ewropeaidd
- gwerthuso effaith yr UE ar fusnesau a'u rhanddeiliaid
- esbonio beth a olygir wrth yr arian cyfred sengl Ewropeaidd a pharth yr ewro
- gwerthuso costau a manteision yr arian cyfred sengl Ewropeaidd i fusnesau a'u rhanddeiliaid
- gwerthuso effaith aelodaeth o'r UE a pharth yr ewro ar fusnesau yn y DU
- gwerthuso effaith peidio â bod yn aelod o'r UE neu barth yr ewro ar fusnesau'r DU

Cwestiynau ac Atebion

Mae'r cwestiynau a'r atebion yn yr adran hon o'r llyfr yn dilyn strwythur tebyg i'ch arholiadau. Ceir darnau o sefyllfaoedd busnes, data a detholiad o'r holl wahanol fathau o gwestiynau y bydd gofyn i chi eu hateb yn yr arholiad Safon Uwch CBAC.

Yn union o dan bob cwestiwn, ceir rhai awgrymiadau gan arholwyr ar y ffordd orau i ymdrin ag ef (a nodir gan yr eicon **ⓔ**).

Ar gyfer pob cwestiwn, mae ateb gradd is (Myfyriwr A) ac ateb gradd uwch (Myfyriwr B). Mae'r sylwadau sy'n dilyn pob ateb (a nodir gan yr eicon **ⓔ**) yn tynnu sylw at gryfderau a gwendidau'r ateb, a sut y gellid ei wella.

Strwythur yr arholiad

Mae gan gymhwyster **Safon Uwch CBAC** bedwar papur sy'n werth cyfanswm o 300 marc. Mae'r canllaw hwn yn canolbwyntio ar U2 Uned 4 Busnes mewn Byd sy'n Newid sy'n para 2 awr a 15 munud ac sy'n werth 80 marc. Mae'r papur yn cynnwys cwestiynau sy'n seiliedig ar astudiaeth achos ac un traethawd o ddewis o dri. Mae cwestiynau'r astudiaeth achos yn werth 10 marc yr un, ac mae'r traethawd wedi'i rannu'n ddwy ran sy'n werth 10 ac 20 marc.

Am gwestiynau ar Cyfleoedd Busnes, gweler **Canllaw Myfyrwyr 1** yn y gyfres hon; am gwestiynau ar Swyddogaethau Busnes, gweler **Canllaw Myfyrwyr 2**; am gwestiynau ar Dadansoddiad Busnes a Strategaeth Fusnes, gweler **Canllaw Myfyrwyr 3**.

Sgiliau arholiad

Mae cwestiynau gwerth 4 marc yn gofyn am wybodaeth o dermau busnes, cymhwysiad penodol y term busnes o'r wybodaeth sydd yn y darn a mantais a/neu anfantais i'r term busnes sy'n gysylltiedig â'r wybodaeth yn y darnau. Efallai y bydd y cwestiynau hyn hefyd yn gofyn i chi gyfrifo atebion gan ddefnyddio fformiwlâu rydych chi wedi'u dysgu a data yn y darnau. Bydd yr arholwr yn marcio'r math hwn o gwestiwn 'o'r gwaelod i fyny'. Mae hyn yn golygu bod pob marc yn cael ei ennill yn unigol, felly byddwch chi'n ennill marciau hyd yn oed os nad ydych chi wedi darparu unrhyw gyd-destun o'r deunydd yn y darnau. Mae cyd-destun yn cynnwys unrhyw beth unigryw rydych chi'n ei drafod o'r darn yn eich ateb. Mae'n rhaid i'r ateb gyfeirio'n ôl at y cwestiwn.

Mae cwestiynau gwerth 10 a 12 marc yn gofyn am werthuso'r term busnes gan ddefnyddio tystiolaeth benodol o'r darn. Y ffordd fwyaf ddiogel o wneud hyn yw creu dadl gref, ddwyochrog. Dylech hefyd geisio llunio barn am y busnes a'r termau busnes a drafodir, ynghyd â chynnig atebion i broblemau busnes yn seiliedig ar y deunydd ysgogi a'ch gwybodaeth fusnes eich hun. Mae cwestiynau gwerth 20 marc yn defnyddio'r un dull, ond y tro hwn dylai enghreifftiau naill ai ddod o gyd-destun yr adran A flaenorol neu eich dysgu annibynnol eich hun. Bydd yr arholwr yn marcio'r mathau hyn o gwestiynau o safbwynt 'y ffit orau'. Mae hyn yn golygu y bydd yr arholwr yn rhoi marciau i chi am y lefel uchaf o ymateb rydych chi'n ei dangos yn eich ateb.

Ar gyfer cwestiynau sy'n gofyn i chi ddadansoddi manteision neu anfanteision cysyniad busnes, neu ofyn i ba raddau neu i asesu sut y gallai cysyniad busnes fod yn ddefnyddiol, mae'r arholwr yn ei gwneud yn ofynnol i chi ganolbwyntio ar yr ochr honno o'r ddadl yn unig ar gyfer y busnes a drafodir. Ni ddylech roi safbwynt gwrthgyferbyniol, felly. Bydd angen i chi hefyd roi sylwadau manwl am bob un o'r ffactorau penodol yng nghyd-destun deunydd ysgogi'r cwestiwn.

Techneg wrth werthuso cwestiynau 12 neu 20 marc

Gan mai'r rhain yw'r atebion mwyaf heriol i'w hateb ar y papur, mae'r arholwr yn chwilio am werthusiad manwl. Er mwyn eich helpu i ennill y marciau AA4 uchaf, efallai y bydd o gymorth i chi ystyried un o'r elfennau canlynol, sy'n cael eu hadnabod fel *MOPS* (*Market, Objectives, Product, Situation*), sef Marchnad, Amcanion, Cynnyrch a Sefyllfa, yn eich gwerthusiad:

- **Marchnad.** Beth yw nodweddion y farchnad y mae'r busnes yn gweithredu ynddi? Sut y mae'r rhain yn dylanwadu ar eich casgliad? Er enghraifft, mae *Apple* yn y farchnad ffonau clyfar sy'n ddynamig ac yn newid yn gyflym, ac felly mae angen gwario llawer o arian ar ymchwil a datblygu er mwyn sicrhau bod y cwmni'n cadw ei fantais gystadleuol.
- **Amcanion.** Beth yw amcanion y busnes, a sut maen nhw'n cyd-fynd â'r sefyllfa y mae'r busnes ynddi? Sut y mae'r ffactorau hyn yn dylanwadu ar eich casgliad? Er enghraifft, efallai mai prif amcan cwmni *Apple* yw cael y gyfran fwyaf o'r farchnad. Os felly, mae'n bosibl mai creu'r cynnyrch mwyaf blaengar yw prif flaenoriaeth y cwmni, waeth beth a fo'r gost.
- **Cynnyrch.** Pa gynhyrchion neu wasanaethau y mae'r busnes yn eu gwerthu? Sut y gallai hyn ddylanwadu ar eich meddwl? Er enghraifft, efallai y bydd *Apple* yn cyhoeddi *iPhone* rhatach mewn lliwiau llachar i gipio cyfran uwch o'r farchnad.
- **Sefyllfa.** Beth yw sefyllfa bresennol y busnes? A yw hyn yn effeithio ar eich casgliad? Er enghraifft, os byddai gwerthiant ffonau clyfar yn lleihau, yna byddai angen i *Apple* chwilio am farchnadoedd newydd (e.e. India). Byddai angen i'r cwmni baratoi strategaethau newydd i gadw'r gyfran o'r farchnad sydd ganddo eisoes neu ei chynyddu drwy wneud ffôn rhatach ar gyfer y farchnad newydd honno. Mae hefyd yn bwysig nodi yn yr ateb y rhanddeiliaid a allai gael eu heffeithio gan hyn.

Mae angen i chi ddarllen y darn a'r cwestiwn a defnyddio'r elfen/nau mwyaf priodol uchod yn y cyd-destun hwn i'ch helpu i edrych ar y materion ehangach sy'n effeithio ar y busnes a fydd yn dylanwadu ar y materion allweddol yn y cwestiwn.

1

Darn 1

Mae'r farchnad bwyd cyflym yn India yn werth $12 biliwn ar hyn o bryd, gyda chwmnïau sy'n cynnig bwyd Indiaidd lleol yn arweinwyr mewn cyflenwi eu hoff brydau i gwsmeriaid. Mae gan gadwyni bwyd rhyngwladol lai o gyfran o'r farchnad, sef 5%. Mae gan India boblogaeth o tua 1.2 biliwn, ond dim ond 2,700 o fwytai bwyd cyflym sydd yn y wlad. Yn UDA, sef cartref bwyd cyflym, mae'r ffigur dros 50,000.

Yn ddiweddar, mae bwytai bwyd cyflym yn UDA wedi cyrraedd pwynt lle gormod ohonyn nhw, gyda llawer o gystadleuaeth ac ychydig o dwf – er enghraifft, dim ond 1.1.% o dwf a fu yn 2014. Mae *McDonald's* yn dominyddu marchnad UDA gyda chyfran o 47.3% yn 2015, er bod hyn bellach yn dechrau gostwng oherwydd mwy o gystadleuaeth. Mae cystadleuwyr fel *Burger King* wedi gweld eu cyfran o'r farchnad yn gostwng o 19% i 11.2%. O ganlyniad, mae *Burger King* wedi cyflwyno cynhyrchion newydd ac mae hyn yn dechrau talu ar ei ganfed o ran gwerthiant uwch. Mae pob busnes bwyd cyflym yn manteisio'n fawr ar lwyfannau e-fasnach i helpu gydag archebion a dewisiadau cwsmeriaid.

Mae e-fasnach yn tyfu'n gyflym yn India. Amcangyfrifwyd bod gwerthiannau yn werth $6 biliwn yn 2015, cynnydd enfawr o'r $3.5 biliwn yn 2014. Dyma'r farchnad e-fasnach sy'n tyfu fwyaf yn rhanbarth Asia-Cefnfor Tawel, er ei bod yn farchnad newydd sydd heb ei chyffwrdd i raddau helaeth. Gall hyn fod yn gysylltiedig â'r twf yn incwm gwario go iawn teuluoedd, a gynyddodd 10% yn 2015. Mae twf mewn incwm yn arbennig o nodedig mewn dinasoedd fel Mumbai.

Ar restr o 189 o wledydd sy'n gwneud busnes, mae India wedi'i gosod yn safle 130, cynnydd o bedair safle ers 2015. Mae sefydlu busnes yn India yn dod yn haws, fel y mae mynediad i gyflenwad cyson o drydan hefyd. Ond mae cael caniatâd i godi adeiladau busnes a thalu trethi yn dal i fod yn broblem i fusnesau newydd.

Darn 2

Cadwyn o fwytai bwyd cyflym yw *Burger King* ac mae'i bencadlys wedi'i leoli yn UDA. Yn ddiweddar, cyhoeddodd ei fod yn chwilio am fusnes bwyd cyflym yn India er mwyn ei helpu i gael mynediad i farchnad bwyd cyflym gynyddol y wlad.

Yn India, mae'r boblogaeth ifanc sydd â mwy o incwm gwario ar gynnydd. Mae aelodau o'r dosbarth canol wedi cofleidio'r syniad o fwyta allan, yn rhannol oherwydd prysurdeb eu bywyd ac oherwydd chwilfrydedd i roi cynnig ar fathau newydd o ddulliau coginio. Mae *Burger King* yn gobeithio manteisio ar y farchnad bwyd cyflym newydd yn India trwy gyflwyno bwyd y gellir ei archebu ymlaen llaw, gan ddefnyddio'r farchnad e-fasnach gynyddol ar gyfer nwyddau a gwasanaethau.

Mae gan y cwmni fwy na 13,000 o fwytai ledled y byd yn gwasanaethu tua 11 miliwn bob dydd mewn 79 o wledydd. Fodd bynnag, mae ei fynediad i farchnad India yn hwyr o'i gymharu â busnesau fel *KFC*, *Pizza Hut*, *Subway* a *McDonald's*, sydd eisoes wedi sefydlu brandiau yn y wlad. Mae *McDonald's*, er enghraifft, wedi bod yn y farchnad ers bron 20 mlynedd.

Yn India, Hindŵiaid yw'r rhan fwyaf o'r boblogaeth ac felly nid ydyn nhw'n bwyta cig eidion. Ceir hefyd boblogaeth fawr o Foslemiaid, nad ydyn nhw'n bwyta porc. Mae *Burger King* yn bwriadu addasu ei gynhyrchion er mwyn ceisio bodloni chwaeth y bobl a'r arferion lleol hyn, yn union fel y gwnaeth *McDonald's*. Bydd yn cyflwyno dewisiadau newydd fel y *Paneer King Melt*, sef brechdan sy'n llawn caws colfran Indiaidd. Yn ystod y cyfnod nesaf, mae *Burger King* yn bwriadu agor 12 bwyty ledled India.

Darn 3

Mae *Jumbo King* yn fwyty bwyd cyflym sydd ar gynnydd yng ngorllewin India. Mae'r bwyd yn aml yn costio llai na $1 ac mae'r fwydlen yn cynnwys prydau lleol o Mumbai fel y *vada pav*, sef byrger tatws mewn rhôl, a diodydd fel *lassi*.

Mae llawer o'r bwytai wedi'u lleoli ger gorsafoedd rheilffordd, ac yn darparu bwyd i nifer fawr o gwsmeriaid sy'n teithio – trenau yw'r prif fath o drafnidiaeth i gymudwyr sy'n gweithio mewn dinasoedd. Mae taith ar drên yn aml yn para 2 awr, ac mae 6 miliwn o bobl yn teithio arnyn nhw'n ddyddiol. Mae *Jumbo King* yn darparu brecwast neu swper i lawer o weithwyr llwglyd sy'n brin o amser. Yn ôl rheolwr gyfarwyddwr *Jumbo King*, Dheeraj Gupta, mae'r busnes wedi bod yn llwyddiannus gan fod y bwyd yn llawer mwy diogel ac yn fwy glân na llawer o'r stondinau bwyd eraill sy'n amgylchynu gorsafoedd trên. Mae'n well gan y 2 filiwn o bobl sy'n teithio yn ôl ac ymlaen i Malad, un o faestrefi Mumbai, eu pryd o *vada pav* gan ddarparwr y gallan nhw eu trystio.

Bwriad nesaf Gupta yw cael digon o arian i allu ehangu ledled India gyda model busnes newydd. Mae'n rhagweld y bydd rhaid i *Jumbo King* symud i batrwm bwyty caban er mwyn caniatáu i'r busnes gael apêl mwy premiwm ac i'w wneud yn wahanol i'r stondinau lleol.

Newid

Ystyriwch y newidiadau a allai fod wedi cyfrannu at *Burger King* yn ehangu'r busnes i India. (10 marc)

e Mae 'ystyriwch' yn golygu bod angen i chi ddarparu ateb sy'n seiliedig ar y darn ac sy'n adolygu gwybodaeth, barn neu safbwyntiau gwahanol mewn perthynas â'r cwestiwn. Am bob mantais rydych chi'n sôn amdani, dylech sôn am anfantais, gan ddefnyddio tystiolaeth ac enghreifftiau. Dylech ddod i benderfyniad terfynol ar yr hyn a farnwch yw'r ffactorau pwysicaf sy'n eich arwain at eich casgliad, gan roi cyfiawnhad dros y rhain. Mae'r cwestiwn yn gofyn am y manteision o fusnes yn gorfod newid er mwyn ehangu i farchnad sy'n datblygu. Gellir defnyddio'r darnau i ddarparu'r dystiolaeth ar gyfer eich ateb a dylech gyfeirio atyn nhw. Y sgil uchaf sydd ei angen yw gwerthuso.

AA1: am nodi ffactor newid neu ddiffiniad o newid. Mae hyn yn werth 2 farc, e.e. drwy nodi enghraifft o reswm dros newid.

AA2: am gymhwysiad da o reswm dros newid ar gyfer *Burger King*. Bydd angen i chi gyfeirio'n glir at y darnau er mwyn cefnogi eich dadl. Mae hyn yn werth hyd at 2 farc.

AA3: am ddadansoddiad da o fantais neu anfantais newid i *Burger King* wedi'i ddatblygu o fewn y cyd-destun. Mae hyn yn werth hyd at 2 farc.

AA4: am werthusiad rhagorol, cytbwys o ffactorau newid priodol sy'n canolbwyntio ar faterion allweddol yng nghyd-destun *Burger King*. Mae barn berthnasol wedi'i llunio yn eich dadl. Mae hyn yn werth hyd at 4 marc.

Myfyriwr A

Mae newid yn weithred neu'n broses lle mae rhyw agwedd ar y busnes yn gosod pwyslais ar wneud rhywbeth yn wahanol. Rheoli newid o fewn y busnes yw'r dull a ddefnyddir i oruchwylio cyfnod pontio o fewn y busnes. Po fwyaf o gynllunio a rheoli sydd gan fusnes dros newid, y mwyaf tebygol yw o fod yn llwyddiant. **a** Un ffactor a allai fod wedi achosi i *Burger King* symud i farchnad newydd fel India yw'r lefelau uchel o gystadleuaeth ddomestig yn y farchnad yn UDA. **b** Gallai *Burger King* fod ar ei ennill o ymuno â marchnad India gan fod yna lai o gystadleuaeth. Yn ôl Darn 1, dim ond 2,700 o gadwyni bwyd cyflym sydd yno. **c** O ganlyniad, gall *Burger King* fuddsoddi'n helaeth mewn bwytai a phrofi twf cyflym. **d** Fodd bynnag, mae *Burger King* yn hwyr ddyfodiad i'r farchnad a bydd yn cystadlu gyda chwmnïau fel *McDonald's* sydd wedi hen sefydlu yn y farchnad eisoes. Mae *McDonald's* wedi ennill cymaint o fantais gystadleuol dros *Burger King* fel y bydd sicrhau twf yn anodd yn India. **e**

Credaf y dylai *Burger King* barhau i ehangu i farchnad India, gan fod yna ddigon o gyfleoedd. Mae poblogaeth dosbarth canol y wlad yn tyfu ac yn awyddus i roi cynnig ar fwydydd newydd. **f**

---

e Dyfarnwyd 7/10 marc **a, b** Am 2 farc AA1 ac 1 marc AA2, mae'r myfyriwr yn rhoi diffiniad cywir o newid gyda dealltwriaeth fanwl, ynghyd â rheswm i'r busnes newid. **c** Am 1 marc AA2 ac 1 marc AA3, mae'r myfyriwr yn nodi mantais ychwanegol o ymuno â marchnad India gyda chyd-destun. **d, e** Gwneir pwynt dadansoddi da ond byr, a rhoddir anfantais gyd-destunol o'r newid i farchnad sy'n datblygu. Mae hyn yn ennill 1 marc AA4 ac 1 marc AA3. **f** Mae'r myfyriwr yn ceisio dod i gasgliad ond mae'n gyffredinol a heb ei ddatblygu. Nid yw'n ennill unrhyw farciau pellach, felly.

Myfyriwr B

Mae ffactorau newid yn rhesymau pam y gallai busnes fel *Burger King* fod eisiau ehangu o'r farchnad ddomestig gartref y mae'n gweithredu ynddi. **a** Efallai mai un ffactor gwthio i *Burger King* yw'r ffaith bod marchnad UDA, a dyfodd ond 1.1% yn 2014, yn orlawn. **b** Mae *Burger King* wedi colli cyfran o'r farchnad yn UDA oherwydd cystadleuaeth ffyrnig gan *McDonald's* ac, erbyn hyn, dim ond 11% o'r farchnad sydd ganddo. Mae gan *Burger King* eisoes 50,000 o allfeydd bwyd cyflym yn yr Unol Daleithiau, a bydd yn edrych tuag at India, lle mae ganddo ond 2,700 o allfeydd, i helpu i'w fusnes ehangu'n fyd-eang. **c** O ganlyniad, gall *Burger King* fuddsoddi'n helaeth mewn bwytai a phrofi twf cyflym ym marchnad India drwy ddenu cwsmeriaid dosbarth canol ifanc i ffwrdd o allfeydd annibynnol lleol, a thrwy hynny wella ei refeniw gwerthiant. **d**

Fodd bynnag, mae *Burger King* yn hwyr ddyfodiad i'r farchnad ac mae'n bosibl y bydd cystadleuwyr sefydledig fel *McDonald's* eisoes wedi ennill cymaint o fantais gystadleuol drostyn nhw fel y bydd sicrhau twf yn India yn anodd. **e** Bydd angen i *Burger King* hefyd fuddsoddi'n helaeth mewn cynhyrchion newydd fel y *Paneer King Melt*, a gall y costau hyn, yn y tymor byr, wrthbwyso unrhyw enillion a wneir mewn refeniw byd-eang uwch. **f** Mae *Burger King* yn gweithredu mewn 79 o wledydd, felly mae'n amlwg bod ganddo'r gallu ariannol i dyfu'r busnes yn India. Ond mae'n debygol mai'r bygythiad mwyaf i dwf ar hyn o bryd yw gallu *Burger King* i gystadlu yn erbyn manwerthwyr bwydydd cyflym annibynnol. **g** Mae'r ffactorau hyn, ynghyd â marchnad sy'n amlwg yn gallu tyfu'n sylweddol, yn gyfle rhy dda i'w golli i *Burger King* yn ei gynlluniau i ehangu'n fyd-eang. **h**

e Dyfarnwyd 10/10 marc **a, b** Am 1 marc AA1 ac 1 marc AA2, mae'r myfyriwr yn nodi ffactor newid sy'n ymwneud â chael mynediad i farchnad sy'n datblygu, gyda chyd-destun. **c** Mae'r myfyriwr yn rhoi esboniad am y ffactor gwthio gyda digon o dystiolaeth o'r darnau, gan ennill 1 marc AA1 ac 1 marc AA2. **d** Am 1 marc AA3, mae'r myfyriwr yn nodi mantais o ehangu i farchnad India gyda pheth datblygiad a defnydd da o dystiolaeth. **e, f** Am 1 marc AA3 a 2 farc AA4, mae'r myfyriwr yn nodi anfantais o ehangu i farchnad India ac yn datblygu'r pwynt hwn i ystyried cystadleuwyr a chostau. **g, h** Am 2 farc AA4, mae'r myfyriwr yn gwerthuso'r ffactorau newid yng nghyd-destun busnes byd-eang *Burger King* gan ddefnyddio tystiolaeth. Mae hefyd yn nodi'r heriau a all fod yng nghyd-destun marchnad India, gan orffen gyda chasgliad.

Mae Myfyriwr A yn dangos dealltwriaeth a dadansoddiad da o faterion sy'n ymwneud â newid mewn cyd-destun, ond nid yw'n ystyried dadleuon cystadleuol er mwyn rhoi casgliad cytbwys. Fodd bynnag, mae'n dal i fod yn ymateb da. (gradd A/B).

Mae Myfyriwr B yn gwneud ymdrech soffistigedig i ateb y cwestiwn hwn gan ddefnyddio llawer iawn o dystiolaeth ac mae'n ystyried y ffactorau gwthio o farchnad UDA. Mae'r gwerthusiad yn canolbwyntio ar faterion allweddol gyda chasgliad byr (gradd A*).

Atyniad y Farchnad

Gwerthuswch pa mor atyniadol yw marchnad bwyd cyflym India i *Burger King*.　　　　(10 marc)

e Mae 'gwerthuswch' yn golygu bod angen i chi ddarparu ateb sy'n seiliedig ar y darn ac sy'n trafod manteision ac anfanteision yr atyniad sydd gan farchnad bwyd cyflym India i *Burger King*. Mae angen i chi hefyd lunio barn am atyniad y farchnad yng nghyd-destun y darnau a chynnwys damcaniaethau busnes perthnasol eraill. Gellir defnyddio'r darnau i ddarparu'r dystiolaeth ar gyfer eich ateb a dylech gyfeirio atyn nhw. Y sgil uchaf sydd ei angen yw gwerthuso.

AA1: am ddangos dealltwriaeth dda o'r atyniad sydd gan farchnad bwyd cyflym India i fusnes. Mae hyn yn werth hyd at 2 farc.

AA2: am gymhwysiad da o'r atyniad sydd gan farchnad fyd-eang i *Burger King*. Bydd angen i chi gyfeirio'n glir at y darnau er mwyn cefnogi eich dadl. Mae hyn yn werth hyd at 2 farc.

AA3: am ddadansoddiad da o fanteision neu anfanteision marchnad fyd-eang i *Burger King*. Mae hyn yn werth hyd at 2 farc.

AA4: am werthusiad rhagorol a chytbwys o'r ffactorau allweddol sy'n effeithio ar atyniad marchnad fyd-eang, sy'n cael eu hasesu yng nghyd-destun *Burger King*. Bydd angen i chi lunio barn am y termau busnes yng nghyd-destun y cwestiwn ac, o bosibl, roi argymhelliad a chasgliad ynglŷn â'r strategaeth orau i *Burger King*. Mae hyn yn werth hyd at 4 marc.

Myfyriwr A

Un mesur o atyniad y farchnad a allai fod yn ddefnyddiol i *Burger King* yw twf mewn incwm gwario. **a** Mae Darn 1 yn nodi bod y twf mewn incwm gwario yn 2015 wedi bod yn 10%. **b** O ganlyniad, mae'n debygol y bydd *Burger King* yn gallu gwerthu bwyd cyflym i'r bobl hynny yn India sydd erbyn hyn â mwy o incwm i'w wario ar nwyddau moethus (*luxury goods*). **c** Mae hyn yn golygu bod Burger King, yn y farchnad newydd hon, yn debygol o gynhyrchu'r refeniw a'r twf y mae'r busnes yn gobeithio eu sicrhau. **d**

Fodd bynnag, mae llawer o gwmnïau bwyd cyflym o'r 'Gorllewin' yn rhuthro i farchnad India ar hyn o bryd, sy'n golygu y bydd yna dipyn o gystadleuaeth. Efallai na fydd *Burger King*, felly, mor llwyddiannus ag y mae'n gobeithio bod. **e** Mae hyn yn golygu na fydd *Burger King*, o bosibl, yn gallu cyrraedd y lefel o werthiant y mae'n anelu ati, a gallai wneud colled yn y pen draw. **f**

Mesur arall o atyniad y farchnad yw'r isadeiledd sydd ar gael o fewn y wlad. **g** Efallai fod gan India ffyrdd a chyflenwad trydan gwael a allai ei gwneud yn anodd i *Burger King* sefydlu bwytai bwyd cyflym yno. **h** Mae hyn yn golygu na fydd *Burger King* yn gallu ehangu i farchnad India yn gyflym ac efallai y bydd rhaid iddo wario mwy o arian ar gostau sefydlu dechreuol, gan arwain at lai o elw a thwf arafach. **i**

Mae India yn farchnad fawr gyda 1.2 biliwn o bobl sydd â llawer mwy o incwm gwario ac ychydig o fwytai bwyd cyflym. O bwyso a mesur y manteision a'r anfanteision, felly, byddwn yn argymell bod India yn farchnad ddeniadol i *Burger King* fynd i mewn iddi gan y bydd yn gwneud elw sylweddol yn y pen draw. **j**

---

e **Dyfarnwyd 7/10 marc** **a** Am 1 marc AA1, mae'r myfyriwr yn rhoi mesur o atyniad y farchnad. **b-d** Mae'r myfyriwr yn datblygu'r fantais o dwf mewn incwm gwario gan ddefnyddio tystiolaeth a'i chysylltu â *Burger King*. Mae hyn yn ennill 1 marc AA1, 1 marc AA2 ac 1 marc AA3. **d-f** Mae'r myfyriwr wedyn yn nodi anfantais sy'n ymwneud â marchnad India gyda thystiolaeth a pheth datblygiad, gan ennill 1 marc AA2 ac 1 marc AA3. **g-i** Am 1 marc AA1, mae'r myfyriwr yn datblygu mesur arall o atyniad y farchnad ac yn gwerthuso'r anfantais o hyn i *Burger King*, er na ddefnyddir tystiolaeth benodol. **j** Mae'r myfyriwr yn ceisio gwneud argymhelliad gan ddefnyddio tystiolaeth, ond nid yw wedi datblygu hynny'n dda ac felly nid yw'n gallu sgorio'n uwch na'r hyn a roddir am werthusiad cyfyngedig. Mae marc AA4 eisoes wedi'i roi am werthusiad cyfyngedig.

Myfyriwr B

Mae atyniad y farchnad yn fesur o werth posibl marchnad benodol mewn gwlad. **a** Yn amlwg, mae yna dwf mawr yn yr incwm gwario yn India, gyda Darn 1 yn dangos bod incwm gwario wedi tyfu 10% yn 2015. **b** O ganlyniad, mae gan y bobl ifanc, ddosbarth canol yn India fwy o arian i'w wario ar nwyddau moethus fel bwyd cyflym. **c** Gan fod *Burger King* yn amlwg yn ceisio ehangu i farchnad sydd heb ei chyffwrdd ar hyn o bryd, ac sydd â dim ond 2,700 o allfeydd bwyd cyflym, bydd y farchnad yn ddeniadol iddo a'i fuddsoddiad yn fwy tebygol o fod yn llwyddiant oherwydd bod gan Indiaid yr incwm i gynyddu gwerthiant. **d** Gwneir y farchnad yn fwy deniadol fyth gan y ffaith bod y farchnad, yn ôl Darn 1, yn werth $12 biliwn, felly gallai fod yn ffynhonnell fawr o refeniw ac elw i *Burger King*. **e** Fodd bynnag, mae'n ymddangos bod yna eisoes gryn dipyn o gystadleuaeth yn y farchnad, a hynny gan yr allfeydd bwyd annibynnol lleol a brandiau tramor eraill fel *McDonald's*. **f** Gan nad oes gan *Burger King* fawr ddim gwybodaeth leol am y farchnad o'i gymharu â chystadleuwyr sydd wedi hen sefydlu yn y farchnad, bydd angen iddo wario ar ymchwil i'r farchnad i benderfynu ble y gall y lleoliadau mwyaf proffidiol fod er mwyn sefydlu ei fwytai newydd. Mae hyn yn golygu mynd i gostau a all, ynghyd â'r risg o gystadleuaeth, wneud y farchnad yn llai deniadol. **g**

Mae'r gallu i sefydlu busnes yn ddidrafferth yn fanteisiol iawn. Mae hyn yn arbennig o wir am sefydlu busnes o'r newydd. **h** Gan fod India yn ennill tir yn y byd busnes, mae'n debygol y bydd yn haws i *Burger King* sefydlu bwytai newydd yno o'i gymharu â phan wnaeth *McDonald's* yr un peth ddeng mlynedd yn ôl. **i** Mae dechrau busnes yn llai tebygol o fod yn rhwystr i fynediad ac, er y gall costau ymchwil fod yn uchel, mae hyn yn golygu y bydd *Burger King* yn gallu cael elw ar ei fuddsoddiad yn gyflymach o lawer. Mae hyn yn enwedig o wir mewn marchnad fawr sy'n cynnwys 1.2 biliwn o bobl sydd â mwy o incwm gwario. **j** Mae hyn yn golygu y bydd India yn parhau i fod yn farchnad ddeniadol, gyda *Burger King* yn debygol o wneud mwy na digon o refeniw, a fydd yn talu am y costau sefydlu dechreuol a chostau ymchwil i'r farchnad adeg ymuno â'r farchnad. **k**

Gydag economi sy'n tyfu'n gyflym ac e-fasnach yn tyfu ar raddfa o 70%, efallai fod *Burger King* yn ymuno â marchnad India ar adeg pan all gynnig gyfuniad o fwydydd lleol, gan ddefnyddio technoleg sydd â mynediad gwell i isadeiledd. **l** Gallai fanteisio ar hoffter y dosbarth canol o fwyta allan a rhoi cynnig ar fwydydd newydd mewn modd nad yw cystadleuwyr eraill fel *McDonald's* wedi llwyddo i'w wneud eto. Mae hyn yn golygu y gall marchnad India fod yn farchnad atyniadol sy'n cynnig y cyfle gorau i *Burger King* o ran sicrhau twf a chynnydd mewn refeniw. **m**

e **Dyfarnwyd 10/10 marc** **a** Am 1 marc AA1, mae'r myfyriwr yn rhoi diffiniad o atyniad y farchnad. **b–e** Mae mesur o atyniad y farchnad yn seiliedig ar gynnydd incwm gwario, wedi'i ddatblygu'n dda, gyda'r myfyriwr yn defnyddio tystiolaeth ac yn cyfeirio'n ôl at *Burger King*. Mae'n ennill 1 marc AA1, 2 farc AA2 ac 1 marc AA3. **f, g** Mae'r myfyriwr yn nodi anfantais o farchnad India gyda thystiolaeth a datblygiad, gan ennill 1 marc AA3. **h–k** Mae'r myfyriwr yn datblygu mesur arall o atyniad y farchnad yn fanwl gyda thystiolaeth a pheth gwerthuso, gan ennill 2 farc AA4. **l, m** Mae'r myfyriwr yn llunio barn ar atyniad y farchnad i *Burger King* gyda thystiolaeth, a chyfeirir at elfennau MOPS (Marchnad, Amcanion, Cynnyrch a Sefyllfa). Mae'n ennill 2 farc AA4.

Mae Myfyriwr A yn rhoi dau fesur o atyniad y farchnad gyda'r un cyntaf wedi'i ddatblygu'n rhesymol, ond nid yw'n gwneud defnydd da o dystiolaeth ac nid yw'n rhesymu'n gyson drwy gydol yr ateb. Mae'n ceisio llunio barn, ond eto mae angen mwy o eglurhad (gradd B).

Mae Myfyriwr B hefyd yn defnyddio dau fesur o atyniad y farchnad, gyda defnydd rhagorol o dystiolaeth a datblygiad drwy gydol yr ateb. Nid yw'r ail fesur wedi'i werthuso cystal, ond mae'r farn a'r argymhelliad yn cynnwys cyfeiriad at elfennau MOPS. Mae'n ennill marciau llawn (gradd A*).

Cyd-fentrau a chydsoddiadau byd-eang

Trafodwch y farn bod cydsoddiadau yn ddewis gwell na chyd-fentrau i fusnesau sy'n dymuno ehangu i farchnad sy'n datblygu.

(20 marc)

e Mae 'trafodwch' yn golygu y dylech archwilio'n fanwl a yw cydsoddiadau (*mergers*) yn ddewis gwell na chyd-fentrau (*joint ventures*) i fusnesau sy'n dymuno ehangu i farchnadoedd sy'n datblygu. Bydd angen i chi gyflwyno ateb sy'n seiliedig ar y darn ac sy'n mynd i'r afael â'r manteision a'r anfanteision. Bydd angen i chi lunio barn a chasgliad am bwysigrwydd cydsoddiadau a chyd-fentrau yng nghyd-destun y darn, gan gynnwys damcaniaethau busnes perthnasol eraill hefyd.

AA1: am ddangos dealltwriaeth dda o gydsoddiadau a chyd-fentrau, e.e. drwy ddiffinio cydsoddiadau. Mae hyn yn werth hyd at 4 marc.

AA3: am ddadansoddiad da o fanteision ac anfanteision cydsoddiadau a chyd-fentrau i fusnesau sy'n dymuno ehangu i farchnadoedd sy'n datblygu. Bydd yna ddadleuon cytbwys a chynhwysfawr gyda dadansoddiad manwl. Mae hyn yn werth hyd at 8 marc.

AA4: am werthusiad rhagorol, cytbwys o fanteision ac anfanteision cydsoddiadau a chyd-fentrau i fusnesau sy'n dymuno ehangu i farchnadoedd sy'n datblygu. Bydd yna amrywiaeth eang o ddadleuon ar ddwy ochr y ddadl. Bydd angen i chi lunio barn am y termau busnes yng nghyd-destun y cwestiwn a dod i gasgliad cyffredinol. Mae hyn yn werth hyd at 8 marc.

Myfyriwr A

Cydsoddiadau (*mergers*) byd-eang yw lle mae dau fusnes ar wahân yn penderfynu dod yn un busnes unigol, yn aml er mwyn arbed costau a chynyddu eu gallu i gystadlu yn y farchnad. **a** Er enghraifft, un o'r manteision o *Burger King* yn cydsoddi â *Jumbo King* yw ei fod yn gwasgaru'r risg o weithredu ym marchnad India. **b** Gan fod *Burger King* yn newydd i farchnad India, a *Jumbo King* wedi hen sefydlu ynddi, bydd *Burger King* yn ennill arbenigedd lleol wrth werthu bwyd cyflym. **c** Mae hyn yn golygu bod *Burger King* yn llai tebygol o wneud dewisiadau gwael o ran pa fath o fwyd a ddylai fod ar ei fwydlen. Mae hyn hefyd yn golygu y bydd llai o gostau dechreuol a llai o risg o ran gwastraffu bwyd a gwerthiant isel. **d** Fodd bynnag, er mwyn cydsoddi, bydd angen prynu'r busnes a ffurfio busnes newydd, a fydd yn costio arian. Yn wir, efallai na fydd hyn yn rhywbeth y bydd y naill gwmni na'r llall yn ei ddymuno, yn enwedig rheolwr gyfarwyddwr *Jumbo King*. **e** Y rheswm am hyn yw bod *Jumbo King* eisiau arian i ehangu yn hytrach na chwmni rhyngwladol yn cydsoddi â'i weithrediadau presennol. **f**

O ganlyniad, mae'n bosibl y bydd gwrthdaro rhwng uwch reolwyr *Burger King* a Mr Gupta a fydd yn arwain at wrthdaro rhwng personoliaeth a diwylliant a fydd yn tanseilio'r manteision a ddaw o gydsoddi. Mae hyn yn golygu na fydd y cydsoddi'n llwyddiannus, neu bydd yn un sydd â mwy o risg na phe bai *Burger King* yn ymuno â'r farchnad ar ei ben ei hun. g

Mae cyd-fenter yn fusnes ar wahân sy'n cael ei greu gan ddau gwmni neu ragor ac sy'n cynnwys rhanberchenogaeth, adenillion a risgiau. h Gall cyd-fenter fod yn ffordd well o weithredu i *Burger King* a *Jumbo King*, gan y bydd y busnesau'n ffurfio partneriaeth ac yn dechrau ar y busnes newydd gydag amcanion cliriach. i Bydd cyd-fenter yn dal i ganiatáu i *Burger King* gael gwybodaeth gan arbenigwyr lleol *Jumbo King* ac i greu dewis bwyd mwy lleol ar gyfer darpar gwsmeriaid, fel bwytai ac allfeydd gorsafoedd trên sy'n cynnig cymysgedd o fwydydd *Burger King* a *Jumbo King*. j Fodd bynnag, mae problemau ynghlwm â chyd-fentrau, fel camddealltwriaeth ynghylch rôl pob busnes unigol. Mae hyn yn gallu arwain at y risg o wneud penderfyniadau gwael a cholli elw a thwf. k

I gloi, efallai mai cyd-fenter yw'r ffordd orau o weithredu mewn marchnad sy'n datblygu, e.e. gall Gupta *Jumbo King* gadw ei fusnes ei hun ac elwa ar y mewnbwn ariannol gan *Burger King* i'r busnes newydd. l O ganlyniad, bydd bwriad *Jumbo King* o symud i gabanau ar ffurf bwytai yn cael ei gefnogi gan *Burger King*. m Bydd hyn yn golygu cyd-fenter llwyddiannus oherwydd enw da *Jumbo King* yn y farchnad bwyd cyflym. Gall hyn hefyd arwain at lwyddiant i *Burger King*. n

e **Dyfarnwyd 13/20 marc** a Am 1 marc AA1, mae'r myfyriwr yn rhoi diffiniad o gydsoddiad. b–d Am 1 marc AA1 a 2 farc AA3, mae'r myfyriwr yn nodi mantais cydsoddi i *Burger King* ac yn datblygu hyn gan ddefnyddio tystiolaeth i roi dadansoddiad da. e–g Mae'r myfyriwr yn datblygu anfantais cydsoddi gan ddefnyddio tystiolaeth sydd wedi'i datblygu ac yn fanwl. Mae'n ennill 1 marc AA1, 2 farc AA3 ac un 1 marc AA4. h Mae'r myfyriwr yn rhoi diffiniad cywir o gyd-fenter, gan ennill 1 marc AA1. i–j Mae mantais cyd-fenter yn cael ei nodi gan y myfyriwr gydag enghraifft berthnasol. Mae'n ennill 1 marc AA3. k Mae'r myfyriwr yn nodi problem sy'n deillio o gyd-fenter wrth roi gwerthusiad da a dadansoddiad manwl o'r materion. Mae'n ennill 1 marc AA3 ac 1 marc AA4. l–n Mae'r myfyriwr yn ceisio dod i gasgliad ynghylch pa ddewis a allai fod yn well i farchnad sy'n datblygu gyda pheth cefnogaeth, gan ennill 1 marc AA4.

Myfyriwr B

Cydsoddiad byd-eang yw pan mae dau fusnes ar wahân yn penderfynu dod yn un busnes unigol, yn aml er mwyn arbed costau a chynyddu cystadleurwydd yn y farchnad. a Er enghraifft, mae *Burger King* yn anelu at gynyddu twf a bydd cydsoddi â busnes lleol fel *Jumbo King* nid yn unig yn caniatáu i *Burger King* elwa ar rwydwaith sefydledig o allfeydd bwyd cyflym mewn gorsafoedd trenau, ond hefyd elwa ar yr arbenigedd a'r wybodaeth leol sydd eisoes gan y rheolwr gyfarwyddwr, Gupta. b O ganlyniad, bydd *Burger King* yn gallu ychwanegu at ei amrywiaeth o fwydydd, a fyddai'n arwain at dwf cyflym iawn ymhlith pobl ifanc y dosbarth canol sy'n defnyddio trenau ac a fydd, o bosibl, eisiau rhoi cynnig ar wahanol fwydydd cyflym. Yn ogystal â'r *Paneer King Melt*, bydd prydau *vada pavs* yn cael eu cynnig. c Gall *Burger King* hefyd gyflwyno'r math hwn o fwyd i fwytai mwy traddodiadol, ac efallai gynnig amrywiaeth o gynhyrchion sy'n rhoi mantais gystadleuol i'r busnes dros gwmnïau amlwladol eraill fel *McDonald's* a busnesau lleol. **d** Fodd bynnag, mae cydsoddiad fel arfer yn cynnwys dau fusnes o faint tebyg ac mae'n amlwg mai *Burger King* fyddai'r partner mwyaf amlwg, a allai achosi annarbodion maint. **e** Er enghraifft, efallai fod Gupta yn gyfarwydd â gwneud penderfyniadau cyflym iawn, ond mewn busnes sydd newydd gydsoddi ag un arall, mae'n debygol y bydd penderfyniadau'n cymryd llawer mwy o amser. Gall hyn arwain at golli mantais gystadleuol y cydsoddiad a thwf arafach i *Burger King* yn y pen draw. **f**

Mae cyd-fenter yn endid busnes ar wahân sy'n cael ei greu gan ddwy blaid neu ragor ac yn cynnwys rhanberchenogaeth, adenillion a risgiau a allai, mewn gwirionedd, fod yn ddull gwell o lawer i *Burger King* o ran twf. **g** Y rheswm am hyn yw y gallai'r cyd-fenter wneud Gupta yn bartner cyfartal, sy'n annhebygol o ddigwydd wrth gydsoddi'r ddau fusnes. Bydd hyn yn galluogi *Burger King* i elwa ar arbenigedd Gupta yn y farchnad leol, tra bydd y fenter yn elwa ar yr adnoddau ariannol sylweddol sydd gan gwmni amlwladol. **h** Gallai *Burger King* a *Jumbo King* ddod o hyd i dir cyffredin drwy weithio fel cyd-fenter, gan fod y ddau fusnes yn amlwg yn frwdfrydig o ran twf a bydd *Burger King* yn ennill Pwynt Gwerthu Unigryw (USP) o ran ei gynigion bwyd a'i fwytai ac allfeydd unigryw. **i** Er enghraifft, mae'n fwy tebygol y bydd Gupta yn gallu cael cymeradwyaeth gan lywodraeth leol ar gyfer bwytai *Burger King* oherwydd ei lwyddiant yn lleol. Bydd hyn yn arwain at dwf a mwy o elw yn y pen draw. **j** Fodd bynnag, efallai na fydd *Burger King* yn gosod amcanion realistig am dwf ar gyfer y gyd-fenter newydd, ac mae'n bosibl na fydd amcanion cyffredin y ddau fusnes yn cyd-fynd yn ddigonol er mwyn sicrhau llwyddiant o ran y lefelau o dwf y mae *Burger King* yn gobeithio eu gweld. **k**

Pan fydd busnes yn hwyr yn cyrraedd marchnad sy'n datblygu, fel yn achos *Burger King* a'r farchnad bwyd cyflym yn India, bydd rhaid iddo ddelio â chystadleuwyr lleol ac amlwladol, fel *McDonald's*, cyn cyflawni unrhyw amcanion fel twf. **l** Yr allwedd i lwyddiant o ran twf i *Burger King* fyddai cael digon o arbenigedd lleol i greu amrywiaeth o fwydydd gwahanol, sy'n rhoi mantais gystadleuol iddo dros y ddau fath o gystadleuwyr. **m** Gall cydsoddiad, mewn gwirionedd, fod yn ffordd lwyddiannus o sicrhau twf os gwneir hynny gyda phartner domestig sydd o faint tebyg. Gallai dau fusnes o faint anghyfartal arwain at golli'r Pwynt Gwerthu Unigryw – rhywbeth a allai fod ei angen ar fusnes mwy o faint er mwyn iddo allu cyflawni ei amcanion. **n** Mae gan gyd-fenter gyda phartner lleol mewn marchnad sy'n datblygu, fel *Jumbo King*, fwy o siawns o lwyddo oherwydd efallai fod y ddwy blaid yn dymuno tyfu. **o** Yr allwedd i lwyddiant yma yw caniatáu digon o hyblygrwydd i *Burger King* allu elwa ar wybodaeth leol a chynigion bwyd lleol sy'n boblogaidd wrth gyflwyno amrywiaeth o fwydydd cyflym a fydd yn denu'r dosbarth canol cyfoethog oddi wrth gystadleuwyr eraill. **p** Os gall telerau cyd-fenter fel hyn gyflawni'r cydbwysedd hwn, efallai mai dyma ydy'r ffordd orau o gael myneidaid i farchnadoedd mewn gwledydd fel India. **q**

ⓔ Dyfarnwyd 18/20 marc **ⓐ** Am 1 marc AA1, mae'r myfyriwr yn rhoi diffiniad o gydsoddiad. **ⓑ–ⓓ** Mae'r myfyriwr yn nodi mantais o gydsoddi mewn marchnad sy'n datblygu gydag enghraifft benodol, sef *Burger King*, ac mae'n datblygu hyn mewn manylder, gan gyfeirio at dwf fel nod. Mae'n ennill 1 marc AA1 a 2 farc AA3. **ⓔ, ⓕ** Mae'r myfyriwr yn datblygu anfantais o gydsoddi gan ddefnyddio enghreifftiau manwl ac yn cyfeirio at dwf fel nod. Mae'n ennill 2 farc AA3 ac 1 marc AA4. **ⓖ, ⓗ–ⓙ** Mae'r myfyriwr yn rhoi diffiniad o gyd-fenter er mwyn dangos dealltwriaeth dda o'r ddau gysyniad ac mae'n cyferbynnu manteision cyd-fenter a chydsoddiad. Mae'r manteision yn cael eu cysylltu â nod *Burger King* o sicrhau twf y busnes, gan ennill 2 farc AA1, 2 farc AA3 a 2 farc AA4. **ⓚ** Mae nodi anfantais cyd-fenter o ran twf yn ennill 1 marc AA3. **ⓜ–ⓠ** Mae'r myfyriwr yn defnyddio elfennau MOPS ac enghreifftiau er mwyn gwerthuso ac argymell y ffordd fwyaf priodol o gael mynediad i farchnad sy'n datblygu, gan ennill 1 marc AA3 a 3 marc AA4.

Mae Myfyriwr A, yn bennaf, yn nodi manteision ac anfanteision cydsoddiad a chyd-fenter. Mae ei werthusiad yn arwynebol, er bod ei ddadansoddiad yn rhesymol fanwl (gradd C).

Mae Myfyriwr B yn rhoi ateb cynhwysfawr sy'n nodi nifer o enghreifftiauer mwyn gwerthuso manteision ac anfanteision cydsoddiad. Mae wedyn yn cymharu hyn â chyd-fenter, ond yn methu â gwerthuso'r cysyniad yn fanwl. Mae'r argymhelliad a'r farn, er yn gynhwysfawr, gan gyfeirio at elfennau MOPS, yn ailadrodd y dadleuon sydd mewn sylwadau cynharach. Ni lwyddwyd i ennill marciau llawn, felly, er ei fod yn dal i fod yn ateb ardderchog (gradd A).

2

Darn 1

Cwmni mwyngloddio copr o Chile yw *Antofagasta* sydd wedi'i gofrestru ar Gyfnewidfa Stoc Llundain. Dyma'r nawfed cwmni mwyaf yn y byd sy'n cloddio am gopr. Mae'n berchen ar yr ail fwynglawdd mwyaf yn Chile, sef Minera Los Pelambres, ac yn cyflogi 19,200 o bobl. Mae gan gystadleuydd iddo, sef *BHP*, hefyd fwyngloddiau yn Chile, y wlad sy'n cynhyrchu un rhan o dair o gopr y byd, ac mae'n awyddus i herio effeithlonrwydd *Antofagasta* wrth gloddio. Gwerthir copr ar y farchnad ryngwladol ac mae'r prisiau'n amrywio'n sylweddol yn dibynnu ar sefyllfa'r economi yn fyd-eang.

Cynhyrchodd *Antofagasta* 400,000 tunnell o gopr yn 2015, a oedd yn ostyngiad o'r 455,000 tunnell a gynhyrchwyd gan y cwmni yn 2014. Fis Gorffennaf y llynedd, cyhoeddodd *Antofagasta* y byddai'n prynu gwerth 50% o gyfrannau mewn mwynglawdd copr, a oedd yn gystadleuydd i'r cwmni yn Chile, am bris o tua $1 biliwn. Penderfynodd *Antofagasta* fynd i'r afael â'r gostyngiad o 24% yn y pris yr oedd yn ei gael am gopr yn 2015 hefyd drwy dorri costau'n ffyrnig a buddsoddi'n drwm mewn awtomeiddio. Fe wnaeth gostyngiad ym mhris y peso hefyd helpu i leihau costau *Antofagasta*, gan mai doler UDA sy'n cael ei defnyddio gan y cwmni wrth werthu. Yn ôl y prif weithredwr, roedd mwy na thraean o dorri costau'r cwmni yn 'ostyngiad costau caled' a oedd yn ganlyniad i 'newidiadau yn y ffordd rydym ni'n gwneud pethau'. 'Mae'r rhan fwyaf o'r newidiadau'n rhai strwythurol a dylem allu cynnal y rhain yn y dyfodol,' ychwanegodd. Sicrhawyd $1.75 biliwn mewn refeniw gwerthiant yn 2015, er i'r elw ostwng 83% o'i gymharu â'r flwyddyn flaenorol.

Mae *Antofagasta* hefyd yn ystyried yn ddwys y syniad o ddilyn strategaethau cynhyrchu sy'n bodoli mewn gwledydd fel Periw, sy'n wlad lai datblygedig a lle mae costau cloddio yn sylweddol lai. Ar gyfartaledd, mae gweithwyr yn cael eu talu 44% yn llai yn Periw nag yn Chile ac nid yw deddfau iechyd a diogelwch sy'n ymwneud â mwyngloddio mor llym. Mae *Antofagasta* hefyd yn ystyried symud ei bencadlys o Chile i Iwerddon er mwyn talu 50% yn llai o dreth drwy ddefnyddio is-gwmnïau.

Darn 2

Dywedir bod y 3,000 cwmni amlwladol mwyaf yn y byd yn costio £1.4 triliwn y flwyddyn mewn llygredd ac aflonyddwch i'r gwledydd y maen nhw'n gweithredu ynddyn nhw, neu un rhan o dair o'r elw. Mae gan *Antofagasta* record gymysg yn hyn o beth, a chafwyd honiadau yn ddiweddar fod ei weithrediadau yn Chile a De Affrica wedi difetha cyflenwadau dŵr lleol. Honnir hefyd fod y cwmni wedi adeiladu argaeau sydd mewn perygl o chwalu, yn ogystal ag achosi salwch ymhlith y boblogaeth leol wrth i'r gwenwyn sy'n cael ei greu yn y broses mwyngloddio copr gael mynediad i'r afonydd lleol. Mae yna hefyd bryderon yn Chile am ddifrod i weddillion archeolegol pwysig.

Ond ar yr un pryd, mae cwmnïau amlwladol yn cael eu canmol am greu cyfoeth mewn cymunedau lleol. Yn wir, maen nhw wedi creu 21.1 miliwn o swyddi yn y deng mlynedd diwethaf. Yn y diwydiant mwyngloddio, yn benodol, mae cwmnïau amlwladol wedi dod â lefel uchel o isadeiledd i economïau sy'n datblygu, gan gynnwys ffyrdd newydd, cyflenwadau pŵer a dŵr ffres. Mae *Antofagasta* wedi gwneud ymdrech fawr i gysylltu â chymunedau lleol. Fodd bynnag, mae'r grŵp gwrth-dlodi, *War on Want*, a brotestiodd yng nghyfarfod blynyddol FTSE 100 y glöwyr, wedi cyhuddo *Antofagasta* o gyfres o fethiannau.

Cyfeiriodd y grŵp at gŵynion pobl leol, sy'n cynnwys yr honiad bod y gymuned Caimanes wedi dioddef o ganlyniad i achosion o halogi a phrinder dŵr oherwydd presenoldeb y mwynglawdd. Mae Llywodraeth Chile wedi bygwth codi dirwy sylweddol sy'n cyfateb i 10% o refeniw gwerthiant blynyddol *Antofagasta* os na chymerir camau i ddatrys y problemau hyn.

Mae *Antofagasta* wedi dechrau buddsoddi mwy o arian mewn prosiectau amgylcheddol a lles cymdeithasol. Yn 2015, sefydlodd y cwmni ysgolion lleol mewn partneriaeth â Llywodraeth Chile, ac mae wedi addo cyfrannu $20 miliwn at brosiect tai newydd ar gyfer ei weithwyr, yn ogystal ag ysbyty newydd i'r gymuned leol.

Arbenigedd

Beth yw arbenigedd, a sut y gall arbenigedd fod yn ddefnyddiol i gwmni *Antofagasta*? (4 marc)

🄴 Mae 'beth yw' yn golygu bod angen i chi roi diffiniad o arbenigedd, yn seiliedig ar wybodaeth. Ar gyfer 'sut', mae angen i chi roi ateb sy'n seiliedig ar y darn ac sy'n cynnwys mantais neu anfantais sy'n briodol i'r cwestiwn, ac sy'n cyfiawnhau'r hyn rydych chi'n ei ddweud.

AA1: am ddangos dealltwriaeth dda drwy roi diffiniad manwl o arbenigedd. Mae hyn yn werth hyd at 2 farc.

AA2: am gymhwysiad da o'r rhesymau pam y gall arbenigedd fod yn ddefnyddiol i *Antofagasta*. Bydd angen i chi gyfeirio'n glir at y darnau er mwyn cefnogi eich dadl. Mae hyn yn werth hyd at 2 farc.

Myfyriwr A

Arbenigedd yw pan fydd busnes yn canolbwyntio ar wneud un cynnyrch. **a** Mae arbenigedd yn fanteisiol oherwydd ei fod yn rhoi mantais gystadleuol i fusnes dros eraill yn y farchnad, gan ei fod yn caniatáu mwy o allbwn mewn cynhyrchu oherwydd y rhaniad effeithlon o lafur. **b** Fodd bynnag, un anfantais o arbenigedd yw nad oes gan y busnes ystod amrywiol o sgiliau a chynhyrchion. Gallai, felly, fod mewn perygl o wneud colledion enfawr os yw amodau'r farchnad yn newid gan na fydd unrhyw gynhyrchion eraill ganddo i ddibynnu arnyn nhw. **c**

---

e Dyfarnwyd 2/4 marc a Am 1 marc AA1, mae'r myfyriwr yn rhoi diffiniad o arbenigedd. **b** Am farc AA1 arall, mae'r myfyriwr wedyn yn nodi mantais arbenigedd. **c** Mae'r myfyriwr yn nodi anfantais, er nad yw'r cwestiwn yn gofyn am hynny. Nid yw'n ennill unrhyw farciau ychwanegol, felly.

Myfyriwr B

Gall arbenigedd fod yn ddefnyddiol i *Antofagasta* gan ei fod yn gallu elwa ar ddarbodion maint er mwyn lleihau costau. **a** Yn ôl Darn 1, profodd *Antofagasta* ostyngiad o 24% yn y pris yr oedd yn ei gael am gopr yn 2015, sy'n golygu bod maint yr elw sy'n cael ei wneud gan y cwmni wedi lleihau'n sylweddol. **b** Drwy fod yn gwmni amlwladol sy'n arbenigo mewn mwyngloddio copr, bydd costau, fel y gost o gloddio'r copr ar raddfa eang, yn cael eu lleihau o gymharu â chystadleuwyr eraill nad ydyn nhw'n arbenigo mewn maes neu gynnyrch penodol. **c** O ganlyniad, efallai y bydd *Antofagasta* yn gallu prisio ei gopr yn rhatach na chystadleuwyr eraill, gan helpu i werthu mwy a gobeithio gwneud yn iawn am y gostyngiad o 24% yn y pris oherwydd lefelau uwch o werthiant. **d**

---

e Dyfarnwyd 4/4 marc a Am 1 marc AA1, mae'r myfyriwr yn nodi mantais arbenigedd. **b** Mae'r myfyriwr yn defnyddio data o Ddarn 1 sy'n ymwneud â'r pwynt nesaf, gan ennill 1 marc AA2. **c, d** Mae'r myfyriwr yn datblygu'r pwynt ymhellach, ac yn defnyddio'r dystiolaeth, er mwyn dangos sut y gall costau is roi mantais i'r cwmni dros gystadleuwyr eraill. Mae'n ennill 1 marc AA1 ac 1 marc AA2.

Mae Myfyriwr A yn dangos diffyg dealltwriaeth o'r cwestiwn gan nad yw'n nodi unrhyw dystiolaeth ategol yn ei ateb. Mae'n cynnig anfantais, ond nid yw'r cwestiwn yn gofyn am hynny (gradd D).

Mae Myfyriwr B yn dangos dealltwriaeth glir wrth ysgrifennu ateb sydd â ffocws da iddo. Mae'n ennill marciau llawn (gradd A*).

Effaith cwmnïau amlwladol

Gan gyfeirio at y darnau, dadansoddwch yr effaith y gall Antofagasta ei chael ar y wlad y mae'n gweithredu ynddi.

(10 marc)

e Mae 'dadansoddwch' yn golygu bod angen i chi roi ateb sy'n seiliedig ar y darn, gan roi sylw manwl i'r effeithiau y gall cwmni amlwladol eu cael ar wlad. Mae dadansoddi yn gofyn i chi ystyried agweddau, fel achos ac effaith, a manteision ac anfanteision. Mae angen i chi gyflwyno dadleuon o blaid ac yn erbyn, gan ddefnyddio enghreifftiau a thystiolaeth i gefnogi eich dadleuon. Mae'r cwestiwn yn gofyn am effeithiau cadarnhaol a negyddol y gall cwmni amlwladol eu cael ar y wlad y mae'n gweithredu ynddi. Gellir defnyddio'r darnau i gyflwyno tystiolaeth ar gyfer eich ateb a bydd angen i chi gyfeirio atyn nhw. Y sgil uchaf sydd ei angen yw dadansoddi.

AA1: am roi effaith negyddol neu gadarnhaol y gall busnes ei chael ar y wlad y mae'n gweithredu ynddi gydag enghraifft, neu ddiffiniad o gwmni amlwladol. Mae hyn yn werth hyd at 2 farc.

AA2: am gymhwysiad da o ran yr effeithiau negyddol neu gadarnhaol y gall *Antofagasta* eu cael ar y wlad y mae'n gweithredu ynddi. Bydd angen i chi gyfeirio'n glir at y darnau er mwyn cefnogi eich dadl. Mae hyn yn werth hyd at 2 farc.

AA3: am ddadansoddiad gwych o'r effeithiau y gall *Antofagasta* eu cael ar y wlad y mae'n gweithredu ynddi. Bydd angen i chi adeiladu eich dadl yn fanwl gywir gyda thystiolaeth ategol o'r darnau a gyflwynwyd. Mae hyn yn werth hyd at 6 marc.

Myfyriwr A

Mae cwmni amlwladol yn fusnes sydd wedi'i leoli neu ei gofrestru mewn un wlad, ond sydd â safleoedd/cysylltiadau, neu'n gyfrifol am redeg busnes, mewn gwledydd eraill. **a** Un effaith negyddol y gall cwmni amlwladol ei chael ar wlad yw achosi niwed i'r amgylchedd a'r gymuned leol. **b** Mae'n ymddangos bod gwaith cloddio gan *Antofagasta* yn Chile wedi llygru'r cyflenwad dŵr lleol. **c** Gallai hyn niweidio elw'r busnes a gorfodi *Antofagasta* i gyflogi llai o weithwyr. **d** Byddai hyn yn golygu bod llai o dreth yn mynd i Lywodraeth Chile, gan arwain at lai o arian i'w wario ar gyfleusterau cyhoeddus. **e** Fodd bynnag, gan fod *Antofagasta* yn gwmni amlwladol mawr a wnaeth $1.75 biliwn mewn gwerthiannau yn 2015, byddai'n rhaid i'r ddirwy fod yn un go sylweddol i achosi unrhyw broblemau iddo. **f**

Effaith negyddol arall yw y gallai *Antofagasta* benderfynu cael gwared ar swyddi yn Chile gan iddo brofi gostyniad o 24% yn y pris y mae'n ei gael am gopr. Gallai hyn arwain at lefel uchel o ddiweithdra, gan mai *Antofagasta* yw nawfed cynhyrchydd mwyaf y o ran copr. **g**

---

e Dyfarnwyd 6/10 marc a Mae'r myfyriwr yn rhoi diffiniad cywir o gwmni amlwladol, ond gan nad yw hyn yn ateb y cwestiwn sy'n ymwneud ag effeithiau, nid yw'n ennill unrhyw farciau. **b** Mae'r myfyriwr yn nodi effaith negyddol ar wlad, gan ennill 1 marc AA1. **c–e** Mae'r myfyriwr yn cynnig ateb ond gyda thystiolaeth wan gan nodi effaith negyddol gweithredoedd *Antofagasta* ar Chile. Mae'n ennill 1 marc AA2 ac 1 marc AA3. **f** Mae'r myfyriwr yn ceisio gwerthuso'r effaith negyddol, ond gan fod hyn yn cael ei wneud ar gyfer y busnes yn hytrach na'r wlad, nid yw'n ennill unrhyw farciau gan ei fod wedi methu â mynd i'r afael â'r cwestiwn. 🄖 Mae'r myfyriwr yn nodi effaith negyddol arall gyda pheth datblygiad a thystiolaeth, gan ennill 1 marc AA1, 1 marc AA2 ac 1 marc AA3.

Myfyriwr B

Un effaith negyddol y gallai *Antofagasta* ei chael ar Chile yw achosi difrod amgylcheddol. 🄐 Yn ôl Darn 2, mae cwmnïau fel *Antofagasta* yn achosi gwerth £1.4 triliwn o ddifrod drwy lygredd bob blwyddyn a chyda gwaith cloddio'r cwmni yn achosi prinder dŵr, mae hyn yn amlwg yn gost i'r wlad wrth i weithwyr fynd yn sâl ac wrth i waith glanhau orfod cael ei gynnal. 🄑 O ganlyniad, bydd y boblogaeth leol yn methu â gweithio, gan wrthdroi rhai o'r 21.1 miliwn o swyddi y mae cwmnïau amlwladol yn eu creu. Bydd hyn hefyd yn effeithio ar gyfoeth Chile fel gwlad. 🄒 Os yw llawer o bobl yn methu â gweithio oherwydd afiechyd, dydyn nhw ddim yn gallu talu trethi sy'n golygu na fydd Llywodraeth Chile yn gallu buddsoddi mewn addysg ac iechyd. 🄓 Fodd bynnag, mae'n ymddangos bod *Antofagasta* yn ceisio buddsoddi mwy yn amgylchedd Chile, gan gynnig gofal iechyd am ddim a allai fynd beth o'r ffordd i wneud yn iawn am y difrod amgylcheddol y mae wedi'i achosi. 🄔 Bydd hyn yn sicrhau bod gweithwyr yn gallu dychwelyd i'r gwaith yn gyflym, gan gynnal eu hincwm a'r dreth y mae'r llywodraeth yn ei derbyn oddi wrthyn nhw. 🄕 Er bod *Antofagasta* fel petai wedi achosi niwed i amgylchedd a phoblogaeth leol Chile, y cwmni yw'r nawfed mwyaf yn y byd o ran mwyngloddio copr. Yn 2015 yn unig, fe wnaeth y cwmni werthiant o $1.75 biliwn. Gall Llywodraeth Chile dderbyn trethi sylweddol oddi wrth y cwmni a fydd, yn y pen draw, yn helpu i dalu am wasanaethau lleol fel ysbytai. Mae hyn yn fwy na gwrthbwyso'r effeithiau negyddol. 🄖

Mae'n bosibl mai effaith negyddol arall ar Chile yw'r gostyngiad o 24% yn y pris y mae *Antofagasta* yn ei gael am gopr, a allai arwain at y cwmni'n penderfynu diswyddo gweithwyr. 🄗 Gan ei fod yn cyflogi dros 19,000 o weithwyr yn Chile, gallai gostyngiad sylweddol yn y gweithlu gael effaith negyddol ar GDP y wlad wrth i lefel y cynhyrchiant ostwng. 🄘 Bydd gostyngiad mawr hefyd yn effeithio ar broffidioldeb busnesau lleol sy'n dibynnu ar weithwyr y mwyngloddiau, gan y byddan nhw'n annhebygol o allu fforddio'r un safon byw ar ôl cael eu diswyddo. 🄙 Fodd bynnag, ymddengys fod *Antofagasta* yn gwario tipyn o arian yn Chile ar hyn o bryd. Mae ganddo 50% o gyfran mewn mwynglawdd arall a gallai hyn wrthbwyso'r golled o swyddi gan ei bod yn ymddangos bod y busnes yn ehangu mewn ardaloedd eraill. 🄚 Mae hyn yn golygu na fydd diswyddiadau mawr, o bosibl, ac na fydd hynny'n cael rhyw lawer o effaith ar economi, safonau byw a busnesau lleol y wlad. 🄛

🄔 **Dyfarnwyd 10/10 marc** 🄐 Am 1 marc AA1, mae'r myfyriwr yn nodi effaith negyddol ar y wlad. 🄑-🄓 Mae'r myfyriwr yn rhoi esboniad manwl o'r effaith negyddol ar Chile, gan ddefnyddio tystiolaeth o'r darnau. Mae'n ennill 2 farc AA2 a 2 farc AA3. 🄔-🄖 Mae'r myfyriwr yn nodi mantais o gwmni *Antofagasta* yn gweithredu yn Chile, yn ei datblygu'n dda ac yn defnyddio tystiolaeth. Mae'n ennill 1 marc AA1 a 2 farc AA3. 🄗-🄙 Mae effaith negyddol arall ar Chile yn cael ei datblygu gyda thystiolaeth, sy'n ennill 1 marc AA3. 🄚,🄛 Mae'r myfyriwr yn gwerthuso gweithgareddau busnes ehangach *Antofagasta* yng nghyd-destun economi Chile yn erbyn y ffactor negyddol, gan roi tystiolaeth i gefnogi'r ddadl o blaid effaith lai ar yr economi nag a awgrymir yn y lle cyntaf. Mae'n ennill 1 marc AA3.

Mae Myfyriwr A yn rhoi rhywfaint o werthusiad o effaith cwmnïau amlwladol ar wlad, ond mae ail ran ei ateb yn ddryslyd gan ei fod yn gwerthuso'r effaith ar y busnes yn hytrach na'r wlad (gradd C).

Mae Myfyriwr B yn gwneud dau bwynt gwerthusol sydd wedi'u datblygu'n dda ac yn defnyddio tystiolaeth briodol. Nid oes angen gwneud argymhelliad na chasgliad mor fanwl, a allai arwain at golli amser yn yr arholiad. Fodd bynnag, mae'n ateb rhagorol ar y cyfan (gradd A*).

Moeseg

Aseswch y cyfaddawd posibl y mae angen i gwmni *Antofagasta* ei wneud rhwng sicrhau ymddygiad moesegol a sicrhau elw.

(12 marcs)

ⓔ Mae 'aseswch' yn golygu bod angen i chi bwyso a mesur y dadleuon o blaid ac yn erbyn dros roi mwy neu lai o sylw i faterion moesegol o'i gymharu â chynyddu elw i gwmni *Antofagasta*. Bydd angen i chi hefyd lunio barn am y cyfaddawdu posibl yng nghyd-destun y darnau a chynnwys damcaniaethau busnes perthnasol eraill. Gellir defnyddio'r darnau i ddarparu'r dystiolaeth ar gyfer eich ateb a bydd angen i chi gyfeirio atyn nhw.

AA1: am roi rheswm posibl am y cyfaddawdu rhwng moeseg ac elw gan *Antofagasta*, neu ddiffiniad o ymddygiad moesegol. Mae hyn yn werth hyd at 2 farc.

AA2: am gymhwysiad da o ran y cyfaddawdu posibl rhwng ymddygiad moesegol ac elw gan *Antofagasta*. Bydd angen i chi gyfeirio'n glir at y darnau er mwyn cefnogi eich dadl. Mae hyn yn werth hyd at 2 farc.

AA3: am ddadansoddiad da o fanteision ac anfanteision y cyfaddawdu y mae'n bosibl y bydd yn rhaid i *Antofagasta* ei wneud o ran moeseg ac elw, gyda phwyntiau rhesymegol a rhesymol. Mae hyn yn werth hyd at 4 marc.

AA4: am werthusiad rhagorol a chytbwys o fanteision ac anfanteision y cyfaddawdu gan *Antofagasta* rhwng moeseg ac elw, sy'n cael ei asesu yng nghyd-destun y darnau. Dylai'r manteision a'r anfanteision a nodwch gysylltu â'i gilydd a dylai eich gwerthusiad fod yn gydlynol ac wedi'i ddatblygu'n dda. Dylech lunio barn gefnogol am y cyfaddawdu y mae'n bosibl y bydd yn rhaid i *Antofagasta* ei wneud a rhoi casgliad cyffredinol. Mae hyn yn werth hyd at 4 marc.

Myfyriwr A

Mae cyfaddawdu yn gallu arwain at gael mwy o un peth a llai o rywbeth arall. **ⓐ** Ymddygiad moesegol yw'r ymddygiad derbyniol gan bob busnes sy'n delio â rhanddeiliaid gwahanol a sut y gwneir penderfyniadau. **ⓑ** Elw yw'r enillion ariannol y mae busnes yn anelu at eu cyflawni er mwyn adlewyrchu'r risg y mae'n ei gymryd. **ⓒ** Un cyfaddawd posibl y dylai *Antofagasta* ei ystyried yw'r gost o fuddsoddi mewn gofal iechyd am ddim yn Chile yn erbyn y gost o wario mwy ar awtomeiddio ei broses gynhyrchu fel y gellir lleihau costau uned. **ⓓ** Gallai'r $20 miliwn y mae'r cwmni'n ei roi i'r cynllun hwn fynd tuag at brynu offer mwyngloddio newydd yn lle. **ⓔ**

Cyfaddawd posibl arall yw hwnnw rhwng talu cyflogau is i'r gweithwyr ym Mheriw a chyflogau uwch yn Chile. **f** Gallai cyfranddalwyr a chwsmeriaid *Antofagasta* ystyried hyn yn anfoesegol. **g** Mae hyn yn golygu y bydd yr elw, sydd eisoes yn isel iawn, yn gostwng ymhellach oherwydd cyhoeddusrwydd gwael a chwsmeriaid yn prynu copr o fwynglawdd arall. **h**

Cyfaddawd posibl arall yw'r un rhwng cadw pencadlys *Antofagasta* yn Chile a'i symud i Iwerddon a thalu 50% yn llai o dreth. **i** Mae hyn yn arbediad mawr i'r busnes ar adeg pan fu gostyngiad o 83% yn yr elw. Gallai'r cam hwn gael ei groesawu gan y cyfranddalwyr gan y bydden nhw'n derbyn mwy o ddifidend neu fuddran. **j**

Bydd angen i *Antofagasta* benderfynu pa un yw'r ffordd orau o gyfaddawdu ar gyfer gwahanol randdeiliaid, cyn cymryd unrhyw gamau pellach. **k**

e **Dyfarnwyd 7/12 marc** **a–c** Am 2 farc AA1, mae'r myfyriwr yn rhoi llawer o ddiffiniadau cywir o gysyniadau busnes perthnasol sy'n gysylltiedig â'r cwestiwn. **d, e** Mae'r myfyriwr yn datblygu'r fantais o gyfaddawdu, gan ddefnyddio tystiolaeth. Ond nid yw'n trafod ymddygiad moesegol, felly mae'n ennill 1 marc AA2 ac 1 marc AA3. **f–h** Mae'r myfyriwr yn nodi cyfaddawd pellach gan ddefnyddio tystiolaeth. Mae hefyd yn ei gysylltu ag ymddygiad moesegol. Mae'n ennill 1 marc AA2 ac 1 marc AA3. **i, j** Mae'r myfyriwr yn nodi mwy o gyfaddawdau gan ddefnyddio tystiolaeth, ond nid yw'n eu cysylltu ag ymddygiad moesegol. Mae'n ennill 1 marc AA3, felly. **k** Mae'r myfyriwr yn ceisio gwneud argymhelliad, ond nid oes ganddo unrhyw esboniad na datblygiad, felly nid yw'n ennill unrhyw farciau pellach.

Myfyriwr B

Un cyfaddawd rhwng ymddygiad moesegol ac elw y gall *Antofagasta* ystyried ei wneud yw torri'n ôl ar brosiectau amgylcheddol a chymunedol, fel y prosiect adeiladu tai gwerth $20 miliwn. **a** Mae gan y math hwn o benderfyniad, sef helpu gweithwyr, y fantais o roi enw da i *Antofagasta*, ond mae'n amlwg yn costio swm sylweddol o arian – swm y gallai'r cwmni ei wario ar beiriannau newydd er mwyn sicrhau bod ei refeniw gwerthiant yn ehangu'n ddigonol i wrthdroi'i gostyngiad o 83% mewn elw. **b** Ar y llaw arall, gyda 19,200 o staff yn gweithio i'r cwmni, byddai môral yn amlwg yn dirywio pe teimlid nad oedd y cyfaddawd hwn yn dderbyniol yn gymdeithasol. Gallai hyn effeithio ar lefel cynhyrchiant y mwynglawdd ac, yn y pen draw, gostio llawer mwy o arian i *Antofagasta* nag a wariwyd ar dai. **c**

Cyfaddawd posibl arall rhwng ymddygiad moesegol ac elw yw'r posibilrwydd o symud pencadlys *Antofagasta* o Chile i Iwerddon er mwyn arbed 50% o dreth. **d** Mae'n ymddangos mai ffordd o brisio trosglwyddiad yw hyn, pan mae dau gwmni, *Antofagasta* a'r is-gwmnïau a grybwyllwyd, yn gweithredu fel cyflenwr a chwsmer er mwyn lleihau cost treth y cwmni. **e** Efallai y bydd cyfranddalwyr yn falch o'r math yma o gyfaddawdu gan fod eu taliadau difidend yn debygol o gynyddu. Bydd gan y cwmni hefyd fwy o elw i brynu peiriannau newydd a fydd yn cynyddu cynhyrchiant ac yn lleihau costau'r uned. **f**

Fodd bynnag, mae'n bosibl y bydd Llywodraeth Chile a chwsmeriaid *Antofagasta* yn ystyried hyn yn ymddygiad anfoesegol a gallai'r cyhoeddusrwydd gwael achosi i gwsmeriaid roi'r gorau i brynu copr a mynd at gyflenwr arall. **g** Yn yr hirdymor, efallai y bydd Llywodraeth Chile yn ceisio hawlio taliadau treth gan *Antofagasta*, gan adael y cwmni gyda bil treth sylweddol a chyfaddawd gwael. **h**

Mae *Antofagasta* eisoes yn cael problemau gydag ymddygiad moesegol amheus yn Chile, a chyda gostyngiad o 24% ym mhris copr, bydd rhaid i'r cwmni bwyso a mesur yn ofalus iawn wrth ystyried a yw'r enillion tymor byr, fel mwy o elw, yn troi'n golledion sylweddol drwy ei ymddygiad anfoesegol. **i** Yn sicr, mae'r effaith ar forâl staff o dorri buddsoddiad yn y prosiect tai yn debygol o effeithio ar gynhyrchiant a bydd yn cael effaith i'r gwrthwyneb ar yr arbedion cost byrdymor a allai ddod yn ei sgil. **j** Gan fod gan y cwmni fusnesau eraill fel cwsmeriaid, mae sawl cyfaddawd arall fel lleihau'r bil treth a symud y broses gynhyrchu i Periw yn llai tebygol o gael effaith andwyol o gymharu â phe bai'r cwmni yn frand adnabyddus sy'n gwerthu'n uniongyrchol i gwsmeriaid. **k** Mae angen i gyfaddawdau gael eu dewis yn ofalus er mwyn sicrhau'r balans cywir rhwng enillion i oroesi ac ymddygiad moesegol i wahanol randdeiliaid. **l**

e **Dyfarnwyd 12/12 marc** **a** Am 1 marc AA1 ac 1 marc AA2, mae'r myfyriwr yn nodi cyfaddawd posibl, gan ddefnyddio tystiolaeth. **b** Am 1 marc AA2 ac 1 marc AA3, mae'r myfyriwr yn esbonio'r cyfaddawd gyda thystiolaeth bellach i amlygu ei fantais i'r cwmni. **c** Mae'r myfyriwr wedyn yn nodi anfantais o gyfaddawdu anfoesegol gyda thystiolaeth a datblygiad, gan ennill 1 marc AA1 ac 1 marc AA3. **d–f** Mae'r myfyriwr yn esbonio, mewn manylder, gyfaddawd arall a'i fanteision, gan ddefnyddio tystiolaeth. Mae'n ennill 2 farc AA3. **g, h** Mae'r myfyriwr yn nodi cyfaddawd yn nhermau ymddygiad moesegol gydag esboniad a gwerthusiad cyfyngedig, gan ennill 2 farc AA4. **i–l** Mae'r myfyriwr yn defnyddio elfennau MOPS i lunio barn, argymhelliad a dull o weithredu sy'n seiliedig ar gyfaddawd ac ymddygiad moesegol, gan ennill 2 farc AA4.

Mae Myfyriwr A yn nodi amrywiaeth o ddulliau cyfaddawdu, ond nid yw'n eu gwerthuso'n glir yng nghyd-destun ymddygiad moesegol (gradd D).

Mae Myfyriwr B yn nodi amrywiaeth o ddulliau cyfaddawdu ac mae'n amlwg ei fod yn eu cysylltu â'r mater o ymddygiad moesegol. Mae'r farn a'r argymhelliad yn cynnwys elfennau MOPS ac yn ystyried effeithiau tymor byr a thymor hir y cyfaddawdau penodol (gradd A*).

Darn 3

Mae'r farchnad bwyd cyflym yn India yn werth $12 biliwn ar hyn o bryd, gyda chwmnïau sy'n cynnig bwyd Indiaidd lleol yn arweinwyr mewn cyflenwi eu hoff brydau i gwsmeriaid. Mae gan gadwyni bwyd rhyngwladol lai o gyfran o'r farchnad, sef 5%. Mae gan India boblogaeth o tua 1.2 biliwn, ond dim ond 2,700 o fwytai bwyd cyflym sydd yn y wlad. Yn UDA, sef cartref bwyd cyflym, mae'r ffigur dros 50,000.

Yn ddiweddar, mae bwytai bwyd cyflym yn UDA wedi cyrraedd pwynt lle gormod ohonyn nhw, gyda llawer o gystadleuaeth ac ychydig o dwf – er enghraifft, dim ond 1.1% o dwf a fu yn 2014. Mae *McDonald's* yn dominyddu marchnad UDA gyda chyfran o 47.3% yn 2015, er bod hyn bellach yn dechrau gostwng oherwydd mwy o gystadleuaeth. Mae cystadleuwyr fel *Burger King* wedi gweld eu cyfran o'r farchnad yn gostwng o 19% i 11.2%. O ganlyniad, mae *Burger King* wedi cyflwyno cynhyrchion newydd ac mae hyn yn dechrau talu ar ei ganfed o ran gwerthiant uwch. Mae pob busnes bwyd cyflym yn manteisio'n fawr ar lwyfannau e-fasnach i helpu gydag archebion a dewisiadau cwsmeriaid.

Mae e-fasnach yn tyfu'n gyflym yn India. Amcangyfrifwyd bod gwerthiannau yn werth $6 biliwn yn 2015, cynnydd enfawr o'r $3.5 biliwn yn 2014. Dyma'r farchnad e-fasnach sy'n tyfu fwyaf yn rhanbarth Asia-Cefnfor Tawel, er ei bod yn farchnad newydd sydd heb ei chyffwrdd i raddau helaeth. Gall hyn fod yn gysylltiedig â'r twf yn incwm gwario go iawn teuluoedd, a gynyddodd 10% yn 2015. Mae twf mewn incwm yn arbennig o nodedig mewn dinasoedd fel Mumbai.

Ar restr o 189 o wledydd sy'n gwneud busnes, mae India wedi'i gosod yn safle 130, cynnydd o bedair safle ers 2015. Mae sefydlu busnes yn India yn dod yn haws, fel y mae mynediad i gyflenwad cyson o drydan hefyd. Ond mae cael caniatâd i godi adeiladau busnes a thalu trethi yn dal i fod yn broblem i fusnesau newydd.

Darn 4

Cadwyn o fwytai bwyd cyflym yw *Burger King* ac mae'i bencadlys wedi'i leoli yn UDA. Yn ddiweddar, cyhoeddodd ei fod yn chwilio am fusnes bwyd cyflym yn India er mwyn ei helpu i gael mynediad i farchnad bwyd cyflym gynyddol y wlad.

Yn India, mae'r boblogaeth ifanc sydd â mwy o incwm gwario ar gynnydd. Mae aelodau o'r dosbarth canol wedi cofleidio'r syniad o fwyta allan, yn rhannol oherwydd prysurdeb eu bywyd ac oherwydd chwilfrydedd i roi cynnig ar fathau newydd o ddulliau coginio. Mae *Burger King* yn gobeithio manteisio ar y farchnad bwyd cyflym newydd yn India trwy gyflwyno bwyd y gellir ei archebu ymlaen llaw, gan ddefnyddio'r farchnad e-fasnach gynyddol ar gyfer nwyddau a gwasanaethau.

Mae gan y cwmni fwy na 13,000 o fwytai ledled y byd yn gwasanaethu tua 11 miliwn bob dydd mewn 79 o wledydd. Fodd bynnag, mae ei fynediad i farchnad India yn hwyr o'i gymharu â busnesau fel *KFC*, *Pizza Hut*, *Subway* a *McDonald's*, sydd eisoes wedi sefydlu brandiau yn y wlad. Mae *McDonald's*, er enghraifft, wedi bod yn y farchnad ers bron 20 mlynedd.

Yn India, Hindŵiaid yw'r rhan fwyaf o'r boblogaeth ac felly nid ydyn nhw'n bwyta cig eidion. Ceir hefyd boblogaeth fawr o Foslemiaid, nad ydyn nhw'n bwyta porc. Mae *Burger King* yn bwriadu addasu ei gynhyrchion er mwyn ceisio bodloni chwaeth y bobl a'r arferion lleol hyn, yn union fel y gwnaeth *McDonald's*. Bydd yn cyflwyno dewisiadau newydd fel y *Paneer King Melt*, sef brechdan sy'n llawn caws colfran Indiaidd. Yn ystod y cyfnod nesaf, mae *Burger King* yn bwriadu agor 12 bwyty ledled India.

Darn 5

Mae *Jumbo King* yn fwyty bwyd cyflym sydd ar gynnydd yng ngorllewin India. Mae'r bwyd yn aml yn costio llai na $1 ac mae'r fwydlen yn cynnwys prydau lleol o Mumbai fel y *vada pav*, sef byrger tatws mewn rhôl, a diodydd fel *lassi*.

Mae llawer o'r bwytai wedi'u lleoli ger gorsafoedd rheilffordd, ac yn darparu bwyd i nifer fawr o gwsmeriaid sy'n teithio – trenau yw'r prif fath o drafnidiaeth i gymudwyr sy'n gweithio mewn dinasoedd. Mae taith ar drên yn aml yn para 2 awr, ac mae 6 miliwn o bobl yn teithio arnyn nhw'n ddyddiol. Mae *Jumbo King* yn darparu brecwast neu swper i lawer o weithwyr llwglyd sy'n brin o amser. Yn ôl rheolwr gyfarwyddwr *Jumbo King*, Dheeraj Gupta, mae'r busnes wedi bod yn llwyddiannus gan fod y bwyd yn llawer mwy diogel ac yn fwy glân na llawer o'r stondinau bwyd eraill sy'n amgylchynu gorsafoedd trên. Mae'n well gan y 2 filiwn o bobl sy'n teithio yn ôl ac ymlaen i Malad, un o faestrefi Mumbai, eu pryd o vada pav gan ddarparwr y gallan nhw eu trystio.

Bwriad nesaf Gupta yw cael digon o arian i allu ehangu ledled India gyda model busnes newydd. Mae'n rhagweld y bydd rhaid i *Jumbo King* symud i batrwm bwyty caban er mwyn caniatáu i'r busnes gael apêl mwy premiwm ac i'w wneud yn wahanol i'r stondinau lleol.

Rhanddeiliaid

Trafodwch y farn bod rhanddeiliaid mewnol yn bwysicach i fusnes na rhanddeiliaid allanol yn ystod cyfnod o dwf.

(20 marc)

e Mae 'trafodwch' yn golygu y dylech archwilio'n fanwl bwysigrwydd rhanddeiliaid mewnol yn erbyn y rhai allanol yng nghyd-destun twf busnes, gan fynd i'r afael â'r manteision a'r anfanteision gydag ateb sy'n seiliedig ar y darn. Bydd angen i chi lunio barn a chasgliad ynghylch a yw rhanddeiliaid mewnol yn bwysicach yng nghyd-destun y darn, a chynnwys damcaniaethau busnes perthnasol eraill.

AA1: am ddangos dealltwriaeth dda o randdeiliaid mewnol ac allanol, e.e. drwy roi diffiniad o randdeiliaid. Mae hyn yn werth hyd at 4 marc.

AA3: am ddadansoddiad da o fanteision ac anfanteision rhanddeiliaid mewnol ac allanol yng nghyd-destun twf busnes. Mae hyn yn werth hyd at 8 marc.

AA4: am werthusiad rhagorol a chytbwys o fanteision ac anfanteision rhanddeiliaid mewnol ac allanol yng nghyd-destun twf busnes. Mae amrywiaeth eang o ddadleuon ar ddwy ochr y ddadl a dylai'r manteision a'r anfanteision a nodwch gysylltu â'i gilydd. Dylai eich gwerthusiad hefyd fod yn gydlynus ac wedi'i ddatblygu'n dda. Dylech lunio barn a dod i gasgliad cyffredinol ynglŷn â phwysigrwydd rhanddeiliaid mewnol yng nghyd-destun twf busnes. Mae hyn yn werth hyd at 8 marc.

Myfyriwr A

Rhanddeiliad yw unrhyw unigolyn neu sefydliad y mae gweithgareddau'r busnes yn effeithio arno. **a** Gall rhanddeiliaid fod yn bwysig yn ystod cyfnod o dwf busnes oherwydd efallai y bydd angen i'r busnes godi arian er mwyn talu am ffatrïoedd neu siopau manwerthu newydd. **b** Er enghraifft, mae *Burger King* yn bwriadu tyfu ei fusnes drwy symud i farchnad bwyd cyflym India, sy'n werth mwy na $12 biliwn. **c** Mae hyn yn golygu y bydd angen i *Burger King* godi arian er mwyn ariannu ei raglen o gyflwyno bwydlen newydd, a fydd yn cynnwys y *Paneer King Melt*. **d** Bydd hefyd angen cyllid er mwyn prynu safleoedd bwytai newydd yn India. **e** Mae hyn yn golygu y bydd angen i *Burger King* ofyn i randdeiliaid, fel cyfranddalwyr, am ragor o gyfalaf. **f** Gan fod *Burger King* yn fusnes mawr a llwyddiannus, mae'n debygol o allu codi swm sylweddol o arian drwy gyhoeddi cyfrannau newydd ar y gyfnewidfa stoc. **g** Mae cyfranddalwyr, felly, yn bwysig i dwf llwyddiannus busnes. **h** Fodd bynnag, efallai na fydd rhanddeiliaid yn bwysig yn ystod cyfnod o dwf busnes. **i** Er enghraifft, mae gan *Burger King* 13,000 o allfeydd mewn 79 o wledydd ac mae'n amlwg yn fusnes llwyddiannus iawn. **j** Mae'n debygol o fod â swm sylweddol o elw wrth gefn. **k** Er enghraifft, ar hyn o bryd, mae gan *Apple* $200 biliwn mewn elw wrth gefn a gasglwyd dros gyfnod o flynyddoedd lawer. **l** Os oes gan *Burger King* swm mawr o elw wrth gefn, gall ddefnyddio'r arian hwnnw i ariannu twf y busnes yn India, gan ddal i fyny â busnesau bwyd cyflym eraill o'r 'Gorllewin' fel *McDonald's*. **m** I gloi, mae rhanddeiliaid yn gallu bod yn bwysig i fusnes yn ystod cyfnod o dwf. **n**

e Dyfarnwyd 10/20 marc **a, b** Am 1 marc AA1, mae'r myfyriwr yn dangos dealltwriaeth o bwysigrwydd rhanddeiliaid. **c, d** Mae'r myfyriwr yn nodi rheswm pam y mae rhanddeiliaid yn bwysig ac yn datblygu hyn gan ddefnyddio tystiolaeth berthnasol er mwyn rhoi dadansoddiad cyfyngedig. Mae'n ennill 1 marc AA1 a 2 farc AA3. **c–h** Mae'r myfyriwr yn datblygu, mewn manylder, effaith bositif o randdeiliaid, gan ennill 1 marc AA1, 2 farc AA3 ac 1 marc AA4. **i–m** Mae'r myfyriwr yn nodi rheswm cyffredinol pam nad yw rhanddeiliaid, o bosibl, yn bwysig i dwf busnes. Mae'n ennill 1 marc AA3 ac 1 marc AA4. **n** Mae'r myfyriwr yn ceisio dod i gasgliad, ond gan fod hwn yn haeriad heb unrhyw ddatblygiad, nid yw'n ennill unrhyw farciau.

Myfyriwr B

Rhanddeiliaid allanol yw unigolion neu sefydliadau sy'n cael eu heffeithio gan weithgareddau'r busnes, fel cwsmeriaid, llywodraeth, carfanau pwyso a chyflenwyr. **a** Rhanddeiliaid mewnol wedyn yw unigolion neu sefydliadau o fewn y busnes, fel cyfranddalwyr, gwerthwyr, undebau llafur a rheolwyr. **b**

Gall rhanddeiliaid allanol, fel banciau neu gyfalafwyr menter, fod yn fwy pwysig i fusnes pan fydd yn ceisio tyfu. **c** Y rheswm am hyn yw y gallai fod angen rhanddeiliaid o'r fath er mwyn ariannu'r twf. **d** Er enghraifft, mae *Burger King* yn dymuno ehangu i farchnad bwyd cyflym India wrth i economi'r wlad dyfu ar gyfradd gyflym, e.e. mae e-fasnach y wlad wedi cynyddu 70% ers 2014. **e** Gan fod *McDonald's* a bwytai bwyd cyflym eraill eisoes wedi sefydlu yn India, gyda rhai ohonyn nhw wedi bod yno ers dros 10 mlynedd, bydd angen buddsoddiad cyfalaf mawr ar *Burger King* fel y gall ddechrau cystadlu â nhw. ⓕ Bydd banciau a chyfalafwyr menter yn gallu cynnig nid yn unig symiau sylweddol o arian i helpu *Burger King* ehangu i India, ond gallan nhw hefyd gynnig arbenigedd gwerthfawr yn y farchnad honno. Er enghraifft, mae gan Fanc Barclays ganghennau a chynghorwyr yn India. ⓖ O ganlyniad, bydd rhanddeiliaid allanol, yn enwedig cyfalafwyr menter sydd â mwy o ddiddordeb personol mewn unrhyw fuddsoddiad, yn cynnig cyngor ar y ffordd orau y gallai *Burger King* gael mynediad i farchnad bwyd cyflym India. Gallan nhw hefyd ei helpu i osod amcanion heriol a chyraeddadwy y gellir monitro a mesur llwyddiant y busnes wrthyn nhw. ⓗ

Mae'n bosibl hefyd y bydd gan fanciau a chyfalafwyr menter gwsmeriaid lleol sy'n dymuno bod yn bartner i *Burger King* yn India, fel cwmni *Jumbo King*. ⓘ Er enghraifft, mae'n fwy tebygol y bydd Gupta, perchennog *Jumbo King*, yn gallu cael cefnogaeth gan lywodraeth leol ar gyfer sefydlu bwytai *Burger King* oherwydd ei lwyddiant yn lleol. Bydd hyn yn sicrhau bod twf yn digwydd yn gyflym, ac elw yn y pen draw. ⓙ Bydd hyn o fudd i *Burger King*, ynghyd â'r banciau a'r cyfalafwyr, a fydd am gael elw cyflym ar eu buddsoddiad cyfalaf. ⓚ

Fodd bynnag, efallai na fydd y banciau a'r cyfalafwyr menter o bwys mawr i dwf busnes, gan y bydd yn dibynnu ar faint a llwyddiant presennol y busnes. ⓛ Er enghraifft, mae cwmni amlwladol fel *Burger King*, sydd â phresenoldeb mewn 79 o wledydd, yn debygol o fod â swm sylweddol o elw wrth gefn yn barod, a gall ddefnyddio'r arian hwn i ariannu'r broses o ehangu i farchnad bwyd cyflym India. ⓜ Efallai y bydd ganddo hefyd staff arbenigol sy'n meddu ar y sgiliau, yr wybodaeth a'r cysylltiadau i ymchwilio, datblygu a gweithredu ehangiad llwyddiannus. ⓝ O ganlyniad, gallai *Burger King* osgoi'r costau ychwanegol a ddaw o gael cyllid allanol gan fanc, yn ogystal ag osgoi'r pwysau ychwanegol o dargedau heriol a'r posibilrwydd o golli rheolaeth wrth i fanciau a chyfalafwyr menter fynnu amodau wrth ddarparu cyllid. ⓞ Byddai defnyddio elw wrth gefn hefyd yn golygu y byddai busnes fel *Burger King* yn gallu gwneud a gweithredu penderfyniadau ei hun heb ymgynghori neu ddod i gytundeb â'r rhanddeiliaid hyn, gan ganiatáu i'r busnes fod yn fwy sensitif i amodau'r farchnad. Bydd hyn, yn y pen draw, yn arwain at fwy o gyfle i weld twf yn y farchnad yn India. ⓟ

Fodd bynnag, mae defnyddio elw wrth gefn yn debygol o fod yn destun pryder i gyfranddalwyr a gweithwyr (rhanddeiliaid mewnol) y busnes. ⓠ Gan fod elw wrth gefn yn ffynhonnell difidend i gyfranddalwyr, bydd angen i fusnes fel *Burger King* ddadlau'r achos dros ddefnyddio'r arian hwnnw i ariannu'r ehangu. ⓡ Efallai y bydd cyfranddalwyr yn penderfynu ei bod yn well ganddyn nhw dderbyn difidend neu, drwy gyfarwyddwyr penodedig, osod targedau heriol ar gyfer unrhyw dwf o ran cyfran o'r farchnad, refeniw gwerthiant ac elw yn y pen draw. ⓢ Mae cyfranddalwyr hefyd yn debygol o fod yn wyliadwrus o fusnes yn cytuno i fuddsoddiad cyfalaf sylweddol gan fanciau a chyfalafwyr menter oherwydd y costau ychwanegol y mae llog yn eu creu, a fydd yn lleihau elw. Ceir hefyd y posibilrwydd o golli rheolaeth, wrth i fanciau osod amodau wrth ddarparu benthyciad mawr. ⓣ Gan fod cyfranddalwyr yn gallu penodi cyfarwyddwyr i fwrdd y busnes, gallai unrhyw drefniadau ynghylch ehangu, fel cynlluniau *Burger King* i ehangu i India, fod yn destun trafodaeth. ⓤ

O ganlyniad, mae cyfranddalwyr yn debygol o fod yn bwysicach fel rhanddeiliad na rhanddeiliaid allanol, gan eu bod yn gallu penderfynu beth a ddylai amcanion strategol y busnes fod a sut y dylid eu cyflawni. **v**

Gall gweithwyr hefyd fod yn bwysicach na rhanddeiliaid allanol, yn enwedig mewn busnesau fel *John Lewis*, sy'n bartneriaeth yn nwylo'r gweithwyr. **w** Mae'r gweithwyr yn cael cyfran o'r elw bob blwyddyn. Gallai defnyddio'r elw sydd wrth gefn i dyfu'r busnes, fel symud i farchnadoedd newydd fel India, leihau'r taliadau bonws a gaiff eu talu i weithwyr. **x** Mae gan *John Lewis* aelodau bwrdd sydd wedi'u dewis o blith y gweithwyr, ac mae'n rhaid i'r busnes ystyried beth fydd er budd gorau gweithwyr y presennol a'r dyfodol wrth wneud penderfyniadau ar faterion fel twf ac ehangu. **y** O ganlyniad, bydd yn dibynnu ar weithwyr yn naill ai'n dewis aberthu elw wrth gefn neu'n cytuno ar fenthyciad banc i ariannu unrhyw dwf. **z** Mewn sefydliad fel *John Lewis*, mae'n ymddangos bod gan randdeiliaid mewnol fwy o ddylanwad wrth wneud penderfyniadau, gan gynnwys penderfyniadau ynghylch twf ac ehangu, gan mai nhw, yn y pen draw, sy'n gallu penderfynu beth fyddai'r ffordd orau o weithredu. **aa**

Mae'r cwestiwn, ai rhanddeiliaid mewnol neu allanol sydd fwyaf pwysig wrth wneud penderfyniadau ynglŷn â thwf busnes, yn dibynnu ar rym cymharol cyfranddalwyr; faint o elw wrth gefn y gall y busnes gael mynediad ato; a pha fath o fodel busnes sy'n cael ei weithredu. **bb**

Beth bynnag yw'r ffactorau hyn, y rhanddeiliad pwysicaf mewn unrhyw benderfyniad yn ymwneud â thwf yw'r darpar gwsmeriaid. **cc** Os nad yw'r busnes wedi ymchwilio'n ddigon manwl i'r farchnad newydd, fel India, ni waeth faint o fuddsoddiad y mae rhanddeiliaid mewnol neu allanol yn gallu cytuno arno, nid yw'r busnes yn gallu ehangu os na fydd cwsmeriaid lleol yn prynu'r cynnyrch neu'r gwasanaeth. **dd** Roedd hyn yn wir pan ehangodd *McDonald's* i India gyntaf. **ee** Roedd *McDonald's* yn gweithredu fel busnes trawswladol ac roedd o'r farn y byddai ei fwydlen draddodiadol yn apelio at gwsmeriaid India. **ff** Arweiniodd hyn at golled sylweddol o ran refeniw, gan fod *McDonald's* wedi methu ag ystyried anghenion a dymuniadau'r rhanddeiliaid allanol hyn. **gg** Erbyn hyn, mae *McDonald's* wedi newid ei fwydlen yn sylweddol fel ei bod yn ymateb i anghenion y boblogaeth leol. Bellach, mae gan y fwydlen fwy o bwyslais ar ddewisiadau llysieuol. **hh** Er bod rhanddeiliaid mewnol yn bwysig i lwyddiant busnes a'i dwf, mae rhanddeiliaid allanol, fel cwsmeriaid, yn bwysicach yn y pen draw. **ii**

e Dyfarnwyd 20/20 marc **a, b** Am 2 farc AA1, mae'r myfyriwr yn rhoi diffiniad o randdeiliaid allanol a mewnol. **c–f** Mae'r myfyriwr yn dangos pwysigrwydd rhanddeiliaid allanol, fel banciau neu gyfalafwyr menter, gydag enghraifft fanwl, sef *Burger King*. Mae'n datblygu'r esboniad yn fanwl, gan ei gysylltu â thwf y busnes. Mae'n ennill 1 marc AA1 a 2 farc AA3, felly. **g, h** Mae'r myfyriwr yn esbonio mantais arall o randdeiliaid allanol, gan ddefnyddio enghreifftiau manwl, ac yn cysylltu hyn gyda'r pwyslais ar sicrhau twf. Mae'n ennill 2 farc AA3 a 2 farc AA4. **i–k** Mae'r myfyriwr hefyd yn cynnig mantais arall o randdeiliaid allanol, gan ennill 1 marc AA1 ac 1 marc AA3 iddo. **l–p** Mae anfantais o ran twf a rhanddeiliaid yn cael ei nodi, sy'n ennill 1 marc AA3 a 2 farc AA4. **q–aa** Mae'r myfyriwr yn gwerthuso pwysigrwydd rhanddeiliaid mewnol yn fanwl, gan ddefnyddio elfennau MOPS ac enghreifftiau yng nghyd-destun twf busnes. Mae'n ennill

2 farc AA3 a 2 farc AA4. **bb–ii** Mae'r myfyriwr yn cyflwyno gwerthusiad ardderchog, manwl ac eang o swyddogaethau a rôl randdeiliaid, gan ddefnyddio elfennau MOPS a rhoi barn a chasgliad clir a rhesymedig. Mae'n ennill 2 farc AA4.

Mae Myfyriwr A yn canolbwyntio ar randdeiliaid allanol yn unig, ac yn gwneud pwyntiau cyffredinol heb unrhyw farn na chasgliad. Gan nad yw ei ateb yn trafod hanner yr hyn y mae'r cwestiwn yn gofyn amdano a chan fod y gwerthusiad yn wan, ni roddir marciau uwch iddo (gradd C).

Mae Myfyriwr B yn rhoi ateb cynhwysfawr sy'n defnyddio llawer o enghreifftiau er mwyn gwerthuso'r manteision a'r anfanteision o randdeiliaid mewnol ac allanol, gan gysylltu'r ddau â thwf busnes. Mae ei werthusiad yn fanwl ac yn defnyddio amrywiaeth eang o enghreifftiau busnes. Mae argymhelliad a barn wedi'u cynnwys, sy'n gynhwysfawr ac yn defnyddio elfennau MOPS. Mae hyn yn cyfiawnhau marciau llawn (gradd A*).

Profi gwybodaeth – atebion

1 Bydd rhai busnesau, fel cwmnïau technoleg, yn gorfod delio â thipyn mwy o newid na busnesau eraill gan eu bod nhw'n ymgymryd â gwaith ymchwil a datblygu. Bydd hyn yn sicrhau bod ganddyn nhw'r fantais gystadleuol eithaf ar gwmnïau eraill yn yr un farchnad. Bydd angen i'w cynhyrchion ddangos nodweddion arbennig (USP) sydd eto'n well na'u cystadleuwyr yn y farchnad.

2 Gall hyfforddiant fod yn bwysig iawn. Bydd staff yn y ddau hen gwmni gwreiddiol yn debygol o fod ag arferion a phrosesau gweithio gwahanol i'r hyn sy'n ofynnol iddyn nhw eu cael o fewn y busnes cyfun newydd.

3 Mae yna dwf enfawr wedi bod yn incwm gwario pobl o'r dosbarth canol yn China, sy'n ystyried rhai cynhyrchion, fel ceir moethus, yn arwydd o lwyddiant. Nid oes gweithgynhyrchwyr ceir moethus cyfatebol yn China chwaith, felly mae twf y farchnad wedi bod yn rhydd o'r math hwn o gystadleuaeth.

4 Y broblem gyda dadansoddiad PEST yw ei fod yn dibynnu ar ystyried sefyllfa gyfredol y busnes ynghylch dylanwadau allanol. Gan fod technoleg aflonyddgar yn ymwneud â phethau sydd eto heb effeithio arnyn nhw (ac eithrio'r rhai hynny sy'n arloesi) prin yw gwerth y dadansoddiad.

5 Mae cwmnïau olew yn awyddus i gael eu gweld fel cwmnïau corfforaethol sy'n gosod pwyslais ar gyfrifoldeb cymdeithasol. Bydd hyn yn ei dro yn dylanwadu'n ffafriol ar randdeiliaid y cwmni, gan gynnwys cwsmeriaid, sy'n fwy tebygol o brynu eu cynnyrch. Mae llywodraethau hefyd yn llai tebygol o gyfyngu ar weithrediadau'r busnes mewn ardaloedd lle mae cronfeydd olew proffidiol, fel yn Alaska.

6 Mae manwerthwr ffonau symudol yn gallu sicrhau bod ei nwyddau'n cael eu hysbysebu'n gywir a'u bod yn ddiogel i'w gwerthu, gan osgoi costau o ffonau'n cael eu dychwelyd a fyddai, yn y pen draw, yn effeithio ar ba mor broffidiol yw'r cwmni.

7 Rhoddwyd dirwy fawr i VW gan Lywodraeth UDA gan fod y gyfraith yn nodi bod y fath dwyllo yn denu dirwy am bob car a werthwyd – tua 474,000 o gerbydau. Nid yw'r DU wedi dirwyo VW hyd yma ac un o'r prif resymau dros hyn yw bod aelodaeth y DU o'r UE yn golygu mai mater i'r bloc masnach yw cymryd camau. Gan mai cwmni o'r Almaen yw VW, mae'r mater yn un sensitif, gan y gallai effeithio'n sylweddol ar swyddi yn yr UE.

8 Pan wnaeth gwerth y bunt ostwng yn sylweddol yn erbyn arian gwledydd eraill, fe lwyddodd allforwyr fel *Nissan* i gystadlu'n fwy effeithiol yn fyd-eang gan y gallai mewnforwyr brynu mwy o gynnyrch y DU gyda'u harian cyfred lleol. Gall gweithgynhyrchwyr sy'n cael y rhan fwyaf o'u deunyddiau crai yn y DU gael y budd mwyaf o ddibrisiant yn y bunt, tra bod gweithgynhyrchwyr sy'n gorfod prynu deunyddiau crai o dramor yn gorfod delio â chynnydd mewn costau, sy'n golygu na fyddan nhw, efallai, yn cael y budd llawn o gostyngiad cyfnewid.

9 Gallai'r cymhorthdaliadau a roddir i ffermwyr olygu bod llai o bwysau arnyn nhw i fod yn effeithlon yn y ffordd y maen nhw'n ffermio o'u cymharu â ffermwyr mewn gwledydd eraill fel UDA a Chanada, lle bu'n rhaid iddyn nhw fabwysiadu technoleg arloesol a darbodion maint i sicrhau bod eu cynnyrch yn gystadleuol yn fyd-eang. Gall cymhorthdaliadau gael eu lleihau neu eu dileu ar unrhyw adeg, gan adael llawer o ffermwyr yr UE yn agored i gystadleuaeth o farchnadoedd byd-eang. Gan fod costau ffermwyr yr UE yn uwch ar gyfer pob uned, maen nhw'n ei chael yn anodd iawn i gystadlu.

10 Gan fod economïau sy'n datblygu yn aml â darpariaeth gyfyngedig o'r isadeiledd angenrheidiol a chan nad yw'r adeiladwaith diwydiannol yn ei le o'i gymharu â chystadleuwyr byd-eang yn y 'Gorllewin', mae ffurfio bloc masnach yn golygu cyfuno adnoddau sawl gwlad. Bydd y bloc masnach yn fwy tebygol o sicrhau cytundebau gwell gyda gwledydd cryfach eraill. O fewn y bloc wedyn, mae masnach yn fwy tebygol o fod yn decach gan fod y gwledydd yn yr un cyfnod o ddatblygiad diwydiannol ac economaidd.

11 Mae blociau masnach fel yr UE yn cynnig cytundebau masnach manteisiol i aelodau, fel y symudiad rhydd o nwyddau, nad ydyn nhw'n cael eu cynnig i wledydd y tu allan i'r bloc. Gellid dweud bod hyn yn hyrwyddo diffynnaeth, gyda gwledydd y tu allan i'r bloc yn gorfod talu tollau. Mae hyn yn gyfyngiad artiffisial ar fasnach rydd yn fyd-eang.

12 **(a)** A thwf mewn GDP fe welir cynnydd mewn safonau byw ac mae economïau'r 'Gorllewin', fel y DU, wedi gweld twf cyfatebol mewn cyfraddau cyflog. Mae hyn yn golygu y gall economïau llai datblygedig (yn y gorffennol) fel China, sydd â safonau byw is, gystadlu'n well na'r DU oherwydd bod eu costau cynhyrchu yn is.

   (b) Mae'r DU wedi ymateb i golli diwydiannau gweithgynhyrchu drwy symud i'r sector gwasanaethau sy'n cynnwys bancio.

13 **(a)** Gan fod dur o China gymaint yn rhatach na dur o'r DU, oherwydd bod y costau llafur ac ynni sydd ynghlwm â chynhyrchu dur yn sylweddol is, nid yw gweithfeydd dur y DU yn gallu gwerthu eu cynnyrch ar y farchnad fyd-eang. Mae hyn yn arwain at leihad mewn gwerthiant a gostyngiad mewn elw.

   (b) Gallai *Tata Steel* symud ei weithfeydd cynhyrchu dur i wledydd fel India, lle mae'r costau yn is. Byddai hyn yn gwneud y busnes yn fwy cystadleuol yn fyd-eang.

14 Mae cwmnïau fel *Apple* nid yn unig yn dod â buddsoddiad i wledydd fel Iwerddon, maen nhw hefyd yn creu swyddi i fusnesau cysylltiedig eraill sy'n adeiladu'r ffatrïoedd a'r swyddfeydd. Bydd presenoldeb *Apple* hefyd yn annog cwmnïau amlwladol eraill i gael eu lleoli yno, gan ddod ag enw da i Iwerddon a'i phobl.

15 Cynnyrch sydd wedi'i newid gan *Nissan*, sy'n weithgynhyrchydd yn y DU, ar gyfer marchnadoedd byd-eang yw'r *Nissan Qashqai*, car sy'n cael ei yrru ar y chwith ac sy'n cael ei werthu mewn marchnadoedd fel UDA. Mae'r car wedi bod yn llwyddiant ysgubol, gyda 85% yn cael ei werthu dramor.

16 **(a)** Gan fod bagiau llaw *Chanel* yn enghraifft o gynnyrch arbenigol, mae gan y brand apêl drawswladol, sy'n caniatáu i'r busnes fabwysiadu'r un strategaeth farchnata ar draws y rhan fwyaf o farchnadoedd. Mae

hyn yn arbed costau ar ddeunyddiau ac ymgyrchoedd hyrwyddo.

(b) Mae *McDonald's* wedi ceisio defnyddio'r un dull brandio byd-eang, cyn gweld nad oedd yn llwyddiannus mewn nifer o farchnadoedd byd-eang oherwydd gwahaniaethau mewn chwaeth a diwylliant.

17 (a) Mae economi sy'n datblygu, fel Nigeria, yn awyddus iawn i dderbyn arian Buddsoddiad Uniongyrchol o Dramor (FDI) gan gwmnïau mawr fel *Shell*. Mae'r wlad, felly, yn cynnig termau ffafriol i'r busnes ar gyfer chwilio am olew. Mae hyn yn golygu na fydd Nigeria, o bosibl, yn cael bargen gystal gan gwmni amlwladol o'r fath o gymharu â gwledydd y 'Gorllewin', sydd ag economïau llawer cryfach.

(b) Yr anfantais yw y gall Nigeria anwybyddu'r galw am gyflogau uwch ac amodau gwaith gwell i staff.

18 (a) Gall cyfranddalwyr elwa ar drosglwyddiad pris (*transfer pricing*). Drwy wneud hyn, bydd cwmni amlwladol yn gallu lleihau ei fil treth gorfforaeth yn sylweddol, gan adael mwy o elw i dalu buddran neu ddifidend.

(b) Mae gwledydd fel y DU o'r farn bod trosglwydiad pris yn anfanteisiol i'r economi. Mae hynny oherwydd ei bod yn ymddangos fel petai'r cwmni amlwladol yn elwa ar yr hyn mae pobl wedi'i brynu yn y farchnad heb gyfrannu'n ddigonol at yr isadeiledd a chostau eraill y mae trethi'n helpu i dalu amdanyn nhw.

19 Gallai ardaloedd sy'n ddifreintiedig yn economaidd, fel canol dinasoedd neu ardaloedd sydd wedi colli eu diwydiannau traddodiadol, elwa mwy gan eu bod yn gallu cael grantiau sylweddol i'w helpu i adfywio eu hardal a chreu swyddi yn lleol. Mae grantiau o'r fath yn denu busnesau o bob rhan o'r UE na fydden nhw fel arall yn ystyried yr ardaloedd hyn heb strwythurau'r farchnad sengl.

20 (a) A'r diwydiant bancio yn y DU yn cynhyrchu refeniw blynyddol o $200 biliwn, mae masnach rydd o fewn yr UE (sy'n cael ei galw hefyd yn basbortio ar gyfer y sector bancio) yn galluogi banciau i barhau i fasnachu ar draws 27 o aelod-wladwriaethau'r UE heb unrhyw rwystrau. Gan fod diwydiant bancio'r DU yn hynod gystadleuol, fe fyddan nhw'n parhau i gynhyrchu tua 7% o GDP y DU. O beidio â bod yn rhan o'r UE, mae perygl y gallai rhwystrau gael eu codi, gan arwain at golli refeniw sylweddol.

(b) Mae rhai sylwebwyr yn dweud bod gweithredu o fewn yr UE yn rhoi gormod o faich rheoliadol ar fanciau – rhywbeth y gallan nhw ei osgoi pe bai'r DU y tu allan i'r UE.

21 Mae *Dyson* wedi dweud bod rhai rheolau penodol yr UE yn caniatáu i gystadleuwyr or-chwyddo effeithlonrwydd eu sugnwyr llwch. Mae hyn, ym marn y cwmni, wedi rhoi mantais annheg iddyn nhw yn y farchnad sengl. Fodd bynnag, os yw hyn yn wir ai peidio, mae'r rheoliadau hefyd wedi caniatáu i *Dyson* werthu eu sugnwyr llwch mewn unrhyw farchnad yn yr UE heb drethi ychwanegol. Mae hyn yn golygu bod y busnes yn gallu cystadlu, waeth beth yw'r effaith ar weithgynhyrchwyr lleol fel *Miele* – y gwneuthurwr sugnwyr llwch yn yr Almaen.

A Practical Ap·
Legal Advice & Drafting

A Practical Approach to Legal Advice & Drafting

Fifth Edition

Susan Blake LLM, MA, Barrister

Reader and Course Director, Inns of Court School of Law

BLACKSTONE
PRESS LIMITED

This edition published in Great Britain 1993 by Blackstone Press Limited, 9-15 Aldine Street, London W12 8AW. Telephone: 0181-740 2277

First edition, 1985
Second edition, 1987
Third edition, 1989
Fourth edition, 1993
Fifth edition, 1997

ISBN: 1 85431 541 2

British Library Cataloguing in Publication Data
A CIP catalogue record of this book is available from the British Library

Typeset by Style Photosetting Ltd, Mayfield, East Sussex
Printed by Livesey Ltd, Shrewsbury, Shropshire

Contents

The importance of the practical approach — Representing the client — The model used in this book — Working with other lawyers — Maintaining professional standards — Professional conduct and ethics — Professional negligence — Wasted costs — The public image of lawyers

Problems in acquiring interviewing skills — The relationship with the client — Providing advice — Preliminary issues — Location of the interview — Conducting the first interview — Use of different types of question — Responding to the client — Dealing with difficult clients — The progress of the case

The decision to brief a barrister — Preparing the brief — Uses of the backsheet — The barrister and the brief — Reading the brief — Action after reading the brief — Other types of brief — Devilling a brief

Use of good, clear English — Preparing to write the opinion — Making notes for an opinion — Style of writing — What to include in the opinion — Special areas in the opinion — Other types of opinion — Advice on damages — Advice on evidence

List of checklists

Chapter 9   Drafting other pleadings in a writ action

Chapter 10   Preparing the case for court

Chapter 11   The originating summons action

Chapter 12   Drafting affidavits

Chapter 13   Settling an action

Chapter 18   Advising and drafting in contract cases

Chapter 19   Advising and drafting in a tort case

Chapter 20   Advising and drafting in a trust action

Chapter 22   Advising and drafting in a family case

List of examples of drafts

Chapter 20   Advising and drafting in a trust action

Chapter 21   Advising and drafting in a criminal case

Chapter 22   Advising and drafting in a family case

Preface

Since this book was first written in 1985 there has been a revolution in legal professional skills training. In 1985, only a handful of institutions in England and Wales offered any form of legal skills training, and there were limited books or other materials available to support such training. The last decade has seen explosive growth, with the launch of the Bar Vocational Course in 1989 (a course that is 60% skills based), and the launch of the Legal Practice Course in 1993 (a course that is 25–50% skills based). Increasingly undergraduate law courses include some skills elements, and the Lord Chancellor's Advisory Committee on Legal Education and Conduct (ACLEC) has recommended in its First Report on Legal Education and Training (1996) that all undergraduate law courses should include some skills work.

It is most impressive that so much has been achieved in such a short time. Perhaps this has happened due to a common feeling amongst the legal profession, skills trainers and students that skills training was a correct road to go down in terms of producing better lawyers who would be able to make more effective use of the law they learned.

However, the revolution is by no means complete, and skills training still has a long way to go. To give but one example, skills training currently centres on major and obvious skills such as advocacy and drafting, but it is clear that these major categories do not cover all the abilities that someone entering the legal profession needs – skills in areas such as business management, risk analysis and time management are also required by the effective professional lawyer and they may need to be taught in a more explicit way.

There also remains some tension between traditional 'academic' learning and the newer skills-based learning. Such tension is quite unnecessary and unproductive, and hopefully the next decade will see its demise. The academic study of law at university level clearly has great value as a general liberal education, and it is important that the quality of law degrees is maintained. However, one can only agree with the broad view of ACLEC, that such degrees can only improve if they are offered in a more contextual and skills-based framework. Equally, it is very important that some areas which are somewhat neglected by law departments should have a stronger 'academic' base. Areas like civil litigation and negotiation could only benefit from having a stronger research base and more academic discussion. The basic division between 'academic' lawyers and the profession that still exists in this jurisdiction is not nearly so strong elsewhere, and a less strong division could only assist in the dynamic growth of both.

This book sets out to provide a guide to the skills that a lawyer requires in conducting a case, so as to provide the best possible service for a client. In doing so, it tries to bridge the 'academic'/'skills' divide. Many legal skills books treat the skill they cover in relation to real situations which the lawyer may encounter, but in some isolation from the law. This can have the drawback of making the exercise of the skill appear easier than it is. The way that a lawyer needs to use his or her skills is rooted in the statutes, cases and procedural rules he or she is constantly dealing with, and this book tries to address this by incorporating relevant authorities in all areas.

The emphasis of this book is on taking a practical and tactical approach to cases, but it also seeks to emphasise that knowledge and hard work are equally important.

As for all editions of this book, I wish to acknowledge my debt to my colleagues at the Inns of Court School of Law. Their work in developing legal skills training has been something of a driving force in the revolution that has taken place. I would also like to thank friends in practice, and all the others who have made suggestions about the content of this book. All such suggestions are very welcome. And finally my very sincere thanks to the staff at Blackstone Press, not only for their friendliness and efficient work, but also for the role that they have played in leading legal publishing to support the move to skills training.

Susan Blake
Inns of Court School of Law, London

November 1996

Table of cases

1   The lawyer as a professional adviser

The barrister or solicitor in practice has one central purpose to his or her work – to help a client to solve a problem. The lawyer who does this in the most efficient and effective way will be the most successful.

An ability to work efficiently and effectively certainly requires a sound and thorough knowledge of the relevant substantive law, but it also has other ingredients. It involves having highly developed skills in interviewing, advising in written and oral forms, drafting, and negotiating and advocating cases. Underlying these skills are more general skills such as in analysing facts, organising information and problem solving. Finally, and by no means least, efficient and effective work requires an ability not only to use procedural and evidential rules properly, but also to use them carefully to get the greatest possible benefit from them.

This book tries to approach all these ingredients in a systematic way, to take the trainee lawyer who has an interest in litigation work through all the stages that may be involved in preparing and presenting a case for a client. A book cannot teach skills, but it can provide a detailed model with which the trainee can hope to get the most out of practice, observation and experience. The book seeks to provide some basic principles, like the general value of clarity, conciseness, and thoroughness in all legal work. It also seeks to provide the sort of model upon which the individual can build his or her own style.

One of the main qualities that the lawyer requires in the modern world is flexibility. The body of substantive law is growing and changing so quickly that it is becoming very difficult to keep reasonably up to date in a wide range of areas, and a number of areas of law increasingly have an international dimension: skills in legal research to keep up to date and to move into unfamiliar areas of law are therefore becoming increasingly important. Whether or not the recommendations of Lord Woolf's report *Access to Justice* are substantially implemented, it is inevitable that the court system and the documents required for a legal case will increasingly be computerised, and will be transferred and examined through the use of information technology. Those who are quickest to take the inevitable on board can only benefit thereby.

The framework within which the lawyer is seeking to conduct a case practically and tactically is constantly shifting. Little more than a decade ago the general approach to conducting litigation was to keep as much as possible secret for as long as possible. Now the trend in both civil and criminal cases is increasingly towards a 'cards on the table' approach. In many cases witness statements now generally need to be prepared and produced well in advance of the trial. The right to silence in a criminal case has been limited. Increasingly skeleton arguments have to be prepared and submitted to court to summarise the issues and the case that will be advanced.

All these matters have direct impact on the content of this book, as they provide the context within which the individual lawyer develops, and will continue to develop, his or her skills. This book seeks to avoid any superficial approach by showing how strongly a tactical and practical skills approach is rooted in the detailed rules of evidence and procedure and in case law, but it should never be thought that the details will stand still. The only things that will always inevitably continue to underlie effective legal work are an ability to deal with facts and relevant legal principle well, and an ability to write and speak in a clear, concise and structured way.

The importance of the practical approach

The first step down the skills road for the law student is to appreciate the shift of emphasis from the study of legal principle for academic interest to the use of legal principle for the benefit of the client. If you are going to work as a lawyer, the client must become the central focus for everything that you do. Skills training is increasingly being incorporated in undergraduate law degrees, but unfortunately it is still not the norm, and the shift that comes in moving to professional training can still be quite a shock for many students.

This shift of approach is not necessarily easy, especially as a result of the complete distinction between the academic and professional stages of training made by the Ormrod Report many years ago. With the growth of skills training at undergraduate level problems arising from this distinction may disappear, but while the main emphasis at undergraduate level remains on legal theory some difficulties will remain. Academic training at undergraduate level may well be excellent, but while its objectives and methods are very different from those of professional training, a transition has to be made by each individual student.

One aspect of the difference of approach is the role of facts. In academic study you are usually asked to develop theoretical legal arguments on the basis of brief factual scenarios where none of the facts is open to question. In contrast in practice you first have to get facts from the client, then see if what the client says is complete and coherent and can be proved, and only then try to find and apply relevant legal principles. In academic study you are not very much concerned with the facts, but in practice they come first, and a case may turn on facts alone.

Another aspect of the difference of approach is the role of legal sources such as statutes and cases. In academic study these are central, and every answer will need to be supported with proper authorities. This will still be the case sometimes in practice, but many cases do not involve complex legal issues, and often you will be applying general legal principles rather than quoting cases and statutes in detail. A law lecturer will want to see sufficient references to legal authority, but a client will be much more interested in the practical result.

This change of approach means that in practice your first reaction should not be to try to find the right page of the right legal textbook, but to try to sort out the facts and to clarify what the client wants you to achieve. If you do reach for the book first the danger is that you will try to mould the facts to the textbook example rather than getting to grips with the real case.

A further aspect of the difference of approach is the importance of knowledge and memory. The majority of undergraduate courses still put a strong emphasis on these in their examination and assessment systems. However in practice, with the exception of some specialist practices, knowledge of legal detail that you carry around in your head is not very important. In most circumstances you can look something up in a book if you need to, and it is more important to have a general, up to date, working knowledge of the main principles of law in all the areas in which you practise so as to be able to identify legal issues quickly in an interview or conference with a client. You then need to know how to carry out legal research efficiently.

The areas of law that the practitioner does need to know in detail are procedure and evidence. There may not be time to look these up in court, and you must be prepared to deal with a procedural or evidential point as soon as it arises. Some students tend to see these areas as mechanical and boring, but this shows a failure to appreciate what their chosen career is about – every case must be conducted according to the rules and a fact is only of use if you can prove it. The best legal argument in the world can easily be lost if you do not know the correct procedures for getting it before the judge and how to establish all its elements.

A final distinction is in how you deal with material. Academic study involves ifs and buts and fine distinctions, but while these may still be relevant in court, this is not what a client wants. The client wants clear cut advice as far as possible, not doubts, and you need to learn how to develop and present positive arguments rather than long strings of possibilities.

So to summarise all these points: if you choose to become a practising lawyer, you are choosing to offer a practical service to people with real, often serious, problems. This should be at the forefront of your mind throughout professional training courses and pupillage or articles, and into the start of your practice. It may not take too long to understand what skills are required but it does take time and practice to be able to use them.

The skills that you need to be able to represent a client effectively have been expressed differently in different reports and course syllabuses, but broadly there are the following ingredients:

(a) The ability to identify clearly and specifically the objectives of a client, and to work efficiently to achieve those objectives.

(b) The ability to elicit facts from individuals and from documents (interviewing).

(c) The ability to analyse facts comprehensively (fact management).

(d) The ability to research principles relevant to a case efficiently (legal research).

(e) The ability to advise on a case clearly and concisely whether in writing or orally (opinion writing and advocacy).

(f) The ability to explain a case clearly, whether in writing or orally (drafting and advocacy).

(g) The ability to settle a case, if that is in the client's best interests (negotiation).

Beyond these specific skills the good lawyer has some additional qualities, although they may be expressed in different ways in different individuals. The importance of good general communication skills cannot be over-emphasised as they permeate every element of work whether written or oral. In addition the imaginative ability to see all sides of a situation can be very valuable. You need skill in dealing with figures as well as words.

There are other skills that are less exciting but equally valuable. Television can make it appear that cases are won on clever points and stylish advocacy, but in fact most cases are won by thorough, time-consuming preparation. You can only explain a case to a client, an opponent or a judge if you understand it fully yourself, and the confidence to persuade someone else of the strength of your case is most likely to come from proper preparation rather than sudden inspiration.

Every law student who decides to go into practice will already have most of the basic skills required, but no student will have all those skills at the required professional level. To acquire that level of skill does take time and practice for which this book can only seek to lay the foundations. To acquire a skill you will need to read about it, think about it, practise it and observe it in other people over a period of time. Any skill involves some personal element, and it is important to take this into account when watching others. Choose rôle models carefully and question what you see rather than just soaking it up indiscriminately, which can just perpetuate bad practices.

Throughout this book, skills are put into a practical context. In general terms a simple model of a case that goes to a solicitor and is referred to a barrister is followed, and it is assumed that the case will be conducted in the High Court. With the gradual extension of advocacy rights and of county court jurisdiction this model is less typical than it used to be, but it still provides a useful general basis for giving guidance on how to prepare a case in a practical and tactical way. Later chapters give guidance on how to adapt skills for an action begun by originating summons, for the county court, and for a criminal case. The second part of this book goes on to show how skills may be adapted for different legal areas such as tort, contract and family law.

In each chapter points of procedure and evidence are mentioned whenever they have particular relevance to advising a client fully or to tactics in conducting a case. It is not the purpose of this book to deal comprehensively with procedure or evidence – both are well dealt with in other books – but it is vital to see skills in context or they may seem unrealistically superficial.

Representing the client

It is crucial as a practising lawyer to remember at all times that you are there because the client needs representing, and you are there to represent the client fully. From the first interview to the end of the case you are not there to try to fit the client into a chapter in a legal textbook, or to judge the client, but you are there to find out all you can about the case and to do all you can for the client. You are just a form of agent.

You must build up the ability to communicate fully with each client right through each case. This is fundamental to being a lawyer, who is essentially just a mouthpiece for structuring and putting forward someone else's arguments (though the apparently self-centred pomposity of some lawyers may not always give this impression!). All too often clients complain that their lawyer did not really understand them or did not fully explain what was going on, and barristers in particular have a reputation for secrecy and for treating their clients as objects rather than as real people. This is a serious criticism which the good lawyer entering practice should take great pains to avoid.

Communication must run right through the case. At the first meeting the solicitor must take care to discuss the whole case rather than just pick up obvious points, and thereafter must regularly explain to the client fully what is happening. The barrister seeing the client in conference must make sure the client is not intimidated and can talk freely. If the case comes to court it may be just another day in the lives of the lawyers, but it will be a crucial day for the client, and the lawyers should talk to the client before and afterwards.

The use of words is at the root of getting information and passing it on. This does not necessarily mean using a lot of words – some lawyers are far too verbose in talking and writing – but it does mean having the ability and confidence to use words well as and when necessary. The lawyer also needs to be able to listen to get a full appreciation of the client's case, and he or she needs a quick and imaginative mind that can see situations from many possible angles and quickly grasp new concepts. You cannot work only with what the client or a witness volunteers, it is important to visualise the situation to bring out what may have been forgotten, and what aspects may need further investigation. It is only with this kind of full investigation that a case can be built up strongly.

Representing the client involves not only investigating fully the background facts and advising on the law, the client's position and objectives should also be taken into account as much as possible. If there is no possible cause of action this should be explained sympathetically – false optimism is not ultimately useful to a client – but every course that might realistically help the client must be explored, and any alternatives explained. Many clients, especially those in business, will be capable of following arguments, and should be involved as fully as possible in deciding what to do. This applies not only to causes of action but also to remedies. The client in a contract case should not be told to sue for damages if he or she really wants specific performance and it may be available. In negotiating a divorce settlement there is no point in securing the home for the wife if she is not confident she will have sufficient income to live in it.

There are some professional principles involved in advising a client properly. It is important to keep the relationship with the client on a professional basis, and even if you are sympathetic with the case, not becoming too friendly. There is no objection to a lawyer knowing a client socially if the relationship develops separately, but in dealing with a case all clients must be treated the same.

In addition to these general principles, there are some particular areas where the lawyer must take particular care in advising a client properly. In negotiating a settlement of a case you must take extreme care to ensure you are doing the best for your client and covering everything, not just taking an easy way out of the case. Once a settlement is reached it is very difficult to add to or undo, so every loose end must be tied up and everything made clear – the difficulties of incomplete and vague settlements in contract and divorce cases have been seen in several recent cases, and the courts have been critical of lawyers who have not acted properly for their clients. It is also vital that any settlement be based on express instructions from the client. While a lawyer has a power as agent to negotiate for the client, there is no right to take over and tell the client what to accept. You can try to persuade the client to accept a reasonable offer, but should not be paternalistic. Compromising action is dealt with fully in the chapter on settling an action.

If the lawyer represents more than one client in a single case, equal duties are owed to both. This may put the lawyer in a difficult position requiring scrupulous care, *Mortgage Express Ltd* v *Bowerman and Partners, The Times*, 1 August 1995.

One of a lawyer's main duties to a client is confidentiality. A lawyer should not discuss with anyone else something a client has said in confidence. If the case is a large one and has had publicity, or involves particularly interesting details, it may be very tempting to discuss it with friends, but this must not be done. It is acceptable to discuss a case with another lawyer, but only where you are getting advice on a particular legal argument. It has also become acceptable to write about cases in a book dealing with the life of a lawyer or judge, but generally only when those involved are dead, and care is taken over what details are given. The dangers of talking about a client's case were illustrated in *R* v *Hopkins, The Times*, 18 March 1989, where a barrister was representing the defendant in a Court Martial. During the lunch adjournment he lunched in the Officers' Mess, and was asked by one of the officers how a lawyer could represent someone he knew to be guilty. The lawyer explained that it is still for the prosecution to prove its case and so on, and mentioned that where the client did admit something, the lawyer had a duty not to mislead the court, and might not be able to call his client to give evidence. For other reasons the lawyer decided not to call his client. His client was convicted, and the lawyer realised that the person to whom he had talked was one of the officers deciding the case and it was possible that what he had said had been misconstrued. The defendant's appeal was allowed, and the court commented on the great need for counsel to be diligent to avoid the risk of criticism and any risk of prejudice to his client.

The general duty of confidentiality is supported by the concept of professional privilege – that in order to be able to prepare a client's case properly a lawyer must be able to communicate freely with the client, so that any communication that takes place between the client and the lawyer in the course of preparing a case should not have to be disclosed for possible use in evidence. Privilege can arise where anyone is offering legal advice, and is not limited to barristers and solicitors (Courts and Legal Services Act 1990, s. 63). The privilege does not apply to all communications between a lawyer and a client, but only to communications relating to contemplated litigation. Privilege does not extend to child care cases where the role of the court is essentially investigative, *In re L (Police Investigation: Privilege), The Times*, 22 March 1996.

Privileged material includes notes and working papers prepared for meetings at which possible legal action is discussed, *Balabel* v *Air India* [1988] 2 All ER 246; photocopies prepared for seeking legal advice, *R* v *Board of Inland Revenue, ex parte Goldberg* [1988] 3 All ER 248; proofs of evidence and attendance notes relating to witnesses, *R* v *Derby Magistrates Court, ex parte B, The Times*, 25

October 1995; and communications relating to the commercial wisdom of a transaction, *Nederlandse Reassurantse Groep Holding NV* v *Bacon and Woodrow* [1995] 1 All ER 976. Privileged material does not include documents produced before litigation is contemplated, *Alfred Compton Amusement Machines Ltd* v *Commissioners for Customs and Excise* [1974] AC 405; records of accidents prepared by an employer as a routine matter, *Waugh* v *British Railways Board* [1980] AC 521. Privilege will continue to apply if the document comes into the hands of a third party, *Goddard* v *Nationwide Building Society* [1986] 3 All ER 264. However, it may be lost if the document comes into the hands of another party to the action, *Webster* v *James Chapman & Co.* [1989] 3 All ER 939, unless there has been a mistake, *Guiness Peat Properties Ltd* v *Fitzroy Robinson Partnership* [1987] 2 All ER 716.

It seems that privilege can still be claimed where there is an allegation that the client is setting up a bogus defence with his or her lawyer, *Chandler* v *Church* (1987) NLJ 451, but there will be no privilege if the client is furthering a criminal purpose, *R* v *Central Criminal Court, ex parte Francis* [1988] 3 All ER 775, or in a case of fraud, *Finers* v *Miro* [1991] 1 All ER 182. In the exceptional case of *Marriman* v *Vibart* [1963] 1 QB 528 evidence of the actual advice given to a client by a lawyer was admitted when a policeman overheard a barrister in a criminal case advising his client to escape!

It should be noted that the privilege is that of the client, not of the lawyer, so it can only be waived by the client, as in *George Doland Ltd* v *Blackburn Robson & Co.* [1972] 1 WLR 1338, where the plaintiff called his lawyer to give evidence as to what was said in a telephone conversation between them. A client waives privilege for documents held by one solicitor if they are relevant to an action the client later brings against another solicitor, *Kershaw* v *Whelan, The Times*, 20 December 1995.

Another of the main areas of duty to a client must be with regard to costs. You are not representing a client properly if you allow costs to build up unnecessarily. The client should be given an estimate of what the action is likely to cost from the start, and must be kept informed regularly on how costs are building up. Every stage in the action and every piece of evidence costs money, and its value must be weighed.

The position is more complex where the client is on legal aid, and the lawyer has a duty to the legal aid fund as well as to the client. The legal aid system is going through severe problems in funding and operation, but it is in the long term important for lawyers to try to help it function properly. As a duty to the client the lawyer should help with an application for legal aid where appropriate, but as a duty to the fund he or she should not advise that a case be brought or continued if it is not really justified. If you fail in your duties you may not get your costs from the fund, and in a case of misconduct or dereliction of duty you may have to pay costs personally.

There have been several cases where judges have commented on the duties of lawyers to the legal aid fund. In *Kelly* v *London Transport Executive* [1982] 2 All ER 842 the court made it clear that the lawyer should only suggest an action for a legally aided client on the basis that a client paying costs personally would be advised to sue, and the fact that one side has legal aid should not be used to force the other into a compromise. In the case the plaintiff, an alcoholic, banged his head at work, got legal aid, and was advised to sue his employer. The case snowballed to include leading counsel and 19 medical reports, progressing very slowly. An offer of £4,000 was made by the defendant and rejected, but the plaintiff was finally awarded only £75, at great expense to the legal aid fund. Further comments were made in *Davy-Chiesman* v *Davy-Chiesman, The Times,* 21 November 1983, where counsel sought to argue that a husband should get a lump sum on divorce, although he was bankrupt so that the money would go to his trustee in bankruptcy. The judge made it clear that the application should not have been pursued at the expense of the legal aid fund, and that the solicitor should have reported his doubts about the case to the legal aid authorities.

The client with legal aid must be told about the possible effect of a contribution or a charge on any property recovered or preserved. While the client must never be forced into a bad settlement, in several recent cases the courts have criticised lawyers for pursuing a case to the point where the charge for the legal aid fund seriously reduced the benefit of the case for the client. This has especially happened in divorce cases. In *Hanlon* v *Law Society* [1981] AC 124 both spouses had legal aid, and although the matrimonial home worth £10,000 was transferred to the wife there was a charge of £8,025. Although the House of Lords held that the execution of the charge could be postponed until the house was sold, much of the real value of the home was lost to the wife. In *Mason* v *Mason, The Times,* 7 February 1986 the Court of Appeal warned against appealing if costs or a charge in the case might mean that the former spouses would not be left with enough money to rehouse themselves. The real needs of the client must be put first to represent him or her properly.

In *Clark* v *Clark, The Times,* 31 March 1988 the court again specifically made the point that barristers and solicitors had a clear duty not to dissipate the assets of a client. In that case solicitors advised a legally aided wife who was owed maintenance of £5,000 to seek sequestration of her former husband's assets, but in the event that procedure meant the husband lost assets worth £17,000 whilst costs ensured that the wife still did not recover all she was owed.

The model used in this book

The major model followed in this book is that of a traditionally typical civil case, where a client first goes to a solicitor for advice, the solicitor briefs a barrister who then provides an opinion, and the case is prepared for court. This traditional model is of course breaking down as clients get direct access to barristers, and solicitors get increased advocacy rights, but it remains a perfectly adequate model for illustrating many points.

Whether the first contact the client makes is with a solicitor or a barrister, it will be necessary for the lawyer to get all the main elements of the case clear as soon as possible, and to take decisions on what other information needs to be gathered, and what steps need to be taken. If the same lawyer sees the case through to its conclusion in court or through settlement, then that one individual will clearly have responsibility for all aspects of the case. If a solicitor does brief a barrister then essentially the barrister will take over the conduct of the case, and will provide the solicitor with directions on how to proceed, subject of course to the overall instructions of the client. A solicitor is normally entitled to rely on directions given by a barrister, *R* v *Oxfordshire County Council, ex parte Wallace* (1987) NLJ 542.

In general terms the solicitor will take the action through its procedural stages and will collect evidence as directed by the barrister. However, the precise division of functions is not entirely clear (for example, an affidavit might be drafted by either the solicitor of the barrister) and it is important, in the client's interests, that a coherent and productive working relationship is established between the barrister and solicitor in an individual case. In many cases a solicitor will brief a barrister he or she has briefed before, so that a working relationship builds up. In any event, if more than one lawyer is advising a single client, both should keep some overall view of the case, and tactfully bring up anything that may have been overlooked. *In re A (a minor)* (1988) NLJ 79 a solicitor briefed a barrister in a wardship case and heard nothing for several months. It was held that the solicitor did have an independent duty to protect the interests of the client, and should not simply wait until the barrister gave directions.

Principles for preparation, procedure and presentation are common for most cases, however many lawyers are assisting the client, and whatever legal area is involved. A clear focus on the issues in the case rather than on matters that are agreed will always be crucial. Proper examination and organisation of material never stops being an important discipline – ordering and indexing may sound boring but they lie at the root of many successful advocacy presentations. For the experienced lawyer things like this may well come naturally, but the inexperienced lawyer may need to take time explicitly working through a process that will become automatic later on, and will need to make and revise notes on matters that can be kept in the head later.

It is in any event intended that many of the points made in this book should be intelligently adapted to suit different types of case. Paper-based chancery work provides a very different environment from court-based criminal work. The high-street solicitor in a medium-sized town has a very different workload from the practitioner in a big city firm. The lawyer employed by a company or by local or central government may well carry out many of the functions of a lawyer in private practice, albeit in a rather different position. Lawyers working in law centres are subject to some special rules as to what they can do. Many of the points made in this book, suitably adapted, should be relevant to all.

Working with other lawyers

An important part of conducting a case effectively is working productively with other lawyers. You must build a constructive working relationship with the lawyers on the same side, and on the other side. Any solicitor or barrister will also learn a great deal about his or her profession by working with and watching more experienced lawyers, and should make the most of all possibilities for this.

The importance of a solicitor and barrister in the same case working well together has already been mentioned, and should never be overlooked. If they work regularly together they can get used to each other's character and working methods, in the client's interests and their own (the barrister will want more briefs in the future!). However, if they do get on well they should make sure that this does not make the client feel cut out when there are conferences, or when they meet outside court. There may also be other lawyers on the same side – a provincial solicitor may employ an agent in town, and there may be a silk with a junior or more than one junior barrister. It is then even more important that the division of work be clearly agreed between all involved and that nothing should be left out. If there is a silk, he or she will, of course, take charge and will be primarily responsible for presenting the case in court, with the junior preparing documents and researching specific points as requested, though the junior may well also be asked to deal with particular points in court, and what the junior should do should be clearly agreed as soon as possible.

As for the lawyers on the other side, even with them it is better to have a constructive rather than an antagonistic relationship. In most cases it will be counter-productive to be difficult or unreasonable as it is likely to cause them to be equally difficult. It can often be the role of the lawyers in a case to help to defuse the situation rather than aggravate it. On the other hand, lawyers on opposing sides should not be obviously too friendly or accommodating, or the client may feel he is not being properly represented. This is especially important for barristers, who may well know each other in a relatively small profession – a client may resent seeing his or her barrister leaving court joking with the barrister on the other side, especially if the case has been lost!

It is usually worth contacting the other side at a very early stage. A stiff solicitor's letter may of course settle the whole thing, or may throw up new facts which put a wholly different light on what your client says. Correspondence with the other side can be used very productively – several procedural steps involve requests and replies by letter – but correspondence should never be allowed to build up too much and delay the proper progress of the case. A genuine possibility of settling all or part of the case should be pursued, but only so long as it is really likely to achieve something.

If the case does go to court, the relationship between all the lawyers and the judge becomes important. While no case should depend on a particular lawyer getting on with a particular judge, this cannot be ignored. A clearly presented case is always going to have most chance with any judge, remembering that the judge has not spent several months working with the case as the lawyers may have, but will only know what the lawyers say. The first thing the judge sees will normally be the pleadings, so good pleading is vital in getting the judge's attention. Any other documents that the judge will see at an early stage, perhaps even before coming into court, such as supporting affidavits, are equally important. In preparing the case, be sure to get anything that may help the judge to understand the case, such as plans or photographs.

Actual presentation of the case in court is more than stirring speeches. It must be adapted to the tribunal – you do not address the magistrates in the same way as the Court of Appeal! The mode of presentation can be important – especially if the judge cannot follow the points the lawyer is making, or is distracted by a personal mannerism – which is why the use of video during your training is very important so that you can see how you appear when speaking. You will need to be sensitive to whether a judge is annoyed or bored by your argument, though you must of course press on if your point is a good one. The judge's annoyance with a lawyer, even if justified, should of course never be allowed to prejudice a client (*Millington* v *K.S.C. & Sons, The Times,* 22 July 1986). Equally, it is not part of a barrister's duty to advance a client's view that a third judge is corrupt and biased without any evidence to support the allegations, *Thatcher* v *Douglas, The Times,* 8 January 1996.

There are many others with whom the lawyer will need to build a working relationship, not least the other officials at court. Dealing with the police and the Crown Prosecution Service is dealt with in the chapter on criminal cases. In the lawyer's own office, the receptionist is important in building up a good relationship with the client, and a secretary is important in drawing up legal documents correctly. The importance of the relationship between a barrister and the barrister's clerk in getting and dealing with cases could well be the subject of a book on its own!

Finally, of special importance for the recently qualified lawyer is his or her relationship to older and more experienced people in the profession. Articles or pupillage are where you are going to learn most, but only if you make the effort to get the most from it. Many firms and sets of chambers do try to give a thorough training, but you must take initiatives, not just sit and watch. Each case should be followed in as much detail as possible, reading and working on the papers, and asking questions about what is being done and why, distinguishing the proper method of doing something from personal style. A barrister pupil-master may well be independent and self-reliant, and the pupil may have to make a real effort to learn as much as possible, but that effort must be made. It is also important to try to see different lawyers presenting different types of case in different courts to get a range of experience.

Even after pupillage or articles are over you go on learning from other lawyers, not just watching them but discussing cases to test legal arguments, and to keep up to date with law and procedure. This is very useful, but you must of course take care to protect the confidentiality of the client even when talking to another lawyer, using phrases like 'I'm for a wife who . . .', and not revealing personal details.

Maintaining professional standards

There is general concern to keep the professional standards of lawyers as high as possible. It matters that a client can always depend on any lawyer offering a professional standard of service, and it matters that lawyers can place reasonable trust in each other when dealing with cases. There is a duty to the client to see that a case is completed to the best of your ability, reasonably quickly and reasonably cheaply. The lawyer also has a more general duty to the court to see that justice is fairly administered and the court is not improperly misled.

Having said this, there is no single source of professional standards and ethical considerations for lawyers, and no single method of dealing with any lapses in standards. Both the Bar and the solicitors' profession have Codes of Conduct, but these tend to contain relatively general rules, backed by a general need to act ethically, though it can be difficult to determine what this means in any specific circumstance.

Breaches of the rules of professional conduct can be dealt with by the relevant profession taking disciplinary action with regard to the individual lawyer. Breaches of more general ethical principles might be dealt with by a judge in charge of a case, for example, in making orders at an interlocutory stage or in making orders as to costs.

If a client is dissatisfied with the standard of work done, he or she may bring an action for professional negligence, or may seek to have the matter dealt with in connection with costs (both dealt with below). A client dissatisfied with the work of a solicitor may make a complaint to the Law Society and seek compensation, and a scheme of this type is also to be introduced with regard to barristers, in the form of a Standards Review Body, which will be able to order relatively modest compensation payments.

Professional conduct and ethics

All barristers have to comply with the requirements of the Code of Conduct for England and Wales provided by the Bar Council. Solicitors have to abide by the Code of Conduct provided by the Law Society. Where there is no specific provision in the relevant Code, the lawyer should abide by the spirit of the Code. For example, each barrister has general duties to act with reasonable competence in carrying out professional activities, and not to engage in any conduct which is prejudicial to the administration of justice, or which is dishonest or discreditable, or which is likely to bring the profession of barrister into disrepute. Both Codes are regularly updated, and the ultimate sanction is that the lawyer may be disbarred or struck off.

A lawyer is also expected to act in a generally ethical way. If a lawyer gives the impression that he or she is providing an undertaking on some matter, that will be treated as binding, *M* v *Home Office* [1992] 4 All ER 97. A lawyer cannot take advantage of a mistake made by an opponent to which the lawyer has contributed, even in hostile litigation, *Ernst & Young* v *Butte Mining plc, The Times*, 22 March 1996. The lawyer has a duty to reveal to the court information that may have a direct bearing on the outcome of a case, *Meek* v *Fleming* [1961] 2 QB 366, but while this duty is clear for prosecutors in a criminal case it is much less clear in a contested civil case.

The limits of ethical behaviour are not at all clearly defined, and barristers are generally expected to become familiar with the traditions, practices and customs of the profession, which may not be easy to identify! There are also some limits on what might be considered ethical, for example, in the English courts, unlike courts in some other jurisdictions, the lawyer's duty is to argue on the basis of the existing law and never to argue that the law should be different.

There is the old ethical chestnut of how a lawyer can defend someone whom the lawyer knows to be guilty, especially where the client is charged with a particularly unpleasant offence. But the answer to that one is of course simple – everyone is innocent until proved guilty and therefore every defendant is entitled to be properly defended. If the client does fully confess guilt to a lawyer then the lawyer cannot defend the client on a plea of not guilty. If that client does insist on pleading not guilty the lawyer will have to withdraw from the case. A lawyer may personally feel that a client is guilty, but that would be no bar to defending the client as the lawyer is there as a representative, not as a judge.

If professional conduct does fall short of that which is to be expected, both the Law Society and the Bar Council have disciplinary procedures that can lead to the lawyer being struck off or disbarred. In addition, the Law Society has a procedure for dealing with complaints that can provide compensation for a client. The Bar Council is planning to introduce a complaints procedure in 1997 providing for compensation payments up to £2,000.

Professional negligence

One option where a lawyer falls short of proper professional standards is that the client who has suffered may sue. This would usually be an action for negligence in that the lawyer had failed to satisfy the standard of care owed to the client, though he or she will generally only be held liable in an extreme case where a client has lost a case which ought to have been won because a vital step was not taken or patently wrong advice was given. The mere fact that advice given by a lawyer is not ultimately successful cannot found an action (*Buckland* v *Farrar & Moody* [1978] 3 All ER 229), or no lawyer would risk giving advice where the law was not clear! However, if the solicitor fails to investigate the facts of a case properly so that the client recovers less than he should, the solicitor can be liable, *Dickinson* v *Jones Alexander & Co.* [1990] Fam Law 137. A lawyer cannot be sued where this would involve attacking a decision of the court, *Somasundaram* v *M. Julius Melchior & Co.* [1989] 1 All ER 129. Note however, that it is not a defence to claim for negligence that a judge has approved an order, *Burgess* v *Burgess* (1996) 2 FLR 34

The mere fact that an action fails does not mean the client can sue his lawyer forthwith. It may be possible to issue another writ within the limitation period, or get an existing writ extended (*Chappell* v *Cooper* [1980] 2 All ER 463). If this is not possible, a new solicitor may advise the client on suing the original solicitor, being wary of encouraging a client who is very upset but cannot really blame the solicitor. Damages would be assessed on what the client might reasonably have recovered if the original action had succeeded.

There appears to have been a growth in the number of clients suing solicitors. In the case of *Al-Kandari* v *J.R. Brown & Co* [1987] 2 All ER 302, a case which received some publicity, access to two children was granted to their Kuwaiti father on the basis that he gave an undertaking to deposit his passport with his solicitors. The father regained his passport from his solicitors by making false representations, and then used it to take the children to Kuwait. It was held that since his solicitors had accepted a specific obligation with respect to the passport, they were under a duty to the children's mother, and were liable in damages to her.

In *County Personnel* v *Alan R. Pulber* [1987] 1 All ER 289 the solicitors were acting in negotiations for a business lease, but failed to advise the client that there was an unusual rent clause in his sublease, which in fact resulted in the client's rent suddenly being raised substantially. It was held that the solicitors were liable as the client could expect his solicitors to exercise reasonable professional judgment and advise him on unusual clauses. Further, in *United Bank of Kuwait* v *Hammoud* [1988] 3 All ER 418, where one partner in a firm of solicitors was involved in giving a guarantee and an undertaking as to funds, it was held that a firm would be liable where a solicitor was acting within his or her ostensible authority, and doing work which was within the normal business of a solicitor. A solicitor can also be liable if he or she becomes involved in the giving of unauthorised financial advice, *Securities and Investments Board* v *Pantell* [1991] 4 All ER 883. In *Young* v *Purdy, The Times,* 7 November 1995, it was held that a solicitor was liable in contract for the improper termination of a retainer by a client in an ancillary relief case following a divorce. However, it was held that the solicitor was not liable for loss following from the fact that the former client then represented herself personally, filed defective documents and settled before relief was determined.

Potential liability could arise from the role of a solicitor as the client's agent. In *Strover* v *Harrington* [1988] 1 All ER 769 a sale was agreed on the basis that the property had mains drains. The estate agents later told the purchasers' solicitors that this was not the case, but the solicitors failed to pass this on to their clients. The purchasers sued the vendors but failed, as their solicitors, as their agents, had been informed.

However, the solicitor's duty is limited to acting with proper professional care for the client, and is not a blanket duty to protect others. In *Clarke* v *Bruce Lane & Co.* [1988] 1 All ER 364 a firm of solicitors was consulted to draw up a will in which the testator's son was a beneficiary, and then some six years later was instructed to give an option to purchase part of the property dealt with in the terms of the will. The testator's son claimed that the solicitors had a duty to him as a beneficiary not to act to affect adversely the value of his bequest, but this claim failed. The testator was the client and the solicitors had acted properly under his instructions. In *Bank of Baroda* v *Shah* [1988] 3 All ER 24 the defendant sought to avoid liability when the plaintiff brought an action to enforce a charge entered as a result of misrepresentation but was held liable since the plaintiff was entitled to assume that the defendant's solicitors were acting properly in the course of their duty, even if in fact they had not.

A barrister can only be sued for negligence in limited circumstances, and cannot be sued at all for the way he or she conducts a case in court, or for the work preparatory to the case in court, which would seem to include pleadings (*Rondel* v *Worsley* [1969] 1 AC 191). It is not fatal that there is no contract between the barrister and the solicitor or client as there can still be a duty of care in tort. The immunity of the barrister is more a matter of public policy as the barrister has a duty to accept any case in any area in which he or she normally practises (the taxi rank principle) and it would be unfair if he or she could be sued for losing a case there was no option but to accept. Also it is in the public interest that a barrister should be free to act fearlessly and independently in a case without the threat of being sued. Any other lawyer conducting a case will have immunity on the same basis as a barrister, s. 62, Courts and Legal Services Act 1990.

Despite the partial immunity, the barrister should take seriously the possibility that he or she may be sued, a practice now all too common in the United States, and would do well to read the leading cases before going into practice. In *Rondel* v *Worsley* the plaintiff was charged in 1959 with causing actual bodily harm by cutting someone's hand and biting their ear. He was defended on a dock brief by the defendant barrister, his defence being that he admitted the injury caused but said he was justified in inflicting it! He was convicted, and in 1965 sued the barrister for negligence in losing the case, drawing up the statement of claim personally. The House of Lords held that a barrister could not be sued in negligence for his conduct and management of a case in court or the preliminary work for it, though he was not immune from action for work not directly connected with a court case.

The decision was upheld and amplified in *Saif Ali* v *Sydney Mitchell & Co.* [1980] AC 198, where the plaintiff was injured by a car whose driver admitted driving without due care and attention. However, the barrister advised suing the driver's husband who owned the car, and when the plaintiff later changed his solicitors, he was advised to sue his former solicitors for conducting the case on this basis. The solicitors joined the barrister as a third party as they were acting on his advice, but it was held he was immune from action for trial work, and for pre-trial work that was intimately connected with the court case. However, there were dicta that an opinion which prevented a case from coming to court in the way it should might be the basis for a negligence action, and inevitably this point will come back to court sooner or later.

One case that showed a limit on the barrister's duty to the client is *Mathew* v *Maughold Life Assurance Co. Ltd, The Times,* 19 February 1987. In this case a solicitor and barrister were involved in advising on a scheme to reduce tax payable on a client's death, but they failed to stress to the client the importance of a particular written notice that might need to be given some years later. The written notice was not given, and a substantial tax liability resulted. It was held that the barrister did not have a duty to ensure that the client understood every implication of the scheme, and on the facts the solicitor was not liable either.

Because of the danger of being sued and the potentially large amounts involved, professional insurance is now necessary. For a number of years firms of solicitors have had to take out insurance satisfying certain conditions, and in 1982 the Bar Council agreed rules for practising barristers to take out insurance on agreed terms. Policies must cover everyone in chambers, though of course each barrister will only be responsible for his or her own work. This is now contained in rule 302 of the Code of Conduct. Although actions in which clients sue lawyers are still not common, they are increasing. We will hopefully never reach the stage that has been reached in the United States, where negligence actions against professionals are so common that people leave the professions because they cannot afford the insurance premiums, but all lawyers should take such care to maintain professional standards that they will rarely provide cause to be sued.

Wasted costs

If a solicitor or barrister conducts a case in such a way that costs are incurred improperly or without reasonable cause, or if there is any undue delay or other misconduct in bringing the case, he or she may be ordered to pay costs personally (Courts and Legal Services Act 1990, s. 4 and Supreme Court Act 1981, s. 51).

An order can be made on the basis of unreasonable or improper conduct, it is not necessary to establish gross misconduct, *Sinclair Jones* v *Kay* [1988] 2 All ER 611; *Tolstoy-Miloslavsky* v *Aldington, The Times,* 27 December 1995. There must be some good cause, *Orchard* v *South Eastern Electricity Board* [1987] 1 All ER 95, not just a mistake, *McGoldrick & Co.* v *CPS, The Times*, 15 November 1989. In *Antonelli* v *Wade Gery Farr* [1994] 3 WLR 462 counsel was ordered to pay costs personally where she appeared to be unclear about the issues involved and made rambling submissions with embarrassing pauses. In *Bell Fruit Manufacturing Co.* v *Twinfalcon* (1995) FSR 144 it was held that a solicitor might be ordered to pay costs if he or she acted without the authority of the client. It seems that allowances should be made for real practical difficulties, e.g., in trial, *Re a Barrister (Wasted Costs Order No. 4 of 1993) The Times* 21 April 1995. For a useful summary of principles for avoiding a wasted costs order see 'Wasteland of Costs' by Jean Cowley (1996) NLJ 597.

As a less serious alternative, certain costs may be disallowed, or may be ordered to be returned to the client (RSC Order 62, rule 28). A judge may make remarks in giving judgment as to what costs should be allowed by the taxing master if the judge feels that the lawyer has not conducted the case properly, *R* v *McFadden, The Times*, 10 December 1978. As a matter of general policy costs may be disallowed if there is a late application to adjourn, or if lawyers are not properly prepared, *Fowkes* v *Duthie* [1991] 1 All ER 337.

The defects of the lawyer in the conduct of the case should be clearly formulated, and the lawyer should be heard before any order is made, *Practice Direction* [1990] 3 All ER 24, *re Wasted Costs Order (No. 1 of 1991)* [1993] QB 293. There must be a causal link between the poor conduct and the costs wasted, *Ridehalgh* v *Horsefield* [1994] 3 WLR 462.

The public image of lawyers

This must be a matter of concern for those entering the profession. Lawyers undoubtedly have a better image in this country than they do in the USA where somewhat unkind jokes about lawyers are rife ('What do you have if you have a lawyer buried up to his neck in sand?' 'Not enough sand!'). But from Shakespeare, with Falstaff's cry of 'First, let's kill all the lawyers!', through to Dickens and beyond lawyers do not have an entirely good press in the UK either.

To some extent it is inevitable that lawyers will not achieve great popularity. Most people only have to go to see a lawyer if something unpleasant has happened in their lives – such as a death, an arrest or the breakdown of their marriage – and it is not surprising that they will have some negative feelings about the person they have to rely on in such circumstances. Nonetheless, lawyers could do a great deal to make themselves more popular. This is not just a matter of general public relations work but of having a successful professional working life. It might be just as fruitful to attract more paying clients to come to lawyers as to try to fight legal aid cuts at a time when central government clearly has difficult spending targets to meet.

At the very least customers are more likely to want to come to see lawyers if they perceive them as acting reasonably efficiently and at reasonable cost. Some delays that the client does not understand are inevitable, but much is being done to make the cost of going to a lawyer more apparent to a client from the start and to speed up the administration of justice, and assisting with such moves can only ultimately be in the interests of lawyers. There may also be more positive and constructive ways in which a lawyer can be of use to a client. A lawyer could be seen as a 'conflict manager', a role that could be much more fully exploited, for example, by helping clients to avoid expensive conflicts rather than just tidying up after the conflict has happened. Lawyers tend to look backwards, for example, with their reliance on precedent, and more opportunities might be found in looking forward into the rapidly developing future.

What really matters is the focus on the needs of the client, which has been at the heart of this chapter. The law is a service industry, and the better the service provided the stronger that industry will be.

2   *The first interview with the client*

The first time that the lawyer sees the client will be important for both. You must ensure that you discover all the information you need to give advice on the case, and the client should leave feeling confident that the problem is being dealt with, and should understand as far as possible what the first steps in the case will be.

The first interview between the lawyer and the client will normally take place when the client makes an appointment to go to the solicitor's office, as he cannot normally go directly to a barrister (though increasingly professionals, such as accountants, do have direct access to a barrister). The client may see a barrister in conference later, and this is dealt with in a later chapter. The client may have been to the solicitor for advice before, or may have found a solicitor through personal recommendation or the pages of a telephone book. The solicitor will need to take this into account in meeting the client, who may be nervous or very unsure whether he has come to the right person for the job. The client may also be unsure whether there is a legal problem at all or what sort of legal problem it is.

The lawyer will get a wide variety of clients, and the good solicitor will adapt approach and manner for each as soon as possible in the first meeting. A business client may already know the solicitor well, may know some law, and may want detailed advice on a particular transaction. An angry person who has bought a defective car, or an unhappy man who does not want his wife to divorce him may never have been to a lawyer before and may find it difficult to discuss the problem coherently. To some extent the elements of the meeting with each of these will be the same, but the lawyer will have to adapt to represent all of them equally well.

As well as different types of clients, different types of case will need a slightly different approach and emphasis – interviewing a person who has been injured at work will require different things from interviewing a person who wants to buy a house. Indeed, techniques of interview are a very important part of a case for a practising lawyer – many cases will turn on getting information from people. A client will not necessarily know what information is important, will almost certainly forget things, and may well be tense or upset, so the right questions must be asked in the right way to get the right information. In every interview with a client or witness you should remember that you may get or lose crucial information depending on how you set about things. Unfortunately, this type of skill is not yet emphasised enough in training lawyers, though increasingly colleges and universities are now introducing courses and practical training on advising. Training may be given in conjunction with running a legal advice centre, or through role playing, with some students pretending to have problems and others interviewing them.

Hopefully this kind of training will spread, and you should take advantage of any opportunity to learn interviewing techniques.

Problems in acquiring interviewing skills

A real difficulty in becoming a good interviewer is that interviewing is often perceived as something that does not need to be learned at all but is inherent – it is simply a matter of talking and listening, which any person can do, and it merely needs minor adjustments to the legal situation. For a few individuals who do have natural skills this may be the case, but for many people it is not that easy, and many lawyers in fact learn interviewing the hard way, forgetting to ask important questions, being badly prepared, feeling uncomfortable and so on. Some never learn very well, and their clients may feel that the lawyer has not grasped all the points of their case, or does not really know what they want to achieve.

Some lawyers are resistant to training in interviewing, but this view does not show a very good understanding of the real requirements of a practising lawyer. You have only to remember difficult interviews that you have undergone yourself – the job interview where an interviewer does not seem to be listening, or the interview with a doctor where you leave not entirely sure that the doctor has understood your symptoms properly. There is a skill in interviewing – to gather all relevant information and then to convey advice to a client clearly – which can be improved even if you have some inherent ability. Both the Marre Report and the Green Paper have emphasised the importance of good interviewing and communication skills for the lawyer.

The inexperienced lawyer should start practice with an awareness of the needs and the elements of a good interview:

(a) thorough preparation;
(b) proper conduct of an interview;
(c) proper conclusion of the interview and follow up.

Checklists for these elements are included at the end of the chapter. Each basic checklist can be developed and adapted by the individual in practice, depending on the type of case and the type of client.

There are other general areas where some awareness is valuable. One of these is the location of the interview, which is dealt with in a later section – even if you are familiar with the location the client often will not be, and some interview locations present particular difficulties. You also need to be aware of the uses of different types of questions and this is also dealt with. It is also useful to be prepared in advance for dealing with difficult clients, and some suggestions are offered on this.

Finally, there is body language. This is not the type of thing that lawyers have traditionally regarded as important, beyond stories of how famous advocates of the past have used body movement to emphasise a point while making a speech (or to distract attention while an opponent was making a speech!). But there is something more in a proper understanding of body language in a professional context. Simply the way that a person sits during an interview can tell a lot, if you are aware enough to register it. Posture can also tell the client something about the lawyer – the lawyer who sits in a way that is open and attentive expresses much more interest to the client and is easier for the client to talk to. Not that any particular body language is right, but being aware of it and adapting as appropriate to a situation can have a variety of uses, so that courses in it are now included in many management and professional courses.

The relationship with the client

Many lawyers, even the most efficient, do not pay sufficient attention to building a good relationship with the client. It is not that you need to be too friendly – any lawyer will like some clients and not others and this should be irrelevant to the conduct of the case. What is necessary is to build a relationship which has real confidence and communication from both sides. The client will not feel that he is getting a good service if he feels that the lawyer does not listen to all he says or clearly understand his views and the objectives. Equally, the lawyer will not be able to conduct a case well if he or she does not manage to encourage the client to say everything he knows that might possibly be relevant. This is something the inexperienced lawyer may have to work at, but if you do not get your client to tell you something, the other side may surprise you at trial.

Lawyers sometimes tend to be like some doctors, in that they begin to see clients or patients as objects, or just something to be studied and argued about, rather than as real people with real problems that they may be very worried about. A consultant doing a round in a hospital may go up to a bed and discuss the patient as though he were not there, hardly speaking to the patient at all except to make a superficial comment. Some lawyers also see cases rather than people, and you must always remember that you are only there to advise and help the clients.

Lawyers will inevitably relate to their clients in different ways, but your essential objectives should be:

(a)   To show a reasonable degree of sympathy for the client. This does not mean emotional support, but giving the client the feeling that you are on his side. The lawyer is there to develop the arguments for the client as far as possible, and to try to achieve what he wants, and the client should never get the feeling that his own lawyer is judging him, or is doing more for the other side than for him.

(b)   To give the client confidence to discuss his case fully and not to intimidate him.

(c)   To try to appreciate the realities of the situation that the client is in. This may require thought and imagination, to try to establish the full facts of the case and what can best be done about it. Especially in a case where facts may be in dispute or evidence may be difficult to gather, the lawyer will need to develop skills to put a case together.

(d)   To keep the client fully informed of how the case is progressing. This applies to all aspects of the case, from giving a rough explanation of the procedural steps involved to letting the client know the current size of the bill for costs.

To put it in a nutshell, the client is paying (or the taxpayer's legal aid is paying for him), and so must come first in everything. You have no right to impose your own solutions on the client, or to be paternalistic. It is the client's case not yours, and it is especially important to remember this when negotiating a settlement, or the client may be left in a very difficult position. For example, in *Waugh* v *M.B. Clifford & Sons* [1982] Ch 374 the solicitors negotiated a settlement for a claim arising from defects in houses without the clients' consent. It was held that the clients were still bound by it as the solicitors had actual or ostensible authority to act on behalf of the clients, and full agreement had been reached. However, it may be possible for the agreement to be set aside if the lawyer did not have authority and the agreement has not been perfected or put into effect. In *Marsden* v *Marsden* [1972] Fam 280 the wife's counsel agreed maintenance, gave up the wife's share in the home and released her charge on it without any instructions to do so. It was held that the order agreed could be set aside as counsel should not go beyond his instructions, and the order had not at the time been perfected.

The client must come first even if the lawyer does not agree with his or her views. If a landlord asks you to draw up leases to reduce tenants' rights to a minimum you should comply even if you do not think that this is a good thing to do. You must forget your personal views, and the most you can do is to suggest that the client might do better to go to another lawyer if you feel so strongly that you feel you cannot represent the client properly. However, you have no duty to do anything improper or unlawful for the client, and can certainly tell the client that in the eyes of the law he or she is asking too much, if for example you are representing a wife who is making unreasonable financial demands on her husband.

Although you should put the client first you do need to keep a balance. You must also use skills in communication and imagination to find out what the case against your client may be. Just as you have a duty to develop every argument in the client's favour you equally have a duty to give the client a realistic view as to whether his case will succeed. Although you should not take decisions for the client you can give him very strong advice, and you have no duty to accept his directions on the conduct of the case. For example, you should not make unpleasant allegations against a witness purely because the client asks you to, but only if you feel it will be useful in winning the case.

Having said that the lawyer will be in charge of the actual conduct of the case it is not entirely clear how far he or she can go. Balancing the need to win the case with the instructions given by the client may not be easy. The barrister is solely in charge of the case in court, and it is for him or her to decide what witnesses to call and what questions to ask, whatever the client would like, though he or she should try to follow the client's wishes unless there is good reason to do otherwise. In more than one of the 'Rumpole' stories by John Mortimer the barrister wins the case by calling a witness or asking a question directly contrary to his client's wishes, but winning by doing so. It is a difficult professional question whether he really should do this!

Finally, you must of course adapt all these points of general technique to the case in hand and according to the type of work you do. It is clearly much more important to be able to put people at their ease and talk sympathetically in a matrimonial case than when dealing with a building contract. To some extent this is just a question of degree, but there is also an element of temperament, and you should avoid going into an area of law where you cannot deal easily with your clients or you will not work well.

It is also necessary to adapt to the seriousness of the case. This is not just an objective test of the value of property in dispute, but also an awareness of how important the case is to the client. A neighbour cutting down a hedge can be more important to one person than a £100,000 contract is to another, and the lawyer should take that into account. You should allow the client to let off steam by telling you all about the problem, you should do what you can to help the client who is worried about something, but you should give him an objective view of whether the cost and effort of suing will really help him. It can be difficult to know how far to go. In *Orchard* v *South Eastern Electricity Board* [1987] 1 All ER 95, the plaintiff instructed his solicitors to sue the electricity board for negligence causing water damage in his house. The board made it clear to the solicitors that they thought the action was misconceived and that they would apply for the solicitors to pay the costs personally. The plaintiff lost, it being found that his son had caused the damage, but it was held the solicitors should not personally pay the costs as they did have some evidence to support the plaintiff's case.

The importance of maintaining the correct relationship with the client is not just a general matter, but is quite specifically a matter of proper professional conduct. The Code of Conduct for the Bar specifically includes a number of points, such as the barrister's duty to preserve the confidentiality of his or her lay client's affairs, and the need to bear in mind that the primary duty is always to the lay client.

Providing advice

The basic point of an interview is for one person to get information from another. There is, however, a second point to an interview which has been referred to in this chapter, and that is to advise the client. In simple terms, advising the client is basically a matter of telling the client what the legal situation is and what he can do, outlining any options that are available.

In many cases, however, there is an additional element that requires separate comment. It is often not enough simply to tell the client what the position is, and indeed it may well be difficult to decide what the position is. In which case the lawyer cannot simply advise, but must also counsel the client, which is a more involved process of looking at all sides of a problem from the client's point of view and at all the possible options in some detail, and often exploring quite thoroughly what the client's views and objectives are.

Counselling has three aspects – the first is the need to see a case in a full practical environment rather than in a limited legal context, the second is to accept that the law as such will not always give a clear answer, and the third is the need to have a two-way communication with the client and explain options rather than directing the client as to what to do.

Preliminary issues

There are a few matters to be considered even before the solicitor sees the client. Firstly there is the question of why and how the client first contacts the solicitor's office to make an appointment. A person may go to a solicitor as his family solicitor, because the solicitor has advised him before on business matters, or because a friend has made a recommendation. But it is also quite possible that the client had no idea which solicitor to go to and has just found one in the Yellow Pages, seen the solicitor's nameplate outside, or been referred by a person or a body such as a Citizens' Advice Bureau. This may cause a difficulty in that the client has not necessarily been able to choose a solicitor who is used to dealing with his type of case. Many firms of solicitors can cope with this as they have partners specialising in different areas, but many members of the public do find this a real problem. The rules that restricted advertising by solicitors were relaxed in October 1984, though there are still limitations on the types of advertisements that may be used. Hopefully this is helping potential clients.

There is increasing pressure for further advertising by the legal profession to make more information available, primarily so the client can most easily find the best possible service. The Code of Conduct for the Bar sets out in rule 307 a code for advertising and publicity, allowing for more basic information to be made available, but not allowing for promotional advertising. The Marre Report proposed a greater use of advertising to inform potential clients, and the Green Paper proposed that all restrictions on advertising for lawyers should be removed, save for the Code of Advertising drawn up by the Advertising Standards Authority. While there is something to be said for more information being available to clients, there is some concern about the possible outcome of allowing some firms or individuals to exploit advertising to attract clients when they are not necessarily the best people to help the client.

The client may decide to go to a solicitor for all sorts of reasons; he may just need advice on a matter that is not very urgent, such as the making of a will, or he may have a more urgent problem such as being summonsed for a criminal offence. The case may clearly involve a complicated study of documents, or it may not really be a legal problem at all but just something that the client does not know how to deal with.

All this should be taken into account when the client first contacts the lawyer's office for an appointment. Of course the client will probably not speak to the solicitor personally at this point, but the solicitor should give clear directions to a secretary or receptionist on how to deal with a new client. It is useful if the client who wants to make an appointment is asked:

(a)   What type of case is involved, so that an appointment can be made with the right partner, and the solicitor can at least be ready for the type of case.

(b)   Whether the case is urgent, so that an appointment can be made soon if necessary.

(c)   To bring any appropriate documents, and perhaps also a written summary of the main dates and facts that might otherwise be forgotten. This will save having to come back for a second appointment.

Location of the interview

This may sound an unnecessary point for comment – the lawyer often does not have any great choice where the interview takes place, it will be in the office or in chambers. But there are some aspects to think about, which will simply be introduced here with brief comments. Although the lawyer may well be familiar with the location the client often is not, and this should be taken into account.

Even if the interview does not take place in the lawyer's office, the lawyer does have some control over the location. The layout of the room where an interview is conducted can itself have some impact, not least depending on how soft or hard the chairs are and how close or far apart they are placed! You only have to carry out simple and quick experiments to see what a difference chairs and different spaces between them can achieve. There is also the basic item of the desk – many lawyers automatically sit behind a large desk, but few realise what a strong barrier this may be, or how intimidating it may be for a nervous client. Perhaps you do want to use the desk as a barrier, but you should at least consider whether you really want to do this or not!

The lawyer traditionally sits behind the desk piled with papers and surrounded by books. So great is the impression that this is right that some inexperienced lawyers pile papers that they are not actually working on onto their desks to look the part! But is this right? The papers may give the impression that the lawyer is busy, but do they necessarily create the right setting for the interview? For example, a totally clear desk may show efficiency and may make it easier to deal with papers relevant to the interview.

It may be that you even need a different room layout for different purposes – perhaps sometimes sitting round a big table rather than behind a desk when talking to business clients, or sitting in comfortable chairs by a small table rather than having any large desk or table when speaking to a client who is upset.

In other locations such as corridors outside court, you inevitably have less control, and it is more a matter of finding the best ways to deal with the difficulties of the location. You should become familiar with courts where you practise to discover if there are quieter or more private places for speaking to a client. If the court is unfamiliar you might ask a court official rather than simply trying to carry on in a noisy corridor. There may indeed be very real difficulties in talking right outside court, for example, if witnesses for the other side are waiting in the same place. *The Court Guide* published by Blackstone Press Ltd indicates if interview rooms are available.

A further problem of trying to conduct an interview outside court is that you have less control over who is present. In the office or in chambers you can suggest who should or should not attend, but outside court well-meaning relatives and friends may be present and may well wish to talk to you themselves. You may have to take control and make it clear whom you need to talk to, and if necessary whom they should not talk to.

There are other more practical points for dealing with difficult locations. Organise your papers so that they are easy to look at if a table is not available, and carry a notepad that you can easily take notes on where there is no table to lean on!

Conducting the first interview

The first step is to give the client the right impression on arrival, which has two main elements – making the client feel he has come to an efficient place that will help him, but also making him feel comfortable enough to be able to discuss his case freely. The solicitor can do much to create this atmosphere in the office, with the way the place looks and the attitude of the receptionist, though there may be problems if the interview has to take place elsewhere. The problems of interviews in a police station or prison are dealt with in the chapter on criminal cases, though even in those situations the solicitor can go some way to keeping control by taking the right forms and papers, perhaps with an 'emergency briefcase' specially packed for the purpose.

Having met the client and tried to put him at his ease, the solicitor will have two main objectives – to get all possible information about the client's problem, and to get relevant background information about the client himself. The latter can probably most easily be done by producing and keeping duplicated forms to fill in with basic details such as addresses, phone numbers, place of work, and relevant family and financial details. Filling in the form will ensure that no details are forgotten, and the form can be kept at the front of the client's file.

Getting full information about the current problem might also be assisted by preparing lists of relevant information in a particular type of case, which may be used as a basis for interview, adapted as necessary. For example, in the case of an accident at work many standard questions about the employer, the place of work, working practice, workmates, injuries and losses will need to be asked, and a prepared list will jog the memory, and ultimately save time.

However, before asking detailed questions, the solicitor will need to establish what type of case the client may have, and this may not be easy. There may be an obvious starting-point if the client has been run over by a car, or has received a summons to appear in court, but sometimes the client will give a lot of confused factual background before the solicitor can identify what the problem is. In such a case the interview should not be rushed – the client may well not know what information is relevant or important and the solicitor must take care not to jump to a conclusion about what sort of case it is too quickly or he or she may be wrong. The client may also find it difficult to talk about the problem, especially if it is personal, so lines of questioning should be developed carefully.

Once it is reasonably clear what sort of case it is, the solicitor will need to develop the interview to cover all the areas of information he or she needs, for which the prepared lists of questions suggested above may be useful, though they should be used as a framework and not followed too closely. A note must be taken by the solicitor or someone else present of all relevant information given, or the interview may be tape-recorded. Dates, times, relevant documents and possible witnesses in particular should be clearly established. The solicitor should also establish what it is that is most bothering the client, and what the client really hopes to achieve.

Although he or she will normally be in control of the progress of the interview, the solicitor should make sure that the client does have a chance to say all he wants to. While the client should of course not be allowed to ramble on too long on matters that are not relevant, he must be given sufficient opportunity to speak in case this does bring up further matters that should be investigated, or which put a different complexion on the case. Quite often a solicitor's letter will produce a reply with a defence that could have been elicited from the client at the first interview with more care. The client will also feel more confident that the solicitor is representing him properly if he is allowed to say all he wishes.

The client must be questioned about possible weaknesses in his case, as he is less likely to volunteer unfavourable information. This should not be a cross-examination, but just a testing of the main points in the case so that the solicitor can form a view of the strength of the case and the reliability of the client as a witness. The client should also be specifically asked if he knows of any points that may be argued against him. This must be done tactfully so that the client does not feel that you do not believe him. As the barrister has limited direct contact with the client, views formed by the solicitor may be valuable.

Before the end of the interview the solicitor should decide whether there is any possible legal case, and what should be done next. If there is no legal case, this will need to be explained, and it may be possible to direct the client to some other body that may be able to help. If there is a possible legal case it will be necessary to decide if further information is needed, and if so, what. The information that the client has given at the interview should be properly recorded rather than just left in a notebook. After the first interview, or later if it is necessary to get further information, what the client says should be typed out as a proof of evidence, and given to the client to read to see if it is correct and if he has anything to add. This proof is not formal evidence, but does usefully put what the client says in a convenient form for the solicitor and barrister to use, and can be of help if a client is vague or has a tendency to change his mind. If the client's evidence does need to be put into a formal statement or affidavit this needs more care, and is dealt with in later sections of the book.

If other information is needed, it should be clearly decided what is needed, and who is to get it. A further conference can then be arranged as soon as it is available. In any event, solicitor and client should both have it clear in their minds by the end of the interview exactly what is to be done next, by whom, and what the immediate future of the case is likely to be. If a barrister's opinion is to be sought, the process for this should be explained to the client.

The client should also be told in general terms what might be obtained from the case, how long it may take, and what it may cost. He has a right to know what he may be letting himself in for. If he may be entitled to legal aid the solicitor should of course make tactful enquiries into his means and help him apply. If the client will have to pay personally it is in the interests of both solicitor and client to keep the client informed of the costs position to avoid ill feeling and payment problems. Any other point in the future conduct of the case that may affect the client should also be explained, such as the possibility that if the case goes to court he will have to make discovery of documents, which may not be welcome (see *Rockwell Machine Tool Co. Ltd* v *E.P. Barnes Ltd* [1968] 1 WLR 693).

It may be that something needs to be done as a matter of extreme urgency, such as seeking an injunction. Even so, it is still vital to cover everything fully in the interview rather than rushing straight to court, especially what evidence may be available. It is too easy to move quickly with the adrenalin of urgency without checking that a case is strong or provable, which may just waste time and throw away costs if no order is made. If there is a need for quick action, even more use should be made of the interview.

Use of different types of question

A knowledge of different types of question that may be asked and the different purposes of each is important for good advocacy, but also has a role in carrying out an interview effectively. Even when you have a basic knowledge of the types of question, it is not immediately easy to use them to best effect – this only comes with practice – but at least you can begin to build up skill with different types of question, and can plan in advance which are most useful for which stages in an interview.

Firstly, there are open questions, which give the widest possible scope for answer, for example, 'What did you do then?'. This allows the person replying to tell a story as he sees fit and introduce any information he wishes. This is the best possible type of question for getting the client to reveal his problem to you in his own words in initial interviews. The open question imposes no judgments or limitations. However, the open question does have some disadvantages in some circumstances – a totally open question gives no guidance at all to the client of what the lawyer needs to know, and thus gives the fullest possible scope for irrelevancies and time wasting.

Next there is the semi-open question, which gives some indication of the area in which a response is required, for example, 'What did he do with the chair?' or 'What happened to the car?'. Such a question gives some guidance on what the person asking the questions wants to know about, without binding the answer too closely. Such questions can help a lawyer to structure an interview, and can help to indicate to the client what issues are particularly important. A possible disadvantage is that a lawyer will tend to start to use semi-open questions too early in an interview, channelling responses too narrowly before there has been time for the client to tell the whole story in general terms, and thus shutting out potentially important information.

A third possibility is the closed question. There are various types of closed question, but all basically limit substantially the range within which the answer can be given. For example, 'Was the book red or green?' In its strictest form, the closed question limits the possible reply to 'yes' or 'no', for example, 'Did X have a knife or not?' Such questions can be very useful to get specific information, and to clarify particular points. However, such a question may prevent a very accurate or full answer being given, which may be an advantage in a cross-examination, but which may be very undesirable in an interview with one's own client!

You will have heard of the leading question, that is a question which suggests its own answer. For example, 'Did he not wave a gun at you?' or 'It would be right to say that he was a very unpleasant and violent man, would it not?' Obviously this limits what response can be made even more than the closed question, especially where the response to the leading question is limited to 'yes' or 'no'! Such questions are normally only used in court where permissible, rather than in an interview, but on occasion some lawyers do lapse into leading questions with their own clients in a private interview. The leading question imposes the tightest possible control on what one elicits in response, but in an interview it is very dangerous as it can be used by a lawyer to build a case in his or her own mind rather than from the information provided by the client. The person replying is given so little scope that they are not really giving their own impression but simply commenting (which is why leading questions are not allowed in examination-in-chief of a witness in court). Indeed, a leading question may be so restrictive that the witness finds it impossible to give a really truthful answer.

The rhetorical question should not really have a place in this discussion as it does not expect an answer, and therefore should never be used in an interview, although it may have some place in making a point in court. Nonetheless, many lawyers can be seen to use them from time to time in talking to a client!

As well as being aware of basic types of question, there is also some importance in the form of a question – that is, how long it is, what language is used, what tone of voice is employed, and so on. Many points in this area are fairly obvious, but a few brief comments will be made here.

One form a question may take is short and concise, stated as briefly and clearly as possible. Short questions are particularly useful to get precise information on a particular point. It is immediately obvious to the client what information is required, and a quick and clear answer may be expected. There is however, a possible disadvantage in that if a series of short questions is used, the client may feel that the replies should also be brief without expanding into other relevant information.

Longer questions may be very useful in outlining in detail to the client what the lawyer wishes to deal with before asking for a response. A long question may be used to re-establish information or to be particularly specific about what is being asked. It may be unavoidable in a complicated case. A long question may give the client more time to consider the answer. However, there is the danger that the question may become so long that the person being questioned may become confused or lose the thread, or may be encouraged to give a rambling reply.

In connection with long questions, the dangers of multiple questions must be kept in mind. A multiple question asks about more than one thing at the same time. For example, 'Was he angry, shouting, violent . . . did he threaten you?' This effectively gives a choice as to which issue to deal with. This may give the client the chance to pull out what he considers important, but alternatively it may be necessary for the client to pick up only one point from the question, leaving the rest unanswered.

Finally and generally, a response may be made in a question and answer session that is not a specific question in itself, for example: 'Yes', 'Um', 'I see'. Such a response, whilst not actually being a question in itself, can serve many purposes. It may indicate support, may simply indicate that one is listening, or may encourage the response to go on. This can keep an interview actively moving without pushing it in any particular direction by introducing a new question, but of course too many responses that do not introduce new questions can become irritating or confusing for the client.

The other option to the short, encouraging or non-committal response is silence, which includes a variety of possibilities and can play a positive role in a question and answer session. A simple silence may encourage the client to go on and fill it by saying more. Or it may challenge what has been said, so the client feels that he should modify what he has said. The lawyer should never feel embarrassed by a silence – it may simply give both lawyer and client time to collect their thoughts. But any silence must have some point, rather than simply reflecting a lack of skill or preparation on the part of the lawyer, in which case such silences may become irritating or counterproductive.

Responding to the client

In the course of an interview, when you are concerned to clarify issues and law, it is easy to slip into dealing with the client as an information-producing machine rather than as the person you are there to help, or even to slip into irritation or impatience if the client is not producing relevant information reasonably quickly. The need to avoid doing this is obvious, but many inexperienced lawyers quickly find out how difficult it can be to respond to the client appropriately. It should be clear that the central point of the interview is the client's problem, with the importance of the professional relationship and confidentiality made plain. Where both barrister and solicitor are present they should avoid discussing the case between themselves in a way which cuts the client out.

Of prime importance is the general need to show an open interest in the client, with regular eye contact and some supportive responses, rather than simply bombarding him with questions and burying your head in papers and notes when the replies are made. This should involve building up some rapport – the lawyer does not need to show friendship or personal support, but should indicate that what the client says is heard, understood and taken into account. Even if you do not feel that the client's views are supported by law, you should at least make it clear that you understand the client's statements and objectives.

If the client does appear to have difficulty answering some questions, you should try to work out why this is and try to find an appropriate solution. Sometimes the client may not understand the question, or may not understand the point of the question. Sometimes the client may not wish to give an answer through embarrassment, or because an experience was traumatic, or because he wishes to protect someone else, or because his ego is threatened. Once you have decided why the client is not answering the questions well, you are more likely to be able to find a way round the difficulty than if you simply press the client with more questions.

If you feel that the client is lying, or at least not telling the whole truth, either from what he says or from his physical responses, you should not normally express immediate disbelief, but again should try to work out why this is and decide on an appropriate response. It may be best to probe with further questions or to point out inconsistencies. If this does not work, you could explain generally that not telling the full truth can have a bad effect on the case or that the client may be asked very direct questions in cross-examination in court and it is better to tell the truth to his own lawyer. An actual confrontation may occasionally be needed, but only if you have worked out that this is the appropriate course to take. In some cases altruistic appeals on the importance of telling the truth may be of assistance.

There is also the need to use appropriate language that the client can understand, to ensure communication is as full as possible. Legal terms must be explained where necessary, but not condescendingly. If you feel the client may not have understood advice, you can always ask the client to repeat it in his own words so long as this is not done in a way that might make the client uncomfortable.

Building good relations with a wide variety of clients is not easy, and does come only with experience. Inevitably you will have a number of clients you do not much like or sympathise with, but this should have no great effect on objective response. In building up ability in this area, you should be wary of feigning an understanding or expressing false sympathy, as a client will usually see through this and it will not help. Professional skills should help you to give the right response.

Dealing with difficult clients

Many lawyers entering practice are so used to law books and legal concepts that they expect clients to be rational and cooperative, so that an interview will simply provide the outline of a legal issue that they can then look up in a book. They do not expect or want difficult clients and do not prepare in advance any ideas for dealing with them. Whilst some barristers and solicitors are good at dealing with difficult clients, others are embarrassed and do not know what to do, short of calling a secretary to make a cup of tea!

There are no simple answers – you will have to try to decide on the way that is best for you. Whilst you should retain a detached and professional approach, there is a personal element in dealing with people with problems, and the best you can hope for is to have considered possibilities in advance so that you can deal with a situation to the best of your abilities.

There are some difficulties that will arise in an interview sooner or later – clients who simply will not talk, some who are incapable of sticking to relevant points, and others who will not stop talking. Some clients are very antagonistic and seem to see the lawyer as an enemy rather than an assistant; equally, some are too docile and seem incapable of making up their own minds or acting in their own best interests.

Some points that can be made about these types of client are obvious, and you are simply being reminded of them. But some of these problems in an interview can be incredibly difficult to deal with, and it is better to be ready for them, even if only in general terms, rather than just to wait until they happen and risk the possibility of not being able to deal with the situation at all.

With the client who will not talk, the tendency is for the lawyer to take over, doing most of the talking personally, making assumptions about the situation, and ending the interview in a peremptory way to get the client out. The weaknesses of this approach are obvious – you may well form totally wrong impressions, will have too little information, and the client will remain dissatisfied with the situation. Although it takes time and can be laborious, the quiet client must be given time to give answers, and you should try to show sympathy and to bring the client out. You should not let irritation at slow progress show (unless there is genuine good reason for this).

No lawyer should feel worried by silences. Many are, but the good lawyer will soon learn the potential value of simply allowing a silence to continue. The client will usually feel ready to speak eventually. There may well be some point in trying to work out why the client finds it difficult to speak – is he inarticulate, worried, lying, trying to hide something, thinking about something else?

A client who has been thinking over a case for some time and finally gets the chance to talk to a lawyer may well talk too much. Again, there is an easy reaction for the lawyer, which is to interrupt the client frequently and force a strong structure on the interview. This may be the appropriate response, but potential drawbacks must be kept in mind. Although imposing a structure on the client may appear immediately most successful, it may in fact prevent the client from giving some information that is valuable. Also, giving the client an opportunity to let off steam, even if it takes time, may allow the client to feel more satisfied, and may sometimes throw up points that might otherwise not come out, or only come out at trial and prove difficult!

The client who does not stick to the point is quite common – a lay person often does not know what is legally relevant. You must try to guide him into keeping to relevant matters, but some of the drawbacks outlined in the previous paragraphs may result from doing this too rigidly. Also, you must be very wary of trying to judge what is relevant at too early a stage – many clients will not bring up their real difficulty at the start of the interview, just as many patients will not begin by telling the doctor what they are most worried about.

The antagonistic client can be very irritating, and can easily provoke the lawyer into behaving in a similar way or showing the irritation felt. Whilst both reactions are understandable and may have some value, you should try to aim for an approach that is as professional and as productive as possible. One possibility is to try to work out why the client is being antagonistic, which may not be for an obvious reason. You may either try to guess or, if appropriate, try to talk it through with the client. Alternatively, it may be possible to defuse the antagonism either by dealing with the basis for it or by trying an entirely different approach to the problem. It may in some cases ultimately be necessary to terminate the interview and suggest it be renewed at a later date.

The docile client is on the face of it not a great problem – you can simply get on and do the job. But there are pitfalls, some of them potentially involving quite important principles of professional conduct. The client who is docile and simply answers your questions may not be giving you full information, because he feels the lawyer is in charge and it simply does not occur to him to volunteer anything you do not specifically ask for. Therefore it is particularly important to ask a full range of questions, and to be particularly careful to use a range of wide and specific questions to cover everything, giving the client every chance to answer. It may be useful to leave silences with a docile client, as he is particularly likely to feel uncomfortable with silences and to feel that he should say something.

The particular difficulty with the docile client is getting a decision on something. Some clients coming to a lawyer simply do not feel that they should make a decision – they feel it is the lawyer who should do that. This does give rise to difficulties with the principle that it must be for the client, not the lawyer, to take decisions about a case. With such clients it is particularly important to outline possible courses of action to them and to go through each thoroughly, telling them that they must decide. If a client does say 'Tell me what to do' or 'What would you do?', you should answer with extreme care, and make it clear that you are only making suggestions.

It is possible that a distressed client will start to cry. Simply ignoring this or becoming nervous will help neither you nor the client. One possibility is simply to stay quiet and wait until the crying stops, but this should be done in a calm and controlled way rather than for lack of any alternative. Another option is to continue to talk in a quiet and comforting way until the client recovers. A third option is to press on with the legal details of the interview regardless. In any event, it might be useful to have a box of tissues to hand to offer! You might ask a third person, such as a secretary or a pupil, to deal with the situation if this is appropriate or if both solicitor and barrister are present it might be better for the solicitor to take over. In any event, if anyone else is called in it must be done quickly and efficiently and without embarrassment to anyone involved. If the client continues to cry uncontrollably a temporary halt in the interview may be necessary.

It is easy to seem patronising or insincere in comforting a client who cries, but with thought and practice most lawyers can evolve their own way of giving comfort to a distressed client in a sincere manner that helps both themselves and their client to feel more comfortable.

The client may become noisy. This can take various forms, from simple anger at the situation to an uncontrollable rage that may be dangerous. Bad temper can affect a businessman or woman as much as a person just sent to prison, and again it is something you should be prepared to meet. Where the client is angry, you might simply continue the interview, though it may be necessary to be firm and authoritative. As an alternative, it might sometimes be desirable to raise your voice, but you should not lose your temper. If the client really loses control it may be necessary simply to end the interview, either by asking the client to go, or by walking away yourself.

In the very rare case, a client may actually become physically violent. Although in many legal practices this never happens at all, if it does it is sudden and needs a quick and appropriate reaction. The violence may not necessarily be directed against the lawyer, as in the obvious type of case where a criminal client is convicted and wishes to display anger, but possibly against the party on the other side, as may happen when tempers rise in a custody case. The reaction to violence must depend on the individual lawyer and the circumstances – a few might have the physical ability to intervene to prevent any injury, others would have the confidence to use quick and authoritative words to get control of the situation, in many cases it may be possible to get help quickly. Sometimes simply doing the unexpected may help! Sometimes the lawyer will have no alternative but to walk away, but even this must be done decisively.

There are many other types of client who may present difficulties and who will have to be dealt with, and in all cases having thought of possibilities in advance as far as possible will help you to deal with the situation in the best possible way. As a final practical point, some lawyers do find it useful to have an 'interview kit', consisting of paper handkerchiefs, cigarettes, matches, sweets, etc., for use at appropriate times!

The progress of the case

By the end of the first interview the solicitor should have made and explained the main decisions on the immediate progress of the case. Whatever the next steps are, they should be taken reasonably quickly. It may be that the case only requires the drawing up of a document such as a contract or will, in which case the solicitor can give some idea of when it will be ready. If further information is needed it should be absolutely clear what is needed, who is to get it and when it should be available, so that the solicitor can then meet the client again to discuss the result. If the solicitor needs to research something he or she should give some idea how long it will take.

There are many potential sources for extra information, some of which may not be obvious. It should be fairly easy to decide what relevant documents may be available, but it may be more difficult to decide if reports on any particular points are needed and who to get them from. More detailed evidence may be needed about an accident, which may involve photographs, measurements or contacting someone with specialist knowledge. Witnesses may need to be interviewed, or found by advertisement. The solicitor should interview each potential witness, seeing them on their own without the client present. Everything they say should be recorded, and a proof of evidence of each prepared, which they are asked to check and sign. A formal statement or affidavit only needs to be prepared if it is required. The solicitor should try to weigh up how convincing and reliable witnesses are, especially if they are friends or relatives.

Once all the extra information is collected, a decision can be taken on how to proceed. It may be that there is some hope of settling the problem without going to court, and the tactics for achieving a settlement must be considered. An aggressive letter is not necessarily the best approach. If a solicitor's letter is sent it must be based on sound information, be carefully drafted, with a brief and clear summary of the problem, and a clear indication of what it is hoping to achieve. Just writing a 'without prejudice' letter on headed notepaper without clear tactics has far less possibility of success. While letters may be useful, they have their limitations, and they should never give things away unnecessarily, or be allowed to drag on when there is no real hope of achieving anything.

If or when it becomes clear that letters are insufficient, an action must be started, and the timing of the issue of the writ may itself be a tactical manoeuvre. If the case can be heard in a court where the solicitor has rights of audience then he or she can draft all necessary documents and prepare the case for court, in which case many of the points in the following chapters will apply. If the case is complex, or will have to be heard in a court where the solicitor does not have rights of audience then a barrister will have to be briefed, and this should be done as soon as possible. The preparation of a brief is dealt with in the next chapter. If the opinion does not arrive in a reasonable time, the solicitor should follow it up. Once the opinion arrives the solicitor should see the client to discuss it, and arrange a conference with the barrister if necessary. Once it is decided a case should go to counsel the solicitor should take no further steps or it may conflict with the way the barrister feels the case should be conducted. However, it may be necessary to take some steps, such as issuing a writ if the limitation period is about to expire. If the solicitor does issue the writ, he or she must take care that the general endorsement does not prejudice a cause of action the barrister may recommend pursuing, for which see the chapter on drafting statements of claim.

Whatever course the case takes, the solicitor must keep a careful eye on its progress, to see that there is no undue delay and that strategy in the case is kept under review. There should never be too long a gap between stages in the action – it is worth keeping a note of dates by which things should be done, and if something has not happened by then following it up. The Marre Report emphasised the importance of keeping a client informed of the progress of a case, including the need to keep him informed of the reason for any delays.

One particular thing to watch is that the limitation period does not expire without the issue of the writ while evidence is being sought or negotiations continuing. The period is governed by the Limitation Act 1980 and where relevant the Latent Damage Act 1986. It may be possible to issue a writ out of time, but only with the leave of the court, which will look at the whole conduct of the case and possible prejudice to the parties, and as it is not easy to get leave it is not worth taking any risk. It is also worth remembering that it is difficult to add a new party to a writ after the limitation period has expired, so it is worth checking that all potential defendants are joined in time (see *Liff* v *Peasley* [1980] 1 All ER 623 and *Liptons Cash Registers* v *Hugin Kassaregister AB* [1982] 1 All ER 595).

There are some cases in which it is particularly difficult to decide when the limitation period starts to run. For example, in *Wilkinson* v *Ancliff Ltd* [1986] 3 All ER 427 the plaintiff's claim related to damage to his lungs caused by chemicals at work, but although he had first started to have chest problems in 1981, no statement of claim was issued until 1985. It was held that time started to run when it was reasonable for the plaintiff to seek advice and experts could have told him that he had grounds for an action, so the action was out of time. In the totally different case of *Moore & Co.* v *Ferrier* [1988] 1 All ER 400 a firm of solicitors was instructed to draft contracts in 1971. It was not realised that some of the terms did not have the intended effect, and no action was brought on the inadequate drafting until 1985. It was held that time started to run when the terms were negligently drafted, and therefore again the action was brought out of time. Time will not run if a defendant is deliberately concealing information as in *Kitchen* v *Royal Air Force Association* [1958] 1 WLR 563, where a solicitor negligently failed to tell a client of a potential cause of action, and thereafter deliberately failed to inform the client of an offer to settle the action!

The fact that one cause of action is time-barred does not mean that another will be. An action barred in contract may not be barred in tort, *Iron Trade Mutual Insurance Co. Ltd* v *J. K Buckenham Ltd* [1990] 1 All ER 808. If it is too late for judicial review it may still be possible to sue in contract, *Doyle* v *Northumbria Probation Committee* [1991] 4 All ER 294.

The existing and potential bills for costs should also be kept under review, especially if the case becomes more complex than was originally thought. It should become increasingly clear what real chance of success the case has, and this should be weighed against the costs and the client consulted. In *Singer* v *Sharegin, The Times,* 28 June 1983, there was an application for a lump sum of £10,000 on divorce, which was met by an offer of £3,000 which was rejected. The court ordered £4,500, but the costs were then £5,000 and the judge made it clear that lawyers have a duty to keep the client aware of the effect of costs.

Further criticism of lawyers who allowed costs to build up unnecessarily was voiced in *Evans* v *Evans* [1990] 2 All ER 147. This case set out detailed principles for avoiding excessive documents, keeping costs under review, keeping the client informed of costs, and keeping the possibility of settlement in mind. Costs should be kept in mind at all stages of the case, including selecting appropriate enforcement procedures, *Clark* v *Clark, The Times,* 31 March 1988.

Problems with costs are not avoided if a client is legally aided. Prior approval must be sought for matters beyond the range of the Legal Aid certificate, *Drummond & Co.* v *Lamb* [1992] 1 All ER 449, and legal aid will not necessarily cover things such as expert advice, *R* v *Legal Aid Board, ex parte Bruce* [1992] 1 All ER 133.

In more general terms, the client must always be kept aware of what stage the case has reached, and what its likely future progress is. The case must not be allowed to take on a life of its own to which the client feels subservient: it is his case and he should be made to feel that, being kept informed by letter and telephone, with extra meetings and extra instructions being taken if necessary. If any offers of settlement are made, the client should be told so that he can decide what to do.

TABLE OF MAIN LIMITATION PERIODS

Limitation periods are now governed by the Limitation Act 1980, and the references to sections are to that Act.

Type of action		*Limitation period*
Contract	Action on a contract or for an account	6 years, running from date of breach, s. 5
		12 years
Tort	Most tort actions	6 years, running from date tort committed, or if damage must be proved, from date of damage, s. 2
	Personal injury actions	3 years, running from date tort committed, or date plaintiff knew he had a cause of action, s. 11
	Fatal accident actions	3 years, s. 12

In personal injury and fatal accident cases the court has a discretion to override the 3-year limitation period if it would be equitable in the circumstances, s. 33. This will depend on the length of and reasons for delay, whether evidence is likely to be less cogent due to the delay, the conduct of the defendant, whether the plaintiff acted promptly and the steps he took to get advice.

As regards negligence actions in respect of latent damage not involving personal injury, the Latent Damage Act 1986 provides that the action must be brought within 6 years, or within 3 years of the earliest date on which the plaintiff had both the knowledge required for bringing the action and the right to bring it, subject to a maximum time limit of 15 years.

Trust	Breach of trust actions	6 years, s. 21
	Fraudulent breach of trust, or action to recover trust property from trustee	No limitation period

| Land | Recovery of land or claim by mortgagee | 12 years, running from date right to sue or recover land arose |
| | Rent or mortgage action | 6 years |

There are a number of other limitation periods for specific types of action, this table only dealing with the most common types of action. Remember that an application for judicial review should normally be brought within 3 months.

CHECKLIST FOR PREPARATION FOR AN INTERVIEW

1. Location
If there is any choice, decide where the interview is to take place.
   If the interview is in the office or in chambers, the room should be prepared to facilitate the interview as far as possible.
   If the interview is not in the office or chambers, any difficulties connected with the location should be contemplated and prepared for.

2. Who is present at the interview
Decide who should be present at the interview; for example, should a young client be accompanied by a parent?
   Clarify why the client is coming.
   Locate any information that is available about the client.

3. Prepare information for the interview
Read all papers about the case that are available before the interview.
   Make notes from the papers of important events, dates, missing information, etc.
   Carry out any research that is clearly necessary before the interview.

4. Prepare items for the interview
Ensure that all relevant documents are to hand.
   Ensure that any books that might be required for reference during the interview are to hand.
   Ensure where possible that the client will bring with him any appropriate documents in his control.
   Ensure that paper for taking notes is available.

5. Prepare objectives and strategy for the interview
What is the objective of the interview? Is it just generally to get any information, or does it have a specific and limited objective, e.g., seeking bail?
   Decide on a suitable basic outline plan for the interview.
   Note any areas on which questions must specifically be asked.
   Note any specific difficulty that might be encountered in the particular interview, and plan how to deal with it.

CHECKLIST FOR CONDUCTING AN INTERVIEW
(General checklist to be adapted as appropriate to different types of interview)

1. Greet the client
Greet appropriately those who attend the interview.
   Make any necessary introductions.
   Ensure those present are reasonably comfortable.

2. Starting the interview
The lawyer should provide a clear introduction to the interview, which might take the form of:

   (a) outlining the form the interview will take;
   (b) summarising the situation as the lawyer sees it; or
   (c) asking the client to outline the problem in his own words.

3. Problem identification
The lawyer should provide a clear and appropriate structure to the interview (though this should not be applied so strictly as to limit the client):

   (a) It is usually best to start by getting the client to tell the full story in his own words with minimal interruption, even if the lawyer has read a statement from the client.
   (b) The lawyer should then go through all relevant elements again, asking questions about particular details.
   (c) The lawyer may then have a final list of relevant issues that require final clarification (after the first interview this may be the only stage required).

4. Problem summary
The lawyer should now be able to summarise the facts of the case to the client, to ensure nothing has been omitted or misunderstood.

5. Advising the client
Once all relevant factual information has emerged, the lawyer should outline the legal position in a way the client can understand.
   Any options should be made clear.
   If the lawyer needs to research a point, this should be made clear to the client.

6. Counselling the client
Ensure that the client has said all he wishes to say.
   Ensure that the client's objectives are clearly understood.
   Make it clear that it is for the client to decide what to do.

7. During the interview
Make full, clear and legible notes of all relevant matters.
   Show reasonable sensitivity to the reactions of the client.
   Take care not to prejudge issues, keep an open mind until the final stages of the interview.

8.   Concluding the interview
Clarify the legal position, with any options.
   State clearly what will happen next, who should do what, by when.
   Ensure that documents and notes from the interview are properly filed.
   Include in the file notes and dates for further action.

3   The brief to counsel

The brief is the written set of instructions, together with any relevant documents and statements, that the solicitor sends to the barrister when asking the barrister to advise in a case, to advise on a particular point, or to conduct the case in court. The documents are collected together with the instructions from the solicitor, and a backsheet, with the name of the case and the name and address of the barrister and the solicitor, is either folded round them or placed on top, and the papers are all tied together with pink tape. The brief is important as, with very few exceptions, the barrister can only act in a case if he or she has a brief, and should only act on the documents and instructions contained in it.

Not only must the barrister have a brief in the case, but he or she must have a separate brief for each piece of work done. For example, a barrister may well be sent an initial brief to give general advice in an opinion, a later brief in the case to give specific advice on the quantification of damages or evidence, a brief to conduct the case at trial and, if necessary, a brief to advise on appeal. It is not possible for a barrister to act under any general brief or agreement to give advice to a particular solicitor or client whenever necessary – there must be a separate brief for each case as and when it arises, though there may be a retainer to act for a client provided there are separate briefs for each case.

Each barrister in a case must have a separate brief, whatever the degree of involvement. If there is a silk and a junior counsel then each must have a separate brief, and if there is more than one junior counsel each must act under his or her own brief. However, if a barrister is representing more than one client in a case there will normally be only one brief (if there is any conflict of interest or substantial difference in their cases then each should have a separate barrister). If one barrister does 'devilling' work on a brief sent to another he or she will not have a personal brief, but will just do work on the brief and return it to the barrister to whom it was sent.

The 'taxi rank' principle as to the acceptance of briefs by a barrister is that there should be equal access to justice and that therefore the barrister, like the taxi driver, should accept any customer who reasonably requires his or her services, and should not pick and choose only those people he or she likes and whose cases he or she thinks are strong. A barrister should normally accept any brief in the courts in which he or she normally practises that concerns any type of work he or she normally does, and for which he or she is offered a fair fee, as provided by rules 209 and 501 of the Code of Conduct. There are only limited circumstances in which a barrister can properly refuse to accept a brief, and these are dealt with later.

The brief is not a formal contract or agreement between the solicitor and the barrister – the solicitor in no way employs the barrister – but the contents of the brief are the basis of the work done by the barrister, who should only act on those contents and within the instructions given. Note however, that it is now possible for a barrister to enter a contract to provide services, s. 61, Courts and Legal Services Act 1990. The backsheet itself can be used for many purposes, such as the marking of the fee for the work to be done on the brief, the marking of an endorsement by the barrister when the case is over to show that the work in the brief has been completed, the recording in writing of any special instructions given by the client to the barrister, or the recording in writing of an agreement in the case made by the parties.

Because the brief is the whole basis of the work done by the barrister, it must be prepared carefully by the solicitor. It is not just a question of collecting together all the papers in the case and sending them off to the barrister asking for advice. The brief should only include relevant documents, and all the relevant documents, and it should have clear instructions as to what the barrister is being asked to deal with. If the brief is properly prepared, the barrister should be able to deal with it quickly and reasonably easily, but if it is not well prepared the barrister will inevitably have to spend a lot longer dealing with it to sort out the contents and to write an opinion.

The decision to brief a barrister

There are many reasons why a solicitor may decide to brief a barrister. Amongst the most common are the following:

(a)   The case may involve a difficult point of law needing special advice or research.

(b)   The case may need to be brought in a court where the solicitor has no right of audience.

(c)   The case may be outside the normal work done by the solicitor.

(d)   There may be a need for an opinion on a particular point.

The solicitor should try to make the decision whether it will be necessary to brief a barrister in the case as soon as possible. If steps are taken in the case before sending it to a barrister, this may make it more difficult for the barrister to deal with the case as he or she thinks right. Once the decision to brief a barrister has been made, the brief should be sent off as soon as all the necessary documents and information are available, but not before, unless there is real urgency. If the brief is sent off without the right documents there will still be a delay while the barrister asks for them before writing an opinion. If there is real urgency, the solicitor may telephone the barrister for advice, and send the brief on later.

As to choosing the right barrister to brief, this may be a difficulty. An established firm of solicitors will regularly brief the same barristers, which is advantageous to all in building up a working relationship, but the solicitor may get a case outside normal areas of work, the usual barrister may not be available or the small firm of solicitors may not be able to build up a regular relationship with a particular barrister. The solicitor may then have a problem, due to the strict limits on advertising by barristers. These do prevent any improper touting for work, but can make it difficult for the solicitor to find out information. The basic sources of information are the various published guides to barristers, which give the names and addresses of all barristers and the types of work that they do, other solicitors and barristers who may be able to make comments on someone appropriate, or the clerk of a set of chambers, who is in a good position to be able to recommend a barrister from experience.

The rules relating to advertising by a barrister are set out in rule 307 of the Code of Conduct. An advertisement may include a photograph of the barrister, and a statement on the services offered by the barrister and rates of charge. The advertisement must not be inaccurate or misleading, and must not compare the individual with other barristers or make comments about the quality of his or her work. Advertisements must not be so prominent or frequent as to cause annoyance, though this part of the rule may be a little difficult to interpret!

The inexperienced barrister may have difficulty in getting briefs. He or she cannot get briefs until a good reputation has been built, and he or she can only build up a reputation if there are briefs to do! To some extent the problem is inevitable, as there is a limited amount of work and a lot of people wanting to come to the Bar. A good set of chambers will normally have some small matters for pupils to deal with once they have finished their first six months' pupillage, but the pupil will have to make a real effort to impress solicitors and the clerk to get more work and build up a practice. The inexperienced barrister must reasonably expect a struggle and competition, but in recent years the Bar has gone some way to deal with the more unfair aspects of competition with better organised pupillage schemes, and recognition that it is difficult for black barristers to get places. It has also been said that 'squatters' who have finished their pupillage should be given a clear indication of their position as soon as possible, and not be kept in chambers unsure of their future.

A silk should only be briefed in addition to a junior in appropriate circumstances, when the complexity or value of the case merits it. The cost of employing a silk in the magistrates' court will need to be justified, *Hunt* v *East Dorset Health Authority* [1992] 2 All ER 539.

Preparing the brief

Once the decision has been taken to brief a barrister, the solicitor should collect together the relevant documents and prepare the brief. Generally the brief should not be sent off until all documents can be included, but sometimes it may be sent and the extra document sent on when it is available. Sometimes no documents will be needed beyond the instructions of the solicitor setting out what has happened, though then the instructions must be full and written with care.

The documents needed in a brief will vary with every case, but as a general guide, the following types of information may be included:

(a) Any existing legal pleadings or documents in the case, such as a summons or writ. What has actually been pleaded will be crucial in the case.

(b)   Any other document which is central to the case, such as a contract, deed or will. A solicitor will sometimes just write out the relevant clauses of the document in the instructions, but although this may be sufficient, it is better to send the whole document so that the barrister can see if there are any other relevant clauses.

(c)   There may be a statement of facts from the client, especially where there is an important issue of fact, such as how an accident occurred. Again the solicitor may summarise what the client says in the instructions, rather than including a separate statement, but must ensure that such a summary is accurate and complete. The statement or summary should cover all the matters the barrister will need to know about.

(d)   Any relevant map or plan should be included, for example in a road traffic accident or a boundary dispute. Alternatively, if the case involves something technical, such as the working of a machine, the solicitor should try to send sufficient information and diagrams for the barrister to be able to understand as far as possible what has happened.

(e)   Any statement from any other witness that is available, for example a statement from a witness to the accident or someone who is aware of the background.

(f)   Any existing correspondence with the other side which may be helpful. It is not helpful to send all the correspondence that there is, which will just waste the barrister's time, but only those things which may affect the advice given. Essentially the solicitor should use common sense. He or she will already have taken some preliminary view of what sort of case it is, and should make sure that all the things the barrister will need to deal with a case of that kind are sent. But the other general rule is not to send too much; if there are piles of documents or correspondence, the solicitor should try if possible to do some preliminary preparation so that the barrister only gets what is relevant and does not have to spend hours going through papers before beginning to deal with the brief. It is only if all the papers really could be relevant that they should all be sent.

With the brief the solicitor has to send the instructions, which will normally be on the reverse side of the backsheet, or on a separate sheet which is at the top when the brief is opened. In a very simple case it is sufficient to give very brief instructions along the lines of 'Counsel is requested to advise our client Mrs X in this case', but normally the instructions will need to be more detailed. Essentially the instructions should first summarise the main points in the case so that the barrister can immediately see what it is about and how complicated it is, and secondly they should summarise exactly what the barrister is being asked to do so that there is no misunderstanding.

There are no binding rules for the writing of instructions, and in practice they vary a lot in length, in what they cover and in style. If the barrister and solicitor have worked together before they may be fairly chatty and informal, or sometimes they read like a formally drafted document. The solicitor will develop a personal style, but I suggest that as a general guideline the following things should be included. If many of the details are in documents contained in the brief the documents need only be referred to, but if there are few or no other documents in the brief the instructions must give all details.

(a) The instructions should begin with a brief summary of the case, that is the main facts together with any provisional decision that the solicitor has made as to the type of case, such as that it is one of negligence, misrepresentation, etc. If any particular line of legal argument has occurred to the solicitor this may be mentioned as a possibility, but generally decisions should be left to the barrister.

(b) It is useful for the solicitor to list the contents of the brief beginning with 'Counsel has herewith . . .'. This has two uses – it encourages the solicitor to think of what documents should be there, and it is a useful guide for the barrister starting to read the brief as to what documents are enclosed.

(c) The solicitor should specifically mention in the instructions any special points about the case to make sure they are brought to the barrister's attention. For example, if the limitation date is near or there is some other need for special urgency, this should be clearly stated.

(d) It should be made completely clear what the barrister is asked to do. 'Counsel is asked to advise' will do for a simple case, but it will often be necessary to say more, and to say exactly what advice is sought. For example, it may be about liability, damages, who should be sued, what evidence is needed, etc. Also counsel should be specifically asked to deal with any special points that the solicitor or the client feels are important, for example whether an injunction should be sought, or anything the client particularly wants to achieve.

The main thing is for the instructions to be clear. They go from one lawyer to another, but they should sum up succinctly what is in issue. It is quite open for the solicitor to make suggestions of any points that seem relevant.

Uses of the backsheet

The backsheet will be folded round the rest of the brief or placed on top of it, and it will have written on it the basic details of the case. The elements that will appear are:

(a) The name of the case. If the case has not yet begun this will just be a simple 'In the matter of Mrs Jones' or 'Re Mr Smith', that is the name of the client. If the case has begun the full title should be given, the court the case is in, the number of the case, and the names of the parties set out as they would be on the top of a writ.

(b) The Instructions to Counsel. These words are put as a title between two solid black lines about half-way down the backsheet. The instructions should specify basically what counsel is being asked to do, for example 'Instructions to counsel to advise', 'Instructions to counsel for the defence', 'Instructions to counsel to settle a notice of appeal' as appropriate.

(c) The name of the barrister briefed and the address of chambers.

(d) The name and address of instructing solicitors.

(e) The court in which the case is to be heard.

(f) The fee, or the fact that the brief is a legal aid brief.

It is the duty of counsel to ensure that the backsheet is properly marked. There are no formal rules for the drawing up of a backsheet, it just provides basic information, but in practice it is used for many purposes. It is the document which counsel is acting under in the case. A barrister has to be instructed by solicitors to be able to act, and the backsheet provides these instructions. Once the case is finished, or the piece of work requested in the instructions done the barrister will endorse the brief to this effect and return it to the solicitor. The brief is endorsed by making a mark through the title and writing the date when the work was completed, with counsel's signature.

The backsheet is used to record the brief fee. In a legal aid case the barrister will be paid the sum allowed on taxation so no fee should be marked (though the words 'Legal aid' should appear on the backsheet) but in any other case the fee must be agreed and written on the brief before the barrister goes into court. There must be a separate fee for each brief, not a fixed fee for several briefs. If a barrister often does work for the same client or solicitors there must still be a separate fee for each brief. A fee must be marked, though it is possible for the barrister to waive all or part of the fee. A contingent fee under which payment depends on whether the case is won or lost and how much is recovered is not allowed by English law.

The fee for the brief will normally be agreed by the barrister's clerk and the solicitor, though the former may well consult the barrister, and the latter consult the client. The fee will of course depend on the complexity of the brief, the amount of work involved and the experience of the barrister, and it will usually be necessary for the barrister or the clerk to glance through the brief to decide on this. An experienced clerk will know the type of fee that should be asked for different types of work, and for the different barristers in chambers.

The fee agreed covers all the work to be done under the brief, that is reading it and drafting any documents necessary as a result of instructions, *Loveday* v *Renton* (No. 2) [1992] 3 All ER 184. As an example, a brief to advise on appeal includes the preparation of skeleton arguments if necessary, so no extra fee will be paid for such work, *CBS Songs Ltd* v *Amstrad* (1988) NLJ 46. The fee may only be altered by specific agreement between the clerk and the solicitors, for example, if the brief turns out to need much more work than was expected. If the brief is for the barrister to conduct the case at trial and the case may go on for some time it is normal for there to be not only a brief fee but also daily 'refreshers', that is the sum to be paid for each day of the hearing (see RSC, Ord. 62). There must of course be a separate fee for every barrister instructed in the case, but each fee is agreed separately, and there is no longer a rule that a junior should necessarily be paid two-thirds of the fee paid to the leader, it will depend on the amount of work done by each. The fee agreed will normally be payable even if the case settles, or if the brief is returned in certain circumstances (*Taylor* v *McKenzie, The Times,* 10 July 1984). Save in exceptional circumstances, the fee for a brief includes a fee for making a note of the judgment, and preparing copies for appeal if necessary, *Practice Direction (Fee for Note of Judgment)* [1989] 2 All ER 288.

Sometimes the fee agreed for a brief may seem very high, but various recent surveys have shown that the average barrister's income is often no more than might be earned in any other profession, and in the early years will be much less. It is only the leading silks at the top of the profession that do have a very high level of income. There are also many things that the fee has to cover; the barrister will be paid only the fee and it must therefore take into account all expenses, from travelling costs and chambers expenses to the clerk and the paper-clips, National Insurance contributions and pension contributions. Finally, since the barrister cannot sue for fees account must be taken of the fact that it may be some time before payment is received (with no interest on the fee) and that some fees will inevitably prove to be irrecoverable.

The brief is not a form of contract, so the barrister has no legal right to sue the solicitor for the fees (*Wells* v *Wells* [1914] P 157). The only current exception is that the barrister can negotiate fees direct with clients outside the United Kingdom. In the 1989 Green Paper on the Legal Profession the view was expressed that this was anachronistic, and the Marre Report made a recommendation that there should be contractual relationships between barristers and solicitors. Thus it seems that the traditional rule is likely to be changed, so that there will be a contract between the barrister and the solicitor and the barrister will be able to sue for fees.

The backsheet may be used to record in writing a decision or agreement in the case which needs to be formally recorded. For example, the client may insist on acting against the advice of the barrister, by accepting an offer of damages that is too low or pleading guilty against advice. To avoid criticism or legal action the barrister may write on the back of the brief the advice given, and that the client wishes to follow a different course, and get the client to sign it. Alternatively, the parties may agree to settle a case before going into court, and the barristers may record the terms of the agreement by endorsing it on their briefs and each signing it. This may be useful when they wish to agree detailed terms or give undertakings that the court could not itself order. However, it should be remembered that an agreement endorsed on briefs is a contract, not an order of court.

The barrister and the brief

When a brief is sent the barrister should have a preliminary look at it as soon as possible. He or she should see if there is any particular urgency in the case needing quick action or any legal difficulty needing long research and also how much work is involved for the clerk to agree a fee. Also the preliminary review may show that something is missing from the brief which will be needed to give full advice, in which case the solicitor should be contacted.

If there is any need for quick action, for example because the limitation period is running out or because an injunction or some other order should be sought quickly, then the barrister should work on the brief as soon as possible, perhaps leaving other work which is not so urgent. If there is no particular urgency the brief will have to wait its turn, but it should only be left for a reasonable amount of time. If the brief involves a study of many documents or research on a complex point of law then a delay of a few months may be justified, but not if there is no particular complication. If the barrister does have so much work that there may be a long delay the solicitor should be told. A barrister will inevitably have an uneven flow of work, but should still try to be known for efficiency rather than for keeping briefs too long.

The papers in any set of instructions or brief are normally the property of the client, and they should not be lent nor the contents revealed to anyone other than is necessary for the proper discharge of the duties of the barrister without the prior consent of the client.

There are several specific provisions in the Code of Conduct dealing with the circumstances in which a barrister should or should not accept a brief. Having laid down the 'taxi rank' principle, it is clear that a barrister is justified in refusing a particular brief in special circumstances such as a conflict of interest or the possession of relevant and confidential information. Also, a barrister should not undertake any task which he or she does not have adequate time and opportunity to prepare for or perform – if it becomes clear that there will be a problem after the brief has been accepted the solicitor should be informed immediately. It is specifically made clear that if a barrister receives a brief or instructions which he or she believes to be beyond his or her competence the brief should be declined. A brief (including a legal aid brief) may be refused if the expenses which will be incurred if it is accepted are likely to be unreasonably high in relation to the fee likely to be paid.

Annex H of the Code of Conduct provides more generally that a barrister should not accept a brief in any matter if he or she would be embarrassed in the discharge of his or her duties as a barrister by doing so, and that a barrister should not appear in a case in which he or she has a personal interest. Also, a barrister is not obliged to accept a brief if he or she has already advised another person in connection with the same matter. If another barrister has previously been briefed in the case the barrister taking over should inform the first barrister that he or she has been asked to take over, as a matter of professional courtesy.

A barrister who has accepted a brief is bound as a matter of professional duty to do the work requested in the brief. However, there are limited circumstances in which the brief may be returned. If the barrister gives strong advice to the client on the way that the case should be conducted which the client refuses to accept, then the barrister can tell the client that in those circumstances he or she does not feel it is possible to go on representing him, though this should only be done as a last resort in an extreme case. In a criminal case, if the client admits guilt to the barrister then the barrister cannot go on defending him on a plea of not guilty but must return the brief (after first questioning the client to see that the client really is guilty of all the legal elements of the offence charged).

Sometimes a barrister will have to return a brief because when the case comes to court he or she is already doing another case. This means that the brief may be sent back at a very late stage, and this should obviously be avoided whenever possible because the brief will be sent to a new barrister who will have relatively little time to become acquainted with the details of the case. Clients will be very concerned if their barrister is replaced at the last moment, especially if they have already met in conference or at a previous hearing.

To some extent the late return of briefs is inevitable. The Listing Officers have to make the best use they can of the courts' time and cannot always say when a particular case will come on. Some cases listed to go on for some days will settle, some that are expected to take only a couple of days may go on much longer. The Bar has considered the problem, and has made it clear that a barrister has a duty to do everything possible to avoid having to return a brief at a late stage – as soon as it becomes clear this may be necessary the situation should be explained to the solicitor, and his clerk should make all efforts to find a suitable replacement barrister. If the replacement comes from the same chambers it should be possible to discuss the case with the person who has had to return the brief. A brief to defend someone on a serious criminal charge must take precedence over a civil matter, and it should never be necessary to return a brief in a fixed-date trial. A barrister should especially try to avoid returning a brief in a case where he or she has already met and advised the client in conference, and should of course never return a brief for social reasons. For all these rules, see rule 506 of the Code of Conduct of the Bar.

If a barrister is briefed in a case where another barrister was previously asked to advise he or she should as a matter of etiquette telephone the former barrister to say this.

Reading the brief

The whole conduct of a case stems from the first reading of the brief and the impressions that are formed then, so it is important to read it carefully and properly. If the brief has been properly prepared by the solicitor it should be easy to read, but if the papers have just been sent off without consideration the brief may need a lot of preparatory work by the barrister. As was said earlier, the barrister should have a quick look at the instructions in the brief as soon as it is received, then later read it fully.

The first step will of course be to read the instructions themselves. If the instructions have been written well they should immediately tell the barrister what type of case is involved, what the basic facts are, and what documents are there. It should also be clear what stage the case has reached if the action has already begun, and exactly what the barrister is asked to do. If any essential information is not in the instructions then the barrister should try to establish it as soon as possible in reading the rest of the brief.

The next step will be to sort out the other papers in the brief. They should not be read haphazardly in whatever order they happen to be in, but should be sorted and read in a sensible order to avoid confusion. If the solicitor has given a list of documents on the instructions it should be relatively easy to decide on the best order for reading them – indeed the very good solicitor will have listed them in the order in which they should be read.

If there are any formal pleadings these should be read first because, if they have been properly drafted, they will give a clear idea of the case. The next stage is to read any statement by the client, which will often be in the form of a summary by the solicitor of what the client says, and will give the barrister the view of the client. After this any other crucial document should be read, for example any contract, will or trust instrument. The next thing is to read any statements or reports by experts or witnesses, to find more detail of what has happened, and finally anything else that has been put in the brief, such as correspondence between the solicitors.

Obviously this is a general line of approach and will have to be modified for different types of case. The main thing is always to read the most important documents first so as not to be bogged down in irrelevant detail. If there is any map, plan or diagram it should be put where it can be seen while the brief is read. All through the reading the barrister should remember that all relevant documents may not have been sent, or that some of the documents that have been sent may not be directly relevant.

It is important to try to approach reading the brief in the right way. The barrister should avoid if possible first reading the brief while travelling, or when something is distracting his or her attention. It is vital not to miss a point or misread a point that may alter the advice given, and to keep an open mind as to what sort of action if any should be begun. It is also important to question everything that there is in the brief to see if there are any facts missing, gaps in the story or problems. At this stage the barrister will probably not have anything like the whole story, and it is important to bear in mind what is not in the brief as well as what is. While the solicitor's suggestion as to what type of case it is will usually be right, the barrister must bear in mind the possibility that it is not.

It is useful to have pen and paper available while reading the brief. On one sheet of paper notes should be made of all the important dates, all the people involved and all the main facts and figures. After reading the brief this information should be sorted into a logical order and a neat copy made that can be kept. The extra work involved in making this note of the main facts is well worth it – it helps to clarify the bare bones of the case, and can be referred to on many occasions:

(a)   When writing an opinion it is useful to have a summary of the facts rather than continually searching through the whole brief.

(b)   When advising in conference the barrister can leave the summary of facts on the desk and refer to it quickly while talking to give the solicitor and client the feeling that the case is at his or her fingertips.

(c)   If the case comes back to the barrister for further advice the summary of facts can be used rather than having to re-read the whole brief in detail.

(d)   When preparing the case for court the summary of facts will again reduce the amount of work to be done on the brief, and the summary can often be used as the basis of a speech opening the case to the court.

On another sheet of paper the barrister can note while reading all the points on which more information is needed and a list of documents, witnesses or reports that should be sought. The solicitor can then be asked to provide these by telephone, in conference or in the opinion.

If the brief is a large one with lots of documents it will need extra work, which the barrister's pupil may well be asked to help with. If there are a large number of letters, reports or other documents they should be read separately. It is usually best to read letters in chronological order, the earliest first, and as they are read to take notes of any relevant facts or points with a clear reference to which document the fact is in. Again a neat copy of these notes should be made and kept as it will be very useful later for easy reference, and will save having to read all the documents again. The notes will also be useful when preparing a bundle of the relevant documents for court.

The main objective while reading the brief is to decide what course of action should be taken in the case. As soon as the barrister has taken a preliminary decision he or she should bear in mind all the legal elements that will need to be proved for the case to succeed. While reading he or she should see whether all those elements are present and whether evidence can be obtained to prove each one. All the elements of the case must of course come from the brief, and the barrister must beware of assuming anything – gaps should not be filled by imagination without checking.

Action after reading the brief

Once the barrister has finished reading the brief a decision must be taken as to what should be the next step in the case. The main possibilities are as follows:

(a) The case may need some immediate action such as the seeking of an injunction or an Anton Piller order. If there is real urgency, the barrister should telephone the solicitor and arrange for the appropriate application to be made with the appropriate documents as soon as possible. A full opinion on the case can be written later. If there is less urgency then the barrister should write an opinion as soon as possible and send it back to the solicitor, advising quick action.

(b) If there is no need for immediate action and the barrister has in the brief all the information needed then he or she can proceed to write an opinion. The writing of an opinion is dealt with in the next chapter.

(c) If the barrister does need extra information before proceeding then the solicitor should be contacted as soon as possible. If a list has been made while reading the brief this should be easy. Once the extra information is available the opinion can be written.

(d) It may be that the barrister will feel a need to see the client before giving advice. It may be important to hear what the client personally has to say, for example in a divorce case or a personal accident case, or it may be that the case is especially important for the client and the barrister wants to discuss all the details and what the client hopes to achieve. In this case a conference with the solicitor and client should be arranged, and an opinion written afterwards. Advising in conference is dealt with later.

(e) The barrister may feel that leading counsel should be brought into the case. This may happen if the law in the case is especially complex, or if the case involves something of great value or great importance, or if it may need particular skill in court with speeches and cross-examination, or if it is going on appeal and may need extra strength to conduct it. He or she must consult the solicitor and the client, because the client may well have to pay greater costs (*Re Solicitors* [1982] 1 WLR 745), or if he is on legal aid the costs of bringing in the leader will not be allowed if the leader is not really necessary (*Gorfin* v *Odhams Press Ltd* [1958] 1 WLR 314). If a leader is to be brought in this should be done as soon as possible so that the leader can advise on how the case should be conducted, though in fact the junior counsel may still do much of the work on the brief as regards research and preparing documents.

Other types of brief

The above comments apply primarily to a preliminary brief to counsel to advise, though many points will also apply to other briefs too. A brief may be sent to counsel at many stages in the case, to advise on evidence, to conduct the case at trial, or to advise on whether to appeal, as appropriate. Each type of brief requires a slightly different approach. Briefs in criminal cases and appeal cases will be dealt with in a later chapter.

(a) *A brief for the defence in a civil case.* In addition to the above points the barrister should in particular consider the reaction of the defendant to every point in the case. If necessary the barrister should see the client in conference to decide what is admitted, what is denied, and what is challenged. In particular the barrister should look for the elements of every possible specific or general defence, any way in which the measure of damages or other remedy that the other side is claiming may be challenged and whether any other party should be added to the action. The barrister acting for the defence needs much more imagination than the barrister acting for the plaintiff to try to think of all the possible weaknesses in the case, which can be more difficult than building up a case.

The barrister for the defence should also always inquire whether the client has any claim to bring against the plaintiff, whether as a set-off or counterclaim even if this is not specifically in the instructions, and should also examine the plaintiff's pleadings to see if they should be challenged in any way.

(b) *A brief to advise on quantum.* It may well be difficult or impossible for the barrister to advise on the exact measure of damages when the case first comes to counsel, although the barrister should be as specific in the advice as he or she can be. Especially in a personal injury case counsel may well be briefed again later to give advice on the measure of damages when details of injury and loss are available.

(c) *A brief to advise on evidence.* This will often be sent when it is clear that the case will go for trial. At the trial it will be essential to give evidence of every element of the case, so the barrister should give advice on exactly what the elements of the case are and precisely how each point will be proved.

(d) *A brief to make a specific application to court.* For example, if it becomes apparent that a particular interlocutory application will need to be made the solicitor may instruct the barrister to make it.

There are two other types of brief that deserve special mention. First, there is the dock brief, which has fallen into disuse with the growth of legal aid. A prisoner at a Crown Court has the right to be represented by counsel for a nominal fee. He may choose any barrister in the court, who should only refuse if he or she already has a conflicting commitment to another case. The barrister may well only have a limited time to consult the client and prepare to conduct the defence. Secondly, and more important, is the noting brief or the watching brief. Someone who is not actually a party to a court case may still have an interest in what is said and the outcome, and they may brief a barrister to sit in court to take a note of the legal arguments and evidence, or to watch that nothing is said or decided which may affect the client's interests. Since the client is not a party to the action the barrister will not take a part in the proceedings but just note their implications. This type of brief would usually be given to an inexperienced barrister.

Devilling a brief

Sometimes someone other than the barrister named on the backsheet will work on a brief. If one barrister has to return a brief because of pressure of work and it is sent to another then the second barrister will take over the case completely, doing the work and being paid for it. However, two barristers will sometimes arrange between them that one will do work on a brief for another, and this is referred to as devilling. The original barrister who was briefed remains responsible for the case and will be paid for it with the second barrister merely doing the work that he has been asked to do and being paid for it as agreed between the two.

Devilling is normally done by an inexperienced barrister for a more experienced one, often in the same chambers. A leading counsel would not ask someone to devil as there would normally be a junior to help with the case. The devil may be asked to do a variety of different types of work, whatever is agreed with the barrister briefed. Normally devilling would involve research into a difficult legal point, or helping to sort out the documents in a long and complicated brief, but the one devilling the brief should not normally be left to do pleadings or an opinion in the case. The devil should at most do a draft for the barrister originally briefed to consider (though in practice little may be changed, it is only that the barrister originally briefed is still responsible for the case). The barrister devilling the case should not appear to conduct the case in court unless the solicitor has been consulted and has agreed to send a separate brief for the devilling barrister for the court appearance. Work on a murder brief should not normally be left for a devil to do but should be done by the barrister briefed.

The amount the devilling barrister should be paid is for the two barristers to agree between them, but the devilling barrister should be paid at least half the fee if he or she appears at a hearing, and should otherwise be paid according to the complexity of the work done, the time spent on it and his or her own experience. It is possible for devilling work to be done on a legally aided brief as well as a privately paid one.

The need to pay proper financial remuneration when one barrister does work on the brief of another is set out in rule 309 of the Code of Conduct. In the past there was no requirement for payment to be made when a pupil did work for a pupil master, but this is no longer the case. If a pupil does work which is valuable to a pupil master or another barrister and therefore warrants payment, then payment should be made, unless the pupil is in receipt of a chambers award which covers work he or she might do during pupillage.

CHECKLIST FOR CONTENTS OF A BRIEF

(For use by a solicitor preparing a brief, and by a barrister checking the contents of a brief)

1. Backsheet
Name of case, name of solicitors, name of counsel to whom sent, type of instructions sent to counsel, fee for brief.

2. Instructions
Instructions must specify clearly and concisely what the barrister is being asked to do.

If the client is particularly concerned with a particular point, this should be made clear to counsel.

Any views of instructing solicitors should be clearly expressed as such.

3. Documents
Any document that counsel is being asked to advise on should be included in full, e.g., contract, will.

4. Statement of client
Wherever the client can provide relevant facts a statement from the client should be included, covering all relevant matters.

5. Support documents
All documents that are relevant should be included if possible.

If such documents are not immediately available, or have only limited relevance, the fact that they can be obtained should be made clear to counsel.

6. Maps, plans, etc.
Wherever a map or plan is relevant to understanding it should be included. The same applies to photographs or drawings of relevant machinery and the like.

7. Other relevant material
Any other relevant material of which instructing solicitors are aware should at least be referred to or listed for the assistance of counsel, if not included. This should include notes of anyone who could have relevant material or who might be a witness.

CHECKLIST FOR DEALING WITH A BRIEF

1. Preliminary perusal
This must happen as soon as possible after the brief is received.
Check basically what is being asked for.
Check whether there are any obvious omissions, e.g., documents.
Decide if there are any reasons why the brief cannot be accepted, e.g., it is beyond the barrister's capabilities.
Make a rough estimate of how long it will take to deal with the case and when it can be dealt with.

2. First reading
Set aside sufficient time to read the brief properly.
Find a suitable place to read the brief, where interruptions are unlikely. Check and order the contents of the brief.
Read all items thoroughly, keeping an open mind on areas of law and issues until all items have been read.

3. Take notes from the brief
Note all the main facts of the case, with dates, and put them in order.
Make notes grouping together interrelated facts.
Make basic notes on areas of law involved.
Make brief notes of information that is missing and questions to ask the solicitor.
Make fair copies of all important notes so they can be kept and used in the future.

4. Plan for what to do with the brief
If extra information is needed before decisions are taken, tell the solicitor clearly what is required and ascertain when it will arrive.
If a conference with the client is required before advice is given, arrange this with the solicitor.
If legal research is needed, note what areas need to be researched and decide when the research can be done. If this may take some time, tell the solicitor. If there is any difficulty in fulfilling the tasks in the brief, tell the solicitor.

4   The opinion

Once an initial brief in a case has been sent a barrister will normally have to send back a written opinion to the solicitor and the client. Once the brief has been read properly the barrister should have a basic idea what advice to give, though he or she may need to get extra documents or information, talk to the solicitor and client in conference, or research legal points in detail before writing the opinion.

It is important to appreciate exactly where the opinion fits into the legal process. The opinion is not a formal legal document, it is just the written legal advice that the barrister gives on the brief. There are therefore no formal requirements about what it should contain or how it should be written, and each barrister will develop a personal style, though in practice there are certain things that a good opinion should contain and they do need to be expressed in a way that is suitable and clear. However, there are a few cases where the opinion is needed for a specific purpose, such as assessing whether a case is strong enough for legal aid to be granted, or where a court is asked to give approval on the behalf of children and in these cases the appropriate matters must be covered. The opinion is not normally part of the case given to both sides like a pleading. The case of *Rabin* v *Gerson Berger Association Ltd* [1985] 1 All ER 1041 held that counsel's opinion was not admissible to prove the meaning of a deed, even though the meaning was at issue in the case.

After doing all the appropriate preparation the barrister will write out an opinion (or speak it into a dictaphone), it will then be typed up by the secretary in chambers and sent back to the solicitor with the brief. The solicitor will then call the client into the office and explain the points made in the opinion. If the client is a local authority or a company running a business, they may well want to have a copy of the opinion so that they can consider it in detail, but in any event the solicitor should explain to the client everything that is in the opinion and give the client the chance to read it if the client is capable of understanding it.

This is what will happen where an opinion is asked for at the start of a civil case, but if a further brief is sent to the barrister later in the case for further advice, he or she will again send back written views. Normally where further advice is sought on, for example, the quantification of damages or the evidence that will be needed then the written document sent back is normally called an 'Advice' rather than an opinion (and this term is also used in a criminal case) but many of the general points about how to write an opinion will still apply.

Most barristers will develop their own style for writing opinions, and some are very idiosyncratic – some write long opinions and some very short ones, some are very formal and academic and some are peppered with wit and exclamation marks

– but some general points should be taken into account in developing a good style for writing opinions. Clarity and comprehensibility are indispensable. Also the barrister must always remember what the purpose of the opinion is and who it is going to. There is a tendency for students to search frantically for the 'right' way to write an opinion, and demand many examples. There is no 'right' way – any style that is clear, thorough and really helpful to the client is good.

The purpose of the opinion will usually be to tell the client whether he has a legal case or not, and if he has what he can expect to get out of it. These are the matters to concentrate on – the opinion should not be an academic thesis. The second purpose of the opinion is to give directions on how the case should be conducted, and to that end it should be practical and deal with any appropriate procedural or evidential points.

The person to whom the opinion is going is a solicitor, so there is no need for an opinion to explain basic legal concepts; on the other hand specialist legal points that the solicitor is not likely to come across should be explained fully. It is also important to take care in phrasing the comments made to instructing solicitors and be tactful when necessary. If it is possible that the solicitors themselves drew up a document which is causing problems this should be taken into account when commenting on it – it has amazed me in teaching intending barristers how often they write opinions effectively telling instructing solicitors to sue themselves! If the solicitor has or has not done something important this should be pointed out clearly, but the way that the barrister writes should be directed primarily to building up a good working relationship with the solicitor.

It is equally important to remember that the opinion may well be read by or to the client, and that it is being paid for by him, or on his behalf. This can to some extent be taken into account in the style, which a business client may appreciate in more detail than the layman, but more than that the opinion really should try to deal with the problems the client has from the client's point of view. The barrister is not the client's judge but his adviser, and should try to make the opinion as helpful as is possible in the circumstances.

In limited circumstances the opinion may be needed for a formal purpose, and must be written with that in view. For example, counsel's opinion may be needed as to whether a case merits legal aid. Alternatively, counsel's opinion may need to be submitted to the court where the court's approval of a particular transaction is needed, as in some trust cases, *Practice Direction* [1987] 1 All ER 608.

Finally, the barrister should bear in mind that the opinion may be useful to the barrister in the future. The opinion clarifies initial views of the facts and law of the case, and will be the basis on which the case proceeds. A well thought-out and clearly presented opinion will not only help the solicitor to proceed with the case in the best way, but may well be useful to the barrister if the case comes back for further advice or to prepare for trial, and the opinion can be reread to refresh the mind quickly.

Use of good, clear English

The law student who has reached the stage of vocational training will be perfectly capable of writing. Since there are no formal rules for writing an opinion, that is to a large extent an end of the matter. But the general requirements of a good opinion do have some broad implications for writing which should require each individual to re-examine personal writing styles. Although there is no need to write an opinion in a specific 'barrister' style, there is a need to write an opinion to a professional standard. Thus before trying to write an opinion, the individual should look at his or her existing style – Is it clear? Is it concise? Is it precise? In the past it may not have been, but as a barrister it must be. For some this will be no problem. Others might try some self-testing by reading their own paragraphs – could some words be crossed out because they are superfluous? Is anything ambiguous?

Preparing to write the opinion

It is much easier to write a good opinion if proper preparation is done before a word is written. Usually the brief should be properly read (and reread to ensure that the barrister has not misunderstood anything), notes of the important points made, any extra documents and information sought from the solicitor, and any necessary legal research done, but there are some exceptions. It may be necessary to give an initial view on the case before full information is available, especially if reports are needed to give a full assessment of damages. In this sort of case the barrister will have to write an opinion giving views on the case as far as possible, but making it completely clear what extra information is needed, and the case can then be sent back to the barrister for a further opinion on the area that was in doubt later. An alternative possibility is that some action will have to be taken quickly before there is time to write a full opinion, for example an injunction may need to be sought as a matter of urgency, and the barrister should then contact the solicitor, and proceed with the application for the injunction, writing a full opinion later.

Other preparation needed would include legal research and careful analysis of the facts of the case. These elements are dealt with further in Chapter 6.

The facts presented in the brief must be ordered and analysed to see what is there and what is missing. Any facts needed before the opinion is written must be sought, but not all facts will be needed before an initial opinion.

In carrying out research before writing an opinion, the barrister should base all work on a careful reading of the brief. Notes made from reading the brief should include a list of areas that will need to be researched in textbooks, cases and statutes, including simply checking that his or her knowledge of the area in question is up to date. In carrying out the research prior to writing the brief, the barrister must keep an open mind on the case, so that the research is not simply justifying a preconceived view of the case, but is being used openly to include all possibilities.

All areas of the case must be properly researched, including damages as well as the cause of action. Proper notes of the research carried out before the opinion is written should be kept, with references, for use in writing the opinion.

Making notes for an opinion

With possible exceptions for those individuals who have a very clear and structured writing style, a good opinion will normally be based on good notes. It is this that will give the necessary degree of clarity, structure and comprehensiveness.

Notes in the following categories will normally be required, unless the points to be made are very short and obvious in the particular case in question:

(a) *Facts.* Initial notes on facts will come from the brief. Notes should include a chronological list of facts, facts that are clear and facts that are in dispute (or facts from the client's point of view and from the other side's point of view), missing information etc.

There should also be notes on what can be proved, what may be proved, and what may be difficult to prove.

Where appropriate, notes might also include areas where expert evidence may be needed.

(b) *Legal issues.* Notes should include all possible causes of action and the elements of each, and all perceived defences. Against each issue it will often be valuable to note what facts are relevant to each, and what problems there are.

(c) *Research.* Research notes should start from the perceived legal issues, and should include appropriate book, case-law and statute references, with quotations or photocopies where these might be valuable.

(d) *Objectives.* It is useful in early practice actually to note the objectives of the opinion specifically before starting to write it. What exactly is the client worried about, and what does the client want to achieve?

(e) *Structure.* Brief outline notes for an appropriate structure of an opinion should always be made before starting to write. These should include the order in which topics are to be dealt with, together with any appropriate comments on the approach in each area.

Style of writing

There are some things that a good opinion must include, but many things are a matter of style. The inexperienced barrister will be heavily influenced, quite rightly, by the style of more experienced barristers, but must keep a critical eye open to pick up those things which will help in writing a good, clear, practical opinion, rather than just copying someone else's style without question. While it is useful for the inexperienced barrister to read opinions written by others, he or she should do this only to get ideas of approach, and not trying to find something to follow exactly.

The first issue is what the opinion should cover, the essential point being that it is not an academic article but advice given to a real person with a real problem. It must give clear advice as concisely as possible which covers all the vital points, but only the vital points, and which tries to reach definite conclusions.

Next, the opinion should approach the problem in a suitable way. The barrister is giving advice, but is not the judge. It is not for the barrister to decide whether the client should succeed, only to advise if he has a reasonable prospect of doing so. Some barristers write an opinion in a categorical way as if they were giving orders, seeming almost to lose sight of the fact that the case is the client's. Certainly the barrister is in charge of the way that the case is conducted once he or she has been instructed, but only within the instructions that the solicitor and client give – he or she can advise in strong terms, but cannot actually take the decisions personally. Thus the point of the opinion is to develop the strengths and weaknesses of the client's case to *suggest* whether he might succeed and what he might recover, not to tell him.

One further point – the barrister is advising one side in the case. If it is a misrepresentation case the point of the opinion is not to set out the detailed law on misrepresentation, but to develop the arguments in favour of and against the client's case. It is not for the barrister to say 'I have decided that this client has no case', but to put forward the ways in which the case could be most favourably put for the person represented, developing whatever arguments are possible to achieve what the client wants within existing legal principles. Certainly the barrister can conclude that the best arguments that can be put forward in the client's favour will not convince a judge, but that is as far as it is possible to go. (Except in a legal aid case, where there is a duty to alert the legal aid authorities to the fact that the case does not merit assistance.)

It is important to present the opinion properly. Normally the document will be headed OPINION and typed (on A4 or foolscap paper), and it will have at the end the address of the barrister's chambers, the date and the barrister's name and signature. For the sake of clarity and easy reference it is a good idea to divide the opinion up into different sections with sub-headings and numbered paragraphs. This will help the barrister to present arguments clearly and makes it possible for the solicitor to grasp the elements of the opinion quickly. Many barristers have a habit of putting a brief summary of their advice at the beginning of the opinion, then going on to elaborate each point in more detail. In addition or alternatively there can be a summary of all the main points and conclusions at the end of the opinion.

As for the type of language used to express an opinion, the more clear and concise it is the better. There is no magic in long words – as far as possible everything should be expressed so that the client as well as the solicitor can understand it easily. It should go without saying that an advocate needs to develop a skill of dealing with words that avoids the vague and the tautological to communicate immediately and readily. The opinion is not paid for according to length, so while it should cover everything, it should not be too long. On the other hand, the barrister is advising as a professional lawyer and should certainly give full and detailed advice on everything. Everything that the solicitor or the client may be concerned about should be covered.

As to the terms to use, it is normal to refer to the solicitors as 'instructing solicitors' or 'those instructing me', and the brief itself is often called 'my instructions'. The person that the barrister is representing is referred to as 'the client' or 'our client' or perhaps by name as 'Mr X' or 'Mrs X', and when referring to the case against the client it is normal to say 'the other side', or again to use the name 'Mr Y' or 'Mrs Y'. Once the action has begun it is acceptable to refer to the parties in the opinion as 'the plaintiff' and 'the defendant' as appropriate (or 'the petitioner' and 'the respondent' etc.).

As a matter of style, the barrister should avoid too much use of 'I' and 'In my opinion'; it is assumed that the opinion is the personal professional view of the barrister, and it is not suitable for him or her to keep projecting personal views. Equally it should be made clear what is undisputed law and what is a personal view of how the case should be argued – it is important not to mislead the solicitor and client by confusing the two. The barrister should not include purely personal views in the advice given.

References to legal authorities should be made where relevant to show the basis on which the barrister has developed arguments. The solicitor can then look up the references, and the barrister will have them if the case comes back. A reference to a relevant provision of a statute or regulation should always be as specific as possible, and even the actual wording may be set out in the opinion if the provision is not a common one that can easily be looked up, or if the actual wording is very important in the argument in the case.

Textbooks and other academic works are of course not normally accepted as authorities in court, but again for the sake of the barrister and the solicitor it may be useful to include a reference to a particular passage in a textbook where it is important to an argument in a case, and it can then easily be found again. However, such references should be limited, as the barrister is essentially developing personal arguments on the facts of the case.

There is a wide variation in the practice of different barristers when it comes to quoting cases, some quoting many cases at length and others quoting very few. Perhaps the best rule to begin with is that a case should be quoted if it really is directly relevant to an argument in the case, if it is the authority for a particular proposition (such as that a particular thing is recoverable in damages), if the facts of it are particularly close to the facts that the lawyer is advising on or if the case is a recent one showing the current approach of the courts. If a case is referred to in the opinion, the full name of the case should be given (and may be underlined) and a full reference for finding it if possible. It is not necessary to set out the facts of the case unless they have some special relevance or similarity to the case the barrister is advising on, in which case the main facts or the relevant facts should be summarised briefly. Actual dicta from the judgments may be quoted if they help an argument that is being advanced, set out as a quotation.

In deciding whether to quote cases, the barrister should remember that in recent years the courts have discouraged the excessive quotation of cases in trials, especially in appeal cases. For example, Lord Diplock has said:

> The citation of a plethora of illustrative authorities, apart from being time and cost consuming, presents the danger of so blinding the court with case law that it has difficulty in seeing the wood of legal principle from the trees of paraphrase (*Lambert* v *Lewis* [1981] 1 All ER 1185).

Similarly, Lord Roskill said:

> I hope I shall not be thought discourteous or unappreciative of the industry involved in the preparation of counsel's arguments if I say that today massive citation of authority in cases where the relevant legal principles have been clearly and authoritatively determined is of little or no assistance and should be discouraged (*Pioneer Shipping Ltd* v *B.T.P. Tioxide Ltd* [1981] 2 All ER 1030).

In summary, the style of an opinion is a personal matter for the barrister to evolve, not something governed by rules. However, to serve its purpose best it

should be clear and concise in the way it is set out, in the wording used, in what
is covered and in the references to authorities. It should be written for a particular
person with a particular problem, and should be directed to help him rather than
to judge. Sometimes a lengthy and rambling opinion is justified by the complexity
of the case, but it is not something to aim for.

What to include in the opinion

A suggested basic outline for an opinion in a civil case is included at the end of
this chapter. This is obviously not a rigid format but just a brief guide to what may
be covered and a logical order for dealing with points. Sometimes one area will
not need to be dealt with at all, and the importance of each area will depend on
the individual case. In any event the barrister should try to ensure a clear layout
for advice, and sub-headings and numbered paragraphs may well be useful to this
end.

By the time the barrister has studied the brief and done any necessary research,
he or she should have a fairly clear idea of the advice to give, but it may still be
helpful to make short outline notes before beginning to write, to clarify all the
points which need to be covered, and a suitable order for dealing with things. First,
note in one or two words each of the main issues that needs to be covered.
Secondly, sort the issues into a suitable order. Thirdly, note beside each issue
(briefly) the basic facts and problems, and lastly note against each what evidence
is available, and what extra evidence or information is needed. If an opinion does
not deal with things in a suitable order it may be difficult to follow, and especially
if it rambles round to come back to something dealt with earlier it may give a bad
impression, especially if it seems to contradict itself.

To deal with each of the stages in the suggested outline in more detail:

(a) *Introduction.* It is generally useful to begin with a brief summary of the
facts. This is not vital, but putting the opinion in context with a nutshell guide to
the case is valuable to the person reading the opinion. The solicitor in a busy office,
or the barrister doing further work on the case some time later may well not
remember it clearly, and an introduction to the facts will help them to recall what
the opinion is about. Also, if the barrister sets out the facts on which the opinion
is based he or she should be able to avoid any later allegation that the advice failed
to take account of something in the brief.

The summary should not be done in any great detail. There is no need to copy
out sections of the instructions or of documents in the brief, as they will go back
to instructing solicitors with the opinion. All that is needed in most cases is a few
sentences summarising the facts, and perhaps a brief note of the documents
enclosed, for example:

I am asked to advise in a case involving a breach of a contract of employment.
The client, Mr A was employed by B Ltd for a fixed term of five years, but has
been dismissed after two years without good reason. Instructing solicitors have
supplied me with a copy of the contract of employment and the letter dismissing
Mr A.

Instructing solicitors have asked me to advise in a case involving a running down accident. It appears that in January 1991 the client Mrs C was knocked down by a car driven by Mr D while she was crossing a zebra crossing. She suffered a broken arm and some head injuries, the full effects of which are not yet clear.

It is only if the case is quite complicated that it is useful to do more. Then it is useful to outline all the facts in the first few paragraphs.

(b) *Summary of advice.* This is useful to the solicitor, as he or she can tell immediately the brief is sent back with the opinion what counsel's view is, without having to read through pages of legal argument to try to discover what advice is given. It will also help the solicitor to put the barrister's opinion across to the client clearly. The summary of advice may also be useful to the barrister as it does ensure that the objectives are clear before beginning to write the opinion.

(c) *Cause of action.* The first thing the client wants to know is whether he can sue or not. To advise, the barrister should examine in appropriate detail every possible cause of action that the client may have, not just the most obvious one. Even if the barrister is going to recommend a particular cause of action, it is valuable to mention any alternatives to see if they may be of any use, and to show the instructing solicitor that every possibility has been considered. Even in a fairly straightforward case there may be a variety of causes of action, such as negligence/ occupier's liability/breach of statutory duty or fraud/misrepresentation/breach of contract, and it is important to consider which will be best on the facts and the evidence available.

For each likely cause of action the barrister should check:

(i) Whether all the necessary legal elements are present in the facts.

(ii) Whether he will be able to prove all the elements at trial.

This must be done in a carefully objective way; the barrister should not read anything into the brief which is not there or assume something or this may result in difficulty later. It is useful to note each element required, for example, in a misrepresentation case, was the representation false, did it lead to the contract, if so was it innocent, negligent or fraudulent, and what loss did the misrepresentation lead to?

It may not be easy to find the appropriate cause of action. If it was a fairly straightforward case the solicitor would probably have dealt with the case, so the barrister must expect that in many of the cases sent to counsel there will be no easy legal answer. One thing which inexperienced barristers do sometimes find difficult to adapt to is the overlap between various areas of law. At university they study land law, contract and tort as entirely separate subjects, but in practice they will sometimes overlap. It may be difficult to decide whether it is better to frame a particular case in negligence or breach of contract, but the barrister must develop the ability to deal with them all and make a decision.

As was said earlier, it is the job of the barrister to develop every possible argument in the client's favour; he or she is there to help, not to judge. An inexperienced barrister may find this difficult being used to learning what the law is, and may tend to want to decide the case, but in training as a legal adviser you should break away from this. Obviously you must not be falsely optimistic and give the client the impression that he will win the case if you really think he will not. There are some cases that cannot be won on any view, and the client should be told this, but the barrister should develop every argument reasonably and realistically before advising on the strength of the case.

Having said that the barrister should develop legal arguments where possible, he or she should beware of a complicated and clever legal argument that is academically interesting if it has no real chance of success. In many cases there are no very complicated legal points, it is basically a question of getting all the evidence together, clarifying the main points and discussing damages, but if there is a complicated legal point the barrister should weigh up whether it is worth arguing in that it will take a lot of research and preparation, may well take some time in court and, although it may put names in the law reports, if the client loses he will have to pay for it all. If there is a lot at stake the argument may be worth it, but the client must be warned of its chances of success.

Similarly the barrister should ensure that there is a genuine cause of action. Bringing an action that is frivolous and vexatious should be avoided unless the client insists. Also the barrister should consider whether there is any reason that the case could not come before the court at all even if there is apparently a cause of action. For example, it may be a term of the contract that there should be arbitration, or there may be some other body having jurisdiction. For example, in *Patel* v *University of Bradford Senate* [1979] 2 All ER 582 a student failed his first year examination twice and sought a declaration that the refusal to readmit him to the university was unreasonable and unlawful. It was held that the Board of Visitors at the university had jurisdiction over such a matter so that the case could not be considered by the court at all.

Once the barrister has considered all the possible causes of action he or she should go on to advise which should actually be pursued and what their chances of success are. It is quite possible to use every cause of action open to the client and it may well be possible to put all or most of them in the same action if they arise from the same facts. But there are reasons for not using every option, for example, there is little point in preparing a second cause of action when it is quite clear that the first will succeed as it may waste time and, even more important, costs. Generally the best choice of action will be the one with which there are fewest legal problems, and which will be easiest to prove. However, there is a question of tactics here, and there may be some reason for adding a cause of action that one may not finally wish to pursue, such as to show how badly you feel the defendant has behaved, or to get discovery. If there is any real doubt it is probably better in most circumstances to put the cause of action in and then cease to pursue it at the earliest point possible, rather than to try to add it later.

Lastly, the barrister must not only advise what sort of actions may be brought, but against whom. There may be a choice, and the opinion should mention all the possible causes of action against each possible defendant. For example, if someone is injured by something in a building it may well be possible to sue the person using the thing which inflicted the injury, the person who made the thing which inflicted the injury and the occupier of the building. There are also the possibilities of vicarious liability, agency, and other types of indirect involvement such as inducing breach of contract. The barrister needs to consider whether there is a cause of action against each person who is connected with what has happened. He or she will then go on to advise which people should actually be sued, which will usually be the person against whom there is the strongest legal case which is easiest to prove. If damages are sought there is also the question of which possible defendant will be able to pay them. If there is any choice, the barrister should also advise which court to sue in. This is dealt with in the chapter on drafting writs and the chapter on county courts.

(d) *Defences.* It is a part of advising the client to try to anticipate what the case against him may be and how strong it is. Whatever loss or harm your client has suffered there may be little point in suing if the potential defendant has a complete defence. This needs some imagination, as it is not just a question of reading your instructions, but also of trying to put yourself in the position of the defendant to decide what he may say. The best way for the inexperienced barrister to begin to do this is to pretend to act for the other side to see what could be argued in their favour. The practitioner will soon get used to the types of defences that are often raised in particular types of cases.

One should try to contemplate every possible line of defence. There may be a defence on the law, a defence on the facts, a complete defence so that the action should not be brought at all, or a partial defence which will only reduce damages. The barrister will also have to try to assess the possible strength of each line of defence, and decide whether it does mean that the action should not be brought, or that the action should still be brought but less will be recovered. This may involve a careful questioning of the client to try to assess the strength of his story.

(e) *Remedies.* After the client has been told that he can sue, the other main thing that he will want to know is what he can really hope to get out of the action at the end of the day. Therefore the remedies available must be a major element in the opinion, and if the other side has admitted or is likely to admit liability, the entire opinion may need to centre on remedies and the measure of damages. If there is any cause of action that might succeed, the barrister must go on to deal with the remedies that it will give rise to. Every remedy that may be available should be considered to see what will best achieve what the client wants. Sometimes the lawyer will only look at the most obvious remedy, which will usually be damages, but he or she should give some thought to whether there is any alternative. Interlocutory remedies may be appropriate as well as final remedies, and these are considered in the chapter on preparing the case for court. Particular remedies in particular types of case are considered in the second part of the book.

In many cases the most important remedy will be damages, and the lawyer will need to advise specifically and in detail on what may be recovered, if possible saying what sort of figure the client can hope to get. If figures are given in the instructions, the opinion should deal with these as far as possible. If further figures or facts will be needed to make an assessment, the barrister should make it clear to the solicitor exactly what he or she will need to know and, if the case is very complicated, whether the help of an accountant may be needed. If necessary a separate later opinion can give further advice on the measure of damages.

The first stage will be to comment on the basis on which damages will be assessed, that is the relevant principles of foreseeability and remoteness and what type of thing will be recoverable. If there may be more than one way of assessing damages, for example, if it may be possible to sue in tort or contract on the same facts, the relative merits of each possibility should be examined.

The second stage is to look in detail at special damage, that is those things which have been lost for which a figure can already be given, so that they should be pleaded, for example existing loss of earnings, and expenses of repairing or replacing things which have been lost.

The next stage is to go on to look at general damage, that is wider categories of loss that cannot yet be quantified, such as loss of future earnings and damages for pain and injury. Here the lawyer will need to develop arguments for how such loss should be quantified (as this will have to be argued in court rather than just leaving it to the judge), do any research as to what should be paid for the injuries suffered, and try to give a figure, or at least a very general estimate of what the client should get.

The next stage will be to see if there is anything that needs to be deducted from the damages. A major possibility to investigate is whether the other side may allege contributory negligence and, if they do, exactly what proportion of the damages is likely to be lost. The other main possibility is that the plaintiff may be in a position to mitigate his loss, and he should be advised on this as he may not realise there is a duty to mitigate.

The next stage is to see whether there is anything else that might affect the final figures awarded, for example, any question of taxation or a legal aid charge, which ay reduce what the plaintiff actually gets. The relevance of tax may necessitate quite complex calculations where damages are awarded for breach of a contract of employment, *Shove* v *Downs Surgical Ltd* [1984] 1 All ER 7, and it may also have some impact in other cases, like *Tate & Lyle Food and Distribution* v *Greater London Council* [1981] 3 All ER 716, where the defendant caused the river to silt up and the plaintiff claimed £550,000 because he had to dredge it to use it, but it was held that the £240,000 that he had saved in tax should be taken into account. Finally, the lawyer should consider whether interest may be awarded on all or any part of the damages so as to alter the figure payable. Having reached a final figure, consider whether the defendant will be able to pay it, as there is little point in suing a man of straw, and it may be worth considering enforcement options such as seeking a Mareva injunction if assets are likely to disappear overseas.

(f)   *Other points.* There are a variety of other things to be considered when writing an opinion, though they may be dealt with at a suitable point rather than at the end. Any point on which the solicitor particularly asks for advice should of course be covered. Evidence must be kept in mind right through, as the most ingenious legal argument is worth little if you cannot prove your case. For the law student evidence is a separate subject, but for the practitioner it is an inherent part of every case. In deciding whether the client has a case the lawyer must consider not only all the elements of a possible cause of action, but also whether there is evidence on each point which is admissible. If further evidence will be needed on any point the barrister should make this clear in the opinion so that the solicitor can get it, whether it be documents, witnesses, expert evidence, reports or anything else. If the case does go to trial the barrister may be asked to supply a more detailed advice on evidence at a later stage.

There may also be procedural points that should be raised. This is again something that is a separate subject for a student but an inherent part of a case for a practitioner. If there is a procedural point that may help the client, then it should be mentioned in the opinion. Usually the solicitor will be responsible for initiating the procedural steps, but if a barrister is briefed any appropriate points should be raised by the barrister. This is an area where both the barrister and the solicitor should consider what can best be done in the client's interests and both work to help him.

Finally the good barrister should also give any practical advice he or she can which may help the client. This goes back to the point that an opinion is not an academic legal treatise but is advice to a person with a real problem, and the barrister should try to imagine all sides of the problem to appreciate it fully. This is something that may be more important for the solicitor with the client present rather than for the barrister writing an opinion, but it is something for both to bear in mind. The client will be much more impressed with a lawyer who does really seem to understand his difficulties.

(g) *Conclusions.* This may not be necessary if the barrister has summarised the advice at the start of the opinion, but at some point the main points of the opinion should be listed. This list of conclusions might well contain the following elements:

(i)   What cause or causes of action may be open to the client.

(ii)   The main defences or difficulties that may prevent success.

(iii)   Clear and specific directions to the solicitor as to what extra information and evidence may be needed, and as to any particular steps that should be taken in the conduct of the case.

(iv)   As specific an indication as possible of what the client may hope to get if he wins.

(v)   Some indication of the chances of success of the case. This can usually be done in adjectives such as likely, unlikely, doubtful, highly unlikely, or in some other way such as 'something like a 60% chance of success'. But whatever evaluation a barrister gives it should be made clear that the final decision is that of the client; the barrister can advise that a case is unlikely to succeed but cannot decide not to sue.

(vi)   If the barrister does advise that some type of drafted document is needed he or she should normally draft the document to return to the solicitor with the opinion, e.g., a Statement of Claim, an Originating Summons, a deed, a lease or an agreement.

Special areas in the opinion

The main part of an opinion, if not all of it, is writing about facts and the relevant law. But there are other elements that may require special attention.

First, there is the matter of figures. There is a tendency among inexperienced lawyers to see an opinion as a matter of words, and therefore to deal with figures in a vague and inadequate way. This is obviously unsatisfactory. Where there are figures in the case they must be dealt with like all other facts – thoroughly and accurately. Figures, like facts, must be reviewed to see what is there and what is still needed. And any appropriate comments or calculations must be related to those figures which are given. If complex figures require to be dealt with, it may be necessary to consider how they can best be set out in the opinion to be easily comprehensible.

Secondly, there is the matter of expert and technical matters. This can cover all manner of things, from a medical report to complex details about a machine that caused an accident. Again the tendency of the inexperienced lawyer is all too often to consider that as these are areas that he or she knows little about, the areas do not need to be dealt with in much detail. Some generalisations padded out with vaguely relevant law will do. This is not true. The lawyer must make every effort to deal with all matters, however complex and specialist. The lawyer will have to master the case fully before presenting it in court – if the barrister does not understand it, nobody will – and comprehension starts with the first time that the case comes to the lawyer.

This is not to say that every lawyer will easily understand complicated medical terminology or the workings of a machine, but that you need to have the best understanding you can possibly achieve. The lawyer should have a medical dictionary, and if necessary should read a book about how a particular mechanical function is carried out. If this is not enough, you must be ready with other possibilities – Do you need expert evidence? Can the client help to explain something?

Again, expert and specialist matters may need careful consideration when it comes to writing the opinion from many points of view. Decisions may need to be made about how to express particular points, about how to get expert help and so on, and these decisions must never be glossed over.

Other types of opinion

The above outline applies primarily to an initial opinion in a civil case, and it will need to be adapted as appropriate for different types of case. For example, an opinion in a trust or land law case might well require much more detailed legal argument, an opinion in a tort claim for injuries would normally concentrate on finding and proving the facts of the case and the measure of damages. Giving advice in a criminal case is dealt with separately later.

After the initial opinion the brief may well come back to the barrister for further advice on a particular point. The instructions should make it clear exactly what counsel is being asked to deal with, and the above general principles should be applied as appropriate. For example, there should still be a brief introduction as to the point in the case that has been reached, a clear summary of conclusions, a detailed examination of the points in the client's favour and against him, and a mention of any appropriate procedural or evidential points, depending on the stage the case has reached.

Advice on damages

One particular point on which a barrister may get a further brief is the quantification of damages. While the initial opinion will deal with potential liability it may well be difficult at that stage to give more than a very vague figure for damages, because further details of accounts or loss suffered are needed, or because the full extent or long-term effect of the client's injuries are not clear at that stage. The barrister should make it absolutely clear to the solicitor what further information is needed.

If the solicitor does send a further brief to counsel for advice on damages all the facts and figures that are in any way relevant to damages must be enclosed, such as detailed accounts, medical reports, any benefits received that may be deducted and so on. In writing the opinion the barrister should deal in detail with all the sums that may be recovered and all the things that may be deducted to mitigate damage. The figure that the barrister suggests may well be used as a basis for settling the action before it comes to trial, so it should be correct. It may be necessary to call in an accountant to advise if the case involves company or personal accounts, or a difficult calculation because, for example, tax is relevant. The solicitor should see the accountant, and if necessary can take him or her to a conference with the barrister.

The possible impact of taxation on damages in a wide variety of cases has become increasingly important in recent years. While tax is not payable on damages for personal injuries, tax may be payable on damages for loss of income, or for damage to a capital asset. It has been held that capital gains tax is potentially payable on damages related to a contract for sale of land, *Zim Properties Ltd* v *IRC* [1984] STI 741, or related to negligent damage to property, *Anders Utkilens Rederi A/S* v *O/Y Lovisa Stevedoring Co. A/B* [1985] 2 All ER 669.

Advice on evidence

If the case has a number of issues, the barrister may also be briefed to supply an advice on evidence, normally after discovery and before the case comes to trial. There is little point in seeking the advice before discovery as the documents from the other side may be revealing, but it should not be left too late in case it is necessary to make further inquiries on any point. The purpose of the advice is to concentrate the minds of the lawyers on what will be most important in court – the precise issues in the case and how each will be proved.

A good way to approach this advice – possibly useful for reference in the trial itself – is as follows:

(a)   List separately each issue of the cause of action that will have to be proved.

(b)   Under each, set out the document or witness that will be used to prove the point (or note that the other side admit the point so it will not need to be proved).

(c)   If there is not sufficient evidence on the point, tell the solicitor precisely what evidence he or she should try to find.

(d)   Check that each piece of evidence you intend to use is admissible (including proving that a document is genuine, and that formalities for admissibility, such as giving notice, have been fulfilled).

Where necessary, also cover points that the other side may raise that may have to be countered (once the trial has started there will probably not be time to get more evidence). The opinion on evidence may well help to highlight strengths and weaknesses in the case, and can help not only to get the case in order for trial, but can be used to prepare notes for the examination and cross-examination of witnesses in court. Look carefully at proofs of evidence of witnesses to see what it is that they can give clear evidence about and what is really opinion or impression that may be wrong and therefore may be challenged. Everyone's memory is not entirely exact, as has been shown from many studies where a pre-arranged incident is staged and the audience are asked afterwards what they remember, and everyone remembers something slightly different. There are always possible mistakes that should be noted and may be explored.

When writing an advice on evidence, the barrister can also usefully consider the state of the pleadings in the case, to see if any amendments should be made, or if any facts should be admitted. The barrister may also consider the actual presentation of the case in court, suggesting whether any maps, diagrams or photographs should be obtained, the best way to present expert or medical evidence, and what should be included in bundles of documents for the court where there are a great number of documents in the case.

SUGGESTED BASIC OUTLINE FOR AN OPINION IN A CIVIL CASE

OPINION

1. Introduction
The facts of the case are summarised briefly and the main issues to be dealt with identified.

2. Summary of advice
The main elements of the advice the barrister gives may be summarised so that they may be easily and quickly understood.

3. Cause of action
In numbered paragraphs each possible cause of action in the case is set out and analysed. It is important to decide whether all the necessary legal elements are present, and whether there are any legal, factual or evidential difficulties with any necessary element. If there is more than one possible cause of action the barrister should advise which one or more it would be best to follow. All the possible arguments in the client's favour should be examined.

4. Defences
In numbered paragraphs, each possible defence to the client's claim should be examined. This should include any raised by instructions, and any other that the barrister feels may arise, and should include partial and full defences to the client's claim. Again the barrister should weigh up as far as possible the legal and evidential value of any defence, and whether it may succeed.

5. Remedies
All the possible remedies that may be available to the client if he succeeds should be dealt with. If damages are sought, the barrister should try to give as close an idea as possible of the amount that may be awarded.

6. Other points
These are things which should be dealt with in the course of the opinion, or at the end:

(a) Anything which instructing solicitors have specifically asked the barrister to advise on.

(b) Evidence, that is what evidence there already is and also what more will be needed. The solicitor should be given clear instructions on the evidence to be sought.

(c) Procedural points. The barrister should bear in mind and mention any procedural step that may be valuable, e.g., an interlocutory injunction or summary judgment.

7. Conclusions
Especially if the advice has not been summarised at the start of the opinion, the barrister should set out his or her conclusions clearly.

Address of barrister's chambers   Signed by barrister
Dated

CHECKLIST FOR ELEMENTS OF AN OPINION

1. Uses accurate English
Precise
Concise
Clear
Accurate spelling and grammar
Generally avoid colloquial English

2. Uses appropriate terminology
Directs terminology towards the reader, whether to the solicitor or the lay client
Defines terms where necessary
Uses terminology consistently
Uses legal terminology appropriately and accurately

3. Coverage
Covers all legal issues raised by instructions
Is consistent and coherent
Includes no internal contradictions or confusions

4. Organisation
Has logical and appropriate structure
Uses paragraphs, numbering and subheadings suitably

5. Factual content
Deals with all facts in instructions
Summarises relevant facts clearly
Deals with factual omissions and ambiguities
Foresees range of factual possibilities for the other side
Analyses what proof is available or is needed

6. Legal content
Covers all legal issues
Gives appropriate depth of law on main issues
Gives appropriate legal references to cases and statutes
Shows appreciation of legal knowledge of solicitor

7. Client orientation
Is based on instructions
Deals with matters raised from the client's point of view
Seeks to achieve the client's objectives
Is expressed as advice not judgment!
Evaluates chances of success
Reaches clear conclusions, but fully outlines any options

8. Position in case
Is clear on stage case has reached
Gives clear instructions to solicitors

5 Advising in conference

It may be necessary to hold a conference at various stages during a case. This will vary according to the type of case and the stage that it has reached, and one can only make general remarks about when a conference should be held and what should be covered.

Essentially a conference is a meeting between the barrister and the solicitor at which the client is often present, and which an expert witness may attend. The conference should be sought by the solicitor rather than the barrister, though a barrister may well suggest that a conference would be useful. As the client will pay it is essentially his decision whether a conference should take place. The main purposes of a conference are usually to allow the barrister to explain his or her advice to the solicitor and client, to get further information from them, or to discuss the future progress of the action. A barrister has a duty to be available for a conference prior to the court hearing on reasonable notice. If no such conference takes place, the barrister has a duty to be available for a conference on the day of the hearing.

A conference should normally take place at the barrister's chambers, though it may be elsewhere; for example, there may well be a meeting before the case begins to discuss necessary aspects of the case. Care should be taken as to where the conference does take place – it should not normally be at the solicitor's office unless there are special circumstances, for example, where the case is to be heard at a town some way from the barrister's chambers, or age or infirmity make it difficult for the solicitor or client to come to the barrister's chambers. A conference should never be held at the barrister's home.

There are limitations on who should be present at a conference. In general terms, the barrister can only accept instructions from a solicitor, or from someone in other limited categories such as patent agents. The solicitor, or at the very least a representative of the solicitor's office, should normally be present at a conference. The barrister should not normally see the lay client alone, though the rules have been modified in recent years. It is now possible for a barrister to see a client alone in a number of cases where the client is a professional under the Direct Professional Access Rules.

A situation that for a long time caused difficulty was the magistrates' court, where problems often arose when no representative of the solicitor was present. Now rule 608 of the Code of Conduct makes it clear that if at a magistrates' court counsel considers that the attendance of a representative of the solicitor is not necessary, the barrister may talk directly to the client at court. However, if the barrister feels that a representative of the solicitor's office should be present he or she should make this clear. The barrister should bear in mind that there are some circumstances where it may be particularly important to ensure that a solicitor is present, for example, when the client instructs counsel to pursue a course of action that counsel has advised against. The 1989 Green Paper suggested that a similar rule should apply for all courts, and that a barrister should not have to be attended by a solicitor but that the client paying for the action should be able to decide if he wishes to pay for the barrister to be attended.

Formerly it was the rule that the instructing solicitor would take a statement from a potential witness which would be sent to the barrister, but the barrister would not see the witness prior to the case. The sole exception was for a professional or expert witness, whom a barrister might need to meet prior to the case to clarify the issues in the case. Now a barrister may have contact with a witness prior to trial, subject to the limitations laid down in Annex H of the Code of Conduct. In no circumstances should the barrister rehearse or coach the witness (a practice common in the USA), or put any pressure on a witness to say anything other than the truth. However, the barrister may properly explain court procedure to put the witness at ease, and answer questions. To avoid any misunderstandings, the barrister should avoid meeting the witness alone, or meeting more than one witness at the same time.

There are other forms of conference. If two barristers have been briefed in a case they may hold a joint conference. If a silk has been briefed in the case then the meeting will normally be held with the silk and junior barrister in the silk's room, and is called a consultation. The barristers, solicitors and clients on both sides in a case may hold a joint conference in an attempt to settle the case, and this will normally be held in the room of the senior barrister.

It is very important to use the conference to establish a good working relationship, and to get the confidence of the client. Although a barrister will hold conferences frequently, a client will normally go to a barrister rarely, possibly only once in his life. The case and the conference on it will usually be a great event in the life of the client, and the barrister should always remember this, however tired he or she is, and however much work there is to do. The barrister must communicate with the solicitor and client as fully as possible, showing that the case is understood, and that the best possible is being done for the client. While this will generally mean that the barrister has to be in charge of what is happening, the barrister must give the solicitor and client the chance to say anything that they wish and to ask questions. In the well-run conference all present should feel involved, and should leave feeling that they understand the situation fully, that they know what the next stage in the case will be and that the case is proceeding as well as possible.

Preparation for a conference

First, it must be decided when a conference needs to be held. It will basically be for the solicitor to arrange, but this may be done at the suggestion of the barrister or the client. The barrister must be briefed by the solicitor for the conference, and this may be done as part of a general brief to advise in conference and in a written opinion, or by a separate brief to advise in conference. A conference may be called in the following circumstances:

(a) A conference may be arranged as soon as the barrister has the initial brief in the case if it is necessary for the barrister to meet the client to understand the case fully. This will be so if the case depends on disputed facts rather than documents. If the case may turn on what the client says and his version of events then the barrister may well need to see the client to get details, and to see how he may appear as a witness in court.

(b) If the case turns largely on written documents or points of law then there may well be no need to have a conference until after the barrister has written an opinion. Once the solicitor and client have read the opinion there may be a conference to decide how to proceed with the case.

(c) The client may particularly wish to have a conference with the barrister in any event if the case is personally important or if it involves a large amount of property or money, and he may wish to arrange this at an early stage.

(d) Once proceedings have begun it may be necessary to have a conference or further conference to decide how the case should proceed.

(e) A conference may be called to discuss terms if there is any chance of settling the case.

(f) If the case does go to trial it may well be necessary to have a conference shortly before the trial to review the arguments and evidence and strategy and to ensure that everything is ready.

Whenever a conference is arranged, it is essential that everyone attending should be properly prepared so that they can get full benefit from it and time will not be wasted. Occasionally a conference has to be arranged at short notice so that this is not possible, but generally everyone should give prior thought to what they want to say and ask. The solicitor should ensure that all the relevant documents have been sent to the barrister or are taken along. The solicitor should also ask if there is anything that the client wishes to cover at the conference, and tell him of anything that he should bring with him. It may be useful for the solicitor to make notes of anything that should be covered at the conference, to remind the barrister if anything is left out. If there are any major matters they should be put in the instructions in the barrister's brief if possible, so that he or she can prepare to deal with them.

If the client has not been to a conference before, the solicitor should explain the purpose of the conference and how it will be conducted. Although the client will often spend most of the conference listening to what the lawyers say, he should be prepared so that he is not too overawed to take part in discussions where appropriate and to raise points he is concerned about.

As for the barrister, he or she should form some plan as to what should be covered in the conference, as it will essentially be for him or her to run it. Sometimes the barrister may be delayed in court or with some other case just before the conference so that there is not time to reread the papers, but the barrister should do sufficient preparation in advance unless the brief was sent late. The solicitor and client may well have come some distance, and the conference may be of major importance to the client, so the barrister should be ready for them.

The amount of preparation that the barrister can do will depend on the stage that the case has reached. If the barrister needs to have the conference to get further information from the client before writing an opinion then there is only a limited amount to be done in advance, becoming familiar with the undisputed facts and deciding what lines of questioning to follow with the client. If the barrister has the relevant documents and information before the conference then enough work and research should have been done to enable detailed advice to be given, so that the conference can centre on what to do next. In any event, the most useful preparation that the barrister can do is to make a note of the main dates and facts in the case for reference in the conference (with which to impress the solicitor and client even if there has not been time to reread the papers). Also the barrister can make a brief note of the points to raise in the conference, so that he or she has clear objectives in mind and does not waste time rambling and waffling.

What to cover in the conference

The following points are a brief guide to what the barrister may consider covering in the course of a conference. Depending on the type of case and the stage that it has reached, some things will not need to be covered and others will need to be emphasised. The order in which things are covered may also need to be modified as appropriate.

(a)   The conference should be started properly, with everyone present being introduced so that everyone knows who is present and what their involvement in the case is. If the barrister has a pupil, the pupil should also be introduced and it should be ascertained that there are no objections to the pupil being present.

(b)   The barrister will start the conference. He or she will normally do this by briefly summarising the facts in the case and the stage that the case has reached, establishing and clarifying any points that are in doubt. If the client's version of events is particularly important to the case then the barrister may ask the client to tell the story in his words so that the barrister can spot the strengths and weaknesses in what he says.

(c)   If there are any further facts or other points of information that the barrister needs to know he or she should ask about them. It will be useful to note in advance what to ask about.

(d)   The barrister will normally go on to advise on the relevant law, hopefully in a way which the client as well as the solicitor can follow, but without being too simplistic. If the wording of a statute or case is especially relevant, it may be useful to have a copy on hand for the solicitor and client to see. The advice should cover not only the legal aspects of the case, but its chance of success, and especially the remedies that may be available.

(e)   It will be useful to examine the strength of any legal or factual arguments that the other side may raise. The barrister can deal with possible legal arguments, and then ask the client if he knows of any points that the other side may raise (it is better to hear of them from the client than from the other side!).

(f)   The barrister and solicitor may wish to review any procedural, evidential or practical points that may arise in the case and decide how to approach them.

(g) Before the conference ends, all the main points should be summarised and pulled together so that everyone there is fully aware of what case there is and what may reasonably be expected from it, what decisions have been taken or need to be taken, and what should be done next by the solicitor, the barrister and the client.

Although some outline decisions on the conduct of the conference need to be taken in advance for the sake of efficiency it is best if the plan is not too strict and too rigidly followed, but that the meeting is fluid enough to discuss any points that arise, so long as all the important things are covered at some point. The barrister should not let any preconceived views derived from the papers take over, and should not give the impression that important decisions are being taken for the client – the barrister is there to take instructions, not to give them.

Conducting the conference

It is important to get the right atmosphere in conducting a conference, to inspire confidence, to ensure that everyone does say all that they want to and to ensure that everything is covered. It will normally be for the barrister to establish the atmosphere in setting the tone and controlling the order and the depth in which things are covered. It will be his or her role to draw from the client, or the witness, the information required, and to communicate views on the case clearly. The role of the solicitor will tend to be to introduce the people present, and tactfully to bring up any points which the barrister has left out or which the client wishes to raise for discussion.

The atmosphere will need to be friendly but efficient, with the barrister seeking to maintain an understanding and unflustered control. The need to be able to communicate easily and encourage communication is essential for the lawyer, but it is not always easy. The barrister may find little sympathy with the client, but must not let this show or get in the way of the conduct of the case. Also it may not be easy to get the respect and trust of the client, for example, where an inexperienced barrister has been briefed to advise an experienced business client. Sometimes the client will be very unhappy or very angry about what has happened, and the lawyer must learn to deal with this in a sympathetic way. Sometimes it will be necessary to give the client advice that he does not want to hear, that he cannot sue, or will not be able to recover the things he wants.

It does take real skill to handle different types of client well, and this is something that can only be learned with practice. Some will need a lot of encouragement to talk, whereas others will need a lot of control to make them realistic. A conference with a woman whose child has been taken away by her former husband will usually be of a totally different character from a conference with a businessman concerned with a breach of contract. A balance must be kept between letting the client talk, but not letting him waste time with too much that is irrelevant.

In addition to encouraging or controlling the client, the barrister may have to weigh him up and to make decisions about the strength of his case and how good a witness he will be. One thing to be wary of is the client who has been so upset or worried by something that he has gone over and over it in his own mind to the extent that he has mentally modified or embroidered the real facts of the case. If the barrister feels that this may have happened he or she should try to challenge the client gently to establish the real facts – the other side will certainly do this in court. Another type of client to take particular care with is the one who is so bitter or angry that he has twisted facts in his own mind to blacken the person he feels is responsible for what has happened. It is usually a good idea to allow the client to let this bitterness out, but to try to pull him back to a more reasonable and objective state of mind, without losing his confidence, so that he will not be further disappointed by the outcome of the case.

In weighing up the client as a witness, this is something that is essential where the case turns on disputed fact, and may well turn on the client's word against someone else's. This can be dealt with by asking the client to say exactly what happened, and then gently cross-examining him to explore weaknesses in what he says, and any points that could be followed up. The barrister may have to be especially imaginative to try to envisage what happened in order to question the client fully. The views the solicitor has formed may also be useful.

As well as dealing with the client himself, the barrister may have to see a specialist witness in conference. This may be necessary to understand all the relevant details of the case – in a general common law practice you have to find out all about growing wheat one week and all about pre-stressed concrete the next like an intellectual chameleon. Sometimes this can be done by reading about the subject – the client may be able to suggest suitable reading material (a small medical dictionary is a useful investment for a personal injury or criminal practice). There are also some areas where most barristers will need a working knowledge of a fairly specialist area, such as accounts, which they are likely to have to deal with in a variety of cases, so that they should know enough to be able to hold a reasonably intelligent conversation with an accountant.

If reading or general knowledge are insufficient then an expert witness may be needed, and the barrister may need to see him or her in conference to understand what is said. The client or the solicitor may know of someone suitable to ask as an expert witness, someone else in chambers may be able to suggest someone, or there may be an appropriate professional organisation to contact. Normally a solicitor can tell the expert witness what points should be dealt with and get a statement which can be sent to the barrister in the brief. If further investigation is necessary a conference can be arranged, which may differ from a conference with the client in that it is for the lawyers to make clear exactly what points they are concerned with, and to ask questions so that they understand enough to put the case in court.

When dealing with an area that needs expert knowledge, the lawyer should remember that the judge will wish to have things explained, and it is important to devise a way of doing this as quickly and simply as possible. If plans, diagrams, models or photographs may help the presentation of the case to the judge and aid understanding, they should be obtained.

While the conference goes on, at least one person should be responsible for taking a note of what is said and decided. If necessary this should be settled before the conference starts. The barrister and solicitor may each wish to take their own notes, or they may agree that one of them should take a note to be included with the papers in the case. If the barrister has a pupil or the solicitor brings an assistant, they will normally be responsible for taking the note. In a consultation with a silk, the junior barrister in the case will normally take the note.

After the conference

The conference should end with a summary of what has been said and decided, and everyone should be clear as to what they have to do in the future conduct of the case. If the barrister has written an opinion and advised fully, the brief may be returned to the solicitor to proceed with the case. Otherwise the barrister will retain the brief to write an opinion or draft a document or pleading as appropriate, or to do any necessary legal research, and it should be completely clear what the solicitor and client are expecting.

The solicitor may well leave with a list of things to do, as regards the procedural steps in the case, or as regards the seeking of further information or evidence, and it should be clear what is expected. If the barrister has finished all work on the brief, it may well be that there is an understanding that the barrister will be sent a further brief at a later stage in the case, to advise further on a particular point or to conduct the case at trial.

It may also be that the client is left to collect further information, or to take decisions as to what he wants to do. It should be completely clear to him what he is to get, or what options are open to him with what possible consequences.

6   The investigation and preparation of a case

In all but the most straightforward case, there is a lot of preparation to be done by a lawyer after a case first arrives before it gets any real direction and strength. Some elements of this preparation are dealt with elsewhere in this book – some will be carried out in the first interview with the client, others in dealing with a brief or providing an opinion, and some specifically relate to the preparation of a case for court and are covered later. However, there are some basic elements of investigating and preparation that fundamentally underlie the practical and professional approach, and these are dealt with in this chapter.

As regards preparation, one element will be obvious – the need for appropriate legal research, but even this needs a specific professional approach rather than the approach of the law student in the law library, as the purpose of the research is different. Another element is less obvious, but is, if anything, more important – the facts of the case need to be carefully established and effectively analysed. Indeed, this often needs to be done before legal research can be carried out, to ensure that the right areas are researched.

The concept of investigating a case may sound strange for the solicitor or the barrister – it is rather reminiscent of Hercule Poirot or Sherlock Holmes – but the fact that the lawyer is not out in a Victorian fog with a magnifying glass does not make his or her role substantially different from that of the private investigator. The lawyer cannot give legal advice until the facts are known, and skill is required to discover and examine them.

The importance of facts

The student who has spent months, if not years, studying law has often lost sight of the importance of facts. The student is used to being given simple, incontrovertible facts and being asked to fit them into a legal category, and may cease to appreciate the commonsense proposition that in real life the facts need to be established before the law can be applied. The student lawyer tends to feel vaguely uneasy if it is even suggested that facts are not always incontrovertible, but this feeling must be overcome.

For the professional lawyer, the approach of the law student must be reversed – facts come first, rather than the law. The law is only useful where it is relevant to, and is based on, the facts of the case. The practical lawyer needs to establish the facts, and then to decide on the relevant law. Sometimes a case will turn solely on the facts, the relevant law being very simple.

You must have sufficient factual information before advising on a case – before you can research a point you need to know what to research, and before you can advise a client you must have a thorough knowledge of the situation. It is very important not to make legal decisions too early in uncovering the factual situation. It is all too easy to try to 'label' a client as quickly as possible – when he sits down to talk or when the barrister starts reading a brief, it is a natural reaction to try to come up with a legal label. The danger of this is obvious – the moment a client has been given a legal label, the tendency is to try to make everything else fit the label rather than constantly reviewing whether the legal label still fits.

There is a real problem here, in that you are rarely going to be able to get full factual information early in a case, so some provisional legal label has to be used to enable one to proceed at all. The important point is not to attach such a legal label earlier than you have to, and to keep it constantly under review to see if it does still fit as the collection of factual information proceeds. The facts must come first, not only at the start of the case but right the way through it.

The range of facts

Facts will be needed on all aspects of the case from all possible sources, and the gathering and use of facts should always be thought of widely, rather than narrowly, for the lawyer to be most effective.

Clearly facts will be needed to establish the cause of action, but to do even that it will be necessary to identify all the elements of the cause of action and to gather facts on each. In addition it will normally be necessary to deal with facts relating to a possible defence. Also, the plaintiff will have to ascertain and deal with the often complex facts relating to his loss.

None of these aspects of the case can be dealt with in a simplistic or superficial way. Although one initially simply wants the story of what happened, that will never be enough. Each element of the story will have to be examined, and many details will not be concrete matters of what was done or said, but much more complex issues of mental attitude and cause. These more nebulous aspects must be examined rather than being dismissed as difficult.

The full range of sources of facts will need to be used for every aspect of the case. This will include not only finding witnesses and looking at documents but dealing with every possible source of information, or where there is a lack of direct evidence, as there often is, what might have happened. The possible sources of factual information are dealt with below.

Problems concerning facts

At first glance this might seem to be a rather strange subheading. The facts of any case must be ascertainable – they just need to be collected. But this is unfortunately not the case. Facts are very rarely easy to establish. There are often too many possibilities or too little remaining evidence for the lawyer ever to be able to establish exactly what happened. This is where real skill is needed to find everything that can be found, to interpret it, and to use advocacy where there are gaps.

(a)   The first problem is simply the *lack of factual resource*. Many of the aspects of an incident leave behind little or nothing from which it can be reconstructed. Some events by their very nature leave no trace at all. Others – like an action or a tone of voice – are very difficult to reproduce exactly. There is a useful analogy here with the work of the historian. There are limited resources from which the historian can reconstruct a past event, and whilst it may well be easier to reconstruct something that happened last week than it is to reconstruct something which happened a century ago, the difference is one of degree rather than of principle. In a legal case one is often dealing with events that did occur months, if not years, in the past.

(b)   Another problem is the *unreliability and inaccuracy of factual sources*. This applies even to the most fundamental factual sources – the witnesses and the documents. The lawyer learns this lesson quickly, but it is a vital lesson, one that should be learned before bad mistakes are made and kept in mind right through practice. Many an inexperienced lawyer will talk to a client or read the statement of a client and decide immediately what the answer to the case should be, only to find out later how wrong he or she was! He or she has simply believed everything the statement says implicitly and filled in any gaps personally without even considering all the ways in which the information may be unreliable or incomplete.

Even when a witness is trying very hard to tell the truth he will rarely succeed simply because it is difficult to remember events accurately. And even a document is not always beyond reproach – it is still possible that it was based on a mistake or a misunderstanding, or simply that the typist was not accurate! Thus, even with the factual resources that you will rely most heavily on, you must always be prepared for the possibility that information supplied is inaccurate.

In addition to unavoidable inaccuracy, there is a wide range of motivations for supplying incomplete or untrue information. To give some obvious examples, the client may well wish to present information about his case in the best possible light and may not wish to reveal facts that he knows may count against him. Witnesses who do not have a direct personal interest in the outcome of a case may still have a variety of motivations, such as not wishing to divulge personal information, or simply not wishing to be involved.

(c)   How to *interpret* a factual resource may pose problems. Something that is said or done may mean one thing to one person and something quite different to someone else. You should never assume that your interpretation is the only one. Many good detective stories are resolved by interpreting a set of facts in a different way, and many good cases or defences are built in the same way. This can be quite simply illustrated – one photograph can be shown to two people, and each may well have quite a different interpretation of what is going on!

(d)   The problem of *ambiguity* is one that you must be particularly aware of. The mere fact that there is an ambiguity is not necessarily a problem; what is important is that you realise where there are ambiguities, look at the options, and if possible attempt to resolve the ambiguity in favour of the client. Again, the important point is not to assume that the way you see things is the only way – look for alternatives.

(e)   Another problem with facts is the *assumption*. It is easy to assume something to be a fact because it seems obvious, and it never occurs to one to question it. Until, that is, someone on the other side questions the assumption at trial, and by then it is often too late! Again this is a basis for good detective stories – many solutions are based on suddenly undermining the reader's automatic assumptions, and again the same happens in legal practice.

(f)   The problem of *contradicting* can exist. There is some contradiction inherent in every case – the plaintiff argues one thing and the defendant another, but the problem is more complex than simply deciding which of the two sides is right. Within the facts of a case there are often inherent contradictions even in the case presented by one side. You must always look out for any contradictions within a case, however small, and seek to explain them.

(g)   A problem that may not be immediately obvious is *irrelevance.* This problem may bring the reaction that it is only the relevant facts that the lawyer investigates. But this is easier said than done! It is not always easy to identify what is relevant – you will soon have a case where you have thought something irrelevant and the other side has taken a different view . . . and won! But equally a lot of time and money can be spent on investigating irrelevant facts, so one has to become good at spotting potential relevance as well as direct relevance to build a good case efficiently.

(h)   A problem touched on earlier is *prejudgment.* This is similar to the problem of making assumptions, but it is also deeper. It is not so much a matter of prejudice, but rather the fact that every person will naturally base personal judgment of facts in the light of personal background. As a simple example, if a client comes with a case similar to one that the lawyer has dealt with before, there is a natural tendency to see analogies, and a danger of seeing the later case as being more like the former than it really is, without starting afresh on looking at the facts of the later case.

(i)   Lastly, and perhaps the most difficult, is the problem of *defining what is a fact,* as opposed to a possibility or an interpretation or an expectation. Very few facts are concrete and incontrovertible. The size and colour of an object may be facts, but all too often even they tend to be a matter of the vagaries of memory. There are few things that do not change and are not difficult to verify, and the rest is a matter of dealing with the above difficulties with a professional skill.

Sources of facts

There is a variety of sources of facts that should all be used to the best effect. First and most obvious there is the client. An important part of a first interview is to find out as much as you can about the facts from the client. As stressed in the chapter on interviewing, it is therefore particularly important for the lawyer to ensure that all aspects of the facts are covered as widely and as fully as possible. Although the client will normally be a willing source of facts, there are still points to be careful of, not least that many clients are far from objective in describing a situation which has brought them to litigation. Thus what a client says should still be fully considered and probed.

There may be other witnesses. Some witnesses may be obviously available because they are people known to the client who were present at the time of the incident. Others may be less obvious, and it may be necessary to find out from a variety of sources who might have been present. Sometimes, as with a road accident, it may be very difficult to locate witnesses, and it may, for example, be necessary to try publicity in a local paper to get someone to come forward.

The witness may not be such a willing source of facts as the client and may need treating with care, to encourage him to provide information and to appreciate the basis on which he is giving information. A fellow employee who has seen an accident at work may well be concerned about losing his own job. It is also not uncommon for witnesses to fill in gaps in their memory – they feel that they ought to have noticed or remembered something and their mind may invent something that they did not actually see. Also witnesses are inclined to change their stories, especially when they are in the witness-box. The witness who does not come up to proof is a danger well known to the lawyer, and one should always beware of relying too heavily on a proof of evidence.

This is a particular problem for the barrister, who will not normally meet a witness before the case is heard in court, except for the expert witness. The barrister therefore relies particularly on the solicitor to weigh up whether a witness is reliable, and the barrister should remember this when reading proofs of evidence provided in the brief.

The other primary source of facts for the lawyer is the document. It goes without saying that you will always want to see any central document in a case, such as a contract, a lease or a will. But it is also important that you should gather as many relevant documents as possible, considering all written matter which might be available and asking for it to be obtained. This may include not only formal documents but even notes of telephone calls, receipts and the like where relevant.

Any other potential source of factual material must also be considered. You will normally need a thorough knowledge of any physical item that is important in a case, be it a house, a machine or a weapon. This will often require more than a written description. Each physical item may also need to be put into a context. Photographs may well be useful. In addition to physical items, the whole location of an incident may be important to get a proper understanding of what happened. A visit to the site may be needed, especially where there is some doubt about a person's movements. The overall need is to get as real a picture as possible of the physical situation one is dealing with.

Sources of physical information may be very wide-ranging. For example, a useful photograph need not be taken by the parties. In *Senior* v *Holdsworth, ex parte Independent Television News* [1976] QB 23 the plaintiff sued a policeman for assault at a pop concert, and he was granted an order that ITN should produce film that they took of the event, though only the part that was relevant. However, it should be noted that this type of application has raised questions about the position of the press, where photographs and films are sought for an event with a political element.

Not only is it important to collect facts from all possible sources, but it is also important to appreciate what facts may be available for the lawyer to collect and what may not. It is not uncommon for an inexperienced lawyer to ask for information which it will simply not be possible to obtain. In particular, there may be some facts known only to the other side, in which case it must be decided how such facts may be elicited from them, by interrogatories, by discovery and so on.

In preparing a case it will be necessary to decide who will gather the facts that are needed. The solicitor will consider this after seeing the client, and the barrister will often consider it after reading a brief. There is the three-stage process of analysing what facts are required, what facts are already available and what further facts will need to be ascertained. This will include identifying specific factual questions which need answering, and identifying general areas where more detail is required. Where a case involves a barrister and a solicitor it will be for the solicitor to collect the facts and evidence in a case, but the barrister will need to identify clearly what information should be collected. The collection of some factual information may be delegated to a pupil or an articled clerk, or to the client himself where appropriate.

One important point – once a fact has been collected it must be recorded. All documents need copies taken and every conversation or telephone call requires a written note. You always think you will remember, but the busy lawyer does not and must be methodical about keeping and filing information. The date and the source of an item of information should be recorded.

Having emphasised the importance of the range of facts and of sources of facts, there is nevertheless an important limit on the collection of facts. In a large case one might go on collecting relevant facts for years, but this would not only take a great deal of time, it would also cost far too much. So one has to be realistic, and sometimes decide which facts are most important and can be collected at reasonable cost.

The range of types of fact

There is a natural tendency amongst lawyers to think of facts in terms of words, because that is what they are used to in legal textbooks. This is especially the case for the barrister, who is used to cases being presented in terms of pleadings, documents and statements. But facts only rarely come originally in terms of words – many facts are visual or a matter of a state of mind.

Even when facts are in the form of words, there is still room for a range of interpretations, in terms of tone of voice, what a particular person meant by a particular word and so on. With visual facts there is even greater need for possibilities and interpretation to be borne in mind in considering what may be found out and what it may mean.

Facts also take other forms. There are numerical facts, which need to be dealt with in as much detail as any other part of the case. In making lists of facts, you should also be making lists of figures and doing any necessary calculations. You should also take care always to keep in mind all numerical aspects of a case, be it tax implications, or problems of raising money, as well as damages issues.

Lastly in terms of range, facts are not only positive, they may also be negative. It may be vital to the case that something was *not* done, or did *not* happen. A negative is often more difficult to establish, but it may nonetheless need to be done.

Analysing facts

Once facts have been collected they need to be considered, assessed and valued. What has been collected tends not to be a collection of hard, incontrovertible and comprehensive *facts* – there will always be some of those – but more a collection of 'facts', that is, things that might be true, that one person says but another does not, things one deduces and so on.

Having collected facts, the lawyer must analyse each one to judge its importance and value before deciding what weight to put on it and how to use it. This is a skill that really only comes with experience, and inevitably some people are better at it than others, but it is a skill that the inexperienced lawyer can identify as important and work on.

There are really two stages in analysing facts: the first is to decide what facts are most important and the second is to decide how much weight to put on each individual fact. For the first stage, it is normally best to think in terms of the issues in the case, though even this is something of a 'chicken and egg' situation – you cannot decide what facts are important until you decide what is the legal issue in the case, and you often cannot decide what sort of legal case you have until you have all the facts – so you often have to work in terms of hypothesis. You decide what legal issue is probably involved, list all the issues that you need to establish for that, and then list the facts that you will need to show for each. In doing this, some facts will be vital facts in issue, others will be subsidiary, and while they may not strictly speaking be needed to show your case, they might strongly support it.

In deciding what weight to put on a particular fact, it is important not to undervalue a fact – never forget the amount that Sherlock Holmes could tell about a person simply from looking at his walking stick! Because a fact may not seem important at first glance it should not necessarily be ignored.

Of the points which may be taken into account when trying to decide how much weight to attach to a fact, an obvious one is the standpoint and possible motive of the person supplying the fact. Is a person describing a situation in which he had any personal interest? This applies not only to the obvious personal interest that a plaintiff or defendant will have. Any witness may have a particular interest in or view of a situation that must be appreciated and taken into account when valuing what he says.

Another point to take into account is the reliability of information given the circumstances in which it was obtained. The extreme case of the witness who only saw a suspect from the back, in the dark, a long way away, when he was not wearing his glasses, has many lesser parallels. Also bear in mind that a witness who does not remember very well will not always sound doubtful. The mere fact that he is not quite sure of what he is saying may make him be more strident!

Another aspect to consider is the situation in which the information is supplied to the lawyer. A witness who is confident and at ease might well provide reliable facts, but one who is worried, frightened or simply feeling uneasy in a strange environment might not. In connection with this, there is the matter of when the information is supplied. Not only is there the point that a witness will quickly forget details over time, but there is equally the danger that his mind may, itself, have filled in details of things that have been forgotten. This may especially be the case where the witness has already recounted his story many times – it gets embroidered every time and the things that have been added by the mind can then seem true to the mind.

In analysing facts supplied, the more important and relevant a fact is, the more its reliability must be assessed. If a fact is less relevant it may not need so much consideration, but it should still not be forgotten. If the other side can show that one fact that you present is not reliable it does cast doubt on the others.

The final point is that facts should be analysed in the light of what the other side may argue to see if they will stand up at trial. Opportunities for getting the other side's view of facts arise in their pleadings and in their evidence. There are increasing moves to reveal a case in advance rather than take the other side by surprise at trial to promote the proper preparation of cases. In addition to revealing written documents at discovery, expert evidence is also revealed in advance, and now witness statements of oral evidence in certain circumstances (see *Practice Direction* [1989] 1 All ER 764).

Putting facts together

Here one is stating the obvious – the notes and documents are gathered and put together in a file. But again, the real skill you need to do a good job is wider and deeper than this. There are many different ways of assembling facts to present a case and the best one for the purpose must be chosen.

There are some obvious possibilities. Facts about time can be listed in the form of simple chronologies. Facts about people may usefully be recorded by listing the names of the people involved in the case and listing against the name all that is known about them. But even these obvious possibilities are much wider. When a chronology is drawn up, how much detail should be included? When a list of dramatis personae is drawn up, is it worth dividing up the information about them into different categories, and if so what?

There are many different ways of putting information together – lists, charts with columns with different headings, flow charts, index card systems and so on. There are different ways of making the information easy to use – do you use a pen, or would a pencil and rubber make it easier to move items around until you are sure of your analysis? Many people use highlighter pens, but most use only one colour, and there are many circumstances when using more than one colour is useful for the lawyer, even if it is only a matter of marking points for you and points against you in different colours.

There is also the matter of deciding the right time to put facts together – if it is done too soon you may take decisions too early or may have more work when extra facts are available, but if it is done too late an opportunity may be missed to fill a gap. The answer is that facts must be put together at various stages during the case – but if at each stage the facts are put together suitably it will strengthen the case. At any stage it is worth putting the facts together properly – if a good chronology is prepared in the first place you only need to add to it when you prepare for trial, but if notes are always made on the back of an envelope and then the envelope is lost several chronologies may have to be made in the same case! The way that facts are put together depends to a large extent on what the lawyer eventually wants to do with the facts, and this is dealt with below.

Filling in gaps in facts

In every case, even after all possible investigation, when the facts are put together there will still be gaps. They may not be big or important gaps, but they will always be there to be considered and dealt with. When you put together the information that you have, you should always identify clearly what you do not know and take great care not simply to ignore it.

There is the difficulty that you naturally tend to fill gaps in your own mind, and this is a real problem for the inexperienced lawyer. Once you have been told that something happened, you think of how it is most likely to have happened, and then assume that that is how it did happen. This may be done because of common experience, because of the personal attitudes of the individual, or perhaps because you have previously had a similar case. It is not that filling the gaps in your own mind is necessarily wrong – in practical terms it may be the only way to do it – but it is very dangerous if you then believe your conclusion to be the truth.

It is better to try if possible to fill the gaps in a more scientific way. First and most simply, is there anyone with a better or more expert knowledge of the situation to help? If not, it is important that any gap in information is approached objectively and with a big question mark in the mind. If you do not know how or why something happened, you may be able to infer possibilities – this will require looking at all the possible ways that something might have happened and then trying to decide which is really most likely, or which is best for the client!

In making inferences to fill in gaps in information it is necessary not only to look at the full range of possibilities, but also to ensure that when deciding which inference is most likely, you look towards building up a coherent case, so that each inference fits in with all known facts and other inferences, to put together a coherent theory for the case to be presented in court.

What to do with the facts

All through the consideration of the facts and dealing with problems and gaps the end objective – what purpose will the fact ultimately be used for – should always be kept in mind. The facts will be needed for the case, certainly, but you can state objectives more precisely than this. For example, facts will initially be needed simply to decide what sort of case it is and what cause of action to use, but at a later stage they will also be needed as a basis for making a speech in court, as a basis for presenting the evidence for your own case, as a basis for cross-examining the other side, for showing what damages the client is entitled to, or even as a basis for trying to settle the case out of court.

These ultimate objectives should be kept in mind in collecting the facts and in organising them. Separate notes will probably be needed for summarising facts for each different purpose to do an efficient job, rather than simply using one general set of notes for everything. For each set of factual notes you need to choose the right form and the right headings, to have something that you can use as easily and as efficiently as possible for the purpose. For a trial you want lists of what you need to prove, what you can prove, and how, but for a negotiation you want lists of the strengths and weaknesses of your case.

Even when finally pulling the facts together, you must remember that you are not in a vacuum. You may be able to put together a great structure, but there is always the other side to pull it apart! In organising facts you still need to question each element of your structure and to bear in mind what you do not know.

Proving the facts

Never forget that a fact is of no real use if it cannot be proved. When making notes about facts, you should make notes against each of how each may be proved, and whether you already have the evidence or may still need to obtain it. This can usefully be done in the form of a table. To help with this process, a basic checklist is included at the end of the chapter of the types of evidence that may be available and how they may be admitted, but this is, of course, generalised and is only intended as a guide on which the individual may build.

As mentioned later in the chapter on preparing for trial, it is necessary to decide what, of the range of facts elicited, should actually be used at trial. Not all the evidence collected needs to be used, just that which proves the case. To the extent that evidence has been obtained from the other side, remember that they may choose not to use it (*Fairfield-Mabey Ltd* v *Shell UK Ltd* [1989] 1 All ER 576).

The role of legal research

The facts will need to be fitted into a clear legal framework. Many lawyers underestimate the requirements of legal research for the professional – they feel that the need to carry out research is elemental and inherent, or they feel that they have already learned to carry out legal research as a student, and it does not occur to them to review their ability. Research is simply a matter of picking up the right books and reading. There is a tendency to see research as a bit of a chore, but as a chore that will solve all problems – 'Well, of course, you only need to look it up.'

However, there is more to it than that. The professional needs to be able to carry out research accurately, comprehensively and quickly, and that is not easy. Courses in carrying out legal research are beginning to be made available because the importance and value of good research skills are being increasingly realised.

First, there is the need to use the right book. The law student must become familiar with what practitioner books are available and are commonly used in every area in which he practises, and how to use them. This is especially the case with the increasing number of loose-leaf works, which are more up to date but which often need care to be used to best effect.

Secondly, there is the need to use the right range of books. You might well start with an appropriate practitioner book, but that will rarely be enough. A basic checklist is provided at the end of this chapter as an outline for research resources. It is important to build up the skill of knowing exactly what books to look at in a case to be as thorough as necessary without wasting time, and so as to be able to present a good legal case at trial and not be taken by surprise by a legal issue suddenly raised by the other side.

Thirdly, there is the need to use the books in the right way. Efficient research is not simply a matter of opening a book and reading it, but is based on good preparation and strategy, for which there is also a checklist at the end of the chapter.

Preparing to carry out research

This activity may at first glance appear to be of little importance. The only preparation needed for legal research is to go to the library and lift the book off the shelf. But you do not need to be in practice long to come across a case where this is not how things happen. A client comes to the office or a brief arrives, you sort out the basic facts . . . and you still do not know where to start – not even which book to look at, let alone what page.

Research will need preparation to be efficient, effective, and as quick as possible. The checklist provided gives a basic outline of the main stages for this, but a few points will be elaborated here. A lot of time can be saved if you plan before going to the library rather than wandering round the library, having to take up the librarian's time, and possibly ending up going out for tea because you are getting nowhere!

It is worth making it clear that even if you are in the position of having someone to help with research, the importance of individual research skills should not be underestimated. You still need to be able to draw up a proper research plan to use time to the best effect and to deal with a case properly.

In the first place, you need to decide what you need to look up. Sometimes this will be obvious, because there is only one particular point in the case where there is difficulty and only that needs to be checked. But in many cases, especially in early practice when you want to be sure of every point, or when you are dealing with a case in an area that you do not normally practise in, there will be several points to look up. So the first thing is to identify and list all the areas. And in doing this you must be specific or general as appropriate. If you need to look at a whole area, that needs to be noted, but if you need only to look at a small point, define it clearly. You should also make sure that you identify all the points that need looking up, not just for the cause of action, but also regarding possible defences, remedies, procedural points and so on.

Once there is a complete list of legal areas for research, you need to identify exactly how each point on the list will be covered, identifying a book or books for each. You also need to assess relative importance. If one point is much more important than the others it should be looked up first, particularly if it is a point that could dispose of the whole case, like a limitation point. You also need to identify when items on the list should be researched. Some basic points about cause of action may need immediate research before the case can start, whereas others may be better left until more factual information is available, and some may only be relevant at a much later stage in the case.

From making these decisions about each item on the basic list for research it should be possible to evolve a full plan for research. In early cases and in difficult cases it is worth writing out this plan. They may seem pedantic, but there are few lawyers who would not find that they would be more efficient with a more systematic approach. The research plan should be drawn up clearly and be kept for later reference. It should include all the items of the case that will need research, with a note of when and where they should be looked up.

Even with this research list, it is still necessary to decide exactly what to look up, or dozens of unnecessary pages may be read. Even if you know which book you want you need to decide specifically which point or points to look up in the index. It is worth while noting down in advance what you intend to look up in the index to ensure that nothing is forgotten, even if further time is then spent with the index when the book is found to ensure that your list covers everything.

Which books to use for research

Deciding on the right book or range of books is not always easy. Sometimes there is an obvious choice for a purpose, as there is a leading practitioner text on the area, but if not a decision must be made. Sometimes, especially in an area one is not familiar with, the answer may be to start with a general work like *Halsbury's Laws.*

It is worth becoming familiar as soon as possible with the full range of practitioner books in every area in which you take cases. There is the obvious practical point of familiarising yourself with the library normally used so that you can find things – sooner or later you will need to look up something very quickly before rushing into court or to impress a pupil master.

When it comes to citing an authority in court it is important to choose the best source for that authority, see, for example, *Practice Direction (Court of Appeal: Citation of Authority) The Times,* 23 June 1995. The official law reports are to be preferred over the Weekly Law Reports or the All England Law Reports. Authoratative specialists series or an official transcript of an unreported case may be used if necessary.

Getting the most out of research

Some law students get into the habit of reading relevant law reports, others hate them and will always seek to avoid reading a case unless it is really necessary. When preparing a case in practice it will be part of the duty to the client to read relevant cases. But this does not necessarily mean hours of boredom if you become skilled in getting the most out of research. There is a technique to reading a case quickly and effectively that does not solely depend on the fact that some people simply read more quickly than others.

You rarely need to read a whole case in great detail – usually only part of it will be relevant. The first point is to read the headnote efficiently. See exactly what was decided and what was obiter, and decide whether the case really needs to be read at all. Sometimes it does not. It may have been referred to in a textbook, but may in fact turn out to be on a point that does not really apply to the case in hand. From the headnote it should normally also be possible to work out which pages need to be read. You should check which judges made the decision and whether there were any dissenters, and decide which parts of which judgment you actually need to read. You must be sure exactly why you are reading the case before you start, and be clear about the issue to which it is relevant – whether it is the facts or the law that are particularly relevant, and so on.

Similar principles apply to all areas of research – the clearer you are about your objectives and the more careful you are about identifying exactly what you do and do not need to look up, the more quick and efficient you will be.

General research skills

It is important to follow research through. Once a first source has been consulted it will often direct you to a second source. A textbook will often refer to statutory sections or cases. A case will often refer to other cases that may also need to be read. It is important not only to follow these points up, but to know when to follow them up and when not to – watch out for red herrings.

It is important to know the *best* source for research, not just *a* source. To give a simple example, there is a choice in looking up statutes. A set of annotated statutes may be useful if general background discussion is required, but a straightforward copy of the statute will be easier to use if simply the exact wording of a section is needed.

There is the obvious need to keep up to date, whether this be through reading legal journals, or in particular regularly consulting *Current Law*. Also you need to be able to check if what you read while carrying out research is still accurate – Is the statute in force? Has a statutory wording been interpreted? Has a case been commented on or overruled? You cannot pretend to be a competent practitioner if you do not know how to do these things. Research may need to be fairly wide ranging, it is, for example, now possible for a court to look at *Hansard* to construe the meaning of a statute, *Pepper* v *Hart* [1993] 1 All ER 42. Note, however, that parliamentary materials are not admissible for general purposes beyond construing a statute, *Three Rivers District Council* v *Governor and Company of the Bank of England*, *The Times*, 8 January 1996. If a reference to *Hansard* is relevant see *Practice Direction* (*Hansard: Citations*) [1995] 1 WLR 192.

It is also important to take efficient notes of research. It is easy not to do this at the time. You think you will remember, or a brief note will give total recall, but this is not the case in a busy practice. It is important to build up good habits in noting research, writing clearly and with a system of subheadings and abbreviations to note what topics have been looked up, the outcome, further points that might be checked, and clear references so that a point can be found again easily. Such notes will save time in the long run by avoiding the need to look up the same thing again, and will prevent your becoming irritated when you cannot find again a point you remember reading!

In addition to notes there is always the photocopy. Where the exact wording of a statute or particular words from a case are particularly important a copy may be valuable, but beware the drawbacks of the photocopy; it is far too easy to photocopy something, put it in the file and think the job is done, without bothering to read it. And a lot of photocopied pages are heavy to carry about!

As a final source for research, and one often used, there are colleagues. Other lawyers, particularly in the same firm or the same chambers, can often give quick and practical advice that is very much up to date. In even more general terms, they can often make useful comments that give a new perspective on a case.

Solving the problem

This chapter has concentrated on two particular aspects of organising work on a case – the need to deal with the facts and the need to research the law properly. Finally, there is the overall objective to put these two into perspective – the basic and simple need to solve the client's problem.

The first element in this is the need to keep simple objectives clearly in mind right through reading the papers, talking to the client, making the notes and reading the books – What is the case really about? What is the client's real problem? And, as it begins to come into focus, what are the range of possible answers?

The 'problem solving' approach has started to come to prominence in legal textbooks. This approach centres on defining the problem clearly, defining the objectives accurately, and looking at the full range of ways of reaching a solution. It also involves, where appropriate, the possibility of looking at non-legal backgrounds and potential non-legal answers to ensure that you really are achieving the most possible for the client.

Problem solving is not really a separate legal skill, it is what the lawyer does anyway. But some lawyers do it well and some do it less well. It is a matter of having a really professional and fundamentally practical approach to each case, at every stage of the case and in every element of the case. It is a matter of really analysing facts and issues, always looking at all options, and constantly reviewing a case at every stage to see that every element of it is progressing in the best possible way and to the right end. It is also projecting into the future as far as possible to see what potential outcomes really mean. At its most fundamental it is seeing the client's position as a living problem to be solved rather than as a dry legal conundrum.

Constant review is an important element. No case ever comes in neat legal stages, with an interview, followed by the gathering of facts, and then the legal research. Information comes in at different stages, a client changes his view, the other side change their view, and each of these needs an appropriate reaction. The good lawyer must be adaptable and be ready to reconsider each element of the case, rather than regarding work done as ever being final until a case really is finally judged or settled and the ends are all tied in.

Objectivity is also an important element – looking at the problem as a problem and separating issues from personal motivations, most especially from the lawyer's personal perception! Objectivity is not just a matter of avoiding prejudging issues, it is also more generally a matter of standing outside a case from time to time to take a long, hard look at it. From such a standpoint you can more easily review the logic of the case, decide if it is useful to look for analogies to help to solve it, or consider how the other side would view it.

At base, it is simply a matter of looking accurately and specifically at what the client really wants in the context of the situation that the client is factually and legally in – but in doing this, you must ensure that the client agrees with your definition of the problem, or you may find a brilliant solution to the wrong point!

Do not go overboard in legal research – the courts have made it clear that the excessive citing of cases that simply illustrate a point is to be discouraged, *R* v *Sheffield Stipendiary Magistrate, ex parte Stephens, The Times,* 16 March 1992.

CHECKLIST FOR DEALING WITH FACTS

1.   Identify all the issues in the case on which factual information will be required:

    (a)   potential causes of action;
    (b)   potential defences;
    (c)   damages and other remedies.

2.   List in detail the elements of each issue on which factual information will be needed. Such a list should be very detailed, including all people, objects, sites, etc., involved.

3.   Identify what facts are already available.

4.   Identify what facts are still required, and potential sources of each.

5.   As facts are collected, evaluate each for relevance, reliability, etc., bearing in mind the source of the fact and so on.

6.   Collect the facts together in forms suitable for the purpose for which they will be required.

7.   Identify gaps in the facts, and decide how to deal with them.

8.   As facts are pulled together, ensure that they form a coherent case, dealing with contradictions, ambiguities, etc.

BASIC CHECKLIST OF TYPES OF EVIDENCE IN A CIVIL CASE

1. Witnesses
Oral testimony will normally be the primary source of evidence (RSC Order 38, rule 1).

    (a)   The client: check all aspects of the case with the client at an early stage.
    If there is any area where the client is vague or unconvincing, do your best to clarify matters.
    If the client is likely to be strongly challenged in cross-examination, prepare him for this as far as possible.
    (b)   Witnesses to support the client: find all possible witnesses to support all elements of the client's case.
    Get full statements from all of these witnesses, which may stand as evidence in chief.
    Decide which of the range of witnesses should be used at trial.
    If the witness is not willing to attend the trial it may be necessary to get a subpoena (RSC Order 38, rules 14–19).
    (c)   Witnesses for the other side: anticipate ways in which the evidence that may be given by witnesses for the other side may be undermined.

2. Expert witnesses

Decide at an early stage whether expert evidence will be needed on any aspect of the case.

Seek a report from a suitable expert, identifying clearly what he is being asked to report on.

Decide if a conference with the expert is needed.

Ensure that you have sufficient understanding to examine the expert witness, and to cross-examine the expert witness for the other side.

Decide on expert evidence to be used at trial.

Notice will often need to be given (RSC Order 38, rules 35–44).

The court may order a limit on the number of experts who may be called (RSC Order 38, rule 4). If possible a single agreed witness should be used.

3. Statements

If you wish to use a written statement as evidence, ensure that it is within one of the categories that is admissible, e.g.:

(a) Written statements may be admitted by agreement between the parties.

(b) Written depositions may be made under RSC Order 39, and may be admitted under RSC Order 38, rule 9, which requires notice and either consent of the other side or proof that the maker of the deposition is dead, out of the jurisdiction or too ill to attend court.

(c) Witness statements will normally be exchanged and may stand as evidence in chief.

Statements should be edited if necessary to ensure that they do not include inadmissible hearsay.

4. Documents

Ensure that all relevant documents that are available to your side are located. Decide which witnesses will authenticate and deal with each document.

The original document should be produced if possible. If a copy has to be used, ensure that it is admissible.

For rules for written records and computer print-outs see ss. 4 and 5, Civil Evidence Act 1968. Proper notice should be given (RSC Order 38, rules 20–34).

If someone else has a document you wish to see it may be possible to seek an order for the person to produce it (RSC Order 38, rule 13).

There are special rules for special types of documents which may need to be checked, e.g. for bankers books, etc.

Agreed bundles should be prepared where there are a number of documents, especially letters.

Documents from the other side:

(a) Anticipate what documents the other side may have that you may wish to see.

(b) Make proper use of discovery (RSC Order 24).

(c) Decide whether to object to the admissibility of any document.

5. *Admissions*

Full use of admissions should be made to save time and costs. Ask the other side to admit a point which should not be in dispute.

Admissions may be made in pleadings.

The other side may be asked to admit by a Notice to Admit (RSC Order 27).

On a Summons for Directions, consideration should be given to whether any matters should be admitted (RSC Order 25, rule 4).

6. *Interrogatories*

Consider whether any matters arise on the pleadings which are too vague to allow the case to be prepared properly. If so, consider the use of interrogatories to get further information (RSC Order 26).

7. *Maps, plans, models, etc.*

In every case, decide whether any plan, photograph, etc., would help with the clear presentation and understanding of the case.

Any plan, etc., should be prepared by a proper person, and will need to be presented and dealt with by a proper person at trial.

Use should be agreed in advance, e.g., at the Summons for Directions.

In any event, unless the court orders otherwise, no plan, photograph or model can be used at trial unless the other party has had the opportunity to inspect it and agree its use at least 10 days in advance (RSC Order 38, rule 5).

8. *Affidavits*

An affidavit is a formal type of statement that has a variety of specific purposes, and will not normally be used as evidence at a hearing of a case, except in an originating summons action, or to support an interlocutory application.

An affidavit may, however, be admitted with the consent of the parties, or the court may order an affidavit to be read if this is reasonable (RSC Order 38, rule 2).

N.B. This checklist is not comprehensive; it is just a basic guide.

STAGES AT WHICH EVIDENCE MAY BE OBTAINED AND SHOULD BE CONSIDERED

For your own side

Evidence may of course be obtained from your own client at any stage, but it is important to remember that:

(a) you should consider what types of evidence may be available to your client and ask him to supply them as soon as possible;

(b) you ensure that each item is admissible.

The other side

As for getting evidence from the other side:

(a) Always consider what information may be available to the other side that you may wish to see.

(b) Always make full use of the opportunities for getting evidence from the other side.

Stages in the case

1. Before an action is started.
   It may be possible to get an order for pre-action discovery in limited cases under ss. 33(2) and 34(2) of the Supreme Court Act 1981 and RSC Order 24, rule 7A.

2. Interlocutory stage.
   At an interlocutory stage use may be made of interrogatories, seeking admission, etc.
   If there is a fear that evidence may be removed or destroyed, an Anton Piller order may be sought to preserve it.

3. Discovery.
   Full use should be made of automatic general discovery under RSC Order 24.
   It is important to ensure that everything is inspected and copies taken as necessary.
   Consider whether everything that was expected to be made available on discovery has been, and seek special orders if not.

4. Summons for Directions.
   All final matters of evidence should be considered, including expert evidence, use of models, admissions, bundles of document, etc.

5. Before trial.
   For your own evidence, check that it is all admissible, that any necessary notices have been given, etc.
   For evidence of the other side, decide whether you have any objections to make to a whole item or any part of an item, and see if there is any way that you can prepare to undermine any of their evidence.

CHECKLIST FOR CRIMINAL EVIDENCE FOR THE DEFENCE

1. Witnesses
  (a)   Should the client give evidence?
For the client:
  (b)   What range of witnesses are available to support the client?
  (c)   Which of these witnesses should be used?
For the prosecution:
  (d)   Can any particular witness be discredited?
  (e)   How can the evidence of each witness be undermined?

2. Statements
Check that prosecution statements are made available when they should be.
  Thoroughly analyse prosecution statements for inadmissible evidence.
  Thoroughly analyse prosecution statements for weaknesses.
  Check whether an alleged confession is admissible (ss. 76–78, Police and Criminal Evidence Act 1984).

Thoroughly analyse prosecution statements for weaknesses.
(Note that first-hand hearsay statements can be allowed where the maker is dead, too ill to attend, outside the jurisdiction or cannot be found, or where the statement was made to a police officer and the maker is too frightened to give evidence, ss. 23, 25 to 27, Criminal Justice Act 1988.)

3. Exhibits
Normally the prosecution will put in exhibits relevant to the commission of the offence. Check what exhibits they will present. Decide if there are any useful exhibits for the defence.

4. Documents
All documentary evidence should be collected and analysed.
    Hearsay in documentary records can be allowed in (s. 68, Police and Criminal Evidence Act 1984).
    Evidence from computer records can be allowed in (s. 69, Police and Criminal Evidence Act 1984).
    Business documents can be allowed in (s. 24, Criminal Justice Act 1988).

5. Expert evidence
Always consider whether expert evidence might be valuable (and not too expensive!).
    Expert reports can be admitted even if the maker does not give oral evidence in court (s. 30, Criminal Justice Act 1988).

6. Helping the jury
Always consider whether some way of presenting evidence may help the jury to understand the case.

Stages at which evidence should be considered
1. Before committal proceedings.
    Receive and review prosecution statements.
    Should the client plead guilty or not guilty?
    Should there be long form or short form committal proceedings?
    If the long form, what might it achieve?

2. Before trial.
    Receive and review any further prosecution statements.
    Ensure all evidence to support the client is available.
    Decide which evidence to use.
    Should the client change his plea?

N.B.   This checklist is not comprehensive; it is just a basic guide.

CHECKLIST FOR CARRYING OUT RESEARCH

1. Become fully familiar with the facts and issues in the case

2. Identify what areas need to be researched
Identify issues in all areas of the case: cause of action, defences, remedies, procedure, evidence.
List all these areas.

3. Take decisions on the relative importance of these items
Might any of them entirely dispose of the case?
Are any of them likely to be particularly hotly disputed?

4. Take decisions as to when these items need to be researched
Some may best be researched now.
Some may usefully be left for later.

5. What depth of research is needed?
Main issues in a case will often need substantial, in-depth consideration. Side issues will need less.

6. Who should do the research?
It should be clear between barrister and solicitor who is to research a point, to avoid duplication or omission.
Basically, once a case has been sent to a barrister, it is for the barrister to do the relevant research, unless the barrister in directing the progress of the case asks a solicitor to deal with a particular point.
Should research be delegated? In practice, much research is delegated. In such a case it should obviously be absolutely clear what points should be looked up, and they should only be delegated to someone in whom one has faith.

7. Decide where to research these items
Are primary sources such as statutes, cases and regulations required?
Are secondary sources such as textbooks required first? If so, which one?

8. What topics need to be researched?
First decide appropriate generic titles for areas of law involved.
Then decide the specific words that need to be looked up in the index 'key words'.
Having looked up some topics, be prepared to be led on to other headings that are suggested (but don't get carried away!).

9. What record should be kept?
All main points should be noted with clear references.

CHECKLIST OF SOURCES FOR RESEARCH

1. Practitioner textbooks
What is the appropriate practitioner book?

Is there more than one appropriate practitioner book? In which case, should one look at the whole range? If not, which is most up to date or best on the area in question?

Is it enough to look up simply the practitioner books in one area, or is more than one area involved in the case?

Is a book on the area available or the best source? Might the appropriate section of *Halsbury* be appropriate?

2. Statutes
Do any statutes need separate specific research? If so, what Act or Acts?

Is just the simple statute required or would an annotated copy be better?

What are the exact words of the statutory section?

Is the statute in force?

In what cases has the statute been interpreted?

3. Cases
What cases are relevant?

On what points are they relevant?

Which of the relevant cases are worth looking up? Which are most legally relevant, closest on the facts, or most up to date?

How much of the case needs to be read? Is the headnote enough? Is the leading judgment enough? Are specific quotes needed?

4. Regulations and statutory instruments
Does any other legal source need to be looked up, such as a statutory instrument?

Be clear about the role of secondary legislation. It is increasingly common for statutes to give a general regulation making power. The lawyer needs to know where and how to look up the regulations.

5. General works
Halsbury's Laws. A useful legal encyclopaedia, especially for particular points not clearly covered by another textbook.

Atkin. To research model drafts.

6. Legal journals
Be aware of the range of relevant journals and what kind of items they contain, especially those that contain useful in-depth articles in a particular area, or are useful in keeping up to date.

N.B. Increasingly these sources can be researched through CD Rom as an alternative to hard copy.

7 Basic principles of drafting and pleading

This chapter will deal with the basic principles for drafting legal documents, especially pleadings for court. Examples of particular types of pleading are given in the second part of the book. People tend to regard legal documents with suspicion and mystification; the general public tend to regard them as incomprehensible, and lawyers themselves may find it difficult to master the principles of drafting, and take years to develop a good style and feel confident. There is a tendency to treat legal phrases as magic formulas, and some feeling that a conveyance or a statement of claim should sound grand to impress people in the way that a judge in robes does.

There is something to be said for the view that a legal document should be special – if someone is summoned to court he or she should feel it is something more than an ordinary letter. But on the other hand, it should be possible to understand the document sent, whether it is a pleading of the court or some other document drafted by a lawyer. Good drafting is not necessarily long words and lots of sub-clauses, but the essential facts of a case set out in a clear and concise way, and using the right words in good English. A good draft should usually feel simple and right, but that is not easy to achieve and the lawyer may take some time to learn a good style. However, it is important that good style be learned, as a good technique in drafting legal documents is the basis of a clearly presented case, and the first step to winning in court.

There are strong historical reasons for the involved legal documents that still sometimes appear today. The concept of legal pleadings began in the reign of Henry II, when each party gave a brief oral statement of their case which was written on to parchment rolls (hence the title of Master of the Rolls). The original idea was simple and logical – that it was necessary to define clearly and simply what the case was about – but it soon became hedged about with a number of strict rules and formalities which had to be observed. The correct formula of words had to be used for each case and the right form of action had to be chosen or the plaintiff would fail, whatever the facts and justice of the case. Common law and equity actions had to be brought separately, and a defendant could only record one defence, even if a variety of defences might be open to him on the facts.

Increasingly complex rules for pleading lasted well into the last century, and reached a climax for the early Victorian lawyer. It was necessary to plead positively every part of the case and to exclude all possible exceptions so that lengthy pleadings with many sub-clauses were inevitable, even though much of what they said was not strictly relevant to the case. Equally the defendant had to deal with every possible argument in the case and every possible defence. Anything not in the pleadings could not be argued in court, however relevant it was, so pleading was not only complex but vital, and cases could easily be won or lost on it. The lawyer needed to be not so much an expert at arguing a case in court but an expert at drafting, and the technical rules of pleading predominated over the need for justice in a case.

Fundamental reform came with the Common Law Procedure Acts 1852–60 and the Judicature Act 1873, which form the basis for the modern system of pleading. The rules had become so complicated that pleading tended to obscure rather than clarify the case, and these old rules were removed so that it was no longer necessary to plead on a wide number of matters that were not directly relevant to the case itself, but only to plead on the central facts and arguments in the case. Also it is now very much easier to amend a pleading, so that a defect in pleading will rarely be fatal to a case because it can usually be remedied.

Although the basic theory is now that the pleadings should summarise the facts and issues in a case as briefly and clearly as possible, there are still some drawbacks in the present system. First, the old Victorian approach with a heavy style, cumbersome and old-fashioned words and complex grammar has died hard, being passed on from one generation of lawyers to another as they learn drafting techniques, and there are still far too many documents and pleadings that are much less comprehensible than they should be for no very good reason. Secondly, the fact that it is now relatively easy to amend a pleading has meant that some pleaders have become rather lax. They do not bother to make a pleading as accurate as it should be because they feel that they can always sort it out later at relatively little cost in time and money.

It goes without saying that the good pleader should avoid both of these tendencies, and should do so from the first moment that he or she begins to learn how to plead, as bad habits will be very difficult to lose once they have been picked up. It is vital to find a clear and concise style right from the start that gives the essence of the case and uses good, reasonably simple English. Also the good lawyer should only need to amend a pleading if new facts or arguments emerge, and not merely to correct mistakes.

There tends to be a feeling that now that the complicated rules of drafting are gone there is no real need for a lawyer to take great care with drafting, but there are many reasons why it is still important to develop a skill here. First, a good draft is part of preparing a case properly. If you have thought out all the issues clearly and developed your arguments sufficiently, a good draft should come automatically; it is only if you have not yet got the case straight in your own mind that the draft will be woolly and vague. Secondly, the pleadings in a case are the first thing that a judge will read. He or she may well read them before coming into court, and in any event they will be the first things dealt with in the case. Therefore a good, strong, clear pleading is the best way to get the attention of the judge to the central issues of the case. This can matter in little things as well as in big ones. Many judges will be prepared to ignore small mistakes because they are not important, but some will be irritated by them, or see them as being the sign of an inefficient lawyer. Thirdly, there are still some cases where mistakes in drafting can be vital, even though the old rules are gone. For example, in the well-known case of *Leaf* v *International Galleries* [1950] 2 KB 86 the plaintiff bought a painting for £85 having been told that it was a Constable, and when he found out that it was not he sued claiming rescission. The judge held that the remedy of rescission was not available due to lapse of time before the claim, and the plaintiff could not get damages because they were not claimed in the pleading. A further example is *Esso Petroleum Co.* v *Southport Corporation* [1956] AC 218, where a ship was stranded and a beach polluted by it. The case went to the House of Lords, and it was held there had been no negligence but the accident was due to a defect in the ship. As unseaworthiness had not been pleaded the defendant did not have to deal with it and the plaintiff failed. Lastly, matters that are improperly or unreasonably pleaded can result in an otherwise successful party having to pay part of the costs, *Re Elgindata Ltd (No.2)* [1993] 1 All ER 232.

It is important to note that a pleading is a formal document that can have an effect outside the strict confines of the action. For example, a lease could be forfeit if the wording of a pleading effectively denied a tenancy, *W.G. Clark (Properties) Ltd* v *Dupre Properties Ltd, The Times,* 5 July 1991.

Even if bad or insufficient pleading does not lose a case, it may deprive a party of a remedy. This is especially so when pleading a claim for damages, where each head of damage claimed and the basic facts on which each claim is based should be pleaded, especially for a head of damage that is not obvious. To give one example, in *Perestrello E Companhia Limitada* v *United Paint Co.* [1969] 1 WLR 570 there was an action for breach of contract which the plaintiff won, but the pleading claimed only some wasted expenditure and not general loss of profit, and it was held they could only recover what was pleaded.

One area where the rules of pleading have remained more complex is that of defamation. Pleading in a defamation case remains an art in itself and is beyond the scope of this book. However, even in this area the judges have said that the rules are too complicated and obscure and require rapid consideration and reform, *Morrell* v *International Thomson Publishing Ltd, The Times,* 18 May 1989.

Many judges still stress the importance of good pleadings in cases, as in the remarks made by Lord Edmund Davies in *Farrell* v *Secretary of State for Defence* [1980] 1 All ER 166 where he said:

It has become fashionable in these days to attach decreasing importance to pleadings, and it is beyond doubt that there have been times where insistence on complete compliance with their technicalities puts justice at risk, and indeed may on occasion have led to its being defeated. But pleadings continue to play an essential part in civil actions.

The important thing is clarity of approach. Ensure that you have fully read and understood the brief before starting, whether or not you have written the opinion, then:

(a) Decide which draft or drafts you need.
(b) Note, in order, the elements that must be included.
(c) Note by each element the facts to plead in that paragraph.
(d) When drafting, abide by the formal and informal rules given in the following pages.

Types of drafting and pleading

There is a wide variety of different types of drafting and pleading that a lawyer may need to deal with. The basic types are:

(a) Essential court pleadings, such as the statement of claim and the defence.

(b) Other types of pleadings and applications for court, such as the originating summons or the petition.

(c) Drafting in criminal cases such as indictments and notices of appeal.

(d) Drafting affidavits for various procedural or evidential purposes.

(e) Drafting documents which are not part of court proceedings, such as wills and deeds.

Some general points will apply to all these categories, but the rules for each are different in various respects. This book deals primarily with the rules for the first two categories, where there are most technical rules for pleading and drafting, concentrating on High Court actions. Later chapters deal with the slightly different rules for county court and criminal actions and there is also a chapter on drafting affidavits, which can have an important role in a case. The points come from court rules and case law and what points really are matters of personal style are distinguished. Minor types of drafting will not be covered specifically, many of them being relatively straightforward or relatively uncommon. More minor drafts will usually be a matter of applying general drafting principles, and can be found in a reference work or learned in practice quite easily. Also, specialist drafting skills will not be covered, as these will often be a matter of applying general drafting principles in a particular area of law, with some special rules to be learned by the lawyer going into that type of work.

The drafting of documents which are not for use in court proceedings, such as deeds, wills, contracts and conveyances, is beyond the scope of this book, though to some extent similar principles will apply to them.

Choosing the appropriate type of draft

In many cases it will be fairly obvious what type of draft is needed at any point in an action, but there can be some difficulty about the type of pleading or other document needed to commence an action, especially in the High Court. The rules for commencing a civil action in the High Court are contained primarily in RSC Order 5, which provides that, subject to any provision of an Act or of the rules of court, proceedings can be begun by writ, originating summons, originating motion or petition (see RSC Order 5, rule 1). Sometimes a specific one of these must be used, but if there is a choice it is for the plaintiff to decide which to use.

The basic rules for making the choice are as follows:

A writ must be used in the following cases, unless there is any provision in an Act or rule to the contrary:

(a) In proceedings in which a claim is made by the plaintiff for any relief or remedy for any tort, other than trespass to land.

(b) In proceedings in which a claim made by the plaintiff is based on an allegation of fraud.

(c) In proceedings in which a claim is made by the plaintiff for damages for breach of a duty (whether the duty exists by virtue of a contract or of a provision made by or under an Act or independently of any contract or any such provision), where the damages claimed consist of or include damages in respect of the death of any person, or in respect of personal injuries to any person, or in respect of damage to any property.

(d) In proceedings in which a claim is made by the plaintiff in respect of the infringement of a patent.

A writ should also be used for a probate action (see RSC Order 76, rule 2).

These provisions are reasonably straightforward as to the cases when a writ must be used. In practice any similar type of case should also be begun by writ, and usually not only tort actions but also many contract actions will be begun by writ. The writ will also be appropriate in other types of actions where there is any substantial dispute of fact between the parties, or where witnesses are likely to be needed for examination in court. This is because the procedure following a writ is designed to deal with these things, whereas the simplified procedure following an originating summons which is based largely on documents is not.

An originating summons must be used to begin an action where any application is made under any Act, unless the Act or rules of court expressly require or authorise some other means of beginning the action, or the proceedings are already pending (see RSC Order 5, rule 3). This will apply where the basis of the court's power to deal with the action comes from a statute, not where the statute merely happens to be relevant to the action.

An originating summons may be used in various other cases. It is appropriate to use an originating summons if the sole or principal question at issue is, or is likely to be, one of the construction of an Act or of any instrument made under an Act, or of any deed, will, contract or other document, or some other question of law, or in which there is unlikely to be any substantial dispute of fact (see RSC Order 5, rule 4(2)).

There are other cases in which an originating summons should normally be used, such as where there are proceedings for possession of land (RSC Order 113), an application under the Inheritance (Provision for Family and Dependants) Act 1975, and many types of proceedings in connection with a company (RSC Order 102).

A motion is to be used if the rules of court or any act require or authorise it (see RSC Order 5, rule 5). This will generally be for specialist or procedural matters. A motion would be used for a variety of applications under the Companies Acts (RSC Order 8). It would also be used to apply for a committal for contempt (RSC Order 52, rule 1), to apply for judicial review (RSC Order 53, rule 1), and also in connection with various other types of appeals by way of case stated (RSC Order 56, rule 8), from some tribunals (RSC Order 94, rule 9) and from an arbitration (RSC Order 73, rule 2).

A petition is to be used if the rules of court or any Act require or authorise it (RSC Order 5, rule 5). The most well-known use is of course to apply for a divorce, but it is also used to seek an order winding up a company, or to seek an order of bankruptcy.

In many cases there will be no choice between these four, as one of them must be used in the case in question. If there is a choice the answer may still be fairly obvious because a particular type of draft is normally used in practice, or a particular type of draft is clearly right on the facts. Occasionally there will be a real choice and the plaintiff can then decide which type of action he would prefer. In any event if a wrong choice is made it cannot prove fatal to the action, as a court cannot now wholly set aside proceedings, a writ or an originating summons on the ground that the proceedings are required by the rules of court to be begun by some other type of originating process. What may well happen is that the case will proceed as if it had been begun by the correct type of originating process, though there may be some penalty to the plaintiff in costs, and delay.

As a general guide for making a choice the first point is that if the case is like one in which a particular form should be used, then that one will probably be appropriate. Secondly, if there is any substantial dispute of fact or witnesses are likely to be needed in court then a writ will normally be more appropriate. The motion and the petition are used in particular circumstances, so the choice will generally be between a writ and an originating summons. Lastly there may well be strategic points involved if there is a real choice, for example, the originating summons action does not have the wide possibilities for discovery, interrogatories, etc., that the writ action does.

The writ will normally be appropriate for almost all tort actions and most contract actions, and it will also be appropriate for trust actions where there is a dispute over what someone has done, for example where a trustee is sued for breach of trust. The originating summons is appropriate where the plaintiff wishes the court to interpret the meaning of a document, or possibly of a series of actions, and will usually be used to decide the meaning of a will or trust document.

Principles of pleading

Deciding what to include   It is important to remember always that the basic purpose of pleading is to summarise a case and define the issues in it. This is to help the parties in the preparation of their case, and to help the judge to see immediately what the case is about. Good pleading helps the party drafting the pleading to clarify his or her own case, helps the party receiving the pleading to know what case he or she has to meet, and should help to keep costs down. Good pleading will also make a good impression on a judge, and one can only agree with Megarry V.C. in the case of *Re Brickman's Settlement* [1982] 1 All ER 336 in saying 'brevity, clarity and simplicity are the hallmarks of the skilled pleader'.

Many general principles will apply to most types of drafting. A preliminary decision will always have to be what should go into the draft, and this is something an inexperienced lawyer often finds difficult to distinguish. A legal opinion or conference must cover everything that has any relevance to the client's case, but the pleading must only contain the basic elements of the case that is being brought to court. Where it is quite clear at an early stage what the case will be, and that only a fairly straightforward draft will be needed then it can be done straight away, but normally it is advisable for the lawyer to do any necessary background work and write an opinion before beginning to draft. Only then will his or her views be clear so that he or she can refine the case into the form needed for a draft.

An opinion should deal with every possible cause of action open to the client, but it should reach a conclusion as to which is the best cause of action to follow, and this is all that should go into the draft. It is important that everything that is in the draft should come from the opinion, and if necessary be explained by it. The two will go back to the solicitor and client together, and should make sense together. If there is anything unusual in the draft, it should be explained in the opinion; if anything has been left out of the draft this should be explained in the opinion or in a note at the end of the draft, although these explanations should not be long.

In an opinion a barrister may well make assumptions, or theorise on a possible fact to develop the arguments and see what further information may be needed, but a draft must only be based on known facts from instructions. This is the only proper way to draft, not least because it is dangerous to put something on record in a draft that has not been checked as there is a danger that a different version of things may come out at trial. Problems can usually be checked by telephoning the solicitor. The alternative is leaving a gap in the draft for the solicitor to fill in, but there can be a risk in this if the solicitor misunderstands what should be done and fills in the gap wrongly. As the barrister signs the pleading he or she is responsible for it, so blanks should not be left unless their purpose is clear.

A barrister instructed to settle a pleading has responsibilities to the court as well as to the client. He or she may not make any allegation unsupported by the client. He or she may not make any allegation unsupported by instructions (Code of Conduct, rule 606). In particular, there is a special rule for fraud, which, as a quasi-criminal allegation, should never be pleaded in a civil case unless the barrister has clear instructions to plead fraud, and has reasonably credible material which as it stands establishes a prima facie case of fraud. The solicitor and the client should be consulted, and whilst the barrister can advise on the possibility of establishing fraud and the evidence which would be needed, he or she should only plead the allegation on clear instructions and reasonable evidence. There may be a penalty in costs if the allegation is made but does not succeed.

As to deciding which cause or causes of action to plead, it is generally possible to have any number of causes of action in the same pleading, with some sensible limits. Obviously criminal and civil allegations cannot be made in the same pleading but will have to initiate separate actions. Otherwise any causes of action which can be put in the same pleading, e.g., every type of case that can be begun by writ, can be put in the same pleading. Thus it is quite possible to have claims in tort, contract and trust in the same pleading, either cumulatively or in the alternative.

However, there is a reasonable limitation in that the cases pleaded can only be joined in the same action if the plaintiff claims and the defendant is alleged to be liable in the same capacity in all of them, or if the plaintiff claims and the defendant is alleged to be liable as executor or administrator of an estate in one and in a personal capacity with respect to the estate in the other. Alternatively the causes of action can be joined with the leave of the court, which can be obtained by an ex parte application supported by an affidavit made before the writ of originating application is issued (see RSC Order 15, rule 1).

Provisions of the Rules of Court

There are relatively few Rules of Court relating to the details of pleading, but those rules that there are form the basic regulations of pleading, and every lawyer should be familiar with them from the outset of his or her career. However, only a fundamental failure to comply with the rules can be fatal to a case, as one of the underlying principles in the modern system of pleading is that more minor defects should be dealt with by amendment, or if necessary by setting aside the pleading. This comes from RSC Order 2, rule 1, which provides that if at any stage in the proceedings something is done or left undone so that there is a failure to comply with the rules, that failure will be treated as an irregularity and will not nullify the proceedings, any step in them, or any document. If there is a failure to comply with the rules then the court can set aside all or part of the proceedings or any step in them or any document on such terms as to costs or otherwise as the court thinks just, or the court may allow amendments or make an order dealing with the proceedings generally as it thinks fit.

If a party does wish to complain of a failure of the other side to comply with the rules they should apply within a reasonable time of the defect and before the next step has been taken in the proceedings.

Then there are more specific rules:

Order 18, rule 6. The form of a pleading.

(a)   Every pleading in an action must bear on its face:

(i)   the year in which the writ in the action was issued and the letter and number of the action;
(ii)   the title of the action;
(iii)   the division of the High Court to which the action is assigned and the name of the judge (if any) to whom it is assigned;
(iv)   the description of the pleading; and
(v)   the date on which it was served.

(b)   Every pleading must, if necessary, be divided into paragraphs numbered consecutively, each allegation being so far as convenient contained in a separate paragraph.

(c)   Dates, sums and other numbers must be expressed in a pleading in figures and not in words.

(d)   Every pleading of a party must be endorsed:

(i)   where the party sues or defends in person, with his name and address;
(ii)   in any other case, with the name or firm and business address of the solicitor by whom it was served and also (if the solicitor is the agent of another) the name or firm and business address of his principal.

(e)   Every pleading of a party must be signed by counsel, if settled by him, and, if not, by the party's solicitor or by the party, if he sues or defends in person.

Paragraphs (a) and (d) are formalities, and will be dealt with later. Paragraphs (b) and (c) are matters of style and will be dealt with in more detail later in this chapter. As for signing a pleading, this must be done by the person who settles it, as specified, and the person signing is responsible for everything in the pleading. An originating summons should not be signed as it is not technically a pleading, but in practice the person who did settle it should acknowledge it as his or her work, which is normally done by the barrister informally signing the end of the draft, in a place different from the formal signature, or the backsheet.

Order 18, rule 7. This sets out generally what should be pleaded.

(a)   Subject to the provisions of this rule, and rules 7A, 10, 11 and 12, every pleading must contain, and contain only, a statement in summary form of the material facts on which the party pleading relies for his claim or defence, as the case may be, but not the evidence by which those facts are to be proved, and the statement must be as brief as the nature of the case permits.

(b)   Without prejudice to the previous paragraph, the effect of any document or the purport of any conversation referred to in the pleading must, if material, be briefly stated, and the precise words of the document or conversation shall not be stated, except in so far as those words are themselves material.

(c)   A party need not plead any fact if it is presumed by law to be true or the burden of disproving it lies on the other party, unless the other party has specifically denied it in his pleading.

(d)   A statement that a thing has been done or that an event has occurred, being a thing or event the doing or occurrence of which, as the case may be, constitutes a condition precedent necessary for the case of a party, is to be implied in his pleading.

The basic wording of the first paragraph should be learned by heart before doing the first draft. The rules listed as exceptions deal with pleading convictions, the rule preventing departure from a previous pleading, the rule that points of law may be pleaded, and the rule listing the cases in which particulars should be pleaded. All the paragraphs in this rule will be elaborated on later.

Order 18, rule 9. This allows no time limit on what may be pleaded.

Subject to rules 7(1), 10 and 15(2), a party may in any pleading plead any matter which has arisen at any time, whether before or since the issue of the writ.

Obviously the cause of action itself must have arisen before the initial pleading can be issued. This rule merely allows facts happening at any time to be included, which is particularly useful for later pleadings. The exceptions are the rule that only material facts should be pleaded, the rule preventing departure from a previous pleading and the rule that a statement of claim cannot depart from the allegations in the writ.

Order 18, rule 10. The rule against departure.

(a)   A party shall not in any pleading make an allegation of fact, or raise any new ground or claim, inconsistent with a previous pleading of his.

(b)   The first paragraph shall not be taken as prejudicing the right of a party to amend, or apply for leave to amend, his previous pleading so as to plead the allegations or claims in the alternative.

This is a simple rule which makes sense. If a party can contradict himself he will confuse the case. If you do for some good reason wish to plead more than one possibility (having weighed up whether it will strengthen or weaken your case to do so), then you must do it clearly in the alternative.

Order 18, rule 11. Law may be pleaded.

A party may by his pleading raise any point of law.

Note the 'may'. As a general rule you do not need to put legal principles into a draft, as the judge is presumed to know the law. The legal basis of a case is argued by the lawyer in court, and not in the pleading which is there to summarise the facts. The point is that you may plead law when there is some special reason to do so, as where for example, there is a statutory defence or exception to be dealt with, or there is a particularly unusual point of law.

Order 18, rule 12. This deals with what particulars need to be pleaded.

(1)   Subject to paragraph (2), every pleading must contain the necessary particulars of any claim, defence or other matter pleaded including, without prejudice to the generality of the foregoing words:

(i)   particulars of any misrepresentation, fraud, breach of trust, wilful default or undue influence on which the party pleading relies;

(ii)   where a party pleading alleges any condition of the mind of any person, whether any disorder or disability of mind or any malice, fraudulent intention or other condition of mind except knowledge, particulars of the facts on which the party relies; and

(iii)   where a claim for damages is made against a party pleading, particulars of any facts on which the party relies in mitigation of, or otherwise in relation to, the amount of damages.

(2)   Where it is necessary to give particulars of debt, expenses or damages and those particulars exceed three folios, they must be set out in a separate document referred to in the pleading and the pleading must state whether the document has already been served and, if so, when, or is to be served with the pleading.

Note that this is subject to the principal that the draft should be limited to the material facts, so that detailed particulars should not normally be given, but only if there is good reason (as a matter of policy it is normally better not to plead particulars unless you have to as it gives away part of your case, and you are tied to the pleadings in court). The rule itself lists the areas in which particulars must be given, but in practice particulars are normally given of any general allegation such as negligence, or the damages that have been suffered. If an allegation is general the other side must be given sufficient particulars to know the case that they have to meet, and particulars may be ordered if they are not given.

Under RSC Order 18, rule 12(1A) special particulars must be served in a personal injury action. This is dealt with in the chapter on advising and drafting in a tort case.

These are the general rules of pleading. There are also some more special rules for things that should be pleaded in particular types of cases which come from the Rules of Court and from statutes, and these will be dealt with later.

General principles of drafting

These principles have their origin in the rules of court, but they are also principles of practice which although they are not specifically enforceable have grown up over the years. The inexperienced lawyer learning a style of drafting only has to comply with the Rules of Court, but in practice you will usually be strongly influenced by the more experienced lawyers you work with. This is a good method of learning drafting, but the system does have faults, in that lawyers will pass on their weaknesses as well as their strengths. The inexperienced lawyer should be wary of this and try to avoid picking up bad habits. If you are told to do something in a certain way you should ask yourself if there is a reasonably good reason for doing this, and if there is all well and good. If there is not you should try to find a chance to ask an experienced lawyer why it is done that way. If there is no good answer it may just be that one lawyer after another has done it without one of them bothering to ask why, and it may not be a good way of doing things! The inexperienced lawyer should not of course make a nuisance by asking too many questions, nor always expect a detailed reason for each drafting point as there are so few rules and so many styles, but should have an open mind and ask relevant questions.

The most fundamental principles come from the Rules of Court already outlined.

(a)   *Only material facts should be pleaded*
This comes straight from RSC Order 18, rule 7, that a pleading should be a statement in summary form of the material facts. The whole point of any pleading, especially a statement of claim, is to set out the story as clearly and concisely as possible. A good exercise for starting to learn to draft is to take a postcard and write on that in brief numbered sentences what happened, for example:

1.   The plaintiff bought a car from the defendant.
2.   It broke down one week later.
3.   It cost £600 to have it repaired.

This is the skeleton of a pleading, and even the most complicated case can be dealt with in this way, there are just more sentences and more details to be added.

This approach needs to be modified slightly for later pleadings, but the basic idea is still the same. For example, when drafting a defence, many of the facts have already been pleaded by the plaintiff so that the defendant needs only to fill in the gaps or modify the facts to give his own version, but this will be dealt with later.

The sentences telling the story should be just the main elements. They do not normally need to include things which are only vaguely relevant or which are just a matter of surrounding circumstances, nor do they normally need to include something that the other side may argue – you are telling your own story.

The main difficulty when learning how to plead is to decide what is and what is not a material fact. The test is whether the fact is directly connected with and essential to the case to be argued in court and which must be proved. A simple test for this is to write down the type of case it is and the elements that you need to prove for that type of case, for example:

Misrepresentation
  (i)   The defendant made a misrepresentation to the plaintiff.
  (ii)   As a result, the plaintiff made a contract with the defendant.
  (iii) The misrepresentation turned out to be untrue.
  (iv)   As a result the plaintiff suffered damage.

Negligence
  (i)   There was a duty of care between the plaintiff and the defendant.
  (ii)   While the duty of care was operative the plaintiff was injured.
  (iii) This injury was caused by the negligence of the defendant.
  (iv)   As a result of the negligence the plaintiff suffered loss and damage.

(b)   *All the material facts should be pleaded*
Principle (a) gives the basic skeleton of what should be pleaded, but it is only in the simplest cases that this kind of skeleton will be sufficient pleading, and appropriate further details should be added. One of the most important skills of pleading is deciding which details are necessary and which are not. A basic guide is that the point of a pleading is to set out the essential case of the party for the other side, and to clarify the issues between the parties. An obvious sort of detail that will be needed for this purpose is clear identification of dates, places and exact people involved, as far as they are known and as far as they are relevant to the action.

More generally, details will be needed where they are specifically relevant to a factual or legal issue in a particular case. This does not mean that something should go in because it has a vague link with the case – this kind of sloppiness is one of the main signs of bad pleading – but means that a decision must be made whether a point really is specifically and directly a part of the case so that it should be pleaded, or is just general background information that should not. As examples, it would be necessary to plead that one person was the agent of another, or that a person had authority for a particular action, or that someone was acting in the course of their employment, or that someone had fulfilled a condition giving rise to a right.

Deciding what are material facts that need to be pleaded is not only an important part of good pleading, it can also be a vital part of the tactics in the case that the good lawyer will use. An argument for putting things in is that if you do not plead something you will not be able to give evidence on it at trial, unless the judge gives leave, as you will take the other side by surprise, and they may not have time to prepare to rebut the point. In an extreme case this may result in losing the case, or not getting all the remedies you hope for. Equally, if something is not pleaded, it cannot be raised on appeal.

However, it is equally important not to plead more than you have to. Although the other side need to know your basic case, you do not want to give away more than you have to before trial or you will just give them the chance to prepare their case more thoroughly. In addition, once a point has been put in the pleading, the party will be tied to it at trial, so it is better not to put too much detail in so as to leave freedom to adapt arguments depending on how things go at trial.

There is therefore a fine and important balance between what facts are material and must be pleaded and what can and should be left out. Sometimes the answer as to whether something should go in or not is clear, sometimes not and different lawyers would have a different approach. This is where style and technique in drafting and in bringing cases comes in. It is not necessarily a matter of right and wrong but of good and better.

One area where extra detail may be needed is where a general allegation needs to have particulars given. This applies where the plaintiff makes an allegation and the immediate reaction of the defendant will be to ask 'How?' or 'Why?' or 'How much?', which is most likely to arise where there is an allegation of negligence or of damage suffered, or of knowledge of a particular fact. If particulars are needed they can just be pleaded as part of a paragraph, but the common practice is to give a sub-heading of 'Particulars', or 'Particulars of Negligence' or 'Particulars of Damage' and list the details under that, which is usually the clearest way.

Again it is a matter of technique to decide when particulars should be given. They will be needed for negligence, damage, and an allegation that a person was in a particular state of mind, but beyond that the decision may be tactical, and one can only say that particulars should be given where the other side will certainly apply for further and better particulars if a pleading or draft is sent out as it is. In *Selangor United Rubber Estates* v *Cradock* [1965] 1 Ch 896 it was said that if there was an allegation of a breach of a duty arising from a confidential or trust relationship, particulars of that relationship should be given. In *Cannock Chase District Council* v *Kelly* [1978] 1 All ER 152 there was an allegation that the Council had acted in bad faith, and it was held that particulars of the breach of faith or abuse of power should be given. As a further example, in *Fox* v *H. Wood (Harrow)* [1963] 2 QB 601 the plaintiff was injured at work in putting his foot through the floorboards, but his employers denied liability. It was held that where it was alleged that a party ought to have known something, particulars of the circumstances from which that knowledge was said to have arisen should be given.

(c) *Plead facts not law*

The point of the pleading of each party is to set out the facts and allegations from his point of view, not to set out the law and the parties' legal arguments. The court is presumed to know the law, and the other side can have lawyers to explain the law. Therefore no pleading will normally need to contain any legal argument or to draw any legal conclusions. At trial it will always be possible for a party to raise any legal arguments that he likes from his pleading, *Re Vandervell's Trusts*

(No. 2) [1974] Ch 269. In *Drane* v *Evangelou* [1978] 2 All ER 437 the plaintiff's pleading contained all the facts necessary to establish a case of trespass and it was held that he could therefore succeed in trespass even though that was not what he had actually sued for. The lawyer will of course explain the legal arguments to the client in the opinion or in conference, and research them for the trial, but legal principle does not normally need to go into the drafting.

There are some exceptions. When asking the court to act under a power that it has only because of a specific statutory section and not for any other reason, the statute should be pleaded. But note that this is a limited exception; a statute does not need to be mentioned merely because it is relevant, but only where it is the exclusive authority for the court to act. For example, the Trustee Act 1925 confers some specific powers on the court to make orders in connection with the administration of a trust, and it should therefore be mentioned when asking the court to act under those powers, see *Re Gonin* [1979] 1 Ch 16. If a statute merely modifies, extends or clarifies a legal principle, remedy or defence, it is not necessary to mention the statute itself, though all the elements required by the statute should be pleaded. For example, it is not necessary to plead the Misrepresentation Act 1967, but only the elements needed to establish a case of misrepresentation. Another small exception is that it is necessary to plead private Acts of Parliament where relevant, or to plead any appropriate point of foreign law. In *Ascherberg, Hopwood & Crew* v *Casa Musicale SNC* [1971] 1 WLR 173 there was an action regarding the copyright to two Italian operas, and it was held that the relevant Italian law should be pleaded.

Lastly, the rule is that it is not necessary to plead law rather than that it is wrong to plead law, so that although it would generally be bad pleading to put law in, there are some circumstances in which it would be justified. For example, if there is a point of law that may dispose of the whole case there may be good reason to plead it, to stop proceedings dragging on, see *Independent Automatic Sales* v *Knowles & Forster* [1962] 3 All ER 27. Alternatively, instructing solicitors can contact the other side informally to bring the point of law to their attention in the hope that they will withdraw the case, or at least negotiate.

(d) *Plead facts not evidence*
The pleading is there to set out the basic points of the case. It is not necessary to prove the case until it comes to court, and there is therefore no need to plead evidence. As with law, this is something that the lawyer will need to advise about in detail in an opinion or in conference, but it is not something that will need to go into the pleading to alert the other side to the evidence that you have. However, the relationship between the facts in the case and the evidence that will prove them is of necessity quite close, so again this is an area where some things are right or wrong, but where many are a matter of style or technique.

One point is that although evidence should not be pleaded, it will be necessary to prove every point at trial. Therefore, although the evidence itself does not go into the pleading, you should only plead a point which you feel you can prove, or at least will be able to prove when the case comes on for trial. You should get used to considering what evidence you have or will need for each point you plead.

It can also be difficult, especially for the inexperienced lawyer, to distinguish between facts and evidence. One can only say that the ability to distinguish should come with time and practice, and that essentially the facts are the story of what happened, whereas the evidence is how you show the story was true. For example, 'a contract was made' is an allegation of fact, whereas the evidence is the written document on which it was set down, or the oral evidence of a party to the contract or a witness of what was said. Where something does rely on oral evidence, there may be no real distinction between fact and evidence at all. If a party to the action is a main witness then what he says is the allegation of fact, and the evidence by which it will be proved in court, so evidence will effectively be pleaded, because there is no choice. As with law, the rule is really that evidence should not be pleaded, rather than that it must never be pleaded, so there is no objection to this. The Court of Appeal criticised pleadings containing too much evidence in *Brooks* v *Richard Ellis (a firm), The Times,* 22 January 1986.

Again there is the point of strategy, that you do not want the other side to know more of your case than is strictly necessary before trial. Therefore it is normally in your own interests not to plead evidence. On the other hand, some evidence, such as the existence of some written documents or some witnesses will be obvious from the pleading, and there is no harm in this. Perhaps the best way to summarise this rule is to say that generally evidence should not be pleaded, but that it is sometimes unavoidable, and that you should not get too worried about trying to make a complete distinction between fact and evidence, as sometimes the two are the same.

(e) *Plead facts not arguments*

A clear pleading is a series of statements that is not cluttered up with explanations and theories. The lawyer explains arguments and conclusions to the client, and will put them into speeches in court, but they have no place in the pleading, where they may confuse the issue and give the other side advance warning of arguments that they are not entitled to have. In telling a story to a child you might say that Kermit the Frog agreed to give Miss Piggy a diamond necklace, but Fozzie Bear persuaded him not too, but you would not go into great details of motivations and possibilities or the complexities would make the story incomprehensible. It is the same with pleading, that it is basic statements that are important rather than too many ifs and buts.

This does not mean that it is never necessary to give details, as there are areas where particulars must be given to make the situation clear, such as where an accident is alleged to have been caused by negligence. Where particulars are needed they should be pleaded as part of the case so that the other side will know the allegations against them and can prepare to deal with them. What you should not do is go beyond the facts to tie yourself down to a line of argument or a particular conclusion, as the purpose of the pleading is just to set out the facts.

(f) *Plead clearly and logically*

This should be an obvious rule. It should be possible to read through a pleading once, fairly quickly, and find out exactly what the case is about. This is the whole point of the pleading for the other side and for the judge. In fact it is worrying how often a pleading, even by an experienced lawyer, leaves you feeling in need of a strong cup of coffee before you go back and try to work out what it is all about.

The best approach to being clear and logical is to go back to RSC Order 18, rule 6, that a pleading must if necessary be divided into numbered paragraphs, and that each allegation should as far as possible be put into a separate paragraph. This goes back to the skeleton of a pleading discussed above, that you should begin by setting out briefly and in separate sentences the elements that you need for your case. Each of these separate points should then be expanded into a single paragraph, and this should be done strictly. Allegations that a representation was made, that it led to a contract, that it was false, and that damage resulted must have a separate paragraph each. If you are alleging more than one cause of action, either cumulatively or in the alternative, then each cause of action must also be in a separate paragraph. For example, if you are alleging breach of contract as an alternative to misrepresentation, the allegation of breach must have a new paragraph for itself. Note also that if you are alleging that a contract was breached in more than one way, you should have a separate paragraph for each breach, as they are separate causes of action.

Usually the best way to be logical is to be chronological, that is that you set out what happened in the order in which it happened, but there is no rule to this effect, and there may be reasons for not following a strict time sequence, for example something relevant to the measure of damage may have happened at an early stage, but should go towards the end of the pleading when the damage suffered is dealt with.

(g)   *Plead briefly*

This is the last and the least important of the principles. The words that you use in a pleading are very much a matter of personal style. However, while developing a style, it is good training to learn to draft as briefly as you reasonably can. An overall test of whether a particular allegation or a particular word is really needed, and what its purpose is will help in developing clarity, and in applying all the above principles. One would not wish to overstress this principle – there will generally be more problems in leaving something out so that you have to provide particulars or you are prevented from arguing it in court than there will be from putting something in, when at worst you have told the other side more than you need to or tied yourself down more than you should have.

Informal points of pleading

As well as these general principles of pleading, there are various other points that it may be useful to bear in mind. First, a couple of tests for the inexperienced lawyer learning how to plead. When you have drafted a pleading it is a good idea to leave it for a little while, if possible, and then go back to it when the mind is fresh and reread it, without any further work on the case, just to see if the pleading on its own makes sense and says all the things that it should say. This is a good test to see whether points have been set out well and clearly. The second test is to read the pleading a second time (again after putting it aside for a little while if possible) pretending that you are representing the other side. The point is that the other side getting the pleading will have no other background information to go with the pleading, and therefore the pleading must make complete sense in its own right. Also of course the other side will be reading the pleading with a critical eye to see what information it gives them and what it does not. If an element of the case has not been pleaded it should be spotted, and if the other side may need to ask for particulars of a certain point this should be clear, and particulars may need to be added.

On the other hand, there are many tactical points in pleading and for example, you may choose not to give too many particulars, but may rather leave it to the other side to seek particulars if they wish to. You should of course give a little detail where particulars are needed or the pleading will clearly be insufficient, but you may get away with giving a little detail rather than full details. There may however, be advantages in giving very full particulars, especially when giving particulars of negligence or damage, because you are then setting out formally how bad the other side is, which may well make your case look more impressive.

Another informal rule is never to anticipate too much – never leap a fence before you have to, or you may ultimately do yourself a disservice. When you read a brief you should try to anticipate what the other side may argue against you to see what the weaknesses in your case may be, but you should rarely do this in drafting. You may think of possible arguments for the other side that they do not think of themselves, so do not alert them to anything. Each pleading will usually only need to deal with facts as you allege they are at the time of the pleading, and anything raised by a pleading of the other side, and does not need to go outside that. There are only minor exceptions to this, where, for example, it is clear on the face of the pleading that the limitation period should have expired and the pleading should include the reason why the action should not be defeated.

Another general point that should help to create the right frame of mind for pleading is to think positively. That is that you should always put every allegation in the most favourable way from your client's point of view, which may well involve a careful choice of words. You should not overstate the case as this may well antagonise the other side, and you may have problems proving what you say at trial, but you should always try to put your client's case in the best possible way. There is a second element to thinking positively, which is that you should always try to build the pleading as far as possible on positive allegations rather than negative ones (though this will not apply so much to a defence). Negative allegations should not normally be needed, they may sometimes be confusing (especially where a pleading contains a double negative), and a negative allegation is much more difficult to prove.

A problem that will inevitably arise quite often is that you just do not have sufficient details to draft as you would like. You should try to avoid this by always collecting as much information as you can from the solicitor and client before starting to draft, by conference or telephone, but sometimes the situation is unavoidable. It may be that some information is not readily available from any source, or, especially in relation to damages, it is something that is not yet known, or that there is some good reason for issuing the pleading as soon as possible without waiting for certain information. There are not many good reasons for issuing a pleading in a rush if everyone works efficiently, but occasionally it may be that a time limit is about to expire and something does have to be done quickly.

If for any of these reasons all the information is not available for a draft (but presuming of course that you do have enough information to sue), then the usual option is to draft wide, that is to draft in very general terms. As simple examples, if you do not know the date on which something happened you can say it was 'on or about' a certain date, or between one date and another. On a bigger scale, if you do not know exactly where an accident happened you can give a vague location, or if you do not know how an accident happened you can give the type of possible cause. However, the good pleader will only plead wide in this way if there is a real need to.

There are other lesser points of pleading style. The lawyer should always keep an open eye for good points, and remember them. One rare tactical point is that pleading can sometimes shift the burden of proof at trial, and therefore the right to begin at trial. In *Hunt & Winterbotham* v *British Road Services (Parcels)* [1962] 1 QB 617 the plaintiff claimed damages for parcels lost by the defendant. The defendant admitted the loss, but sought to rely on a term of contract that merely limited the damages payable. It was held on the facts that the burden of proof did not pass from the plaintiffs, though on slightly different facts it might have done.

The last general point on drafting is a fairly obvious one – one should always make every effort to get the draft as right as possible the first time. There is sometimes a tendency to think that you could always amend it later, or that you will leave it to the other side to apply for particulars. But unless there is a good reason for doing this, it is not only the mark of a bad pleader, but also irresponsible, as someone will end up having to pay for the extra paperwork, be it the client or the legal aid fund, and sometimes you may not get round to doing the amending and may lose the case. Also, do not let familiarity weaken your attention to detail. If you do get used to doing pleadings in a particular type of work it can become easy just to do one like you have done before with little in the way of original thought, but this can lead to mistakes, and every case should have the right draft.

Wording and style

There is no magic in drafting with long words, antiquated phrases or bad grammar, though the inexperienced lawyer will sometimes get this impression from some of the drafting examples available! There is sometimes good justification for complicated constructions and special words, but they should only be used where there is good cause. Sometimes special legal terminology is needed, sometimes a phrase does have a particular legal meaning or is useful in a particular context, sometimes you have to deal with a very complicated situation or with a variety of conditions and exceptions, but the days of the incomprehensible and obscure legal document are now past.

The primary objective of drafting is to communicate a case clearly, and this should never be lost sight of. Some inexperienced lawyers do seem to be a little over-awed by the concept of pleading, but as long as you ensure that what you write contains the right elements, makes sense and is relatively easy to read you can refine your skills with experience to deal with more complicated cases. Some students learning to draft will get lost in sub-clauses and write sentences that do not even have verbs, and this is clearly to be avoided!

To get the feel of the style and wording to use, the inexperienced lawyer should try to read as many examples of different types of drafting as possible to become familiar with the sort of language that is appropriate, whether it is in precedent books or documents in cases arising in pupillage or in articles. You should read to learn, that is not just rushing through, but working out what elements there are in the draft, why they are there and how they are expressed. To some extent you should also read critically, to see if there might be a better or clearer way of dealing with something.

The language used should be ordinary English. Do not use a long word for the sake of it, but do not avoid using a long word where it is appropriate. Find the right word rather than the vague or impressive one. Do not use a complex tense for a verb when it is not needed, but do not use a simple tense where that is not really accurate. Colloquial expressions must be avoided, and so must abbreviations. They may be appropriate in an opinion, but they are out of place in a legal draft. Contrary to old practice, all dates, sums and other numbers in a pleading should be expressed in figures and not in words (RSC Order 18, rule 6). (This is not necessarily the case for documents other than pleadings, such as conveyances.) For example, a sum of money should be '£10,000' and a date should be '10 June 1996', though there are still some variations on how a date is expressed, and you do sometimes still see 'the 10th day of June 1996'. It is important that the phraseology in a pleading should be consistent for the sake of clarity, even though it may make it more boring to read. For example, once you have referred to a document in a particular way you should not change the word you use. If you refer to a lease, you should not later refer to it as 'the contract', 'the agreement' or anything else, but always call it 'the lease'. In particular, the plaintiff in an action should be referred to throughout as 'the plaintiff' and should not in the body of the draft be referred to by name or in any other way, and the defendant should always be referred to as 'the defendant'. A person referred to in the pleading who is not a party should normally be called by their full name, e.g., 'John Smith' or 'John James Arbuthnot'.

Any references should be clear. For example, it is often better to give someone's name again rather than just say he or she if there is any possibility of confusion as to whom you are referring. If something has a long title it may be useful to refer back to it as 'the said . . .', for example if the pleading refers to 'the property situated at 2, Railway Cottages, Romford, Essex' it is much quicker if referring to it again to say 'the said property' rather than give the full address again. However, do not overdo it. If there are two properties you cannot say 'the said property' or there may be confusion, you need to distinguish the two clearly. Also you sometimes see pleadings peppered with 'the said this' and 'the said that' without any reason, which should be avoided.

There are some occasions on which it is vital to be careful about the words in the drafting. A document or oral statement which is an essential element of a case must be referred to specifically, that is when it was made, by whom, and if appropriate, where. Also any particularly vital part of what was written or said should be specifically pleaded. If any clause of a contract, trust, will, etc., is vital then it should be set out in full in the appropriate paragraph, but the exact wording should only be set out if it is crucial to a particular issue, such as what is alleged to be a breach, or a claim for an injunction. If the wording is not crucial then it is not needed in the pleading, though the document itself can of course be evidence at the trial.

Actual words spoken may need to be quoted in, for example, a defamation action or a misrepresentation action, though in anything other than a defamation action it will usually be enough to give the purport of the words used, for example 'the defendant orally represented to the plaintiff that the car was in perfect condition'. There are some phrases that are particularly useful in pleading, having been used for a great many years, and having an accepted meaning that fulfils a particular purpose and does give a professional feeling to a pleading where they are used appropriately. The inexperienced lawyer should watch out for these types of phrases and remember them, but here are a few fairly common examples:

Further or in the alternative. This is a useful phrase where there are alternatives in a case, be it alternative causes of action, alternative breaches, alternative types of negligence, etc. The phrase means that the allegation following it is either in addition to or an alternative to the allegation already made, giving the pleader the option of succeeding with one or the other or both.

As alleged or at all. This phrase is especially useful in a defence where one is denying how or why something happened, in that it can be used as a wide denial of any specific causation particularised by the plaintiff, or any other causation that might make the defendant liable.

If, which is denied. This is again a possibly useful phrase in a defence, that will effectively allow two alternative lines of argument. The first is that you deny an allegation, and the second is that, if it is found to be true, there is a further argument on the facts or the law that the defendant is not liable.

In the premises. This is a phrase to use when drawing a conclusion from allegations that have been made in previous paragraphs.

By reason of the matters aforesaid. An alternative to 'in the premises' with a similar meaning.

At all material times. A phrase to allege that a particular relationship or state of facts continued throughout the period covered by the pleading.

Things which must be pleaded

There are some specific details that must be pleaded by statute or by rules of court. For example, when pleading a claim under the Fatal Accidents Act 1976 it is necessary to plead appropriate details of the dependants, and this is dealt with in the section on tort drafting. It is also necessary to plead details of convictions, or findings of adultery or paternity which the party will wish to use in evidence at the trial, Civil Evidence Act 1968, ss. 11, 12 and RSC Order 18, rule 7A. To rely on a conviction it is necessary to plead the actual offence of which the person was convicted, the date of conviction and the court convicting and the issue in the case to which the conviction is relevant. As regards a finding of adultery or paternity, it is necessary to plead the actual finding made, the court that made it, the proceedings in which it was made and the issue in the case to which the finding is relevant. If the other side wishes to deny the conviction, the finding or the relevance of it, they should plead that.

A claim for exemplary or provisional damages must also be specifically pleaded, Order 18, rule 8, as must any claim of illegality. It is not possible to amend at a late stage to include something that should have been pleaded from the start, *Shell Chemicals UK Ltd* v *Vinamal Ltd, The Times,* 7 March 1991.

There are some other special areas in which particular things need to be pleaded, and as many of these are very specialist I will give only some examples here. In a mortgage action it is necessary to plead where the property is situated, and if appropriate whether it is a dwelling house and its rateable value, RSC Order 88, rule 3. In a probate action allegations as to interest should be specifically pleaded, as must any allegation that the will was not properly executed, or any reason why it might not be enforceable, RSC Order 76, rule 9. In proceedings against the Crown it is necessary to plead why the Crown is alleged to be liable, and the government department and officers involved, RSC Order 77, rule 3.

Defective pleading

There is a variety of ways in which a party can deal with defects in pleading. There is also a variety of different types of defects – some will be fundamental because a vital part of the pleading has been left out or there is something basically wrong with the action, some will be important because they could have a real effect on the conduct or outcome of the case, and some will be trivial and unlikely to have any effect on the case.

You should always check for defects in your own pleading before sending it out, and also as the case develops you should check previous pleadings in the case to see if they are adequate or if they need to be added to or modified. Obviously you should also check every pleading you get from the other side. If there is any defect, you need to consider carefully what to do about it. It may be worth doing nothing at all if the defect is a minor one, or if it is a defect in the case of the other side that you may be able to exploit at trial, or if there is no point in doing anything as the expense might not justify what would be achieved.

On the other hand, there is a variety of things that can be done about defective pleading, such as amendment, seeking further and better particulars, or applying to have the pleading struck out, and the appropriate step should be taken if it is justified in the conduct of the case. The details of these steps are dealt with in books on civil procedure, but they will be mentioned in outline here as they are an important part of the development of the pleadings in a case.

Amendment

This is largely covered by RSC Order 20. If reasonable care is taken with the original draft it should not normally be necessary to amend it, but even with careful drafting, amendment may still be needed if new evidence comes to light or if new arguments are developed. Alternatively, it may be that one lawyer takes over a case in which a pleading was drafted by another and feels the need to modify it. In any event, it is wise to check the pleadings before the case comes to court to ensure that they are in order. A further preliminary point is that you must not only decide what you wish to amend, you must also take care deciding what the amended wording should be, as amending is a positive process that needs as much care as drafting the original pleading, see *Spaven* v *Milton Keynes Borough Council, The*

Times, 16 March 1990. Note that it is not necessary to amend simply to reflect a new medical report if this does not change the basis of the case, *Owen* v *Grimsby & Cleethorpes Transport, The Times,* 14 February 1991.

Generally speaking, in the modern system of pleading, amendment is relatively easy provided that the party seeking it is prepared to pay the costs, and the other side is not prejudiced by the amendment. Indeed a relatively simple amendment should be allowed if no prejudice results, *Scarles* v *Mohamed, The Times,* 27 June 1990. An amendment should normally be allowed to clarify the issues between the parties, *Smith* v *Baron, The Times,* 1 February 1991. However, an amendment that changes the basis upon which a case is being argued will not so easily be granted, *Ketteman* v *Hansel Properties Ltd* [1987] AC 189. There would need to be good reason for an amendment following inexcusable delays by the applicant, *Adam* v *Hemming, The Times,* 20 March 1991.

The first possibility is in RSC Order 20, rule 1, that in an action begun by writ the plaintiff may amend the writ once before pleadings are closed without the leave of the court. Unless there is any direction to the contrary, the amended writ must be served on each party. The following things cannot be done under this rule once the writ has been served: adding, omitting or substituting a party altering the capacity of a party, adding or substituting a new cause of action, or the amending of a statement of claim indorsed on the writ. Thus this rule does not permit major amendments, though an amendment may allege fraud if this is within the facts on which the case is already based, *Atkinson* v *Fitzwalter* [1987] 1 WLR 201.

The second possibility is in RSC Order 20, rule 3, which is wider in providing that any party may amend any pleading once at any time before the pleadings are deemed to be closed without the leave of the court, and must then serve the amended pleading on the opposite party. If the statement of claim is amended then the defendant may amend the defence within 14 days, or if the defence is amended the plaintiff may amend the reply within 14 days, otherwise existing pleadings will stand, and similar rules apply to a counterclaim and a defence to counterclaim. If the other side objects to the amendment, they have the right to apply to the court for it to be disallowed, RSC Order 20, rule 4.

The third possibility is in RSC Order 20, rule 5, which provides that at any stage in the proceedings, the court may allow any party to amend a pleading on such terms as to costs or otherwise as may be just, and in such manner as the court may direct. An application for leave should be made by summons to a master. An amendment may be allowed after the expiry of the limitation period in the action if the court thinks just, provided the writ was issued in time. The name of a party may be amended even if the effect is to join a new party provided there was a genuine mistake, and the capacity in which a party sues may be amended. The name of a party can be amended even after final judgment if the purpose is simply to correct a slip, *Singh* v *Atombrook Ltd* [1989] 1 All ER 385. An amendment may also be allowed to add or substitute a new cause of action provided it arises out of the same or substantially the same facts as the original claim.

The above rules apply to writs and actions begun by writs. However, RSC Order 20, rule 5, allowing amendment at any stage with leave also applies to originating summons, a petition or an originating notice of motion. There is also a general power in RSC Order 20, rule 8 for the court to order the amendment of any document at any stage in the proceedings, on such terms as to costs or otherwise as may be just, where this is necessary to determine the real question in controversy between the parties or to correct any defect or error in the proceedings. By RSC Order 12, rule 12, a pleading may be amended by agreement in the Chancery Division at any stage, if the parties agree in writing. Since these rules are wide enough to permit amendment at any stage in the proceedings, it is quite possible to amend even at the hearing itself. But this is obviously to be avoided as the party seeking the amendment will almost inevitably have to pay the costs of it, and he will need leave, which may well not be forthcoming if there is any real prejudice to the other side, or if a substantial amendment is sought.

It is virtually impossible to amend to add a party or a cause of action at a late stage. In *Loutfi* v *Czarnikow* [1953] 2 Lloyd's Rep 213 it was said that there must be a strong justification for allowing an amendment at a late stage, though an amendment could be made even late in the trial itself if a point had come out in the trial in evidence or in argument from counsel. If an application to amend is made at a late stage it is relevant to consider the likely costs consequent to the amendment, but also whether the proposed amendment is shadowy or not bona fide, *Mackenzie* v *Business Magazines (UK) Ltd, The Times*, 5 March 1996. In *J. Leavy & Co.* v *George H. Hirst & Co.* [1944] 1 KB 24 there was an action for breach of contract, and the defendant wished to raise the possibility of frustration at trial. It was held that if he wished to depart from his pleadings in this way he should consider applying to amend his pleadings.

Although the possibilities of amendment are wide, there are limitations where amendment is not possible. For example, although you can plead facts that have arisen since the writ, you cannot amend so as to add a totally new cause of action that has arisen since the writ, *Eshelby* v *Federated European Bank* [1932] 1 KB 254 (though you may of course begin a new action and if appropriate apply to have the two consolidated). However, it is possible to amend to add a new cause of action that existed at the date of the writ, *Have* v *David Brown Tractors (Retail) Ltd* [1991] 4 All ER 30. Amendment should only include matter related to the existing claim and facts, *Fannon* v *Backhouse, The Times*, 22 August 1987. An amendment is possible where it is effectively a different interpretation of a situation already pleaded, as in *Tileon Ltd* v *Land and Real Estate Investments* [1987] 1 All ER 615, where an application for a declaration was allowed to be amended to allege repudiation of contract. Also you cannot amend a pleading after a hearing at first instance so as to raise a new cause of action on appeal. In *Williams* v *Home Office (No. 2)* [1982] 2 All ER 564 the plaintiff brought an action for false imprisonment in that he had been kept in a control unit in prison. He lost, and on appeal sought leave to amend to allege breach of statutory duty, but it was held that this was not possible, and these matters should have been pleaded for the original trial.

The way to amend a pleading, having got leave if necessary, is to use red ink to delete any words that have been removed and to write in any words to be added. If the pleading is amended more than once then a different colour ink should be used for each set of amendments. Also the pleading should be indorsed with a statement that it has been amended, stating the date on which it was amended, and the name of the judge, master or registrar who gave leave for the amendment, or if no leave was given, the rule under which the amendment was made. If the amendments are so numerous or lengthy that they would make the document difficult to read then a fresh document should be prepared and if necessary reissued, RSC Order 20, rule 10.

Further and better particulars

While amendment can deal with a defect in your own pleadings, you may seek further and better particulars to remedy a defect in your opponent's pleadings. Do not seek particulars just because the pleading from the other side has been drafted badly – that is their problem – but only if you need to know something that the pleading does not tell you. The point is to help in the preparation of the case, to clarify issues and to save costs, not just to cure bad drafting, *Astrovlanis Compania Naviera SA* v *Linard* [1972] 2 All ER 647. There are tactical issues in deciding whether or not to seek particulars – seeking them may show the other side that you intend to fight the case in every way possible, but it may also push them into preparing their case better. The particulars that should be pleaded were discussed earlier in this chapter. In practice the most common are particulars of negligence, breach of duty or damage, but others may be required wherever they are necessary to show the case alleged. In *Bruce* v *Odhams* [1936] 1 All ER 287 the plaintiff claimed she had been defamed in an article and it was held she should give particulars why she alleged it referred to her. In *Stapeley* v *Annetts* [1970] 1 WLR 20 a policeman was arrested for theft, but the case was dismissed and he sued for wrongful imprisonment. It was held that he was entitled to particulars of why he was thought to be a thief.

However, particulars can only relate to facts and not to evidence. The party is only entitled to details of allegations against him that should have been in the original pleading, *Re Dependable Upholstery* [1936] 3 All ER 741. The party doing the original draft may have done it badly, may not have had particulars to give, or may have decided to make basic allegations without details. The party receiving the draft must decide if he or she can prepare a case properly with what is pleaded, and if not must decide whether to seek further and better particulars, and if so what of, or whether to leave it and base arguments at trial on the weak pleadings of the other side.

First, the other side should be asked by letter to provide the required particulars, or the court may refuse to make an order, RSC Order 18, rule 12. If the particulars are not forthcoming, the court may order one party to serve on any other party particulars of any claim, defence or other matter stated in a pleading on such terms as the court thinks just. An order will not normally be made before the service of the defence unless an order is desirable to enable the defendant to plead, or there is some other special reason. It may be better to wait until after discovery to seek particulars, or possibly even to wait for the summons for directions, *Race Relations Board* v *London Borough of Ealing (No. 2)* [1978] 1 All ER 497.

The application for further and better particulars and the reply are formal documents, as their contents are part of the pleadings in the case, and an outline example of each is given at the end of the chapter. Skill is required in deciding exactly what to ask about, and how, so that the other side cannot avoid the issue.

In answering the request care is needed as the answers will be binding, and it is possible to refuse to answer if the question relates to matters which do not have to be pleaded, *Esso Petroleum Co.* v *Southport Corporation* [1955] 3 All ER 864. It is rarely possible to get more particulars, so it is important to get the questions right the first time, *Cyril Leonard & Co.* v *Simo Securities Trust Ltd* [1971] 3 All ER 1313. As the need to seek further and better particulars usually means that the original draft was inadequate, the party preparing the original draft will normally have to pay the costs.

Striking out pleadings

This is clearly the most radical way of attacking a pleading, because either the whole case or the pleading itself is misconceived. As with other matters of pleading, there may be tactical matters to consider. There is normally little point in applying to have a pleading struck out unless you have a really good argument as the court is slow to strike out a pleading, so you will only end up having to pay the costs of a failed application, and warning the other side that they need to draft better. It is a matter of professional courtesy to warn the other side informally before you apply to have their pleading struck out, normally by the barrister who will make the application telephoning the barrister who did the pleading.

An application to strike out should be made under RSC Order 18, rule 19, which provides that the court may at any stage in the proceedings order any pleading or endorsement in the action to be struck out or amended on one of four grounds, and the action may be stayed or dismissed or judgment entered accordingly. This applies to any pleading and also to an originating summons or a petition. The application to strike out should be made as soon as possible after the pleading is served.

If an application to strike out involves prolonged and serious argument, that will normally be a prima facie reason for the application not to be granted and the court should decline to hear it unless there is a real possibility of avoiding the trial, *Williams & Humbert Ltd* v *W & H Trade Marks (Jersey) Ltd* [1986] AC 368 and *Lonrho plc* v *Tebbit* [1992] 4 All ER 973. However, even after a long hearing, the case should be struck out if that is the right course of action, *McKay* v *Essex Area Health Authority* [1982] QB 1166. The fact that there may be an ulterior motive for bringing a case, such as an intention of damaging the other side's business, will not of itself be reason to strike out, *Speed Seal Products Ltd* v *Paddington* [1985] 1 WLR 1327.

The grounds on which an application may be made are first, that the draft contains no reasonable cause of action or defence as the case may be, which may be a matter of law or fact: for example, in *Blackburn* v *Attorney-General* [1971] 1 WLR 1037, there was a claim for a declaration that the signing by the government of the Treaty of Rome was illegal being a surrender of sovereignty, which was struck out as containing no reasonable cause of action. Secondly, the pleading or part of it may be struck out if it is scandalous, frivolous or vexatious. Thirdly, it may be struck out if it may prejudice, embarrass or delay a fair trial of the action. It does not embarrass the plaintiff that the facts on which the action is based are not within the plaintiff's knowledge, *Paterson Zochonis & Co. Ltd* v

Merfarken Packaging Ltd [1986] 3 All ER 522. Lastly it may be struck out if it is otherwise an abuse of the process of the court, for example, if there is a bad motive in bringing the action.

Note that under the rule the court has a discretion to order that the pleading be amended or the action be stayed, and it is rare for a pleading to be struck out completely; if the case is capable of being argued on the face of the pleading then it should be allowed to continue even if it will almost certainly fail. The court also has an inherent jurisdiction to stay an action which may be used if appropriate. An application to strike out should specify exactly what is alleged to be wrong with the pleading, not just show general dissatisfaction, *Carl Zeiss Stiftung* v *Rayner & Keeler* [1970] 1 Ch 506. In *Wenlock* v *Moloney* [1965] 1 WLR 1238 the plaintiff claimed that the defendants conspired to put him out of business, but the original statement of claim was so vague that a second one had to be issued, which in turn was so bad that the defendant sought further and better particulars and applied to have it struck out. It was held that this would not be done as it was not a matter of looking at the evidence to see if the plaintiff's claim was justified, but just seeing if there was a cause of action in the pleading, which there was. By way of illustration, in *Thorne* v *University of London* [1966] 2 QB 237 the plaintiff was a law student who sued the University of London for negligence in marking his LLB examination papers as a result of which he failed the examination. This was struck out as being frivolous and vexatious because it was a matter of internal university regulation and not for the court. In *Drummond-Jackson* v *British Medical Association* [1970] 1 WLR 688 there was an action for libel over an article in the British Medical Journal, and it was held that this would not be struck out as there was a possibility of defamation, and the test was not whether the action was likely to succeed. In *Commission for Racial Equality* v *Ealing London Borough Council* [1978] 1 All ER 497 there was an action alleging a discriminatory education policy, and it was held that since there was a reasonably arguable case on the pleadings it should not be struck out; the test was only whether it was arguable, not whether it was 'the forensic equivalent of a mouse or a lion'.

Other procedural points connected with pleading

Admissions and denials are a special aspect of pleading, and are dealt with in RSC Order 27. It is of course a basic part of any pleading after the statement of claim that you can admit or deny something alleged by the other side, but there is specific provision for making admissions, as an admission may well limit the matters at issue between the parties so that the matter admitted does not have to be proved in any further way or argued about. In preparing a case, especially with costs in mind, each side should consider whether they can usefully make admissions or seek them from the other side.

The general provision is in RSC Order 27, rule 1, that a party to a case may give notice, by pleading or otherwise in writing, that the truth of the whole or any part of the case of any other party is admitted. Before the case goes to trial the possibility of admissions should be specifically considered, and rule 2 provides that a party may within 21 days of a case being set down for trial serve any other party with a notice requiring the admission of such facts or part of the case as is specified in the notice. Any admission made can only be used in the case in which it was sought by the party who sought it.

If admissions are made, whether by pleadings or otherwise, then a party may apply to the court for judgment on the admissions, and the court may give judgment or make such order as it thinks just, RSC Order 27, rule 3. There can only be a judgment on the admissions if the whole case or all the elements of it are admitted, which will of course be quite rare. In *Blundell* v *Rimmer* [1971] 1 All ER 1072 there was an action for negligence in which the defendant admitted negligence but denied the alleged damage, and it was held that there could not be judgment on the admission as the plaintiff could only succeed if he showed that the negligence led to damage. In *Murphy* v *Culhane* [1977] QB 94 the defendant had pleaded guilty to the manslaughter of the plaintiff's husband, and she sued him for damages under the Fatal Accidents Act. The defendant admitted his plea, but denied that he was liable in tort. It was held that the plea could not be decisive in the civil action so there was no judgment on the admission. Lastly, in *Rankine* v *Garton Sons & Co.* [1979] 2 All ER 1185 the plaintiff slipped on glucose spilt at his place of work. In a letter his employers admitted negligence but asked for a medical report before they would settle the action, and again it was held that there could be no judgment on the admission as it was necessary to show not only that there was negligence but that it led to proved or admitted injuries.

One point to bear in mind is that if you do admit a point then it is no longer in issue, so no evidence can be given on it. In *Pioneer Plastic Containers* v *Commissioners of Customs & Excise* [1967] Ch 597 the plaintiffs claimed that some of their plastic products were not liable for purchase tax, the defendants admitted all the facts alleged, but said that in law they were chargeable. It was held that since all the facts were admitted no evidence could be heard. However, it is possible to withdraw an admission that has been made with the leave of the court.

Interrogatories

This is another way of dealing with insufficient pleading, which is dealt with in RSC Order 26. You can seek further and better particulars of something raised in your opponent's pleading, or you can use interrogatories if there is no specific allegation in the pleading. It is possible to serve interrogatories twice without leave, but you will need leave for any further interrogatories. A party can apply to the court for an order giving leave to serve on any other party interrogatories relating to any matter in question between the applicant and that other party in the case. The order, if made, will require the other party to answer the interrogatories on affidavit within the period specified in the order.

The court will only make an order if it considers that the interrogatories are necessary to dispose fairly of the cause or matter or to save costs, and that will take into account any voluntary offer a party makes to make an admission or disclose a document. The test is not merely whether the proposed matter might be admissible, or could be put in a pleading. In *Jones* v *G. D. Searle & Co.* [1978] 3 All ER 654 there was an action for negligence, the plaintiff alleging that she had developed thrombosis having been prescribed a contraceptive pill. It was an issue whether the case was statute barred, and it was held that therefore there could be interrogatories about the legal advice the plaintiff had got earlier, although this would not normally be proper. Interrogatories will only be ordered where necessary, and they would not, for example, be necessary at an early stage in an action, *Hall* v *Selvaco Ltd*, *The Times*, 27 March 1996.

It is important to word the interrogatories very carefully to get the information that you want, and a copy of the proposed interrogatories must be served with the application. As with seeking further and better particulars, there are some policy considerations, as seeking interrogatories may well force your opponent to improve the preparation of his or her case or alert him or her to something not thought of, so it is usually only valuable to seek interrogatories if you really need them to prepare your case properly. The other side has to answer the interrogatories in the form of an affidavit, and this may of course be used in evidence at the trial, RSC Order 26, rule 7, and although it is possible to put in only some of the answers given, the court is entitled to look at them all. An example of an application for interrogatories is given at the end of the chapter.

A person is entitled to object to answering an interrogatory on the ground of privilege, and an objection should be set out in the answering affidavit, RSC Order 26, rule 4. Otherwise full answers should be given, as would be the case in court, of everything within the knowledge of the party replying. Interrogatories may be served on a body or company in the same way as on an individual, and the person answering should make all reasonable inquiries within the company to answer the questions, and should put a statement in the affidavit that this has been done, *Stanfield Properties* v *National Westminster Bank* [1983] 2 All ER 244. If any answer given is insufficient then the court may order the party to give a further answer, either by affidavit or an oral examination, RSC Order 26, rule 5. If there is any failure to comply with the original order for interrogatories or with any further order, the court may make such order as it thinks just, and in particular it may order that the action be dismissed, or that the defence be struck out and judgment entered. Alternatively, the party failing to comply may be committed to prison, or his solicitor may be committed to prison if he or she has failed to give the client notice of the interrogatories without reasonable excuse, RSC Order 26, rule 6.

Judgment in default of pleading

This is again a final resort in pleading tactics, where your opponent has failed to serve a pleading at all, and is contained in RSC Order 19.

First, if the plaintiff fails to serve a statement of claim within the appropriate time after the issue of the writ the defendant may apply to the court for the action to be dismissed, and the court may dismiss the action, or may make such other order on such terms as it thinks just, RSC Order 19, rule 1.

Secondly, if the plaintiff's claim is for a liquidated sum and the defendant fails to serve a defence within the appropriate period, the plaintiff may seek judgment for a sum not exceeding that which has been claimed, plus costs, RSC Order 19, rule 2. If the plaintiff's claim is for an unliquidated sum he may only get an interlocutory judgment for damages to be assessed and costs, RSC Order 19, rule 3. There are further rules to cover claims for detention of goods, possession of land or mixed claims. It is also possible to apply for judgment in default of a defence to counterclaim, RSC Order 19, rule 8.

Any default judgment made may be set aside or varied on such terms as the court thinks just, RSC Order 19, rule 9, and it must be said that the court will be relatively slow to make an order for judgment in default unless there is very good reason. There is little point usually in giving judgment in default of a statement of claim if the limitation period has not expired, as the plaintiff can just begin a new action. Also, since the strict time limits for serving pleadings are so often ignored in practice there will have to be a substantial delay without any good reason before the court will be prepared to act.

SUMMARY OF THE PRINCIPLES OF PLEADING

Be clear. Be brief. Be accurate. Be thorough.

Purposes of pleading
1. To summarise briefly the party's case.
2. To state clearly the party's case.
3. To limit and define the matters that will be in issue at trial.
4. To inform the other side of the basic case against them.
5. To establish those issues on which evidence will be required.

All these are intended to ensure:

  (a) that the issues are clear;
  (b) that time is not wasted;
  (c) that money is not wasted;
  (d) that surprise at trial is avoided.

Style of pleading
1. Numbered paragraphs must be used for clarity.
2. The paragraphs should be in a logical order.
3. Each point should be in a separate paragraph.
4. The pleading should be worded in clear, plain English.
5. Terminology must be accurate and precise.

Contents of pleading
1. A summary of all material facts in numbered paragraphs.
2. All the elements of the proposed cause of action must be pleaded.
3. Basic facts of loss suffered, or those giving rise to any other remedy sought, must be pleaded.
4. Particulars for an element should be pleaded where appropriate, e.g., negligence, misrepresentation, fraud, breach of trust, special damage.

Matters which do not need to be pleaded
1. Immaterial facts.
2. Evidence (except relevant parts of documents, etc).
3. Law (unless it has special relevance, such as a statutory defence).
4. Matters presumed by law.
5. Legal argument.

EXAMPLE 1   BASIC APPLICATION FOR FURTHER AND BETTER PARTICULARS

IN THE HIGH COURT OF JUSTICE   1997.B.No.

_____ DIVISION

BETWEEN   A.   B.   Plaintiff
                                    and
                                C.   D.   Defendant

_____

REQUEST FOR FURTHER AND BETTER
PARTICULARS OF STATEMENT OF
CLAIM

_____

(Raise each point that is not clear in a separate numbered paragraph, making it as clear as possible what details are sought. The following are examples of possible paragraphs that may be adapted for use.)

1. Of '(quote the part of the statement of claim of which particulars are sought)'. State with proper particularity of the alleged   , specifying:
   (a)   When _____
   (b)   How _____
   (c)   In what manner _____
2. Of '(quote the part of the statement of claim of which particulars are sought)'.
   (a)   Specify _____
   (b)   Explain _____
3. Of the allegation that   , give full particulars of stating _____
_____.

4. Of the allegation that   , give full details of all facts and matters relied on in support of this allegation.

Served the   day of   (Signed)
etc.

(As an alternative to numbered paragraphs, each point may be raised as 'Under paragraph 3', 'Under paragraph 4' etc., referring to the paragraphs of the statement of claim.)

EXAMPLE 2 BASIC REPLY TO AN APPLICATION FOR
FURTHER AND BETTER PARTICULARS

IN THE HIGH COURT OF JUSTICE   1997.B.No.

_____ DIVISION

BETWEEN   A.   B.   <u>Plaintiff</u>
                                and
                          C.   D.   <u>Defendant</u>

FURTHER AND BETTER PARTICULARS OF THE
STATEMENT OF CLAIM SERVED PURSUANT TO
A REQUEST DATED _____

1. (Copy the wording of the first request.)
   (Set out the answer to the request, dealing with each separate point raised in
   order, and giving the correct amount of detail.)
2. (Copy the wording of the second request.)
   (Set out the answer to the request, in the same way as above.)

                              etc.

Served the   day of   (Signed)
etc.

EXAMPLE 3 BASIC REQUEST FOR INTERROGATORIES

IN THE HIGH COURT OF JUSTICE   1997.B.No.

_____ DIVISION

BETWEEN   A.   B.   <u>Plaintiff</u>
                                and
                          C.   D.   <u>Defendant</u>

INTERROGATORIES

On behalf of the above-named Plaintiff for the examination of the above named
Defendant, delivered pursuant to the order herein dated.
(Raise each question in a separate numbered paragraph. Each question must of
course relate only to something the party asking for the interrogatory is entitled
to know.)
1. Have you ever _____   ?
2. Did you _____   ?
3. If the answer to the preceding interrogatory is yes, state _____

Deliver this _____
etc.

8   The writ and the statement of claim

The writ is the most common method of commencing an action in the High Court. There are some cases where the writ is the compulsory way to commence an action, and many more where it may be used. Generally the writ is suitable to commence an action where the parties are in dispute rather than seeking the assistance of the court, especially where there is a substantial dispute of fact, and this will include almost all tort actions, many contract actions and some trust actions. By RSC Order 5, the writ is compulsory where there is a claim in tort (other than for trespass), where there is an allegation of fraud, or where there is a claim in respect of a death, personal injury or damage to property.

This chapter will deal specifically with preparing a writ and a statement of claim, though many of the general points about drafting made in the previous chapter will be relevant. (There are examples of statements of claim in particular actions later in the book.) Although a printed form is normally used for a writ, care should be taken to use it properly, putting in all the necessary information, and crossing out clearly those parts which do not apply in the particular case.

Distinguishing the writ and the statement of claim

The writ is the formal document which must be used to commence the action (RSC Order 6, rule 1) but although it must state the nature of the plaintiff's claim, the full statement of claim does not have to be indorsed on it, but can be a separate document, served at any time before the expiry of 14 days after the defendant gives notice of intention to defend (RSC Order 18, rule 1). This will mean that if it is not indorsed on the writ, the statement of claim should be served within 28 days of the writ's being served.

The technical distinction (though the terms are not actually used in the Rules of Court row) is that the writ may either be 'generally indorsed' with a brief general statement of the sort of case the plaintiff is bringing, or 'specially indorsed' with a full statement of claim (RSC Order 6, rule 2).

As to whether the statement of claim should be indorsed on the writ, the choice is for the plaintiff to make. If it is indorsed on the writ, it will save the costs of a separate document, and since the statement of claim should normally be served within 28 days of the writ, the work of drafting it will have to be done, and it might as well be put on the writ. However, in practice a writ may well be issued before the statement of claim is drafted, and there may be good legal reasons for doing this, if for example the limitation period is about to expire. There may also be practical reasons for issuing a writ without a full statement of claim, for example to show the other side that you do intend to pursue the case seriously, especially if negotiations have gone on for some time and you hope to force a settlement.

If there is to be a general indorsement on the writ rather than a full statement of claim, there are no set words to be used, the rule being only that there must be a concise statement of the nature of the claim or the relief or remedy required (RSC Order 6, rule 2). This will generally consist of just a few sentences that give basic details of the type of action and what is claimed. If the claim is for a debt or liquidated demand, there must be a statement of the amount claimed (and that the proceedings will be stayed if that amount is paid to the plaintiff or his solicitor or agent within the time limited for appearing). If the action is for the possession of land there must be a statement of whether the claim relates to a dwelling house and, if it does, its rateable value. If the action is to recover possession of goods there should be a statement of the value of the goods.

A few simple examples of general indorsements are as follows:

(a) 'The plaintiff's claim is for damages for breach of a contract made in writing on 1st January 1997 for the sale of a painting, and for interest thereon.'

(b) 'The plaintiff's claim is for work done and materials supplied by the plaintiff to the defendant in accordance with an oral contract made on 1st February 1997.

Particulars

Work done _____
Materials   _____

(c) 'The plaintiff's claim is for:

(i) Damages for personal injury and loss caused to the plaintiff by the negligence of the defendant his servants or agents on 3rd January 1997 at 4, Grays Inn Place, London.

(ii) Interest thereon pursuant to s. 35A Supreme Court Act 1981.'

(d) 'The plaintiff's claim is as administratrix of the estate of Tybalt Capulet deceased for:

(i) Damages under the Fatal Accidents Act 1976 for the death of the said deceased caused by the negligence of the defendant in that _____;

(ii) Damages under the Law Reform (Miscellaneous Provisions) Act 1934 for the benefit of the estate of the deceased for the loss caused to the deceased by the negligence of the defendant;

(iii) Interest on the said damages.'

(e) 'The plaintiff's claim is for:

(i) Execution of the trusts of the above-mentioned settlement dated 1st April 1988 and made between Regan Lear and Goneril Lear.

(ii)   Such other accounts, inquiries, directions and relief as may be just.
(iii) Costs.'

(f)   'The plaintiff's claim is for:

(i)   An inquiry whether any of the funds of the above-mentioned will have been invested by the defendants in unauthorised investments, and if any, and if so what sums have been lost to the estate subject to the trust by reason of the unauthorised investment.
(ii)   An account of all moneys due to the said estate by reason of any such loss.
(iii) Payment of the amounts found due on the taking of the said account.
(iv)   Further or other relief.
(v)   Costs.'

Although the general indorsement is brief, it is part of the pleading in the action, and is legally binding. The statement of claim cannot contain a claim or cause of action which is not mentioned in the writ or does not arise from the facts in it (RSC Order 18, rule 15) though subject to that, the statement of claim may alter, modify or extend any claim made in the writ. Thus the general indorsement should be drafted so that it does not inhibit the statement of claim, and, if the writ has been issued before the statement of claim, the general indorsement on it should be read before the statement of claim is drafted. Although a claim for interest should generally be included in a general indorsement, it seems that it is not fatal to the claim if it is not, see *Edward Butler Vintners Ltd* v *Grange Seymour International Ltd* (1987) 131 SJ 1188.

In the High Court, unlike the county court, it is rarely necessary to plead facts giving the court jurisdiction. However, note that in a personal injury action the following indorsement must appear for the writ to be issued in the High Court under the *Practice Direction* [1991] 3 All ER 352:

This writ includes a claim for personal injury but may be commenced in the High Court because the value of the action for the purposes of art. 5 of the High Court and County Courts Jurisdiction Order 1991 exceeds £50,000.

A problem is most likely to arise if different lawyers are involved, for example if the solicitor issues the writ before sending the brief to a barrister for a statement of claim to be drafted, or if for some reason the client changes his lawyers during the case. The lawyer drafting a statement of claim should make sure that there is no existing generally indorsed writ to limit the form of the claim, though if no copy of a writ is sent and no writ is referred to in instructions it is usually safe to assume that no writ has yet been issued. If the general indorsement is wrong or restrictive it is possible to amend it.

To illustrate this point, in *Sterman* v *E. W. & W.J. Moore* [1970] 1 QB 596 the plaintiff issued a writ claiming damages for injury at work but after the end of the limitation period sought to amend it to add claims for negligence and breach of statutory duty. It was held that while amendment might be possible, the original writ should be indorsed with the nature of the claim and the relief sought, and if it was not this could not be remedied by the statement of claim. In *Graff Brothers Estates* v *Rimrose Brook Joint Sewerage Board* [1953] 2 QB 318 the writ claimed damages for the wrongful removal of support, and the statement of claim went on to claim damages for negligence. It was held that this was acceptable as the statement of claim was within the general allegations made in the writ. Finally in the case of *Pontin* v *Wood* [1962] 1 QB 594 it was held that if the writ itself was for some reason a nullity the statement of claim could not cure it, though the statement of claim could possibly remedy a lesser defect.

Drafting the formal parts of a writ

Whether the writ is issued with a general indorsement, or with the full statement of claim indorsed on it, basic decisions must be made in the drafting of the formal parts of the writ. Every writ must be in the form set out in RSC Order 6, rule 1. Although this form is mass produced, proper care should be taken in completing it, to adapt it to the case in hand, filling in blanks and striking out any parts which are not appropriate.

The rules of court specify certain things which must be contained in a writ, and many of these are provided for in the basic form. By RSC Order 6, rule 2 the writ must, before it is issued, be indorsed with the statement of claim or a general indorsement. Other things must be indorsed specifically on the writ, which are dealt with as appropriate below. By RSC Order 6, rule 7 a writ is issued by being sealed by an officer of the Central Office in the High Court in London or at a District Registry. It is necessary to take a copy as well as the original writ and also a form of acknowledgment of service for each defendant. This will normally be done by someone from the solicitor's firm. The staff at the office will normally check to see that the form has been filled in properly, and are helpful in advising if any difficulty arises.

It is possible for a writ to be issued by fax in the Commercial Court or in an Admiralty action, see *Practice Direction* [1991] 3 All ER 448.

The heading

The heading must follow specifically the form of the prescribed form of writ, and RSC Order 18, rule 6 provides that every pleading must bear on its face the following information:

(a)   The year in which the writ in the action was issued and the letter and number of the action.
(b)   The title of the action.
(c)   The division of the High Court to which the action is assigned and the name of the judge (if any) to whom it is assigned.
(d)   The description of the pleading.
(e)   The date on which it was served.

The High Court has three Divisions, now governed by the Supreme Court Act 1981, and it is for the person bringing the action to decide which Division to use.

Each of the Divisions has equal powers and may grant the same remedies, but certain types of action must or should be brought in a particular Division. In matters of jurisdiction it is of course necessary to bear in mind the provisions of the Civil Jurisdiction and Judgments Act 1991. The new division of business between the High Court and the county courts under ss.1 and 2, Courts and Legal Services Act 1990 is dealt with in chapter 15.

First, there is the Queen's Bench Division, which is the largest, and which is appropriate for any type of case which is not specifically assigned to another Division. In particular it is appropriate for most tort and contract actions. The Queen's Bench also has a general supervisory jurisdiction, to deal with judicial review and most types of appeals from lower courts and other bodies, and for applications for habeas corpus. There are also two specialist courts within the Queen's Bench, the Commercial Court and the Admiralty Court.

Secondly there is the Chancery Division, used basically for those matters specifically assigned to it, which of course are generally those matters requiring more detailed and specialist examination of documents. There is a basic list of those matters assigned to the Chancery Division in the Supreme Court Act 1981, Schedule 1 which include all causes and matters relating to the sale of land, redemption and foreclosure of mortgages, the execution of trusts and the administration of estates, bankruptcy, partnerships, the rectification of written instruments, contentious probate and all matters relating to companies. The rules of court also assign other matters to the Chancery Division: patents (RSC Order 103 (the Patents Court is part of the Chancery Division)); proceedings relating to charities (RSC Order 108), that is proceedings relating to the administration of a charity, not just a case in which a charity happens to be involved; many types of revenue proceedings (RSC Order 91); proceedings brought under the Trustee Act 1925 (RSC Order 93, rule 4), that is proceedings asking the court to use a power under that Act, not just where that Act happens to be relevant. Finally various types of proceedings under specific Acts are assigned to the Chancery Division, (RSC Order 93, rule 10) relating to building societies, trade unions, friendly societies, etc. This allocation of business is mandatory, and the lawyer should draw the attention of the court to it if necessary, *APAC Rowena Ltd* v *Norpol Packaging Ltd* [1991] 4 All ER 516.

The Chancery Division is generally more appropriate where the case will be a matter of reading or interpreting documents and of legal argument rather than one of disputed fact and the examination of witnesses. It will be appropriate for any matter connected with a trust, and for some contract actions. If the plaintiff does have a genuine choice of Divisions the practical differences between them should be weighed up. For example, pleadings in the Chancery Division tend to be longer and more detailed, which may be an advantage if the plaintiff's case is complicated. Also the Chancery Division is prepared to make more complicated orders at the end of a case and to enter into more complicated investigations into damages. It is rarely possible to get summary judgment under RSC Order 14 in the Chancery Division, though there is a procedure for getting summary specific performance (RSC Order 86). Though it will not usually be relevant, there is no jury trial in the Chancery Division as there is in the Queen's Bench, see *Stafford, Winfield, Cook & Partners* v *Winfield* [1980] 3 All ER 759.

Finally there is the Family Division, which was originally set up in 1970, and is now provided for in the Supreme Court Act 1981, s. 61. The matters which are assigned to the Family Division include all matters ancillary to divorce or judicial separation, and relating to the property or children of a marriage. Also cases concerning wardship, legitimacy and adoption will be heard in this Division, as well as appeals in relation to magistrates' orders in family matters which come to the High Court. The allocation of work between the Family Division and the county courts has been modified by ss. 9 and 10, Courts and Legal Services Act 1990, and by the Children Act 1989. Finally, the Family Division deals with non-contentious probate matters, which will generally be a case of dealing with simple wills leaving property within the family. It may be appropriate for some cases which do not involve married couples but cohabitees to be heard in the Family Division too, as the principles to be applied may be similar. Conversely, a case between a married couple does not necessarily have to be heard in the Family Division, for example if there is a contract for maintenance, that can be enforced by an action on the contract in the Queen's Bench Division and, if appropriate, summary judgment obtained, *Temple* v *Temple* [1976] 3 All ER 12, though it will normally be most appropriate for actions of this sort to go to the Family Division.

If any cause or matter is begun in one Division, it may at any time be transferred to another by order of the court, Supreme Court Act 1981, s. 65 and RSC Order 4, rule 3. Thus the wrong choice of Division should not of itself be fatal to a case, though there may well be a waste of time and costs if a change is necessary.

Normally the correct choice of Division should be made before the writ is issued, but in a case that is not specifically assigned to one Division, it is possible that it will only become apparent later in the case that the number and complexity of documents may make it more suitable for the Chancery Division rather than the Queen's Bench.

The writ should be marked with the Division which has been chosen for the case. Until relatively recently, if the case was in the Chancery Division it was also necessary to mark it with the group of judges to whom it was assigned, but this is no longer necessary, *Practice Direction* [1982] 3 All ER 639. If the writ is issued in a District Registry this should also be marked. This is a matter of choice for the plaintiff; there are District Registries in major towns and cities and this may be more convenient for the plaintiff. A writ may be issued anywhere in the United Kingdom, wherever the cause of action arose, but it may be more convenient to have it tried locally since the circuit system does ensure that High Court judges sit in more than 20 places in the country, and Chancery judges in major commercial cities.

An action may be assigned to a particular judge, in which case this will be marked on the writ, but this is something to be dealt with by the court office, and not something for the pleader to deal with.

The reference number, on the right, consists of three elements, the year in which the writ is issued, and a letter and a number used to identify the action. These last two are a matter for the court office, but generally the letter for the action will be the initial letter of the plaintiff's surname (or otherwise the initial letter of the first surname to appear on the writ) and numbers are issued consecutively from the beginning of the year, each letter beginning with one and going on. Thus if Mr John Smith is the first person with a surname beginning with S to issue a writ in

1997, the reference number will be '1997.S.No.1'. Since this is a matter for the court office rather than the person drafting the pleading and is not subject to strict legal rules it is best if blanks are left on the draft to be filled in when the writ is issued.

There is a recent practice, though it is not a matter of strict rule, for the letters 'Ch.' to be placed before the reference number of an action begun in the Chancery Division, to distinguish it from a Queen's Bench action, so that if Mr Smith's action were being brought in Chancery the number would be 'Ch.1997.S.No.1'.

An 'in the matter of' title is only needed if the case is concerned with the interpretation of particular types of documents, and since this will normally be a matter for an originating summons rather than a writ, the matter of titles is dealt with in the chapter on originating summonses. However the rules are similar for all drafts, and a writ should have a title if necessary.

The full names of the parties should be set out properly, as a simple example:

BETWEEN   Cedric Albert Arbuthnot   Plaintiff
                                        and
                                 Elsie May Brown   Defendant

The full name should be given if known, without abbreviations, and without 'Mr' or 'Mrs'. The case will of course normally be referred to using the name of the first plaintiff and the first defendant, so that this case will be *Arbuthnot v Brown*. It is important to get the name of each party right with no doubt or confusion or the action may not be binding on them. Formerly further descriptions were added, for example, a woman would be described as 'married woman' or 'spinster' as appropriate, but this is now no longer necessary, and the tendency is to keep titles as simple as possible. However, a relevant description may still be added if any doubt might arise about the sex or description of a party, *Practice Direction* [1969] 2 All ER 1130. A definition of the party in brackets after their name is now rarely necessary.

There have been some variations in the way in which the names of the parties to an action are set out, but as always clarity and simplicity are most important. In *Re Brickman's Settlement* [1982] 1 All ER 336, Megarry VC made observations on the headings of pleadings in the Chancery Division which are generally useful. If there are numerous people involved then the names of the plaintiffs and then of the defendants should be set out one beneath the other with numbers in brackets before each. The words 'Plaintiffs' and 'Defendants' should each appear just once, not 'First Defendant' etc., the word 'and' should not appear between the individual names, but just once between the plaintiffs and the defendants, and again if there are third parties. For example:

BETWEEN   (1) Archibald Anderson   Plaintiffs
                                 (2) Bertram Brown
                                        and
                                 (1) Clarence Clore   Defendants
                                 (2) David Donaldson
                                        and
                                 Ermintrude Eade   Third Party

It is of course vital to join the right parties, and you should give positive consideration to this – if you do not sue the right person you may fail altogether or you may not recover the damages sought. Sometimes the parties will be obvious and there will be no choice, but there may be an alternative to be considered. For example, if one person negotiates a contract on behalf of another it should be the principal, not the agent, who is joined, *Hector* v *Lyons, The Times,* 19 December 1988. The general rule is in RSC Order 15, rule 4, which allows two or more people to be joined as plaintiffs or as defendants where there is some common question of law or fact that might otherwise be raised in separate actions, or where all the rights to relief claimed arise out of the same transaction or series of transactions, or with the leave of the court. There may need to be more than one plaintiff if more than one person wishes to obtain a remedy from what has happened. It is sometimes possible for one person to be a plaintiff on behalf of others. A party should not be joined for an ulterior motive such as obtaining inspection of objects, *Douihech* v *Findlay* [1990] 3 All ER 118. This concept of the representative action will be considered in the chapter on originating summonses because it is most often needed there.

In recent years there has been a growth in the use of group litigation where people with broadly similar claims act together although it is not appropriate for one to represent all the others. There has been a call for proper procedures to be adopted for such actions, *Chrzanowska* v *Glaxo Laboratories Ltd, The Times,* 16 March 1990. On the problems that may arise see *Ashmore* v *British Coal Corporation* [1990] 2 All ER 981 and *Re Interest Rate Swap Litigation, The Times,* 19 December 1991.

As for defendants, it is important to consider whether more than one person may be liable for what has happened, especially in tort actions, where more than one person may have contributed to an accident, or have been responsible for something in different ways, for example, one making a defective item and another selling it.

There may also be different people liable legally because of agency or vicarious liability. Of course if more than one person is made a defendant you must state clearly in the body of the pleading the different ways in which you are alleging each is liable, either pleading the facts on which each is liable or the legal relationship, such as that one employs the other.

There may be practical as well as legal reasons for joining more people in the action, for example, if you are seeking damages, where it may well be that one person will be able to afford to pay them and another will not. You should not take this too far – there is no point in joining someone just because she is rich if the legal claim against her is virtually non-existent. There are other reasons for joining someone as a party, for example, if you wish to get discovery of documents against them, but you should be very slow to join a person for purely strategic rather than genuine legal reasons. If there is the possibility of joining different people in the action the various alternatives should be discussed between the lawyers and with the client in conference or in an opinion; only the conclusion will appear in the draft.

Just a few special points about parties, most of which are pretty straightforward. If a person has died, his executors or personal representatives may sue or be sued in his place, RSC Order 15. It is those with direct legal rights and obligations who will normally be parties, so that, for example, it will normally be the trustees who are parties to an action involving trust property rather than the beneficiaries. Where a party is insured the basic action is still between those involved in the accident, but if the insured party is held liable to pay damages it will be the insurance company which actually pays them. Sometimes a special party needs to be added, for example, in an action concerning the potential validity of a charity the Attorney-General should be made a party to represent the public interest. This will be dealt with in more detail later in connection with trust actions.

Being a separate legal entity, a company can of course be a party to an action, using the correct full name of the company. It is also possible to sue people using a trade name, even if it is not an incorporated body, by using the trading name, and it is usual to add the words 'a firm' at the end, such as 'Easiphix Plumbers (a firm)' or the trading name may be given by inserting: '(trading as . . .)'. RSC Order 81, rule 1 provides that two or more people claiming or alleged to be entitled as partners within the jurisdiction can sue or be sued in the name of the firm in which they were partners at the time the cause of action accrued. An unincorporated body may also be involved in an action, the normal method being to join an officer of the body, such as the Treasurer or Secretary, to represent it. A government department, local authority or health authority can be sued as such. A body recognised by foreign law, such as an Indian temple can also be a party, *Bumper Development Corporation* v *Commissioner of Police* [1991] 4 All ER 638.

Proper consideration as to the parties should be given before the writ is issued. Although the misjoinder or non-joinder of a party should not of itself prove fatal to an action (RSC Order 15, rule 6), the court is not so ready to allow a change of parties as it is to allow an amendment to pleadings. Rule 6 does allow the court to order that a party should cease to be a party or should be added as party at any stage in the proceedings on such terms as it thinks just, but this power will rarely be used at a late stage in the proceedings if there will be any prejudice to the party. A party cannot normally be joined after the end of the limitation period.

It is important to name the party correctly or the action will not bind them. However, a minor mistake in the name will not normally defeat the action if there is no real mistake as to identity and no one has been seriously prejudiced or misled, *Alexander Mountain & Co.* v *Rumere* [1948] 2 KB 436. The same rule applies to a genuine mistake in the name of a company, *Simpson* v *Norwest Holst Southern Ltd* [1980] 2 All ER 471. The real test is whether there has been a genuine mistake in the name but there is no real doubt about the identity of the party, *Evans Construction Co.* v *Charrington & Co.* [1983] 1 All ER 310.

There are special rules for a person under a disability being a party to an action, coming from RSC Order 80. These rules apply to a patient with a mental disability within the meaning of the Mental Health Acts or a minor, that is a person under 18 years of age. Such a person does not have the capacity to sue alone, but must sue by a 'next friend' and defend by a 'guardian ad litem', and they must have a solicitor. It is not necessary to have any court order for this, but appropriate documents under the Order must be lodged with the court. Normally the person used will be someone close to the patient or minor, such as a parent, but it must be someone with whom there is no possible conflict of interest in the case.

If the patient or minor is the plaintiff then the next friend should be decided on and named in the writ. However, if the patient or minor is the defendant then only the name of the patient or minor need be given by the plaintiff in the writ, as the guardian ad litem will be decided on by the other side. The form of heading used in this type of case does not seem to be completely standardised, but should be similar to the following:

Minor plaintiff	'Alexander Allen, a minor, by Alexis Allen his next friend'
Minor defendant	'Belinda Brown, a minor, by Brian Brown her guardian ad litem'
Patient plaintiff	'Colin Coutts, by Darren Drake his next friend'
Patient defendant	'Edwin Elgar, by Felix Ford his guardian ad litem'

There are other special rules in actions involving patients and infants which cannot be discussed in detail here.

The formal parts of the writ do not vary, and do not need writing out in full in a draft. The words warn the defendant that he should acknowledge service, which is merely a question of filling in the name and address of the defendant, and when and where the writ is issued, then, after the general indorsement or the statement of claim, the name and address of the plaintiff or his solicitor. RSC Order 18, rule 6 provides that every pleading must be indorsed with the party's name and address if he sues in person, or otherwise by the name or firm and business address of the solicitor by whom it was served, and if the solicitor is an agent for another, the name and firm and business address of the principal. RSC Order 6, rule 5 extends these provisions in the case of a writ, in that if a plaintiff sues in person and has no place of residence, or none within the jurisdiction, he should give an address within the jurisdiction where documents for him may be delivered. Finally, RSC Order 18, rule 6 provides that every pleading of a party must be signed by counsel if settled by counsel, by the party's solicitor or by the party himself if he sues in person.

If the statement of claim is not indorsed on the writ, then it will have to be served as a separate document, with the heading and formal parts being the same as on the writ.

The statement of claim

Whether the statement of claim is indorsed on the writ or served as a separate document, the principles for drafting it are the same, and many of them were examined in the chapter on principles of drafting. The formal parts must be filled in correctly, and the rest is a matter of telling the story simply and clearly. An example of an outline statement of claim is given on p. 140 (Example 1), and examples of statements of claim in particular types of actions are given in the later sections of the book.

The broad contents of a statement of claim are set out in RSC Order 18, rule 15.

(1) A statement of claim must state specifically the relief or remedy which the plaintiff claims: but costs need not be specifically claimed.

(2)   A statement of claim must not contain any allegation or claim in respect
of a cause of action unless that cause of action is mentioned in the writ or arises
from facts which are the same as, or include or form part of, facts giving rise to a
cause of action so mentioned: but, subject to that, a plaintiff may in his statement
of claim alter, modify or extend any claim made by him in the indorsement of the
writ without amending that indorsement.

(3)   Every statement of claim must bear on its face a statement of the date on
which the writ in the action was issued.

Pleading the cause of action

The principles here were dealt with in the chapter on principles of drafting. It is a
matter of using numbered paragraphs to set out the facts of the case alleged in a
logical order as concisely as possible.

EXAMPLE 1   BASIC STATEMENT OF CLAIM

IN THE HIGH COURT OF JUSTICE   1997.B.No.

_____DIVISION

(Writ issued   )

BETWEEN   A.   B. (Name in capitals)   Plaintiff
                              and
                     C.   D. (Name in capitals)   Defendant
                     _____

STATEMENT OF CLAIM

1. (Establish as far as is relevant to the action who the parties are and what they
do.)
2. (Plead any relevant facts prior to the cause of action arising.)
3. (Plead the basic relationship from which the cause of action arises, e.g., the
contract, duty of care, trust. Give all appropriate details, such as dates.)
4. (Plead any relevant details, e.g., relevant terms of the contract.)
5. (Plead the cause of action, e.g., breach of contract, negligence, breach of
trust.)

PARTICULARS OF _____

(Plead all appropriate details of the breach, negligence etc.)
6. By reason of the matters aforesaid the Plaintiff has suffered loss and damage.

PARTICULARS OF DAMAGE

(Set out the details of special damage with figures, that is any loss which
is already quantifiable.)
7. (Plead the basic facts of any type of loss or damage which you wish to claim
for, but which is not an obvious result of the facts already pleaded.)
8. (Plead claim for interest if appropriate.)

AND the Plaintiff claims:

1. (List in separate paragraphs all remedies sought, including a claim for interest if that is sought and a claim for costs.)
2. (If the action is brought in the Chancery Division there should be claims for costs and for further or other relief.)

Served the   day of   (Signed)

etc.

Pleading remedies

The statement of claim must state specifically the relief or remedy which the plaintiff claims (RSC Order 18, rule 15). There is little point in pleading the cause of action well if you do not state fully and clearly the things that you want to get if you win. The client does not only want to win the case, but to get the right things out of it, and he should be advised on appropriate and possible remedies so as to make a decision as to what should be sought. There may be an obvious remedy, such as damages, but if there are alternatives, they should be considered fully.

The remedies sought are normally listed at the end of the pleading, in the part referred to as the prayer, beginning 'AND the plaintiff claims' followed by a list of the remedies sought, with each one stated briefly and numbered separately. It is generally a good policy to ask in the prayer for everything that might possibly be granted, and to pitch each claim as high as is reasonably possible, on the basis that there is no possibility at all of getting something that has not been asked for, so one might as well try. Once the remedies sought are specified it is then for the other side to argue whether what has been sought should in fact be granted.

It is quite possible to ask for different types of relief in the alternative if it would not be possible to claim both. If there is more than one defendant, it should be made clear whether all remedies are sought against both or whether some remedies are sought against one and some against another, which can be done either by having a separate numbered list against each defendant, or by making it clear in each numbered point against whom the remedy is sought. In the Chancery Division, 'Further or other relief' and 'Costs' should normally be sought in addition to other remedies, though this is not necessary in the Queen's Bench.

Some suggestions of examples of remedies that may be sought apart from damages where appropriate, which are by no means exhaustive, are as follows.

A remedy which may be useful in a variety of cases is a declaration, which is a statement by the court of a legal right or position. This will only be appropriate where there is some doubt or dispute about a right or legal position, and some other order may be needed in addition to the declaration to enforce the right. The declaration should be asked for in the pleading, giving the wording of the declaration sought, which should be as specific as possible, though it does seem that it is possible for the court to grant a declaration even if it is not specifically sought, *Harrison-Broadley* v *Smith* [1964] 1 WLR 456.

An injunction is another remedy that may be useful in many situations, being a flexible and practical possibility. However, in many cases it will be more useful to seek an injunction as an interlocutory remedy before the action comes on for trial. This was discussed in the chapter on preparing a case for trial. Where a permanent injunction is sought as well, it should be sought in the statement of claim, with the exact wording of the injunction sought.

It may be appropriate to ask for the return of a specific asset. If a chattel has been improperly detained, there may be an order for the delivery up of the chattel. Alternatively, if the plaintiff shows that he is entitled to possession of land he may seek an order for delivery up of possession of the land.

Some remedies are suitable for particular types of action. In an action in contract the plaintiff may ask for an order of specific performance to have the contract put into effect, and the pleading should make it clear whether specific performance of the whole contract or a particular term is sought. Another contractual remedy is rescission, where it is suitable and available, and the parties can be returned to the position they were in before the contract was made. In a trust action it may be appropriate to ask for specially appropriate remedies like the removal or appointment of a trustee. In either a contract or a trust action it may be appropriate to ask for an account, if there is any uncertainty as to the money due from one party to another. An account is a detailed written list of the sums due between the parties, and is useful where the remedy sought is money owed rather than damages. Once an account is taken, the money found due can be ordered to be paid.

A final general remedy that will be required in almost all actions is an order for costs. This is a matter for the discretion of the court, and does not have to be specifically pleaded (RSC Order 18, rule 15), though it is normal to ask for an order for costs in the Chancery Division.

Pleading a claim for damages

Although the actual claim for damages in the prayer is usually in the simple form 'And the plaintiff claims damages', because the figure to be paid is for the court to assess, it is necessary to put sufficient thought to what else should be put in the pleading in this regard. You should advise the client fully as to what heads of damage are recoverable, and what sum he can hope to get, and although most of this detail does not need to go into the pleading, you should plead sufficient to raise at least each head of damage.

There is a distinction between pleading a claim for liquidated and unliquidated damages. A liquidated claim is a claim for a specific sum and nothing else, where the sum is already known or can already be ascertained exactly. Where there is a claim only for a liquidated sum the exact figure should be claimed specifically, and there are special procedural rules under which the action can be dealt with quickly. The claim is for unliquidated damages where no exact figure can be given, and the amount due has to be left for the judge to decide, as in personal injuries cases and many contractual actions. In an unliquidated claim more detail may have to be pleaded. The overall principle that the pleading should be as brief as possible still applies, but it is necessary to plead the basic facts giving rise to each head of damage. Damage which flows directly and foreseeably from the facts giving rise to the cause of action will normally be presumed, but if there is a type of damage that is not obvious it should be raised in a separate paragraph or it may take the other side by surprise and not be recoverable. For example, if the defendant's negligence leads to a machine breaking down in a factory it will be obvious that some production and profits may be lost and that the machine will have to be repaired, and these things can just be listed under the particulars of loss and damage without further facts, but it is not obvious that a particular contract with another party may be lost, so that basic facts as to that would have to be pleaded if the plaintiff sought damages for that.

You may need to construct an argument for how damages should be assessed for a particular case. For example, loss of future profit can be based on figures for existing profits and comparison with a similar business, *Sun Valley Poultry Ltd* v *Micro-Biologicals Ltd, The Times,* 14 May 1990.

Facts in mitigation of damage may be pleaded as well as facts aggravating damage, but there is no strict rule here, and this will to some extent be a matter of judgment in each case. A plaintiff may plead facts which do obviously and irrefutably reduce his loss so as to give the defendant a more exact view of his claim, but he does not have to if there is any real doubt as to the extent to which the loss is mitigated. A defendant does not have to plead in detail to allegations of damage, as such allegations are deemed to be denied unless they are expressly admitted, but if the defendant does wish to make a strong point on the damages recoverable he may choose to make his position clear in pleading.

To illustrate the type of detail that should be pleaded, there are a number of cases in which the plaintiff has failed to recover something lost because it was not pleaded. In *Perestrello E Companhia Limitada* v *United Paint Co.* [1969] 1 WLR 570 there was an action for breach of contract in which the plaintiff pleaded wasted expenditure, but not loss of profit. It was held that he could recover nothing under the second head – he should have raised the point with precise figures if appropriate and it was too late to amend his pleading at trial. In *Ilkiw* v *Samuels* [1963] 1 WLR 991 the plaintiff was injured at work, and the statement of claim alleged a specific loss of £77, but said nothing about a continuing loss of £200 p.a. It was held that therefore nothing was recoverable for this continuing loss. In *Domsalla* v *Barr* [1969] 1 WLR 630 the plaintiff fell off a steel erection at work and suffered continuing dizziness. He claimed that as a result he had had to turn down a job he had hoped to get in Nigeria, and was no longer fit enough to set up his own business eventually as he had hoped. It was held that he could not recover damages for these things because they were not pleaded, and because he could not provide sufficient evidence that these things would have happened. A final and similar example is *Ashcroft* v *Curtin* [1971] 3 All ER 1208, where a man was injured in a car accident and alleged that as a result he was no longer lively and dynamic enough to carry on his one man business. It was held that he could not get damages for this because there was insufficient evidence to show it was true.

There is a general principle of just pleading the basic facts, so all that is necessary is a paragraph or two giving sufficient detail to alert the defendant to the basic type of loss alleged. It will then have to be proved and argued about at trial. If too much detail is given, it may tie the case down unnecessarily. The only figures that need to appear in a pleading are those for special damage. General damage remains at large, and total figures need not be given, though it may still be useful to provide some basic figures from which the loss can be computed.

To illustrate the distinctions, if someone is injured at work it may well be that her clothes are damaged. You can find out immediately the cost of replacing them, so this should be listed as special damage, and the actual value given. She may well have to be off work while she recovers and will lose wages. If she has already gone back to work this can be pleaded as special damage because you know how many weeks she has been off work and what her weekly wage is, but if she has not yet returned to work you cannot put an exact figure on the loss, so that all that is necessary is to plead that she has not yet been able to return to work, and it is also helpful to plead the weekly wage that she is losing. Although you can advise the client what sort of figure she is likely to be awarded for her injuries, this figure will remain as general damages for the judge to assess. Because more detailed information will be needed before the trial, it is now provided that full details of loss of earnings, future earning capacity, loss of future pension rights and medical care expenses should be given within seven days of the case entering the warned list *Practice Note (Personal Injury Actions: Special Damages)* [1984] 1 WLR 1127.

Some cases illustrate the type of figures which it is useful to plead. In *Hayward v Pullinger & Partners* [1950] 1 All ER 581 there was an action for wrongful dismissal, and it was held that figures for lost salary and commission lost due to the dismissal were special damages and details should be pleaded. In *Monk v Redwing Aircraft Co.* [1942] 1 KB 182 again in an action for wrongful dismissal, it was held that the defendant was entitled to know whether the plaintiff had found a new job and, if so how long it was for and what the salary was, as this was all directly relevant to the quantification of damage. If such information is available it may therefore be useful to plead it, although this is not strictly necessary. Finally, in *Phipps v Orthodox Unit Trusts* [1957] 3 All ER 305 it was held that the defendant was entitled to know something of the plaintiff's tax position where this was relevant to the quantification of damage, although it would not normally be suitable to put this type of detail in the statement of claim.

It is right to say that over recent years there has been some growth in the amount of detail supplied in pleading damages. Whilst several years ago the practice was often to plead minimally and generally as that was all that was required, it has become increasingly common to plead loss in detail, to strengthen the claim, and probably to give a better basis to the other side for deciding what they might offer in settlement or might pay into court. Thus more figures are given for consequential loss, and related to mitigation. For example, in *Chan Wai Tong v Li Ping Sum* [1985] AC 446 it was said to be good practice in an action for damages for personal injuries to plead loss of future earning capacity in detail, to give fair notice to the defendant.

In a few cases it may be possible to claim exemplary damages in addition to compensatory damages, but this is only where there is alleged to be oppressive, arbitrary or unconstitutional conduct by a servant of the government, or the defendant's conduct is calculated to produce a profit for him in excess of any damages he may have to pay, *Rookes v Barnard* [1964] AC 1129. If exemplary damages are to be sought they should be pleaded, RSC Order 18, rule 8. Any claim for provisional damages must also be specifically pleaded in the body of the claim, including in the prayer 'An order for the award of provisional damages under s. 32A of the Supreme Court Act 1981', Order 18, rule 8 and Order 37, rules 7–10.

It has now become possible to claim damages in a currency other than sterling if this is appropriate, for example, if a foreign law is the proper law of the contract and the price in the contract is specified to be payable in a foreign currency, *Miliangos* v *George Frank (Textiles)* [1975] 3 All ER 801. It is also possible to get damages in a foreign currency in a tort case if that is necessary to compensate the plaintiff fairly, for example, if negligence causes damage to a foreign ship which is repaired abroad, *The Despina R* [1979] AC 685. If a plaintiff does wish to have damages awarded in a foreign currency he should specifically plead this, giving the reason, *Practice Direction* [1976] 1 All ER 669, he should specify the currency requested and why it is appropriate, *Practice Direction* [1977] 1 All ER 544 and *Federal Commerce* v *Tradax Export S.A.* [1977] QB 324.

In pleading a claim for damages it is vital to think comprehensively about what has been lost, and inventively about what arguments may be advanced. There is great scope for good fact management skills and advocacy here in fighting for the best measure for damages and for all possible heads of damage. In terms of the measure of damages you need to note that in some cases the measure is more generous, for example, in a case of misrepresentation one can get damages for all loss flowing from the cause of action as in fraud, *Royscot Trust Ltd* v *Rogerson* [1991] 3 All ER 294. As regards heads of damage it will usually be a matter of arguing widely on what is foreseeable or what really flows from the cause of action.

There may be alternatives to weigh up. In *Paula Lee Ltd* v *Robert Zehil* [1983] 2 All ER 390 it was held that if there were alternative ways of assessing loss on a set of facts, the alternative that was least unfavourable to the defendant should be adopted if that was reasonable. This leaves plenty of scope for arguing what is reasonable, and there are clearly some circumstances where the plaintiff has a choice. For example, if there is a total failure of consideration for a contract the plaintiff may choose to claim loss of profit or wasted expenditure, *CCC Films (London) Ltd* v *Impact Quadrant Films* [1984] 3 All ER 298. In *Dominion Mosaics & Tile Co. Ltd* v *Trafalgar Trucking Co. Ltd* [1990] 2 All ER 246 the plaintiff's premises were burned down and the alternatives were damages for diminution in the value of the site or the cost of alternative premises. It was held that the latter was appropriate as this would mitigate the loss of profits.

Inventive arguments get more money. For example, in *Watson* v *Willmott* [1991] 1 All ER 473 a child's mother was killed in a car accident and his father then committed suicide. The child was adopted but it was held that damages were recoverable on the basis that he would get less from his adoptive father than he would have got from his natural father. But not every inventive argument will impress the judge. In *Pritchard* v *J. H. Cobden Ltd* [1987] 2 FLR 30 it was held that damages were not recoverable in respect of a divorce that it was alleged resulted from injuries suffered in an accident.

An example of an area that is open to argument but which presents problems is injury to feelings in a contract case. Taking only two of a string of cases, it has been held that damages under this head could be recovered where a flat did not have a roof terrace as represented, *Saunders* v *Edwards* [1987] 2 All ER 651, but not where there was no rear entry to property as represented where the case involved commercial premises, *Hayes* v *James Charles Dodd* [1990] 2 All ER 815.

Note that a claim for provisional damages in a personal injury case must be specifically pleaded, *Willson* v *Ministry of Defence* [1991] 1 All ER 638. This must be done in the proper way and you cannot, for example, ask the court to make a declaration that the plaintiff should be entitled to a further sum of damages if his condition deteriorates, *Middleton* v *Elliott Turbo-Machinery Ltd, The Times,* 29 October 1990.

Pleading a claim for interest

Where there is a claim for the payment of a sum of money or damages, the plaintiff may well wish to claim interest too. In the 1980s, with relatively high rates of interest and inflation this became an important part of many claims, and there have been changes in the way that claims for interest should be pleaded, which are now largely contained in the Supreme Court Act 1981, s. 35A, RSC Order 18, rule 8 and *Practice Direction* [1983] 1 All ER 934.

Despite the guidance from these sources, there has been some doubt and disagreement as to the extent to which a claim for interest must be pleaded, and whether it must always be pleaded in detail both in the body of the pleading and in the prayer. In *Ward* v *Chief Constable of Avon and Somerset* (1985) 129 SJ 606 it was said that the claim for interest must always be expressly and fully pleaded or no award will be made. However, in *McDonalds Hamburgers Ltd* v *Burger King (UK) Ltd* [1987] FSR 112 it was said that despite what was said in the White Book, a claim for interest does not necessarily always have to be in the body as well as in the prayer. It is probably safest to say that for the avoidance of doubt, the claim should always be fully pleaded, and the tendency in practice is certainly towards claims for interest being pleaded in all possible detail.

Essentially an award of interest is at the discretion of the judge. A High Court judge can award interest in any action for the recovery of a debt or damages, at such rate as he or she thinks fit or the rules of court provide, on all or any part of the debt or damages, for all or any part of the period between the date the cause of action arose and the date of payment or of judgment in the case. If interest is claimed it should be pleaded, and although there are slightly different requirements depending on the interest claimed, the essential rule is that the claim should be pleaded in full, with all the details of rates, dates and so on that are relevant in assessing the amount of interest to award. These details should be pleaded in the body of the draft, and not just in the prayer, though there seem still to be some variations in practice as to how this is done.

The judge has to decide not only whether interest should be awarded and for what period, but also what rate is appropriate. Different rates are used for different purposes, and this may be something to be argued in court. If a rate is specified in an agreement, that rate will normally be used, otherwise the court will often use a rate 1 per cent or 2 per cent above bank rate or base rate. The court may in its discretion use a higher rate where there has been fraud or breach of a fiduciary duty. For personal injury actions the short term investment account rate is used, that is the rate of interest paid on money in court. If rates have varied over the relevant period then different rates may be used for different periods, or an average rate taken. One can only give general guidelines here, and the lawyer in practice will become aware of the current practice of the courts.

There are various circumstances in which interest can be awarded. The details to be pleaded will be slightly different for each, but the principle of the need to plead all the appropriate details for assessing the interest to be awarded applies to all.

First, interest may be awarded as an inherent part of damages. This may happen, for example, in a contract case where the contract specifies that a rate of interest will be payable in specified circumstances. The term itself gives rise to the right to interest, and should be pleaded with details of the agreed rate and period, and the amount of interest due when the writ was issued, see *Bushwall Properties* v *Vortex Properties* [1975] 2 All ER 214 and *Fansa* v *American Express International Banking Corporation, The Times,* 26 June 1985. Even if a contract does not specify that interest will be payable, interest on a debt can normally be claimed if it is not paid and an action is commenced. However, it will not be payable prior to the commencement of the action, *President of India* v *La Pintada Cia Navegacion SA* [1984] 2 All ER 773.

Even if it is not specified in an agreement, interest may still be an inherent part of damages on the facts. For example, if a sum of money is not paid when it is due, and the defendant should have foreseen that as a result of his non-payment the plaintiff would have to borrow money, then the interest that the plaintiff has had to pay on borrowed money may be recoverable as part of his damages, *Wadsworth* v *Lydell* [1981] 2 All ER 401. This may also happen in a tort action, as in *Tate & Lyle Foods and Distribution* v *Greater London Council* [1981] 3 All ER 716 where the plaintiff was deprived of the use of a jetty by the defendant's negligence which caused the river to silt up, and it was held that since the plaintiff had been deprived of profit he was entitled to recover theoretical interest on the money he was deprived of at a commercial rate.

The court has a general equitable discretion to award interest in a suitable case where the facts merit it. In *Wallersteiner* v *Moir (No. 2)* [1975] 1 QB 373 it was held that a court could award interest where the defendant had improperly benefited from a fiduciary position. Similarly, it may be appropriate for the court to award interest, possibly at a high rate, where a trustee has acted in breach of trust, *Bartlett* v *Barclays Bank* [1980] Ch 515. In *B.P. Exploration Co. (Libya)* v *Hunt* [1983] 2 AC 352 it was held that it might also be appropriate for the court to award interest to the extent that seemed just where a contract had been frustrated.

In an action seeking damages for personal injury or death, the court should normally award interest unless there are special reasons to the contrary, but interest will be calculated differently for different parts of the damages, *Jefford* v *Gee* [1970] 2 QB 130. For special damages, interest is awarded at half the appropriate rate from the date of the accident to the date of trial (the appropriate rate coming from the average rate for the short term investment account for the relevant period). If there are any special circumstances which may justify departing from this rule, they must be specifically pleaded, *Dexter* v *Courtaulds Ltd* [1984] 1 All ER 70. On damages for pain and suffering, interest is normally awarded at 2% from the date of the writ to the date of trial, though the plaintiff may get no interest if he is slow in pursuing his action, *Birkett* v *Hayes* [1982] 2 All ER 70 and *Spittle* v *Bunney* [1988] 3 All ER 1031. There will be no interest on damages for loss of future earnings or future earning capacity, as those damages do not relate to money that has been withheld from the plaintiff, see *Joyce* v *Yeomans* [1981] 2 All ER 21.

Note that if there is a split trial and quantum is decided after liability, it has been held that interest runs from the date quantum is decided in a personal injury case, *Thomas* v *Bunn* [1991] 1 All ER 193.

CHECKLIST FOR PREPARING TO DRAFT A STATEMENT OF CLAIM

1. Clarify the client's problem and the client's objectives.

2. Get full outline of basic factual situation.

3. Draw up full list of potential causes of action.

4. Make provisional decision on which cause(s) of action to sue, based on client objectives/weight of evidence.

5. Make a provisional decision as to the remedies to be sought in the action.

6. Carry out any necessary legal research into potential causes of action.

7. Make thorough analysis of whether every factual element of the potential cause of action is clear and can be proved.

8. Make provisional decision on parties to the action, and which court the action will be brought in.

9. Refer suggested cause of action to solicitor/lay client if necessary, e.g., if there is any choice.

10. Revise decisions on cause of action and on remedies sought if necessary in the light of 6, 7, 8, and 9.

11. If necessary, find a suitable precedent for the proposed cause of action, and decide how it will need to be modified for your case.

12. Make notes of all relevant people, dates, events and documents in the case in preparation for drawing up a plan for the draft.

13. Draw up an outline plan for the Statement of Claim, ensuring that all elements of the proposed cause of action are included and that it has a logical structure.

14. Do a first draft, ensuring that it is thorough and all the details are accurate.

15. Check the draft before sending it off. Check that it is thorough, coherent and clear, and uses plain and accurate English and grammar.

OUTLINE CHECKLIST FOR A CLAIM FOR DAMAGES

1. Identify appropriate test for quantifying damages, e.g., all foreseeable loss.

2. Identify all possible limits on the damages recoverable, e.g.:

   (a) remoteness;
   (b) too speculative;
   (c) liquidated damages provision;
   (d) problems of proof.

3. Special damage:

   (a) List all items of special damage.
   (b) Get a figure for each item of special damage.

4. General damages:

   (a) List areas of general damage.
   (b) Work out basis for assessing general damage.
   (c) Decide on period of loss for general damage.
   As regards long term loss:
   (d) Work out annual figure of loss of profit/income.
   (e) Suggest appropriate multiplier.

5. Research figure for loss if personal injury involved.

6. Add interest as appropriate to each head of damage.

7. Make any specific deductions e.g., benefits received.

8. Mitigation.

9. Make any appropriate division of liability, e.g., contributory negligence.

10. Look for any other relevant factors, e.g., taxation.

In any event:

   (a) Check with the client that you have included all items on which he has suffered loss which is recoverable.
   (b) Check that you have all available evidence to prove each item of damage as far as possible.
   (c) Where an area of loss is difficult to assess, ensure that your arguments for how loss might be quantified are as strong as possible.

GENERAL OUTLINE OF RATES OF INTEREST

This outline must be used with care. Inevitably rates of interest change often, and rules about rates of interest have been modified quite often over recent years.

Check the rate at which interest is due, and the period over which it is due, and remember to look at each individual element of damages separately.

Try to compile your own table, based on the framework of this one, and keep it regularly up to date.

The section on interest in the White Book is particularly useful.

1. Generally

Interest can be awarded at the discretion of the judge under s. 35A, Supreme Court Act 1981 or under s. 69, County Courts Act 1984, but subject to principles set out in case law, see *Wright* v *British Railway Board* [1983] 2 All ER 698.

Interest is paid when the plaintiff has been kept out of money due to him.

A claim for interest should be pleaded, proved (except for the 'ordinary' interest rate), and specifically referred to in a judgment.

2. Rates of interest

(a) 'Ordinary' interest. This is the rate most normally used and is the Judgments Act 1838 rate, formerly called the 'short-term investment account rate'. This varies with rates of interest commonly available. Rates for recent years are set out in the White Book.

(b) Commercial rate. Where appropriate in a commercial case, especially where the plaintiff has had to borrow money at the commercial rate, see *Tate and Lyle Food and Distribution Ltd* v *G.L.C.* [1982] 1 WLR 149.

(c) The investment rate. That is, the rate at which the plaintiff could have invested the money.

(d) 'True' interest. This is taken from the interest yield on index-linked government stock. This rate is used where inflation should not be taken into account, and where commercial rates of interest might over-compensate the plaintiff.

(e) Contract rate. The rate of interest may be set by a contract, in which case that will be the rate to which a plaintiff is entitled.

(f) Foreign rate. A foreign rate of interest may be awarded where that is appropriate to a particular case, see *Miliangos* v *George Frank (Textiles) Ltd (No. 2)* [1977] QB 489.

3. Period for which interest is granted

(a) Normally from the date the cause of action accrued, or from the date the loss was suffered if later.

(b) In some cases, from the date the writ is issued. This is normally used for non-economic loss.

(c) Normally ends at the date of judgment, but may end on the date the type of damage ceases if earlier.

4. Personal injury cases

(a) Special damages: use the 'ordinary' rate, but interest awarded at half this rate from the date of injury to the date of trial (or the date the loss ceases if earlier).

(b) General damages for pain and injury: at the appropriate rate per annum from date of writ to date of trial.

(c) Damages for future loss: no interest.

9 Drafting other pleadings in a writ action

The basic principles for drafting the later pleadings in an action begun by writ are broadly similar to those for the writ. However, there are some difficulties in that the later pleadings do not just logically tell the story in the way that the statement of claim does, but are designed rather to reply to earlier pleadings – the defence does not set out the defendant's version of events, but rather replies to the allegations made by the plaintiff. This emphasises the importance of the statement of claim in setting the stage for the entire action, but also shows that one does need slightly different skills for the later pleadings. The major pleadings are the defence, to which a counterclaim may be added, and the reply, which may if appropriate have a defence to counterclaim added. These will be dealt with in detail. Later pleadings are now rare, and will only be mentioned briefly. The third party notice is not an essential pleading, but may of course be issued if appropriate, so this will also be included.

In general, on all pleadings after the statement of claim, note RSC Order 18, rule 8:

(1) A party must in any pleadings subsequent to a statement of claim specifically plead any matter, for example, performance, release, the expiry of the relevant period of limitation, fraud or any fact showing illegality —

(a) which he alleges makes any claim or defence of the opposite party not maintainable; or

(b) which, if not specifically pleaded, might take the opposite party by surprise; or

(c) which raises issues of fact not arising out of the preceding pleading.

(2) Without prejudice to paragraph (1), a defendant to an action for the recovery of land must plead specifically every ground of defence on which he relies, and a plea that he is in possession of the land by himself or his tenant is not sufficient.

(3) A claim for exemplary damages or for provisional damages must be specifically pleaded together with the facts on which the party pleading relies.

(4) A party must plead specifically any claim for interest under s. 35A of the Supreme Court Act 1981 or otherwise.

Later pleadings will of course take their heading, including the number, parties etc., from the statement of claim, unless an extra party is added, in which case they will be added to the title.

The defence

The defence will normally be a shorter document than the statement of claim, and there is sometimes a false tendency to see it as being less important. The defence sets out all the basic lines of argument that the defendant will be using and serves to alert the plaintiff to them. The defence is of course the basic pleading for the defence case, and must be carefully drafted as such (see Example 1). It is more difficult to plead the defence as a coherent and logical document because it is a reply to allegations. It is not just a question of denying everything alleged, but is rather more subtle, making careful distinctions between reactions to the various allegations made and the various courses that can be taken, and pleading new positive allegations if necessary.

The basic approach to drafting a defence is to begin by examining the statement of claim in great detail, and getting the client's reaction to its contents. For the inexperienced lawyer learning to draft it may be useful to take a piece of paper, list on it the numbers of the paragraphs in the statement of claim, and write against each number your client's reaction to the allegation, such as 'Client admits this', 'Client denies this', 'Client admits the accident but says it did not happen this way' and so on. After this you go on to list at the bottom any separate points which your client wishes to argue. This is then the skeleton of a defence.

You should of course advise the client fully on every possible line of defence, and every possible way of restricting what he may be liable for but, as with any other pleading, it is only the essence of the main points that goes into the drafting. It is quite possible to plead more than one line of defence either cumulatively or in the alternative, even if your lines of argument conflict, but this is a matter of policy and may ultimately weaken your case as it may look as though you are scraping the barrel to find something rather than sticking to one clear argument.

A few general points should be noted before the elements of a defence are examined in detail. The defence does not need to plead to anything in the statement of claim which should not be there. For example, if the statement of claim is badly drafted and contains passages of evidence you do not need to plead to that. Neither is it necessary to plead to an allegation of law, such as the legality of a contract, as this is open for argument before the judge at the trial, nor to anything said in the prayer rather than in the body of the statement of claim, nor to any allegation of damage, as these are all matters which remain at large until the trial. However, all these may be pleaded, and tactically it may be a good idea to do so. Indeed if you have a basic legal argument, for example, that the action has been brought outside the limitation period, it really should be pleaded because it is fundamentally important to the action itself, and may well save time and costs by stopping the action continuing.

There may be defects in the pleading of the statement of claim. If the defect is minor and presents no real difficulty it can be ignored, but if it prevents the defendant pleading or preparing his own case properly something should be done about it. The defendant may seek *further and better particulars* or *interrogatories* or, in an extreme case, could seek to have the statement of claim struck out. However, if the bad pleading will just be a problem for the plaintiff there is no need to point out his failings to him, as his bad pleading may irritate the judge at trial, even if it does not prove a difficulty for him in presenting his case.

The form of a defence is fairly straightforward, as can be seen from Example 1. As with the statement of claim, each separate point or allegation should be contained in a separate paragraph, numbered successively. It is normally better to follow the order of the statement of claim in dealing with the allegations in it, but this is not essential. Several paragraphs from the statement of claim can be dealt with together, for example, 'Paragraphs 1 to 3 of the statement of claim are admitted'. The main point is to make it clear in each paragraph what one is reacting to and what the reaction is. Any counterclaim may be added to the pleading, and this is dealt with later.

Possible courses in the defence

There is a variety of possible courses to take in responding to allegations, but the main thing is to react clearly to each and every one, especially allegations of fact. In doing this it is better not just to be generally negative and evasive, but to show exactly what the defendant's reaction is and how his case is founded. Wherever necessary it is better to get extra information from the client rather than pleading in a vague way.

In general, the defendant should note the provision of RSC Order 18, rule 13:

(1)   Subject to paragraph (4), any allegation of fact made by a party in his pleading is deemed to be admitted by the opposite party unless it is traversed by that party in his pleading or a joinder of issue under Rule 14 operates in denial of it.

(2)   A traverse may be made either by a denial or by a statement of non-admission and either expressly or by necessary implication.

(3)   Subject to paragraph (4), every allegation of fact made in a statement of claim or counterclaim which the party on whom it is served does not intend to admit must be specifically traversed by him in his defence or defence to counterclaim, as the case may be: and a general denial of such allegations, or a general statement of non-admission of them, is not a sufficient traverse of them.

(4)   Any allegation that a party has suffered damage and any allegation as to the amount of damages is deemed to be traversed unless specifically admitted.

For each and every allegation made in the statement of claim it is possible to adopt one of the following positions, or to have more than one reaction which is pleaded in the alternative:

(a)   Admitting allegations. One should admit any allegations made by the other side which the client agrees are true. There is no point in denying something that is true and can easily be proved as this will just waste time and money. The summons for directions will review what admissions should be made, and if a party refuses to admit something which he should admit, he may end up paying the costs of proving it.

However, an allegation should only be admitted if it is agreed that every part of it is true, because every admission made will be binding at trial. If there is any reservation on a point, that can be pleaded, for example, 'Save in that . . . the defendant admits paragraph 3 of the statement of claim'.

If any paragraph in the statement of claim, or any allegation, is not pleaded to, it will be deemed to be admitted, RSC Order 18, rule 13, so the defendant must ensure that he has pleaded to every allegation against him.

(b)   Refusing to admit. This is a specific reaction which is different from a denial. If you refuse to admit something, the effect is to put the other side to proof. If something may have happened, but the client was not there or does not have sufficient knowledge to know about it, the best course is to refuse to admit it. Then you are not saying that the allegation is not true, just that it might not be, and that it is for the other side to show what happened.

(c)   Denying an allegation. If an allegation is not admitted it should be 'traversed', either by refusing to admit it, or by denying it, RSC Order 18, rule 13. Care must be taken in denying allegations to distinguish clearly between those things which are denied and those which are not. There are some useful phrases for making these points, for example, 'The defendant denies each and every allegation in paragraph 2 of the statement of claim' or 'The defendant denies each and every allegation in paragraph 2, save in that . . .'.

Some things should not be denied, for example, one should not normally deny an allegation of law, especially if it is completely correct! It is surprising how often this can be done by someone pleading in a general way. The good pleader should also avoid denying something in order to raise some argument on the point, for example, denying the wording of a contract in order to argue that it is not legally binding. If the words are there in black and white there is no point in denying them. The proper course in this type of case will be to confess and avoid, which is discussed below.

It is important to take care in denying a negative allegation, because of course the result will be that the double negative makes a positive. If part of a paragraph in a statement of claim alleges that the defendant did not do something and the defendant denies the whole paragraph, then he is alleging that he did do the thing specified. Since a double negative does create an affirmative allegation, further and better particulars of the allegation may be required if necessary, *Pinson* v *Lloyds & National Provincial Foreign Bank Ltd* [1941] 2 All ER 636.

Lastly, a pure denial may in fact be misleading, in that it may not be clear what is being denied. For example, if the plaintiff alleges that he slipped on a sheet of ice on the defendant's premises and broke his hip, a simple denial is not sufficient. A mere denial may mean that you deny there was ice, deny that it was on the defendant's premises, deny that the plaintiff slipped, deny that he broke his hip or all or any combination of these. Of course, the plaintiff should not put all these matters in one paragraph anyway, so the defendant should be able to plead to them clearly and separately, but if there is a paragraph in the statement of claim which contains more than one point the defendant should take care to plead to it specifically. Wide phrases may be helpful, for example, 'The defendant denies that the plaintiff slipped by reason of ice or for any other reason', 'The defendant denies that there was ice in the part of his premises alleged, or any other part', 'The defendant denies that the plaintiff was injured as alleged or at all'. This element of pleading a defence needs careful and clear thought, and perhaps consultation with the client as to exactly what his case is. A useful exercise for the student may be to go through each paragraph dividing it into separate allegations with quotation marks, and making sure that he or she does deal with each separate point.

(d)   The general denial. This is a particular point of pleading on which lawyers hold quite strong and widely differing views. Because of the rule that every allegation which is not traversed is deemed to be admitted, some pleaders seek to avoid any difficulties by putting in a general paragraph to deny everything that they may not have dealt with specifically. The wording varies, but it is along the lines of 'Save as hereinbefore specifically admitted or not admitted, the defendant denies each and every allegation contained in the statement of claim as though the same were set out herein and separately traversed'. The effect of this is to deny every word of the statement of claim that is not expressly admitted.

Against the general denial, it must be said that it should not be necessary at all if the person drafting the defence has gone through the statement of claim in detail and has pleaded properly and clearly to every allegation in it, because there is just nothing else to add. Also the general denial alone is not good pleading, in that RSC Order 18, rule 13 provides that every allegation of fact made in the statement of claim should be specifically traversed in the defence and that a general denial of the allegations, or a general statement of nonadmission is not a sufficient traverse.

However, rule 13 does only mean that a defence consisting of a paragraph denying everything is not sufficient. It does not mean that the general denial as such is improper, and there may well be cases where a general denial is suitable. For example, it may be used where the statement of claim is long and complicated, so that the defendant may be in genuine doubt whether he has been able to plead sufficiently to everything, or where the statement of claim is very vague so that the defendant has difficulty pleading to it, but in a simple case the general denial is really just a sign that the pleader has been lazy or is unsure of his or her case.

As with the simple denial, the general denial should be used with care. One should still admit everything that should be admitted rather than just denying everything, see *Warner* v *Sampson* [1959] 1 QB 297. A general denial may be appropriate where there are general allegations, but the defendant should still plead specifically to each allegation if he can, and may still be liable for costs if he denies anything unnecessarily, *John Lancaster Radiators* v *General Motor Radiator Co.* [1946] 2 All ER 685.

(e)   Confession and avoidance. This is a very useful tool in drafting a defence, which the inexperienced lawyer should learn to use as soon as possible. The point is to admit all or part of an allegation and to add extra facts or arguments which shed a different light on things. In simple terms, to say 'Yes, but . . .', for example, 'Yes I drove my car into her, but only because she walked out without looking'. This can be useful for many lines of defence, either to add further facts, or specifically to argue justification, provocation, self-defence, or some other variation on the facts.

Although confession and avoidance is very useful, some care should be taken with it, as the defendant is pleading extra facts or issues in the case and should take care not to tie himself down more than is necessary on a particular argument. Also you should be slow to put in something which you do not actually need to plead to or you will be giving the other side information on the case which you do not have to give. The only thing that the pleading has to do is to deal with points raised by the plaintiff, and alert him to broad lines of argument so that he can prepare his case and is not taken completely by surprise on a major point at the trial.

(f) Objections on points of law. It is not actually necessary to plead points of law, but in practice it is useful to plead a fundamental point of law that may be decisive in the case, such as whether the action is alleged to be outside the limitation period. Any legal argument can always be raised in court whether it is pleaded or not, and the decision whether or not to plead should balance the fact that it may be useful to alert the other side to a major legal point that will be taken, but if there is a clever legal argument it may be best to keep it until the trial.

A further possibility is the plea formerly known as the demurrer where the defendant admits all the allegations made by the plaintiff, but still argues that he has no legal claim, because, for example, the court has no jurisdiction.

(g) Pleading positive allegations. The primary purpose of the defence is to reply to the allegations made in the statement of claim, but there are circumstances in which the defendant may wish to raise new points, and so positive pleading is sometimes needed. RSC Order 18, rule 8 sets out those things which should be positively pleaded in any pleading subsequent to the statement of claim, that is:

(i) Any matter which he alleges makes any claim or defence of the opposite party not maintainable (which will normally, though not exclusively, be points of law).

(ii) Any matter which, if not specifically pleaded, might take the opposite party by surprise and which might necessitate an adjournment if kept secret until trial.

(iii) Any matter which raises an issue of fact not arising out of the preceding pleading, which clearly includes any factual point the defendant may wish to raise to put a different complexion on the plaintiff's allegations.

The rule does give some examples of things which should be positively pleaded, such as performance, release, the limitation of an action, contributory negligence, lack of jurisdiction, estoppel, fraud, or any fact showing illegality. The general point is that if the defendant does want to raise a new point that was not in the statement of claim he should do so, normally in a separate paragraph after he has pleaded to the plaintiff's allegations. Other examples of things that may be positively pleaded in a defence are contributory negligence, see *Fookes* v *Slaytor* [1979] 1 All ER 137, estoppel, a lien, a release, an agreement ending the right of action, or a tender of the amount alleged to be owing.

(h) Objection to a drafting point. Although it is rarely done, it is possible to plead a defect in your opponent's pleading if he or she has not pleaded an element which is essential to his or her case, for example, 'Paragraph 2 of the statement of claim discloses no consideration for the alleged contract'. In practice, if a pleading has this kind of defect it is more usual to seek to have it struck out or to seek further particulars.

(i) Pleading on remedies. It is not necessary to plead to the prayer of the statement of claim which lists the remedies sought. It is for the judge to make orders at trial, and it is completely open to the parties to argue at trial what remedies are appropriate. It is necessary to plead to any allegation made in the body of the statement of claim, but there is an exception when it comes to remedies, in that any allegation that a party has suffered damage or as to the amount of that damage is deemed to be traversed unless it is specifically admitted (RSC Order 18, rule 13). However, as regards damages, a party from whom damages are claimed must give particulars of any facts on which he or she relies in mitigation of or otherwise in relation to the amount of damages (RSC Order 18, rule 13). This means that issues relating to damages must be pleaded in more detail than was formerly the case. Pleading in greater detail gives more assistance in planning to settle a case.

As with pleading damages in a statement of claim, it is probably fair to say that the tendency over recent years has been to plead as to damages in more detail. In addition to pleading matters such as causation, mitigation and contributory negligence, the lawyer for the defence should also consider their effect. If a plaintiff and two defendants are all held to be equally liable for an accident, is each one third liable, or are the two defendants liable to pay 25 per cent of the damages each? See *Fitzgerald* v *Lane* [1988] 2 All ER 961.

A counterclaim

Until the last century, each action had to be brought to court separately, so that if a defendant had a claim against a plaintiff he had to go to the expense and trouble of bringing a separate action. It is now possible to save time and costs by hearing the actions together, and this is the purpose of the counterclaim. When the defendant drafts his defence he will deal with the allegations made in the statement of claim, but if in addition he has a positive cause of action against the plaintiff he can add that as a separate section of the draft, the entire pleading then being a 'Defence and Counterclaim' rather than a 'Defence' (see Example 2).

Anything that may be a separate cause of action may be raised in a counterclaim (RSC Order 15, rule 2), which provides that a defendant in any action who alleges that he has any claim or is entitled to any relief or remedy against a plaintiff in any action may, instead of bringing a separate action, make a counterclaim, and that if he does so he must add it to his defence. In certain circumstances it may be possible for a matter that could not actually form the basis of a separate action to be joined as a counterclaim, see *Metal Scrap Trade Corporation Ltd* v *Kate Shipping Co. Ltd* [1990] 1 All ER 397. The principle of the separate claim runs right through the procedure. That is, the rules for drafting a counterclaim are the same as those for the statement of claim. The counterclaim continues in its own right, and the defendant may get judgment even if the plaintiff's action is stayed, discontinued or dismissed (RSC Order 15, rule 2). The court may well give separate judgments with separate orders for costs on the statement of claim and the counterclaim, though if both claims are for damages the court may just give judgment for the balance, using its discretion as to what order to make for costs.

Although a counterclaim may be any cause of action, in practice it may well be in some way linked to the plaintiff's case. For example, in a contract case one party may sue for breach of contract and then the other side may counterclaim alleging other breaches. This must be done by counterclaim if the defendant is alleging positive breaches for which he himself wants a remedy, rather than simply by raising a defence. For example, in *Hanak* v *Green* [1958] 2 QB 9 there was an action for breach of a building contract, but the builder counterclaimed for quantum meruit for the work he had done, and for trespass to his tools by the plaintiff, the result being that the court gave judgment for the builder for £10, the difference between the values of the claims of the two parties.

It is important to remember that if the defendant does wish to make positive allegations against the plaintiff and obtain remedies he must actually raise these matters as a counterclaim in his pleading, he cannot bring them up informally or later. The only option then will be to bring a separate action as plaintiff. In *Impex Transport Aktielskabet* v *AG Thames Holding* [1982] 1 All ER 897 the plaintiff sought summary judgment for freight owed, but the defendant swore an affidavit which included facts amounting to a counterclaim. It was held that this was insufficient, and as the matter had not been formally pleaded as a counterclaim it could not proceed. In another case the plaintiff got summary judgment on a dishonoured cheque and the defendant then sought to file a counterclaim, but it was held that this was not possible as the action was now over, *C.S.I. International Co.* v *Archway Personnel (Middle East)* [1980] 3 All ER 215.

It is probably not possible to exclude the right to bring a counterclaim or to raise a set-off in a contractual term, *Quadrant Visual Communications Ltd* v *Hutchinson Telephone (UK) Ltd, The Times,* 4 December 1991, but see *Hong Kong and Shanghai Banking Corporation* v *Kloeckner & Co. AG* [1989] 3 All ER 513.

The rules for drafting a counterclaim will not be discussed further as they are the same as the rules for drafting a statement of claim.

The set-off

This is another alternative for the defendant to consider when drafting a defence. It is again a positive allegation that can be raised by the defendant, and is an allegation that even though the plaintiff may have a case against the defendant, the plaintiff owes the defendant something, and this should be taken into account. If there is a claim by the defendant for a sum of money (whether or not the amount of money is ascertained) which relates to the whole or part of the claim by the plaintiff, this may be included in the defence as a set-off against the plaintiff's claim whether or not it is also added as a counterclaim (RSC Order 18, rule 17). (See Example 1.)

The court will deduct the amount of the set-off from the sum found due to the plaintiff, and give judgment for the balance. A set-off is in no way a separate action, and therefore cannot be judged if the plaintiff's action is withdrawn. A set-off can only be a claim for money and not for any other remedy for which there will have to be a counterclaim. A set-off will normally arise from the same facts as the plaintiff's claim, but does not have to. The possibility that there may be a set-off should be explored with the client.

To illustrate what can amount to a set-off, in *Nadreph* v *Willmett & Co.* [1978] 1 All ER 746 a firm of solicitors were sued for negligence for failing to renegotiate a lease for a client and the solicitors sought to set off financial advantages that could accrue to the plaintiff because there had been no renegotiation. It was held that this might be a set-off but on the facts was really a matter of mitigation of damage. In *British Anzani (Felixstowe)* v *International Maritime Management (U.K.)* [1980] QB 137 the plaintiff agreed to build a warehouse for the defendant

---

EXAMPLE 1 BASIC DEFENCE (WITH SET-OFF AND COUNTERCLAIM)

IN THE HIGH COURT OF JUSTICE   1997.B.No.

_____ DIVISION

BETWEEN   A.   B. (Name in capitals)   <u>Plaintiff</u>
                         and
                 C.   D. (Name in capitals)   <u>Defendant</u>

<u>DEFENCE</u>

(Plead to all the allegations in the statement of claim in separate numbered paragraphs. The following are examples of possible paragraphs that may be adapted for use.)

1. The Defendant admits paragraph   of the statement of claim.

2. The Defendant denies paragraph   of the statement of claim, save in that . . . .

3. The Defendant denies that he was guilty of any . . . . as alleged in the statement of claim or at all.

4. The Defendant denies that the Plaintiff has sustained loss and damage as alleged in the statement of claim.

5. Further or in the alternative, the Defendant denies that the alleged loss and damage were caused by the Defendant as alleged in the statement of claim.

6. Save as is herein specifically admitted or not admitted, the Defendant denies each and every allegation contained in the statement of claim as though the same were set out herein and specifically traversed.

7. The Defendant claims to be entitled to set off against the Plaintiff's claim the sum of £   , in that . . . . (set out the facts on which set-off is based).

<u>COUNTERCLAIM</u>

8. (Plead the facts giving rise to the counterclaim in separate numbered paragraphs as if pleading a statement of claim.)

9.

10.

AND the Defendant counterclaims:

1. (Set out in numbered paragraphs the reliefs sought due to the counterclaim.)

2.

Served the   day of   etc.   (Signed)

---

to lease, and eventually there were claims for rent arrears by the plaintiff and for defects in the building by the defendant. It was held that the defendant's claim on the defects might be a set-off, but that although the set-off did not need to come from the plaintiff's cause of action, it should be factually connected with it. Here it was not, so the defendant should have argued a counterclaim rather than a set-off. Only money which is already legally due to be paid by the plaintiff to the defendant can be a set-off, see *Business Computers* v *Anglo African Leasing* [1977] 2 All ER 741. These can be set-off where an amount can be ascertained, though the law is not entirely satisfactory, *Axel Johnson Petroleum AB* v *MG Mineral Group* [1992] 2 All ER 163.

It may not be easy for the inexperienced lawyer to distinguish between a set-off, a counterclaim and a matter of mitigation of damage. There may certainly be an overlap between these things, and the cases quoted show how difficult it can be to tell one from another. To try to draw a few broad lines of distinction, a matter of mitigation of damage is a purely factual argument on how much should be awarded to the plaintiff in damages, and whether anything did or should have reduced the loss suffered by the plaintiff. Therefore it must arise directly from the facts of the plaintiff's claim. Points of mitigation do not have to be pleaded, though they may be.

The set-off has been defined, and the important elements are that it must be a sum of money that is actually said to be due from the plaintiff to the defendant, rather than just relating to what loss the plaintiff has suffered, though again it should arise from the same facts as the plaintiff's claim. The set-off will have to be pleaded, but is essentially a matter of arithmetic.

The counterclaim is a full cause of action against the plaintiff that may relate to money but can relate to anything. It does not have to be related to the plaintiff's claim in any way. A counterclaim must of course be fully pleaded. It is quite possible for a set-off to amount to a counterclaim if it does come from an independent right of action, and the defendant will then have to decide which he wishes to treat it as. A relatively small claim is probably better left as a set-off, but if the claim is for a relatively large amount it should be pleaded as a counterclaim so that the claim can continue even if the plaintiff drops his action. If the claim may be for an amount exceeding the plaintiff's claim it should certainly be pleaded as a counterclaim, because if it is only pleaded as a set-off, the court can only deduct it from the amount awarded to the plaintiff and cannot give judgment for the excess.

The set-off should be pleaded as a separate paragraph at the end of the defence, after dealing with all the allegations made by the plaintiff, as in Example 1. It should set out the facts giving rise to the set-off, and if possible the amount claimed.

The reply and defence to counterclaim

In many relatively straightforward cases it will not be necessary to have further pleadings after the defence. The plaintiff has set out his case in the statement of claim and the defendant his in the defence and it just remains to be argued at trial. However, in some cases, especially more complex ones, further pleadings may be needed to define the issues between the parties further. Note that this is the main purpose of a further pleading; with few exceptions, further pleadings are not there for the raising of new issues which should have been put into earlier pleadings, or can be inserted into them by amendment. The purpose of any pleading after the defence is to deal with any points raised for the first time by the previous pleading from the other side, and to raise any new matters that are relevant purely because of something that has been raised by the other side.

The defence is the last essential pleading in the action, and if no reply to the defence is issued within the appropriate time, there is an implied joinder of issue on the defence (RSC Order 18, rule 14). This means that the plaintiff is deemed to deny every material allegation of fact in the defence, unless any allegation is excepted from the joinder and is stated to be admitted. Thus the plaintiff does not have to serve a reply, and there is no point in his doing so if he would only wish to deny the allegations made by the defendant anyway.

There are various circumstances in which the plaintiff might choose to file a reply. He may wish to add to his pleadings in the light of something raised in the defence. It may be that an implied denial of everything in the defence is not sufficient and it would be useful to plead to the defence in more detail, perhaps making some admissions or dealing with an allegation by confession and avoidance. Lastly if the defence is quite long or complicated it may be advisable or useful to serve a reply to deal with the points raised in it in some detail, to help to clarify the issues before trial.

For the actual drafting of a reply see Example 2. It should again be set out in separate numbered paragraphs, and it is often useful, though not necessary, that it should follow the order of the defence. The approach is similar to that for drafting a defence, in that the pleader should decide for each allegation whether he admits it, denies it, wishes to confess and avoid etc., and should clearly plead his choice on each allegation. In practice a reply need not deal specifically with everything in the defence but will just deal with those matters which the pleader does wish to admit or confess and avoid, and will then conclude with a general denial of everything else in the defence.

There is one limitation on the pleading in a reply in that by RSC Order 18, rule 10 a party shall not in any pleading make an allegation of fact, or raise any new ground or claim which is inconsistent with a previous pleading of his (though he is free to amend a previous pleading to put in the new allegation). A reply cannot be used to allege a totally new cause of action – again this should be done by amending the statement of claim if appropriate, or by commencing a new action. In *Herbert* v *Vaughan* [1972] 1 WLR 1128 the plaintiff alleged undue influence by one person, but then in his reply tried to allege undue influence by a totally different person, and it was held that this was a new cause of action which should not be raised in a reply.

Another circumstance where the plaintiff should issue a reply is where the defendant has pleaded a counterclaim. The point is that just as a counterclaim is like a statement of claim, so it needs defending in the same way. Therefore, if there is a counterclaim attached to the defence, the plaintiff will need to attach a defence to counterclaim to his reply. The rules for drafting a defence to counterclaim are exactly the same as those for a defence. As with the defence, anything in the counterclaim which is not denied is deemed to be admitted, so that detailed pleading is needed, and a general denial may be appropriate.

Further pleadings after the reply

The Rules of Court do provide for further pleadings after the reply, but extra pleadings are now rare. The further pleadings which may be filed are called the rejoinder, the surrejoinder, the rebutter and the surrebutter, but the leave of the court will be needed before any of these pleadings may be issued (RSC Order 18, rule 4). There will rarely be any need for these pleadings, because if a party wishes to add anything to a pleading it can usually best be done by amending an existing pleading rather than by issuing a new one. There will be an implied joinder of issue on the reply and defence to counterclaim so that the defendant is deemed to deny everything in it. It is open to either party to make admissions without issuing further pleadings, so it is only if there is a need to define issues further that further pleadings will be needed, where the facts are very complicated or where further matters came to light at a late stage.

On the rules as to joinder of issue, see RSC Order 18, rule 14:

(1) If there is no reply to a defence, there is an implied joinder of issue on that defence.

(2) Subject to paragraph (3) —

(a) there is at the close of pleadings an implied joinder of issue on the pleading last served, and

(b) a party may in his pleading expressly join issue on the next preceding pleading.

(3) There can be no joinder of issue, implied or express, on a statement of claim or a counterclaim.

(4) A joinder of issue operates as a denial of every material allegation of fact made in the pleading on which there is an implied or an express joinder of issue unless, in the case of an express joinder of issue, any such allegation is excepted from the joinder and is stated to be admitted, in which case the express joinder of issue operates as a denial of every other such allegation.

Thus a further pleading will only need to be served if it is needed to deal with specific points, and issue can be joined on every other point. By RSC Order 18, rule 10 a party cannot in any pleading make an allegation of fact, or raise any new ground of claim which is inconsistent with a previous pleading of his, though he may of course amend a previous pleading.

If a further pleading is issued it only needs to deal in numbered paragraphs with any points in the previous pleading that the party issuing the pleading specifically wishes to answer, and may well contain a general denial of everything else in the previous pleading.

Third party notices

Although the third party notice is not an essential document in an action begun by writ, it is a document in a case that a lawyer may need to draft from time to time. When issuing the writ the plaintiff will decide who to join as defendants. If he wishes to add a further party later then he should apply to amend the writ to add a further party, and the court will have to decide whether it is proper to allow this.

EXAMPLE 2   BASIC REPLY (WITH DEFENCE TO COUNTERCLAIM)

IN THE HIGH COURT OF JUSTICE   1997.B.No.

_____ DIVISION

BETWEEN   A.   B.   Plaintiff

and

C.   D.   Defendant

REPLY

(Plead to any allegations in the defence that you wish to deal with, in separate numbered paragraphs. The following are examples of possible paragraphs that may be adapted for use.)

1. As to paragraph   of the defence, the Plaintiff denies that . . . .
2. As to paragraph   of the defence, the Plaintiff says that . . . .
3. By reason of the matters aforesaid, the Plaintiff says that . . . .
4. Save insofar as the same consists of admissions, the Plaintiff joins issue with the Defendant on his defence.

DEFENCE TO COUNTERCLAIM

5. (Plead to all the allegations in the counterclaim in separate numbered paragraphs in the same way as pleading a defence.)
6.
7.

Served the   day of   (Signed)
etc.

However, the defendant receiving a writ will have had no choice over the parties to the action, and he may wish someone else to be made a party, in which case he will need to issue a third party notice, under RSC Order 16. The grounds on which this may be done are where:

(a)   The defendant claims any contribution or indemnity from a person who is not already a party to the action. That is essentially that he alleges that someone else is wholly or partially responsible for the action complained of by the plaintiff.

(b)   The defendant claims against the person who is not yet a party some relief or remedy relating to or connected with the original subject matter of the action.

(c)   The defendant requires that any question or issue relating to or connected with the original subject matter of the action should be determined not only between himself and the plaintiff but also between either or both of them and someone who is not yet a party to the action.

The details of when a third party notice is appropriate will not be examined here, as they are more a matter of procedure and substantive law than a matter of drafting, but the lawyers advising the defendant should always consider whether there might be anything to be gained from joining a third party. The mere fact that it may generally be arguable on the facts that a third party is responsible by no means results in a contribution being payable, *Birse Construction Ltd* v *Haiste Ltd* [1996] 2 All ER 1.

It is important to be clear about the purpose of a third party notice – if one is, it is not a complex or strange document. The point is that in being a claim by a defendant against a third party it is very similar to a claim by a plaintiff against a defendant. It simply needs to set out clearly who the third party is, what the essence of the plaintiff's claim against the defendant is, and what the resulting claim by the defendant against the third party is.

It should be noted that, like a writ, the claim in a third party notice can either be made generally, like a generally endorsed writ, or can be made specifically, like a specifically endorsed writ with a full statement of claim. It is generally better to draft a full third party notice to avoid the need for further pleading, unless there is some need to issue it before you have sufficient information to do this.

The third party notice can be issued in an action begun by writ before the defence is served on the plaintiff, otherwise the leave of the court will be needed. Once a third party notice is served, the person on whom it is served has the same rights as regards any claim made against him as any other defendant would have (RSC Order 16, rule 1).

As for the drafting of a third party notice, see Example 3. Specific forms are laid down by the rules of court and must be used. There are two different forms, the usual one being where the claim is for a counterclaim, indemnity or other remedy or relief, and the alternative being where there is a question or issue to be determined rather than a specific claim. The heading of the third party notice will be taken from the writ, adding the name of the third party after that of the defendant. There are gaps in the form to be filled in to state the nature of the plaintiff's claim against the defendant, the nature of the defendant's claim against the third party, and the grounds for the claim. These gaps should be filled in following normal drafting principles, stating the basic elements of the case clearly and concisely.

Since the third party becomes a defendant as regards the claim against him he may serve a defence and there may be further pleadings following the ordinary rules already outlined.

EXAMPLE 3   BASIC THIRD PARTY NOTICE

IN THE HIGH COURT OF JUSTICE   1997.B.No.

_____DIVISION

BETWEEN   A.   B.   Plaintiff
                                and
                          C.   D.   Defendant
                                and
                          E.   F.   Third Party

THIRD PARTY NOTICE

(Issued pursuant to the order of Master   dated   )
To E.   F.   of (address)

TAKE NOTICE that this action has been brought by the Plaintiff against the Defendant. In it the Plaintiff claims against the Defendant (state briefly the type of claim made) as appears from the writ of summons, a copy whereof is served herewith, together with a copy of the statement of claim. If, contrary to his defence, the Defendant be held liable to the Plaintiff, he will claim against you (state briefly the claim against the Third Party e.g., an indemnity or contribution) on the grounds that:

1. (Plead the facts giving rise to the claim against the Third Party in separate numbered paragraphs as if pleading a statement of claim.)
2.
3.
4

AND TAKE NOTICE (warning of the need to acknowledge service) etc.

                                        Signed.

CHECKLIST FOR DEFENDING AN ACTION

1. Get a full factual statement from the defendant.

2. Specifically check all the elements of the pleaded cause of action with the defendant.

3. Decide on the full range of possibilities for defending the legal claim made. Look for:

> (a) general legal defences such as limitation or jurisdiction;
> (b) legal arguments specifically related to the type of action;
> (c) defences to the whole action;
> (d) defences to each element of the cause of action.

4. Look for a full range of possible defences on the facts.

> Look for factual defences on each separate element of the claim made.

> Ask the defendant whether there are any additional facts which put the claim made in a different light.

5. Arguments in defending the amount of damages claimed:

> (a) Look for legal arguments on the types of damage claimed, e.g., lack of foreseeability.
> (b) Look for factual arguments as to, e.g., lack of causation.
> (c) Look for mitigation arguments to limit damages.
> (d) If appropriate to the case, see if contributory negligence could be argued.

6. Research any legal arguments of defence if necessary.

7. Look for any possible counterclaim against the plaintiff.

8. Look for any possible set-off against the amount claimed by the plaintiff.

9. Look for any possible claim against a third party. If there is a possibility, decide if it is worth pursuing.

10. Run through the statement of claim in detail, deciding on a specific reaction to each paragraph of the claim.

> Deal with allegations in the same order as the plaintiff, but not necessarily pleading paragraph for paragraph.

> Make sure to deny each separate point that should be denied.

> Do admit any point you can safely admit to save time and costs.

> Add extra facts where relevant, e.g., extra clauses of a contract or extra facts about an accident. These can be added where relevant in dealing with the plaintiff's allegations, or at the end.

> Ensure you plead separately to each element of the cause of action, e.g., facts, what was breach of duty, what caused accident, what caused loss and damage, etc.

> You do not need to plead specifically to particulars, to the details of the damage claimed, or to a claim for interest.

11. Make notes for the defence, then draft it.

12. Check the defence to ensure that it is well ordered and coherent, and that vocabulary used is consistent.

10   Preparing the case for court

Once it has been decided that there is a good basis for bringing an action, it will need to be conducted, and hopefully won, with good use of the rules for procedure and evidence. There is a variety of expert books on these areas, and here I will only summarise some of the main practical and tactical points. There is sometimes a tendency to see procedure and evidence as boring necessities, and to have a superficial or cavalier approach to them, but they are the things with which a case can be won or lost, and the practising lawyer really does need to know them to achieve things for his or her clients. It is imaginative use of existing procedures that led to the extremely practical developments of the Anton Piller order and the Mareva injunction.

Thorough preparation of a case can be a real strength for an inexperienced lawyer. Older clients and business clients may find it difficult to have faith in someone who is only recently qualified, but if the lawyer is clearly in control of the case and seems to know what he or she is doing without getting flustered, that confidence will communicate itself to both client and judge. Therefore at every stage of the case you should be considering what procedural steps may be of use to your client, and what further information or evidence will be needed for the case, making full use of compulsory steps and thinking about optional steps. Generally it will be for the solicitor to deal with the procedural steps and collect the evidence, subject to any directions given by the barrister, but both should be actively on the look out for things that should be done.

The general approach to the preparation of cases is developing rapidly. Increasingly parties are asked to define issues and exchange information and evidence before going to court, for example, in the growing use of skeleton arguments, and the move to exchanging witness statements prior to trial. References to a 'cards on the table approach' with evidence being disclosed before trial are increasingly common as, for example, in *Khan* v *Armaguard Ltd* [1994] 3 All ER 545 where it was said that a video showing a plaintiff in a personal injury case allegedly 'malingering' should be disclosed in advance. Increasingly rules provide for the efficient use of time and money, see for example, the *Practice Direction (Civil Litigation: Case Management)* [1995] 1 WLR 262. Whether or not the proposals in Lord Woolf's report 'Access to Justice' are adopted in full, this general move towards greater efficiency can only continue.

The stages of a High Court action

I have included an outline of the main stages in a High Court action begun by writ, the basic type of action dealt with in this book. Originating summons and county court actions are dealt with in other chapters, though they have points in common. It can be seen from the outline that a case could come on for hearing in less than three months if all the time limits were strictly adhered to (or quicker if both sides took less than the time allowed for each step). However, in practice, most High Court actions will take many months to come on, as a substantial time may be spent collecting information before a writ is issued, it will take longer than the

---

STAGES IN A HIGH COURT ACTION

(a) Writ issued. This is normally done by the solicitor taking it to the appropriate court office. It should be done within the limitation period for the action.

(b) Writ served. This should be done by the appropriate method within 4 months of issue, though the writ may be renewed or a new writ issued if the limitation period is not over.

(c) Acknowledgment of service. This should be done by the defendant within 14 days of the service of the writ, or there may be judgment in default of appearance.

(d) Statement of claim. This must be served within 14 days of the notice of intention to defend, unless the full statement of claim was indorsed on the writ, RSC Order 18, rule 1.

(e) Summary judgment. Once this stage in the action has been reached the plaintiff may apply for summary judgment, RSC Order 14.

(f) Defence. This should be served within 28 days of the service of the writ or 14 days of the service of the statement of claim, whichever is later.

(g) Reply and/or defence to counterclaim. If the plaintiff wishes to serve such a pleading, it should be served within 14 days of the defence. If it is not, pleadings will be deemed to be closed 14 days from the service of the defence.

(h) Further pleadings. These can only be served with the leave of the court, and will rarely be necessary if previous pleadings were drafted properly or can be amended.

Rejoinder, served by the defendant.

Surrejoinder, served by the plaintiff.

Rebutter, served by the defendant.

Surrebutter, served by the plaintiff.

(i) Close of pleadings. This is deemed to be 14 days from the service of the defence, or from the service of the reply or further pleading if there is one, RSC Order 18, rule 20.

(j) Discovery. A list of the documents for discovery should be sent within 14 days of the close of pleadings, together with a notice of the time and place where inspection can take place within the following 7 days.

(k) Summons for directions. The plaintiff should take this out within one month of the close of pleadings, returnable within not less than 14 days, and an appointment will be made.

(l) Setting down for trial. An order for this will be made when the summons for directions is heard.

strict time limits to draft documents, collect evidence and possibly try to negotiate a settlement, and once each side has prepared its case it will still take some time to come on for hearing.

These stages quite justifiably take time, and delay may also be necessary in a personal injury case where it takes time to estimate the likely long term effects, or a contract case where it takes time to establish the damage done. There is thus of necessity a lot of flexibility in the time limits for bringing an action, and the time for filing or serving any document can be extended with the written consent of the parties (or informally) or by the court on such terms as are just, RSC Order 3, rule 5. The timetable may also be altered or abridged in some way, for example, by summary judgment, or an order for trial without pleadings, RSC Order 18, rule 21. Both sides should consider applying for orders to alter the normal timetable, or to get the other side to observe it if they are being unnecessarily slow. Although some delay is inevitable, it should not be longer than necessary, especially if it may be detrimental to the client at all. It has been said that the Rules of the Supreme Court are there to provide a framework for the administration of justice not a set of rigid formulae to be strictly followed in the conduct of a case, *Erskine Communications Ltd* v *Worthington, The Times,* 8 July 1991, but you are undoubtedly best advised to follow the rules carefully in preparing a case!

The first possibility is to apply for judgment in default of appearance if the defendant fails to enter an appearance within the specified time, though some cases will need leave, RSC Order 13. Final or interlocutory judgment may be given for the plaintiff, though it may be set aside or varied on the application of the defendant. Application for summary judgment under Order 14 can be made where there is a full statement of claim if the plaintiff believes that there is no real defence to the action, and the summons applying for it must be supported by an affidavit setting out fully the grounds for the application (the defendant does not have to prepare an affidavit, but he may do so, to put his side of things). The lawyers must consider not only the affidavit, but also the variety of orders the court can make, such as giving conditional or unconditional leave to defend, and the orders as to costs to decide exactly what they should argue for. There are some cases where an Order 14 judgment is not available, and one alternative is summary judgment under RSC Order 86, where there is an action begun in the Chancery Division by writ claiming specific performance, rescission, or the forfeiture or return of a deposit. Note that it is possible to get an Order 14 judgment in a personal injury case, *Putty* v *Hopkinson* [1990] 1 All ER 1057.

If the action does proceed but goes slowly, the next possibility is dismissal for want of prosecution, under the inherent powers of the court or the rules of court. The case will only be dismissed where there is an intentional delay which is inordinate and inexcusable and which leads to a substantial risk that a fair trial will not be possible, *Biss* v *Lambeth, Southwark and Lewisham Health Authority* [1978] 2 All ER 125. The court may well impose a timetable for steps to be taken, and only dismiss the action if that is not complied with, *Pryer* v *Smith* [1977] 1 All ER 218. An action will rarely be dismissed within the limitation period because the plaintiff could just issue a new writ, *Birkett* v *James* [1977] 2 All ER 801, but it may be done, *Thorpe* v *Alexander Fork Lift Trucks Ltd* [1975] 1 WLR 1459. If the action is dismissed, it may be possible for the party to sue his solicitor for negligence.

The last main possibility is that the action may be withdrawn. The plaintiff may withdraw all or any part of his claim up to 14 days after the service of the defence, RSC Order 21, rule 2 (which he may choose to do if there is a complete defence to the case, or a fatal flaw in it). The defendant can withdraw his defence at any time, or his counterclaim within 14 days of getting a defence to it. After this either party can only withdraw with the leave of the court, which may be subject to terms, and in particular terms as to paying costs, RSC Order 21, rule 3. Normally one will only wish to withdraw from a case if something unforeseen comes up, but an unusual case was *Castanho* v *Brown & Root (UK)* [1981] 1 All ER 143, where the plaintiff was a Portuguese sailor injured on a Panamanian ship in an English port, who sued here and got an interim payment, but was then persuaded to bring his action in the United States to get higher damages. It was held that he could not be prevented from withdrawing his action here.

In all these possibilities for altering the timetable for an action there is an element of tactical advantage. In many cases each party allows the other to fail to comply with strict time limits and the case plods on. It must be said that there is little point in applying for summary judgment or dismissal for want of prosecution if there is little chance of success and one will merely end up paying the costs. But on the other hand, if the other side really is being slow, something should be done, and an application to court may be made, even if it will fail, to show the other side that you mean business (and perhaps to prod them into making a settlement), and because even if the application does fail it will be in the papers for the case to show how the other side has behaved. The Lord Chancellor's civil justice review has suggested the possibility of 'paper' trials on the documents in straightforward injury cases, though this has had a mixed reception.

It goes without saying that preparation for the trial will need to abide by all ethical and professional principles, but there are some limits to responsibility. In *Business Computers International Ltd* v *Registrar of Companies* [1987] 3 All ER 465, a defendant wished to wind up the plaintiff company for debt, but the proceedings were served on the wrong address. The plaintiff got the order made in his absence set aside, but then sued for damages for loss of goodwill to the company. It was held that there was no duty of care in tort between one litigant and another regarding the conduct of an action (not least as procedural remedies were available).

Interlocutory applications

Once the action has begun there are a variety of applications that may be made before it comes to trial, some as part of the action and some purely optional, and the good lawyer will make full use of the opportunities available to help in the preparation of the case, and to aid the practical situation of the client. Some types of application are well known, such as the interlocutory injunction, some only apply in particular circumstances, like security for costs, and some are appropriate to particular types of action, such as interim payments, but you should acquaint yourself with all the possibilities. Different applications are made in different ways, and here I can only make some general points on interlocutory applications and deal with a few particular types of application, from which you can build depending on the type of practice you go into.

Where an action is begun in the Queen's Bench Division, an interlocutory application is likely to be made by summons (see Example 1) giving two clear days notice, to a judge in chambers or to the Master to whom the action has been assigned for the hearing of applications and summonses. Because of problems arising from applications being made at a late stage or without the proper paperwork there is guidance in Practice Directions and particularly in the *Practice Note* [1983] 1 All ER 1119, providing that not only should proper notice be given, but that where the hearing is likely to last more than 30 minutes it should be given a set date, and affidavits should always be filed at least 24 hours in advance, with appropriate pleadings and exhibits. If it is necessary for an application to be heard quickly, special steps must be taken to get it listed, see for example, the *Practice Direction* [1992] 1 All ER 345.

If the action is begun in the Chancery Division, an application may be made by notice of motion (see Example 2) to be heard in open court on a motion day. For many years there were specific motion days, but now every weekday is a motion day, and there is guidance on applying for a notice of motion to be heard, *Practice Direction* [1980] 2 All ER 750.

Most kinds of interlocutory application will need to be supported by an affidavit setting out and verifying the relevant background facts. This is dealt with in more detail in the chapter on affidavits. You should also try to prepare a draft of the order that you would like the judge to make, to clarify exactly what you want and covering matters such as undertakings as to damages, or to issue the writ if it has not yet been issued. If the application is ex parte there may be an undertaking to notify the defendant, and a clause allowing the defendant to apply to set aside the order, and so on, depending on the type of order sought, *Practice Note* [1983] 1 All ER 1119. The judge will not necessarily make the order in the terms drafted, but it will form a basis for argument.

The barrister should take the draft order to court on making the application. An outline for a draft order is provided in Example 3. Care should be taken in drawing up this order to ensure that it covers exactly the points that the applicant is concerned about, but also that it is drawn up in a reasonable way that the judge is likely to accept.

An application for an interlocutory order should be made on proper notice with both parties attending, but the application may be ex parte if there is a real risk that the defendant will dispose of or destroy an asset or otherwise prejudice the position of the applicant if he has notice. The application can be heard quickly, though normally the application, the affidavit and a draft of the order sought should be lodged with the judge's clerk the day before the hearing. However, if the case is urgent an application can be made at 10.00 a.m. or 2.00 p.m. before the judge hears other cases if his or her clerk is warned and the appropriate papers are handed in. In an extreme emergency a judge can interrupt a case to hear an application, or an affidavit can be granted over the telephone, if for example, there is a fear that a child will be snatched. Although the possibility is there if necessary, applications should only be made ex parte if there really is good reason. There is too great a tendency to rush straight off to court with a badly prepared application without real justification. Even if an ex parte order is made, it will normally only last a few days until there can be a full hearing with both parties present, and if the ex parte application fails the party will just end up paying the costs, so there must be a good reason for applying.

There is an element of tactics as well as the practical in most interlocutory applications. When you begin practice you may well feel overwhelmed and confused by the possibilities but if you do always try to think of the types of application open to you, you will soon appreciate what can be achieved. The hearing of an interlocutory application will often be short, but that is no reason for underestimating what it can do, or for failing to prepare properly for it. In making an interlocutory application it is often more appropriate to concentrate on principles of justice rather than a detailed examination of case law, *Corfu Navigation Co.* v *Mobil Shipping Co., The Times,* 28 February 1991.

**EXAMPLE 1   SUMMONS SEEKING AN INTERLOCUTORY ORDER
IN THE QUEEN'S BENCH DIVISION (here an
injunction)**

IN THE HIGH COURT OF JUSTICE   1997.B.No.

QUEEN'S BENCH DIVISION

BETWEEN   A.   B.   Plaintiff
                                          and
                                     C.   D.   Defendant

Let all the parties concerned attend the Judge in Chambers, Room   , Royal Courts of Justice, Strand, London on the day   of   1997 at   o'clock on the hearing of an application on the part of the Plaintiff for an order that the Defendant be restrained from (state exactly the wording of the injunction that you wish the judge to grant) until the trial or until further order, and that the costs of the said application be (state the order as to costs that you would like the judge to make).

Dated the   day of   (Signed)

EXAMPLE 2 NOTICE OF MOTION SEEKING AN INTERLOCUTORY ORDER IN THE CHANCERY DIVISION (here an injunction)

IN THE HIGH COURT OF JUSTICE   Ch.1997.B.No.

CHANCERY DIVISION

BETWEEN	A.	B.	Plaintiff
	and		
	C.	D.	Defendant

TAKE NOTICE that the Honourable Court will be moved before Mr Justice   on the day of   1997 at   o'clock or so soon thereafter as Counsel can be heard, by Counsel for the Plaintiff for an order that:

(1) The Defendant be restrained from (state exactly the wording of the injunction that you wish the judge to grant) until judgment in this action or until further order; and that

(2) The costs of this application be (state the order for costs that you would like the judge to make).

Dated the   day of   (Signed)

EXAMPLE 3 DRAFT MINUTES OF ORDER ON INTERLOCUTORY APPLICATION

IN THE HIGH COURT OF JUSTICE   1997.B.No.

QUEEN'S BENCH DIVISION

BETWEEN	A.	B.	Plaintiff
	and		
	C.	D.	Defendant

DRAFT MINUTES OF ORDER

UPON hearing Counsel for the Plaintiff and the Defendant and upon reading the Writ of Summons issued on   and the Affidavit of (name of person swearing affidavit in support) sworn on

AND UPON the Plaintiff undertaking by his Counsel to abide by any order this Court may make as to damages in case this Court shall be of the opinion that the Defendant shall have sustained any by reasons of this order which the Plaintiffs ought to pay

IT IS ORDERED THAT:

1. The Defendant be restrained from . . .

2. The Defendant, whether by himself or through his servants or agents be restrained from . . .

3. The Defendant to pay the Plaintiff's costs of today.

Dated, etc.

Note: If the injunction is ordered on an ex parte application, the opening wording will need to be modified to reflect the fact that the judge will only have heard counsel for the plaintiff.

    If the writ has not yet been issued, the opening wording will need to be modified so that the plaintiff undertakes by his counsel to issue the writ of summons forthwith.

Interlocutory injunctions

This is probably the most important and most frequently used type of interlocutory relief. It can be a very positive and possibly a decisive step in many types of case, where it is desirable to stop the other side doing something, disposing of something or destroying something. By the Supreme Court Act 1981, s. 37 the High Court has power to grant an interlocutory injunction where it is just and convenient, and on such terms and conditions as are just. This gives the court a very wide discretion for a party to make use of. Much of the procedure for seeking the interlocutory injunction comes from RSC Order 29, which allows an application before or after the trial of an action, which can be inter partes or ex parte but which must be supported by an affidavit. An application can be made even before a writ or other originating process is issued, but only if the case is urgent and an undertaking to issue the writ is given.

As a vital reminder, the documents required when seeking an interlocutory injunction will normally be:

(a) The writ that commences the action, whether generally or specially endorsed (never forget that an injunction is not a cause of action, it is simply a remedy, and you do need a cause of action to start the case).

(b) An application for the injunction, which will be a summons in the Queen's Bench Division, or a notice of motion in the Chancery Division.

(c) An affidavit supporting the application for the injunction.

(d) Draft minutes for the order being sought.

In preparing your arguments as to why an interlocutory injunction should be granted, which may have to be done quickly, you will of course have to consider the tests developed in the case of *American Cyanamid Co.* v *Ethicon* [1975] AC 396 and the cases following it:

(a) Is there a serious issue to be tried? The applicant has got to show a prima facie case for the injunction, even if he might not succeed at trial.

(b) Is the balance of convenience in favour of granting the injunction? This may involve detailed factual arguments as to whether the defendant will suffer more if the injunction is granted than the applicant will if it is not.

(c) Will damages be an adequate remedy? This is not a question of whether the applicant can claim damages, but whether they could really compensate him – if he will lose something that cannot be measured in money or that will be difficult to assess they could not.

(d) If all other factors are equal, the court will tend to preserve the status quo, but this may mean granting the injunction to prevent it being altered.

There may be particular problems where the scope of the injunction sought is wide, see for example *Lansing Linde Ltd* v *Kerr* [1991] 1 All ER 418.

A practical point that often arises when an interlocutory injunction is sought is whether there should be an undertaking as to damages. If it is possible that the granting of the injunction may cause some loss to the defendant, the plaintiff may have to give an undertaking to reimburse him for that loss. This is something for the lawyers for the defendant to consider, as well as preparing their arguments why there should be no injunction. The need to give an undertaking as to damages may cause difficulties, *Blue Town Investments Ltd* v *Higgs & Hill plc* [1990] 2 All ER 897. Another thing the defendant may choose to do is to give an undertaking to the plaintiff so that an injunction does not have to be granted, the undertaking being given to the judge or in negotiations outside court, though it must be recorded in an enforceable form, either in a consent order from the judge, or by being indorsed on counsel's brief. If no cause of action has arisen, there cannot be an application for an interlocutory injunction, but a *quia timet* injunction can be sought if the applicant can show a well founded fear that he will suffer severe damage, the standard of proof being high. In *Redland Bricks* v *Morris* [1970] AC 652, excavations by the defendant led to a landslip and the plaintiff sought an injunction to prevent further excavation and to have his land shored up, but this was refused by the House of Lords because the proposed terms were too wide and the cost of complying would be high.

New standard forms for orders for interlocutory injunctions have been provided for the Queen's Bench and Chancery Divisions, *Practice Direction (Interlocutory Orders for Injunctions) The Times*, 31 October 1996. Note that the draft order should be submitted to the court on a disk if possible.

Mareva injunctions

This type of injunction has been developed over the last few years from the general power of the court to grant injunctions, and is now based on the Supreme Court Act 1981, s. 37, the purpose being to prevent a party to an action removing assets from the jurisdiction or otherwise dealing with them so as to prejudice the outcome of the action and prevent any judgments being enforced. It is obviously something to consider where a party has foreign connections and there is any reason to mistrust him, whether or not he is domiciled, resident or present in the jurisdiction, see *Prince Abdul Rahman bin Turki al Sudairy* v *Abu-Taha* [1980] 3 All ER 409. There are standard forms for Mareva applications [1994] 4 All ER 52, which have been revised in *Practice Direction (Ex parte Mareva Injunctions and Anton Piller Orders) The Times*, 31 October 1996.

As always, the applicant will have to prepare good arguments as to why he should get the order, rather than just turning up in court and asking. The principles for granting the injunction come primarily from the original case of *Mareva Compania Naviera SA* v *International Bulk Carriers SA* [1980] 1 All ER 213 and *Z Ltd* v *A-Z and AA-LL* [1982] 1 All ER 556:

(a)   The applicant must give full and frank disclosure of the facts of his position.

(b)   The applicant must give particulars of his claim against the defendant, showing a strong prima facie case and that he is likely to recover a substantial sum in damages.

(c)   The applicant should give his grounds for belief that the defendant has assets within the jurisdiction, identifying them as far as possible.

(d)   The applicant must give his grounds for believing the defendant will remove his assets from the jurisdiction so that they will not be available to satisfy a judgment.

As with an injunction, the plaintiff may well be expected to give an undertaking as to damages, to indemnify the defendant for any loss he suffers by the injunction's being granted and all the necessary information must be set down in a supporting affidavit. The form of order made will normally freeze specified assets until a specified time, usually when judgment is satisfied.

In seeking a Mareva injunction the plaintiff will be applying ex parte, and the duty on him to make full and frank disclosure is high. This was stressed in *Brinks Mat Ltd* v *Elcombe, The Independent,* 25 June 1989, where principles were set out:

(a) The plaintiff must make full and frank disclosure of all facts.

(b) It is for the court, not the plaintiff, to decide what is material.

(c) The duty includes facts which might be established by proper enquiries, depending on the circumstances of the case.

(d) If a plaintiff is in breach of this duty, the court will deprive him of a benefit gained, including possibly discharging the injunction.

Facts material to a Mareva application must appear in the affidavit in support, not just in exhibited documents, *National Bank of Sharjah* v *Dellberg, The Times,* 24 December 1992, and counsel has a duty to bring relevant matters to the attention of the Judge, *The Times,* 20 January 1994.

If a Mareva injunction is obtained by fraud, the plaintiff will be ordered to pay all the defendant's costs in getting the injunction discharged immediately, even if it is not clear that the plaintiff personally perpetrated the fraud, *Bir* v *Sharma, The Times,* 7 December 1988. If the Mareva is obtained without full disclosure, the plaintiff not being innocent in failing to make full disclosure, and no order would have been granted if there had been full disclosure, then the Mareva will not be continued, and the defendant will be entitled to seek damages, *Ali Fahd Shobokshi Group Ltd* v *Moneim* [1989] 2 All ER 404; see also *Behbehani* v *Salem* [1989] 2 All ER 143.

The order will bind not only the defendant, but also any third party at whom it is directed and who has knowledge of it, which in many cases will mean the bank at which the defendant has an account (the courts have acknowledged that it is often banks that administer the operation of Mareva injunctions). The interests of people who are not parties but who will be affected by any order will be taken into account, as in *Galaxia Maritima SA* v *Mineralimportexport* [1982] 1 All ER 796, where the making of an order would have severely disrupted the Christmas arrangements made by the crew of a ship, so no order was made. The terms of the order can take the interests of a third party into account, *Arab Monetary Fund* v *Hashim* [1991] 1 All ER 871. In any event, a worldwide injunction will only be granted in exceptional circumstances, if there are limited assets in the United Kingdom, and the risk of dissipation is high, *Derby & Co. Ltd* v *Weldon* [1989] 1 All ER 469 and also *Babanaft International* v *Bassatne* [1989] 1 All ER 433.

Although a Mareva order can be very helpful to a plaintiff, he may have to put some effort into investigating what assets the defendant has so as to have sufficient information to get an order. An order may be used to get documents connected with the running of the bank account if appropriate, but otherwise the order cannot put the plaintiff in a better position that he would have been in – he cannot use it to get priority over any other creditor, or to force the defendant into a settlement, *Iraqi Ministry of Defence* v *Arcepey Shipping Co. SA* [1981] QB 65. It must be possible to procure information about assets from a third party involved in an attempt to frustrate the enforcement of a judgment, *Mercantile Group (Europe) AG* v *Aijela* [1994] QB 366. The terms of the order must only be sufficient to cover a possible judgment, and not otherwise tie up the defendant's assets so that he does not have enough to live off, *PCW (Underwriting Agencies)* v *Dixon* [1983] 2 All ER 697. Reasonable payments must be permitted, but not payments that would undermine the purpose of the Mareva, *Atlas Maritime Co. SA* v *Avalon Maritime Ltd* [1991] 4 All ER 769.

The Mareva injunction is only an adjunct to an action, not an end in itself, so having been granted a Mareva injunction, the plaintiff must press on to trial within a reasonable time or the injunction will be discharged, *Lloyds Bowmaker Ltd* v *Brittania Arrow Holdings plc* [1988] 3 All ER 178. A Mareva injunction can be used to hold money for a specific purpose if the claim is established, *Seven Seas Properties Ltd* v *Al-Essa* [1989] 1 All ER 164, including a claim for costs, *Jet West Ltd* v *Haddican* [1992] 2 All ER 545. A Mareva order can also be used to support an action abroad, *Alltrans Inc.* v *Interdom Holdings Ltd* [1991] 4 All ER 458, or to stop a defendant damaging assets, *Standard Chartered Bank* v *Walker, The Times,* 31 January 1992.

The Mareva injunction cannot be used to stop the defendant personally leaving the country – he cannot be arrested in connection with a civil action. However, it has recently been held that a writ of *ne exeat regno* can be used in support of a Mareva injunction to stop a defendant going abroad, *Al Nahkel for Contracting & Trading Ltd* v *Lowe* [1986] 1 All ER 729, and *Bayer AG* v *Winter* [1986] 1 All ER 733. However, the remedy of *ne exeat* will not be granted simply to enforce a Mareva injunction without proper reason, *Allied Arab Bank Ltd* v *Hajjar* [1987] 3 All ER 739.

Anton Piller orders

This type of order has been developed from existing procedures. Under RSC Order 29, rule 2 the court has the power to order the detention, custody or preservation of any property which is the subject matter of a case, and may authorise someone to enter property to carry out the order. This basic power has been widened in the cases to orders that allow the plaintiff to enter the defendant's premises to seize any specified property that is relevant as evidence as well as the subject of the action. In the case of *Anton Piller KG* v *Manufacturing Processes* [1976] Ch 55 the plaintiff was afraid that the defendant would improperly supply information to a rival, and might destroy relevant evidence if he was aware of the action. It was held that in such a case there could be an order for the plaintiff to enter the defendant's premises to inspect and copy documents on an application made ex parte at an early stage in the case (though after the issue of the writ).

As always, particularly as the application is ex parte, the plaintiff's lawyers must be sure of their facts, and prepare a strong and clear case. The principles for the grant of an order come from *CBS United Kingdom* v *Lambert* [1983] Ch 37:

(a)   The applicant must show a prima facie case on the facts, and that the actual or potential damage to him is serious.

(b)   The applicant must show a clear case that the defendant has incriminating evidence, or other assets derived from his wrongdoing.

(c)   The applicant must show there is a real danger that the defendant will destroy or dispose of the evidence or assets unless an order is made.

The plaintiff may have to give an undertaking to reimburse the defendant for any loss suffered if the order is made. The application must be specific or it will not be granted, *Loch International plc v Beswick* [1989] 3 All ER 373.

The enforcement of Anton Piller orders has created difficulties – a plaintiff may seek to use the order to gain an unfair advantage, and a defendant may behave improperly to avoid enforcement. Some of these difficulties were illustrated in the case of *Universal Thermosensors Ltd v Hibben, The Times,* 12 February 1992. Following this case it is clear not only that a solicitor should be present when the order is enforced, but that it is better that an independent solicitor be present and that this is someone familiar with the operation of Anton Piller orders. An order should normally only be served during office hours on a weekday to give the defendant a reasonable opportunity to get legal advice, and a written report of what happened should be prepared for the court. A woman should form part of an enforcement party if it is possible that the order will be served on a woman who is alone.

If the defendant prevents the carrying out of the order he will be in contempt of court. The defendant may take the course of refusing to comply with the order and may apply to the judge to set it aside, but if the period of the resulting delay is used to destroy relevant material, the court will take a very grave view, *WEA Records Ltd v Visions Channel 4 Ltd* [1983] 2 All ER 589.

The court will wish to ensure that the wording of the order is very specific to avoid difficulty, *EMI Ltd v Pandit* [1975] 1 All ER 418. This was clearly stated in *Columbia Picture Industries v Robinson* [1986] FSR 367:

(a)   The order must be strictly drawn to cover only those documents or articles that might be destroyed or concealed.

(b)   Detailed records should be kept of what is removed.

(c)   Only material clearly covered by the order should be removed.

(d)   The plaintiff's affidavit should be as full as possible, especially setting out clearly why it is feared that evidence will disappear if no order is made.

The order has especially been used in cases of breach of copyright or the 'pirating' of music or video films, though it has a much wider potential. In *Universal City Studios Inc. v Mukhtar & Sons* [1976] 2 All ER 330 the plaintiff had the copyright for merchandise connected with the 'Jaws' film, but the defendant produced unlicensed 'Jaws' T-shirts. The order granted required the defendants to hand over all the T-shirts they had, including some that did not belong to them, though the rights of the other owners were protected. The order may also be used to protect evidence that may be destroyed, *Yousif v Salama* [1980] 3 All ER 405, but cannot be used to get evidence that the plaintiff is not otherwise entitled to have, for example, because it is privileged, *Rank Film Distributors v Video Information Centre* [1981] 2 All ER 76. Nor can the Anton Piller order be used by the plaintiff as a 'fishing trip' to see what he can find – his application and the order made must be specific.

There are standard forms for Anton Piller orders, [1994] All ER 52, which have been revised, *Practice Direction (Ex parte Mareva Injunctions and Anton Piller Orders) The Times,* 31 October 1996.

Other types of application

Just to give a few other examples of applications that could be made, the plaintiff's legal advisers may consider applying for an interim payment under the Supreme Court Act 1981, s. 32 and RSC Order 29, rule 10, primarily where there is a case for personal injuries. The defendant must have admitted liability, or the plaintiff must have judgment for damages to be assessed, or the court must be satisfied that the plaintiff will get substantial damages, and in addition it must be shown that the efendant is insured, or is a public authority, or has adequate means to make a payment. In deciding whether to award an interim payment, the court must decide first that the plaintiff is likely to win a substantial amount at trial, and only then decide what figure is appropriate, *Shanning International Ltd* v *George Wimpey International Ltd* [1988] 3 All ER 475.

An action for personal injuries may take a long time to come to trial, and lawyers should remain aware of the client's situation, and make an application for an interim payment if the client is in any financial difficulty, or may need money to pay for treatment. An interim payment can only be ordered if the court feels that the plaintiff is likely to succeed at trial, *Andrews* v *Schooling* [1991] 3 All ER 723, and to recover a substantial amount, *Shanning International Ltd* v *George Wimpey Ltd* [1988] 3 All ER 475. It is then necessary to decide what amount is 'just', especially if there is more than one defendant, *Schott Kem Ltd* v *Bentley* [1990] 3 All ER 850.

The lawyers for the defendant may advise him on making a payment into court under RSC Order 22, and should if appropriate reconsider the possibility as extra evidence comes to light. It is clear that if there is no real defence to the action, a payment in should be considered in the hope of encouraging the plaintiff to accept less than he might otherwise get, and to save costs. In any action for damages or debt the defendant can make a payment in at any time after he has entered an appearance, and there is an art to deciding whether a payment in should be made, when it should be made, and how much should be paid in. You need to weigh up whether the plaintiff will win (payment in should not be made where there is a real chance that the plaintiff will lose), and exactly what amount in damages he can hope to get, then decide how much less than that you can pay in that the plaintiff might still accept. You will usually need to have quite a lot of information about the case to make these judgments, and you may for example not be able to make a payment in until after discovery. With experience you will learn when and what to offer, and the lawyer for the plaintiff will know when and what to accept. Note that if a payment in is accepted, there can still be details relating to costs and interest to sort out, *Hudson* v *Elmbridge Borough Council* [1991] 4 All ER 55, *QBE Insurance (UK) Ltd* v *Mediterranean Insurance Ltd* [1992] 1 All ER 12 and *Legal Aid Board* v *Russell* [1991] 2 All ER 815. A settlement of the action may be negotiated as an alternative to a payment in.

Costs

On these different types of interlocutory applications separate orders can normally be made for costs, even though costs at trial will normally follow the event, and this is something the lawyer should always consider. Clearly an application should not be made unless it has a reasonable chance of success as the party making it will only have to pay the costs (unless there is some tactical point to make), but as well as preparing the affidavit and arguments for the application, the lawyer should also think of what order for costs to request, as the court has a wide discretion. The basic possibilities are:

(a)   Costs reserved (who pays will be decided at trial).

(b)   Costs in the cause (the party who loses at trial will pay).

(c)   Plaintiff's or defendant's costs in the cause (if the party specified wins at trial he will get the costs of the application too).

(d)   Plaintiff's or defendant's costs in any event (the party specified will get the costs of the application whatever happens at trial).

(e)   Plaintiff's or defendant's costs (the party specified should be paid the costs of the application immediately).

(f)   Costs of the day (e.g., if one party gets an adjournment they should pay the costs of the day that the other side has incurred in turning up).

(g)   Costs thrown away (e.g., if a party gets a default judgment set aside they may be ordered to pay the costs thrown away by the other side in getting it).

The defendant's lawyers may consider seeking security for costs where the plaintiff has little real chance of success and may not be able to pay costs ordered against him if he loses, but under RSC Order 23 security for costs can only be ordered in limited circumstances where the court thinks it is just, and in practice the lawyer may only be able to point out to the other side strongly the weakness of their case in the hope of getting them to withdraw it or reach a quick settlement.

The main point about costs while preparing a case for court – that both sides should take care to keep the costs bill as low as is reasonably possible, and keep the client informed of the position – has been made, but cannot be stressed too much. Note that there may be particular problems about the payment of costs if there are multiple parties, *Hodgson* v *Guardall Ltd* [1991] 3 All ER 823.

Collecting and preparing the evidence

Evidence is central and vital in the preparation of any case. The solicitor and barrister will both need to collect information when the client first comes to them for advice, to see if there is a case. If an action is brought, they may well need further evidence to assess exactly the extent of injury or the amount of damages to claim, and when the case comes to trial evidence may be crucial, to the extent that just before trial the barrister may be asked to provide an advice on evidence to ensure that all is in order. Some cases will turn on a complicated legal point, but many more will turn on whether the plaintiff can actually prove what he alleges as his cause of action and as the injury and loss he has suffered. The lawyer can make a speech, but cannot give evidence – you must find something to prove every part of your case.

Points about preparing a case fully, developing lines of argument and research-ing points, are discussed in Chapter 6. Such investigation and research must be the basis of proper preparation, and the points made here are more specific procedural points related to preparing the evidence for court.

Evidence is not something the inexperienced lawyer finds easy. It is usually first encountered as a complicated academic subject, and it is not until you get into practice that you begin to see the practical importance of it (it is when you hear a real witness say 'Well, he told me that . . .' that you understand what the rule against hearsay is about – the witness did not see what happened, he was just told something). Thus many lawyers do come to practice without a good working knowledge of the rules of evidence, and they must make an effort to develop their skill. It is largely inevitable that the rules of evidence should be complex as they have to balance the interests of the parties in the action, be adaptable to many different sorts of action and cover many types of things that are potentially evidence, but there is no excuse for you not to learn and use the rules of evidence to the best possible advantage.

The main points are to find evidence on every issue in the case, that is every single element in the cause of action and the claim for loss or damage, to know whether the evidence you have is admissible or not, to know whether there are any procedural formalities before the evidence will be admitted, and to keep your mind open to all the possible types of evidence. Not only documents and witnesses may be used, but also plans and photographs. These may not only help to prove the case, but they may also improve the presentation of the case in court, holding the attention of the judge or jury and helping them to grasp a point much more quickly than words can, however eloquent you are as a lawyer.

In addition to proving your own case, it is of course important to be aware of what evidence the other side has or may have, to decide whether you could challenge it, or collect evidence to contradict it. With modern technology there is a growth in the types of evidence available and how evidence may be submitted. An overseas witness may give evidence by television link if so ordered, *Garcin* v *Amerindo* [1990] 4 All ER 655. Evidence on video may be valuable in a personal injury action, *Ash* v *Buxted Poultry Ltd, The Times,* 29 November 1989.

A witness is not open to being sued for the evidence he or she gives, *Evans* v *London Hospital Medical College* [1981] 1 WLR 184, except perhaps an expert witness, *Palmer* v *Durnford Ford* [1992] 2 All ER 122.

The types of evidence available

The types of evidence that may be available and may be useful were dealt with in Chapter 6.

Having gathered information and evidence for your own case you will need to ensure that it is admissible.

The first thing to check is that any procedural points have been complied with – has proper notice been given under the Civil Evidence Acts? Was inspection allowed if necessary? Is it a case where affidavits are admissible?

The next thing to check is the source of the evidence and how it was obtained, for example, involuntary confessions will not be admissible in a criminal case. In *ITC Film Distributors* v *Video Exchange* [1982] 2 All ER 246 the defendant picked up documents accidently left by the plaintiff after a hearing and an injunction was granted for the return of the documents to the plaintiff and to prevent their use. Generally, however, the court will accept evidence from any source where it is not contrary to justice or public policy, if it is relevant. The court will also require to know the source of the evidence, as in the well-publicised case of *British Steel Corporation* v *Granada Television* [1981] 1 All ER 417, where the television company made a programme about a steel strike using material from secret B.S.C. files and the majority of the House of Lords held that the identity of the source of the information should be revealed.

The last main rule is to look at generally admissible evidence to see if part of it may be inadmissible, because it is prejudicial or hearsay. This must be done while reading documents before the trial and at the trial itself. It does take practice to learn to spot hearsay, but if you remember that the essential point is that a witness cannot give evidence of something of which he does not have direct knowledge it becomes relatively easy. Small pieces of hearsay that do no harm to the case are not worth objecting to, but you should always be on your guard to object to things which should not be permitted and which may prejudice your client.

Note that it is not simply a question of deciding which documents to put in and which witnesses to call to give evidence at court. There are special rules for the use of expert evidence, outlined below, and discovery will normally widen the range of evidence available, requiring further consideration.

Under s. 5, Courts and Legal Services Act 1990 and RSC Order 38, rule 2A the court may direct that a written statement of oral evidence be served on other parties. This may help greatly in preparing for trial, or in bringing the case closer to settlement as issues become clearer. Such a statement can only be used at trial if the court so directs, but evidence not contained in such a statement, if made, can only be given by the witness at trial if it relates to events after the statement was made, or by consent, or with the leave of the court. It is still intended that evidence should primarily be given orally in court, *Fairfield-Mabey Ltd* v *Shell UK Ltd* [1989] 1 All ER 576.

The court should consider the issues rather than just order a general exchange of witness statements, *Mercer* v *Chief Constable of Lancashire* [1991] 1 WLR 367, and an order should not be made if it would be oppressive, *Richard Saunders & Partners* v *Eastglen Ltd* [1990] 2 All ER 946. There is no privilege for information in a statement once it has been served, *Youell* v *Bland Welch & Co. Ltd* [1991] 1 WLR 122 and *Black & Decker* v *Flymo Ltd* [1991] 1 WLR 753. On the use of this power see *Practice Direction* [1992] 4 All ER 679, and in the Chancery Division see *Practice Direction* [1989] 1 All ER 704.

Expert evidence and medical reports

The parties may wish to call expert evidence of various kinds, to deal with how a machine works, a trade practice, a building technique and so on. Experts may be needed at an early stage to decide if there is a case at all, or at a later stage to advise on a particular point. It is quite open to any party to consult experts where they feel they may be useful, subject to whether the cost justifies it, and once they have an expert report they can decide whether or not they wish to use it. It is clearly important to get someone with appropriate qualifications and experience to convince the court, and the client, a lawyer, or a professional or trade organisation may be able to suggest someone. An expert may give evidence so long as he is properly qualified even if he does not use orthodox techniques, *R* v *Robb, The Times,* 6 February 1991.

Principles regarding the use of expert evidence have been clarified in recent years. An expert should normally be independent of the form and content of the litigation, offering unbiased assistance to the court. The expert should clearly state any assumptions his or her view relies on, and should make it clear if a view is provisional or if an area falls outside the expert's expertise, *National Justice Compania Naviera SA* v *Prudential Assurance Company Ltd* (1993) 2 Lloyd's Rep 68.

Once an expert has been found, she should be told objectively the facts of the case, and what aspects of it she is being asked to advise on. No pressure must be put on her to draw conclusions favourable to the client – if the report is not favourable it does not have to be used, see dicta in *Whitehouse* v *Jordan* [1981] 1 WLR 246 and the court will not order that a report be disclosed if it is not to be used at trial, *Derby & Co. Ltd* v *Weldon* [1991] 2 All ER 901. If anything is left out of the report or is not clear you should clarify it to avoid any difficulty in court, and the barrister can see the expert in conference. It is useful to ask the expert if there are any alternative conclusions possible or any questions or doubts in her mind to see what might come up at trial, when the expert may well be vigorously cross-examined.

There are some limits on the use of expert evidence at trial in the Civil Evidence Act 1972, s. 2 and RSC Order 38, rules 35–44. The number of experts allowed may be limited, and the substance of the expert evidence to be used will normally have to be revealed before the trial, *Ollett* v *Bristol Aerojet Ltd* [1979] 3 All ER 544, though the court does have a discretion where the report is based on disputed facts, or where disclosure would be expensive or impractical, *Kirkup* v *British Railways Engineering* [1983] 3 All ER 147. It does seem however, that any covering letter that includes points which should have been in the report itself should be disclosed, *Kenning* v *Eve Construction Ltd* [1990] 1 WLR 1189. Whilst expert evidence can be limited, it cannot be excluded, *Sullivan* v *West Yorkshire Passenger Transport Executive* [1985] 2 All ER 134.

The rules for expert medical reports are broadly similar, though slightly different. Again the case must be put objectively to the doctor and he or she must be left to draw his or her own conclusions. The number of medical witnesses may be limited, and the substance of the reports must normally be disclosed before the trial if they are to be used, though not in a personal injury action, when the defendant is also entitled to have the plaintiff medically examined by a doctor he nominates, as he may well wish to dispute whether the claimed injuries are genuine. The plaintiff cannot refuse this merely because he is elderly or nervous, but the court can attach conditions, *Hall* v *Avon Area Health Authority* [1980] 1 All ER 516. However, the plaintiff can refuse to undergo a long series of tests or tests that are painful, *Prescott* v *Bulldog Tools* [1981] 3 All ER 869. The plaintiff has no right to see the report, unless the defendant does decide to use it at trial, *Megarity* v *DJ Ryan & Sons* [1980] 2 All ER 832.

Discovery of evidence

The general discovery of documentary evidence is an obligatory stage in many types of civil action, and an optional stage in others, but many litigants are not aware of this. In most actions begun by writ, RSC Order 24 provides that discovery should take place after the close of pleadings, with each party providing the other with a list of relevant documents which he has or has had in his possession. They must also give notice of when these documents will be available for inspection. This may be unwelcome to a client, and you must make it clear at an early stage that he will have to be open about what he has, *Rockwell Machine Tool Co. Ltd* v *EP Barnes (Concessionaires)* [1968] 1 WLR 693. Discovery can be a very useful process in preparing a case, but it is two-sided.

There may be some difficulty in deciding what to include in the list for discovery, but essentially everything relevant must go in, even if the party is going to object to producing it or claim privilege. The existence of the documents must be revealed, but the party can then argue the privilege against self-incrimination, or any other kind of privilege or reason why the document should not be revealed. When a party gets a list of documents it should of course be checked thoroughly to see if there is anything interesting there, or whether anything has obviously been omitted. The court has wide powers to order that a new list of documents be drawn up or a specific document be produced. It can also limit or dispense with discovery, or order it in a case where it is not compulsory, taking into account all the circumstances of the case and public interest, as in *Church of Scientology of California* v *D.H.S.S.* [1979] 3 All ER 97 where the defendant had criticised the practices of the plaintiff in medical matters, but it was held the defendant did not have to disclose specific complaints made to them. If a document is very relevant there will have to be very good reasons to prevent its disclosure, see *Waugh* v *British Railways Board* [1980] AC 521 and *Campbell* v *Tameside Metropolitan Borough Council* [1982] QB 1065.

Carrying out inspection after discovery needs proper care. You must ensure that you see everything, check it properly, and get all appropriate copies. It has been held that someone other than a legal adviser can carry out an inspection if this seems valuable, *Davies (Joy Rosalie)* v *Eli Lilley & Co.* [1987] 1 All ER 801. Once something has been inspected on discovery it can be used in evidence, even if it did not have to be disclosed, *Re Briamore Manufacturing Ltd* [1986] 3 All ER 132. However, it seems that if the document is privileged that privilege can still be claimed to prevent the document being used, *Guiness Peat Properties Ltd* v *Fitzroy Robinson Partnership* [1987] 2 All ER 716. It should be noted that it is not normally possible to get discovery out of the jurisdiction, *Mackinnon* v *Donaldson, Lufkin & Janrette Securities* [1986] 1 All ER 653. A document can now be served by fax, *Hastie and Jenkerson* v *McMahon* [1991] 1 All ER 255.

Since discovery is intended solely to help the parties in the preparation of their case there are strict limits on the ways in which documents obtained can be used. In the case of *Distillers Co. (Biochemicals)* v *Times Newspapers* [1975] 1 QB 613, where documents on thalidomide were disclosed on discovery and came into the possession of *The Times*, an injunction was granted to stop the paper using the documents as they were only disclosed for the action. In *Home Office* v *Harman*

[1983] AC 280, a prisoner sued the Home Office for being kept in solitary confinement and on discovery documents passed to his solicitor, Harriet Harman. She argued that since these documents were read in open court she did no wrong in showing them to a journalist, but it was held that since she had given an undertaking that the documents would only be used in the case she was in contempt.

There are also some special types of discovery that may be useful. A potential plaintiff may need to see a document even before he begins an action to see if there is a case at all, and this may be possible under the Supreme Court Act 1981, ss. 33–35 and RSC Order 24, rule 7A. In a case of personal injury or death, the High Court can order pre-action discovery by a person who is likely to be a party against another person who is likely to be a party. The order may allow for the disclosure, inspection or preservation of documents or other property likely to be relevant to an issue in possible proceedings, or for the taking of samples of property and the carrying out of experiments. In *Shaw* v *Vauxhall Motors* [1974] 1 WLR 1035 the plaintiff was injured at work while driving a fork lift truck and was allowed discovery of its maintenance records before he began his action.

Pre-action discovery may be ordered in other cases under the general power of the court to order discovery to dispose of a case fairly (see RSC Order 24), but only where it is really necessary. In *R.H.M. Foods* v *Bovril* [1982] 1 All ER 673 the plaintiff complained that the defendants were marketing their product of Gravymate to make it look like Bisto, the plaintiff's product. They sought pre-action discovery of the defendants' directions to their advertising agency, but this was refused on the grounds that they were only trying to substantiate a suspicion.

It is not generally possible to get discovery against someone who is not a party to an action, though orders may be made against a non-party to appear as a witness and bring documents where appropriate. However, orders may be made under the Supreme Court Act 1981, s. 34 and RSC Order 24, rule 7A where someone does appear to have relevant documents in his or her possession, custody or power. Note also that an order can be made where a nominal party to an action is not the 'real' party, *Abu Dhabi National Tanker Co.* v *Product Star Shipping Ltd* [1992] 2 All ER 20. The court also has a general inherent power to order discovery, as in *Norwich Pharmacal Co.* v *Customs & Excise Commissioners* [1974] AC 133, where the plaintiff believed there were illicit imports of patent medicines, and the defendants were directed to give discovery of information in their possession on the basis that there was a duty of disclosure where a person innocently became involved in the tort of another. This approach was followed in *Harrington* v *North London Polytechnic* [1984] 1 WLR 1293.

The summons for directions

The summons for directions is intended to deal with any outstanding matters to prepare the case for trial, to review the state of the case and see that both sides are ready. Thus it should encourage both sides to see that they have left nothing undone, and because of the wide variety of matters that must and can be dealt with, both sides should prepare for the hearing of the summons and decide in advance what they hope to achieve, rather than just seeing it as something they must go through.

The summons for directions should be taken out by the plaintiff after the close of pleadings (RSC Order 25). It is a set form dealing with specific issues, and the party taking it out should cross out those things which they do not in fact want the court to deal with. In the Chancery Division the set form is not necessarily used, and there may just be agreement as to the mode of trial and the setting down of the action. The summons will be heard by a Master in Chambers.

Decisions will be made on the trial itself, that is as to the place and mode of trial, and whether the case should be consolidated with another or transferred to another court. Any arguments on any of these points must be prepared. Most trials in the High Court will be by judge alone, but there may be a trial by judge and jury, or in special circumstances by some other mode such as an official referee (see the Supreme Court Act 1981, s. 69 and RSC Order 33). Jury trial is available in cases of fraud, defamation and similar cases, though generally not where prolonged examination of documents will be needed. Jury trial is more expensive, and will only be ordered where there is good reason, *John L. Williams* v *Beesley* [1973] 1 WLR 1295.

It is possible to order the preliminary trial of an issue, and note that in a personal injuries case it is possible to order that liability be tried before damages are agreed, RSC Order 22, rule 33.

There will also be consideration whether the pleadings of both parties are in order, and orders can be made for amendment or further and better particulars if necessary. Although the pleadings may initially have been drafted properly, points may have arisen making amendment desirable, and both parties should consider whether they do wish to go to trial on their existing pleadings. Amendment is still possible at trial, but only if the other side will not be prejudiced and costs are paid. A complete set of pleadings should be lodged on issuing the summons for directions.

The court will direct that every party serves on the other parties witness statements containing the oral evidence which the party intends to adduce, RSC Order 38, rule 2A. It is important to note that in the Queen's Bench Division and the Chancery Division such statements stand as evidence-in-chief unless otherwise ordered, *Practice Note* [1995] 1 All ER 385.

On the hearing of the summons for directions, orders can also be made as to the evidence for trial. It can be agreed what maps, models and photographs and so on will be used, or how a particular point will be proved. The use of medical and expert reports can be considered, and orders made as to whether the contents of reports should be revealed or the number of expert or medical witnesses limited. A party can admit a point to save costs, and any further orders that are needed as to discovery and inspection can be made. Normally a time limit will be set within which the plaintiff should set the action down for trial. The case will have to be set down in the correct List depending on what type of case it is, such as the Jury List, the Non-Jury List, the Short Cause List, the Commercial List and so on, *Practice Direction* [1981] 3 All ER 61. The parties will be warned as the case moves to the top of the List, which will of course depend on the number and length of the cases above it, though it is possible to apply for a fixed date for a trial. The parties should try to give a realistic estimate of how long the trial will last, and revise it if necessary to help the listing system work efficiently (see RSC Order 34 and *Practice Direction* [1981] 2 All ER 775).

It is increasingly common for the courts to require the preparation and submission of a skeleton argument, see for example, in the High Court *Practice Direction* [1995] 1 WLR 262.

Preparing a case for hearing

If the case shows no real signs of settling, the lawyers will have to make final preparations for trial. While each case will have different requirements, there are some general principles to follow. The inexperienced lawyer may well be nervous of appearing in court, and this may partly be a result of misapprehension as to what is expected of him. Much publicity is given in films and on television to the dramatic trial techniques of fictional lawyers like Perry Mason, and many stories have been passed down of the speeches and cross-examination techniques of leading advocates, but real cases are rarely like that. Only a few times in his or her career will a lawyer have the chance to make theatrical points that entrance a jury or demolish a witness, and most cases consist of rather more straightforward speeches and questions. This is more often done successfully by proper preparation than sudden inspiration.

The solicitor's role in preparing for the case is to see that the case passes properly through all its procedural stages, achieving as much as possible in each. He or she should also ensure that all the necessary evidence is collected, keep the client informed of what is happening, and prepare him for the trial by explaining what will happen at it. The solicitor should consider involving a barrister not only for an initial opinion, but also to give further advice on damages, on settling the action or on evidence, each of which may require that a separate, specific brief be sent to the barrister. A brief must finally be sent for the barrister to appear at trial, sufficiently far in advance for the barrister to work on the case, but not too long in advance that it may be forgotten about. In preparing the brief for trial, the solicitor must ensure that all information is up-to-date, checking whether there has been any further financial loss, change in medical condition and so on.

The barrister must decide on strategy for the trial, and check that he or she has everything necessary to present the case. He or she should check that the pleadings are in order as a basis for all the lines of argument to be taken (though it is probably too late for any major amendment to be made) and should also check all documentary evidence to ensure that it can be shown to be authentic and admissible, and that any necessary formalities have been fulfilled for it to be admitted, such as the service of notices under the Civil Evidence Act 1968, or the Civil Evidence Act 1995 as regards the admission of hearsay evidence. If there is a great deal of written evidence it should be put into an agreed bundle, bound together with the pages numbered and copies provided for both sides and the judge. The solicitors for both sides would agree the bundle.

The documents for the trial need to be considered at several stages. The need to review pleadings and evidence at the time of the summons for directions has already been considered. When the action is set down for trial pleadings, orders made in the action and other papers such as an agreed estimate of the probable length of the trial must be lodged, RSC Order 34, rule 3.

Perhaps most importantly in terms of preparing the case for trial, at least 14 days before the date set for trial, or within three days of the case entering the lists, the defendant must identify to the plaintiff what documents he wishes to include in a bundle for the court. This bundle must then be agreed and two copies of it lodged at least two clear days before the trial, Order 34, rule 10. The bundle should contain witness statements, expert reports which have been disclosed, and other documents which are identified as being central to the case. It can also be ordered that a note summarising the issues in the case, the relevant legal authorities and a chronology of events be included. The purpose is clearly to ensure that documents are available for the judge to read before the start of the trial, and it is important to consider what should be included in the court bundle from the tactical point of view, although the admissibility of evidence is not itself affected by the choices made.

The pleadings and written evidence will normally form the basis for the opening speech at trial, which should take the judge through the pleadings to introduce him or her to all the main issues in the case, and to outline the main evidence that will be called to support the case (which emphasises the importance of good pleadings in getting off to a good start in a case). The barrister can prepare notes for the opening speech in advance, listing the main dates and events. For this he can use the list of facts made when first reading the brief, though that should be checked and brought up-to-date, as small errors can give a very bad impression. Note that in a non-jury trial it is now possible for the judge to make a direction dispensing with opening speeches.

There may not be detailed legal arguments in the case, but all legal points must, of course, be checked. In preparing an initial opinion the barrister should have noted the relevant statutes, rules and cases so that they can be found and checked easily. It may be worth keeping the list of authorities personally in case it doesn't come back with the brief. The exact wording of a crucial statute or regulation must be checked, and it is probably worth taking a photocopy to work with. Relevant dicta from cases must be noted for easy reference in court, and it is worth working on cases against you as well as in your favour to find ways of distinguishing them, not least as it is a good technique of advocacy to bring up a case against you and explain why it should not be followed before your opponent has a chance to dwell on it! A full list of authorities must be supplied for the court. The need to be armed with authorities was illustrated in *Banton* v *Banton, The Times,* 4 April 1989, where both counsel suggested that the judge did not have the power to fine in a particular case, though in fact there was authority that he did. As a result both counsel felt obliged to appear for no fee on appeal!

Remember that the official law reports are preferred to other reports where possible. You will need to draw up a list of authorities for the court, and check that enough copies will be available, or make photocopies, *Practice Direction (Law Reports: Citation)* [1991] 1 All ER 352. You should of course avoid quoting textbooks unless the book carries particular authority, but even then the judge will not necessarily accept the textbook view, *Kingshott* v *Associated Kent Newspapers, The Times,* 11 June 1990.

It is necessary to work not only with the written evidence but with the people involved. The client and any witnesses may well be nervous, and it is important to put them at their ease as far as possible, explaining to them court procedure and their own involvement so that they will not feel lost or overwhelmed and can give their evidence as convincingly as possible. You can rarely rely on a witness in court to say exactly what he has said in the written proof of evidence taken by the solicitor – a witness not coming up to proof is a major factor in losing cases. This is not necessarily a matter of lying or savage cross-examination, it is just that what he says may come out very differently, especially if he is tense. The solicitor can do most in preparing the witnesses, but while he or she can go through their evidence with them, one should not go through it in detail just outside court. This is not only bad professional practice, it often rebounds by making the witness sound as though he has learned what he is saying, rather than sounding genuine. The barrister should not see witnesses before the trial, except expert witnesses. Both barrister and solicitor should find time to talk to the client outside court before and after the trial to ensure that he feels properly involved and knows what is happening. Do note that ultimately the conduct of a trial is a matter for the trial judge, although it is open to counsel to make relevant applications, *Ashmore* v *Corporation of Lloyds* [1992] 2 All ER 486.

There is a degree of personal preference for how much work the barrister does in preparing in detail for the actual course of the trial – some write pages of questions and some leave it until they see how the trial is going before deciding on what lines of questioning to follow – but probably the inexperienced lawyer should make some detailed preparations. Outline notes of lines of argument and the main questions for each witness should ensure that you do not forget anything or suffer embarrassing silences while thinking of the next question. However, even with notes it is important to remain flexible and see how the case develops at trial, as changes and additions in questioning may well be necessary. You will of course need to check the procedure for the type of application you are making. If procedure is flexible, as in some family cases and interlocutory applications, you may need to consider whether the case should be conducted in a particular way. You must at least be given a proper opportunity to make oral representations, In *re E, The Times,* 20 June 1991.

It should be relatively easy to make notes for the opening speech, as this is just putting forward your own arguments, though it should never be written out in detail and just read in court. It is also fairly straightforward to decide what questions to ask your own witnesses, as you know what you want them to say, and their proof of evidence can be used as the basis for asking them questions, though there is technique in knowing what points to emphasise and how. The problem is preparing for cross-examination of the witnesses for the other side. You may not know who they will call or what they will say, and many inexperienced lawyers are overawed by the feeling that cross-examination is supposed to achieve dramatic things. This is not so, most cross-examinations are very straightforward, and you can do your case more harm than good by trying to be too clever.

Some preparation for cross-examination can be made. There is a duty to put the main elements of your case to the witnesses for the other side to see their reaction, so notes of the main elements can be made to see that this is done. It is also worth noting the strengths of your own case and the weaknesses of the other side, as these are the best things to concentrate on. It may also be possible to think of some interest or prejudice the witness may have, and seek to show that up. It is worth asking your own client if he knows anything to the detriment of the witnesses on the other side which may be used, though it is ethically wrong to make allegations against the other side unless you have reason to feel they are justified, and that they are relevant to the case. Observations at trial are important in making final decisions about cross-examining, but it is worth remembering that few witnesses actually lie, especially in civil cases, so you should look for genuine weaknesses rather than taking the view the witness is lying, which may well get more sympathy for the witness than for your own case. The techniques of advocacy at trial are, however, beyond the scope of this book. Books that recently qualified lawyers may find especially useful on this subject include *Advocacy at the Bar* by Keith Evans and *The Art of the Advocate* by Richard Du Cann. It is undeniably clear, however, that good advocacy and winning cases comes most often from preparing the case properly and having a thorough grasp of it.

Although the basic procedure for a civil procedure is relatively straightforward there are options, for example, to decide a key point as a preliminary issue. It is worth considering whether such an approach is appropriate for the case in hand. The discretion of the trial judge on such matters will rarely be interfered with, *Thermawear Ltd* v *Linton, The Times*, 30 October 1995.

CHECKLIST FOR PREPARING FOR ADVOCACY

The basis for good advocacy is confidence, and the basis for confidence is thorough preparation.

1. Ensure that you have clear notes of all the basic dates, facts, etc., in the case for easy reference during the case.

2. Ask instructing solicitors about any gaps or confused areas in the information available to you.

3. Check that all necessary evidence has been located and is available.

Check that all your evidence is admissible and decide when and how you will seek to have each item admitted.

Decide where any plans, photographs, models, etc., will be needed to explain properly the case in court. Ensure that they are prepared, and agreed with the other side if possible.

Check whether you want to object to anything in the evidence that you know will be offered by the other side, or whether you would like to see if they will admit something prior to trial.

4. Make sure you fully understand any technical or medical matters in the case.

5. Make lists of:

    (a) Those facts which it is for your client to prove.
    (b) How you will prove each point.
    (c) How the other side may try to undermine your points.
    (d) Those facts which it is for the other side to prove.
    (e) How you might undermine any point the other side are to prove.

6. Ensure that all your documents are in a suitable order for you to use, and that bundles are agreed if necessary.

7. See if there is anything that could be done to save time and/or costs at the trial.

8. Prepare notes for opening the case, ensuring that:

    (a)   all the elements of your case are introduced;

    (b)   each point is put in the best possible light;

    (c)   you anticipate the points that may be made by the other side, if this would be tactically useful.

9. Prepare notes for examination-in-chief to ensure that all relevant points are covered:

    (a)   for your client;

    (b)   for each of his witnesses.

10. Prepare lists of points for use in cross-examination of each witness for the other side. These must be based on the need to put the main points of your client's case to them. You must be prepared to revise these notes in the light of what is said by the witness in examination-in-chief.

11. Make some notes for the closing speech. It is unwise to prepare this in great detail as you will need to take full account of how things emerge during trial.

12. Ensure that you are properly prepared to take notes. Decide with the solicitor who will take notes of what.

13. Ensure before going into the court that the client understands as far as possible what will happen and what the range of possible outcomes is.

14. Prepare a skeleton argument for the court if required.

11   The originating summons action

The whole procedure and purpose of an action begun by originating summons is different from that of an action begun by writ. Broadly the difference is that the writ action is designed as an adversary action where both sides prepare their cases with witnesses and evidence on disputed matters of fact, whereas in an originating summons action all parties are essentially asking the court the same questions of construction, and arguments will tend to be on law rather than on fact. The point of the drafting is different in that the statement of claim is designed to tell the basic story and the later pleadings go on to define the issues between the parties, while the originating summons sets out the questions which the parties would like the court to deal with, and there is no need for further pleadings.

There are basic procedural differences, not only in that there are fewer formal drafts in an originating summons action, but also that many procedural steps in a writ action, such as automatic discovery, do not apply in the originating summons action. There are some types of action where the originating summons is compulsory, and others where it is optional and it is for the plaintiff to decide on the most suitable way of beginning the action. It is most suitable in actions concerned with trusts or wills or similar actions concerned with documents, which are usually heard in the Chancery Division, so the tendency is for Chancery practitioners to use an originating summons if there is a choice, and for the Queen's Bench barrister to use a writ.

The originating summons is not strictly speaking a pleading, so the rules for pleadings do not apply unless they are expressly extended. However, many of the general rules for drafting, such as the need to be concise and clear, do apply.

The use of the originating summons

This was mentioned briefly in the chapter on basic principles of drafting. The main rules are that an originating summons must be used to commence an action where any application is made under any Act, unless the rules of court expressly require or authorise some other means of beginning the action, or the proceedings are already pending (RSC Order 5, rule 3). This means an action where the court is required to use a power that it only has by reason of an Act, not merely where an Act happens to be relevant. For example, there are various sections in the Trustee Act 1925 which authorise the court to make certain orders in connection with a trust, and in such a case the action should normally be begun by originating summons. This is dealt with further in the section on drafting for trust actions.

More generally, the originating summons is appropriate if the sole or principal question at issue is, or is likely to be, one of the construction of an Act or of any instrument made under an Act, or of any deed, will, contract or other document, or some other question of law, or in which there is unlikely to be any substantial dispute of fact (RSC Order 5, rule 4(2)). This is where the plaintiff has the choice how to begin the action.

If the case may fall within one of these categories the lawyer must decide what to do. The sole or principal question in the case must fall within these categories, so that if the meaning of a document is only a subsidiary issue in a case that is really about something else, the originating summons would not be appropriate. If the case does basically fall within one of the categories, then the next question is whether there is going to be a substantial dispute of fact, where the test is whether they will dispute facts rather than words or legal issues. If the fight is over the words of one of the clauses of a trust deed and whether they create a valid trust an originating summons should be used. It should also be used if facts are not really in dispute but there is a question whether a resulting trust has arisen. If alternatively the trust concerns a house where a couple were living together and there are substantial disputes of fact as to who paid for what, who built the extension etc., then a writ will be more appropriate.

The last stage when deciding whether to use an originating summons to commence an action is to consider the type of evidence you will be using, and any procedures you may wish to use in the course of the action. If the evidence is likely to be mainly documents and affidavits then the originating summons is appropriate, but if the parties are likely to wish to call a number of witnesses in court to give evidence of disputed points and the trial will consist largely of their evidence then a writ action is almost certainly more suitable. Whilst a judge has a discretion to hear oral evidence in an action begun by originating summons, no party has a right to insist that oral evidence be heard, *In re E (a minor), The Times,* 8 August 1988. As for procedure, if the issues to go to the court can be clearly and immediately formulated into questions of construction then an originating summons will be appropriate, but if full pleadings may be needed to define fully the issues between the parties, a writ may be more suitable. Also procedural steps such as summary judgment and automatic discovery are by and large only available in a writ action, so that if these steps may be useful in the case the action should probably be begun by writ.

It is not always easy for the inexperienced lawyer to decide which originating application to use, but it is something that you will get the feel of in practice. In most cases the answer is quite clear but there are some difficult borderline decisions on which you may need to ask help from other practitioners. It should of course not be crucial if the wrong choice is made as it is possible to change from an originating summons to a writ action and vice versa, but it may inhibit proper preparation for the trial.

Some cases help to illustrate the proper use of the originating summons. In *Re Sir Lindsay Parkinson & Co. Settlement Trusts* [1965] 1 WLR 372 the beneficiaries of a trust took out an originating summons to seek the removal of the trustees. It was held that such an action could be begun by originating summons or writ, but that since there was an allegation of breach of trust the writ was more appropriate as there would no doubt be disputes of fact and discovery would be available. In *Re 462 Green Lane, Ilford* [1971] 1 WLR 426 the plaintiff issued an originating summons to decide whether a caution registered on the property should be removed, but it was held that since the basic case involved an allegation of fraud, the case must be begun by writ under RSC Order 5. In *Re Deadman* [1971] 1 WLR 426 the plaintiff issued an originating summons to decide whether a gift in the will of the deceased was valid. There was later an amendment to include an allegation of undue influence, and it was held that therefore the action should continue as though it had been begun by writ.

Finally, there are certain specific cases in which an originating summons is appropriate by rules of court or statute, for example:

(a) Proceedings for possession of land (RSC Order 113).

(b) Actions under the Charities Act 1960 (RSC Order 108).

(c) Various proceedings under the Companies Acts (largely concerned with the technical running of the company) (RSC Order 102).

(d) Approval of a settlement on behalf of a person under a disability.

(e) Property disputes between husband and wife as to the matrimonial home.

(f) Applications under the Inheritance (Provision for Family and Dependants) Act 1975.

(g) Applications for variation of a trust.

Although originating summonses are most common in the Chancery Division, they may occasionally be appropriate in the Queen's Bench.

The procedure in an originating summons action

The procedure in an originating summons action comes from RSC Order 28 and is much simpler than the procedure in a writ action. This is because once the questions for the court have been formalised there is little else to do except prepare the arguments for the court. The basic stages are as follows:

(a) Originating summons issued.

(b) Originating summons served. This should happen within 12 months of its being issued.

(c) Acknowledgment of service. This should be done by the defendant within 14 days of his receiving the originating summons. It is possible for the defendant to make a counterclaim against the plaintiff if he alleges that he is entitled to any relief or remedy against the plaintiff, but this is not as formal as in a writ action, and may be dealt with as the court directs (RSC Order 28, rule 7).

(d) Plaintiff files affidavits. Within 14 days of the acknowledgment of service, the plaintiff should file at the court office the affidavit evidence on which he intends to rely, and copies must be served on the defendants (RSC Order 28, rule 1A). (This is a relatively new rule, giving a more detailed timetable for an originating summons action.)

(e) Defendant files affidavits. If a defendant wishes to adduce affidavit evidence he should file it within 28 days of receiving copies of the plaintiff's affidavits. He should serve copies of his affidavits on the plaintiff (RSC Order 28, rule 1A).

(f)   Plaintiff files affidavits in reply. If the plaintiff wishes to adduce further affidavits in reply, he should file them within 14 days of receiving the defendant's affidavits, and send copies to the defendant (RSC Order 28, rule 1A).

(g)   Fixing appointment for hearing. Within one month of the end of the time within which copies of affidavits may be served, the plaintiff should make an appointment for the attendance of the parties at court. This is often referred to as a 'Master's Appointment' as the hearing is by a Master or in Chambers. The purpose of the hearing is similar to a summons for directions, and various orders on the conduct of the action can be made. In a simple case it is possible for this hearing to be treated as a trial. It is possible for an order to be made for the action to continue as though the case had been begun by writ and for the affidavits to stand as pleadings (RSC Order 28, rules 2 and 4).

(h)   Order for trial. When the court is satisfied that the matter is ready for determination it can make an order for hearing or trial (RSC Order 28, rule 9).

This is a skeleton of the procedure. It is less formal than the writ procedure, and has fewer stages, though the courts have wide powers to make orders on the conduct of the case. There are less interlocutory procedures available than there are in a writ action, but orders on discovery etc., may be made if they would help in the conduct of the case. Such applications may be made to a judge in Chambers in the Queen's Bench, or by Notice of Motion to a judge in the Chancery Division. The rules for a writ action are applied flexibly in an originating summons action, *Re Caines* [1978] 2 All ER 1 and *Halls* v *O'Dell, The Times,* 5 November 1991.

Clearly the affidavits are the basis of the action, though the court may make orders for the taking of oral evidence. If a party wishes to use affidavits other than those filed he needs the leave of the court. A Chancery Division judge can direct at any stage in the action that a party should serve a written statement of possible oral evidence if this will help the conduct of the action, though this statement will not necessarily be admissible at the trial, Order 38, rule 2A. The drafting of the affidavits is therefore very important, and this is dealt with in a later chapter.

This chapter will deal with the normal form of originating summons, but there are alternative forms of expedited or ex parte originating summonses which may be used where appropriate.

Drafting an originating summons

The purpose of the originating summons is not to tell the story of what has happened. This will be done in the affidavits filed by the parties, which may be ordered to stand as pleadings if the action is ordered to continue as a writ action. The purpose of the originating summons is to define clearly those matters which the court is being asked to deal with. This is done in two principle ways in the numbered paragraphs in the main part of the document, the first being to formulate questions for the court to answer, and the second to ask the court to exercise a particular power that it has to assist the parties.

Since the originating summons action is not really adversarial in the way that the writ action is, the main purpose of the drafting is not so much to put the client's case in the best possible light, but rather to be reasonably objective, and to draft the problems as clearly as possible. It is in court that there will be argument for any particular conclusion that the client hopes the court will reach and in the drafting of the affidavits. In an originating summons case you will often be advising an executor, a personal representative or a trustee who will probably not have a personal interest in the property under dispute anyway but merely wants to know what he should do with it, and this helps the sense of objectivity. However, your client will sometimes have strong views on the case, and this will be considered in the section on advising in trust cases.

The inexperienced lawyer learning to draft originating summonses will often take one of two fairly extreme views. You may find them relatively easy, because it is only necessary to isolate two or three areas of difficulty in the case and put them in the draft, rather than having to summarise the whole case as is needed in a statement of claim. Also it can feel easier in that you are 'passing the buck' to the court to make decisions. The alternative is to find the originating summons very difficult because of the care that is needed in drafting the questions accurately to define exactly what the problem is, and to suggest all the possible answers. The truth is inevitably somewhere between the two – that the originating summons is just a different drafting skill. The statement of claim needs clear and concise thinking; the originating summons needs clear and logical thinking. The real art of drafting questions in an originating summons is something that can only come with practice, and with as much experience as possible of your own and other lawyers' pleadings. However, a good beginning is to make brief notes before you begin drafting, making a numbered list of the points on which you wish to ask for guidance, and what the possible answers are.

Drafting the formal parts of the originating summons

The general form for an originating summons is specified in the rules of the High Court (RSC Order 7, rule 2), and it is for the plaintiff to complete it as appropriate. As with the writ, blank forms are issued for completion by the lawyer in the case. Since the originating summons is not technically a pleading many of the technical rules that apply to writs do not apply, but some do, for example, the need to endorse the name and address of the plaintiff or his solicitor on the summons before it is issued (RSC Order 7, rule 3). Examples 1 and 2 on pp. 198–9 illustrate an originating summons asking questions of construction, and asking the court to exercise powers. There are actual examples of originating summonses in the section on drafting for trust actions.

**EXAMPLE 1   BASIC ORIGINATING SUMMONS ASKING
            QUESTIONS OF CONSTRUCTION**

<u>IN THE HIGH COURT OF JUSTICE</u>   Ch.1997.B.No.

<u>CHANCERY DIVISION</u>

IN THE MATTER OF . . . .

BETWEEN	(1) A. B.	
	(2) C. D.	<u>Plaintiffs</u>
	and	
	(1) E. F.	
	(2) G. H.	
	(3) I. J.	
	(4) K. L.	<u>Defendants</u>

TO (1) (name of first Defendant) of (address of first Defendant) who (state
briefly his interest in the case, e.g., because he claims to be a beneficiary)
AND TO (2) (name of second Defendant) of (go on to state address and interest
as with (1))
AND TO (3) (name of third Defendant) of (go on to state address and interest
as with (1))
AND TO (4) (name of fourth Defendant) of (go on to state address and interest
as with (1))

Let the Defendants . . . . (directions as to acknowledgment of service)

By this summons, which is issued on the application of the Plaintiffs (1) (name
of first Plaintiff) of (address of first Plaintiff) and (2) (name of second Plaintiff)
of (address of second Plaintiff) the (state briefly their interest in the case, e.g.,
that they are trustees and executors of the will), the Plaintiffs seek the
determination of the Court on the following questions and the following relief,
namely:
(Set out in separate numbered paragraphs the points which you wish the court
to construe. The following are examples of possible paragraphs that may be
adjusted for use.)
1. Whether upon the true construction of clause   of the said will and in the
   events which have happened, the sum of £   is held on trust for:
   (i)   (Set out separately all the possible options)
   (ii)
   (iii)
   (iv)   on any other, and if so what, trust.
2. If the answer to question 1 is in the sense (i), that it may be determined
   whether the said sum of £   is held on trust for:
   (i)
   (ii)
   (iii)   on any other, and if so what, trust.

3. That it may be determined whether on the true construction of clause of the said will, the residuary estate of the deceased is held on trust for:
   (i)
   (ii)
   (iii) on any other, and if so what, trust.
4. If the answer to question 3 is in the sense (i), and it is considered impracticable to carry out the charitable purpose with the funds available, that the Court may approve a scheme for the application of the funds (if the approval of a cy-près scheme may be needed).
5. That the second Defendant, or some other fit and proper person, be appointed to represent . . . . (e.g., a group of minors) (to be used if a representation order is needed).
6. Insofar as may be necessary, administration of the estate.
7. That provision may be made for the costs of this application.
8. Further or other relief.

If the Defendant does not . . . .
etc.

Settled by: (Signed).

EXAMPLE 2 BASIC ORIGINATING SUMMONS ASKING THE COURT TO EXERCISE POWERS, E.G., OF APPOINTMENT OR APPROVAL

IN THE HIGH COURT OF JUSTICE   Ch.1997.B.No.

CHANCERY DIVISION

IN THE MATTER OF . . . .

BETWEEN			
	(1) A.	B.	
	(2) C.	D.	Plaintiffs
	and		
	(1) E.	F.	
	(2) G.	H.	
	(3) I.	J.	
	(4) K.	L.	Defendants

TO (1) (name of first Defendant) of (address of first Defendant) who (state briefly his interest in the case, e.g., because he claims to be a beneficiary)
AND TO (2) (name of second Defendant) of (go on to state his address and interest as in (1))
AND TO (3) (name of third Defendant) of (go on to state his address and interest as in (1))
AND TO (4) (name of fourth Defendant) of (go on to state his address and interest as in (1))

Let the Defendants . . . . (directions as to acknowledgment of service)

By this summons, which is issued on the application of the Plaintiffs (name of first Plaintiff) of (address of first Plaintiff) and (name of second Plaintiff) of (address of second Plaintiff) the (state briefly their interest in the case, e.g., that they are trustees of the trust), the Plaintiffs seek the following relief, namely:

(Set out in separate numbered paragraphs the things which you wish the Court to do. The following are examples of possible paragraphs that may be adapted for use.)

1. That the Court may approve   (set out exactly what you wish the court to approve).
2. That the Court may appoint X.   Y.   to be a trustee of the said trust (where the appointment of a new trustee by the Court is sought).
3. That provision may be made for the costs of this application.
4. Further or other relief.

This application is made under section 57 and section 41 of the Trustee Act 1925 (as appropriate).

If the Defendant does not . . . .
etc.

Settled by: (Signed).

The heading

The originating summons should begin by stating the Division of the High Court in which the action is to proceed, and if the summons is issued through a District Registry this should also be stated. The reference number of the action should also appear at the top of the summons. In practice the rules for the writ are followed for all these things.

There were formerly quite complicated rules as to the heading of an action, under which it was necessary to head an originating summons to be 'In the matter of . . . .' each and every document that the court was required to interpret and each and every statute that the court was required to act under. These complex headings served no particular purpose, and the rules have now been considerably simplified, *Practice Direction* [1983] 1 All ER 131, which applied to all proceedings in the Chancery Division, as follows:

The general rule is that the title should contain only the parties to the proceedings, but there are two exceptions; (1) where the proceedings relate to the administration of an estate or a probate action they should be entitled 'In the estate of AB deceased'; and (2) where the proceedings relate to the construction of a document they should be entitled 'In the matter of (describe document briefly) dated   between AB and CD'. Parties should be named by their initials and surnames only; and if there are numerous parties, it will usually suffice to state that the document is made 'between AB and others'. If there is more than one document, only the main or first document need be referred to.

If proceedings are under an Act of Parliament, the Act no longer need be mentioned in the title but should be referred to in the body of the writ or originating summons.

There have been some minor variations in the way that this rule has been interpreted in practice, but the present position can be summarised fairly simply by saying that in an action in the Chancery Division there should be an 'In the matter of . . . . ' heading where the proceedings do relate to the administration of an estate or the construction of a document, but not in any other case. If there is more than one document, there should still only be a single 'In the matter of . . . . ' heading relating to the main document.

The heading should be correct under these rules, but there are variations in practice among different practitioners, and it will not be crucial in the action. To give examples of headings complying with these rules, if the case relates to the construction of a clause in the will of Mr Julius Caesar the heading should be 'In the estate of Julius Caesar deceased'. If the proceedings relate to the construction of a clause in a lifetime settlement then the heading should be 'In the matter of the settlement dated 13 February 1988 between J. Caesar and B. Brutus'. If the action is purely to ask the court whether a trust has arisen on a set of facts where there is no written document, or is purely to ask the court to exercise its powers under a statute then no heading is needed except for the names of the parties.

As with a writ, the full names of the parties should be set out properly. However, there are some special points to consider when deciding on the parties to an originating summons action. In beginning an action by writ the plaintiff has a complete choice of who to sue, and if there is more than one person that he could sue he may choose to sue one rather than another because his case against one is stronger, or because one can better afford to pay any damages awarded. In an originating summons one is often asking the court to make decisions as to the distribution of assets, and therefore it is necessary to join all those who may have a claim to the assets, because only then will they be bound by any decision that the court makes. If they are not made parties, they will not be bound, and are quite free to make claims in the future.

Thus the objective in an originating summons is not to make strategic choices as to who to make parties, but to join everyone who may have a claim to the assets in question. The person or persons taking out the summons will be the plaintiffs, and anyone else with a possible claim should be made a defendant (RSC Order 7, rule 2). Having said this, it does not mean that the draft should join as parties everyone mentioned in instructions who has the remotest possible connection with the case. This will produce an unnecessarily long list of defendants and will waste money. The test is whether the person or body in question does have a direct potential claim to any part of the assets in dispute. Consider each asset about which there is any possible doubt and list those who may have a legal or equitable interest in it, and that should give a basic list of defendants.

This list should take into account every possibility, for example, if a gift in a will fails the property may go instead to the next of kin, in which case the closest member of the next of kin should be joined. If property is left to someone with remainder to his or her children then it may be necessary to join someone to represent the children, even if they are not yet born, so that their claim may be argued if necessary. On the other hand, it is not necessary to join someone who does not have a direct claim to the assets, for example, if money is left 'to John Smith to help teachers in Northampton learn to use computers' it is only John Smith who needs to be made a party to the action, as it is him who may get the money; the teachers in Northampton are just a description of the purpose of the gift, and it is not necessary to join one of them as a party.

It is not always easy to know where to draw the line as to who should be a party. Some experienced lawyers will join everyone who may have any possible claim, whereas others will only join those parties that they strictly have to. The inexperienced lawyer will get the feel of how to take decisions with practice.

It may well be that several people will have exactly the same type of claim to property, and that it would just make the action more complicated and expensive to join all of them, when they will all have exactly the same legal argument. To avoid this unnecessary expense it is possible to join one of the group as a party to represent all those with the same type of interest. These rules apply equally to writ actions, but since a representation order is more likely to be helpful in an originating summons action the rules are discussed here, as are the various types of representative action in RSC Order 15.

The general rule for representative proceedings is in RSC Order 15, rule 12, which provides first, that if numerous persons have the same interest in any proceedings, the proceedings may be begun by or against any one or more of them, representing all, or all except one or more of them, unless the court orders otherwise. Secondly, the plaintiff may apply to the court at any stage in the proceedings to appoint one or more of the defendants (or some other person who will then be made a defendant) to represent all or all except one or more of numerous persons who have the same interest as the defendants in the proceedings, and the court may make an order on such terms as it thinks fit. One defendant can only represent a group of people if the plaintiff gets an order to that effect from the court, and this order should be asked for at the end of the draft.

Once there is a representative in the proceedings, any judgment or order will bind everyone represented, though the order can only be enforced against them with the leave of the court, and it is still open to the person represented to dispute his liability before the order is enforced.

There are cases illustrating where a representative action is appropriate. The basic test was discussed in *Smith* v *Cardiff Corporation* [1954] 1 QB 210, where the council increased rents by differing amounts and a tenant wished to bring a representative action to object. It was held that the people represented must have a common interest, arising from a common grievance to produce a remedy beneficial to all, and that this did not apply in the case as different tenants had suffered differently. In *John* v *Rees* [1969] 2 WLR 1294 there were various disputes in a local Labour Party, and the local M.P. for Pembrokeshire was expelled. It was held that a member of the Labour Party could bring a representative action within the rules of the party. In *Prudential Assurance Co.* v *Newman Industries* [1979] 3 All ER 507 it was held that a shareholder could bring a representative action against company officials, provided that no shareholder got a benefit they would not otherwise have had. It was held in *Moon* v *Atherton* [1972]

2 QB 435 that not only could one leaseholder in a block of flats bring an action representing the others, but that another leaseholder could take over when she dropped out.

However, for one person to represent others there must be a complete identity of interest, both legal and factual, and, for example, you cannot have a representative action for libel, as proof of damage to each plaintiff is an essential part of the case, *E.E.T.P.U.* v *Times Newspapers* [1980] 1 All ER 1097.

A second and separate type of representative proceedings comes from RSC Order 15, rule 13, where members of a group of people with a similar interest cannot easily be ascertained or found. This rule only applies to proceedings concerning the estate of a deceased person, or property subject to a trust, or the construction of a written instrument of statute, and will therefore clearly be most likely to apply in an originating summons action. The rule applies to three classes of people:

(a) Where a person, class or some member of a class cannot, or cannot readily, be ascertained.

(b) Where a person, class or some member of a class, though ascertained, cannot be found.

(c) Where, though the person, or the class and the members of it can be ascertained and found, it appears to the court expedient (regard being had to all the circumstances, including the amount at stake and the degree of difficulty of the point to be determined) to exercise the power for the purposes of saving expense.

In any of these cases the court may appoint a person or persons to represent any person (including an unborn person) or class of people who has or may have an interest in any thing (whether present or future, contingent or unascertained), or who may be affected by the proceedings. Any person so represented will be bound by the outcome of the proceedings. The court also has a power to approve a compromise on behalf of any person so represented in the action.

The third separate type of representation comes from RSC Order 15, rule 14. This allows that any proceedings may be brought by or against trustees, executors or administrators without having to join as well any beneficiaries of the trust or estate. Any order made in the proceedings will then bind the beneficiaries unless the court orders otherwise. This is perfectly reasonable as all the beneficiaries would otherwise have to be joined, and the trustees will of course be under a duty to act in the best interests of the beneficiaries in bringing or defending the action.

Following the title and the names of the parties there is a formal section in the originating summons which should be completed carefully by the person drafting. This formal part falls into three sections, and each will be considered in order.

'To . . . . ' This section should list the defendants that the originating summons is being sent to, giving the name of each, the address of each, and the type of claim that he has or may have that has led to his being made a party. For example, 'To Joseph Aloysius Bloggs of 3, Acacia Avenue, London SW50, who claims to be interested as a beneficiary under the said will'. The full name and address of each defendant should be relatively straightforward, but it is necessary to take care in specifying what type of claim he has. The description of the existing or potential interest should be as brief and specific as possible, for example, distinguishing whether it is a beneficial interest or an equitable interest, and whether it is under a will or a settlement or in specific property as the case may be, or whether it is an interest as next of kin. If two or more defendants are alleged to have exactly the same type of interest then the names and addresses of all of them can be given together, followed by a single description of the interest, for example:

'To Calpurnia Caesar of 3, New Road, Milton Keynes, who claims to be beneficially entitled under the terms of the said will and as next of kin to the deceased',
'To Regan Lear and Goneril Lear, both of 3, Old Mews, London SW3, who claim to have an equitable interest in the property known as The Manor, Lower Codswallop, Gloucestershire'.

'Let the defendant . . . .' This is a formal paragraph warning the defendant of the need to acknowledge service. It is a set form of wording needing no drafting.
'By this summons . . . .' This section deals with the plaintiff or plaintiffs who have taken out the summons, and should give the name of each, the address of each, and the capacity in which they bring the action. Again it is necessary to take care to define properly the capacity of the plaintiffs. They may for example, be trustees of a settlement, or trustees and executors of a will. An example of the wording of this section is, 'By this summons, which is issued on the application of the plaintiffs, Viola Knight of Gable House, Updean, Surrey and Sebastian Knight of The Manor, Updean, Surrey, trustees and executors of the said will, the plaintiffs seek the determination of the court of the following questions, and the following relief, namely . . . .'.
The body of the originating summons follows these paragraphs. The other formal parts follow the body of the drafting and follow a set pattern of a warning of the effects of failure to acknowledge service, and an endorsement of the name or firm and business address of the solicitors of the plaintiff in the same way as on the writ (RSC Order 6, rule 5).
Since the originating summons is not technically a pleading, it does not need to be signed by the person drafting it, though it is common for the person doing the drafting to acknowledge that it is his or her work by signing the backsheet of the draft, or signing the draft in a place different from the normal signature.

The body of the originating summons

There are two main things that the body of the originating summons may seek to do. One is to ask the court questions, where, for example, a point of construction is in doubt, and the other is to ask the court to exercise a power to assist the plaintiffs.
RSC Order 7, rule 3 provides that every originating summons should include a statement of the questions on which the plaintiff seeks the determination or direction of the High Court or, as the case may be, a concise statement of the relief or remedy claimed in the proceedings begun by the originating summons with

sufficient particulars to identify the cause or causes of action in respect of which the plaintiff claims the relief or remedy.

This is the basis for the principles of drafting the originating summons. Like a writ, it should be in numbered paragraphs, each paragraph dealing with a separate point that the court is asked to deal with. Each of these paragraphs should ask the court one question, or ask the court for a single type of relief or remedy. Each paragraph should be concise, just giving the elements of the problem because the affidavits supporting the summons are the place to go into detail. However, the paragraphs should contain sufficient information for the court to be able to understand what they are being asked about. The originating summons should make sense when read on its own, even though it is just the skeleton of the problem.

Before beginning to draft the originating summons it is useful to make a brief numbered list of the basic points that are to be raised in each paragraph, that is each issue that you wish to ask a question about and every relief or remedy that you want from the court. This will normally arise quite easily from the opinion in the case. If the advice in the opinion is that the law is clear and that something is either valid or invalid then the point does not need to go to court, but if your legal advice is that the point is in doubt then the matter must go to the court in the draft. This initial list should make it clear for each paragraph whether it is to be phrased as a question or to ask for a remedy or relief.

If you wish to ask the court what the meaning of a particular wording or action is or whether it is valid, this should be done in the form of a question. There must be a separate question for each separate issue. If an issue is complicated it may be necessary to ask more than one question about it and to put different alternatives into the questions, but there should be as few questions as is reasonably possible. The questions must be phrased in a way that allows the court to give a simple answer, that is you should not effectively ask the court 'Please can you tell me what this means?', but the draft should give the court the various alternative meanings so that the court only needs to say yes or no, or to say simply which alternative it chooses. This should help the lawyer as well as the judge, because it helps to clarify the issues and possibilities ready for argument in court.

To prepare for the draft, note briefly all the various alternative meanings of the words that the court is to interpret, or all the possibilities of what may happen to property if there is any uncertainty about the disposition of it. For example, if a clause in a will is in dispute the possibilities may be:

(a) It is valid in one way.
(b) It is valid in another way.
(c) It is invalid and falls into residue.
(d) It is invalid and passes to the next of kin on intestacy.

Also it may be possible for something to be invalid in one way but valid in another, for example, a trust may not be valid as a charitable trust but it may be valid as a private trust. All the different alternatives of validity and invalidity should be thought of as far as possible, and this is examined in more detail in the section on trust actions. It is difficult to think of every possibility, and it is common to add as a final alternative something general to allow for something that has not occurred to you, such as 'some other, and if so what trusts'.

As far as possible all the different alternatives for one problem should be contained in one paragraph, or the draft tends to get too long and confusing, but sometimes the facts lead to so many alternatives that it is more convenient and clear to divide the possibilities up into separate paragraphs. For example, one might have one paragraph listing the primary alternatives, and then a further one dealing with the alternatives if the court should make a particular choice in the first paragraph.

Each alternative should be given as briefly as possible, preferably in a single phrase or sentence. Although the rules for drafting statements of claim do not strictly apply to originating summonses, there is still no need to plead law, evidence, or background facts. However, the inexperienced lawyer learning to draft does need to take care that each paragraph does make sense. Some students in listing the alternatives seem to lose sight of the need for grammar and proper sentences, because it does take time and practice to learn how to phrase the alternatives properly, but as with any other draft, it is useful to put it down when it is finished and then go back later to reread it.

There is a substantial art to drafting questions in originating summonses, and it does take some time to develop the ability. One needs to think logically and to take a great many possibilities into account at the same time, and to be able to simplify a mass of possibilities into a few basic propositions. Also there is a variety of styles in the drafting of originating summonses, and of dividing up the matter to go in the summary. It is useful when looking at the drafts of others to note any particularly useful phrasing or way of dealing with alternatives and remember them for future use. This is dealt with further in the chapter on advising and drafting in trust actions.

Asking the court to use a particular power to grant relief is an alternative use of an originating summons, though it is quite possible to combine it with asking questions so long as different things are put in separate paragraphs. It may be that there is no difficulty about the meaning or validity of something, but that the plaintiff wishes to ask the court to exercise a particular power that it has to help him with a difficulty. In this case there is clearly no need for questions and alternatives, you simply ask the court to exercise its power.

The drafting here is relatively straightforward, in that all that is needed is a paragraph literally just asking the court for the relief sought. The draft does not need to say why there is a difficulty or to give any factual background, as again this will be done in the affidavits. The thing that is important is to take care that the words in the draft do clearly ask for exactly what you want. For example, if you are asking the court to approve something you must specify exactly what it is that you want the court to approve, because if the wording is slightly wrong then the approval that the court gives may not in fact cover the situation and protect your client.

It is of course only possible to ask the court to exercise a power that it has. You cannot ask the court to do something purely because it would be useful, but only if the court does specifically have the power under a statute, a rule of court, or because of its inherent jurisdiction. To give a few examples, the court has various powers under the Trustee Act 1925 to appoint or remove trustees, to approve various transactions in connection with the trust and so on and by RSC Order 85 the court has the power to deal with questions in connection with the administration of an estate.

If the court is being asked to exercise a power that it has under a statute or due to a rule of court, then that statute or rule should be quoted in the draft. It is no longer necessary to put the statute in the heading, following *Practice Direction* [1983] 1 All ER 131, so earlier precedents which did this should now be ignored. Instead the statute or rule should be referred to in the body of the draft. This is normally done by putting it at the end, after the numbered paragraphs in a separate un-numbered sentence, such as, 'This application is made under section 57 of the Trustee Act 1925', or 'This application is made under Order 85, rule 2'. It is only necessary to do this if you really are asking the court to use a power which it only has because of that section or rule. It is not necessary if the section or rule merely happens to have some relevance to the action, or if the court has an inherent power and does not need to act under the section. For example, the court has an inherent power to approve a cy-près scheme for a charity which is merely widened by the Charities Act 1961, s. 13 and it is therefore not really necessary to quote the section when you are asking the court to act under its inherent power, though one does see it done sometimes in practice.

It is necessary to specify in the originating summons every remedy or relief that is asked from the court, with a separate paragraph each, or the court will not have a power to grant it. Although there is no strict rule, in practice the lesser remedies and reliefs should be put in the last paragraphs, after the main paragraphs asking questions, and for particular reliefs that are needed. The reliefs are sought in separate paragraphs, not in a separate part of the draft, as in a statement of claim.

For example, ancillary orders may be required in the action. If a representation order for one of the defendants to represent a particular group of people is needed, this should be requested, for example, 'That the fourth defendant be appointed to represent all the adult children of the deceased'.

One of the final paragraphs should of course seek an order for costs.

Since all the reliefs and remedies sought should be specified, it is common to put in a final paragraph asking for 'further or other relief' or words to that effect, in case the person doing the draft has forgotten to include anything. However, this can only be used to give some relief or remedy similar to that already claimed, and will probably not cover the case where an important point that should have been pleaded is not in the draft at all. Other general paragraphs like, 'Insofar as may be necessary, administration of the estate' should only be used where they have some real purpose.

CHECKLIST FOR AN ORIGINATING SUMMONS ACTION

1.   Be clear about the role of an originating summons:

(a)   An originating summons is an alternative to a writ to commence an action.

(b)   It simply commences an action, like the writ, rather than setting out the whole story of the case, like a statement of claim.

(c)   It sets out the issues for the court to decide, or the relief sought, rather than the facts on which the case is based, which are set out in the supporting affidavits.

(d)   It is not technically a pleading.

2.   Decide if an originating summons is appropriate to start the action — it must be used to start some actions.

It is more suitable than a writ for other actions:

(a)   where the construction of an Act or some other question of law arises;

(b)   where the interpretation of a document rather than a question of fact arises;

(c)   consequently, where evidence is more suitably presented in affidavit form rather than orally.

3.   Decide which type of originating summons is required, and if necessary find a precedent.

If questions of construction or interpretation arise, the possible alternative answers should normally be put to the court.

If a particular type of relief or remedy is sought, it is more appropriate simply to ask the court for the relief or remedy.

4.   Make full preparations before drafting.

Make a complete list of all the points that need to be decided by the court, and all the reliefs or remedies sought.

Where there is a question of interpretation or construction, analyse the facts thoroughly and prepare a list of possible alternatives.

5.   Make technical drafting decisions.

Does the draft need to be headed 'In the Matter of . . .' a document?

Is the application made under a power conferred by a statutory section, or under a rule of court which should therefore be quoted at the end?

6.   Decide who should be made parties to the action. Normally this will include anyone who might be affected by the outcome.

If more than one person has an identical interest, consider whether a representation order would be appropriate.

7.   List all remedies required, including all orders needed to support any aspect of the possible outcomes of the case, e.g., all steps required to administer an estate or a trust, costs, etc.

8.   Draft the originating summons, then check it to ensure comprehensive cover of parties, issues and remedies and reliefs sought.

12   Drafting affidavits

Many lawyers will have to draft affidavits quite frequently in practice. There is a tendency to see an affidavit as a simple document that just sets out the facts and needs no particular care, but sometimes the affidavit is important in the tactics and proper presentation of a case, and the chances offered in the drafting of the affidavit should not be thrown away. In fact, the affidavit is a chameleon that turns up in many different forms for different purposes. Some affidavits are short and are just a necessary part of a minor procedural step, and for these there may be a common form of affidavit to follow (for example, an affidavit of service). At the other end of the scale, a long and complex affidavit may be required to set out the whole basis for a case, as in an originating summons action, or applying for ancillary relief in a divorce action. There are examples of these in the sections at the end of this book. In this chapter I will look at the circumstances in which affidavits are needed, the general rules for drafting them, and adapting the rules for different types of affidavit.

An affidavit is essentially a written, sworn statement of evidence from an individual. It may be used because such evidence is normally used in the type of action, as in an originating summons action, or it may be used by agreement between the parties, or used in certain other circumstances allowed by statute or by the Rules of Court. In actions begun by writ, oral evidence in court is preferred, and affidavits are only allowed where this is unnecessary or difficult. Because the affidavit is a form of evidence, it should normally follow the rules of evidence, and should for example not normally contain any hearsay. This remains the case even though hearsay evidence is now admissible, provided appropriate procedures are followed, under the Civil Evidence Act 1995.

Although the affidavit is the sworn evidence of a particular witness, it will not be written by that witness himself, or take his exact words in the way that a statement in a criminal case would do. Instead it will be drafted by the lawyer using facts supplied by the witness, but adapting them to the form that will be most useful to the court. A straightforward affidavit in support of an application would normally be drafted by a solicitor, even if a barrister has been briefed in the case. However, if the affidavit has to set out the basis for the case it would normally be drafted by a barrister, as it is important in the presentation of facts and arguments to the judge at the start of the case. If there is any doubt, the barrister and solicitor should decide between them who should draft it, though the solicitor will still normally collect the full information on which it is based. It is important that affidavits be drafted in a professional way, *Re A* [1992] 1 All ER 153.

To emphasise the potential importance of an affidavit, if an affidavit does not contain all the appropriate evidence, or contains too much inadmissible evidence, an order may be refused. In the case of an affidavit supporting an application for a Mareva injunction or an Anton Piller order, the duty of disclosure is particularly high, and any failure to give complete disclosure may well result in the order being refused, or in its being revoked with costs.

If an order is made on the basis of a defective affidavit, the order may well be rescinded. For example, where a divorce was granted on the basis of an affidavit which said that the wife and husband were living separate lives, when in fact they still shared the same bedroom and the wife was cooking for the husband, the divorce decree was rescinded, *Newman* v *Newman* (1985) 15 Fam Law 52. In *W* v *W* (1989) 19 Fam Law 19 an order made following a wife's application for financial relief was set aside because she had failed to give full and frank disclosure, but it was held that she could reapply as long as the husband could be properly compensated in costs. In *El Capistrano SA* v *ATO Marketing Group, The Times,* 2 February 1989 an application based on a defective affidavit was thrown out, though it was again held that a fresh application could be made with a new affidavit.

Many of the principles outlined in this chapter with reference to affidavits might usefully be borne in mind with regard to witness statements outlining the oral evidence a witness will give, albeit that the rules for witness statements are different, RSC Order 38, rule 2A.

The uses of affidavits

The use of affidavits varies according to the type of proceedings and the stage reached. There are limited circumstances in which affidavits can be used as evidence at the trial of an action, though there are some types of case that are normally conducted on affidavit evidence, especially actions begun by originating summonses, and there are some types of proceedings where affidavits can be important in the conduct of the case, such as in applications for ancillary relief on divorce. Affidavits are often required to support applications for interlocutory applications, as provided by the rules of court. This does give a wide variety, from complex affidavits that may be the basis of a case to short, formal affidavits that are straightforward.

The general rule for admitting affidavit evidence at the hearing of a case comes from RSC Order 38. Every fact at issue at the trial should normally be proved by the examination of a witness orally in open court (RSC Order 38, rule 1), but in an action begun by writ the court may order at any time at or before the trial that the affidavit of any witness may be read at the trial, if in the circumstances of the case it thinks this is reasonable. The order may be made on such terms as the court thinks fit as to the filing of the affidavit, giving copies of it to other parties and producing the deponent for cross-examination, but otherwise the deponent will not then have to attend the trial or be cross-examined. Such an order may be made where there may be a difficulty in the witness being available for the trial or where their evidence is not substantially in dispute or is only of minor importance. The possible use of affidavit evidence should be considered at the summons for directions (RSC Order 25, rule 3).

In an action begun by originating summons, petition or originating motion, or on an application to court on a summons or motion the emphasis is different and evidence may be given by affidavit unless the court directs otherwise (RSC Order 38, rule 2), though a court may order a deponent to attend for cross-examination, and there are some exceptions to this in the Rules of Court.

In addition to these general rules, there are many special provisions in the Rules of Court and in statute requiring the use of affidavits or prescribing their contents in particular cases. Affidavits in applications for ancillary relief on divorce are dealt with in the Matrimonial Causes Rules 1977, rules 68–85. To give some other examples, an application under the Inheritance (Provision for Family and Dependants) Act 1975 must be supported by an affidavit, and the personal representatives of the deceased must, and other defendants may also, file affidavits. The contents of such affidavits are prescribed by RSC Order 99, rules 3 and 5. Applications under the Maintenance Orders Acts 1950, 1958 and 1968 or the Attachment of Earnings Act 1971 should also be supported by affidavits giving appropriate details (RSC Order 105). As a different example, in contentious probate proceedings, every party should file an affidavit as to any testamentary scripts that he knows of (RSC Order 76).

Particular types of application to the High Court or to a single judge of that court also need to be supported by an affidavit, for example, an application for judicial review (RSC Order 53), or an application for bail (RSC Order 79). An application for habeas corpus must be supported by an affidavit as to the nature of the restraint by the person restrained or someone acting on his behalf (RSC Order 54). Affidavits filed in support of interlocutory applications need to comply with technical rules as much as those filed for final trial, especially if an application is made ex parte, *Barclays Bank plc* v *Piper, The Times*, 31 May 1995.

These are just a few examples of cases where affidavits may be needed that will be necessary for the action, and may be an important foundation for the case. You will come to know of other cases where affidavits are needed in the areas of law you work in.

In addition there are many procedural steps that need to be supported by an affidavit under the Rules of Court. This is quite practical, as before the case comes to trial it will be difficult or inconvenient to get witnesses to attend court, and they may not be appropriate for a procedural application. Sometimes a rule merely specifies that an application must be supported by an affidavit, and sometimes it goes on to give details of what the affidavit should contain. Many of these affidavits will be fairly formal and straightforward, but some will be more complex and important. The following is a list of some of the procedural steps where affidavits may be needed, but it is in no way exhaustive:

(a) An application for leave to serve a writ out of the jurisdiction must be supported by an affidavit stating the grounds on which the application is made, that there is believed to be a good cause of action, and the place where the defendant is believed to be (RSC Order 11, rule 4).

(b) An application for summary judgment under Order 14 must be supported by an affidavit verifying the facts on which the claim is made, and stating that in the deponent's belief there is no defence to the claim except as to the amount of damages claimed. Such an affidavit may contain statements of information or belief provided the sources and grounds for belief are given. The defendant has no obligation to file an affidavit in reply, but in practice he may well do.

(c)   An application for an ex parte interlocutory injunction should be supported by an affidavit verifying the facts on which the injunction is sought (RSC Order 29, rule 1).

(d)   An application for leave to issue a third party notice must be supported by an affidavit stating the nature of the claim made by the plaintiff, the stage the proceedings have reached, the nature of the claim made by the applicant, the facts on which the claim against the third party is based, and the name and address of the proposed third party (RSC Order 16, rule 2).

(e)   A party under a duty to make discovery of documents may be required to make an affidavit verifying the list of documents for discovery, which must be in a specified form (RSC Order 24, rules 2 and 3).

(f)   Applications for disclosure of documents under the Supreme Court Act 1981, ss. 33 and 34 must be supported by an affidavit stating the grounds for the application, specifying the documents sought and saying how they are likely to be relevant to an issue in the proceedings, and why the person against whom the order is sought is likely to have them (RSC Order 24, rule 7A).

(g)   Applications for the inspection of property under the Supreme Court Act 1981, ss. 33 and 34 should be supported by an affidavit specifying the property in respect of which an order is sought, and why it is or may become relevant to proceedings (RSC Order 29, rule 7A).

(h)   An application for an interim payment must be supported by an affidavit verifying the damages or other sum to which the application relates, the grounds for the application, and exhibiting any relevant documentary evidence (RSC Order 29, rule 10).

(i)   An application for summary judgment under RSC Order 86, for specific performance of an agreement etc., must be supported by an affidavit verifying the facts, and stating that in the deponent's belief there is no defence to the action. It may contain statements of information or belief with their sources or grounds.

(j)   A claim for summary possession of land under RSC Order 113 must be supported by an affidavit stating the plaintiff's interest in the land, the circumstances of the occupation of the land, and that the plaintiff does not know the name of any person occupying the land who is not named on the summons.

(k)   An application for a garnishee order to enforce a judgment must be supported by an affidavit identifying the judgment and the amount unpaid, and stating the grounds for the belief that the person named does owe money to the judgment debtor and is within the jurisdiction, with his bank if known (RSC Order 49, rule 2).

Where an application is required to be made on the basis of affidavit evidence the judge has a discretion to hear oral evidence in addition but does not have to do so, *Krywald* v *Krywald* (1988) 18 Fam Law 431 and *R* v *Secretary of State for Home Department ex p. Fawehinmi, The Times,* 13 March 1990. The court will not accept additional affidavits that do not directly relate to the issues in the case, *R* v *Secretary of State for the Environment, ex parte ARC Properties Ltd, The Times,* 5 December 1991.

Drafting an affidavit

Since there are so many types of affidavits for so many different purposes, this section can only deal with basic principles. As always, the barrister or solicitor will learn in practice to modify his or her approach to the type of affidavit needed, where a short affidavit in a common form is sufficient and where careful work on what to include and how to phrase it will be required. You will need to learn where the rules do require specific points to be dealt with in the affidavit.

EXAMPLE 1   BASIC FORM OF AFFIDAVIT

1st Dft: Name of deponent. 2nd. 1/4/97.

IN THE HIGH COURT OF JUSTICE   1997.B.No. 1234

_____ DIVISION

BETWEEN   .   A.   B.   Plaintiff
                                and
                             C.   D.   Defendant

I, (full name of deponent) of (address of deponent) a (occupation of deponent) MAKE OATH and say as follows:
(Set out in numbered paragraphs the facts which the deponent knows which are relevant to the purpose for which the affidavit is filed.)
1. (First paragraph should state position, capacity and interest of deponent, then state purpose for which affidavit is sworn e.g., to support an application, followed by the words, 'In so far as the content of this affidavit is within my personal knowledge it is true, and in so far as it is not within my personal knowledge, it is true to the best of my knowledge, information and belief'.
2.
3. (e.g., There is now produced and shown to me and exhibited herewith marked 'X.Y.1' . . . . (to be used when deponent refers to exhibit).)
4. (e.g., I have been informed by (give name) and believe that . . . . (to be used when the deponent is permitted to include matters of information and belief, and must therefore give his source).)

Sworn at . . . .   Signed (by deponent)
Before . . . .

As for the general approach to drafting affidavits, there is perhaps even more room for variations of technique and style here than in other areas of drafting. Sometimes an affidavit will need to be filled with formal and legalistic phrases because it deals with a technical and difficult point, but in that most affidavits will normally be sworn by a party in the case rather than by the barrister or solicitor who drafts them, they should as far as possible be written in the ordinary English that the witness would use. The lawyer's skills are needed to advise that an affidavit is needed, to check what needs to be included in it, and to sort the information given by the witness to include only those matters which are relevant in a suitable order, but beyond that, the affidavit should be as clear, simple and easy to read as possible.

The heading

The heading of the affidavit should be the same as that of the cause or matter in which it is sworn (RSC Order 41, rule 1). That is, it should have the same heading as other drafts as regards the court or Division of court, the same reference number and the same parties. However, if there are a great number of parties, it is sufficient to state the name of the first plaintiff or the first defendant, as appropriate, followed by the words 'and others'. If there is an 'In the matter of . . , ...' heading, this should also appear on the affidavit.

The body of the affidavit

There are some main rules on the contents of affidavits. RSC Order 41, rule 1 provides that:

> Every affidavit must be expressed in the first person, and, unless the court otherwise directs, must state the place of residence of the deponent and his occupation or, if he has none, his description, and if he is, or is employed by a party to the cause or matter in which the affidavit is sworn, the affidavit must state that fact.
>
> In the case of a deponent who is giving evidence in a professional, business or other occupational capacity, the affidavit may, instead of stating the deponent's place of residence, state the address at which he works, the position he holds and the name of his firm or employer, if any.

To comply with this, an affidavit will begin with a concise statement of the required information, for example:

I, Julius Caesar, the plaintiff in this action, of 3, The Landing, Dover, a self-employed writer, make oath and say as follows:

I, Albert Einstein, a research scientist employed by Big Bang Enterprises, of The Trading Estate, Greenham Common, Berkshire, make oath and say as follows:

Following this statement, the main part of the affidavit will set out the appropriate information that the affidavit is to deal with. The affidavit should be divided into paragraphs, numbered consecutively, each paragraph being as far as possible confined to a distinct portion of the subject matter (RSC Order 41, rule 1). The other rules are that dates, sums and other numbers should be expressed in figures rather than words. Also, an affidavit should contain only such facts as the deponent is able to prove of his own knowledge, except where a specific exception is provided by the rules of court (RSC Order 41, rule 5). The reason for this is clearly that an affidavit is just another form of evidence, so that hearsay should not appear in an affidavit any more than in oral evidence. The most general exception is that affidavits to be used in interlocutory proceedings may contain statements of information or belief, provided the sources and grounds for the belief are given, using a phrase like, 'I have been informed by Ignatius Iago and verily believe that . . .'. Even in these circumstances, the affidavit cannot contain second-hand hearsay, *Savings and Investment Bank Ltd* v *Gasco Investments* [1984] 1 WLR 271. If an affidavit contains a substantial amount of inadmissible hearsay evidence it will not be accepted and an order sought on the basis of it will be refused. However, a fresh application can be made with a proper affidavit, *El Capistrano SA* v *ATO Marketing Group, The Times,* 2 February 1989.

Again on the basis that the affidavit is a form of evidence, it should not contain any matter which is scandalous, irrelevant or otherwise oppressive (RSC Order 41, rule 6), and the court may order any such matter to be struck out of the affidavit. Clearly this means that no affidavit should contain allegations which are needlessly offensive or unfounded, or any matter which is not really relevant to the purpose of the affidavit. An affidavit may be seen as oppressive if it is unjustifiably long or complex, or may unfairly prejudice the other side in the preparation of their case. A court can strike out of an affidavit irrelevant or oppressive matters, *Savings and Investment Bank Ltd* v *Gasco Investments* [1984] 1 WLR 271.

These elementary rules do leave a wide scope for the contents of an affidavit, and thus a wide scope for the skill of the person drafting the affidavit. The rules can essentially be summarised as saying that an affidavit should contain in a concise and logical form the relevant information known to the deponent which is admissible. Although it is essentially a form of evidence, an affidavit may sometimes contain things that are not normally evidence such as legal submissions by counsel, where these are necessary.

In preparing to draft an affidavit, you need to have its purpose clear in your mind. If the affidavit is to support a relatively minor interlocutory application then you will only need to deal in a straightforward way with a few points, almost as if you were filling in a form. If the affidavit has a very specific purpose, as where a witness needs to deal with a particular issue, then you will have to isolate and organise all that is known on that point. If it is a major affidavit in support of the whole case of the party then the affidavit will have an importance similar to the drafting of a statement of claim, and will need consideration of the aims of the whole case, the issues in it, and the strategy to be followed.

Having a clear concept of the purpose of the affidavit, you will need to identify the elements needed to fulfil that purpose, that is the points that will be necessary to give the appropriate relevant details of the situation, and what points will be directly relevant to the issues that the judge will have to deal with in court. To do this, you will have to ensure that you have all the relevant information for the affidavit. A short and formal affidavit may-well be done from the papers that you already have in the case, but a more complicated affidavit will need a full statement from the witness who is to swear the affidavit for you to work with. This will normally mean that the solicitor will have to interview the witness with the purpose of the affidavit in mind so that he or she can cover all the necessary points, and it may also necessitate collecting other information to be included in the affidavit. In addition to the statement, it may sometimes be necessary to have a further meeting to clear up any matters that are not clear.

Sometimes an affidavit will have to be prepared quickly, especially if it is in support of an interlocutory application, but if there is time to get all the relevant information together, the effort should be made to make the draft as full as possible. No lawyer ever knows if a witness will come up to proof when he gives oral evidence in court, but in drafting an affidavit the lawyer does have the chance to organise the presentation of the evidence, and should not waste it!

Once you do have all the information you need, you should sift and arrange it before beginning the draft to ensure that the finished result really will be clear, concise and well-structured. A statement from a client or witness will inevitably contain material that is not relevant to the case at all, or at least is not relevant to the subject of the affidavit, and the solicitor or barrister will have to weed out all the things that are not really needed.

Having isolated the relevant information, you must take care with the structure of the affidavit, especially if it needs to be quite long. The affidavit must not ramble from one issue to another and back again as a statement may, but must have a logical basis that builds up the points in sequence and is easy for the judge to read and follow. A well drafted affidavit is a good way for you to get the main elements of your case across to the judge.

There are no rules as to the structure that should be followed. Often it is best to set out facts and issues in chronological order, using a separate paragraph for each separate event, but sometimes it may be better to deal with one issue completely and then go to another issue. You will have to judge which is most suitable in the circumstances. It is a good idea to note briefly the order of things to be covered before beginning to draft.

As for the style of the affidavit, it has been said that this will be as much as anything a matter of the style of the individual lawyer. For a short, procedural affidavit the style may well be quite formal. If the affidavit is to be sworn by an expert witness then the language may well be fairly technical. However, for most affidavits the language should be straightforward, and certainly does not need the complicated phraseology or the quasi-legal terminology that is sometimes encountered. The language used should not be stilted or colloquial, but everyday English written well enough to impress the judge.

Sometimes an affidavit is not just a list of objective facts but also contains arguments on behalf of a party in a case, because it is intended to help the client as much as possible. This must be done with care. You should never put arguments into an affidavit gratuitously, but only where you have a real purpose to serve, as in an affidavit applying for financial provision. If the affidavit is purely evidence, the arguments should be kept for court. In addition, you should never invent anything to go into an affidavit, even if you are only making what you think is a reasonable conjecture to fill up a gap in the information you have. Everything in the affidavit must come from the information or instructions that you have been given, and must be something that the deponent would accept. He will have to swear that the affidavit is true, and it must be so.

However, having stated these principles, the affidavit will not always have to be a purely objective summary of facts or an anaemic view of the case, if it is a vital affidavit in the case. The affidavit is the evidence of the person who signs it to be true, and it should express their views. If they have strong views on the issues in the case, or what they want to achieve in the case, these may be included in the affidavit where appropriate. If the views are so strong that they might harm the case, you can advise on leaving them out or toning them down, and that is a matter of taste and feel.

The affidavit may be structured to promote the interests of the client, whether or not they have strong views. As an example, in an affidavit in support of an application for financial provision on divorce there may be points to make as to the origin of assets and who paid for them, and also as to what assets can really be available to make provision.

The jurat

The final part of the affidavit is the jurat, which must be properly completed for the document to be valid. The jurat is a short formal section that must be signed by the deponent of the affidavit in the presence of an authorised person, that is a Commissioner for Oaths or a proper officer of the court (RSC Order 41, rule 1). The affidavit should not be sworn before the solicitor of the party on whose behalf the affidavit is to be used, or his or her agent, partner or clerk (RSC Order 41, rule 8). The jurat will consist of the names and signatures of these people together with the date and place where the affidavit was sworn. There are special rules for signing an affidavit where there is more than one deponent, or if the deponent is blind.

Defects in affidavits

Once the affidavit has been drafted, it will be typed up in the proper form and sworn, and then filed as appropriate for use in court. If there is any defect in the wording, then the appropriate words can be altered, erased or added at any stage, but the person who swore the affidavit should initial the alteration and rewrite in the margin any words or figures written on the erased part (RSC Order 41, rule 7), and if this is not done the affidavit can only be used with the leave of the court.

If there is any other defect in the affidavit, including any failure to comply with the technical rules as to how it should be prepared, then the defective affidavit may still be filed or used, but only with the leave of the court (RSC Order 41, rule 4). If there are defects in the affidavits of a party, the other side can object to the affidavit's being used, but they should object as soon as possible, and not at a later stage when they have filed their own affidavits in reply, *Langdale* v *Danby* [1982] 3 All ER 129.

Technical rules on the preparation and use of affidavits

Not only should the affidavit be properly drafted, but it should be well presented, and filed according to the rules for use in court. There has in recent years been a tendency to be rather lax in the preparation of affidavits, perhaps because they are not actually pleadings in the case, but proper care must always be taken. No judge will be impressed by a badly presented affidavit, and there have been comments to this effect by various judges. To improve and standardise the presentation of affidavits, there was a *Practice Note* [1983] 3 All ER 33 for all affidavits in the High Court and the Court of Appeal beginning with a warning that any affidavit which does not comply with the rules of court and the *Practice Note* may be rejected, or may be made the subject of an order for costs.

Like other documents to be used in the High Court, an affidavit must be on A4 paper of a durable quality, with a margin not less than $1\frac{1}{2}$ inches wide on the left hand side of the face of the paper and on the right hand side of the reverse. It may be printed, typewritten, or in clear and legible handwriting (though preferably not the last), and a clear photocopy with no blemishes is acceptable (RSC Order 66). This Order also gives details of the size of type and the processes for copying the affidavit which are acceptable. The affidavit should be in book form, the pages being numbered consecutively (whether or not both sides of the paper are used) (RSC Order 41, rule 1).

The *Practice Note* says that the affidavit should not be held together with a thick plastic strip down the spine, or anything else which would hamper filing, but by some firm method which is not bulky. The traditional way is to use a fabric tape threaded through holes made down the left-hand side.

For easy reference, the top right hand corner of the first page of every affidavit and also the backsheet should be marked in some clear, permanent way in dark blue or black ink with the party on whose behalf it is filed, the initials and surname of the deponent, the number of the affidavit in relation to the deponent, and the date when it was sworn. These elements will be abbreviated, as in '2nd Dft: S. Shylock: 3rd: 15.9.97'.

The affidavit may refer to other documents or objects, and where appropriate, if these items are available they should be exhibited to the affidavit. For example, the maker of the affidavit may have in his possession letters, formal documents, diagrams, plans or reports that are relevant, and they should be exhibited rather than just being attached to the affidavit (RSC Order 41, rule 11). However, something that would not normally be admissible or used as evidence by the court should not normally be exhibited, such as articles from legal periodicals, *Gleeson v J. Whippell & Co.* [1977] 1 WLR 510 (where there were dicta that the affidavit should contain evidence rather than sources of inspiration!).

Any item that is exhibited must be specifically referred to in the body of the affidavit, and must there be given an identification number, which consists of the initials of the maker of the affidavit, and a consecutive number relating to the number of exhibits that there are. For example, in the affidavit by S. Shylock the numbers would be 'S.S.1', 'S.S.2', and so on. In a second affidavit by the same person in one case the numbers continue rather than start again.

The 1983 *Practice Note* deals in detail with the presentation of exhibits. They should not be bound up with the affidavit itself, but should be presented with it with a certificate identifying the exhibit that has the same title as the affidavit. There are slightly different rules for different types of exhibit. As for documents, the original should be used, or a photocopy which really is fully and clearly legible. Documents that are before the court anyway, such as pleadings, do not need to be exhibited. A number of documents may be exhibited together, but there should be a front page to the bundle of documents listing what documents are there and the date of each. The bundle should be securely fastened, but easy to use, with numbered pages. Documents which the court is being asked to interpret or enforce should always be exhibited separately.

Any letters should normally be exhibited as a bundle rather than separately, with the earliest on top, firmly fastened and with the pages numbered. Any other types of exhibits must be clearly marked as such, and if the thing cannot be marked directly, it must be marked in a way that cannot easily be removed (that is, with something more than a piece of Sellotape). Each part of the exhibit should be marked if it comes apart, and any container that it is in should be marked.

Although the possibilities of exhibiting documents and objects to affidavits are wide, they should be used with care. A thing should always be exhibited if it is relevant, and the lawyer should always consider possible exhibits. On the other hand, only items which are genuinely directly relevant should be exhibited, and not items which are mere background, or which can more properly be put in evidence in some other way. An affidavit will not magically turn something into admissible evidence if it is not so otherwise, such as hearsay statements, *Re Koscot Interplanetary (U.K.)* [1972] 3 All ER 829. If the affidavit refers to a document which is not exhibited, the other side can ask to see it (RSC Order 24, rule 10).

The rules for the actual use of an affidavit in court proceedings will vary with the type of case. One can only say generally that affidavits should normally be filed at the appropriate court office at the correct time before the actual hearing (RSC Order 41, rule 9). Where an affidavit is required under an Act or rule of court there will often be directions as to when it should be filed. The original affidavit with exhibits should be filed, and there are rules for supply of copies to other parties in the case and use of copies which again vary according to the purpose of the affidavit. If the affidavit has not been filed as it should be, it can still be used with the leave of the court, though there will usually have to be an undertaking to file it as soon as possible. Although an affidavit is sworn evidence, it can normally only be used in the proceedings in which it is filed and not in any other case, as in *Medway* v *Doublelock* [1978] 1 All ER 1261, where a husband swore an affidavit in a maintenance action and it was held that it could not be used in a separate action where his company was being sued.

There have been particular problems with the preparation and use of affidavits to support interlocutory applications, in that they are not properly drafted and not available in sufficient time. *Practice Note* [1983] 1 All ER 131 relates to these problems and lays down quite detailed rules. If the hearing of an application is likely to last more than 30 minutes, it will be put on a list of special appointments, and the affidavits should be lodged in advance of the hearing so that the judge has chance to read them, at least 24 hours in advance, or more if the parties have longer warning of the date. The approach must be to begin to draft the affidavits as soon as the decision is made to make the application, and not when the application is due to be heard.

The *Practice Note* also deals with procedure for ex parte applications, where the judge's clerk should be provided with the relevant documents including the affidavit in support and a draft of the order sought by 3.00 p.m. on the day preceding the hearing. If the case is so urgent that this is not possible, the papers should still be lodged with the judge's clerk before the hearing unless the case is exceptional. There are details as to what the affidavit in support should contain:

The affidavit in support should contain a clear and concise statement (a) of the facts giving rise to the claim against the defendant in the proceedings, (b) of the facts giving rise to the claim for interlocutory relief, (c) of the facts relied on as justifying application ex parte, including details of any notice given to the defendant or, if none has been given, the reasons for giving none, (d) of any answer asserted by the defendant (or which he is thought likely to assert) either to the claim in the action or to the claim for interlocutory relief, (e) of any facts known to the applicant which might lead the court not to grant relief ex parte, (f) the precise relief sought.

On an ex parte application, the affidavit may well be the only evidence before the judge, so it is even more important than usual to see that it contains the proper things and is well expressed.

CHECKLIST FOR THE USE AND DRAFTING OF AN AFFIDAVIT

1. When an affidavit is required

(a) Most interlocutory applications and a variety of procedural steps are required by rules of court to be supported by an affidavit. The same applies to other ancillary applications, such as applications for financial provision on divorce.

(b) An originating summons must be supported by an affidavit, and generally most if not all of the evidence in an originating summons case will be in the form of affidavits.

(c) Affidavits may be used as evidence in other cases, by agreement between the parties or because of the circumstances of the case.

2. Formal affidavits
In a number of cases where an affidavit is required to support a formal procedural step, the affidavit only needs to contain limited formal points. In such cases, simple models for affidavits are available, and drafting skills are not required, beyond accurate completion of the details.

3. Affidavits in support of interlocutory relief
There are specific requirements for an affidavit that supports an application for an interlocutory injunction, a Mareva injunction or an Anton Piller order that have been made clear in case law. In general:

(a) Such an affidavit should give full reasons for the order sought.
(b) Such an affidavit should justify the need for urgency.
(c) If there is an application for an ex parte order, there is a duty to disclose all matters known to the plaintiff which favour the defendant.

4. Other detailed affidavits
Whilst there are few provisions for the contents of an affidavit, other than those referred to in the text, it must always be kept in mind that the affidavit is the basis of the client's case, and as such is as important as a pleading.

5. Who should provide an affidavit?

An affidavit in support of an application should normally be provided by the person seeking relief in the action, i.e., the plaintiff, or by the person seeking to resist the application, where such a person is required or permitted to file an affidavit.

If the applicant is not an individual a suitable person with suitable knowledge of the application should be found.

Normally no more than one affidavit is required, but the lawyer should consider whether anyone else should provide an affidavit.

If an affidavit is sworn some time before a hearing, the lawyer should consider whether a supplementary affidavit should be sworn to bring matters up to date, or to reply to matters sworn to by the other side.

6. Who should prepare an affidavit?

Although the affidavit is to be sworn by a client or a witness, it is normally prepared by a lawyer. A solicitor will normally draft affidavits, but it may be better for the barrister to do so if the affidavit is particularly important in the case, or if there is limited time.

7. Preparing to write an affidavit

Detailed notes should be made before the affidavit is drafted of:

(a)   what matters should be included;
(b)   a suitable structure for the affidavit;
(c)   whether there should be any exhibits to the affidavit.

8. Contents of an affidavit

The importance of the contents of an affidavit should not be underestimated:

An affidavit is evidence, and must include every point that is part of the client's case and relevant to the application.

It should not normally include inadmissible matter, such as hearsay (except where necessary in interlocutory proceedings).

The structure must be clear so that the affidavit evidence can be easily introduced by counsel and understood by the judge.

The affidavit should lay a clear, factual basis for all the arguments that the lawyer will wish to make in the case, but should not contain legal argument.

9. The language of an affidavit

An affidavit should be expressed in good, clear, plain English.

It should be expressed in the first person.

In that an affidavit will be sworn by a client or a witness, it should not normally contain complex terminology that the person swearing the affidavit would not understand.

For the same reason, it should not contain legal terminology.

10. Layout of an affidavit

The top right-hand corner of the first page should have a note of the party for whom it is filed, the name of the deponent, the number of the affidavit in respect of that deponent, and the date sworn.

An affidavit will have the same title as the action.

An affidavit should start with the name and address of the deponent, and the first paragraph will normally set out the purpose for which he is swearing the affidavit.

An affidavit should be set out in numbered paragraphs, with different areas dealt with in separate paragraphs.

The final paragraph will normally summarise the order sought.

13 Settling an action

The vast majority of actions that are begun do not proceed to trial, and many potential actions are settled even before a writ is issued. Thus settling actions is a very important area of legal practice and it is very surprising that many legal points in connection with settling an action are far from clear, and that training in settling actions hardly appears at all in the curricula for legal professional training in this country. There is a tendency to see settling an action as an easy way out, avoiding the court hearing, but in fact negotiating a settlement and drawing the terms up properly may well require as much preparation and effort as taking the case to court.

Not only an inexperienced lawyer but also more experienced ones should bear this in mind. There have been several cases in recent years, especially in the area of family law, where the courts have criticised badly drawn up settlements that were unclear, missed things out, or failed to take possible future events into account. It may take many years to build up expertise in negotiating a good settlement and ensuring everything is properly covered, but appreciating the need to build up these skills should begin when you go into professional training.

The importance of this area has been increasingly realised in recent years. It is being appreciated that settling an action does involve special skills and awareness. Case law has brought out problems where all aspects of a case have not been fully dealt with in a settlement, and where extra factors have come to light after a settlement, creating difficulties. There is a very useful book in this area, *The Law and Practice of Compromise,* which was first published in 1980 and which provides a clear and practical discussion of principles in settling actions. However, a more comprehensive approach to building up lawyers' abilities to settle actions is still required.

Only a decade ago negotiation was hardly recognised as a separate skill and the word 'mediation' was not in common usage. There has clearly been a major revolution, with negotiation becoming a compulsory skill in training all solicitors and barristers, and with mediation becoming an important option in areas from commercial law to family law. Lawyers now need to consider options for settlement at all stages of a case, and need to have the skill to achieve good settlements.

The position of the client must always be remembered. The purpose of a settlement is to end the action, and a settlement with bad terms can leave the client n a very bad situation from which there may be no escape – it will often be impossible to appeal or bring a new action – so it is vital to get it right first time!

Before negotiating a settlement

The motives for reaching a settlement in a case may well be quite strong. On any view it should save time and costs, and in many cases it may well also cut down the stress for both parties. Either side may wish to settle because of possible weaknesses in their case. There may be potential problems with complex legal arguments or with evidence, a witness may prove weaker than you hoped, the other side may come up with an unexpected point, or a judge may be less impressed with an argument than you anticipated. Equally, a settlement may mean the client getting more or having to pay less than might be the case at trial. There is always some risk in going to trial which can be avoided in a settlement, where both parties have more control over the outcome.

There are also many tactical points involved. A writ may be issued in the hope of bringing the other side to a settlement, rather than genuinely anticipating a trial (though of course a writ should never be issued just to get an offer from the other side if the case is unmeritorious). Throughout the case the parties need to communicate to fulfil procedural steps, and it may well be part of this communication to see if a settlement of all, or part, of the case is possible. Some of the procedural steps are even specifically designed to encourage the possibility of a settlement, especially payment into court, where the defendant needs to take care deciding on the time of payment in, and the amount to offer, to try to tempt the plaintiff to accept it, without offering too much.

Despite these attractions, a settlement must never be seen as a quick and easy way out of a problem. Before even considering negotiating it is vital to ensure that you have a thorough knowledge of the case, and its strengths and weaknesses, with sufficient facts and evidence on the main points to ensure that no major issue has been missed. There should be no risk of new facts coming to light later that you should have explored before making the settlement.

As in other stages in an action, a methodical approach is more likely to have a successful outcome. Once you feel that you do have a sufficiently thorough knowledge of the case to consider the possibility of a settlement it is useful to:

(a)   make a complete list of all the matters that are at issue in the case;

(b)   tick any issues that are already agreed and note terms agreed; against every other issue, note what the client personally hopes to achieve;

(c)   also note, in a separate column, against each issue what, in your legal view, is the most and the least the client can hope for;

(d)   go through the list with the client, checking it is complete and that he understands the position on each issue.

The importance of clarifying what may be obtained in this way, and the importance of building up a full picture of the case before approaching the other side about the possibility of a settlement, cannot be overemphasised – if you overestimate your case to the other side they may not settle, or if you underestimate it, your client may not do as well as he should. The estimated figures for each issue should of course be as accurate as possible, with expert valuations, full details of injuries etc. being obtained.

This is not to say that a settlement can only be negotiated at a late stage – a barrister may advise in his or her initial opinion that the case is probably a suitable case for settlement, and possibly even mention general terms for this. It is only to warn that the other side should not be approached, or detailed terms discussed, until sufficient preparation has been done.

Not only should you have sufficient information to form a clear view of the strengths and weaknesses of your own case, you should also try to form a view of the possible strengths and weaknesses of the case for the other side. With this in mind, it may well be worth waiting until after discovery to settle a case, where discovery may unearth useful information. You should rarely try to settle a case with substantially less information than a judge would need to decide it properly!

The authority to settle

While the lawyer should advise on the possibility of settling a case, it is of course for the client to decide what he is prepared to accept. While it seems that a lawyer may have an implied authority to negotiate on behalf of a client, a case should not normally be settled without the express instructions of the client, to avoid any misunderstanding or problems, see, for example, *Marsden* v *Marsden* [1972] Fam 280.

This can put you in a difficult position, as it is part of your job to advise the client on a fair basis of settlement, and you should, of course, strongly recommend to the client something that seems good within the range of what the client might get if he goes to court, especially if the case has weaknesses. However, you cannot force the client to accept an offer if the client does not wish to, nor should you accept it on the client's behalf without the client's agreement. Equally, if the other side makes an offer to settle the case, you should tell the client of it, even if you do not think it should be accepted, as it is the client who should decide.

If this principle is not followed, many problems can arise. If the client does not give his express consent to the terms of a settlement, he may object to them later. At the very least, he may not be prepared to pay, and it is also possible he could bring an action for negligence. This is illustrated by *Dutfield* v *Gilbert H. Stephens & Sons* (1988) 18 Fam Law 473, where a wife seeking a divorce instructed her solicitors to reach a quick financial settlement. A consent order was agreed, but the wife later sued her solicitors for negligence for not fully investigating her husband's resources. Her action failed as she had chosen to take a substantial role in negotiation herself, and it was held that the solicitors had only a duty to advise her and not to force her into any particular course, but the difficulties for the lawyer of such a situation are clear.

There is the additional practical point that, in suggesting terms, the lawyer may not be aware of practical difficulties the client might face, whereas the client may well be better able to see all sides of the matter if openly involved and properly advised.

It is equally important that the terms and possible effects of the settlement offered be clearly explained to the client. If the solicitor goes so far as to misrepresent the legal position to the client, the settlement might be set aside, *Re Roberts* [1905] 1 Ch 704. The lawyer might also be liable in negligence if he advises the client to accept too little, *McNamara* v *Martin Motors & Co.* (1983) 127 SJ 69. In explaining the position to the client, it is important to bear in mind that the client may be upset and may not understand easily – so check that he does – and that the client may have pressures on him, especially from within his family, in relation to the case.

If the client on the other side has not given express consent to the terms, this can equally cause later difficulties, so it is worth checking, as far as possible, that the lawyer on the other side is working within the terms of instructions given by the client, see *Waugh* v *M. B. Clifford & Sons* [1982] 1 All ER 1095.

Skills in settling an action

Special skills are needed to settle an action effectively. These can only really be built up with practice, though it is useful to give students some practice in professional training in this area. The inexperienced lawyer should begin to work on skills as soon as possible, and to look out for good and bad techniques used by other lawyers, including ones used against you!

You need:

(a)   the insight to be able to see the strengths and weaknesses of your own case objectively;

(b)   the imagination to be able to work out the probable strengths and weaknesses of the case on the other side;

(c)   to develop a feel for reasonable terms of settlement;

(d)   to be able to develop a strategy for approaching the other side to achieve a good settlement successfully;

(e)   to be able to convince a client what terms of settlement are reasonably good;

(f)   to have the breadth of view to ensure that all aspects of the case are covered by the settlement;

(g)   the skill to draw up terms of settlement accurately.

Many lawyers, even quite senior ones, are not as proficient in these techniques as might be hoped. This can sometimes even lead to the result that businessmen prefer to settle a problem themselves, and just leave it to the lawyers to draw up the final terms of agreement. This is not really satisfactory, as so many actions are settled that lawyers really should have a good reputation for their ability to achieve good settlements.

Strategies

Various different strategies may be adopted in trying to reach a settlement. One that readily springs to mind is the aggressive or assertive, that can often be seen amongst lawyers, but will not necessarily be the most effective! There are two main alternatives. The first is to take a reasonable approach – not to press for the most you think you may get, but ask from the start for something the other side might accept (even if you do begin by asking for a little more than you think you might end up with). The other alternative, which is not necessarily appropriate for all cases but might be especially useful in trying to reach a divorce settlement, is to approach the case jointly rather than in a strictly adversarial way, and try to solve the problems for the clients together. This could be done in a joint conference, although not necessarily. If the negotiations are agreed to be without prejudice there is nothing to lose, and much bitterness and stress may be removed from the situation.

It is, of course, important to consider the appropriate strategy for the case before beginning settlement negotiations. Whether you are going to be competitive or cooperative, it is important to know and go in with confidence, rather than reveal uncertainties to the other side. Each case will, of course, need separate consideration for the right strategy, but you should know in which way you are most effective. There is no inherent right answer – the reasonable can win as often as the aggressive!

Different styles of negotiating have their own strengths and weaknesses. The aggressive negotiator may well sound stronger, and may therefore sometimes win a point that someone else might have lost, but being too aggressive may prevent the action being settled at all – it is more likely to lead to tension and bad feeling. The reasonable negotiator may find the other side much more likely to accept his or her terms, but may sometimes make unnecessary concessions.

Particularly useful work on the effectiveness of different types of negotiator has been done in the United States at the Harvard Negotiation Project. Whilst the basic work of this Project is not directed primarily at the work of lawyers, the theories evolved are very useful and stimulating for lawyers, and all lawyers are recommended to read *Getting to Yes* by Roger Fisher and William Ury, which is generally available in this country as a paperback. This book is brief, clearly set out, and it likely to provide new ideas on approaching negotiation for every reader.

The following important elements in a negotiation strategy are dealt with by Fisher and Ury:

(a) The need to separate people from the problem rather than argue in personal terms.

(b) The need to focus on the interests of people rather than take up positions.

(c) The importance of looking for as many options as possible.

(d) The value of using objectives.

In all these areas there is a positive and realistic approach, and while some of the points made are quite simple, the way they are put together is dynamic and useful. There are also ideas on preparing for negotiation, dealing with people who will not behave reasonably in seeking to negotiate a settlement, and avoiding being caught by people who are prepared to use tricks in negotiation, all of which should be of great use to the recently qualified lawyer in building up confidence in negotiating!

There are also ethical points to take into account in deciding negotiating strategy. The lawyer should always remain self-controlled and objective and should never try to take any improper advantage. For example, a more experienced lawyer should never try to take unfair advantage of a less experienced one. He or she may win a point or even a case, but building a reputation for sharp practice is not ultimately good for a lawyer – other practitioners will become very wary. It would of course be wrong to mislead the other side just in the hope of getting a favourable settlement.

Strategy will of course need to be reviewed during negotiations. A change of strategy may be needed, depending on the position taken up by the other side. It is important to listen carefully to what the other side is saying. Indeed, careful observation may reveal something of the strengths and weaknesses of their case. There are other points to bear in mind while conducting negotiations. The negotiations themselves should never take over from the interests of the people who are the clients. In particular the personalities of the individual lawyers should not be allowed to get in the way.

It can often be productive to try to be inventive in trying to settle an action. Although you begin with a list of issues it may be possible to depart from that slightly to solve the problem that really exists between the parties. This is especially so where the parties will have a continuing personal or business relationship after the case!

Conducting the negotiations

From the above comments it is clear that before trying to negotiate a settlement you should:

(a) identify the issues in the case;
(b) fully investigate the facts of the case;
(c) identify the strengths and weaknesses of your case;
(d) identify the strengths and weaknesses of the other side's case;
(e) discuss real objectives with the client, calculating the most and the least that might be achieved;
(f) plan a possible strategy to reach a settlement.

Any relevant notes on these issues should be to hand when trying to settle an action, whether in writing or face to face, and it is important to have re-read all the main documents in the case to have all the facts fresh in the mind. If the other side see you making mistakes on facts it may weaken your position in their eyes.

Although the main objective is to settle the case, an open and flexible approach should bear other possibilities in mind. You may, by careful questioning, be able to get information from the other side that may be useful even if the case does not settle, and you may be able to achieve things for the client which may not really be issues in the case, but which may, nonetheless, be of use to him. Throughout all stages of negotiations, the mind should be kept open to all the possibilities, strategy changed if necessary, and alternatives discussed. Negotiations should not be allowed to get stuck in a rut.

Any points that are agreed orally or in writing should be noted, and it is important to make sure that there is no misunderstanding. If you are not quite clear what the other side is suggesting, do ask and follow up details to avoid problems later. If the lawyer misunderstands what is being suggested, the compromise may be set aside, but this will not necessarily happen, *Hickman* v *Berens* [1895]

2 Ch 638. Do follow through any option that is suggested to see what all the consequences would be as far as possible.

While the best atmosphere for negotiating is a calm one, there may well be tension in the clients that can usefully be released – let them speak their mind unless it is actually harming their case. While the lawyers should try to keep individual personalities out of the argument, there is a personal element in the negotiations that might be used. If you have a special problem it might be worth explaining it to the other side to see if they can help. Any case will have some elements of shared interest.

If the negotiations are not getting anywhere, this must be realised and the process called off. If the plaintiff makes it clear that he intends to press on with the case, this may of itself persuade the defendant to settle. If it does not, then the case will have to come to court and if there is unnecessary delay, time and money will be wasted. The dangers of delay can be seen in *Easy* v *Universal Anchorage Co.* [1974] 1 WLR 899, where a man was injured at work but his solicitors did not issue a writ as negotiations were going on. The client refused the eventual offer made, but by then it was too late to serve the writ, which the court refused to renew.

If it does look as though a settlement may be reached, the terms that are being agreed, even in very rough terms, should be noted down in writing to ensure that both parties are talking about the same thing, and so there is a written note to discuss with the client. This note can then be used when drafting the agreed terms formally. You can also run through this list to ensure it does cover all issues in the case, including costs.

Because there is always a possibility that negotiations will fail, care must be taken in what is revealed in the course of negotiations. Nothing should be said that might weaken the case if it does go for trial. To this end, negotiations are often conducted 'without prejudice', which may be written on letters or agreed for oral negotiations (care may be needed to ensure that some negotiations, such as those on the telephone, are without prejudice). Documents revealed in the course of an arbitration or negotiation may lose the benefit of privilege, *Shearson Lehman Hutton Inc.* v *Maclaine Watson & Co.* [1989] 1 All ER 1056, and *Dolling-Baker* v *Merrett* [1991] 2 All ER 890.

There are sometimes misunderstandings about the meaning of the term 'without prejudice' – it basically means that anything said cannot be referred to at the trial and possibly prejudice the party. Otherwise what is said is effective – a 'without prejudice' offer is binding if it is accepted. Something need not be 'without prejudice' if there is nothing potentially harmful in it, or it may be partially so, for example a 'Calderbank' offer, where the party reserves the right to refer to the offer at trial with regard to costs, to show that they made an offer which should have been accepted, so that they should get their costs incurred thereafter.

Simply using the words 'without prejudice' in a letter is not decisive as to whether it is 'without prejudice' – that will depend on the contents and the stage in the action, see *South Shropshire District Council* v *Amos* [1987] 1 All ER 340. This should be particularly noted by those who tend to write 'without prejudice' on the top of every letter – it is a phrase with a specific meaning that should be used appropriately. When the phrase is accurately used it will be fully effective, and the 'without prejudice' correspondence will be privileged from later discovery, *Rush & Tompkins Ltd* v *G.L.C.* [1988] 1 All ER 549.

The use of a 'Calderbank' letter should not be misunderstood. Although it may be useful to make and respond to offers, a response must be clear. There is no duty to negotiate if an offer is not acceptable, *C & H Engineering* v *K Klucznik & Son Ltd, The Times,* 26 March 1992.

Types of settlement

There are many different ways in which an action may be settled, at different stages. The offer to settle may be made by letter, orally, possibly over the telephone, indirectly by a payment into court, or even outside the doors of the court while waiting to go in. A judge may also be prepared to adjourn a case for the lawyers to discuss a possible compromise. Either the whole case or part of it may be settled. Even if the issues in the case cannot be settled, it may be worth making a reasonable offer in the 'Calderbank' form to protect the client's position as to costs, *Cutts* v *Head* [1984] Ch 290.

Each is basically a contractual agreement, though if it is concluded at a late stage in the action it may take the form of a consensual court order. There are still some doubts as to how some of the different forms of settlement operate in legal terms, and as to how the different types of settlement may be enforced. In general terms it is safest to see any type of settlement as being broadly subject to the rules of contract law. There should be consideration given (even if only in the form of giving up the right of action), and one should satisfy the normal contractual principles of agreement, certainty and so on. Because the settlement is essentially a contract, it is binding as soon as it is agreed, unless it is made conditional on something, see *Smallman* v *Smallman* [1971] 3 All ER 717. It does not have to be in writing (unless, for example, it relates to land) or satisfy any other formalities, and the parties should be wary of this – do not agree until all the proposed terms have been discussed and fully considered with the client. The terms agreed may remain enforceable if a subsequent order does not incorporate all of them, *Horizon Technologies International Ltd* v *Lucky Wealth Consultants Ltd* [1992] 1 All ER 469. Care must be taken in telephone calls or letters to avoid any misunderstanding.

The fact that the settlement is contractual does, of course, mean that third-party rights cannot be affected, unless the third party is involved and agrees to be bound.

A settlement does not normally have to be approved, except that it may need the approval of the court if one party is an infant, or under a disability, or if one party represents others, RSC Order 15, rule 13.

The main stages at which a settlement can be reached are as follows:

(a) An agreement may be made before any action is begun. The parties can agree a solution to any problems that might be the subject of a legal action between them. An oral agreement would be binding, but it is best if any agreement be put in writing as a contract or deed to be clear and more easily enforceable. If money is paid before action, no interest is payable unless it has been expressly agreed otherwise, *President of India* v *La Pintada Cia Navegacion* [1984] 2 All ER 773.

This agreement could be enforced, if necessary, by a contractual action seeking specific performance or damages. The court will only enforce the compromise if its terms are clear, *Wilson & Whitworth Ltd* v *Express Newspapers Ltd* [1969] 1 WLR 197. Alternatively, if the contract is repudiated or some matters fall outside it, an action could be started on the original subject matter of the dispute, so long as the limitation period has not expired. An action could not be brought on any matter within the agreed settlement as the other side could plead estoppel, unless the settlement was repudiated or invalid.

(b) Once an action has been started, proceedings may be abandoned, or stayed or adjourned on terms. At this stage, any agreement should in some way include a provision that the action should not proceed further, and should cover the payment of existing costs. The judge may be asked to order that the action be stayed on terms agreed by the parties, and the agreed terms may be set out in a schedule to that order (a Tomlin order).

Note that an agreement to abandon part of a claim, once made, will be binding, and that part of a case cannot be reopened after the agreement, even if it was pleaded in the case, *Macedonia Maritime Co.* v *Austin-Pickersgill Ltd, The Times,* 26 January 1989.

If the action is stayed or adjourned it may be possible to reopen it if difficulties arise, or the judge may be asked to enforce any terms that were part of the order. Otherwise the action is over and it is unlikely to be possible to return to court.

However, if there are more than two parties in the case, the fact that two parties may have reached an agreement to have the action stayed will not prevent the action being continued by another party, *Rofa Sport Management* v *DHL International, The Times,* 15 March 1989.

(c) If the action has already been started, an alternative to (b) is that the terms of the agreement reached may be recorded separately from any court order. There are various ways of doing this, and you need to consider which is most appropriate for your case.

The most simple option, though it is normally only used for the very simple matters or for interlocutory agreements, is that the terms are endorsed on counsels' briefs and signed by the parties and both counsel. This is commonly done, for example, if there is an application for an order to stop alleged domestic violence but the applicant agrees outside court not to proceed with the application on particular terms. This approach is only appropriate if there are only a few terms which can be expressed very concisely and quickly. This form of recording the agreement is essentially a simple contract.

An endorsement on briefs does not have the force of a court order and an endorsement on a brief may not be very easy to enforce. If the agreement relates to an interlocutory matter it may be possible to go back to court, but if the terms were intended to be a final settlement it may be necessary to go to the trouble of starting a new action to enforce the terms. In *Green* v *Rozen* [1955] 1 WLR 741 terms were endorsed on counsels' briefs with the words 'By consent all proceedings stayed on terms endorsed on briefs. Liberty to apply', but it was held that such words did not reserve a right to return to court and a new action would be required to enforce the terms. An alternative may be to ask that a party gives an undertaking to the judge, and any breach of this could be enforced as contempt of court.

If the terms are more complex, or the terms are intended to be a final solution of all matters, or any enforcement difficulties are envisaged it will be better to draw up a separate contract. This may still need to be separately enforced, but there will be no space limitations in ensuring that everything is included and clearly expressed. Drawing up a separate contract will normally also give more time to ensure that everything is fully thought through.

(d) If the action is entering its final stages, then the judge may be asked to make a consent order, with terms agreed by the parties rather than imposed by the judge. The parties should agree in writing the wording of the order that they wish the judge to make, though the judge is not bound to make the order agreed, if he or she thinks it unfair. It is vital to take great care with the wording – it must be exact and comprehensive as the order will end the action and must leave no problems at all outstanding.

The order ends the case – the only way to go back to court is to enforce the terms of the order made. However, terms bind the parties as a contract as soon as they are agreed, *Chanel* v *F.W. Woolworth* [1981] 1 All ER 745. The only possibility for leaving the case open is to include the words 'Liberty to apply' in the order, but these words should not be used indiscriminately – they will only cover limited difficulties about the meaning or enforcement of the order and cannot be used to reopen the case itself, see *Practice Direction* [1980] 1 All ER 1008.

Consent orders can be made in the Chancery Division as well as the Queen's Bench, *Patten* v *Burke Publishing Co. Ltd* [1991] 2 All ER 821.

It is important to decide which way of settling the case is best, depending on the stage the case has reached and what is to be agreed. It is important for the lawyer and the client to appreciate fully the finality of the settlement whatever form it is in. There are very limited circumstances in which it is possible to go back to court.

One particular type of settlement that has come into use in the last few years, and which may be advantageous to both the plaintiff and the defendant in a personal injury action, is the structured settlement. More details of this type of settlement are given in the section on advising and drafting in a tort case.

Once a full and final settlement has been reached, no further claim can be made, *O'Boyle* v *Leiper, The Times,* 26 January 1990 and *Atkinson* v *Castan, The Times,* 17 April 1991.

Drawing up the terms

Whether the action is settled in a contract, on terms or in a consent order it is vital to consider the exact wording with great care. It ends the case, and there will be little, if any, opportunity to remedy any defects. It must be as tightly drawn as any judgment or contract.

(a) The terms must cover every issue in the case.
(b) The terms must be absolutely clear, with no vagueness or ambiguity.
(c) The terms must bear in mind any foreseeable future events that may affect them.

A useful preliminary step is to draw up a list of issues and terms agreed, or use the one prepared for the negotiations. If there are any gaps in the terms the other side may try to use them to their own advantage, or a misunderstanding may cause problems. It is easy to feel relaxed with the achievement of reaching a settlement, with antagonism being replaced by agreement, but it is a time to be most vigilant. The terms must be drawn up with care, and then checked carefully for any omission, loophole, or lack of clarity.

If the terms do not cover everything then anything not covered may be raised again at a later date. In *Edmunds* v *Lloyd Italico SpA* [1986] 2 All ER 249, the plaintiff began an action for money owed, the defendant paid the sum due but the plaintiff did not accept it as completely satisfying his claims, and it was held he could still get judgment for interest and costs. However, the action will usually be seen to be totally ended by the settlement made.

The terms may cover anything, unless the term is actually illegal. A contract may cover anything, but a court order can only include those things the court has the power to order in the action, see *Hinde* v *Hinde* [1953] 1 All ER 171. However, anything that cannot be specifically ordered can be made an undertaking to the court (a breach of which would be contempt of court) and this can make the consent order very flexible. Where an action is stayed on terms, any terms the parties wish to agree can be put in a schedule.

The consent order should include an agreement as to who should pay costs. If there is no mention of costs, each side will have to bear their own. Since the case has not come to trial, costs will not follow the event.

After a settlement

A properly negotiated and drawn up settlement should be an end of matters. If there is any difficulty, it may be possible to agree how to deal with it with the other side. If it is not, there are only limited possibilities, pointed out above, by either going to the court for enforcement of the agreement, reviving the action settled, or beginning a new action. Any new action might be based on the original facts of the case, or might seek to set the settlement aside. As the settlement ended the action, it will rarely be possible to appeal. The court may be prepared to imply terms into the settlement to deal with the problem, but will be very slow to do so. The settlement itself can only be challenged in limited circumstances, which are not entirely clear. Given that the settlement is essentially a contract, it may be set aside for fraud, mutual mistake or unilateral mistake encouraged by the other side, see *Huddersfield Banking Co. Ltd* v *Henry Lister & Son Ltd* [1895] 2 Ch 273. Alternatively, for misrepresentation, see *Detz* v *Lennig* [1969] 1 AC 170 or for economic duress or undue influence, see for example, *D & C Builders* v *Rees* [1966] 2 QB 107.

It is not normally possible to appeal against a consent order, *In re F, The Times*, 15 November 1991, or to apply to court to vary its terms, *Peacock* v *Peacock* [1991] Fam Law 139. However, the court may refuse to enforce a consent order for someone who is not abiding by its terms, *Thwaite* v *Thwaite* [1981] FLR 280.

It might be possible to get the agreement rectified, but this is unlikely where it has been drawn up by lawyers. Not only may this be difficult, but it will take extra time and money, which is why it is so important to take care in drafting the settlement in the first place.

The court may decline to enforce a compromise if there is equitable reason for not doing so, or if it can be argued that the terms of compromise have been frustrated. One side may not be bound by the terms of a settlement if they can argue that the other side has breached or repudiated it.

All the possibilities for settling an action show the need for extreme care rather than self-congratulation in settling a matter. The terms must be well-founded on a thorough knowledge of the case, and proper thought must be given to the best way of settling the case, and what could be done if anything goes wrong.

CHECKLIST FOR NEGOTIATING A SETTLEMENT OF AN ACTION

1. Client objectives
Be absolutely clear what the objectives of the client are, not least because a settlement can cover aspects over which a court might not have power to make orders.

If the client is likely to have a future relationship with the other side, e.g., in business terms, bear this in mind.

2. The client's case
Be sure you are fully aware of:

(a)   the legal strengths and weaknesses of the client's case;
(b)   the factual strengths and weaknesses of the client's case;
(c)   potential evidential strengths and weaknesses of the client's case.

Although an action can be settled before it comes to court, it should not normally be settled on the basis of less information.

3. Identify the range of possibilities
Work out the most that your client can hope to achieve, linked if possible with an estimate of his chances of getting so much.

Work out the least that your client may get, again linked if possible with an estimate of the likelihood of his getting so little.

Identify what the possibilities are if you fail to agree a settlement.

4. Be inventive
Make sure that you look for the full range of areas that might be negotiated, to include:

(a)   every issue on which your client might be prepared to negotiate;
(b)   every issue on which the other side might wish to negotiate.

Look for shared interests and possible concessions. The more inventive you are, the less likely you are to get stuck in a rut because you run out of possibilities.

5. Decide when to negotiate
It is important to decide on the right stage in the case to negotiate. This depends on the complexity of the issues and the attitude of each party. In terms of cost

and stress, it is best to negotiate as soon as possible, but a negotiation should never be carried on until you have sufficiently detailed information about the case.

6. Decide on a strategy

Strategy should be based on the types of issue in dispute, the personality of the negotiator, and the personality of the negotiator on the other side. There is a range of possibilities, and every lawyer should be aware of the strengths and weaknesses of each:

(a) the aggressive;
(b) the cooperative;
(c) the problem solver.

Also decide on tactics within an overall strategy, e.g., what to reveal and what to conceal.

7. Decide on a plan for the negotiation

Agree where to negotiate, and who should be present.

Note all the issues to be negotiated, and the outcome that you hope for on each.

Decide how you will start the negotiation, and the options for continuing the negotiation.

8. Carrying out the negotiation

Be flexible as the negotiation carries on. React to the attitudes and proposals of the other side, and be ready to modify your own attitudes and proposals as necessary.

Do not let the negotiation get bogged down. Do not stay on one issue for too long if you are getting nowhere – unless there is some strategic point in doing this.

Make good use of time. Leave if you are getting nowhere, or if you need to think something over, or talk it over with the client.

Look for reasoned arguments and objective criteria rather than personal complaints and abuse.

9. Be clear about the terms of agreement

Have a list of the points on which you want to reach agreement always to hand while negotiating, to make notes on each.

Make notes while negotiating of any points which are agreed.

To avoid any doubt, settle a written wording for a point agreed if necessary.

10. Ensure that the agreement is within authority

Never forget that you cannot agree anything without authority from the client. Discuss what might be agreed with your client before negotiating starts. Leave a negotiation to consult your client if necessary.

Ensure as far as possible that the lawyer on the other side is acting within his or her authority.

11. Ensure that the agreement is enforceable
Make absolutely sure that terms agreed are comprehensive and take all foreseeable possibilities into account.
Decide on an appropriate way to make the agreement enforceable, e.g.:

  (a) agreement by exchange of letters;
  (b) terms endorsed on briefs and signed by clients;
  (c) contract;
  (d) deed;
  (e) court order.

Even if a negotiation fails the process may be useful in revealing facts, attitudes and issues. Do not forget this while negotiating.

It goes without saying that a negotiation must always be conducted on ethical principles.

EXAMPLE 1   BASIC OUTLINE FOR A CONSENT ORDER

IN THE HIGH COURT OF JUSTICE   1997.C.No.

QUEEN'S BENCH DIVISION

BETWEEN   A.   B.   Plaintiff
                                   and
                              C.   D.   Defendant

DRAFT AGREED ORDER

Upon hearing Counsel for both parties, and UPON the parties having agreed terms of settlement

BY CONSENT

IT IS ORDERED

1. That the Plaintiff shall . . .

2. That the Defendant shall . . .

3.

AND IT IS FURTHER ORDERED that there shall be no order as to costs

AND IT IS FURTHER ORDERED that each party shall have liberty to apply

Dated, etc.

(As a variation to the above, there is the 'Tomlin' order, where the provisions agreed are more complex and can more suitably be set out in a schedule. In such a case the following paragraph would appear as an order.

'IT IS ORDERED that all further proceedings herein be stayed upon the terms set out in the Schedule hereto save for the purpose of enforcing the said terms with liberty to apply for such purpose.'

The schedule would then be attached to the order.)

(As an alternative to a judge making an order, if an agreement is reached before a court hearing, it is possible for Minutes of the Agreement to be made a rule of court. In such a case the heading for the action would simply be followed by the heading 'Minutes of Agreement' and the terms set out in numbered paragraphs. In such a case the document is not formally an order and should be signed by both counsel.)

EXAMPLE 2   BASIC OUTLINE FOR A DEED OF AGREEMENT

AN AGREEMENT made on the   1997 between A.B. on the one part and C.D. on the other part.

WHEREAS the aforesaid A.B. and C.D. have been in dispute as to (set out briefly the basis of the action)

NOW IT IS HEREBY AGREED by way of compromise of the said dispute that:

1.

2.

3.

4. In furtherance of this agreement:

    (a)   A.B. undertakes to . . .

    (b)   C.D. undertakes that he will use his best endeavours to . . .

5. It is agreed that each party will bear such costs as they have incurred in pursuance of this dispute, C.D. agreeing to bear such costs as are occasioned by the drawing up of this agreement.

Dated

Signed by   A.B.   Signed by   C.D.

in the presence of   in the presence of

(It must be stressed that a deed in this type of form is only one way of recording the outcome of a settlement reached before action — deeds in different contracts and agreement simply by exchange of letters are also possible if appropriate.)

14   Advising and drafting for civil appeals

If, after all the advice and preparation, the case is lost at first instance, then the possibility of an appeal arises. There are various different routes of appeal from interlocutory decisions and different types of hearing by courts and tribunals which are dealt with fully in books on procedure. This chapter will deal with the principles of advising on an appeal, drafting grounds of appeal, and preparing for the hearing of the appeal where there is an appeal from the High Court to the Court of Appeal, though many of the points that are made have a wider application.

The procedure of and preparation for appeals to the Court of Appeal has changed quite substantially over recent years. Various modifications were summarised in a *Practice Note* [1982] 3 All ER 394, together with the reasons for them and the objectives they were designed to achieve. Further major changes came into effect in 1989, with the compulsory use of skeleton arguments, *Practice Direction (Court of Appeal: Presentation of Arguments)* [1989] 1 WLR 281. Further steps towards efficient hearings with shorter oral arguments have now been taken, *Practice Statement (Court of Appeal: Procedural Changes), The Times*, 27 July 1995.

Jurisdiction and procedure for appeals

The lawyer will have to check the route for appeal in any particular type of case, but the basic framework, as derived from the Supreme Court Act 1981, is as follows:

(a)   An appeal from a decision of a Master or Registrar will generally go to a judge of the High Court, though it may go to the Court of Appeal if, for example, the Master has given judgment on an issue.

(b)   An appeal from a judge in Chambers may go to the Court of Appeal, though in the Chancery Division and the Family Division it will go first to a judge in open court.

(c)   An appeal from a final decision of a judge of any Division of the High Court will go to the Court of Appeal.

An appeal from a final decision of the High Court will be as of right, but an appeal on an interlocutory matter will usually need leave, Supreme Court Act 1981, s. 18. The general need for leave has been standardised under s. 7, Courts and Legal Services Act 1990.

The procedure for appealing is governed by RSC Order 59, and the main stages are as follows:

(a) A notice of appeal must be served by the appellant. This should be done within four weeks of the date that judgment was signed (RSC Order 59, rule 4). There were formerly a variety of different time limits for appealing, but these have now gone, the only exception being social security cases, in which the time limit is six weeks, *Practice Note* [1982] 1 WLR 1312. If leave to appeal is needed, it should be sought initially from the High Court judge who heard the case. If he refuses, leave may be sought by motion to a single judge of the Court of Appeal (RSC Order 59, rule 14). It will still be necessary to serve the notice of appeal within four weeks even if leave has to be sought. If the four-week time limit has expired, it is possible to apply for leave to appeal out of time, the application being to a single judge of the Court of Appeal, who will only grant leave if there was a good reason for the delay.

The staff at the Civil Appeals Office now includes lawyers, who will perform a role in trying to see that all papers are in order, not out of time and so on, *Practice Direction* [1990] 3 All ER 981.

If an appeal is out of time the court will look at the length of delay, the reasons for it, and the chances of success. There may be problems waiting for legal aid to be granted for an appeal, *Norwich & Peterborough Building Society* v *Steed* [1991] 2 All ER 880.

(b) The notice of appeal must be served on all the parties concerned with the appeal.

(c) A respondent who is served with a notice of appeal may serve a notice in reply, within 21 days of being served with the notice of appeal (RSC Order 59, rule 6). He should serve a notice in reply if he wishes to argue that the decision of the court below should be affirmed on different grounds from those relied upon by the judge, to argue that the decision of the court below should be varied in some way, or if he wishes to cross-appeal and argue himself that the decision of the court below was wholly or partly wrong.

(d) Within seven days of serving the notice of appeal the appellant should apply to have it set down for trial (RSC Order 59, rule 5). The application should be made to the proper court officer, providing him with a copy of the judgment or order appealed from, two copies of the notice of appeal, and a list of any exhibits used at the trial. The officer has a discretion to extend the seven day period for setting down, and should set the case down in the appropriate list of appeals. The appellant should inform all the parties within two days that the case has been set down.

(e) Any necessary interlocutory applications may be made while the parties are waiting for the case to come on for hearing. Such applications are normally made by motion to a single judge of the Court of Appeal. For example, a party may wish to apply to have execution of the judgment stayed pending the hearing of the appeal (this will not happen automatically), to be allowed to adduce fresh evidence at the hearing of the appeal (which can only be done with leave), or to get security for costs. It is possible to apply to have a notice of appeal struck out as frivolous and vexatious although it is not technically a pleading, *Burgess* v *Stafford Hotel Ltd* [1990] 3 All ER 222.

(f) Within 14 days of the case appearing in the List of Forthcoming Appeals, the appellant must lodge all the appropriate documents with the clerks to the Lords

Justices of Appeal (RSC Order 59, rule 9). The time it will take for the case to appear in this list will depend on the number of cases waiting to be heard at the time and various other factors, but the appellant should begin to prepare all the appropriate documents well in advance to ensure that they are ready in time. In particular, transcripts of appropriate parts of the original trial should be applied for as soon as possible. Normally three copies of each document will be needed (one for each judge), but the number may vary in some special types of case, such as Admiralty cases.

The documents needed are:

(i)   The notice of appeal (and any notice amending it).

(ii)   Any notice in reply by the respondent (and any notice amending that).

(iii)   The judgment or order of the court below.

(iv)   The writ or other process by which the proceedings in the court below were begun, with any pleadings, and any interlocutory process which is being appealed against.

(v)   The transcript of the official shorthand note of the judge's reasons for his or her decision, or if there is none, the judge's note of his or her reasons, or counsel's note of the reasons, approved if possible by the judge.

(vi)   Such parts of the transcript of the official shorthand note or other record of the evidence given in the court below as are relevant to any issue on the appeal. If there is no such record, the judge's note may be used.

(vii)   A list of any exhibits used at the trial.

(viii) Such affidavits or exhibits as were evidence in the court below and are relevant to a question or issue on the appeal.

The appellant should also provide an estimate of how long it is anticipated that the hearing will last, *Practice Direction (List of Forthcoming Appeals)* [1987] 1 WLR 1422. A copy of the estimate provided should be kept with counsel's papers, and should be amended if necessary. Once all documents have been lodged, the Registrar can give any necessary directions on the documents to be produced at the hearing, the manner in which they are to be presented, and any other matters incidental to the conduct of the appeal as appear best for the just, expeditious and economical disposal of the appeal.

Note that if a case is not complex it may be placed on the Short Warned List, so that it can come on for hearing quickly and make the best possible use of court time. If this may mean that counsel who conducted the case below will not be available, an alternative barrister must be found and given time to prepare properly, *Practice Note* [1992] 2 All ER 137.

(g)   Four copies of the skeleton argument must be lodged with the Civil Appeals Office not less than two weeks before the hearing date. A separate chronology of events should also be lodged. Such arguments are compulsory except in a case of great urgency, or where the court otherwise directs. Counsel should apply to the Registrar for a special order if he or she considers that skeleton arguments are unnecessary. The purpose and contents of skeleton arguments are considered later in this chapter. If the skeleton argument is not filed in time, counsel will need to explain why.

(h) The hearing. The appeal will be heard when it reaches the top of the appropriate list of appeals, see *Practice Direction* [1989] 1 All ER 891. The hearing in the Court of Appeal is by way of rehearing (RSC Order 59, rule 3), which means that the court may totally reconsider any matter in issue at the original trial. However, the Court of Appeal will only actually reconsider those matters raised in the notice of appeal and any notice in reply, and the hearing will normally be conducted entirely on the basis of affidavits and transcripts of evidence rather than on oral evidence.

The judges will normally have read in advance the documents lodged, and this will have a real effect on the conduct of the hearing, as the judges will be able to focus on the central issues without prolonged introductions. Thus the atmosphere of an appeal hearing is entirely different from, and more concentrated than, the original hearing, and the lawyer must be prepared for this.

With the advent of skeleton arguments this point has been further emphasised, as it is now clear that the judges will not only read the notice of appeal and any notice in reply, along with the judgment given and the skeleton arguments, but the presiding Lord Justice of Appeal will also clearly state at the start of the case what other documents and authorities have been read. Thus counsel will not normally need to open, but can proceed straight to the main submissions in the case, in citing an authority he or she can proceed straight to the principles, and in dealing with a factual submission, counsel can go straight to the point rather than laying a general background, or reading out a skeleton argument.

It is specifically made the duty of solicitors and counsel to make clear to a client how the hearing will be conducted and that the hearing will be based on substantial pre-reading so that the client is not left with the impression that his case has been insufficiently considered.

Because there is a rehearing, the Court of Appeal may take into account matters which have arisen since the original trial, and may draw its own inferences of fact, though it will be slow to depart from the conclusions of the judge who saw the witnesses giving evidence.

With much concern about the need to adhere to this timetable as closely as possible in recent years, there have been particular problems in cases where the appellant has to seek legal aid to fund the appeal, especially where an application to extend a legal aid certificate to cover an appeal has been refused and there is an appeal from that refusal. On some occasions such delays have proved so serious that it has been suggested that there may need to be different rules for legally aided appellants, *Edwards* v *Edwards, The Times,* 6 March 1989.

(i) The decision. The Court of Appeal may give its decision at the end of the hearing, or it may reserve judgment. The court has a wide range of powers open to it (RSC Order 59, rule 10). It has all the powers and duties of the High Court, and can therefore give any judgment or make any order that that court could have given or made. It is possible for these powers to be used even if a point was not specifically pleaded in the notice of appeal or the respondent's notice, and the court can make such order as it thinks just for the determination on the merits of the real question in controversy between the parties.

Although the Court of Appeal does have all the powers of the High Court as regards remedies and may substitute different remedies for those granted by the judge at first instance, there are some limits on what the Court of Appeal will be prepared to do. It will be slow to grant a remedy that is not sought in the notice of appeal or the respondent's notice, and it will be slow to depart from an inference of fact or an exercise of discretion of the judge at first instance. It will also be slow to vary an assessment of damages, unless the judge made an assessment that was wrong in principle, was clearly based on a misunderstanding of the facts, or fresh evidence has come to light which is relevant to the assessment of damages though there clearly is a power to change an award of damages rather than order a retrial, s. 8, Courts and Legal Services Act 1990.

It is possible for the Court of Appeal to order a new trial (RSC Order 59, rule 11), though it will be slow to do so, unless there is a very good reason not least because of the time it will take and the costs involved. For example, there may be a new trial if there is substantial new evidence which should be heard with the existing evidence. The court is not bound to order a retrial merely because there has been a misdirection or an improper admission or rejection of evidence unless some substantial miscarriage of justice has occurred as a result. A retrial of part of the case rather than the whole case may be ordered.

The Court of Appeal has a discretion as to the order for costs, and the order will usually include the costs of the original hearing as well as of the appeal, the winner of the appeal getting the costs of both. This may well not be the case if the appeal is only partially successful.

Advising on an appeal

Obviously you do not appeal merely because you lost the case before the judge at first instance. Equally, you may consider appealing even if you won if the judge did not grant all the things that your client sought. The decision whether to appeal from all or part of a decision involves the balancing of all the appropriate factors to make a realistic and practical decision.

You should give the client full information as to the possible advantages and disadvantages of an appeal, and the final decision should be the client's, though you may make strong recommendations to him according to what you feel the real chances of success are. The possibility of appealing may well be discussed immediately after the judge has given his or her decision, or even before if it is clear that the client is likely to lose, but it may well be necessary to arrange a conference with the client for a full discussion and for a decision on an appeal to be taken. Obviously the decision must be taken quickly because of the need to serve the notice of appeal within four weeks of the judgment. Although it is possible to ask for leave to appeal out of time, this will only be granted if there is good reason for the delay.

As for the grounds of appeal, the main possibilities are an appeal on a matter of law, an appeal on a matter of fact, or an appeal on a procedural irregularity. Of these, an appeal on a matter of law will usually be the strongest, provided the lawyer has a coherent argument supported by authority. An appeal on a matter of fact will usually have to show a clear misunderstanding or mistake by the trial judge to succeed. This is because the Court of Appeal will only have affidavits and transcripts of evidence, whereas the trial judge will have seen the witnesses giving oral evidence, and may have been able to form impressions of them which are not easily transmitted on the written page. An appeal on a matter of fact is more likely to succeed if fresh evidence has come to light which was not available at the time of the trial, and the Court of Appeal can also take into account changes in the facts since the trial. These principles apply to the facts on which the measure of damages is based as well as the facts of the case itself, and as was said above, the Court of Appeal will be slow to change the award of damages made by the trial judge without good reason. In *McCann v Sheppard* [1973] 1 WLR 540 a 26-year-old man was injured in a car accident. He was awarded £41,252 in damages, but while an appeal was pending he committed suicide, probably due to his depression at the injuries he suffered. It was held that this should be taken into account, and the part of the damages for loss of future earnings was substantially reduced.

An appeal on a procedural defect will depend on the type of defect, whether it was likely to have had a real effect on the outcome of the trial, and whether anything could and should have been done about it at the time. If there is any procedural irregularity at the trial the lawyer should normally object at the time, and it is only if he does and the judge does not accept his submissions or objections that there is a possible ground for appeal. Once the judge is summing up or giving judgment, it will normally be too late for the lawyer to object to anything said, or at least inappropriate, so something said by the judge at that stage may be the basis for an appeal.

The seeds of the appeal often come from the original trial and the preparations for it. The purpose of the appeal is to remedy any defect in the original trial, not to give the lawyer a second chance to get it right. Therefore every cause of action and major argument of fact should be properly prepared and presented at the trial, and a new cause of action or an important new argument cannot normally be raised for the first time on appeal. In *Williams v Home Office (No.2)* [1982] 2 All ER 564 the plaintiff brought an action for false imprisonment, having been kept in a control unit in a prison. The action failed, and he sought leave after the trial to amend his pleading to add breach of statutory duty. It was held that this could not be done as it should have been pleaded and argued as part of the case at the first trial. In *Lloyde v West Midlands Gas Board* [1971] 1 WLR 749 the plaintiff was injured by an explosion in an outhouse where he kept his moped, and where the gas meter was. He sued the gas board, pleading res ipsa loquitur, but did not argue it at trial. Damages were awarded on the grounds that the meter was defective, but on an appeal the plaintiff sought to argue the res ipsa loquitur point as well. As he had pleaded it the court did not prevent this, but held that as the defendant had not expected it to be raised on appeal there should be a new trial to be fair to both sides.

An appeal should not normally be based on challenging findings of fact made by a judge who has seen the witnesses give evidence, *Winter v Boynton, The Times,* 6 February 1991.

Thus you should plead and argue your case fully or you will be limited as to what you can argue on appeal. The other thing that you should do is keep a note at trial with a possible appeal in mind. If there are procedural problems, you should raise them at once, and only bear them in mind for an appeal if the judge's decision goes against you. As to the evidence, you will have copies of all the documents, but a note of oral evidence should be taken. The barrister may do this, or it may be done by a pupil, or by someone from the solicitor's office who attends court. This does not need to be a full note, and need not include basic information which is not in dispute, but it should contain the major questions and answers on examination-in-chief and cross-examination. These notes may be useful as a source for later questions to that witness or another witness, or for references in a closing speech. They may also be useful on an appeal, both for finding grounds of appeal, and for identifying those parts of the evidence of which you will need transcripts. Some barristers evolve a useful system of using different coloured pens in their notes, with one colour for points they may need in cross-examination, another colour for points that may be useful in their speech at the end, and a further colour for points that may be useful if there is an appeal. It is necessary, and probably most useful, to take these notes by hand, as tape recorders may only be used with the leave of the court, Contempt of Court Act 1981, s. 9, *Practice Direction* [1981] 3 All ER 848.

The first stage of advising on an appeal must be to list the possible grounds of appeal of all types, on law, fact or procedure. These points must then be classified to decide whether an appeal might be against the judge's findings or the remedies granted, and whether the appeal would be against the whole or part of the judgment. The next stage is then to decide whether it is in fact worth appealing, which begins with evaluating the chances of success of the possible grounds of appeal. This may well involve intuition or guesswork on the part of the lawyer as to the view that the Court of Appeal will take, and it may well be best explained to the client by giving him the odds or the percentage chance of winning ('Well, I'd have thought there was a 60% chance of success'). In favour of an appeal, the case may be very important to the client, with a big point of principle or a large amount of money at stake, so that he will be prepared to appeal even if the chances of success are not good. Also the appeal may be relatively cheap, since all the evidence has already been collected for the trial at first instance, but this will not necessarily be so. If the point is important for the client he may wish to retain a QC for the appeal even if he did not for the trial, and this will of course add to the costs.

Against appealing, there is of course the principle that there is no point in throwing good money after bad, and if the appeal fails the client will end up not only losing the case, but probably also paying the costs of both sides, which is something that should be made completely clear to him. If the client is on legal aid there will be the question whether the chances of success of the appeal really justify the extension of legal aid for it. There is also the point that if you appeal it may result in a cross-appeal from the other side, and this could result in your getting less from the appeal than you did from the original trial if, for example, the Court of Appeal reduces an award of damages.

The client's lawyers will consider all these matters, the barrister and solicitor may well confer, and they will no doubt reach a provisional decision as to whether there should be an appeal. Their views will be passed on to the client, in conference or in a written opinion, and the client can then decide what to do. Although he will probably follow the advice of the lawyers, the final choice should be his. Sometimes the client feels very strongly and may want to appeal even if the chances of success are negligible, in which case you should of course try to dissuade him. Conversely, a client may be so exhausted and dispirited by the trial itself that they may not wish to bother to appeal (this can happen particularly in matrimonial cases where emotional strain is added to the strain of the trial). If the chances of a successful appeal are good then the lawyers should of course strongly encourage the client to go on. With the appeal as much as with the original case, at the end of the day the lawyer has no right to be too paternal and take the decision for the client. The client may well have to pay for the case and will certainly have to live with the consequences, so the lawyer can only advise.

The possibility of an appeal is something for both sides to consider. Even if you do not wish to appeal, the other side may do so, in which case you are not limited to defending the judge's decision. It is possible not only to argue that the decision should be upheld, but that if necessary it should be upheld on grounds other than those given by the judge. The respondent to an appeal may also himself argue that the decision of the court below should be varied in whole or in part, or may cross-appeal if he did not get all he wanted from the original hearing. If it is clear that the other side may appeal, you should begin to consider your own position immediately.

Drafting a notice of appeal

The notice of appeal is a form of notice of motion. Beyond that, there is no prescribed form for it, though the form that appears in the Rules of Court is normally followed in practice (see RSC Order 59, rule 3). See Example 1 for an outline notice of appeal.

As for the contents of the notice of appeal, rule 3 specifies that it may relate to the whole or a specified part of the judgment or order of the court below. If it is in respect of only a part, it must be clear which part. It must specify the grounds of the appeal, and the precise form of the order which the appellant wishes the Court of Appeal to make. At the hearing of the appeal, the appellant will not be entitled to rely on any grounds of appeal or to apply for any relief which is not specified in the notice of appeal unless the Court of Appeal gives leave.

Since it is therefore vital that the notice be specific and comprehensive, the best preparation for drafting is to make brief numbered notes of all the grounds of appeal to be raised, and all the orders which the Court of Appeal will be asked to make. It is important to have clear in your mind exactly what you are appealing against and what you hope to get out of it, as well as the reasons for the appeal.

The heading

Many elements of the heading, including the number of the action and the names of the parties, come from the existing pleadings in the action. However, the case will now be in the Court of Appeal. The form of the title can be seen from Example 1.

The body of the pleading

This consists of two sections, the first setting out the details of the judgment appealed against and the judgment which the appellant hopes to get to replace it, and the second setting out in numbered paragraphs the grounds for the appeal.

'*Take notice that* . . . . ' Here it is necessary to fill in correctly the details of the existing judgment. It should be clear whether the appeal is against the whole judgment or only part of it, and if so, precisely which part.

Following this, the appellant sets out precisely the order or orders which he wishes the Court of Appeal to make. In that the Court of Appeal has the same powers as the High Court, the court can make any order that the judge at first instance could have made, but this is subject to the normal rules that you must put in the pleading the relief sought, and that you cannot seek on appeal something radically different that was not raised at the original trial. An application for costs will normally be part of the relief sought.

'*And further take notice that the grounds of appeal are:*' Here are set out the grounds of appeal, each ground of appeal being a separate numbered point. If there is to be an appeal at all, it is usual to put in every possible ground of appeal, as even if some of them would have no chance of success alone, this will give the full picture. On the other hand it is not usually a good idea to put in a vast number of petty points as this may just irritate the judges and waste time in court. The grounds of appeal need not be in any particular order, but they should be in some logical order, for example, grouping together similar grounds of appeal or grounds of appeal on a particular point.

Each separate point must be raised in a separate numbered paragraph. The notice of appeal should just raise each point as briefly as possible. The details will be argued at trial, though skeleton arguments will be handed in for the judges to read just before the hearing. Each ground of appeal must be specific and clear, not just a general expression of discontent. The case of *R* v *Morson* [1976] Crim LR 623 involved a criminal appeal, but the comments in it would apply equally to a civil appeal – that a general allegation that the summing-up as a whole was unfair was not sufficient, but that specific points about what the judge said should be made.

The conclusion of the notice

At the end of the notice of appeal should appear the List of Appeals in which it is proposed that the case will be set down, this being necessary under the rules of court. There should also be the signature of the solicitor of the appellant and a warning to the respondent, as in the example in this chapter.

The respondent's notice

The respondent who is served with a notice of appeal has a choice what course to take, and this should be fully considered by his lawyers. The possibilities come from RSC Order 59, rule 6, which provides that a respondent must serve notice if he wishes:

(a)   To contend on the appeal that the decision of the court below should be varied, either in any event or in the event of the appeal being allowed in whole or in part.

(b)   To contend that the decision of the court below should be affirmed on grounds other than those relied upon by that court.

EXAMPLE 1   BASIC NOTICE OF APPEAL IN A CIVIL CASE

IN THE COURT OF APPEAL   1997.A.No.
ON APPEAL FROM THE HIGH COURT OF JUSTICE
_____ DIVISION

BETWEEN   A.   B.   <u>Plaintiff</u>
                                and
                          C.   D.   <u>Defendant</u>

_____
NOTICE OF APPEAL

TAKE NOTICE that the Court of Appeal will be moved as soon as Counsel can be heard on behalf of the above-named (Plaintiff or Defendant) on appeal from the (judgment or order) herein of the Honourable Mr Justice (given or made) on the   day of   1997 whereby it was (adjudged or ordered) that (set out briefly the essence of the judgment or order made).

(If the appeal is only against part of the judgment or order then say instead 'on appeal from so much of the judgment as adjudged that . . . . etc., setting out that part of the judgment or order from which you wish to appeal.)

For an order that the said (judgment or order) be set aside and that . . . . . . (set out briefly but exactly the orders that you wish the Court of Appeal to make, including any order as to costs. If you wish several orders to be made, it may be clearer to set them out in separate numbered points).

AND FURTHER TAKE NOTICE that the grounds for this appeal are that: (set out the grounds of appeal in separate numbered points. The following are examples of possible paragraphs that may be adjusted for use.)

1. That the Learned Judge was wrong in law in holding that . . . .
2. That the Learned Judge misdirected himself in that . . . .
3. That the Learned Judge wrongly admitted the evidence of . . . .
4. That there was no evidence to support the finding of the Learned Judge that
. . . .
5. That the Learned Judge's finding that . . . . was wrong in law and against the weight of the evidence.

And further take notice that the (Plaintiff or Defendant) proposes to apply to set down this appeal in the   List.

Dated   etc.   Signed

(c)   To contend by way of cross-appeal that the decision of the court below was wrong in whole or in part.

For any of these courses the respondent must serve a notice specifying his grounds and the precise form of order which he proposes to ask the court to make. If the respondent does not serve notice, or does not serve a full notice, he will not be entitled on the hearing of the appeal to apply for any relief not specified, or to rely in support of any contention on any ground which was not specified in his notice or relied on by the court below, unless he has the leave of the court. Thus the drafting of the respondent's notice may be as important as the drafting of the notice of appeal.

Even if the respondent is basically content with the decision of the judge at first instance, he may still need to serve a notice if, for example, he feels that the appeal may have some chance of success as the grounds relied on by the judge at first instance were open to criticism and he wishes to argue that the decision should be upheld on other grounds. Equally if the respondent is basically content with the existing decision but wishes to argue that it should be varied in some way, this should be pleaded in his notice. The alternative is for the respondent to serve a notice of cross-appeal, if he himself wishes to argue that the decision of the court below was wholly or partly wrong. In such a case the grounds of cross-appeal should be pleaded in the same way and in as much detail as the grounds of appeal themselves.

In that the notice of appeal and any respondent's notice will have to be drafted relatively quickly, it is possible that something may be left out, or that extra information may come to light after the notice has been served. In such cases it is quite possible for the notices to be amended (RSC Order 59, rule 7). First, a supplementary notice may be served by either side before the day when the case first appears in the list of forthcoming appeals. Otherwise, the notice of appeal or the respondent's notice may be amended at any time with the leave of the Court of Appeal, a single judge of the court, or the registrar.

Preparing for the appeal

The first steps towards preparing for the appeal will be taken during the original hearing, when the lawyer will note anything that may be a possible ground of appeal. In any event, the decision whether or not to appeal will have to be taken as soon as possible after judgment, and preparations will need to begin forthwith. The lawyer should also decide whether any interlocutory applications will be needed for orders pending the hearing of the appeal, for example, to prevent the judgment given from being executed, as there will be no automatic stay of execution.

The next step is to prepare the evidence and documents for the hearing of the appeal. It is the responsibility of the appellant's lawyers to ensure that the affidavits and exhibits from the trial are made available for the Court of Appeal, together with any necessary transcripts of evidence or of the judgment given. It is necessary to apply for the transcripts, and in doing so to specify exactly which parts of the evidence will be needed. If unnecessary transcripts are asked for they may prolong and possibly confuse the appeal hearing, and will certainly increase the costs. The costs of unnecessarily long transcripts may not be allowed, so the client will have to pay for it himself. If a note of evidence was kept during the trial, it should be possible to specify what is needed. In the High Court a shorthand note or a tape recording is made of most proceedings, and it is a transcript of this that should be used wherever possible (RSC Order 68). Tape recording now includes judgments given in chambers by Queen's Bench judges, *Practice Statement, The Times,* 6 February 1991.

In addition to this written evidence, there are some circumstances in which the Court of Appeal will be prepared to hear fresh evidence (RSC Order 59, rule 10). There is a power to receive further evidence on questions of fact by oral examination in court, or by affidavit, but where the appeal comes after a full trial or hearing on the merits of the case, further evidence will only be admitted on special grounds. Leave will be needed to admit the evidence, which should be obtained from a single judge of the Court of Appeal, and which will only be given if the evidence could not with reasonable diligence have been obtained for the original trial, if it is such that it would have had an important influence on the outcome of the case, even though it would not necessarily have been decisive and if the evidence is apparently credible. Evidence of things which have happened since the date of the trial or hearing is admissible without leave, and the lawyers on both sides should consider whether there is any material change in the facts that should be brought to the attention of the court, for example, matters relevant to the quantification of damages.

The proper preparation of cases for the Court of Appeal had been a matter of some concern. The notice of appeal and the respondent's notice should have clearly defined the issues which the Court was being asked to consider, and the fact that documents had been lodged and often read in advance should have meant that the hearing was much more efficient and incisive than a hearing at first instance, but this was not always the case, and the move had increasingly been for skeleton arguments to be prepared in advance to define and clarify issues further before the hearing. The idea of conducting appeals on the basis of written submissions, as happens in some jurisdictions, had been rejected as being contrary to the British tradition of oral hearings, but the idea of a basic summary to get the hearing off to a clear start was found attractive. The use of such arguments was formalised in *Practice Note* [1983] 2 All ER 34, and has now become compulsory, *Practice Direction (Court of Appeal: Presentation of Arguments)* [1989] 1 All ER 891, and *Practice Note* [1990] 2 All ER 318.

The skeleton argument should be lodged four weeks before the hearing, *Practice Note, The Times,* 19 January 1990. Four copies should be lodged. If any difficulties arise in preparing the skeleton, application should be made to the Registrar of Civil Appeals, *Madras* v *Official Receiver* [1989] NLJ 1597. The brief fee should include payment for the preparation of a skeleton argument.

The skeleton argument is intended to clarify the arguments for the court, providing the basis for each ground of appeal in fact or in law, with brief reference to any appropriate authorities. It is plain that the need is to identify issues clearly rather than to argue them fully, as that will still be done at the hearing. In the words of the 1989 *Practice Direction*:

A skeleton argument should be as succinct as possible: where points of law are involved, stating the points and citing the principal authorities with page references to the principles relied on: where questions of fact are involved, stating briefly the basis on which the court could interfere, with cross-references to the relevant parts of the transcripts or notes of evidence.

You can also still usefully refer to *Practice Note* [1983] 2 All ER 34, which originally set out the requirements for skeleton arguments when they were optional.

There it was said that the skeleton argument should be a summary in numbered paragraphs of the argument to be raised. In that *Practice Note* it was said of the skeleton argument that:

> It should contain a numbered list of the points which counsel proposes to argue, stated in no more than one or two sentences, the object being to identify each point, not to argue it or elaborate it. Each listed point should be followed by full references to the material to which counsel will refer in support of it, i.e., the relevant pages or passages in authorities, bundles of documents, affidavits, transcripts and the judgment under appeal. It should also contain anything which counsel would expect to be taken down by the court during the hearing, such as propositions of law, chronologies of events, lists of dramatis personae and, where necessary, glossaries of terms. If more convenient, these can of course be annexed to the skeleton argument rather than being included in it.

For further guidance, the case of *M. V. Yorke Motors* v *Edwards* [1982] 1 WLR 444 included comments on the preparation of written arguments (though in this case for the House of Lords), making it clear that they were to enable everyone to concentrate on the main arguments and to read the background in advance, not to take over from argument in court, and that therefore they should not be too lengthy. In the case a written summary of 39 foolscap pages was said to be much too long. In *R* v *Brent London Borough Council, ex parte King, The Times,* 14 June 1991, it was said that the argument should be a skeleton, not a fully fleshed torso. The importance of clarity is stressed by the new requirement for lodging a chronology of events as a separate document. The respondent does not have to lodge a skeleton argument – if he simply wishes to rely on arguments used below he need only lodge a letter to that effect – but if he wishes to rely on other matters he, too, should lodge a skeleton argument.

The skeleton argument will of course now be central to the preparation of an appeal case by counsel. The actual preparation of the argument should concentrate the mind clearly on the issues of the case, and the need to quote authorities will necessitate proper research well before the case. The efforts and skills needed in preparing a skeleton argument should be used in preparing any case – lists of dates, people, authorities and so on are a vital basis for good advocacy as has been stressed right through this book, but they now need to be presented in a more formal way for an appeal. The important effect of the skeleton argument on conducting the case in court must be noticed. No prolonged introductory speech will be required, nor will the skeleton argument itself need to be read. The barrister must go straight to the detail of the issues, and indeed in many cases the judges will indicate quite quickly which issues they feel may have merit, so counsel must be prepared to move quickly to the details of particular points if the need for this is indicated.

To support the skeleton argument, the importance of preparing documents properly for appeal has been stressed. The importance of collecting and preparing documents and lodging them all with the court at the appropriate time was stressed in the *Practice Note* [1983] 2 All ER 416 and also in the *Practice Note* [1986] 3 All ER 630.

In particular, these *Practice Notes* emphasise the need to use official transcripts of evidence or of the judgment rather than some form of unofficial note, and the need to apply for these transcripts as early as possible so that they are ready in time. If an official transcript is used it should be the original rather than a photocopy. If an official transcript is not available then the rules of court should be followed, and the judge's note of the judgment should be used, or in default of that, a note agreed by counsel. In the last case, the appellant's solicitor should arrange for a copy of counsel's note to be prepared and submitted to the other side and then to the judge as soon as the notice of appeal is served to ensure it is ready in time. If county court notes of evidence are required, they should also be sought immediately.

In addition to these transcripts, the other documents should also be properly prepared for hearing so that they may be easily referred to and used. A single bundle of the documents needed for the appeal should be prepared, with the contents agreed by both sides. The pages of the bundle should be clearly numbered, with an index at the top of the bundle so that each document can be easily found. All the documents that will be needed except for the transcripts should be included in the bundle, which should be put together in a folder or firmly fastened.

If the bundle of documents exceeds 100 pages, then the principal documents should be bound and provided in three copies, and the other documents bound separately and only one copy supplied for reference by the court. In any event, a bundle must be securely bound in some way, each page of a bundle should be numbered, and there should be an index at the front of the bundle. It should go without saying that every page of a bundle must be legible, but this has had to be included in the Note.

The *Practice Note* [1986] 3 All ER 630 emphasises in particular that it is the duty of the appellant to prepare bundles of documents properly and lodge them in time. It is the duty of the appellant's solicitor to prepare bundles of document, which should be started as soon as a notice of appeal is served. The preparation of these bundles should not be left solely to an office junior without sufficient instruction.

Appeals to the House of Lords

If either side is dissatisfied, an appeal may lie from the Court of Appeal to the House of Lords. There is no appeal as of right, but leave is needed (see the Administration of Justice (Amendment) Act 1934, s. 1). Leave may be sought from the Court of Appeal or, if they refuse, from the House of Lords within one month. If leave is still refused, no further application is possible. Leave may be given subject to certain conditions, for example, as to security for costs. Because the appeal will add substantially to the costs of the case it will normally only be permitted if something important is at stake, such as valuable property or an important point of principle or law. If there is an important point at stake which one party wishes to have settled authoritatively they may agree to pay the costs of the other party whatever the outcome of the appeal so as to get a decision.

Once leave has been given, the notice of appeal should be lodged within three months of the date of the judgment appealed against. The principles for drafting the grounds of appeal are similar to those for drafting appeals to the Court of Appeal. It is necessary to specify exactly what the appeal is against, what the grounds are, and what is being sought from the House of Lords. Fresh evidence may be admitted if relevant, but as with the Court of Appeal, it will not be possible to bring in arguments not used in the court below. The former practice of reversing the name of the case on appeal no longer applies, *Practice Direction* [1974] 1 WLR 303.

As with the Court of Appeal, the current practice is for the parties to lodge a succinct statement of the arguments and authorities in the appeal, which is settled by counsel. This may be a little more detailed than the skeleton argument for the Court of Appeal, but it should not be too detailed, and will not be a substitute for the arguments of counsel before the court, *M. V. Yorke Motors* v *Edwards* [1982] 1 WLR 444. The statement of arguments should conclude with a numbered summary of the reasons on which the appeal is founded. In addition there should be an agreed statement of facts and issues lodged before the case is heard, *Procedure Note* [1991] 2 All ER 101. There should also be a list of authorities and an estimate of the time it is thought the hearing will take, *Procedure Direction* [1991] 3 All ER 608.

As an alternative, there is the leap-frog procedure introduced by the Administration of Justice Act 1969. This is appropriate where there is some good reason for going directly to the House of Lords without first appealing to the Court of Appeal, that is, if the case relates wholly or mainly to the construction of an Act or statutory rule that has been fully argued in the proceedings and on which an authoritative ruling is needed, or where the case is one in which the judges will be bound by an existing decision of the Court of Appeal, or of the House of Lords in a fully considered judgment in earlier proceedings.

The leap-frog procedure can only be used if the trial judge gives a certificate (which should be sought within 14 days of the judgment) and the House of Lords gives leave. There must be a sufficient case to justify going directly to the House of Lords, and the parties must consent. It will again be necessary to draft grounds of appeal similar to those outlined in this chapter.

15 Advising and drafting for county court actions

Although the volume of work means that county court actions are important in practice, the advising and drafting skills needed are essentially a modified version of those for the High Court. From 1 June 1991 the rules have been changed so that in general terms the county court can do anything that the High Court can, s. 3, Courts and Legal Services Act 1990, though there are a few exceptions in the areas of judicial review and Mareva and Anton Piller orders.

The main difference is that the procedure in the county court is simpler, and many steps are effectively taken by the court office rather than by the parties themselves. However, lawyers may choose to draft documents themselves as in the High Court if they so wish. This is especially important for small claims, where the parties may not have legal representation. However, although the rules may be simpler, it is still crucial to pay proper attention to drafting. The statutory basis for county court jurisdiction and procedure is contained in the County Courts Act 1984, the County Court Rules 1981, the County Court (Amendment) Rules 1991 and the County Court (Forms) Rules 1982 (with 1991 amendments).

Advising the client

The basic approach to interviewing the client and getting information from him was discussed in Chapter 2. After the initial interview with the client, decisions will have to be made as to which court the action should be brought in, and what legal representation will be needed. These decisions will of course be based on the jurisdiction of the county court, but there are also some practical points to take into consideration.

From 1 July 1991 as a result of the Courts and Legal Services Act 1990, county courts have concurrent jurisdiction with the High Court in many types of action, with former limits being abolished; see also the High Court and County Courts Jurisdiction Order 1991.

(a) Actions with a value below £25,000 will generally be tried in the county court, and those above £50,000 in the High Court. In between there is flexibility depending on the complexity and importance of the case, and transfer between courts is relatively easy. Lawyers will need to consider which court is more appropriate for a particular case. Interest and costs are disregarded when deciding the value of an action, as is contributory negligence, unless admitted.

(b) Personal injury actions must be brought in the county court if the amount claimed does not exceed £50,000.

(c) The county courts have jurisdiction to deal with probate actions, the administration of estates and other equitable claims where the amount in dispute does not exceed £30,000.

(d) There are a few classes of action, such as protected tenancies, where county courts have exclusive jurisdiction.

(e) A few types of case, such as libel, slander and judicial review must be brought in the High Court. As Mareva and Anton Piller relief can generally only be granted in the High Court, an action may need to be brought or transferred there for this purpose.

Former costs penalties for bringing an action in the High Court when it should have been brought in the county court have been abolished, but now if proceedings which could have been commenced in the county court are commenced in the High Court, regard can be had to this when costs are considered, s. 4, Courts and Legal Services Act 1990. Transfer between the county court and the High Court is relatively easy where there is a good reason for it. For the procedure for this, see *Practice Direction* [1991] 3 All ER 349, and *Forey* v *London Buses Ltd* [1991] 2 All ER 436. The fact that procedure in the county court is now more like that in the High Court should avoid some problems that might arise on transfer after the case has already passed through several stages.

If a case is within the county court jurisdiction, the judge has the power to grant any relief or remedy in law or in equity that a High Court judge can grant, (County Courts Act 1984, ss. 38–39). It is, for example, now no longer necessary for an application for an injunction to be 'ancillary' to another claim. Although most procedural steps that are available in the High Court are also available in the county court, they may be modified or limited. For example, the rules for payments into court are slightly different, and there is no automatic general discovery, although discovery may be sought. While there are basic drafts for claims in the county court, as will be seen, there are fewer and shorter pleadings than in a High Court action. For all these reasons, if preparation before trial and interlocutory and procedural strategy may be important in the case, it should probably be brought in the High Court rather than the county court.

There are also other practical points, such as pure convenience. Outside the major cities it may well be much more convenient and quicker for the case to be brought in the local county court, rather than for everyone concerned to wait and have to travel to a centre where a High Court judge sits and this should be considered. This decision is not necessarily final, as a case can be moved from the county court to the High Court or vice versa if this becomes desirable for some reason (CCA 1984, ss. 40–42). The decision must be made for the whole case, and it is not possible to split a cause of action and bring two separate actions within the county court limits (CCA 1984, s. 35).

Allied to the decision of where to bring the action is a decision as to legal representation. If the case is within the county court jurisdiction then the client may represent himself, or be represented by a solicitor or barrister (CCA 1984, s. 60). If the solicitor feels that he or she can deal with the case, then of course he or she should do so. If he or she feels the need for the opinion of Counsel, then counsel will advise on where the case should be brought, bearing in mind all the factors outlined above. At the other end of the scale, if the case is very small the client may be able to represent himself. If the claim is for less than £1,000 then the solicitor may advise the client on the use of the Small Claims Court.

Preparing the case for court

The details of the procedural steps for bringing a case in the county court can be found in the County Court Rules or the County Court Practice. Most steps will be similar to, or a modified version of, the procedural steps in the High Court. County courts have an inherent jurisdiction to issue local *Practice Directions, Langley* v *North West Water Authority* [1991] 3 All ER 610.

There is a basic division between default actions for the payment of a sum of money, and other actions called fixed date actions. The main stages in a fixed date action will be as follows:

(a) The plaintiff requests the County Court Office to issue a summons. This is done by the plaintiff himself or his solicitor handing in the appropriate form with two copies of the particulars of claim. The court staff will then prepare the summons and issue it, normally by post.

(b) The defendant will receive with the summons a form on which he can state whether he wishes to defend the action, admit the plaintiff's claim, or bring a counterclaim. He should return this within 14 days. The plaintiff may get judgment if the defendant admits his claim or fails to appear, or there is a procedure for getting summary judgment if there is no real defence (CCR Order 9).

(c) The case should proceed at a reasonable pace. It will be automatically struck out if the plaintiff does not apply for a hearing date within 15 months of the deemed date for the close of pleadings (a provision that has lead to a number of appeals and a body of case law).

(d) The pre-trial review. A date for this will be set, at least 21 days after the summons was issued. At the review the registrar can give all directions that are necessary for the just, expeditious and economic disposal of the action and some automatic directions apply (CCR Order 17). It is vital for both parties to give proper thought in advance as to what directions they would like to enable them to prepare and present their case at trial. For example, they may seek directions as to how evidence should be presented at trial, whether any admissions may be made, and whether there should be any inspection and discovery, given that this is not automatic.

Interlocutory applications may be made pending the hearing, normally to the registrar on notice (CCR Order 13). The things that may be applied for are similar to the High Court, but the rules are in some cases slightly different, and the lawyer should check to be sure of the details. For example:

(i)   Interim payments (CCA 1984, s. 50).
(ii)   Provisional damages for personal injury (CCA 1984, s. 51).
(iii) Discovery and inspection prior to action (CCA 1984, s. 52).
(iv)   Disclosure and inspection in cases of personal injury or death (CCA 1984, s. 53).

(v)   Payment into court (CCR Order 11).
(vi) Discovery and interrogatories (CCR Order 14).

(e)   The hearing of the case. The registrar or District Judge may hear the case if the claim does not exceed £5,000, with the leave of the judge, or if the parties give their consent. Otherwise the case will be heard by a county court judge. Costs will normally be given on set scales according to the work done, though there is a discretion to award more if the case is particularly complicated.

If the action is for a debt or for a liquidated or unliquidated sum of money, then the case will be a default action and the above procedure will be modified. The plaintiff will apply for the summons to be issued, but when it is served there will be served with it a notice warning the defendant that the plaintiff may get judgment in default if he does not within 14 days pay the sum due with costs, or enter a defence to the action. The action will only proceed, with a date being set for the pre-trial review, if the defendant does enter a defence or counterclaim, or if the plaintiff has reason for not accepting the money tendered. This procedure is clearly an effective way of getting judgment for a sum of money within the county court limit.

The timetable laid down for the progress of actions must be complied with, though there may be some exceptions where a party has been misled as to the application of the timetable, *Williams* v *Globe Coaches, The Times*, 18 January 1996. The striking out of an action will not prevent the launching of a fresh action within the limitation period, *Gardner* v *Southwark London Borough Council, The Times*, 18 January 1996.

Drafting for the county court

Although the basic principles for drafting in the county court are very similar to those for the High Court, the actual requirements of drafting are rather different. There is a much greater reliance on forms issued by the court, which only need to be completed by the party or his lawyer. The set forms for summonses and for many other applications are in the *County Court Practice* (Butterworths, annual), otherwise known as the Green Book.

In addition to this, there is less reliance on drafting in preparing a case in the county court. The plaintiff should give appropriate particulars of his claim, and the defendant appropriate particulars of his defence and any counterclaim, but no further document is needed (though further particulars of the plaintiff's or the defendant's case may be ordered if necessary). The actual pleading in the particulars of claim or the defence will tend to be shorter and simpler than in the High Court pleading because a case with complex law or facts would normally go to the High Court anyway.

However, these points do not mean that drafting for the county court will necessarily be easy, as it will still require skill and practice to reduce the case to a reasonably short and straightforward draft. All the rules discussed in earlier chapters as to what should go into a draft, how it should be expressed and what particulars should be given will essentially apply. This section will just deal with a few special points to bear in mind when drafting for the county court rather than the High Court.

Whenever the object of the proceedings is to obtain relief against any person, or to compel any person to do or to abstain from doing any act, then the case should be begun by a summons with particulars of the claim made by the plaintiff (CCR Order 3). Alternatively, in particular cases provided for by statute or by the Rules, the case should be begun by an originating application (such as an application under the Inheritance (Provision for Family and Dependants) Act 1975, or an application for a business tenancy) or by a petition (such as an application for a divorce).

As for the particulars of claim, CCR Order 6 provides that when commencing an action, the plaintiff should file particulars of claim specifying his cause of action and the relief or remedy that he seeks, and stating briefly the material facts on which he relies (see Example 1). The heading for the particulars of claim should state the county court where the summons is taken out and where the case will be heard, and this must be a court that has jurisdiction to hear the case (CCR Order 8). This differs according to the type of case, but essentially the court should be the court within whose district the defendant resides or carries on business, or where the cause of action wholly or partly arose, or where any land in dispute is situated. The heading should also state the number of the action and the names of the parties. If the action is brought under a statute, the statute should be specified.

The actual particulars of claim should set out in numbered paragraphs the basic elements of the claim that the plaintiff is making. As in a statement of claim, these paragraphs should plead facts rather than law or evidence and should be set out with separate points in separate paragraphs, and in a suitable order. Particulars of breach, negligence, damage etc., should be given as appropriate. There is a tendency for particulars of claim to be much briefer than a statement of claim, but the lawyer should ensure that this is so only if it is justified by the relatively straightforward nature of the case, and that nothing is left out which should be pleaded.

The pleading should make it clear that the county court has jurisdiction, either because the specific figure claimed is within the jurisdiction, or by general pleading but note that an unliquidated claim will be treated as limited to £5,000 unless otherwise stated in the Particulars of Claim. This should be done clearly to ensure there is no doubt as to jurisdiction, see *Doyle* v *Talbot Motor Co. Ltd* [1988] 1 WLR 980.

Certain things must be pleaded in particular types of action, for example there are specified details that must be pleaded in actions for the recovery of land, in connection with a mortgage, or in a hire-purchase action, and these are set out in CCR Order 6. If the plaintiff abandons part of his claim so as to bring it within the county court limits, this must be pleaded.

All the remedies claimed by the plaintiff should be pleaded, again as in the statement of claim, and appropriate particulars of damage should be given. As in the High Court a claim for interest must be fully pleaded with all appropriate detail (CCA 1984, s. 69). Interest will not be allowed if it is not pleaded, see *Ward* v *Chief Constable of Avon and Somerset, The Times,* 17 July 1985. Simple interest may be awarded at such rate as the court thinks fit on all or part of the damages for all or part of the time since the cause of action arose until the time of payment or judgment. However, it seems that the rules are not necessarily entirely the same as for the High Court, for example exemplary damages do not have to be specifically pleaded, *Drane* v *Evangelou* [1978] 2 All ER 437.

The particulars should be dated and signed at the end as shown in Example 1.

The rules for drafting a defence (CCR Order 9), a counterclaim, and a third party notice are again similar to the rules for the High Court, only details of form being different (see Examples 2 and 3). There will be no further pleadings in the county court.

Particulars of any pleading may be ordered by the court if necessary, though as in the High Court, a written application should be made before a court order is sought (CCR Order 13). Pleadings may also be amended if necessary with less formality than in the High Court, by serving the amended pleading, though the court may disallow the amendment if they do not feel it is just (CCR Order 15).

In the type of action that would be begun in the High Court by originating summons, the action in the county court is begun by originating application (see Example 4). This should set out in separate paragraphs the reliefs claimed and the grounds on which they are claimed. This type of originating application is used for a variety of family law and landlord and tenant actions. The originating application will not proceed largely on affidavit evidence, as in the High Court, but on oral evidence.

Affidavits may be required to support an application under the County Court Rules. Also, affidavit evidence may be accepted at trial on a more general basis than in the High Court (CCR Order 20). Affidavit evidence may be accepted if one party gives notice to the other that he wishes to use it at least 14 days before the hearing, and the other side does not object within 7 days of that, or if the judge thinks that it is reasonable to admit it. This may be considered at the pre-trial review. The rules for the drafting of an affidavit are the same as for the High Court, except that an affidavit can generally contain a matter of information and belief, provided the source is given.

Appeals

An appeal from the decision of a District Judge will normally lie to the Queen's Bench Division. On the procedure and the documents to be presented see the *Practice Note* [1991] 1 All ER 1056. An appeal from a decision of a county court judge will normally lie to the Court of Appeal, and the procedure for that will be similar to the procedure already outlined for an appeal from the High Court to the Court of Appeal (CCA 1984, s. 77). There will be no right of appeal if the parties have agreed in writing that the judge's decision would be final.

The drafting, procedure and preparation will be the same as that for an appeal from the High Court to the Court of Appeal. If no transcript is available it is possible to ask the judge to make a note of any point of law or evidence in the case, or of his or her decision (CCA 1984, s. 80). The Court of Appeal will have powers to allow the appeal wholly or partly, to make an order determining on the merits the real question in issue between the parties, or to order a new trial (CCA 1984, s. 81). It is vital to follow Practice Directions properly when appealing, *In re D, The Times,* 30 January 1992.

EXAMPLE 1 BASIC PARTICULARS OF CLAIM FOR THE COUNTY COURT

IN THE   COUNTY COURT   Case No.

BETWEEN   A.   B.   Plaintiff
                                  and
                          C.   D.   Defendant

PARTICULARS OF CLAIM

(Set out in numbered paragraphs the basic facts on which the claim is founded, as in pleading a statement of claim.)

1.
2.
3.
4. (Specifically plead interest if claimed.)

AND the Plaintiff claims

(Set out in numbered paragraphs each relief sought.)
1.
2.
3.

Dated . . . . etc.   Signed

EXAMPLE 2 BASIC DEFENCE FOR THE COUNTY COURT (with set-off and counterclaim)

IN THE   COUNTY COURT   Case No.

BETWEEN   A.   B.   Plaintiff
                                  and
                          C.   D.   Defendant

DEFENCE

(Set out in numbered paragraphs your response to every point raised in the Particulars of Claim, as in pleading a Defence in the High Court. The following are examples of possible paragraphs that may be adjusted for use.)

1. Paragraph   of the Particulars of Claim is admitted.
2. Paragraph   of the Particulars of Claim is not admitted.
3. Save in that . . . ., paragraph   of the Particulars of Claim is denied.
4. The Defendant claims the right to set-off £   against the Plaintiff's claim, in that . . . .

COUNTERCLAIM

(Set out in numbered paragraphs the facts of any counterclaim, in the same way as pleading Particulars of Claim.)

5.

6.

7.

AND the Defendant counterclaims:

(Set out in numbered paragraphs the relief sought on the counterclaim.)

1.

2.

3.

Dated . . . . etc.   Signed

EXAMPLE 3   BASIC THIRD PARTY NOTICE FOR THE COUNTY COURT

IN THE   COUNTY COURT   Case No.

BETWEEN   A.   B.   Plaintiff
                                and
                          C.   D.   Defendant
                                and
                          E.   F.   Third Party

To E.F.

TAKE NOTICE that this action has been brought by the Plaintiff against the Defendant and that the Defendant claims against you:

   (a)   that he is entitled to contribution from you to the extent of . . . .

or (b)   that he is entitled to be indemnified by you against liability in respect of . . . .

or (c) that he is entitled to the following relief or remedy relating to or connected with the original subject matter of the action, namely . . . .

or (d) that the following question or issue relating to or connected with the subject matter of the action should properly be determined as between the Plaintiff and the Defendant and the Third Party, namely . . . .

(Choose and complete the appropriate one.)

The grounds of the Defendant's claim are:

(Briefly state the grounds.)

If you dispute the Plaintiff's claim . . . . (warning of need to give notice)

AND TAKE NOTICE that you should attend at   on   at o'clock when directions will be given for the further conduct of these proceedings.

If you fail to attend you may be deemed to admit: . . . . (warning that he may be deemed to admit all claims against him and liability, and will be bound by the judgment).

Dated

EXAMPLE 4 ORIGINATING APPLICATION IN THE COUNTY COURT

IN THE _____ COUNTY COURT   Case No.

IN THE MATTER of . . . .

BETWEEN   A.   B.   <u>Applicant</u>
                                and
                          C.   D.   <u>Respondent</u>

I, A. B. of (address), the above named Applicant, apply to the Court for an order in the following terms:
1. That the Respondent may be ordered to . . . .
2. That it may be declared that . . . .
3. That the Respondent may be ordered to pay the costs of this application.
4. Such further or other relief as may be just.

The grounds on which I claim to be entitled to this relief are as follows:
1.
2.
3. (Set out essential facts.)
4.

Dated this . . . .

Note that there is a whole range of prescribed forms for use in particular types of action in the County Court.

16 Advising and drafting in criminal cases

Some of the general principles for advice and drafting in civil cases will also apply to criminal cases. However, the fact that the criminal case is essentially between the state and the individual and that the reputation or liberty of the individual may be at stake means that there are some basic differences in advising and deciding on strategy. It will not be possible to cover all the problems that can arise, but the practical problems that may come up most often in advising the defence or the prosecution are included, together with the principles for drafting indictments and grounds of appeal.

One practical aspect of acting in a criminal case that the inexperienced practitioner will need to become familiar with is the role of the Crown Prosecution Service. This will involve not only a knowledge of the position and the responsibilities of the Service, but also a thorough knowledge of what documents the prosecution may have and at what stages they should be made available to the defence, and a practical knowledge of how to approach members of the CPS acting in a case and talk to them about particular aspects of the case. This area is large enough to warrant a separate book, and is beyond the scope of this book, save to indicate that the inexperienced lawyer should appreciate the practical importance of knowledge in this area, and be aware and observant to pick up points.

The details of criminal procedure will not be covered, only those points in procedure which may need special consideration and advice. The tactics in advising on and preparing for a criminal trial are being changed by the new rules on pre-trial disclosure in the Criminal Procedure and Investigations Act 1996, and by the new rules for preparatory hearings and pre-trial hearings, all of which are gradually being introduced.

Advising for the defence

The first interview There may be special problems in talking to the client in a criminal case. The client may be able to make an appointment to see a solicitor for advice on an actual or potential charge, but often the first meeting will take place in more difficult conditions. The client may only see the solicitor shortly before he goes into court under the duty solicitor scheme, with no time to go through all the facts in sufficient detail, so that it will take skill to spot and develop the main points quickly.

Even more difficult is a first meeting in the police station, or even in prison, if the client has already been charged and remanded in custody, and these need a rather different approach. Inevitably such a location puts more pressure on client and lawyer, and there may be things to be dealt with urgently. If the client is voluntarily at the police station 'helping the police with their inquiries' he is technically free to leave at any time and consult a lawyer, but the police may not be keen for him to do so, and once he has been charged he can properly be held at the station so that there is no alternative but to meet at the station. Under the 1984 Police and Criminal Evidence Act the police cannot deny access to a lawyer unless a serious arrestable offence is involved, and they must tell the suspect this. The Act also allows for duty solicitor schemes at police stations.

If a lawyer is called to a police station to help a client it may well be late at night or at a weekend, and he or she may have to go in a hurry. Despite this you must be calm and organised in your approach. It may well be useful to have a special briefcase packed for such occasions with the right forms and rules, and you do need a thorough knowledge of the relevant rules of procedure and evidence as there will be no time to check them! It is normally best to speak to the policeman in charge first to see exactly what charges have been made or are likely to be made, and what the police attitude is, especially as regards bail. It is important to build a good working relationship with the police, so that they are more likely to be helpful with information and bail. There is little to be gained from being antagonistic to the police – objective and efficient independence is best. Equally do not be too friendly with a policeman you have met before in front of the client!

You should try to talk to the client alone if possible, and at this stage should just concentrate on the main issues in the case and points of immediate importance – the details can be established later under less pressure. You should try to establish whether the client does basically admit or deny the charge, and the main points in his version of the facts, though this needs great care if a policeman is within hearing, and questions must be carefully designed and limited not to elicit replies that may be damaging. You should also establish personal information that may be relevant to bail or legal aid, such as family, work and financial circumstances. The client is more likely to make a false confession or damaging admissions if he is tense and worried, so you should try to calm him and ensure that things that are worrying him are dealt with, for example, by telephoning his family. What the client and the police say should be recorded, and you should make your own notes so as to avoid disputes later. Note that a jury may listen to a tape of an interview even if it is not played in court, *R* v *Riaz, The Times,* 22 November 1991.

If the first interview is at the police station a major issue may well be what the client should tell the police. This is a problem not made easier by media comment and the number of rather exaggerated fictional series about police on television. There is an inevitable conflict between the need to solve crimes and the interests of civil liberties. Your first reaction may well be to tell the client to say nothing because of the danger that he may even unintentionally say something that may be used against him at trial. Conversely the police will quite properly want to get as much information as they can to solve a crime, to catch anyone else involved, to recover stolen property and to collect evidence. Both sides must try to work for a fair compromise.

It is not a good rule of thumb to tell clients to say nothing. If you are not helpful the police will not be, and it may well be more important to get bail than to say nothing if the client is unlikely to say anything that will harm his case. The client should only be advised to say nothing if you are totally unclear and worried about the situation, or if there is an obvious danger that the client will do unnecessary harm to his own case. There may even be advantages in telling the client to talk – if he vehemently and clearly denies his guilt it is worth his making a formal statement to this effect as early as possible, and this can be made use of at trial. At the other end of the scale, if he clearly and unequivocally admits his guilt there is little to be gained from not telling the police, as being helpful and repentant can be used as arguments to reduce sentence. It is now important to bear in mind that an adverse inference can be drawn at trial if a defendant fails to mention something that he or she might reasonably be expected to mention, s. 34, Criminal Justice and Public Order Act 1994.

In many cases it will be a matter of balancing the type of charge, the attitude of the police and the character of the client in deciding what to advise. It is important to advise not only whether the client should talk to the police, but in what circumstances. If there are doubts about what the client may say if he is questioned the alternative is for him to offer to make a written statement. In any event you should ask to be present so that you can listen to the questions asked and to the client's answers, so that you can ask for the interview to be stopped if necessary, and see that what is said is recorded accurately.

The fact that a solicitor is not present at a police interview will certainly not automatically mean that evidence is inadmissible, but it may well have that effect if the court is of the opinion that the presence of a solicitor would almost certainly have meant that damaging admissions would not have been made, *R* v *Parris, The Times,* 2 November 1988.

If the client is in prison you should ascertain exactly what he has been charged with and telephone the prison to make an appointment to see him. You will need to abide by prison rules as to what you can take into prison and the circumstances of the interview. A warder will normally be present, but otherwise you should be free to have a full interview with the client so you can prepare your case properly. Because of the problems in seeing the client it is inevitably more difficult to prepare a case when he is in prison.

Getting bail for the client   As soon as a client has been charged, bail may be a major issue. It will be very important for the client in getting on with his family life and job, and the freedom of the client can help in many ways in preparing his case, so every effort must be made to get bail. This is not just a matter of asking for it, but of thoroughly investigating the circumstances of the client and developing convincing arguments. A bail application tends to be seen as a fairly easy thing for inexperienced lawyers to do, but it can require effort and skill to do it properly – remember the client goes to prison, albeit on remand, if you fail.

If the client is arrested and charged by the police, the custody officer should order the suspect's release from custody unless the suspect's name or address cannot be ascertained or is thought to be false, or the custody officer has reasonable grounds for believing that the suspect will not surrender to bail, or that detention is necessary to prevent the suspect committing an offence or interfering with the administration of justice, or is necessary for the protection of the suspect. If the accused is arrested on a warrant, bail will depend on whether the warrant was backed for bail when it was granted. In any event, the accused must be brought before the magistrates as soon as possible and they will consider bail. The accused has a right to bail until he is convicted, Bail Act 1976, s. 4, unless one of the exceptions in Schedule 1 of the Act applies, and this should be the starting point of any application. Only in a very small number of cases is bail totally out of the question so it is worth fighting – even an alleged murderer can get bail if there is no chance of him absconding or committing further offences, *R* v *Vernege* [1982] 1 WLR 293.

Before the application you must find time to get all the necessary information from the client and sort out the strongest arguments. Family, home, work, financial circumstances and health are the most important factors but there may be other relevant problems if the client were to be kept in custody. You should also establish whether the accused might be able to find sureties, and for what amount. It is useful to discuss matters with the officer in charge of the case if there is the opportunity to do so outside court. If the police are prepared to accept bail the magistrates will almost certainly grant it, but if the police oppose bail, positive arguments will need to be developed. It is useful to ask if the police will ask for any conditions of bail, and check with the client whether these might cause difficulties.

The first application for bail should be made as strongly and fully as possible, because if it has been refused once there is less chance of getting it later, even though the client can only be remanded in custody for up to eight days at a time unless he consents to a longer period, Magistrates Courts Act 1980, s. 128. If there is not time to get full information for the first application it must be obtained for the second, as once the magistrates have heard two full applications for bail they will not have to hear another unless there is a change in circumstances, *R* v *Nottingham Justices, ex parte Davies* [1981] QB 38, so the client may have to stay in prison until trial, which may well be several months away. If magistrates do refuse bail it is possible to appeal to a Crown Court judge or a High Court judge, though legal aid is not available for the latter.

The prosecution has a limited right of appeal against a grant of bail under the Bail (Amendment) Act 1993.

Getting legal aid   The vast majority of criminal defences are done on legal aid, and the possibility of legal aid should be discussed with the client as soon as possible. You can then help him fill in the form or apply to the magistrates if necessary. As with civil legal aid, you should always check that the legal aid certificate does cover the work being done, and apply to extend it if need be, for example, if there is an appeal.

Dealing with the client   The relationship with the client in a criminal case is in many ways subtly different from that in a civil case. There are differences in what one is trying to achieve, the attitude of the client, and the relevant ethical principles, so the lawyer needs to develop slightly different skills in asking questions and assessing answers, and in weighing up people and situations. In a civil case a client may overemphasise or twist facts to justify his case, but he will rarely lie, but in the criminal case there is a stronger motivation for, and possibility of, lies.

You must deal with this carefully. You need all the detailed facts you can get to conduct the case properly, and must therefore ask probing and awkward questions – if you do not the prosecution most certainly will at trial, and that is not a good time for surprises! But there is a danger of asking too many questions, as those familiar with the Rumpole stories by John Mortimer will know. Once a client has admitted something to you, you cannot say anything to the contrary in court – you have a professional duty to the court. It is thus not advisable to ask a question that might encourage a confession, let alone, 'Did you do it?' even though this may quite naturally arise in the your mind. However, an apparent admission is not necessarily fatal and should be examined for what it really means – a person may well think they are guilty of theft if they take something without knowing that you need an intention permanently to deprive.

In the strictest form of the rule, if a client admits guilt to you, you cannot proceed to defend him on a plea of not guilty. However, this will only apply where there is an unqualified admission of guilt once the client has had all the elements of the alleged offence fully outlined to him. You should thus look in some detail at all the legal elements of the alleged offence, all the available facts relating to each element, the evidence available, and the mental state of the client, before deciding whether there has been an unequivocal admission of guilt making it impossible for him to defend the client. More detail on these points is provided in the Code of Conduct for the Bar in Annex 7.

The rule applies not only to full admissions of guilt but to admissions of particular facts. There is no positive duty to tell the court the admitted fact, but it must not be contradicted. If on a charge of burglary the client admits stealing something but denies entering the property as a trespasser you can defend him on a plea of not guilty, but cannot as part of his case say that the item was not stolen (or you can advise the client to plead guilty to the lesser offence of theft). This professional rule can be difficult for members of the public to understand. The point is that the lawyer is a mouthpiece not the judge. You cannot defend a client who has actually said he is guilty, but in any other circumstances you can defend, and personally feeling that the client probably is guilty is irrelevant. There can be a difficult situation where the client does not admit his guilt, though you personally feel that he probably is guilty. If the client is acquitted he may well feel that the lawyer 'got him off' knowing he was guilty, but this would not be true.

It may be difficult to get a good working relationship with a client in a criminal case. He may well be under considerable stress even if the charge is not serious – a shoplifting charge may lead someone who is elderly or sees it as socially unacceptable to the verge of suicide. The client may have substantial fears as to the effect of a possible sentence on his family or job, and complex tensions can arise as to whether the client is really telling the truth, and whether his lawyer believes him. You must work on the basis that what you are told is true, but it may be difficult to present the case strongly if you do not personally believe it. You must make a conscious effort to overcome all these problems with some sensitivity and tact.

At some early stage the solicitor must get the client's version of the facts, if possible in his or her own office rather than in the police station or prison. The client should be asked to give his version of what happened in his own words, and you should not lead him. The interview should not be rushed, and should cover every element of each alleged offence. Everything he says should be noted, and at some stage written out and given to the client for him to check it is correct and that nothing has been left out. It is worth getting the client to sign it – not that this is a formal statement but clients in criminal cases do have the ability to change their version of events if they think of something to their advantage! Do note that by the Criminal Procedure and Investigations Act 1996, ss. 5 and 6 the accused has duties to make disclosure prior to trial, and save in a small case in the magistrates' court it will be difficult to keep lines of defence secret till trial.

Once the basic facts are known the main lines of defence must be worked out, and witnesses or other evidence located to support them if possible. The decision on what defence to run should not be taken too early or the client may try to say things to fit in with it, which is not desirable – it is better to get all the facts first and work from them. The lawyer in a criminal case needs a quick and imaginative mind to try to work out what may have happened as many crimes happen quickly, and many defences come from working out exactly what did happen.

The need to take care in advising the client in a criminal case is illustrated by *Somasundaram* v *M. Julius Melchior & Co.* [1989] 1 All ER 129, where the defendant was charged with malicious wounding in stabbing his wife during an argument. He initially told his solicitors that he intended to plead not guilty, but he then changed his version of events, and his barrister advised him to plead guilty. Having been sentenced to 18 months' imprisonment, the defendant then sued his solicitors, alleging that they had persuaded him to change his story. It was held that this action should be struck out, as an action for negligence could not lie against a barrister or a solicitor in civil or criminal proceedings where it involved an attack on a decision of the court, and a barrister and a solicitor were immune from action regarding advice on a plea in criminal proceedings. While this action did not succeed, it emphasises the need to take great care over what you say to a client to avoid any misinterpretation, and the need to have someone else present at an interview, if possible, to be a witness to what is said. If it might be useful in a particular case, the client can always be asked to sign a note of the advice given to him and the course he has freely chosen to take.

The importance and possible difficulty for the barrister in following client's instructions in a criminal case can be illustrated by two cases. In *R* v *Irwin* [1987] 1 WLR 902 counsel decided at a retrial not to call alibi witnesses called at the previous trial, and it was doubted by the court whether he could bind his client with such a decision. In *R* v *Ensor, The Times,* 21 March 1989, leading counsel failed to make an application to sever an indictment at his client's request and this was used as a ground of appeal, albeit unsuccessfully, as there was no evidence of injustice to the client.

Advising on the plea

Once the client has given all the information he can it should be possible to advise him how to plead, though it may be necessary to wait for statements from witnesses or from the prosecution to take a firm view – it is not necessary to plead until the start of the trial so there is plenty of time (no plea is taken at committal).

Often a plea of guilty or not guilty is obviously right, but sometimes more complex issues need careful handling and regard must be to professional ethics. The accused must plead personally, and it is for him to decide what to do, the lawyer is only there to advise, strongly if necessary, but without undue pressure.

If the client admits the offence he should plead guilty, but the lawyer should examine the facts to see if there is technical legal guilt. He or she may also need to investigate the motive for admitting guilt – someone on a shoplifting charge may well say they want to plead guilty to get it over with, even though they did not intend to take the item, and they should be advised to plead not guilty to avoid having a criminal record. If the client does want to plead guilty the lawyer cannot prevent him doing so, though the plea must be unequivocal – if the client does plead guilty the lawyer cannot say in mitigation that he did not intend to take the item! If the client is going to plead guilty that is not the end of the case, you must turn your attention to working on mitigation factors. Note that if a defendant pleads guilty an issue on the facts can still be tried if there is any dispute without affecting the plea, *R* v *Beswich, The Times*, 10 October 1995.

If the client denies any element of the offence he should of course plead not guilty, even if he admits other elements of the offence. However, there may be problems where he effectively admits most of the offence, leaving the lawyer little room to conduct an effective defence, or where the evidence from the prosecution appears very strong despite what the client says, and the lawyer should then give clear advice about the realistic chances of being convicted, though it is still ultimately for the client to decide on his plea.

There may be an alternative of pleading guilty to a lesser offence to consider, where the elements of the crime charged include the elements of a less serious offence, e.g., a charge of robbery necessarily involves a charge of theft. There is no obligation to plead guilty to the lesser offence – the accused may just plead not guilty to the offence charged – but the choice is there. If there is a real chance of acquittal on the evidence the prosecution has, then it may be best to plead not guilty, but if there is a real chance of conviction it is worth pleading guilty to the lesser offence in the hope of getting a lower sentence. If the defendant does offer a plea of guilty to a lesser offence it is only effective if the prosecution and the judge accept it. The prosecution should be contacted before the trial, and they will consider the public interest and decide whether the evidence justifies pressing for a conviction on the more serious charge, or whether they should save time and money by accepting the plea to the lesser offence. If they accept the plea the judge should be approached before or at the start of the trial for his view. The judge will apply a similar test, and will usually agree with the prosecution view, though not always, *R* v *Broad* (1978) 68 Cr App R 281. When Peter Sutcliffe was prosecuted for the 'Yorkshire Ripper' murders the prosecution were prepared to accept a plea of guilty to manslaughter in the light of reports on his mental state, but the judge was not, and the jury did convict for murder at the end of the trial. If the plea to the lesser offence is not accepted it will lapse, unless the prosecution add it to the indictment, or the judge directs the jury on the possibility of convicting for a lesser offence at the end of the trial.

The possibilities of 'plea bargaining' have been widely commented on and criticised, and you must take great care to behave properly. The term has no strict meaning, but is used to cover any negotiations relating to what a defendant may get in return for pleading guilty. This may include pleading guilty to a lesser offence, pleading guilty in the hope of a lower sentence, or offering to give evidence for the prosecution against someone else to avoid being charged with a serious offence. You must take care to act openly, in the interests of your client and of the public. Some general rules for plea bargaining come from *R v Turner* [1970] 2 QB 321; you should act in your client's best interests, giving strong advice to him if necessary, but without applying any undue pressure, and the accused must have a free choice of plea. He should not feel pressure from the prosecution or the judge to plead guilty, and counsel should avoid consulting the judge in private, though if he or she does go, both sides should go together. The judge should not make specific promises as to what sentence he or she would give for a guilty plea, though he or she may give a general indication of what type of sentence might be appropriate.

It is not possible to make a list of the circumstances when it is appropriate to go to see the judge, *R v Pitman* [1991] 1 All ER 468, but the problems of the defendant misunderstanding what is happening have been emphasised time and again, and a clear note of what the judge says should be made and explained to the client, *R v Smith* [1990] 1 All ER 634.

A particularly extreme example of the difficulties that can arise for a lawyer where there is a meeting with the judge is provided by *R v Harper-Taylor and Bakker* [1988] NLJ 80. In a trial for the attempted murder of the first defendant's wife, counsel met the judge in the judge's room, and leading counsel for the second defendant said that his client now admitted being at the scene of the crime and firing a gun. It was agreed that the trial should be stopped and the police should take a statement from the second defendant. The second defendant then refused to make a statement, and at retrial a written statement from his leading counsel as to the admission was admitted as evidence. The second defendant was convicted and appealed, and in allowing the appeal the Court of Appeal expressed concern at the barrister's position. Whilst fully accepting that the barrister had tried to act properly, the view was expressed that there should only be a meeting in the judge's room if there was no alternative, and that any discussion held in the judge's room should be confidential, as complex problems could otherwise arise.

One final point on pleas relates to the practice of taking other offences into consideration (normally referred to as t.i.c.'s). This means that in addition to the offences actually charged the defendant informally admits committing other specified offences, which are taken into account in passing sentence. This is an advantage to the defendant as no further proceedings will be taken against him for those offences, and although he will get a higher sentence than he would otherwise have got, it must still be within the maximum for the offence charged. The advantage for the prosecution is that those other offences are cleared up without further investigation or expense. This is not a formal procedure and it may be initiated by either side.

If the defendant does decide to plead guilty the court and the prosecution should be told as soon as possible to allow them to prepare the case appropriately, *Practice Direction (Crown Court: Plea and Directions Hearings), The Times*, 31 July 1995.

Advising for the prosecution

Prosecutions are normally brought through the Crown Prosecution Service (the CPS), though in certain circumstances the prosecution may be in the hands of someone else, such as the Director of Public Prosecutions. In any event, prosecution work is normally in the hands of specific solicitors and barristers who regularly do this type of work. It is the duty of the prosecution to prosecute the case fairly, not to get a conviction at any cost. As it is sometimes put, he or she is there to prosecute, not to persecute. There is a public interest in convicting those who commit crimes, but not in convicting the innocent. The duties of prosecuting counsel are set out in Annex H to the Code of Conduct for the Bar.

First, there is the decision to prosecute. Then there is the actual conduct of the case when the prosecution should be thoroughly pursued if the evidence justifies it. The burden of proof beyond a reasonable doubt is on the prosecution, so complete preparation of evidence and arguments on facts and on law is essential. If the accused wishes to plead guilty to a lesser offence, or to have offences taken into consideration the prosecution should only agree if they feel that this is in the public interest. It is not in the public interest to let someone who has committed a serious assault get away with a plea to a less serious offence, unless there is a real doubt about the evidence and the chances of securing a conviction.

The prosecution must, of course, secure sufficient evidence to show guilt beyond a reasonable doubt. Normally such evidence is obtained by the police, and handed to the Crown Prosecution Service. Statements from each witness should be taken in the form prescribed, though they will only be admissible in limited circumstances. The statement must be signed, with a statement that it is true to the best of the maker's knowledge and belief. It should basically consist of the witness's exact words, but should not contain inadmissible matters, such as hearsay, which should be edited out. Directions have been given as to how this should be done, *Practice Direction* [1986] 2 All ER 11. The prosecution must be open. If there is to be a Crown Court trial, disclosure of the case will happen at committal, and if the prosecutor wishes to use evidence at trial that was not in the committal papers, he or she should give notice to the defence with a copy of the evidence. If the prosecution comes to know of any evidence that may favour the defence, they should disclose that to the defence in any event. Even if there is to be a summary trial without committal proceedings, the prosecution should let the defence have copies of any statements in advance of the trial.

The position on disclosure of evidence prior to trial has evolved substantially over recent years. Guidelines have for some time made it clear that the prosecution has a general duty to disclose all witness statements and documents which are not in the committal papers and unedited versions of statements which have been edited, in addition to statements of witnesses called at committal. These must be made available for inspection, and copies supplied if they are reasonably short.

There is a discretion not to disclose, which should be exercised on the advice of counsel if there is any doubt. Disclosure might be withheld if it might lead to attempts to get a witness to retract or change his or her statement. Disclosure might also be withheld if the statement is made by someone close to the accused, which is believed to be at least partly untrue, and which may be used by the prosecution in cross-examination.

Thirdly, disclosure might be withheld if a statement favours the prosecution but it is believed that the witness may have said something different to the defence so that again the statement might be used for cross-examination. Lastly, the statement need not be disclosed if its contents are sensitive and disclosure would not be in the public interest. If a statement is neutral or negative but it is believed to be true the prosecution do not have to disclose it, though they should supply the defence with the name and address of the witness. Non-disclosure can, however, lead to a miscarriage of justice, see *R* v *Ward* [1993] 1 WLR 619. It has been clear for some time that the prosecution should disclose any evidence they are aware of which is positively favourable to the defence, *Dallison* v *Caffery* [1965] 1 QB 348, *R* v *Leyland Justices, ex parte Hawthorn* [1979] QB 283.

The duty of disclosure is being codified and modified by the Criminal Procedure and Investigations Act 1996 (though at the time of writing it was not clear when all the provisions of this Act would come into force). The new approach will be based on the duty of a police officer investigating a case to record and retain information, as set out in a Code of Practice, s. 23 of the 1996 Act. Having disclosed the prosecution case, the prosecution has a duty to make primary disclosure of previously undisclosed material which might undermine the case for the prosecution, s. 3 of the 1996 Act. The defence must then, after committal, provide a defence statement setting out the general nature of the defence and the areas in which the defendant takes issue with the prosecution, s. 5 of the 1996 Act. Following this the prosecution has a duty of secondary disclosure, to disclose anything which might assist the defence as disclosed, s. 7 of the 1996 Act. The prosecutor has a duty to review continuously whether anything else should reasonably be disclosed, s. 9 of the 1996 Act. Once witness statements have been served by the prosecution, there is a general duty to call those witnesses at trial, *R* v *Russell-Jones* [1995] 3 All ER 239.

During the trial, the prosecution have clear and obvious duties to act fairly. This includes a duty during the summing up to listen to the judge and ensure that the essential ingredients of the offence are properly put to the jury, providing a short and polite reminder if there is any omission, *R* v *McVey* [1988] Crim LR 127.

When it comes to sentence, the prosecutor has no duty to press for a heavy sentence, and indeed will often not be involved at the sentencing stage, as the sentence is a matter for the judge based on a plea in mitigation. At most the prosecution should give objective help as to the type of sentences available. One thing the prosecution should do if appropriate is to seek a compensation order where someone has suffered personal injury, loss or damage as a result of the offence charged or of an offence taken into consideration, Powers of Criminal Courts Act 1973, s. 35. It is normal practice for the police to ask the victim if he would like to seek compensation, and for the prosecution then to raise the matter if there is a conviction. It is necessary to show a clear case for compensation, and if possible to give evidence of the value of the damage suffered. By statute, compensation should now take priority over a fine if the defendant is unable to pay both, which emphasises the point that the victim must be given proper consideration. Compensation can be given for anxiety and distress if it is directly connected with the offence, *Bond* v *Chief Constable of Kent* [1983] 1 All ER 456.

FORM OF A SECTION 9 WITNESS STATEMENT

<u>STATEMENT OF WITNESS</u>

(MCA 1980, s. 102: CJA 1967, s. 9: MC rules 1981, r. 70)

STATEMENT OF
AGE OF WITNESS (if under 21)
OCCUPATION OF WITNESS
ADDRESS
TELEPHONE NOS. HOME
BUSINESS

This statement, consisting of   page(s) each signed by me, is true to the best of my knowledge and belief and I make it knowing that if it is tendered in evidence, I shall be liable to prosecution if I have wilfully stated in it anything which I know to be false or do not believe to be true.

Dated the   day of   1997

Signed by witness

Dates
unavailable

(Typed out statement of witness)

Signed by
policeman

Rank

Signed by witness

Recent cases have held that the police may get an injunction to freeze money in a bank account, or may keep money found on the defendant's premises in police possession if it is traceable from an offence, and especially if it is evidence. However, the money may not be kept just for possible compensation or fine, see *Malone* v *Metropolitan Police Commissioner* [1979] Ch 344 and *Chief Constable of Kent* v *V* [1983] QB 34.

The mode of trial

Many minor offences, including for example, many of the more minor motoring offences, are purely summary and can be tried only by the magistrates' court, and some very serious offences are triable only on indictment at the Crown Court. However, many criminal offences, including many of the offences under the Theft Acts and many types of assault are triable either way. Therefore the lawyer will have to consider and advise as to which type of trial is more appropriate. The procedure for deciding the mode of trial comes from the Magistrates' Courts Act 1980, ss. 18–22, which allows both prosecution and defence to make representations on the matter. Since a person aged 18 or over has the right to a jury trial where the offence is triable either way, his choice may often be decisive, but the accused has no right to insist on a summary trial, and the prosecution may ask for a trial in the Crown Court if they feel that the offence is serious.

In general terms it has been said that an offence triable either way should normally be tried summarily unless there is a specific reason for Crown Court trial related to the severity of the offence and the magistrates' sentencing powers, *Practice Note: National Mode of Trial Guidelines, The Times,* 29 October 1990.

Other factors in deciding on mode of trial, are as follows:

(a) The seriousness of the offence. This is a question of the facts of the alleged offence, and the value of property stolen or the seriousness of injuries inflicted may be crucial. There are no set limits, but if the value of the property stolen is in the thousands of pounds or the injuries inflicted are likely to take some time to heal, the case should normally be heard in the Crown Court. Peripheral facts may make the case more serious, for example, the theft of a relatively small sum from an employer or while in a position of trust may merit a Crown Court trial.

(b) The possible sentence for the offence. Magistrates have limited sentencing powers, for example with regard to fines, ss. 17–20, Criminal Justice Act 1991. The magistrates should only try the case if they feel that, should they convict, these sentencing powers will be adequate. When this point is being considered, it should be remembered that if something in the character or antecedents that comes out at a later stage makes the magistrates feel that their sentencing powers are inadequate, they may commit the accused to the Crown Court for sentence. It is the full sentencing powers of the magistrates that should be taken into account in each case – if there are two or more offences triable either way the magistrates may impose a prison sentence of up to 12 months, or they may, for example, impose orders for compensation and costs in addition to a fine.

(c) The cost of proceedings. A summary trial will inevitably be much cheaper, because there will be less time in court, less expensive preparation, and the case may well be done by a solicitor with advocacy skills, without the extra expense of briefing a barrister to act as well. If the defendant does elect trial by jury he must accept that a much larger costs order may be made against him, *R* v *Boyesen* [1982] 2 All ER 161.

(d)   The time factor. Most people on a criminal charge will express the wish to get it all over with as soon as possible, and undoubtedly a summary trial will be quicker. If there is a jury trial, there will have to be committal proceedings first, and then the wait for the Crown Court trial to come on. If the accused is on bail the time factor should not be crucial, but if he is in custody it may be that the offence is too serious to be tried summarily anyway.

(e)   Knowing the prosecution case. If the trial is at the Crown Court there will be committal proceedings first, which will enable the defence to know the details of the prosecution case well in advance. This will also give the defence the chance to ask for a long form of committal, and use it to challenge prosecution evidence, and perhaps to submit no case to answer, or that the case should not be committed. If there is a summary trial the defence should normally still get the prosecution statements in advance, but they may not get them a long time in advance to be able to prepare their case fully.

(f)   Complex legal or evidential points. If there are complex legal or evidential points, the usual view is that the case should go to the Crown Court. This is not necessarily true, as the magistrates' clerk will always have legal training and will be able to explain points, and so will a stipendiary magistrate if the case comes before him. However, there is something in the argument. The atmosphere of a Crown Court tends to be more suitable for a legal argument than a busy and often noisy magistrates' court where people are continually slipping in and out. Also the Crown Court judge will normally hear an argument on a legal point or the admissibility of evidence in the absence of the jury, so that if it is inadmissible the jury will never hear it, whereas magistrates will hear the evidence to decide, and even if they hold that it is inadmissible, it may be impossible for them to ignore it totally.

(g)   The chances of acquittal. There is a general feeling that an accused is more likely to be acquitted by a Crown Court jury than by magistrates. Different research has come up with different conclusions as to whether this is really true, and it does depend on what basis statistics are drawn up. It can only be said that magistrates in a busy court hearing dozens of similar cases with similar lines of defence may justifiably get a bit cynical, whereas people only sit on juries once or twice in their lives, and they may therefore be rather more prepared to give the accused the benefit of any doubt.

(h)   Publicity. This is sometimes thought to be a relevant factor. The argument is that a quick hearing at a magistrates' court may pass unnoticed, whereas a full trial at a Crown Court might attract attention. There may be some truth to this, but the local press may have a reporter at the magistrates' court who will pick up the case anyway, and if someone well known is charged with an offence, it will probably attract publicity wherever it is tried.

At the end of the day it is a matter of balancing all these factors, and of deciding which of them are more important. For example, someone on a shop-lifting charge may well want to get it dealt with quickly and cheaply and get a low sentence, but they may wish to argue about the admissibility of evidence and hope to be acquitted by a jury. In each case it will be necessary to decide where the balance lies.

There is a special rule where the charge is of criminal damage, in that the offence will be triable either way if the value of the damage is more than £5,000, but purely summary if the value of the damage is less than £5,000. The magistrates will have to make a decision on the value of the damage, and there is no right of appeal against their finding, so it is important for the lawyers to prepare arguments on valuation in advance, supported by evidence as far as possible.

The place and mode of trial for a juvenile are subject to different rules which cannot be covered in detail here. The juvenile will normally be tried in the youth court with a few specific exceptions. He may be tried in the Crown Court if the charge is homicide, and he may be tried in the Crown Court or in the adult magistrates' court in other appropriate cases. There is a discretion in many of these cases, where the lawyer should consider the possibilities and advise fully.

Summary trial

The procedure for trial at the magistrates' court is very well dealt with in other books, and I will only raise a few brief practical points here. The accused will normally be represented by a solicitor who does criminal advocacy work, though a barrister may be brought in. An inexperienced barrister may be briefed to appear at a summary trial if there is no suitable member of the firm of solicitors available to do the work, and this will give him or her good experience. Legal aid will not cover the briefing of a barrister for a summary trial unless there is good reason, so a certificate for counsel should be sought.

It is not always easy to prepare properly for a summary trial. Although it is now the practice for the prosecution to provide in advance copies of the statements of the witnesses that they intend to call, they may not be provided until a late stage and a great deal of work may have to be done at the last moment. In any event, preparation of the defence must be done quite quickly for a summary trial, normally within a few weeks. The basic lines of defence, with supporting evidence, can be prepared, but it may be difficult to prepare lines of cross-examination. Even if the prosecution statements are available, they may well be short, and only give a rough idea of what the witness will actually say. This means that the defence lawyer at a summary trial will have to listen especially carefully to everything that is said, and think and react quickly. It may also be difficult to arrange for someone to take a note of what is said by the witnesses, so he or she will have to do this. The summary trial may thus be quite a challenge to the lawyer, who may have to improvise in a way that is not normally necessary in the Crown Court. If anything comes up that is a complete surprise for the defence it is of course possible to seek an adjournment.

It is important to use any period of waiting before going into court profitably. Although longer cases will usually be listed for a set date and time, shorter cases will normally be called with several at one time, so that there may well be a wait before you are called into court. This time can be used talking to the client, to get his views on any prosecution statements that you have, and to ask questions to clarify anything that is still not clear. If there is a real likelihood of conviction, you should also find out anything relevant to sentence, such as what level of fine he could reasonably afford to pay, and warn him what the possible sentence may be. Although it is important to talk to the client for all these reasons, it may not be easy. Some magistrates' court buildings are Victorian, cramped and not entirely salubrious, to the extent that however worried the client is about the case, he may well comment on the surroundings. Any discussion may well have to take place in the corridor, it may not be possible even to sit down, and it may be difficult to take notes. There may well be people and policemen standing around waiting for their cases to come on, which is distracting, and does not help the client to think clearly or communicate.

Despite the surroundings, it is important to remain completely calm and collected, and to give this feeling to the client. Despite the fact that the court may be busy, this atmosphere should go with you into court. It may be particularly difficult for the lawyer who has not had a lot of experience, but you should not let the fact that there may be a list of cases to be heard and that people may be popping in and out of court all the time rush you. You should take time to make your points clearly and fully for your client's sake.

There are various methods of appeal from a magistrates' decision, and the lawyer will have to consider and advise on which is appropriate if necessary, and ask for any appropriate extension of legal aid. The most common type of appeal will be to the Crown Court. There is a right to appeal without leave, and there will be a rehearing of the case, or of matters relating to sentence if only the sentence is appealed against. Because there is a complete rehearing, it is not necessary to draft grounds of appeal, but only to give notice. The Crown Court will only have the sentencing powers that the magistrate had, but within that limit, the sentence may be increased.

The alternative, if appropriate, is to go to the Divisional Court for judicial review of the magistrates' decision. For this it will be necessary to state in detail what sort of remedy is sought and on what grounds. If there is a choice between appeal to the Crown Court and judicial review, the former should normally be preferred as being quicker, cheaper and more convenient (separate civil legal aid will need to be sought for judicial review). The final alternative, only to be used where strictly appropriate, is to appeal by way of case stated to the Divisional Court, where the point at issue is solely the interpretation of a legal provision.

Committal proceedings

If the accused is to be tried on indictment, there will normally be committal proceedings first. The basic purpose of the committal used to be to check that there was sufficient evidence to justify sending the accused for trial, though this is no longer really the case with the growth of the short form of committal. In any event, the accused is in no way on trial, and does not have to plead at committal proceedings. It is no longer strictly necessary for a lawyer to be present if there is a short form of committal, though he or she should attend if there are any applications to be made. The committal may be attended by a solicitor or a barrister. If it is to be a long form of committal then it is desirable for the barrister who will appear at the trial to conduct the case for the defence so he can see the witnesses, but in practice this is not always done. For example, in the Jeremy Thorpe case his solicitor, Sir David Napley, conducted the committal although he could not appear at the trial.

There is a basic choice for committal procedings, which the lawyer must consider and advise on. The first, and by far the most common, is the short form of committal without consideration of the evidence, Magistrates' Courts Act 1980, s. 6(2). This is essentially a formality and will only last a few minutes, as the court will merely ascertain that the conditions for a short form of committal exist and the prosecution statements will be handed in without being read. The conditions are that all the evidence should be in the form of written statements, that the accused should have a legal representative, and that the defence do not wish to submit that the case should not be committed for trial. Only matters relating to bail, legal aid and witness orders will need to be dealt with. The short form of committal is quick, cheap, and allows the defence not to reveal their case at all until the trial. Therefore it should always be chosen unless there is a good reason for a long form of committal.

The alternative is the long form of committal, with consideration of the evidence, Magistrates' Courts Act 1980, s. 6(1), where the magistrates will actively consider the evidence to see if it justifies sending the case for trial. Since the prosecution will be content with the short form of committal, this is essentially a choice for the defence, who again will have to balance factors to see if a long form of committal is really justified. The following factors are most likely to be important:

(a) A submission of no case to answer, or that the case should not be committed. There must be a long form of committal if the defence wishes to make either of these submissions to stop the case proceeding any further. The first submission can be made at the end of the prosecution case if their evidence is weak, or if there is no evidence at all on a crucial element of the offence, and the latter submission can be made at the end of the committal on the basis that the evidence as a whole does not justify committing the case. If either submission succeeds, the case will go no further and the client will go free. However, there is only any point in making either submission if it does have a real chance of success, otherwise it is a waste of time and money, and gives the prosecution practice and shows them the weaknesses in their case so that they can be better prepared for the trial. Also, the accused is not actually acquitted, so a new prosecution for the offence can be brought, so it may be better to let the weak case go to the Crown Court and get an acquittal.

(b) Challenging prosecution evidence. There is no point in having a long form of committal just to challenge some parts of the prosecution evidence, because again you are just bringing defects to their attention so that they can be properly prepared at trial. However, if the credibility or admissibility of a substantial element of the prosecution evidence can be challenged it is worth having a long form of committal so that the evidence can be challenged and the case may not then be committed. The odd bit of hearsay can be allowed to pass and can be challenged at trial, but if the prosecution depends on a confession that may well not be admissible, it should be challenged. Also if identification is in issue, there should normally be a long form of committal to check the identification evidence, following several cases in which weak identification evidence may have led to the conviction of the wrong person.

The prosecution should in fact take out any inadmissible evidence before they send the statements to the defence, *R* v *Colchester Stipendiary, ex parte Beck* [1979] QB 674, but if the defence do object to something that has been left in which they do not raise at committal, they should still draw the matter to the attention of the prosecution, who may agree to withdraw that part of the evidence voluntarily, or at least will not mention it at trial until the defence have had chance to object.

(c)   Getting more details about the case. The prosecution statements may well be short or unclear, and this may be at least partially remedied by having a long form of committal at which the defence can cross-examine prosecution witnesses. This will enable the defence to see what the witness is like and how convincing he is, and to ask him questions to get more detail. This may also be helpful if the defendant's lawyer feels that he is not being very communicative, so he or she wishes to find out more rather than be surprised at trial, or if he or she wants to try out a line of defence. The committal does give you some opportunity to ask questions that you would prefer not to ask in front of the jury at trial, though of course all the witness's answers will be taken down in a written deposition, and could be used later, so this must be done with care.

It is sometimes possible to make tactical use of these depositions, as happened in the Jeremy Thorpe case, where discrepancies between what the witnesses said at committal and what they said at the Old Bailey were used to argue that they were at least inconsistent, if not unreliable. Despite these possible advantages, it is not wise to get prosecution witnesses to give evidence at committal unless there is good reason. Giving evidence will give them practice, which means that they will inevitably be less nervous and more convincing at trial. Also the questions asked by the defence may well reveal lines of defence that could otherwise be kept secret until trial. However, the fact that there is a long form of committal does not mean that all the witnesses have to give oral evidence, and in practice the defence can indicate to the prosecution those witnesses whom they would like to give oral evidence at the committal, and the statements of the rest may be read out and handed in. The defence can thus choose which witnesses they cross-examine at this stage, but they cannot force the prosecution to call any particular witness, R v *Grays Justices, ex parte Tetley* (1979) 70 Cr App R 11.

(d)   Publicity. There are strict reporting restrictions on committals, so that the trial itself will not be prejudiced, Magistrates' Courts Act 1980, s. 8. Normally the accused will want this for his own privacy, but he may want to have the committal reported, for example if he knows that there may be witnesses who could support his defence, and he wants to get them to come forward for the trial. He can do this by asking for a long form of committal, and asking for reporting restrictions to be lifted so the details can go into the papers.

Once they have the prosecution statements, the defence lawyers should weigh up any of these factors that are relevant, and if there is a good reason for wanting a long form of committal they should let the court know so that the case can be listed appropriately. The defence should let the prosecution know which witnesses they would like to have at the committal and which ones they will be prepared to accept statements from at this stage. If the prosecution decide that they will want to call a witness at trial whose statement was not given to the defence before the committal, they must tell the defence and supply them with a copy of the witness's statement. The only evidence of which the defence has to give notice to the prosecution is an alibi – he must let the prosecution know the essence of the alibi within seven days of the committal, with the name and address of any witness who can support it. This notice does not need to be detailed.

At the end of the committal any appropriate applications for bail and in connection with bail should be made. If bail is refused by the magistrates it can be sought from a Crown Court judge or a High Court judge. The committal papers will be sent to the appropriate Crown Court officer for the indictment to be drawn up.

There is an alternative to committal proceedings that may be used in special circumstances, namely the voluntary bill of indictment, Administration of Justice Act 1933, s. 2. A voluntary bill may be granted by a High Court judge where committal proceedings have proved abortive or incomplete, for example, if the accused continually interrupted the committal proceedings, or one person alleged to be involved in an offence is arrested after others have already been committed, and it is desirable all be tried together. The prosecution should send the statements in the case together with the proposed indictment to the judge in Chambers, and he or she may grant the voluntary bill without hearing representations from the lawyers. On procedure see the *Practice Note* [1991] 1 All ER 288. The voluntary bill is very unsatisfactory for the accused, as he has no right to be heard on whether it should be granted or not, and he has no chance to choose a long form of committal if that might be useful to him, *R* v *Raymond* [1981] QB 910.

Drafting an indictment

An indictment has normally been drawn up by a court officer rather than by a barrister, unless the case is particularly complex or important, and this duty has now passed to the Crown Prosecution Service. An indictment must be signed by an appropriate court officer, and it is clear that this provision is mandatory, *R* v *Morais* [1988] 3 All ER 161. The signature should be in the right place, *R* v *Laming, The Times,* 19 December 1989. Once counsel is instructed it is, however, his or her duty to ensure the indictment is correct, *R* v *Moss* (1995) Crim LR 828. An indictment is the sole type of draft in which there is no room for personal style – it must simply be accurate. In any event the prosecution and the defence lawyers should check the indictment to see if they have any possible problem or objection as regards the wording, the offences and the people charged. The indictment should be drawn up and preferred within 28 days of the committal proceedings, though this time limit may be extended, and it is not necessarily fatal if it is not preferred within the time limit, *R* v *Farooki* [1983] Crim LR 620. The indictment must be based on the evidence from the committal proceedings, and may include any offence that arises from the facts in those papers, and not only an offence for which the magistrates committed the accused for trial.

The contents and form of the indictment come from the Indictments Act 1915 and the Indictment Rules 1971, and the present form of the indictment is relatively simple (see Example 1). The problem in practice is to decide what offences to charge, and when offences and offenders may be joined in the same indictment. The basic form of the indictment comes from the Act and the rules and must be followed, but the wording for the counts for different types of offence is not mandatory, though from time to time the courts do approve particular forms of words for particular offences as being useful or flawed, see for example, *Director of Public Prosecutions* v *Taylor, The Times,* 18 July 1991. The best source of information on this is *Archbold's Criminal Pleading, Evidence and Practice* (Sweet and Maxwell), which gives a form of wording for most criminal charges from murder to interrupting a clergyman who is giving a sermon.

Unfortunately it has to be said that the working of indictments owes more to history than to logic or practicality. Some instances where information is included or excluded are difficult to justify on basic principles of clarifying the offence or assisting the court, and reform is long overdue.

The first part of the indictment is the heading, which will consist of the court where the case is to be heard and the names of the parties. The prosecution is normally brought in the name of the Crown and will therefore be 'The Queen', but it may be brought by someone else where appropriate, such as the Director of Public Prosecutions. The full name of the defendant should be given, and if there is more than one defendant, their names should be put on separate lines and numbered. It is not fatal to the indictment if the name of a defendant is not correctly stated so long as there is no mistake as to his identity. A company may be a defendant to a criminal action in appropriate circumstances.

The body of the indictment contains the charges, Indictments Act 1915, s. 3:

Every indictment shall contain, and shall be sufficient if it contains, a statement of the specific offence or offences with which the accused person is charged, together with such particulars as may be necessary for giving reasonable information as to the nature of the charge.

This means that each charge consists of two parts, the statement of the offence and the particulars. The indictment rules provide that if more than one offence is alleged, the statement and particulars of each should be in separate numbered paragraphs, called counts. Each count must allege only one offence or it will be void for duplicity, but if two or more people are alleged to have committed the same offence together, they can be put in the same count.

The first part of a count is the statement of offence. This is normally a single sentence which just states the type of offence, and if the offence is created by a statute or an instrument made under the authority of a statute, the section of the statute or the relevant instrument should be stated. A simple allegation of 'theft' or 'murder' together with the appropriate statutory section is sufficient. Some examples are given in the section on criminal cases.

The second part of the count is the particulars of offence. This should give the essential elements of the offence so that the defendant knows exactly what charge he has to answer, but it is not necessary to include all the legal elements of the offence. Normally the particulars will state who is alleged to have committed the offence, when and where, and who or what the offence was against, as far as is relevant. The wording of the particulars will often come from the wording of the section creating the offence, though a charge of theft may simply allege that the defendant 'stole' without including all the elements of the Theft Act 1968, s. 1.

The particulars should be as specific as possible to be fair to the defendant, but if there is any doubt, for example, as to the date when an offence was committed, the point may be pleaded wide, for example, 'on a day between . . . and . . .' or 'on or about . . .'. It is normal though not essential in an allegation of theft to state what was stolen and its value, and again this should be as specific as possible rather than just 'a quantity of . . .'.

Absolute accuracy is crucial. If goods are alleged to have been stolen they should be identified as accurately as possible. If a car is involved, the make and registration number should be provided. The value of an item should be given if possible. However, detail should only be provided if it is known to be accurate.

EXAMPLE 1   BASIC INDICTMENT

IN THE CROWN COURT AT _____   No. ____

     THE QUEEN v A.   B.   (Name of Defendant in capitals)

A.   B.   is charged as follows:
(Set out each separate alleged offence as a separate count. These are examples of possible counts, with many more being given in the section on criminal drafting.)

COUNT 1.   STATEMENT OF OFFENCE

    Theft, contrary to section 1 of the Theft Act 1968.

         PARTICULARS OF OFFENCE

     A.   B.   on the   day of   1997 at (state where the offence took place) stole a (state property stolen), the property of (state who owned the property).

COUNT 2.   STATEMENT OF OFFENCE

    Burglary, contrary to section 9(1)(a), of the Theft Act 1968.

         PARTICULARS OF OFFENCE

     A.   B.   on the   day of   1997 entered a building known as (give the address of the place burgled) with intent to steal therein.

Date   Signed
                Officer of the Crown Court.

If an offence may be committed in more than one way, the particulars should include which way is alleged. For example, although handling is a single offence, it has been held that it can be committed in two completely different ways, *R* v *Sloggett* [1972] 1 QB 430, and therefore the indictment should make it clear which is alleged, receiving or dishonestly helping to dispose of the goods. If a section merely gives alternative words rather than alternative ways of committing the offence, the alternative words can be put into the count without stating which is alleged, so the second type of handling can be charged as 'dishonestly undertook or assisted in the retention, removal, disposal or realisation of the stolen goods by or for the benefit of another' without necessarily choosing between the words. If there are by statute various exceptions of defences to an offence, these do not have to be negatived in the indictment. If a general allegation of recklessness is made, it may be appropriate to give particulars, *R* v *Warburton-Pitt, The Times*, 6 July 1990.

If there is more than one count in an indictment, they should be put in a logical order, either chronological, or with the more serious charges before the less serious ones. If there is more than one defendant it should be made completely clear which defendant or defendants each count is against. Alternative charges may be put in alternative counts.

Deciding what charges to put in an indictment may be difficult. If there is any doubt then every possible charge arising from the committal papers should be noted down, together with the elements of each possible charge. For example, if there is a possible charge of theft under the Theft Act 1968, s. 1 the elements are dishonesty/appropriation/property that can be stolen/that property belonging to someone other than the accused/the intention of permanently depriving the owner of the property. The next stage is to read through the committal papers and to tick every element on which there is evidence. If every element is ticked then the offence can be charged, but if there is no evidence on any element then the offence should not be charged (unless evidence on the point can be found for the trial). If there is more than one offence of which all the elements are present they can all be charged, but a choice may have to be made.

The following general principles should be taken into account when deciding what offences to charge:

(a)   An indictment should not be overloaded. If too many offences are charged together the trial will be long and complicated and the jury may get confused, *R* v *Novac* (1977) 65 Cr App R 107 and *R* v *O'Meara, The Times*, 15 December 1989. Either a choice should be made, or the charges be put into two separate indictments leading to two separate trials.

(b)   The most serious offence justified on the evidence should be charged, in the public interest. The defendant may offer a plea of guilty to a lesser offence and this can be considered if it arises. However, the more serious offence should only be charged if it really is justified, following the principle of prosecution not persecution.

(c)   If an indictment alleges a serious offence it should not include something trivial too. This will just add to the cost and length of trial without any real purpose. For example, if there is a charge of murder there is little to be gained from adding a relatively trivial allegation of criminal damage, see *R* v *Ambrose* (1973) 57 Cr App R 538. If the defendant is acquitted on the serious charge the prosecution may proceed with the smaller offence if they see fit.

(d) If the same facts give rise to more than one offence, normally only one should be charged. If someone steals something and then sells it, it is normal to charge him with theft rather than theft and handling. This will depend on the facts and is a matter of discretion, for example, both theft and handling may be charged if they take place some time apart in totally different circumstances, or may possibly be charged in the alternative if the evidence is not clear.

It is a matter of fact whether a series of events gives rise to one or more charges. If a person goes on a shop-lifting spree it must be decided if this is one continuing theft or a series of thefts. In *R* v *Wilson* (1979) 69 Cr App R 83 it was held correct in such a case to have one count alleging thefts in a branch of Boots and another alleging thefts in a branch of Debenhams.

(e) Two offences should not normally be charged where one is 'included' in the other. If the evidence shows that the accused entered property and stole something, he should normally be charged with burglary and not burglary and theft. Again this is a matter of the facts and discretion, and there may be reasons for charging both, probably in the alternative, if the evidence is not clear.

This point includes any decision whether to charge a complete offence or some other degree of involvement. A charge of a complete offence includes in itself a charge of attempt to commit an offence, but other involvement, such as a conspiracy, or aiding and abetting another to commit an offence will have to be charged in a separate count if appropriate.

(f) If there is a string of similar offences, only some representative counts may be charged, to save the time and expense of trying them all.

(g) The strength of the evidence is important, and should always be borne in mind when deciding what offences to charge. If there is strong evidence on one charge but relatively weak evidence on another, it may be better to put the first in the indictment and not bother with the other.

Having decided what offences should be charged, it is necessary to decide whether they can be put in the same indictment. The test comes from the Indictment Rules, rule 9, which provides that 'charges for any offence may be joined in the same indictment if those charges are founded on the same facts, or form or are a part of a series of offences of the same or a similar character'. This test was discussed in detail by the House of Lords in *Ludlow* v *Metropolitan Police Commissioner* [1971] AC 29, where it was held that an attempted theft in one pub in Acton and a robbery of a small amount of money in another pub in Acton 16 days later were properly joined in the same indictment.

The test is a matter of whether on the facts the offences are in some way linked, and there is no great lapse of time between one and another. It has been held that offences of assault, possession of an offensive weapon and possession of a prohibited drug were properly joined where the drug was taken to build up courage to take the weapon to commit the assault, *R* v *Conti* (1974) 58 Cr App R 387. It has also been held that various offences connected with putting pressure on witnesses as to the evidence they will give can properly be joined, *R* v *Barrell and Wilson* (1979) 69 Cr App R 250. However, charges of stealing a car and then raping a girl in it may not properly be joined, *R* v *Thomas* (1949) 33 Cr App R 74.

Even if the offences are properly joined under this test, the accused may apply for the counts to be severed at the judge's discretion if he might otherwise be prejudiced or embarrassed in his defence if they are tried together, or if it is for some other reason desirable, Indictments Act 1915, s. 5(3). The defence may wish to apply to have the indictment severed as a matter of policy in the hope that if the defendant is tried on each count separately, he is more likely to be acquitted on both. The judge may order severance if for example there are so many counts that the jury may become confused, if one of the counts is particularly scandalous or prejudicial, or if evidence is admissible on one count but not on another (though this point may be complicated if there is similar fact evidence, *R* v *Scarrott* [1978] QB 1016).

It will also be necessary to decide who to charge if more than one person is involved in the commission of the offences. The test is one of 'nexus', that is whether the offences and offenders are so related by time and other factors that it is in the interest of justice that they be tried together, i.e., whether the accused were both effectively involved in the same incident, as in *R* v *Assim* [1966] 2 QB 249 where two men were charged in connection with a fight in the entrance to a club and it was held that the charges against them were properly put in the same indictment, although it was alleged that each had assaulted a different person. There are some specific circumstances in which offenders may be joined in the same indictment, as under the Theft Act 1968, s. 27, by which all people alleged to have stolen or handled the same goods may be joined in one indictment.

The judge has a discretion to order that the offences be tried separately, even if they have been properly joined, if one of the accused will otherwise be prejudiced in his defence. This may be ordered if, for example, evidence is admissible against one accused but not another, or if the jury may be confused by the number of defendants. It will not normally be sufficient for separate trials that the accused have conflicting defences, *R* v *Lake* (1978) 68 Cr App R 172, and it must be said that the current tendency is to refuse separate trials unless there is very good reason, because of the expense, and the feeling that it is normally better for all the evidence to go together before a single jury, *R* v *Moghal* (1977) 65 Cr App R 56. It is possible that the prosecution may wish the accused to be tried separately, because one co-accused cannot be called to give evidence against another, in which case they will draft separate indictments.

If there is more than one possible defendant it will be necessary to decide not only whether they can be joined in the same indictment, but also whether they can properly be put in the same count or should be in different counts.

If there are any defects in the indictment they can normally be solved by amendment, as with civil pleadings. An application can be made to a judge to amend an indictment at any time before or during a trial, and the application will usually be granted provided there is no injustice to the accused, Indictments Act 1915, s. 5 and see *R* v *Tyler, The Times,* 7 October 1992. An amendment is possible even if it raises something not foreshadowed in the committal proceedings, though it may only be allowed on terms, *R* v *Osich, The Times,* 5 March 1996. The accused may be granted an adjournment if necessary to deal with the amendment, and the need for amendment may be relevant to costs. If necessary, amendments may be made even after the jury has retired if there is good reason and no injustice is caused, *R* v *Collison* (1980) 70 Cr App R 249. If an amendment is allowed, it must be indorsed on the indictment.

If there is a fundamental defect in an indictment, such as the fact that the court does not have jurisdiction, or the indictment is against someone who cannot be prosecuted because they have diplomatic immunity, an application may be made to the judge to quash the indictment, and this should be done as soon as possible.

Preparing for the trial

The process of preparing for trial is becoming increasingly systematised, especially as the Criminal Procedure and Investigations Act 1996 comes into force. The system for the prosecution to disclose evidence, and for the defendant to reveal the essential nature of his or her defence after committal has already been mentioned. Various sanctions for non-disclosure are available under the Act.

In a number of Crown Court cases there will now be a pre-trial hearing. A plea and directions hearing may be used to clarify the issues and evidence for the trial, *Practice Direction (Crown Court: Plea and Directions Hearings)* [1995] 1 WLR 1318. A system for pre-trial hearings is provided for by the Criminal Procedure and Investigations Act 1996, ss. 39 and 40 and there may be a preparatory hearing if the case is likely to be long and complex, ss. 29–34.

The basis for preparing the defence case will be the detailed interview with the client discussed earlier. After that it will be necessary to collect evidence to support the client's case, and secondly to examine the statements that come from the prosecution for weaknesses. The majority of criminal cases turn on disputes of fact rather than legal argument. In obtaining evidence to support the client, get his version of what happened as clearly as possible, list the elements of what he says, and try to get evidence in support. Original evidence rather than copies must be produced as far as possible, *R* v *Governor of Pentonville Prison, ex parte Osman* [1989] 3 All ER 701. In some cases it will be worth going to the site of the alleged incident to try to check how things happened, and make plans and take photographs (which will attract the interest of the jury to your case). Also try to get witnesses – ask the accused if he knows of any, use the local press, or go and ask people who you know might have seen something. There are many things one can do, though there are limits to what legal aid will cover.

For each witness that is found, the solicitor should get a proof of evidence, making notes of what the witness would say if called. The witness should be allowed to say what he thinks happened in his own words, and given time to see that nothing is left out. Although one must be polite to a witness who has come forward, what they say must be probed to check its real value, especially if the witness is a friend or relative of the accused. It is better they be offended by the defendant's solicitor rather than proving worthless under cross-examination at trial. Each witness should be seen alone, without the presence of the accused or any other witness, to ensure that he does give his own version of events, and the solicitor should try to form a view whether he would be a convincing witness in court or not. The witness should be asked about any aspects of the alleged offence of which he might have knowledge, and tactfully asked about himself and whether he has previous convictions (which might be brought up by the prosecution at trial). The witness should be asked to check and sign a copy of his proof of evidence to confirm what he is likely to say.

It is possible for the defence to talk to a witness who has already been interviewed by the police, as there is no property in a witness, but this should be avoided and should only be done with great care. It is usually better to rely on the fact that the prosecution have to disclose the statements of witnesses they wish to call, and cross-examine the witnesses at trial. The prosecution must hand over copies of these statements before committal, or before trial at the magistrates' court, and should be asked to do so in good time, as working with these statements is important for the defence. Each statement should be checked by the lawyer for any points of weakness, points of dispute and any inadmissible evidence and can be used as a basis for cross-examination. It may be useful to go through the statements with the client to get his reactions and see if they remind him of anything. It may be necessary to get expert evidence if some aspect of the case, such as the defendant's medical condition, requires it, *R* v *Toner, The Times,* 21 March 1991. Counsel and the judge cannot act as expert witnesses, *R* v *Simbodyal, The Times,* 10 October 1991.

Unless the solicitor is going to conduct the defence personally in the magistrates' court, it will be necessary to brief a barrister. In a complex case the barrister may be briefed before committal to advise on whether tactical use could be made of the committal, or the solicitor may deal with the committal and brief the barrister for trial. The brief in a criminal case is broadly similar to that in a civil case, but not entirely. The backsheet should state the charges and summarise the defendant's case, and it is also useful if it summarises the main problems with the case, and the evidence of the main witnesses, with comments from the solicitor. The brief should of course include the charge sheet, a proof of evidence from the accused and any defence witnesses, copies of statements from the prosecution, and the legal aid certificate.

The opinion, usually called the advice, in a criminal case is often simpler than in a civil case, especially as it is limited to the offences charged. The barrister should deal with each charge separately, dealing with the legal element of each, to see whether the element is in issue, and if it is what evidence there is on it. For example, theft is dishonestly/appropriating/property/belonging to another/with intent permanently to deprive, so there are five elements on which there may be factual or legal argument. If evidence is lacking on any point the solicitor should be asked to collect it, or a separate advice on evidence may be sought later if the case is complicated.

When you have enough information you must decide what line or lines of defence to take. It is not for you to invent a defence (though some accused people seem to think it is!), it should evolve from what the client says. The basic possibilities, which are not mutually exclusive, are as follows:

(a)   Leave the prosecution to prove its case. This will be part of most defences, as the burden of proof (beyond a reasonable doubt) is on the prosecution anyway. Without offering any evidence itself, the defence may submit that there is no case to answer at the committal stage or at trial if there are gaps in the prosecution evidence, or legal argument that the accused should not be liable. Short of this, the defence can still argue in the closing speech that the accused should not be convicted on the evidence there is. In taking this approach, the prosecution evidence must be examined in detail to see if there is evidence on every point that must be proved for the accused to be convicted, and whether there is any reason such evidence is not admissible, and prosecution witnesses should be cross-examined to show that their evidence is not reliable.

(b) Argue a defence in law. It may be that the prosecution can prove their case, but that there is a specific defence that either comes from the statute creating the offence or is a general defence that can apply to a variety of offences, such as provocation. The burden of proving a positive defence will normally be on the accused, so positive evidence must be found to support the defence, or legal arguments researched.

(c) Denying that the defendant was at the scene of the crime, or had anything to do with it. This line of defence has two main elements – challenging any identification evidence which suggests the accused was at the scene of the crime, and proving where he was if he was not there. There are now strict rules for carrying out identification parades, and the lawyer can check that these have been meticulously complied with, and can cross-examine witnesses at the trial to show that their identification is not reliable. Forensic evidence such as fingerprints or fragments of clothing may be more difficult to challenge. Establishing that the accused was elsewhere is an alibi, so an alibi notice must be served on the prosecution at or soon after committal, Criminal Justice Act 1967, s. 11. The notice should be drafted with care, as it must specify where the accused was and give names and addresses of any witnesses, but should not give too much away. Evidence must be sought to support the alibi – the accused may well have been on his own or with a friend or relative, but this assertion on its own may not be very convincing.

(d) Admitting that the accused was at the scene of the crime, but denying that a crime was committed, or that the accused was involved as alleged or at all. This is the most complicated and difficult sort of defence, as it often turns on disputes of fact in which witnesses give different versions of facts and it is very difficult to know which to believe. This sort of case requires the most preparation to try to work out what did happen (especially if there is more than one accused, each of whom have different stories) and most alertness at trial to hear what the witnesses say and challenge them effectively.

Great care must be taken in making allegations against the police or prosecution witnesses. As a professional principle, allegations should only be made if the lawyer reasonably believes they are true and are relevant to the case. In several cases judges have criticised the making of allegations that were essentially 'mud slinging', and a sense of discretion and tactics is needed. The admissibility of a confession can be challenged on the basis it was obtained by unfair means, but there is little point in prolonged cross-examination and haranguing of the police officers unless a real basis for such a claim has been developed. If the accused has previous convictions then the danger that they will be mentioned must be balanced against any possible attack on a prosecution witness.

It may be more difficult to decide on lines of defence if there is more than one defendant, and decisions on tactics and evidence to use or challenge may be complex. One lawyer may represent more than one accused if they have similar lines of defence, but they must have separate representation if there is any conflict of interest. If the co-accused are separately represented, their lawyers should of course consult to see how far they can strengthen their cases by concerted action, but if the co-accused have different versions of what happened, especially if they are trying to blame each other, this will be difficult, and each lawyer must take great care not to give too much away. Again there is a danger of previous convictions going in if one co-accused gives evidence against another. Statements made by co-defendants cannot be ordered to be exchanged, *R* v *Tariq* [1991] 1 All ER 744.

Having decided what line or lines of defence to follow, the supporting evidence must be fully considered. Not only will it be necessary to find all the appropriate evidence for the defence, but also to go through the prosecution evidence in some detail, deciding first, whether each item is admissible, and then with an individual item whether any objection can be taken to any of the contents, for example whether any particular sentence is hearsay and is damaging. One can first approach the prosecution, who may agree not to present the evidence, or the evidence must be challenged in a voire dire at trial, *R* v *Minors, The Times,* 24 December 1988.

One particular point that will need consideration is whether the defendant should give evidence. He may choose to give sworn evidence or not to give evidence at all. Factors to take into account when making a decision are the sort of impression that the defendant may make on the jury, whether he should give evidence to explain certain points that are vital to his defence and on which there is no other evidence, and whether he has previous convictions, because if he does and he loses his 'shield', by, for example, attacking a prosecution witness, then his convictions will go in if he gives evidence. This is also a matter of tactics – the lawyer may decide that it is best not to call the client but just to make a closing speech saying that the prosecution have not proved their case. It is now possible for a jury to draw inferences as appear proper from the failure of an accused to testify, Criminal Justice and Public Order Act 1994, s. 35. The procedure to be adopted has been clarified by a *Practice Note* [1995] 2 All ER 499, and guidelines for the direction that the judge should provide for the jury have been set out in *R* v *Cowan* [1996] 1 Cr App R 1. If the accused does not testify the judge should remind the jury that the burden of proof remains on the prosecution, but if the prosecution has established a case to answer an adverse inference can be drawn if the jury feels that the defendant is silent because he or she has no answer to give, or no answer that would stand up to cross-examination. If an accused decides not to testify, counsel should record this decision and get the client to sign that record, *R* v *Bevan* [1994] 98 Cr App R 354.

Having considered the lines of defence, or having decided there is no defence the lawyer must work on mitigation arguments in case the client is convicted. This should not be left until the worst happens, but facts about family life, work and past history must be collected in plenty of time so that mitigation points can be developed in detail and sound convincing.

It is important to think of the possible sentence, especially if the defendant intends to plead guilty. The defence lawyer should make full investigations as to the circumstances of the client as this is one of the main foundations for a good plea in mitigation. He or she should try to anticipate what sentence the court might feel appropriate and try to argue for something that is as low as is reasonably possible, though if there are serious aspects to the offence these must be accepted or the sympathy of the judge will be lost. Both sides should also consider whether any procedural applications should be made before or at the beginning of the trial. Bail and legal aid points were mentioned earlier, but it may be suitable to apply for the indictment to be amended, or for the charges against co-accused to be severed.

Decisions about the way a trial will be conducted are for the judge to make, and they cannot normally be reviewed, *R v Crown Court at Norwich, ex parte Belsham* [1992] 1 All ER 394. Note, however, that the lawyers involved may appropriately discuss with the judge some issues, such as the directions to be given to the jury in a case where different approaches were possible, *R v Higgins, The Times*, 11 August 1995. Counsel also have a duty to raise with the judge defences available on the evidence if not argued, *R v Cox* [1995] Crim LR 741, and the relevant limits on sentencing and guideline cases, *R v Hartray* [1993] Crim LR 230.

With the trial in view, some problems about potential jurors have arisen in recent years. In some countries such as the United States it is possible to question potential jurors before the trial to see if there are any possible grounds for challenging them, but this is not possible here. It is not possible, for example, for a woman to insist on a female jury, or a black person to insist that their jury should consist of blacks. The most one can normally do for the defence is to tell the client to let you know immediately if he knows any of the potential jurors.

It is now only possible to challenge a juror for cause, s. 118, Criminal Justice Act 1988. A previous right for a defendant to make peremptory challenges was abolished by this Act. It is still possible for the prosecution to ask a juror to 'stand by' but guidelines on the exercise of this power were issued by the Attorney-General in 1988.

In recent years it became clear that in some cases the prosecution were making further inquiries about potential jurors. Whether this was desirable was hotly debated, and the Attorney-General issued guidelines on the subject in 1980. It is proper for the prosecution to check police records to see if a potential juror does have previous convictions, but they should only go beyond that in a few special cases, for example where there is an issue of national security or the defendants are alleged to be terrorists. The consent of the Attorney-General should be sought before the further inquiries are made, and the results of the inquiries should be sent to the Director of Public Prosecutions for a decision. The prosecution should only ask a juror to stand by as a result if the information reveals that the potential juror is likely to be a security risk, or may be susceptible to improper approaches. The defence do not have the right to know any details of what the prosecution find, though the prosecution should tell them of anything indicating that a potential juror may be inclined against the accused, for example if he is related to a policeman on the case, *R v Mason* [1980] 3 WLR 617.

Another difficulty which has come to light fairly recently is so called 'jury nobbling', where an attempt is made to bribe or threaten a juror on a case. Now several trials a year are stopped because this had or may have happened especially in London, in large drugs or robbery cases at the Old Bailey. The time taken by and expense of a re-trial must be avoided, so steps are taken where possible to protect jurors, such as obscuring the members of the jury so that they cannot be seen from the public gallery, or giving them police protection during the trial. This is a real threat to the jury system, and although the lawyers in the case should have no contact with the jury directly, they should be aware of the problem, and bring any relevant matters to the attention of the police or the judge immediately.

In a number of cases there will be a plea and directions hearing (a PDH) at which many matters relating to issues and evidence will be clarified, *Practice Direction (Crown Court: Plea and Directions Hearings), The Times*, 31 July 1995. Such a hearing covers the sort of preparations that should be made in any event, and should assist in focussing the minds of the lawyers.

Advising and drafting for an appeal

Although the systems for civil and criminal appeals are separate, they do have many points in common when it comes to advising and drafting. There is a separate Division of the Court of Appeal to hear criminal appeals, and the procedure for appealing from a Crown Court trial comes largely from the Criminal Appeal Act 1968, the Criminal Appeal Act 1995 and the Criminal Appeal Rules 1968. As with civil appeals, the practical working of the appeal system was reviewed to make hearings more efficient. A guide to the present procedure called 'A Guide to Proceedings in the Court of Appeal Criminal Division' (1983) 77 Cr App R 138 is available from the Registrar of the court.

The first step is to decide whether there are any possible grounds of appeal against conviction or sentence or both, and whether those grounds are based on matters of law or of fact. You should try to give a view orally immediately after the trial, and should in any event see the client. Normally a brief will then be sent by the solicitor to the barrister to give a written advice on a possible appeal. Because of the time limit for appeals, the written advice should normally be sent back to the solicitor within 14 days if possible, so that there is time to consult with the client and file the notice of appeal. If clear oral advice is given that an appeal is unlikely to succeed it is not essential to follow this with a written advice, and indeed legal aid would probably not cover the written advice, *Lord Chancellor* v *Brennan, The Times*, 14 February 1996.

The advice on appeal should review every possible ground of appeal, clearly separating grounds of appeal against conviction and against sentence. The basic legal or factual background to each point should be given and its chance of success weighed, but because of the speed needed and the fact that transcripts will not be available at this stage, the advice may well deal with the appeal in outline rather than in great detail. There is now a single test for appeal, set out in the Criminal Appeal Act 1995, s. 2. If new solicitors and counsel are instructed for the appeal they should ensure they communicate promptly with those who appeared at trial, *R* v *Bowler, The Times*, 9 May 1995.

The grounds of appeal should be lodged within 28 days. The grounds are usually lodged by solicitors, together with forms N and G as appropriate. It must be clear whether the appeal is against conviction or sentence or both, and the grounds should be as full as possible, though inevitably it may not be possible to put in all details until transcripts are received.

Leave to appeal may well be needed. There is a right to appeal against conviction on a matter of law, but an appeal on the facts or mixed law and fact, or an appeal against sentence, needs leave. It is not always easy to decide whether an appeal is purely on a matter of law, but basically it is only where the appeal is purely a matter of interpreting a statute or case law that leave will not be needed. Most arguments on evidence or procedure will normally involve some question of fact so leave will be needed. Leave can be sought first from the trial judge, but perhaps understandably he may not grant leave. Therefore leave must be sought from a judge of the Court of Appeal Criminal Division within the 28-day period, with an appeal from him to a full three-judge court if necessary. As with civil appeals, leave to appeal out of time will only be given if there are good reasons for the delay.

Again as with civil cases, various applications may have to be made pending the hearing of the appeal. If the client has legal aid, this will cover basic advice on the appeal, but it will need to be extended to cover the appeal itself. It is also possible to apply for bail, but as the appellant has been convicted he has no right to bail, so it will only be granted in a few cases if there is a sentence of imprisonment. If transcripts of any part of the trial or of the judge's summing up or judgment are needed, they should be sought as soon as possible, and again as with civil cases, the lawyer should specify as clearly as possible which parts he needs. The Registrar of the Court of Appeal Criminal Division has general duties and powers to ensure that the necessary transcripts and documents are collected and made available for the hearing. The registrar will prepare a summary of the case for the court, *Practice Direction (Criminal Appeals: Summaries)* [1992] 1 WLR 938.

Fresh evidence can only be admitted with leave, Criminal Appeal Act 1968, s. 23 as amended by Criminal Appeal Act 1995, s. 4. Leave should be sought from a single judge of the Court of Appeal Criminal Division. Leave will be granted if the court considers that it is necessary or expedient in the interest of justice to admit the evidence.

It is now common practice to lodge perfected grounds of appeal shortly before the hearing in any case where it is useful. This is a fresh document that sets out each ground of appeal in more detail, giving the basic argument of each ground, supported by specific references to and quotations from the transcripts or other documents in the case. There should be specific references to any cases relied on, the Criminal Appeal Reports being preferred if the case is in them. As with the skeleton argument in a civil appeal, the perfected grounds should help the judges to come to grips with the case quickly. It is not appropriate to lodge transcripts of submissions made by counsel at trial, *R v Lifely, The Times,* 16 July 1990.

Skeleton arguments should be lodged in good time, and should be concise, *R v Miller, The Times,* 8 April 1992. Summaries of the case prepared for the court should be available to counsel, *Practice Direction (Criminal Appeal Office Summaries), The Times,* 7 October 1992.

The appeal may be dismissed summarily if there is no good ground for appeal, Criminal Appeal Act 1968, s. 20. Otherwise the hearing will consist of legal argument on documents and transcripts. The judges will normally have read the grounds of appeal in advance, and may indicate to counsel which grounds they feel have most merit and which they would like to hear argued in detail. If after argument the judges do not find any of the grounds of appeal meritorious the prosecution will not even be called upon to reply. If the appeal is purely against sentence the prosecution will usually not even appear as they have no interest in the severity of the sentence.

The Court of Appeal Criminal Division has wide powers. As regards conviction, it may allow the appeal, as a whole or in part, or dismiss it. Alternatively, the court may substitute an alternative conviction. This will include any lesser offence. The court can order a retrial, if there is fresh evidence and it is in the interests of justice that it should be put before a jury, Criminal Appeal Act 1968, s. 7, but because of the expense and the extra time this will take it will only be ordered if there is very good reason, *R* v *Rose* [1982] 2 All ER 731. Apart from this, the court does have an inherent power to order a retrial as a venire de novo, though again this will only be used in limited circumstances, *R* v *Inns* (1974) 60 Cr App R 231. The lawyers for the appellant should be clear which objective they hope to achieve.

The fact that one of the grounds of appeal is found to be justified does not necessarily mean that the appeal will succeed. The court may choose instead to apply the proviso, Criminal Appeal Act 1968, s. 2. This can be applied if the court feels that despite the ground of appeal, no miscarriage of justice has actually occurred.

An appeal cannot be lodged on the basis that a defendant might have been acquitted if the case had been advanced in a different way. In *R* v *Satpal Ram, The Times,* 7 December 1995, the barrister advised the client to base his defence on provocation, although self-defence was a possible alternative, and this advice was accepted. It was held that the barrister had acted reasonably so no appeal could lie, but this case emphasises how important it is to give clear advice to a client and to get clear instructions.

As regards an appeal against sentence, if the appeal is allowed in whole or in part, then the Court of Appeal Criminal Division can impose any sentence that the Crown Court could have passed for the offence, but not so as to impose a sentence which is overall more severe than that imposed by the court at trial. Any time spent in prison pending the appeal will count as part of the sentence, unless the court directs otherwise.

Counsel for both sides have a duty to bring certain errors to the attention of the judge, and this should be done at the time rather than made the subject of an appeal. Counsel should check that the judge includes all appropriate matters in the summing up, *R* v *McVey* [1988] Crim LR 127, that the judge does not make an order beyond his or her powers, *R* v *Komsta, The Times,* 22 February 1990, or impose a sentence beyond his or her powers, *R* v *Nunes, The Times,* 31 July 1991.

Drafting grounds of appeal

Having put together a list of the potential grounds of appeal in the case, they should be put into an appropriate order for drafting. Any logical order is acceptable, but it is best either to follow the events of the trial in order, or to put the strongest grounds first (see Example 2). Often all the possible grounds of appeal are listed, even if some of them are unlikely to succeed on their own, but if there are a large number of possible grounds of appeal then the relatively trivial ones should be left out. If the grounds of appeal are too lengthy and elaborate the court may not find them easy to follow, and false hopes of success may be raised in the client, *R* v *Pybus, The Times,* 23 February 1983.

The heading for the grounds of appeal is taken from the case, and it is followed by the grounds of appeal against conviction and the grounds of appeal against sentence, as appropriate, with each separate ground of appeal in a separate numbered paragraph. The form for the initial grounds of appeal and the perfected grounds of appeal is similar, the only difference being that the latter contains more detail.

Although an appeal may be allowed on the ground that the conviction is unsafe and unsatisfactory, it is wrong to make a general allegation like this as an actual ground of appeal. Each ground should be specific, and should refer to a particular point of evidence or procedure as appropriate, *R* v *Morson* (1976) 62 Cr App R 236. If an objection is made to specific words, for example, in the judge's summing up, then those words should be quoted and not just referred to, *R* v *Cogan* [1975] 3 WLR 316.

The following are suggestions of possible grounds of appeal against conviction:

(a) A misdirection by the judge, that is any misdirection made by the judge when summing up as to any matter of law or fact, or as to the burden or standard of proof or any other aspect of the case. There are forms of words on matters like the standard of proof which are commonly used by judges. If the judge does not make use of one of these he or she must take great care.

(b) A failure by the judge to give a direction or an adequate direction on an essential part of the case. When the judge sums up to the jury he or she must cover all the main elements of the prosecution case and the defence case, both legal and factual, and also any background legal matters, such as a possible need for corroboration. If he or she fails to remind the jury of any of these points, this may be a ground of appeal.

(c) Some improper comment. The judge's summing up should of course be impartial, and if it includes any comment showing personal views on the case or any prejudice against the defendant, it may be a ground of appeal.

(d) A wrongful admission or exclusion of evidence. The appellant may have grounds for objecting to the judge's decision to admit prosecution evidence or to exclude evidence offered by the defence. However, it must be said that any argument about the admission or exclusion of evidence should normally be raised at the trial, and the Court of Appeal will be slow to accept any argument on evidence that was not raised at the trial.

(e) Some other improper decision on the part of the judge. Some other decision by the judge on a procedural matter may be objected to, for example, a decision that there is a case to answer following a submission of no case to answer. Again, any objection to a procedural matter should be raised at the time in the trial, or the court may not be prepared to accept it as a ground of appeal.

(f) A material irregularity. Anything else that did or did not happen at the trial may also be a ground of appeal, for example, if it comes to light that one of the jury members left the jury room after the jury had retired.

Possible grounds for appeal against sentence are as follows:

(a) That the sentence passed is not permissible by law. If the sentence passed is by law not available, or exceeds a maximum limit then the appeal must succeed, though the Court of Appeal may of course substitute any other sentence that the Crown Court could have given.

(b) That the sentence is excessive. Although there is a maximum sentence for each offence laid down by statute, the convicted person will of course rarely be given the maximum, unless there is only one sentence available as in the case of murder. There is a tariff system which relates the severity of the facts in the case to the maximum available, and the lawyer will come by experience to know how this tariff system operates. If the sentence given in a particular case exceeds what would normally be expected in that type of case then it is a ground of appeal that the sentence is excessive.

(c) That the sentence is wrong in principle. There is a wide range of different types of sentence that a judge at the Crown Court can pass, and it may be a ground of appeal that the wrong type of sentence has been selected. For example, it would normally be considered wrong to send a person who has no previous convictions to prison for a relatively minor theft or assault.

(d) That wrong matters were taken into account when deciding sentence. Counsel for the defendant will of course raise various matters that he or she feels should be taken into account in deciding on the sentence when making a plea in mitigation. When the judge passes sentence it may become obvious that he or she has either failed to take into account something raised in the plea in mitigation, or has chosen to take into account something that should be irrelevant to the sentence, and this may be a ground of appeal.

(e) Disparity of sentence. There is often more than one person involved in committing a criminal offence. Whether or not they are tried together, if more than one person involved in an offence is convicted then the sentence passed on each of them should take into account their relative involvement in the case. If this does not happen, the one who has received the disproportionately high sentence can appeal. Sometimes disparity may be justified, for example a defendant who pleads guilty may properly get a lower sentence than one who pleads not guilty and is convicted.

The grounds of appeal should be signed by the person who drafts them.

Appeals to the House of Lords

These are relatively rare in a criminal case, and will only be mentioned briefly. Either side may appeal to the House of Lords, but only if a point of law of general public importance is involved, and if leave is given, Criminal Appeal Act 1968, s. 33. An appeal can only be made with the leave of the Court of Appeal or the House of Lords, and a certificate from the Court of Appeal that a point of law of general public importance is involved. It is not common for a criminal case to turn on a point of law, especially one of particular importance, so there are few cases where this sort of appeal can be considered at all.

Leave should be sought from the Court of Appeal within 14 days, and if leave is refused, should be sought from the House of Lords within 14 days of the refusal. Bail may be sought pending the hearing, but there is no right to bail. The defendant will have no right to attend the hearing, which will be purely a matter of legal argument. The House of Lords has all the powers of the Court of Appeal Criminal Division when dealing with the case.

EXAMPLE 2   BASIC GROUNDS OF APPEAL IN A CRIMINAL CASE

IN THE COURT OF APPEAL   No.

CRIMINAL DIVISION

THE QUEEN   v   A.   B.

GROUNDS OF APPEAL

The grounds of appeal against conviction are:
(Set out the grounds of appeal in separate numbered paragraphs. The following are examples of possible grounds which may be adapted for use.)

1. The Learned Judge wrongly allowed . . . .
2. The Learned Judge wrongly refused to admit the evidence of . . . .
3. The Learned Judge in his summing up misdirected the jury in that . . . .
4. The Learned Judge failed to give the jury any direction as to . . . .
5. The Learned Judge wrongly commented on . . . . in saying that . . . . .
   . . .
6. There was a material irregularity at the trial in that . . . .
7. In all the circumstances of the case the conviction is unsafe and unsatisfactory.

The grounds of appeal against sentence are:
(Set out the grounds of appeal in separate numbered paragraphs. The following are examples of possible grounds which may be adapted for use.)

1. The Learned Judge failed to give any or any proper weight to . . . .
2. In view of the fact that . . . . the sentence was too severe.
3. In passing sentence the Learned Judge was wrongly influenced by . . . .
4. The sentence was too severe in all the circumstances of the case.

Dated etc.   Signed

---

17 Advising and drafting in particular types of cases

The purpose of the second part of this book is to apply the general principles of giving advice and drafting to particular types of case. For this purpose the general principles will be extended to show how they apply in some basic areas of law with which almost any inexperienced solicitor or barrister will be familiar. These sections will presume the basic knowledge of the law in each area that you will have to have to be able to spot the type of case that you are dealing with and the main issues in it. Having seen how the principles apply in main areas of law, the inexperienced lawyer can go on from there to adapt the skills to other areas of law that he or she may be asked to deal with, such as sale of goods or landlord and tenant.

In each area guidelines will be given as to the particular points that should be taken into account when giving advice, the range of remedies that should be considered, and any points that may be particularly important in practice. Examples of the basic types of draft that a lawyer dealing with a case in each area might need to do are set out at the end of the relevant chapter.

The examples of drafting are general and must be approached with care as examples rather than as things to be copied. When you have to draft a pleading you can take one of two courses – either you will produce a draft similar to something that you have done before or you will try to find something to copy, quite possibly using a reference work. In either case it is essential that you make sure that the draft you produce really is suitable for the case in hand and does comply with all the rules for good drafting, rather than just being something that has been adapted to be vaguely right. In a number of sets of chambers word processors are now being used to store basic drafts. This is very useful, but care must be taken to adapt these properly in each case, or to start from scratch rather than be lazy.

In doing a draft similar to something you have done before, the danger is of falling into something easy rather than bothering to make the necessary effort. The experienced practitioner who constantly deals with a particular type of case and has developed a personal style will quite properly draft pleadings that tend to follow a set pattern because he or she has developed a good way to do things, but the inexperienced lawyer must always take great care that he or she produces the right draft for the case rather than just reproducing something because that is easiest. It will be very useful generally to build up a collection of drafts for particular types of case. This should include not only drafts of each type that you may have to do, but should also be kept critically to note good and bad ways of doing things, alternative ways of doing things and different types of personal style. This collection of examples is best if it is ordered in some way, either by the areas of law involved such as 'tort' and 'contract', or as to the type of draft, such as 'statements of claim' and 'defences'. This sort of collection of things to look at, whether they come from textbooks, a professional course or other practitioners will often be of more use than any reference book of precedents in developing an ability to draft.

As was said earlier, in looking at examples of drafting provided by practitioners, the inexperienced lawyer should try to distinguish those things in the draft which have to be done in the way they are and those things which are just a matter of personal style. If you are in doubt you may have the chance to ask the lawyer who did the draft about this. The experienced practitioner should avoid telling the inexperienced lawyer that one thing must be done in a certain way when it is only a matter of personal style.

Using reference works for precedents

Many lawyers, especially inexperienced ones, will find that they need to use reference works to find precedents for drafting in some cases. Such works must be used with care and discrimination to get a good result, and must never be thought of as an easy way out as they will never give an answer but will at best give suggestions, so you will have to use your skill to make the right choice and adapt as necessary. The inexperienced lawyer should learn to use such books intelligently as soon as possible. If a precedent is taken from a book without being properly adapted the case may be lost, or at best the pleadings will have to be amended, which may prove expensive if it happens at a late stage. In *Brickfield Properties* v *Newton* [1971] 1 WLR 862 the statement of claim for negligence and breach of statutory duty was copied from *Atkin's Court Forms* but it was held that it should have been pleaded differently as a failure to supervise was involved, though the plaintiff was allowed to amend.

There are two types of reference works for pleadings. First, there are books which give the basic form for pleadings without actual examples. These give examples of forms prescribed by court rules and also approved forms that may be used where they are suitable, such as *The Supreme Court Practice* (The White Book, Sweet and Maxwell) and *The County Court Practice* (The Green Book Butterworths). If there is any doubt as to the type of pleading or application that should be drafted, this is a good starting point. Secondly, there are books which actually do precedents for pleadings and other drafting in particular types of case. The main one is *Atkin's Court Forms* (Butterworths), which comes in 42 volumes with indexes, and is regularly updated with new volumes. *Atkin* contains notes and examples in general areas of pleading, such as county court actions and appeals, in general areas of law, such as contract or negligence, and also in specific areas of law, from charities to plant breeders rights! Each of these has an explanatory text, as well as many precedents with notes.

A smaller book, which comes in a single volume and deals largely with statements of claim and defences in tort and contract cases is Bullen, Leake and Jacob's *Precedents of Pleadings*. This has chapters on the basic rules of pleading, and also many precedents for particular types of cases. An alternative book to this one that deals with the basic skill of drafting is *Pleadings without Tears* by William Rose, Blackstone Press Ltd.

When using any of these reference works it is essential to make decisions as to the type of case, the causes of action and the remedies sought before opening the book at all. These can even be noted down, for example 'Statement of claim. Tort, Negligence or breach of statutory duty. Damages', or 'Defence, Contract, Misrepresentation. Damages or rescission'. The danger is that if these points are not clear in your mind, it will be all too easy to adapt the case to fit the drafting precedent that you have found, rather than the other way round. The best that you can ever hope to find from a precedent book is an example vaguely like the actual case that can be adapted to fit. The precedent itself must never be allowed to take over.

Having made basic decisions, the next step is to use the index intelligently. This means looking for the right type of draft (it is quite common for students to confuse general and special indorsements on a writ) and the right type of case, for example, 'Breach of trust – statement of claim' or 'Misrepresentation – general indorsement'. It is also important not to look at the index just once, but to look up every element in the case for which there might be a precedent. It may be possible to find a single precedent for the case, but often it is necessary to put two or three precedents together, taking different elements from each – the outline of the statement of claim may come from one, the way to plead particulars from a second, and the remedies sought from a third. The final stage is to adapt the precedent properly to fit the case. This is not only a matter of changing a few words and filling in the right dates, which will rarely give a full and accurate result. The best approach is to identify the essential elements of the precedent, to see the way that particular points are expressed and to get the feel of the thing. This can be done by noting the basic order and contents of each paragraph to get a skeleton outline of what should be pleaded and how, and also noting any good way in which a part of the pleading is set out or worded. Once these elements have been found, the precedent book can be put away and the pleading drafted, as you now have an idea of what to include, but can also use your own judgment and style to suit the case.

In the following sections on particular types of cases, examples are given of various different drafts, trying to choose ones for basic types of action that the less experienced lawyer is most likely to come across. The examples should only be used as basic guides to the things to include and the way to set things out rather than as exhaustive precedents. Each draft should be read as though it has been written on 1 April 1997.

These examples are very simple. They are not designed to be full and detailed precedents. The purpose of this book is to assist you in learning the principles of drafting. For this detailed precedents are not valuable, and they can mislead. When learning it is most important to concentrate on basic structure and content, and that is precisely what these examples do.

18 Advising and drafting in contract cases

This is just a short guide to some of the things to bear in mind when meeting a client, reading a brief or preparing a case for court in a contract case. The detailed law can be researched where necessary, but the important thing for the inexperienced lawyer is to concentrate on identifying the main points in the case – the details of the contract itself, what causes of action arise from it and what remedies are sought. Also you need to do everything you can to take a realistic view of the case – what things you can and cannot prove, and what is the most practical way to deal with it.

The contract

The first step is to establish the details of the contract and to see if there are any difficulties with it – is it oral or written, when was it made, where was it made, and by whom? If the contract is written or evidenced in writing then the lawyer will of course wish to see it, and once a contract has been reduced to writing that will normally be conclusive as to its terms, and rarely will parol evidence be admitted as to further terms. There are few circumstances where the contract has to be in writing, basically where it relates to the sale of land or the disposal of an existing equitable interest, Law of Property Act 1925, ss. 40, 53. If the contract is not in writing, the lawyer will want to have full details of everything that was said when it was made, which will probably involve getting a full statement from the client and anyone else who was there at the time. If a contract is oral there may of course be problems in proving its terms, especially if the evidence amounts to one person's word against another's.

It will be necessary to decide exactly who the contract was between to decide who should be made parties to the action, which may be a crucial decision. It may be necessary to decide whether to sue an individual or a company, and to consider whether someone acts as an agent for someone else. If more than one person contracted with the client, their liability will probably be joint and several, but it may be necessary to decide whether to sue one or more of them (not least in looking to see which could pay damages).

A person may not have had the capacity to make a contract if they were under a disability or a minor.

Even if there is a contract, it may be possible to sue someone who was not a party to it – the mere fact that there is a contract should not limit the mind to contractual causes of action. For example, it may be possible to sue the other party to the contract or someone else for negligence, or some other tort. One particular possibility is the tort of inducing breach of contract, where someone else knew of the contract and positively encouraged a party to it to breach it, see *Merkur Island Shipping Corporation* v *Laughton* [1983] AC 570 (see Example 9).

It may be necessary to decide on other details about the contract, such as when it was made if there were protracted negotiations. This may involve analysing offer and acceptance to decide when the terms were agreed. There will in practice rarely be a problem about whether there was consideration for a contract, but the consideration should be pleaded to show that the contract is enforceable.

Finally, there may occasionally be a problem depending on the type of contract if it is for some reason void, voidable or illegal.

The terms of the contract

Having identified the contract, the next stage is to identify all its terms to see which are relevant to the case. This is not just a question of the obvious terms, but any terms that may have a bearing on the case, in arguments for or against the client. A written contract will need reading with care for the possible meanings of the terms, and perhaps to consider whether some of the terms are not enforceable, for example, because they are penalties or improperly in restraint of trade. If the contract was oral, this will again require a detailed discussion with the client and any witnesses as to what was said, and the difficulty that the other side may dispute what was said. Even if the contract was written it may be necessary to try to argue that something that was said should still be a term of the contract and the contract should be rectified.

If there is no express term on which to base the client's case, it may be necessary to try to find an implied term. This needs care not vagueness – there must be a clear legal basis to imply the term, not just the feeling that it would be fair. It may be necessary to ask the client if there has been any previous course of dealings, any normal business terms in this type of contract, any term that can be implied for proper business efficacy, or that the officious bystander would say went without saying. It is necessary not only to decide that a term could be implied, but the exact wording of the term to be implied, as this will have to be pleaded and should favour the client as much as is reasonably possible.

The contract may be undermined

Something may have undermined the purpose of the contract. The most common possibility is misrepresentation (see Example 5). This will involve establishing that something was a representation rather than a mere 'puff', and that it was relied on in making the contract. The details of exactly what is alleged to be the representation, and when it was made and to whom will have to be pleaded. Often the representation will be purely oral, so again difficulties of proof will have to be considered, as the defendant is quite likely to deny saying what is alleged.

As an alternative, which is not all that common in practice, the contract may be undermined by mistake (see Example 11). It may have to be made clear to the client that it is not enough that he may have made a mistake, but that generally there will have to be a mutual mistake on a material matter to affect the contract. Another possibility that is not all that common is that the contract may have been undermined by duress or undue influence, depending on the relationship between the parties and the facts so that the contract is not enforceable.

Problems with performance

A common cause of action will be that the other party has not fulfilled his obligations under the contract. As a general point, if this is what the client says, it may be worth asking him whether he has really fulfilled his part to check whether there is a real possibility of a defence or counterclaim in any possible action. As far as drafting is concerned, it will normally be presumed that the party pleading has performed his own obligations, but if there is any special obligation or important condition precedent to liability arising it is probably a good idea to plead that it has been fulfilled.

In an extreme case, there may be total failure of consideration (see Example 4), if on the facts the other side have really done nothing to fulfil the contract. In such a case the contract can be rescinded if it is possible to put the parties back to the position they were in, see *Finelvet A.G.* v *Vinava Shipping Co.* [1983] 2 All ER 658.

Alternatively it may be possible to argue that the contract has been frustrated (see Example 7). Recent cases have shown that the courts will be prepared to look at the factual situation to see if a contract has been frustrated, but the argument of frustration does in fact rarely succeed, see *National Carriers* v *Panalpina (Northern)* [1981] AC 675 and *B.P. Exploration Co. (Libya)* v *Hunt* [1983] 2 AC 352. It will be necessary to show that a legal or factual situation really has undermined the whole point of the contract, which will be rare. Because of the difficulties of showing frustration, and the limited remedies available it will often be better to use another cause of action, unless the real desire of the client is just to get out of his obligations under the contract.

The most common problem with performance will of course be breach (see Examples 2, 3 and 10), and the important thing here is to identify clearly what term has been breached, when, how and by whom, as this detail will have to be pleaded, and a wrong identification of the breach may result in losing the case. If there is more than one breach, it will be necessary to decide whether to allege them all, or only the most serious, and if more than one breach is relied on, each will have to be pleaded in a separate paragraph. The type of breach should also be identified; there may be an anticipatory breach before performance of the contract is due, but this must be distinguished from the case where there has not yet been a breach at all but only a threat of a breach, so that it is appropriate to negotiate or seek a quia timet injunction rather than commence an action.

The type of breach will also be relevant to whether the contract can be treated as over or not. This is an important point to explore with the client – does he just want to get out of the contract or continue with it? It can also be an important legal issue, in deciding whether any of the terms of the contract are still in operation or not. The point will be whether the breach has gone to the root of the contract, see *George Mitchell (Chesterhall)* v *Finney Lock Seeds* [1983] 2 AC 803, or whether the contract has been repudiated and it is open to the plaintiff to accept or reject the repudiation.

Remedies in a contractual action

It has been stressed time and again that remedies will be one of the most important factors in any action, and that all possibilities should be considered and discussed with the client to see what he hopes to achieve. Being practical, the best first step to getting what the client wants may well be to negotiate – there is no point in rushing off to get an injunction if being taken to court will only antagonise the other side rather than make him amenable to reason – but once an action is begun the remedies sought must be decided on.

The main possibility is damages, and much has already been said about advising on a drafting for damages claims, so only some particular points for contract cases are mentioned here. The first thing to consider and advise on is the basic purpose of contract damages, which is to cover all reasonably foreseeable loss, *Hadley* v *Baxendale* (1884) 9 Ex 341, to put the plaintiff where he would have been if the contract had been fulfilled. This measure will not cover things which are not foreseeable or which are too remote. For example, if the defendant's breach caused the plaintiff to lose a particularly valuable contract with someone else, he will only be able to recover if the defendant knew of the contract, *Victoria Laundry (Windsor)* v *Newman Industries* [1949] 2 KB 548. Another area where there may be problems with contract damages is getting money for distress or injured feelings, but arguments may succeed, *Jackson* v *Horizon Holidays* [1975] 1 WLR 1468. Damages for loss of a chance are recoverable, and the figure awarded may be substantial rather than limited of the chance lost was substantial rather than speculative, *First Interstate Bank of California* v *Cohen Arnold & Co., The Times*, 11 December 1995.

It is useful to ask the client to produce a complete list of the things that he has lost so that you can advise whether they are recoverable or not, and put in the draft sufficient facts to raise heads of damage that may not otherwise be obvious, and such details as are known of special damage. If there is a possibility that something can be recovered it will generally be worth putting it in, and it will then be for the court to judge. The plaintiff is entitled to the measure of damages that is most favourable to him, provided it is reasonable and should not have been mitigated, *Paula Lee* v *Zehil & Co.* [1983] 2 All ER 390. It is important to look at the position that the client will be left in in a practical way to see that the damages will not leave him suffering any loss and will allow his business to continue, see *Bacon* v *Cooper Metals* [1982] 1 All ER 397.

There are alternative measures of damages that may apply. It seems that a claim under the Misrepresentation Act 1967 will attract the tort measure of damages, *Andre et Cie* v *Ets Michel Blanc et Fils* [1977] 2 Lloyds Rep 166 and *Howard Marine and Dredging Co.* v *Ogden* [1978] QB 574, and if the representation is fraudulent the favourable measure of damages for fraud will apply, *Doyle* v *Olby* [1969] 2 QB 158. The other alternative measure of damages is 'reliance loss', which may apply where any expected profit from the contract is nebulous or difficult to assess but the plaintiff has spent substantial sums of money in reliance on the contract he made, *Anglia TV* v *Reed* [1972] 1 QB 60. It would seem that recovering reliance loss is a direct alternative to loss of profit and the plaintiff must choose between them and plead the appropriate heads of damage for the one he wants, *CCC Films (London)* v *Impact Quadrant Films* [1984] 3 All ER 298. An account of profits is also different from and alternative to an assessment of damages, *Personal Representative of Tung Man Sit* v *Capacious Investments Ltd, The Times*, 26 December 1995.

Having advised on the measure of damages and what specific things are recoverable within that measure it will be necessary to consider the actual figures in the case. You should of course try to give the client a figure for what he is likely to recover, but only the figures that are already known for special damage; figures for assessing general damages such as salary lost will need to be pleaded. Where a figure for a loss of a chance or loss of future profits will be difficult to assess it is especially important for you to develop detailed arguments as to what your client should get. With the help of the client and possibly an accountant and other experts you must suggest some way of assessing what your client should get. This is your job, and you cannot just say that it is difficult and leave it for the judge. In *Western Web Offset Printers Ltd* v *Independent Media Ltd, The Times*, 10 October 1995, the defendant argued that in a recession when the plaintiff had spare capacity anyway he should only get a net loss of profit (less all overheads) of £38,245, but the Court of Appeal held that the plaintiff was entitled to a gross loss of profit of £176,903. The difference in the figures shows that this sort of argument is worth developing.

It will be necessary to advise on what will be deducted from damages as well as what is recoverable, and an important point in many contract cases will be the possibilities for mitigation. You must advise the client at an early stage of his duty to mitigate and examine the real facts of the case to suggest ways in which this could be done. Some clients will naturally want to mitigate their loss but some will be angry at what has happened and may not wish to do so, and the legal duty must be made clear to them. It is possible to recover the reasonable costs of mitigation as part of the damages in the action. It is not possible to argue contributory negligence in a contract action, *A.B. Maritrans* v *Comet Shipping Co. Ltd* [1985] 3 All ER 442, therefore tactically if there is the alternative of a tort action on the same facts, this should be pleaded so that contributory negligence may reduce damages.

Other things may also reduce damages and should be investigated, such as statutory benefits received by the plaintiff. If the plaintiff gets a lump sum earlier than he would otherwise have got it, for example, because he had a fixed term contract which is terminated early, the damages he gets will be reduced because he has the money early and can invest it. Tax may also reduce damages, but only in limited circumstances. If a trader loses profits on which he would have been taxed and gets damages, those damages will go into his accounts and be taxed, and since one replaces the other, tax will not reduce the amount of damages awarded. However, in awarding damages for loss of employment, statute provides that the first £30,000 will be tax free and there will be further tax relief above that. To ensure that the plaintiff is not overcompensated due to this, the court will reduce the damages awarded and calculate the sum that after deduction of tax will leave the plaintiff with his net loss, see *Shove* v *Downs Surgical* [1984] 1 All ER 7.

An alternative route to getting damages is an action for quantum meruit, where damages cannot be claimed under a contract because no sum was set for the work to be done, or the contractual work has not been finished through no fault of the plaintiff. The award made will depend on the facts of the case, see *British Steel Corporation* v *Cleveland Bridge Engineering* [1984] 1 All ER 504. The sum claimed in quantum meruit should be pleaded (see Example 8).

As for alternative remedies, there may be an application for rectification where a written contract does not properly set down the terms agreed by the parties, but this can only be done if there is an error or mutual mistake, not just because one party was mistaken as to what was intended (see Example 9).

The plaintiff may claim rescission of the contract, but only where it is still possible to restore the parties to the position they were in before the contract was made, otherwise the plaintiff will only be able to get damages (see Example 4). Delay in seeking rescission may be a problem, but the plaintiff can begin his action when he knows of the facts giving rise to rescission, and his right to it, *Peyman* v *Lanjani* [1984] 3 All ER 703. If the contract is rescinded, the plaintiff may want to claim repayment of money paid. Restitution is a remedy to seek when one party has property belonging to the other.

As for equitable remedies, specific performance must always be a first choice of remedy where the subject matter of the contract cannot be adequately replaced by another item or damages, though whether it is available will depend on the terms of the contract and the facts of the case, see *Sudbrook Trading Estate* v *Eggleton* [1982] 3 All ER 1. A contract for the sale of land will need to be in writing to be specifically enforceable, *Cohen* v *Nessdale* [1981] 3 All ER 118. Specific performance will not be available for a contract of personal service, so tactics will be important in trying to negotiate or to get an injunction that might induce the other side to allow the contract to continue, if that is what the client wants (see Example 5). However, the approach of the courts now seems more flexible on this, *Posner* v *Scott-Lewis* [1986] 3 All ER 513. Specific performance is not available once the plaintiff has accepted damages, *Meng Leong Developments Pte Ltd* v *Jip Hong Trading Co. Pte Ltd* [1985] 1 All ER 120.

The other type of equitable relief that may be useful in many contractual actions is the injunction, whether quia timet, interlocutory or final. It will normally be necessary to have an express negative term in the contract on which to base the injunction, though see *Films Rover International Ltd* v *Cannon Film Sales Ltd* [1986] 3 All ER 772. It is important to prepare full arguments as to why the injunction should be granted and to contemplate possible objections rather than just rushing off to court. It may well be practical to try negotiating with the other side so as to get a practical agreement, rather than possibly aggravating the situation by seeking an injunction.

Advising a defendant

Advising a defendant in a contract case will involve three main elements: first, whether there is any defence to the plaintiff's cause of action, secondly whether the plaintiff is entitled to the remedies he claims (especially the types of damage he claims) and thirdly whether there is any possible counterclaim.

On the first of these there may be arguments on the facts alleged, as to what was said and done in the making or performing of the contract or the alleged breach, or there may be arguments on the law as to whether the defendant is legally liable on the facts alleged. There may also be independent legal arguments, that the defendant was not bound by the contract because of duress or undue influence, or that he could not fulfil the contract due to a mistake or because it was frustrated.

As to remedies, there may again be arguments on fact or law, or the defendant himself may wish to rely on a clause of the contract to avoid or limit his liability. An exemption clause may provide that the defendant will not be liable in particular circumstances, and whether this will protect him will depend on the construction of the words and whether they apply to what has actually happened, *Photo Production* v *Securicor Transport* [1980] AC 827. Alternatively there may be a penalty clause to limit liability and the effectiveness of this will depend on various factors such as whether it provides a genuine pre-estimate of damages, *Dunlop Pneumatic Tyre Co.* v *New Garage and Motor Co.* [1915] AC 79, and again the court will look to see if the clause actually applies to what has happened, *Export Credit Guarantee Dept* v *Universal Oil Products Co.* [1983] 2 All ER 205.

Like the plaintiff, the defendant and his lawyer must look at the quantification of damages in detail to see if it is recoverable at all, what the plaintiff should get for it, and whether the plaintiff should have mitigated his loss. Even if the defendant is liable, there may still be substantial arguments as to what he should pay.

The defendant should be specifically asked if he knows of a possible counter-claim, even if none is immediately obvious from the facts.

CHECKLIST FOR POSSIBLE CAUSES OF ACTION IN CONTRACT

1. The contract

(a) When was it made?
(b) Who made it?
(c) Was it oral or written or partly both?
(d) What were the express terms?
(e) Might there be any relevant implied terms?
(f) Was the contract induced by representations?

Do you have copies of all contractual documents, or full statements from those involved if it was oral?

2. The parties

(a) Who made the contract with whom?
(b) Is there any agency point?
(c) Is anyone else involved except the parties to the contract, e.g., the possibility of inducing breach of contract?

3. Possible causes of action
Look for the full range of possibilities and then choose which to use, e.g., because it is easier to prove, or due to the remedy sought.

    (a)   Breach of contract:
          Anticipatory?
          Breach of warranty or condition?
          How many breaches? Should all be alleged or just main ones?
          Repudiatory breach? Do you wish to accept it?
    (b)   Misrepresentation:
          What exactly was represented, when and by whom?
          Was the representation relied on?
          Was the representation innocent, negligent or fraudulent?
    (c)   Frustration:
          Exactly what was the frustrating event?
    (d)   Mistake:
          What exactly was the mistake?
          Mutual or unilateral?
    (e)   Duress or undue influence?

Can you prove the cause of action?

4. Remedies
What is available, and what is most likely to achieve what the client wants?

    (a)   Damages (see more detailed checklist);
          List all items of loss. Put figures against each as far as possible.
          Consider foreseeability and remoteness.
          Any way damages might be limited, e.g., liquidated damages clause.
          Mitigation arguments.
    (b)   Injunction.
    (c)   Rescission.
    (d)   Rectification.
    (e)   Specific performance.

Checklist for the defendant

1.   Check if each element of the alleged cause of action is pleaded and arguable and provable.
2.   Check if the elements do give rise to the cause of action and the remedies sought (e.g., had the plaintiff himself repudiated the contract before the breach he alleges?).
3.   Check if you have any cause of action against the plaintiff under the possibilities given above.
4.   Check all arguments on the quantification of damages, especially causation, remoteness and mitigation.

BASIC PRINCIPLES OF CONTRACT DAMAGES ASSESSMENT

The basic objective is to put the plaintiff where he would have been if the contract had been fulfilled.

What can be claimed?

1. List *all* items of loss that have been suffered.
2. Check the facts of each item, get evidence on each and as many estimated figures as possible.
3. Check arguments of causation on each item – has it been caused by the breach alleged?
4. Check arguments of remoteness on each item – is it close enough to the breach to be recoverable?

Deal with any problem as to whether the type of loss is recoverable in contract, e.g., discomfort is recoverable, *Perry* v *Sidney Phillips & Son* [1982] 1 All ER 1005; personal distress probably not, *Bliss* v *S.E. Thames Health Authority* (1985) IRLR 308.

Deal with the figures

1. Get a figure for all loss actually suffered, from experts if necessary. Usually based on market value.
2. Try to forecast future loss of profits, loss of a chance etc. This may be difficult, but think of a way of trying to assess it.
3. Check figures for all consequential and incidental loss and add up as far as possible.
4. Check these figures will compensate the plaintiff – will he be able to replace items lost with the money? (see *Bacon* v *Cooper Metals* [1982] 1 All ER 397). Has he had to borrow money at a high rate of interest? (*Wadsworth* v *Lydall* [1981] 2 All ER 401).
5. Add interest where appropriate, under the contract, by statute, or under the *Wadsworth* v *Lydall* argument.

Arguments that may reduce damages

1. Causation
2. Remoteness
3. Challenging the values claimed
4. Mitigation
5. Liquidated damages set in advance

Choices that may need to be made

1. If there are different ways of assessing the loss, the plaintiff will not necessarily get the highest (*Paula Lee Ltd* v *Robert Zehil* [1983] 2 All ER 390).
2. Wasted expenditure may be an alternative to loss of profit (*CCC Films (London) Ltd* v *Impact Quadrant Films* [1984] 3 All ER 298).
3. If there is also a cause of action in tort on the facts, it is worth seeing if more or less might be recovered in tort (which puts the plaintiff where he would have been, if the tort had not been committed). Tort may be more generous on remoteness or causation, but may give less on a claim for economic loss, especially loss of future profits, or if contributory negligence is involved.

EXAMPLE 1 STATEMENT OF CLAIM – SALE OF GOODS – LIQUIDATED DAMAGES

IN THE CATFORD COUNTY COURT   1997.No.   .

BETWEEN   ANGELO GOLDSMITH   Plaintiff
                                        and
                           ANTIPHOLUS EPHESUS   Defendant

PARTICULARS OF CLAIM

1. By an oral contract made on 1 May 1996 the Plaintiff agreed to sell and the Defendant agreed to buy a pure gold necklace manufactured by the Plaintiff for the sum of £25,000.
2. It was a term of the contract that the said necklace should be delivered to the Defendant on or before 1 July 1996.
3. In pursuance of the contract, on 10 June 1996 the Plaintiff delivered the said necklace to the Defendant at the home of the Defendant at 3, Comedy Court, Error Road, London SW37, where the Defendant received and accepted it.
4. The Defendant has wrongfully failed and refused to pay to the Plaintiff the price of the said necklace, namely £25,000 and the same is still due and owing by him to the Plaintiff.
5. Further, the Plaintiff claims interest pursuant to section 69A of the County Courts Act 1984 on the said sum of £25,000 at the rate of interest payable on judgment debts current at the date of the writ herein from 10 June 1996 until payment or judgment, whichever is the earlier. The amount of interest from 10 June 1996 until 10 March 1997 is £1,875.

AND the Plaintiff claims:
(1) The said sum of £25,000.
(2) The said sum of £1,875 for interest pursuant to section 69 of the County Courts Act 1984 and continuing at the rate aforesaid from the date hereof until payment or judgment, whichever is the earlier.

Served etc.   J. Mortimer

EXAMPLE 2   STATEMENT OF CLAIM – BREACH OF CONTRACT – EMPLOYMENT CONTRACT

IN THE HIGH COURT OF JUSTICE   1997.B.No.

QUEEN'S BENCH DIVISION

BETWEEN   IAGO BADDIE   Plaintiff
                                     and
                             OTHELLO MOORE   Defendant

STATEMENT OF CLAIM

1. The Defendant is and was at all material times an international businessman. The Plaintiff is an experienced personal assistant and bodyguard with training and qualifications in secretarial work and in the martial arts.
2. By an oral agreement made on 1 November 1993 the Defendant agreed to employ the Plaintiff as his personal assistant and body-guard for a period of ten years commencing on 13 November 1993, and an annual salary of £10,000, together with all travel and accommodation expenses.
3. It was an express term of the said agreement that after three years of satisfactory service the Defendant would promote the Plaintiff to the position of Manager and Chief Security Officer at an increased annual salary of £15,000.
4. On 13 November 1996, in breach of the said agreement, the Defendant appointed one Michael Cassio as his Manager and Chief Security Officer, instead of appointing the Plaintiff to this position, although the Plaintiff had given satisfactory service.
5. By reason of the matters aforesaid, the Plaintiff has suffered loss and damage.

PARTICULARS OF DAMAGE

Loss of increased salary of £5,000 per annum   £35,000
    for a period of seven years

6. Further, by reason of the matters aforesaid, the Plaintiff has suffered frustration, embarrassment, and severe depression.
7. Further, the Plaintiff claims interest pursuant to section 35A of the Supreme Court Act 1981 on the amount found to be due to the Plaintiff at such rate and for such period as the Court thinks fit.

AND the Plaintiff claims:
(1) Damages.
(2) The aforesaid interest pursuant to section 35A of the Supreme Court Act 1981.

Served etc.   Ann O. Nimous

EXAMPLE 3   STATEMENT OF CLAIM – BREACH OF CONTRACT

IN THE WEST END COUNTY COURT   1997.No.   .

BETWEEN   THESEUS ATHENS   Plaintiff

and

PETER QUINCE PRODUCTIONS LIMITED   Defendants

PARTICULARS OF CLAIM

1. The Plaintiff is and was at all material times the owner and manager of the Duke of Athens Theatre, Shaftesbury Avenue, London. The Defendants present dramatic works which are written, directed and performed by working men and women on social and political themes.

2. By a written contract dated 1 April 1996 made between the Plaintiff and Peter Quince on behalf of the Defendants it was agreed that the Defendants would present performances of the play 'Pyramus and Thisby go to the Wall' at the Plaintiff's said theatre, giving one performance on each night from 17 June 1996 to 24 June 1996. The Defendants were to receive a total fee of £30,000 for these performances.

3. In breach of the said contract, on 19 June 1996 Peter Quince orally informed the Plaintiff that the Defendants would give no further performances due to ideological differences between members of the cast. No further performances were given.

4. By reason of the matters aforesaid, the Plaintiff has suffered loss and damage.

PARTICULARS OF DAMAGE

(a)	Money refunded to ticketholders	£5,000
(b)	Cost of programmes printed	£1,000
(c)	Wasted catering	£2,000
		£8,000

5. Further, the performance of the play on 24 June 1996 had been arranged by the Plaintiff as a special promotion to be attended by Hippolyta Amazon, a leading film actress, to promote the theatrical and film interests of the Plaintiff. This was made known orally by the Plaintiff to Peter Quince on 1 April 1996.

6. By reason of the said breach of contract, the promotion on 24 June 1996 had to be cancelled, and the Plaintiff has suffered loss and damage and loss of goodwill.

7. Further, the Plaintiff claims interest pursuant to section 69 of the County Courts Act 1984 on the amount found to be due to the Plaintiff at such rate and for such period as the court thinks fit.

AND the Plaintiff claims:

(1) Damages under paragraphs 4 and 6.

(2) The aforesaid interest pursuant to section 69 of the County Courts Act 1984.

Served etc.   Sue D. Nymm

EXAMPLE 4 STATEMENT OF CLAIM – SALE – IMPLIED CONDITION – TOTAL FAILURE OF CONSIDERATION

IN THE SOUTHWARK COUNTY COURT   1997.No.   .

BETWEEN   ROBERT SHALLOW   Plaintiff
                                          and
                           JOHN FALSTAFF   Defendant

PARTICULARS OF CLAIM

1. By an oral agreement made on or about 1 May 1996, the Plaintiff agreed to buy from the Defendant a hunter horse named 'King Henry the Fourth', in consideration whereof the Plaintiff agreed to pay the Defendant the sum of £25,000.
2. On or about 5 May 1996, the Plaintiff paid to the Defendant the said sum of £25,000, and the Defendant delivered the said hunter horse to the Plaintiff.
3. It was an express or alternatively an implied term of the agreement that the said hunter horse was the lawful property of the Defendant and/or that he had title or lawful authority to sell the same.
4. In breach of the agreement, the said hunter horse was not the lawful property of the Defendant, but of one Edward Poins, and the Defendant had no title or lawful authority to sell the same.
5. In the premises the Plaintiff has suffered loss and damage, namely the value of the said hunter horse, £25,000.
6. Further or in the alternative, in the premises the consideration for the payment of the said sum of £25,000 has wholly failed, and the said sum is repayable to the Plaintiff.
7. Further, the Plaintiff claims interest pursuant to section 69 of the County Courts Act 1984 on the amount found to be due to the Plaintiff at such rate and for such time as the court thinks fit.

AND the Plaintiff claims;
(1) Under paragraph 6, £25,000.
(2) Further or in the alternative, damages under paragraphs 4 and 5.
(3) The aforesaid interest pursuant to section 69 of the County Courts Act 1984.

Served etc.   Samuel Silent

**EXAMPLE 5   STATEMENT OF CLAIM – SALE –
MISREPRESENTATION**

<u>IN THE HIGH COURT OF JUSTICE</u>   1997.B.No.

<u>QUEEN'S BENCH DIVISION</u>

BETWEEN   URSULA QUICKLY   <u>Plaintiff</u>
                                    and
                            JOHN FALSTAFF   <u>Defendant</u>

STATEMENT OF CLAIM

1. The Plaintiff is and was at all material times the owner and manager of a public house known as The Boar's Head Tavern, Eastcheap, London WC1. The Defendant is a dealer in wines, spirits and beers.
2. On or about 1 April 1996, in order to induce the Plaintiff to enter into a contract with him for the purchase of wines and beers, the Defendant orally represented to the Plaintiff he could supply 'Falstaff Sack' and 'Falstaff Real Ale', both of which:

   (a)   Were in excellent condition for drinking.
   (b)   Were already supplied to 50 public houses in the London area.
   (c)   Were highly recommended in the publication 'Best Booze in Britain'.
   (d)   Would be supplied to the Plaintiff at a reduction of 10 per cent from the normal price charged by the Defendant.

3. In reliance upon the Defendant's said representations, on 13 April 1996 the Plaintiff entered into a contract with the Defendant to purchase 300 crates of the said 'Falstaff Sack' and 500 barrels of the said 'Falstaff Real Ale' for a total price of £30,000, which sum was paid to the Defendant forthwith. The said contract was partly oral and partly in writing, the amounts ordered and the price being noted on the reverse side of a laundry bill.
4. The Defendant's said representations were false in that the said 'Falstaff Sack' and 'Falstaff Real Ale':

   (a)   Were not fit to be drunk, both having a bitter taste and cloudy colouring.
   (b)   Were not supplied to 50 public houses in the London area, only 20 such public houses having been supplied, and the majority of those having returned their supplies to the Defendant.
   (c)   Were not highly recommended in 'Best Booze in Britain', being mentioned therein only as 'veritable gnat's piss'.
   (d)   Were sold to the Plaintiff at a price 20 per cent in excess of the price quoted in a written handbill produced by the Defendant for his customers.

5. Further or in the alternative, the Defendant's said representations were made fraudulently in that the Defendant made them knowing that they were false, or reckless as to whether they were true or false.

6. By reason of the matters aforesaid, the Plaintiff has suffered loss and damage.

PARTICULARS OF DAMAGE

Value of 'Falstaff sack' and 'Falstaff Real Ale' as represented	£30,000
Real value of 'Falstaff Sack' and 'Falstaff Real Ale'	£ 5,000
Difference in value	£25,000

7. Further, the Plaintiff claims interest pursuant to section 35A of the Supreme Court Act 1981 on the amount found to be due to the Plaintiff at such rate and for such time as the court thinks fit.

AND the Plaintiff claims;
(1) Rescission of the said contract on the ground of misrepresentation with all proper consequential directions.
(2) Repayment of the sum of £30,000 paid by the Plaintiff to the Defendant pursuant to the contract.
(3) Further or in the alternative, damages.
(4) The aforesaid interest pursuant to section 35A of the Supreme Court Act 1981.

Served etc.   Lorde C. Justiss

EXAMPLE 6   STATEMENT OF CLAIM – SALE – SPECIFIC PERFORMANCE

<u>IN THE HIGH COURT OF JUSTICE</u>   1997.S.No.

<u>CHANCERY DIVISION</u>

BETWEEN   SAMUEL SHYLOCK   <u>Plaintiff</u>
                                      and
                  ANTONIO MERCHANT GALLERIES (a firm)   <u>Defendants</u>

STATEMENT OF CLAIM

1. The Defendants are and were at all material times dealers and specialists in modern prints and paintings.
2. By an oral agreement made on 1 September 1996, made between the Plaintiff on the one part and Mr Basil Bassanio acting in the course of his employment as an assistant at a gallery owned and run by the Defendants on the other part, it was agreed that the Defendants would sell to the Plaintiff a set of paintings by the modern Venetian artist Mercy Quality entitled 'Pounds of Flesh', for a consideration of £40,000.

3. The agreement was set down in writing signed by the Plaintiff and the said Mr Basil Bassanio acting on behalf of the Defendants on 13 September 1996.
4. In breach of the said agreement the Defendants have refused and still refuse to deliver the said paintings to the Plaintiff, despite repeated requests by the Plaintiff, both orally and in writing, that they should do so.
5. Further, the Plaintiff claims interest pursuant to section 35A of the Supreme Court Act 1981 on any amount found due to the Plaintiff at such rate and for such time as the court thinks fit.

AND the Plaintiff claims:
(1) Specific performance of the said agreement.
(2) Further or in the alternative, damages for breach of the said agreement.
(3) Interest as aforesaid pursuant to section 35A of the Supreme Court Act 1981.

Served etc.   Abe A. Rister

EXAMPLE 7   STATEMENT OF CLAIM – FRUSTRATION

IN THE HIGH COURT OF JUSTICE   1997.G.No.   .

QUEEN'S BENCH DIVISION

BETWEEN   RICHARD GLOUCESTER   Plaintiff
                                and
                        EDWARD PLANTAGENET   Defendant

STATEMENT OF CLAIM

1. The Defendant was the breeder and owner of a racehorse known as 'The Crown of England'.
2. By an oral contract made on 22 June 1996 the Defendant agreed to sell the said racehorse to the Plaintiff for a sum of £50,000.
3. On 24 June 1996 the Plaintiff paid the Defendant the sum of £50,000 as specified in the contract.
4. On 22 August 1996 the said racehorse died suddenly.
5. In the premises the contract has been frustrated, and the Plaintiff is entitled to recover the sum of £50,000.

AND the Plaintiff claims £50,000.

Served etc.   Thomas More

EXAMPLE 8   STATEMENT OF CLAIM – QUANTUM MERUIT

IN THE SIDCUP COUNTY COURT   1997.No.   .

BETWEEN   (1) REGINALD ROSENCRANTZ
                     (2) GILBERT GUILDENSTERN   Plaintiffs
                                 and
                         CLAUDIUS REX   Defendant

PARTICULARS OF CLAIM

1. The Defendant is and was at all material times the managing director of
   Elsinore Enterprises plc. The Plaintiffs own and operate a small detective
   agency from 13, Denmark Hill, London SW33.
2. By an oral agreement made on 1 March 1996 the Defendant instructed the
   Plaintiffs to keep full-time surveillance on one Hamlet Prince, a director of
   the said Elsinore Enterprises plc for a period of three months reporting all
   his movements and meetings.
3. It was an implied term of the agreement that the Defendant would pay to the
   Plaintiffs a reasonable fee for the said work on completion thereof.
4. A reasonable fee for the said work was £20,000, but the Defendant has failed
   to pay to the Plaintiffs that sum or any sum.
5. Further or in the alternative, the Defendant prevented the Plaintiffs from
   completing the said work in that on 23 May 1996 he sent the said Hamlet
   Prince to work abroad where the Plaintiffs could no longer keep surveillance
   on him.
6. Further, the Plaintiffs claim interest pursuant to section 69 of the County
   Courts Act 1984 on any amount found due to the Plaintiff at such rates and
   for such time as the court thinks fit.

AND the Plaintiffs claim:
(1) £20,000 as the sum due on quantum meruit.
(2) The aforesaid interest pursuant to section 69 of the County Courts Act 1984.

Served etc.   M. Marple

EXAMPLE 9   STATEMENT OF CLAIM – INDUCING BREACH OF CONTRACT

IN THE HIGH COURT OF JUSTICE   1997.A.No.

QUEEN'S BENCH DIVISION

BETWEEN   ARIEL ENTERPRISES plc   Plaintiffs
                                          and
                      CALIBAN'S CON-ARTISTS (a firm)   Defendants

STATEMENT OF CLAIM

1. The Plaintiffs are and were at all material times the inventors and manufacturers of magic tricks and illusions carrying on business at Summer Solstice House, Salisbury, Wiltshire. The Defendants are wholesale sellers of games and toys to retail shops in southern England, carrying on business from Cave Chambers, Tempest Terrace, London E55.
2. Prior to the wrongful acts of the Defendants complained of, the Plaintiffs entered into a contract with Puck's Promotions Ltd on 21 June 1996 to supply the said Puck's Promotions Ltd with magic tricks for a period of five years.
3. The Defendants, who well knew at all material times that the said contract had been entered into by the Plaintiffs, maliciously and wrongfully, and with intention to injure the Plaintiffs, procured and induced the said Puck's Promotions Ltd to break their said contract with the Plaintiffs, and to refuse to perform or further perform the same.

PARTICULARS

(i)   On or about I October 1996 the Defendants wrongfully informed the said Puck's Promotions Ltd that the trick 'Whispering Magic' manufactured by the Plaintiffs did not work.
(ii)   On or about 5 October 1996 the Defendants wrongfully informed the said Puck's Promotions Ltd that the Defendants produced more imaginative tricks of more interest to the public than the Plaintiffs tricks.
(iii)   On or about 5 October 1996 the Defendants wrongfully informed the said Puck's Promotions Ltd that they could supply tricks more quickly and more cheaply than the Plaintiffs.

4. In consequence of the aforesaid, the Plaintiffs have lost the benefit of the said contract, and have lost the profit that they would otherwise have made, and have been injured in their business, and have thereby suffered loss and damage.

PARTICULARS OF DAMAGE

Loss of sales of new tricks in the   £55,000
account year 1996–97

5. Further, the Plaintiffs claim interest pursuant to section 35A of the Supreme Court Act 1981 on any amount found due to the Plaintiffs at such rates and for such time as the Court thinks fit.
6. Further, the Defendants threaten and intend unless restrained from so doing by this Honourable Court to continue to do the acts hereinbefore complained of.

AND the Plaintiffs claim:

(1) Damages.
(2) An injunction to prevent the Defendants by themselves, their servants or agents or otherwise, from doing or continuing to do anything to induce further breaches of the contract specified in paragraph 2, or any similar contract made by the Plaintiffs.
(3) The aforesaid interest pursuant to section 35A of the Supreme Court Act 1981.

Served etc.   Mack E. A. Velly

EXAMPLE 10   DEFENCE TO STATEMENT OF CLAIM IN 2 – COUNTERCLAIM FOR BREACH OF IMPLIED TERM

IN THE HIGH COURT OF JUSTICE   1997.B.No.

QUEEN'S BENCH DIVISION

BETWEEN   IAGO BADDIE   Plaintiff
                               and
                          OTHELLO MOORE   Defendant

DEFENCE

1. The Defendant admits paragraphs 1 and 2 of the Statement of Claim.
2. The Defendant denies that there was any term in the agreement as alleged in paragraph 3 of the Statement of Claim, or any similar term.
3. In the alternative, if, which is denied, there was a term in the agreement as alleged in paragraph 3 of the Statement of Claim, the conduct of the Plaintiff in the course of his employment was not such as to justify his promotion as alleged in the Statement of Claim or at all.

PARTICULARS

(i)   The Plaintiff frequently argued with other employees of the Defendant.

(ii)   The Plaintiff frequently failed to inform the Defendant of important business matters which he should have brought to the attention of the Defendant.

(iii)   The Plaintiff frequently took business decisions which should have been referred to the Defendant for decision.

4. In the premises, the Defendant denies that he was in breach of the agreement as alleged or at all.
5. The Defendant denies that the Plaintiff has suffered the alleged or any loss or damage.

COUNTERCLAIM

6. It was an implied term of the agreement that the Plaintiff should keep secret all records, knowledge and information that might from time to time be communicated to him by the Defendant in the course of his employment, and that he should not make use of it other than in the course of his employment with the Defendant.
7. On or about 7 October 1996 the Plaintiff gave to one Roderigo Venetian, a business competitor of the Defendant, a copy of a contract that the Defendant had made on that day with one Brabantio Senator, and technical plans and details connected therewith.
8. As a result of the matters complained of in paragraph 7, the Defendant has suffered loss and damage in that he has lost the benefit of the rights that he obtained from the said contract with Brabantio Senator, full details of which will be served separately.
9. Further, the Defendant claims interest pursuant to section 35A of the Supreme Court Act 1981 on the amount found to be due to the Defendant at such rate and for such period as the court thinks fit.

AND the Defendant claims:
(1) Damages.
(2) The aforesaid interest pursuant to section 35A of the Supreme Court Act 1981.
(3) A declaration that the contract, technical plans and details referred to in paragraph 7 were confidential records and information communicated to the Plaintiff in the course of his employment and were the sole property of the Defendant.
(4) An order for the delivery up by the Plaintiff of all records and other written knowledge and information that the Plaintiff received in the course of his employment with the Defendant.

Served etc.   Mae O. Pinion

EXAMPLE 11 DEFENCE TO STATEMENT OF CLAIM IN 6 – MISTAKE – COUNTERCLAIM FOR RECTIFICATION

IN THE HIGH COURT OF JUSTICE   1997.S.No. .

CHANCERY DIVISION

BETWEEN   SAMUEL SHYLOCK   Plaintiff

and

ANTONIO MERCHANT GALLERIES (a firm)   Defendants

DEFENCE

1. Paragraph 1 of the Statement of Claim is admitted.
2. Paragraph 2 of the Statement of Claim is admitted, save in that it was agreed that the Defendants would sell to the Plaintiff not only the four paintings entitled 'Pounds of Flesh', but also a companion work by the same artist entitled 'A drop of blood', with an additional consideration of £10,000 for that painting.
3. It is admitted that on 13 September 1996 the Plaintiff and the Defendants signed a written contract which was intended to embody the agreement as set out in paragraph 2 herein, and not any other agreement.
4. The written contract was so signed by the Plaintiff and the Defendants in the belief that it embodied the agreement set out in paragraph 2 herein, but it does not in fact embody it in that it was understood by the parties that the said painting 'A drop of blood' was part of the series of paintings entitled 'Pounds of Flesh', whereas the artist had stipulated that the said painting 'A drop of blood' should be sold for a separate consideration. The said written contract was thus signed under a mutual mistake of fact, and the Defendants have never agreed to the terms contained in it.
5. The Defendants are now and always have been ready and willing to sign a written contract correctly embodying the agreement set out in paragraph 2 herein, but no such contract has been tendered to them.
6. In the premises, the agreement alleged in paragraphs 2 and 3 of the Statement of Claim is not binding on or enforceable against the Defendants.

COUNTERCLAIM

7. Paragraphs 2, 3 and 4 of this Defence are repeated.

AND the Defendants counterclaim:
(1) An order that the written contract dated 13 September 1996 be rectified so as to embody the agreement actually made between the parties as set out in paragraph 2 herein, and that the said contract be treated as being so rectified.
(2) Alternatively, that the said contract be rescinded.

Served etc.   Portia de Belmont

EXAMPLE 12   DRAFT MINUTES OF ORDER – POSSIBLE ORDER RELATED TO 9

IN THE HIGH COURT OF JUSTICE   1997.A.No.

QUEEN'S BENCH DIVISION

BETWEEN   ARIEL ENTERPRISES PLC   Plaintiffs
                                               and
                          CALIBAN'S CON-ARTISTS (a firm)   Defendants

---

DRAFT MINUTES OF ORDER

UPON hearing Counsel for the Plaintiffs, ex parte, and upon reading the affidavit of Cedric Caliban sworn on behalf of the Defendants on 1 April 1997 AND UPON the Plaintiffs undertaking by their Counsel to issue a writ of summons herewith
AND UPON the Plaintiffs undertaking by their Counsel to abide by any order which this Court may make as to damages in case this Court shall be of the opinion that the Defendants shall have sustained any by reason of this order which the Plaintiffs ought to pay;

IT IS ORDERED THAT:

1. The Defendants be restrained by injunction, whether by themselves, their servants or agents, until trial or further order from inducing any breach of the contract made on 21 June 1996 between the Plaintiffs and Puck's Promotions Limited, and in particular from:

   (i) making any unjustified adverse comments on the reliability of the Plaintiff's products;
   (ii) unjustifiably disparaging the Plaintiff's products to any of the existing customers of the Plaintiffs.

2. The Defendants pay the costs of today in any event.

AND IT IS DIRECTED THAT the Defendants shall have liberty to apply to discharge or vary the said order upon giving 48 hours notice to the Plaintiffs' solicitors.

19 Advising and drafting in a tort case

When advising a client who may have a case in tort, there are a few areas that are particularly important. Many tort cases will depend on allegations of fact, and special skills must be developed to establish fully the client's version of what happened, and to use your imagination to find any gaps or possible defects in this version that the other side may raise and exploit. A skill to grasp technical matters quickly will be needed where an accident has been caused for example by a machine, and also to grasp sufficiently a medical report describing injuries to the plaintiff, which may be very important when it comes to assessing damages. There will also be some development of basic skills in getting the feel of assessing damages for personal injuries, and in drafting particulars of negligence, injury and damage. The most complex facts may arise when it comes to analysing a tort case and it may well be necessary to differentiate the following, factually and legally:

(a) How an accident occurred.
(b) What caused it.
(c) What injuries resulted.
(d) Whether the injuries were caused by the accident.

Clarifying the facts

Many tort cases will turn on allegations of fact, so it is particularly important for you to get clear in your mind what the client is telling you, and to be sure that you have the whole story. This can be done by asking the client to tell the story of what happened in his own words, and then asking him again at a later stage, watching on both occasions for anything left out and any contradictions. Bear in mind that what the client says may not be entirely objective – if he was injured he may not be able to remember things clearly, and in any event he may be angry at what has happened, or may have turned it over in his own mind so often that he has distorted his memory (especially to decrease his own responsibility and increase that of someone else – almost any driver involved in a car accident will do this). You will have to ask questions to fill in any gaps and to test any part of the case that seems weak. The client will rarely lie to his lawyer, but what he does say must be challenged and checked.

You must also understand any technical details of the case, not least to be able to explain them to the judge. For an industrial accident this may involve mastering the details of a mechanical process and special terminology. Expert evidence may be needed on this, and may have to be sought at an early stage to see whether there is a cause of action or not. For the facts of the case and the technical background, it will be a matter of proving as well as understanding, and all independent evidence and reports that are available should be sought, including maps, plans and photographs.

Choosing the cause of action

On the basis of full facts you will have to consider the possible causes of action. This may be obviously nuisance or trespass, but there are overlaps so that the same set of facts may give rise to an action in negligence, breach of statutory duty and occupier's liability, so a decision will have to be made. As outlined in earlier chapters, the best way of doing this is to write out the elements of each possibility and checking which can be most easily proved and has least legal difficulty, only bringing more than one if there is justification for the cost. For example, negligence will need a duty of care/that is owed to the plaintiff/that has been breached by the defendant/which breach has led to damage/for which damages are recoverable (see Examples 1 and 2). Alternatively, for breach of occupiers' liability there would need to be a defendant occupier/of a specific building/the plaintiff is a visitor to whom a common duty of care is owed/the plaintiff is injured in the building (see Example 2).

If breach of statutory duty is a possibility, it will be necessary to get the exact wording of any relevant statute or regulation at an early stage to see if there is a breach, as argument may well turn on it. The solicitor or barrister who regularly works in this type of case will soon become familiar with the main provisions, but care and special research will always be needed with less common areas of regulation (see Example 3).

The doctrine of res ipsa loquitur may be pleaded where the cause of the accident is obvious (see Example 1), but it must be remembered that this is in no way an easy way out of looking at the detail of the case. The burden of proof does not pass to the defendant, *Ng* v *Lee, The Times,* 25 May 1988.

There may be a cause of action in an area other than tort, and the interrelation of tort and contract has arisen in several cases in recent years, though the principles of the relationship are far from clear. A fraud action may be brought in tort or contract, *Yianni* v *Edwin Evans* [1982] QB 438. Alternatively the action itself can be brought on two bases, one in contract and one in tort, as in *Esso Petroleum* v *Mardon* [1976] QB 801 where the case was for breach of warranty and negligent misrepresentation, or *Howard Marine and Dredging Co.* v *Ogden* [1978] QB 574 where the action was brought under the Misrepresentation Act 1967 and for negligence. Lastly, the facts may justify an action in contract and tort but the plaintiff may choose one, as in *Parsons* v *Uttley Ingham* [1978] QB 791, where the plaintiff chose to rely on breach of contract alone.

The plaintiff will again have to choose which of the possibilities has least problems in law and in evidence, but the measure of damages available will also be relevant. Lord Denning has said that the plaintiff should get the same damages for what he has lost whether he sues in tort or contract, *Parsons* v *Uttley Ingham* (above), but other cases have taken a stricter view. The purpose of damages in contract is looking forward to put the plaintiff where he would have been if the contract had been fulfilled, whereas tort looks back to put the plaintiff where he was before the tort was committed. There are also differences in what is covered, although the two measures of damage seem to be moving closer together, damages for hurt feelings are recoverable in tort but often not in contract, whereas damages for purely economic loss can be recovered in contract but still not always in tort and so on. In deciding whether to bring an action in contract or tort or both it will be necessary to examine whether everything lost will be recoverable in the actions possible.

The other decision to be made is whom to sue, as there will often be a choice. You may be able to sue the person who actually causes an accident or their employer, or the person who owns the building where an accident occurs, or to choose between the person who sells an item and the one who manufactured it. You should examine all the possibilities before deciding who there is the strongest factual and legal case against, and who is most likely to be able to pay damages. Costs should be kept down by not suing people unnecessarily, but if there is any real doubt several possibilities should be joined to avoid having to bring another action (if possible), and because the other option may well be made a third party anyway.

Damages and other remedies

The main remedy in most tort actions will be damages, so it will be necessary to consider fully and advise on the appropriate way of measuring damages, what things the plaintiff can recover for, and as closely as possible what figure the plaintiff can hope to get. The general test for tort is of course to compensate the plaintiff for all loss arising from the tort that is foreseeable and is not too remote. As with contract, you should ask the client to tell you all the things that he has lost, so that he can see if they come within this test, and can claim them in the pleading as special damage if a figure can already be given, or as general damage. There may be many different types of loss in a personal injury action, and you should ensure you claim loss of earnings, loss of future earnings, medical expenses, damage to clothes etc., as well as just a figure for the injury.

One problem in recovering damages in a tort action used to be that purely economic loss was not recoverable, but it seems that it now can be, provided that it is sufficiently proximate and within the scope of the duty owed by the defendant to the plaintiff, *Junior Books Ltd v Veitchi* [1983] AC 520. Another problem in assessing damages in a tort case will often be determining a figure for injuries received – the lawyer in practice will build up an ability to feel the right figure for a case, and looking up cases in *Kemp and Kemp* and *Current Law* for comparison was dealt with earlier. As with contract, it will be important to advise on what may be deducted as well as what is recoverable, finding out for example whether the plaintiff has received any statutory benefits, as under s. 22 of and Sch. 4 to the Social Security Act 1989 the full value of benefits received within five years of the injury is deducted from the damages payable to the plaintiff, and must be paid to the State by the defendant, though any benefits payable after the five year period are disregarded. Note also that there may be a tax effect on the damages, *BTC* v

Gourley [1956] AC 185. When claiming damages for personal injury, there is now the possibility of claiming provisional damages where the future effects of injuries are not yet clear, Supreme Court Act 1981, s. 32A, and the claim must be pleaded in the Statement of Claim. Awards of interest on damages for personal injury are complex, with different rates for different elements of the damages, and no interest on damages for future economic loss, *Birkett* v *Hayes* [1982] 2 All ER 70.

There are special principles for assessing damages for loss of future earnings, and for loss of dependency where there has been a death. It is worth putting effort into arguments here because exact arithmetic is impossible, and there may be good arguments on the promotion that might have been expected or the contribution that the deceased made to the welfare of his family. In any event, the financial background should be investigated almost as fully as the facts of the case. Where someone has been killed damages will be sought for the estate under the Law Reform (Miscellaneous Provisions) Act 1934, including special damage and damages for any pain and suffering prior to death, and there will also be a claim for damages for the dependants under the Fatal Accidents Act 1976, the rules being amended by the Administration of Justice Act 1982 for all deaths after 3 January 1983. The damages for the dependants will either take the salary of the deceased and deduct the money that he spent on himself, or add together the figures that the deceased spent on his dependants, multiplying the annual dependancy by a multiplier depending on the age of the deceased and the number of years he might have gone on working. There may also be damages for bereavement. You must deal with all the relevant figures in detail to prepare calculations for the court.

The various possibilities of interim awards or provisional damages are very useful for the client in practical terms, but care must be taken that the action is in no way finally settled before the full extent of injury is as clear as possible, as a second action on the facts is not possible, *Bristow* v *Grout, The Times,* 3 November 1986.

A structured settlement may be of particular value in a personal injury case where the injuries are severe so that damages will be substantial. The making of structured settlements has been considerably facilitated by the Damages Act 1996 and by the Finance Acts 1995 and 1996, and it is important to consider the possible value of a structured settlement to a client wherever damages are large enough to make such a settlement an option. Instead of paying a single lump sum the defendant may agree to make payments over a number of years, which can reduce the initial cost for the defendant and provide long-term security for the plaintiff. A structured settlement must be agreed by the parties – it cannot be ordered by the court without consent, *Burke* v *Tower Hamlets Health Authority, The Times,* 10 August 1989. The settlement must be in a form approved by the Inland Revenue if it is not to have tax disadvantages. Typically a settlement in an approved form will provide for an immediate lump sum followed by an annuity. Further lump sums and provision for inflation may be included. The first structured settlement approved by an English court is reported as *Kelly* v *Dawes, The Times,* 27 September 1990.

The negotiation of a structured settlement will require practical skill beyond simply spreading a gross damage figure over a number of years. The size of the annuity, how long it should continue, and whether other payments will be required will require careful consideration (and a number of insurance companies are acquiring expertise in this area). The approval of a judge will normally be required, and the application for this will need to be supported by an opinion from Counsel recommending the settlement, a full financial analysis of the case, a draft of the proposed settlement, and confirmation of the approval of the Inland Revenue. See also the *Practice Direction* [1992] 1 All ER 862.

As for remedies other than damages, the plaintiff may seek an order for the return of a specific chattel where appropriate, or may seek a declaration or an injunction, for example to stop a nuisance. In a tort it is especially important to consider the position of the client in a practical way and make full use of all possible procedural steps and means of obtaining evidence. The discovery process may be particularly important to get hold of reports, and the client may be helped for example, by seeking an interim award of damages.

Points on drafting

Because a tort case will often involve examining the factual details of an event it is particularly important, but particularly difficult for the inexperienced lawyer, to develop a drafting technique that is very clear and gives sufficient particulars without tying the case down too much or being too vague. Provided the essential elements of the case are pleaded in an appropriate order following the basic principles of drafting this should not be too difficult, but there is an art to pleading particulars of negligence, breach of statutory duty or injury well.

In practice there are many different approaches to pleading particulars in tort, from the basic to the over-ornate, and as always you should look at every example that you come across to develop your own style, remembering always that particulars of negligence or breach should cover every way that the accident could have occurred without being more wide and vague than they need to be. Particulars must never be copied straight from a precedent but must be based on the facts of the case, *Brickfield Properties* v *Newton* [1971] 1 WLR 862. For example, in *Waghorn* v *George Wimpey & Co.* [1969] 1 WLR 1764 the plaintiff sued his employers alleging that he fell while crossing a bank at the site where he worked. It came out in evidence at trial that he had in fact fallen some distance from the bank, so his action failed as this was a radical departure from the pleading in the case. Particulars of injury are normally taken straight from a medical report, but should be a brief and clear summary of the main points of the report rather than being taken verbatim from it. Medical particulars can be given as a paragraph or as numbered points under a 'Particulars' heading. In alleging negligence it is always important to consider particulars very carefully, *Eley* v *King and Chasemore, The Times,* 24 April 1989.

If the plaintiff is alleging res ipsa loquitur he should plead it, though it was held in one case that if a claim for negligence involved all the facts from which res ipsa loquitur could be implied, that would be sufficient, *Bennett* v *Chemical Construction (G.B.)* [1971] 1 WLR 1571. In a fatal accident case there are various particulars of the dependants and the deceased that must be pleaded by statute (see Example 4). In a personal injury action of any kind it is always necessary to give particulars of the injuries suffered, and the age of the deceased at the date of the accident, or his date of birth.

In a personal injury action there are special drafting requirements in addition to the basic elements of tort drafting already outlined. Under RSC Order 18, rule 12(1A) it is necessary to serve with the statement of claim a medical report and a statement of the special damages claimed. These elements do still need to be pleaded in the statement of claim. The medical report should substantiate the personal injuries alleged, that the plaintiff will wish to give evidence of at trial. The statement should give full particulars of the special damages claimed for expenses and losses already incurred and an estimate of any future expenses and losses (including loss of earnings and of pension rights). If the medical report and the statement of damages are not served the court can make an appropriate order, rule 12(1B).

Advising a defendant

As in a contract case, there are various courses for those advising the defendant to take, and various things that they should consider. The first possible course is to deny that the plaintiff has a cause of action at all, either on a matter of law or because the defendant's version of the facts is different from the plaintiff's. The lawyer for the defence will have to investigate the facts and the evidence just as much as the lawyer for the plaintiff. It may be difficult for the defendant to deny that there was an accident (though he need not admit it), but he may deny that he owed a duty to the plaintiff, that he was responsible for the accident, or that he was responsible for the resultant loss, or all of these (see Example 8).

The second possibility, to use alone or in the alternative, is to argue a positive defence. This may be a legal or technical defence, such as the expiry of the limitation period, or a specific defence provided by the statute or regulations that give rise to his liability. Other positive defences depend on the facts, such as volenti non fit injuria, where the plaintiff voluntarily accepted any risk in the situation, or the slightly different argument that the plaintiff consented to what was done. Other possible lines of defence not so common in practice are necessity, that it was necessary for the plaintiff to do what he did, or self-defence. Finally, there is the possibility of novus actus interveniens, where some new event rather than the act of the defendant is said to be responsible for the injury or loss suffered by the plaintiff.

Another possible line, perhaps the most common in practice, is to argue, perhaps in addition to one of the above defences, that the plaintiff was partly responsible for what happened, and that therefore there is contributory negligence (this applies to other actions, not just negligence). If there is found to be contributory negligence it will reduce the damages payable. Such an allegation must be pleaded (an example is given in the examples of pleading), and you must prepare your arguments on the facts and the evidence to show contributory negligence. You must not only prove the contributory negligence but also argue what effect this should have on damages, that is to what extent the plaintiff was responsible and in what proportion damages should be reduced (there is a great difference between 20 per cent and 40 per cent in what the defendant will have to pay). The defendant should also consider whether anyone else could be argued to be responsible for what happened to the plaintiff, and if he or she is not already party to the action should consider making them a third party (see Examples 9 and 10).

CHECKLIST OF POSSIBLE CAUSES OF ACTION IN TORT

1. Negligence. Distinguish different types, such as occupiers' liability or employers' liability. Take care with particulars alleged. Need to prove negligence and causation of injury.
2. Breach of statutory duty. Take care to deal very specifically with the elements of the particular statutory duty. Take decisions on what cause of action to use if there is also negligence.
3. Nuisance.
4. Trespass to land or to goods.
5. Defamation.
6. The rule in *Rylands* v *Fletcher.*
7. Trespass to the person.

There may well be a possibility of different causes of action on a set of facts such as negligence/breach of statutory duty/occupiers' liability. Care needs to be taken in making the strongest choice in such circumstances (or plead more than one in the alternative).

Care should also be taken over who to sue, especially if there is a choice of different causes of action against different people, issues of vicarious liability etc.

Checklist for a negligence action

1. Exactly how did the accident occur? When? Where? Get full details.
2. What damage was caused by the accident?
   Make full list of headings, including continuing loss.
3. Was the damage caused by the accident?
   It is vital to be able to prove that it was.
4. What is the cause of action?
   Look for the full range of possibilities, and take any necessary decisions on which to pursue.
5. Who should be sued for causing the accident?
   Is there any choice? If so, make the choice.
   Can you clearly show that that person caused or was responsible for the accident?

Checklist for the defendant

1. Check if all the elements of a cause of action are alleged. Prepare witness and expert evidence as to whether there is negligence etc.
2. Did the alleged negligence cause the injuries complained of? Again evidence is important.
3. Any arguments of other people or causes being responsible for the injuries complained of?
4. Contest arguments on damages, seriousness of injuries etc., and amount to be awarded.

BASIC PRINCIPLES OF TORT DAMAGES ASSESSMENT

The basic objective is to put the plaintiff where he would have been if the tort had not been committed.

Many of the general points on making a full list of items of damage, collecting evidence etc. are similar to contract and will not be repeated here.

Personal injury damages

1. List all heads of damage:
   (a) *Special damages* Existing and quantifiable by the date of trial. Needs to be pleaded. Collect evidence. Includes damage to assets, clothing etc., also nursing expenses etc., due to injury. Loss of earnings (net) from accident to trial.
   (b) *General damages* Non-financial loss. Pain and suffering, loss of amenity. How to find current figures for particular injuries is dealt with in the text. Future financial loss. Loss of future earnings, earning capacity, pension etc. (less expenses of earning the income). Done with multiplicand (loss per year) and multiplier (theoretical number of years).
2. Deductions to be made by statute. Half of sickness benefit, invalidity benefit, industrial injury benefit.
3. Proportionate deduction may be made for contributory negligence. Argue about size of any deduction!
4. Other deductions may need to be made for unemployment benefit, income support etc. No deduction is made for sums coming from independent sources, such as a personal insurance policy.
5. Add appropriate interest. Different rates for different elements of damages.

Damages for fatal accidents

1. Damages for any loss suffered by the deceased before death calculated as above.
2. Dependants can recover for own losses prior to trial. List and prove value.
3. The annual dependancy of all the dependants is calculated, that is, what money the deceased applied for their benefit, and the appropriate multiplier used.
4. Deductions made if appropriate, for contributory negligence etc.
5. Add interest as appropriate (not on future loss).

EXAMPLE 1 STATEMENT OF CLAIM – NEGLIGENCE – RES IPSA LOQUITUR

IN THE MARGATE COUNTY COURT   1997.P.No.   .

BETWEEN   PERCY PROSPERO   Plaintiff
                                          and
                    ANTONIO ALONSO'S FLYING FUNFAIR (a firm)
                                                                    Defendants

PARTICULARS OF CLAIM

1. The Defendants own and operate a funfair consisting of various mechanical rides, with various sideshows, at Sycorax Pleasure Island, Margate, Kent.
2. One of the mechanical rides at the said funfair is called 'Tempest Tossed', and in this members of the public are invited to sit in small model boats, each boat having seating space for two people. When the ride is activated, the said boats are mechanically propelled in varying directions at heights up to twenty feet above the ground.
3. On 13 August 1996 the Plaintiff attended the said funfair, and took a seat alone on the said ride 'Tempest Tossed'. An employee or agent of the Defendants fastened a safety bar across the front of the seat in which the Plaintiff sat.
4. Shortly after the said ride was activated the Plaintiff was propelled by the machinery in an upward direction with such force that he was ejected from his seat and fell to the ground from a height of approximately twenty feet.
5. The said accident was caused by the negligence of the Defendants, their servants or agents.

PARTICULARS OF NEGLIGENCE

The Defendants, their servants or agents were negligent in that:

(i)   They failed to erect the said ride with any or any sufficient care as to the safety of those who might ride in it.
(ii)   They failed to maintain the said ride adequately or at all.
(iii) They failed to provide any or any proper supervision of members of the public using the said ride.
(iv) They failed to ensure that members of the public would be safe in using the said ride.
(v)   They failed to give any or any adequate warning as to the possible dangers of the said ride.

The Plaintiff will further rely on the principle res ipsa loquitur.
6. As a result of the said negligence the Plaintiff sustained injuries.

PARTICULARS OF INJURIES

The Plaintiff, who was aged 50 at the date of the said accident, suffered the following injuries:

   (i)   Concussion.
  (ii) Shock.
 (iii) Compound fracture of the right leg.
 (iv) Cuts and abrasions to the right arm and the right side of the face.

As a result of the said injuries, the Plaintiff was in hospital for 10 days. He suffers some residual stiffness in the right leg, and may develop arthritis in the near future. He has suffered frequent and severe migraines since the accident, and is likely to need a course of psychiatric treatment to help with these.

7. Further, as a result of the said negligence, the Plaintiff has suffered loss and damage.

PARTICULARS OF SPECIAL DAMAGE

Damage to clothing	£150
Loss of watch	£100
Loss of personal cassette player	£120
	£370

8. Further, the Plaintiff claims interest pursuant to section 69 of the County Courts Act 1984 the amount found to be due to the Plaintiff at such rate and for such period as the court thinks fit.

AND the Plaintiff claims:
(1) Damages.
(2) The aforesaid interest pursuant to section 69 of the County Courts Act 1984, to be assessed.

Served etc.   M. Python

(To be accompanied by medical report and statement of damages.)

EXAMPLE 2 STATEMENT OF CLAIM – OCCUPIERS' LIABILITY – NEGLIGENCE

IN THE HIGH COURT OF JUSTICE   1997.S.No.   .

QUEEN'S BENCH DIVISION

BETWEEN   DUNCAN SCOTLAND   Plaintiff
                                    and
                        (1) MACDONALD MACBETH
                        (2) FLORA MACBETH   Defendants

STATEMENT OF CLAIM

1. The Defendants are and were at all material times the joint owners and occupiers of premises known as 'The Thane of Cawdor Hotel', Dunsinane Hill, Birnham Beeches, Berkshire.
2. On the 1 November 1996 the Plaintiff entered the said premises as a lawful visitor and guest.
3. While the Plaintiff was sitting on a couch in the lobby of the said premises, two ceremonial daggers which were part of the decoration of the lobby fell from their fitting on the wall and hit the Plaintiff, severely injuring him.
4. The matters complained of were caused by the negligence and/or the breach of statutory duty under section 2 of the Occupiers' Liability Act 1957 of the Defendants, their servants or agents:

PARTICULARS OF NEGLIGENCE AND/OR BREACH OF STATUTORY DUTY

(i)   Failure to affix the said daggers to the wall in an adequate manner.
(ii) Failure to give any or any sufficient consideration to the best manner of affixing the said daggers, and/or to the weight of the said daggers.
(iii) Failure to check adequately or at all whether the said daggers remained adequately affixed to the wall.
(iv) Failure to consider adequately or at all whether the said daggers were a safe form of decoration in the place where they were affixed.
(v)   Failure to take any or any reasonable care to ensure that the Plaintiff was reasonably safe in using the said premises as a visitor.

5. By reason of the matters aforesaid, the Plaintiff, who was aged 38 at the date of the accident, sustained injuries and has suffered loss and damage.

PARTICULARS OF INJURY

The Plaintiff suffered two severe stab wounds to the chest, one of which punctured his left lung. He sustained further minor cuts and bruising to his chest and his upper right arm. He remained in hospital for three weeks. He still has difficulty breathing on occasion, and as a result is no longer able to keep up his hobby of running in marathons.

PARTICULARS OF SPECIAL DAMAGE

Damage to clothing	£100
Loss of earnings	£700
Medical expenses	£500
	£1,300

6. Further, the Plaintiff claims interest pursuant to section 35A of the Supreme Court Act 1981 on the amount found to be due to the Plaintiff at such rate and for such period as the court thinks fit.
7. This writ includes a claim for personal injury, but may be commenced in the High Court because the value of the action for the purposes of art. 5 of the High Court and County Courts Jurisdiction Order 1991 exceeds £50,000.

AND the Plaintiff claims:
(1) Damages.
(2) The aforesaid interest pursuant to section 35A of the Supreme Court Act 1981, to be assessed.

Served etc.   Horace Rumpole

(To be accompanied by medical report and statement of damages.)

EXAMPLE 3   STATEMENT OF CLAIM – BREACH OF STATUTORY DUTY

IN THE SOHO COUNTY COURT   1997.No.   .

BETWEEN   NICHOLAS BOTTOM   Plaintiff
                              and
                 THE MIDSUMMER-NIGHT'S DREAMY   Defendants
                 UNDERWEAR COMPANY LIMITED

PARTICULARS OF CLAIM

1. At all material times the Plaintiff was employed as a weaver by the Defendants at their premises at Athens Court, Greek Street, London, which premises were a factory within the meaning of the Factories Act 1961.
2. On 24 June 1996 there was on the premises a power operated spin weaving machine, fitted with two sharp edged flying spindles. The said machine was a dangerous machine and contained dangerous parts, namely the said flying spindles.
3. On the said date, in the course of his employment, the Plaintiff was operating the said machine to weave cloth when the said flying spindle became entangled in his hair when he bent forward, causing his head to be pulled violently into the said machine, in consequence whereof the Plaintiff sustained severe injury.

4. The accident was caused by a breach of statutory duty under section 14 and section 16 of the Factories Act 1961 by the Defendants, their servants or agents.

PARTICULARS OF BREACH OF STATUTORY DUTY

(i) Failing to fence securely the said flying shuttles, which were dangerous parts of the machine, as required by section 14(1) of the Factories Act 1961, or at all.

(ii) Failing constantly to maintain and keep in position any fencing or guard over the said flying shuttles while they were in motion or use, as required by section 16 of the Factories Act 1961, or at all.

5. Further or in the alternative, the accident was caused by the negligence of the Defendants, their servants or agents.

PARTICULARS OF NEGLIGENCE

(i) Failing to take any or any adequate precautions for the safety of the Plaintiff while he was engaged in the said work.

(ii) Exposing the Plaintiff to the risk of damage or injury of which they knew or ought to have known.

(iii) Providing for use by the Plaintiff a machine that was defective or unsafe.

(iv) Failing to provide an adequate system of maintenance for the said machine.

(v) Failing to provide and maintain a safe system of work in the said factory.

6. As a result of the breach of statutory duty and/or the negligence, the Plaintiff sustained injury and has suffered loss and damage.

PARTICULARS OF INJURY

The Plaintiff, who was born on 10 June 1963, suffered severe scalp damage and loss of hair. The hair may never fully grow back, and severe scarring may be left for some years. There were severe lacerations to both ears, which are likely to remain elongated and badly misshapen. Due to the need for continuing treatment to the scarred tissue, the Plaintiff was off work for three months.

PARTICULARS OF SPECIAL DAMAGE

(i)	Damage to gold ear-ring	£100
(ii)	Hairdressing treatment	£1,000
(iii)	Lost wages	£2,500
		£3,600

7. Further, the Plaintiff claims interest pursuant to section 69 of the County Courts Act 1984 on the amount found to be due to the Plaintiff at such rate and for such period as the court thinks fit.

AND the Plaintiff claims:

(1) Damages.

> (2) The aforesaid interest pursuant to section 69 of the County Courts Act 1984
> to be assessed.
>
> Served etc.   Ann Summers
>
> (To be accompanied by medical report and statement of damages.)

**EXAMPLE 4   STATEMENT OF CLAIM – FATAL ACCIDENTS ACT
CLAIM**

IN THE HIGH COURT OF JUSTICE   1997.P. No.   .

QUEEN'S BENCH DIVISION

BETWEEN   LAERTES POLONIUS   Plaintiff
                         (Son and Executor of the
                    estate of Herbert Polonius deceased)
                                   and
                          HAMLET PRINCE   Defendant

STATEMENT OF CLAIM
---

1. The Plaintiff is the son and executor of the estate of Herbert Polonius
   deceased (hereinafter called 'the deceased') who died on 13 November 1996,
   probate of the will of the deceased having been granted to him on 1 January
   1997 from the Elsinore District Registry. He brings this action on behalf of
   the estate of the deceased under the provisions of the Law Reform (Miscel-
   laneous Provisions) Act 1934, and on behalf of the dependants of the
   deceased under the provisions of the Fatal Accidents Act 1976.
2. On 13 November 1996 the deceased was collecting wild flowers by a
   hedgerow in Arras Lane, Queen's Common, Essex when the Defendant
   drove his Sword sportscar registration number EGO 111 in a southerly
   direction down Arras Lane in such a negligent fashion that he ran into the
   deceased, causing him fatal injury.
3. The Defendant so negligently drove and controlled the said car that he
   caused or permitted it to run into the deceased.

PARTICULARS OF NEGLIGENCE

The Defendant was negligent in that he:

(i)   Drove at a speed that was excessive in the circumstances.
(ii) Failed to keep any or any proper look out for pedestrians.
(iii) Caused or permitted the said car to proceed on the wrong side of the
road.
(iv) Drove the said car along a public highway without ensuring that it was
in sound and safe mechanical order.

(v)   Failed to brake and/or swerve adequately or at all so as to avoid the deceased.

4. Further, in reliance on section 11 of the Civil Evidence Act 1968 the Plaintiff will adduce evidence at trial that the Defendant was on 13 March 1997 convicted at the Elsinore Crown Court of careless driving contrary to section 3 of the Road Traffic Act 1972, as evidence of the negligence alleged in paragraph 3.

5. By reason of the matters aforesaid, the deceased, who was aged 60 at the date of the accident, sustained severe injuries from which he died on the same day.

PARTICULARS OF INJURIES

The deceased suffered a fracture to his skull, causing severe concussion, and also fractures to several of his ribs, and to his right arm and leg. He suffered severe loss of blood and substantial internal bleeding.

6. By reason of the matters aforesaid, the estate of the deceased and his dependants have suffered loss and damage.

PARTICULARS PURSUANT TO STATUTE

The claim herein under the Fatal Accidents Act is brought on behalf of the following persons:

(i)   The Plaintiff, now aged 19 years, son of the deceased.
(ii) Ophelia Polonius, now aged 16 years, daughter of the deceased.

At the date of his death the deceased was the sole supporter of the said children. He was employed as a Senior Civil Servant at an annual salary of £50,000, and allowed £200 per week for the support of the said children.

PARTICULARS OF SPECIAL DAMAGE

Damage to suit	£150
Destroyed brief case	£100
Destroyed umbrella	£ 30
Funeral expenses	£1,500
	£1,780

7. Further, the Plaintiff claims interest pursuant to section 35A of the Supreme Court Act 1981 on the amount found to be due to the Plaintiff at such rates and for such periods as the court thinks fit.

AND the Plaintiff claims:
(1) Damages for the estate under the Law Reform (Miscellaneous Provisions) Act 1934.
(2) Damages on behalf of the dependants under the Fatal Accidents Act 1976.
(3) The aforesaid interest pursuant to section 35A of the Supreme Court Act 1981 to be assessed.

Served etc.   Peimia Fortune

EXAMPLE 5 STATEMENT OF CLAIM – WRONGFUL INTERFERENCE WITH GOODS

IN THE BARBICAN COUNTY COURT 1997.No.

BETWEEN   SEBASTIAN KNIGHT   <u>Plaintiff</u>
                         and
              ANTONIO CAPTAIN   <u>Defendant</u>

PARTICULARS OF CLAIM

1. The Plaintiff is and was at all material times the owner of a bag of Krugerrands to the value of £25,000.
2. On 7 January 1997 the Plaintiff gave the said bag of Krugerrands to the Defendant for safe-keeping.
3. By an oral request made on 1 February 1997 in the Market Place, Illyria, Yorkshire, the Plaintiff demanded the return of the said bag of Krugerrands from the Defendant, but the Defendant failed and refused, and still refuses to deliver it up to the Plaintiff.
4. In the premises the Plaintiff has suffered loss and damage.

PARTICULARS OF DAMAGE

(a) Value of Krugerrands		£25,000
(b) Value of bag		£ 200
		£25,000

AND the Plaintiff claims:
(1) An order for the return of the said bag of Krugerrands.
(2) In the alternative, damages.

Served etc.   M. Keynes

**EXAMPLE 6 STATEMENT OF CLAIM – NUISANCE —
RYLANDS v *FLETCHER***

IN THE ILKLEY COUNTY COURT 1997.B.No.

BETWEEN   BASIL BANQUO   <u>Plaintiff</u>
                         and
      THE THREE WITCHES SOUP   <u>Defendant</u>
          COMPANY LIMITED

PARTICULARS OF CLAIM

1. The Plaintiff is and was at all material times the owner and occupier of a dwelling house at 'Wee Nook', 1, The Heath, Ilkley Moor, Yorkshire. The Defendants are and were at all material times the owners and occupiers of

land and premises at 2–3, The Heath, Ilkley Moor, Yorkshire, adjoining the Plaintiff's premises. At all material times the Defendants have carried on the business at this property of manufacturing soup for sale in their chain of health food shops.

2. Since about March 1996 the Defendants have wrongfully caused to issue and proceed from their land offensive smells and vapours, soot and other dirty matter which have spread and diffused over the Plaintiff's land and dwelling, and the Defendants have thereby committed a nuisance to the Plaintiff.

3. As a result the Plaintiff's house has been rendered unhealthy and uncomfortable to live in, and the Plaintiff and his family have thereby been caused annoyance and discomfort and the Plaintiff has suffered loss and damage.

PARTICULARS OF SPECIAL DAMAGE

(a) Damage to paintwork of house	£1,000
(b) Damage to plaints and trees	£1,000
(c) Loss in value of Plaintiff's house	£10,000
	£12,000

4. Further or in the alternative, the matters complained of in paragraph 2 constituted a non-natural user of the Defendant's land, and the Defendants wrongly failed to prevent the escape of the said smells, vapours, soot and other dirty matter to the Plaintiff's land.

5. The Defendants threaten and intend unless restrained from so doing to continue to commit the said nuisance.

6. Further, the Plaintiff claims interest pursuant to section 69 of the County Courts Act 1984 on the amount found to be due to the Plaintiff at such rate and for such period as the court thinks fit.

AND the Plaintiff claims:

(1) Damages.

(2) An injunction restraining the Defendants, their servants or agents from continuing the said nuisance.

(3) The aforesaid interest pursuant to section 69 of the County Courts Act 1984, to be assessed.

Served etc.   Sue-Anne B. D'Amned

**EXAMPLE 7   STATEMENT OF CLAIM – PROFESSIONAL
NEGLIGENCE**

IN THE TROY COUNTY COURT   1997.No.   .

BETWEEN   TROILUS PRIAM   Plaintiff
                                      and
                              PANDARUS GREEK   Defendant

PARTICULARS OF CLAIM

1. The Defendant is a Management Consultant, carrying on business from premises at 13, Horse Lane, London SW1. At all material times the Defendant held himself out to be experienced, skilled and competent in giving advice about business management and the finding of suitable employees. The Plaintiff carries on business selling beauty products.
2. On 1 April 1996 the Plaintiff attended the business premises of the Defendant and orally informed the Defendant that he was seeking a manager for a shop he was about to open.
3. By an oral contract made on 1 April 1996 the Defendant agreed to recommend a suitable manager for the Plaintiff's shop for a fee of £200.
4. It was an implied term of the said contract that the Defendant would exercise all reasonable care and skill of a competent management consultant in making such recommendation.
5. On 4 April 1996 the Defendant recommended one Cressida Calchas to the Plaintiff for employment, and the Plaintiff duly employed the said Cressida Calchas as Manager on 5 April 1996.
6. The said Cressida Calchas was in fact totally unsuitable for the said employment in that:

(i)   She had no management qualifications or skills of any kind.
(ii) She had in fact taken many of the Plaintiff's beauty preparations for her own use.
(iii) It appears that the sole reason for recommending her was that she is a relative of the Defendant.

7. By reason of the matters aforesaid, the Defendant was in breach of the said implied term and/or the Defendant was negligent in that:

(i)   He failed to ascertain that the said Cressida Calchas was appropriately qualified.
(ii) He failed to act in an independent and objective manner in making his recommendation.
(iii) In the premises, he failed to act with the care and skill to be expected of a competent management consultant.

8. By reason of the matters aforesaid the Plaintiff has suffered loss and damage.

PARTICULARS OF DAMAGE

(i) Wages to Cressida Calchas   £4,000
(ii) Value of products used by Cressida Calchas   £5,000

Further, the Plaintiff's business has suffered substantial loss of goodwill.
9. Further, the Plaintiff claims interest pursuant to section 69 of the County
Courts Act 1984 on the amount found to be due to the Plaintiff at such rate
and for such period as the Court thinks fit.

AND the Plaintiff claims
(1) Damages
(2) The aforesaid interest pursuant to section 69 of the County Courts Act 1981
to be assessed.

Served etc.   Poma Pusgitte

EXAMPLE 8   DEFENCE TO 1 – CONTRIBUTORY NEGLIGENCE – VOLENTI

IN THE MARGATE COUNTY COURT   1997.No.   .

BETWEEN   PERCY PROSPERO   Plaintiff
                               and
              ANTONIO ALONSO'S FLYING FUNFAIR   Defendant
                            (a firm)

DEFENCE

1. Paragraphs 1, 2 and 3 of the Statement of Claim are admitted.
2. Save in that it is admitted that the Plaintiff fell from the ride to the ground,
paragraph 4 of the Statement of Claim is denied.
3. It is denied that the Defendants, their servants or agents were negligent as
alleged in the Statement of Claim or at all.
4. Further or in the alternative, the alleged accident was caused wholly or in
part by the negligence of the Plaintiff:

PARTICULARS OF NEGLIGENCE

(i)   On taking his seat on the ride, the Plaintiff was wearing a personal
cassette recorder, and was thus unable to hear any of the instructions given
to him by the employees of the Defendant operating the ride.
(ii) The Plaintiff failed to read and/or pay proper attention to a written notice
informing those using the ride of the need to take care.
(iii) The Plaintiff failed to ensure that the safety bar over his seat was
fastened properly or at all.
(iv) The Plaintiff failed to sit properly in his seat so as to avoid being thrown
out.

(v)   In all the circumstances, the Plaintiff failed to take any or any reasonable care for his own safety.

5. No admission is made as to the alleged or any pain, injury, loss or damage suffered by the Plaintiff, or as to the causation thereof.
6. Further or in the alternative, with full knowledge of the risk of injury or damage to himself in taking the ride referred to in paragraph 2 of the Statement of Claim, the Plaintiff voluntarily agreed to accept such risk, and to waive any claim in respect of injury or damage that might be occasioned to him. The Plaintiff is therefore not entitled to maintain his claim against the Defendant.

Served etc.   E. Bye-Gumm

EXAMPLE 9   DEFENCE TO 2 – ALLEGATION AGAINST THIRD PARTY

IN THE HIGH COURT OF JUSTICE   1997.No.   .

QUEEN'S BENCH DIVISION

BETWEEN	DUNCAN SCOTLAND	Plaintiff
	and	
	(1) MACDONALD MACBETH	
	(2) FLORA MACBETH	Defendants
	and	
	HECATE'S HANDYMEN LIMITED	Third Party

DEFENCE

1. The Defendants admit paragraphs 1 and 2 of the Statement of Claim.
2. The Defendants make no admission as to paragraph 3 of the Statement of Claim.
3. The Defendants deny that the alleged accident was caused by negligence or breach of statutory duty on the part of the Defendants as alleged in paragraph 4 of the Statement of Claim or at all.
4. The alleged accident was caused by the negligence of the Third Party, their servants or agents, who were independent contractors who were employed to affix the said ceremonial daggers to the said wall in the course of redecorating the hotel during October 1994, the Defendants reasonably and entirely entrusting the said redecoration to them.

PARTICULARS OF NEGLIGENCE

(i)   Failing to use an adequate adhesive and/or fixing for the said daggers.
(ii) Failing to take into account the weight of the said daggers in affixing them to the wall.
(iii) Failing to take into account the need to provide a long-term secure fixture for the said daggers.

(iv) Failing to consider adequately or at all the need for safety for those using the hotel when deciding to use the said daggers as decoration.

5. The Defendants make no admissions as to any of the matters alleged in paragraphs 5 or 6 of the Statement of Claim.

Served etc. Norm de Plume

EXAMPLE 10 THIRD PARTY NOTICE RELATED TO 9

IN THE HIGH COURT OF JUSTICE   1997.S.No.   .

QUEEN'S BENCH DIVISION

BETWEEN	DUNCAN SCOTLAND	Plaintiff
	and	
	(1) MACDONALD MACBETH	
	(2) FLORA MACBETH	Defendants
	and	
	HECATE'S HANDYMEN LIMITED	Third Party

THIRD PARTY NOTICE

Issued pursuant to the order of Master Banquo dated 1 March 1997.

To Hecate's Handymen Limited of 13, Blasted Heath Industrial Estate, Birnham Beeches, Berkshire.

Take Notice that this action has been brought by the Plaintiff against the Defendants. In it the Plaintiff claims against the Defendants damages for negligence and/or breach of statutory duty, and interest on any damages pursuant to section 35A of the Supreme Court Act 1981, as appears from the Statement of Claim, a copy whereof is delivered herewith, together with a copy of the Writ of Summons.

The Defendants claim against you to be indemnified against the Plaintiff's claim and the costs of this action, or a contribution to the Plaintiff's claim on the grounds that:

1. By a written contract dated 1 August 1994 between you and the Defendants, you agreed to undertake repairs and redecoration work at the Defendants' premises known as 'The Thane of Cawdor Hotel', Dunsinane Hill, Birnham Beeches, Berkshire, for a total cost of £7,777.

2. It was an express term of the said contract that you would choose appropriate decorations for the said hotel, and that you would guarantee the quality thereof, and would indemnify the Defendants in respect of any liability, loss or damage that the Defendants might incur or suffer arising out of or connected with any defect in the said repair or redecoration work, provided such defect was due to any negligence or omission of yourself, your servants or agents.

3. The matters complained of by the Plaintiff were caused wholly or in part or contributed to by the negligence of yourself, your servants or agents in carrying out the said repairs and redecoration.

PARTICULARS OF NEGLIGENCE

(i)   Failing to use an adequate adhesive and/or fixing for the said daggers.
(ii) Failing to take into account the weight of the said daggers in affixing them to the wall.
(iii) Failing to take into account the need to provide a long-term secure fixture for the said daggers.
(iv) Failing to consider adequately or at all the need for safety for those using the hotel when deciding to use the said daggers as decoration.

4. By reason of the matters aforesaid, the Defendants have suffered loss and damage

PARTICULARS OF SPECIAL DAMAGE

Damage to antique daggers	£500
Cost of redecoration	£1,000
	£1,500

5. Further, the Defendants will claim interest pursuant to section 35A of the Supreme Court Act 1981 on the amount found to be due to them from you at such rate and for such period as the court thinks fit.

AND TAKE NOTICE . . . .

                                                             Norm de Plume

20 Advising and drafting in a trust action

Although the basic principles of advising and drafting will apply in a trust case as much as any other, a slightly different approach and emphasis will sometimes be needed, and there are some areas of particular complexity. The inexperienced lawyer going into a Chancery practice will learn to deal with the more complex problems as he or she goes along, but this chapter gives a guide to some of the ways in which a trust case is different from other types of case.

There are broadly two types of action that may be brought in connection with a settlement or trust: the first is the originating summons type of action where there is some doubt as to the validity of the trust or the powers contained in it, the second is the statement of claim action, which will generally arise where a beneficiary wishes to challenge the actions of a trustee or of another beneficiary. Whether the trust arises from a will, a document coming into operation during life or on death or from something said or done, you will first have to decide which type of action is appropriate, and guidance for this was given in the chapters dealing with the use of the originating summons and the statement of claim.

In deciding which type of action is appropriate, you will have to identify very specifically what the problem or problems are – whether they relate to the validity of the trust as a whole or of terms of it, whether it is a matter of the use of a power given by the trust or by statute, or whether it is some particular action that is complained of. It is probably a good discipline to make a point of listing the problems that arise in numbered order on a piece of paper, and also to note down exactly what the property in dispute is, and the role of any person mentioned in the instructions so as to identify them as a trustee, beneficiary or potential claimant. A trust action may involve more people and more complexities than other types of case, and you must always keep the elements of the case clear in your mind.

A trust case may have a different feel to it from a contract or tort case because it will often not be adversarial in the way they are, and a case will often turn on the interpretation of words rather than facts. If you are acting for a trustee, the trustee will often not have a personal interest in the outcome of the case, but will just wish to have certainty as to what should be done with property. Therefore you will be asked for purely objective advice, generally paid for from the trust fund, but you will have to advise going to court if there is any real doubt about what should happen to any valuable part of the trust property to protect the trustee from personal liability.

If you are acting for a beneficiary, there will be a more adversarial approach in the need to build up arguments as to why a disposition favouring the client is valid, and why a disposition favouring anyone else is not. Even the lawyer representing a trustee will have to anticipate arguments that beneficiaries may raise as to what is valid – remembering that where substantial property is at stake potential beneficiaries may well argue very strongly, especially where there are personal feelings at stake as well, for example, a wife arguing that a mistress should not be entitled to any provision. Some potential beneficiaries would rather litigate until a fund is exhausted than let anyone else get anything (though as in any other case the lawyer must keep the client informed of the costs position).

Although it may not be as important as in other types of case, procedural, evidential and practical matters should be born in mind. Evidence may be very important if a trust is alleged to have arisen from something said or done rather than from a document, and full statements from those present and other relevant evidence must be collected. Practical points may include the possibility of settling an action by agreeing a division of property (which may not be possible if for example there is a question whether a cause is charitable or not and this has to be decided on), or giving advice on the possible effects of tax when a trust is set up, when someone dies, or when property passes to a beneficiary.

Dealing precisely with property rights

One of the most important things in a trust action is giving specific advice as to what should happen to each item of property in dispute, as this will be the main thing that every trustee and beneficiary is interested in. If there is a clearly valid disposition in a document or because of what has happened then you can advise on that, but if there is any doubt as to what should happen to any part of the property involved then every possibility and alternative must be explored, and every possible recipient clearly stated, with what they might hope to get.

In doing this it may be useful to draw a 'family tree' or flow chart, dividing to trace each possibility of what may happen to the property. The diagram may get complicated, but if there is any possibility that any part of any disposition may fail it is vital to explore who the property may go to instead. Such a diagram giving all the options can form the basis for drafting a question in an originating summons.

If a disposition in a lifetime settlement may fail, there may be the following chain of possibilities in a diagram:

Specific disposition of property to person or body
↓
A further specific disposition to some other person or body in the settlement
↓
A resulting trust back to the settlor or his estate
↓
A further disposition of his property made by the settlor in life or on death.

If a disposition in a will fails, there may be a slightly different chain of possibilities, as follows:

Specific disposition of property to a person or body
↓
A further specific disposition to some other person or body in the will
↓
Falling into residue, the property may pass to the one entitled to the residue
↓
If it does not fall into residue, or there is no provision for residue,
property may pass to the next of kin.

Most of these possibilities will depend on the wording of a disposition or events which have happened, but some possibilities are imposed by statute, such as the rules on intestacy and the possibility of the court ordering provision for dependants. On death a person is entitled to leave all their property as they wish by will, but to the extent that there is no will, or it does not fully deal with all the property left by the deceased, the property will pass to the next of kin. The rules specify which relative will get what share of the property, and depend on which relatives the deceased leaves and the size of his estate.

(a) If the deceased leaves a spouse, but no children, parents, brothers, sisters, nephews or nieces, the spouse will take the whole estate.

(b) If the deceased leaves children but no spouse, then the children will take the whole estate in equal shares.

(c) If the deceased leaves a spouse and children, then the spouse takes all the personal chattels and the first £75,000 of the estate, with a life-interest in half of the estate above that figure. The children take the other half equally, taking the half in which the spouse has an interest on the spouse's death.

(d) If the deceased leaves a spouse and relatives other than children, the spouse takes the personal chattels and the first £125,000 of the estate, with half the excess above that, the rest of the excess going absolutely to the closest relatives equally.

(e) If the deceased leaves neither spouse nor children, his estate goes to his closest relatives equally.

If a relative has died before the intestacy, his or her share will go to their children, and there are other rules which you can research as they arise in practice. The figures for the entitlement of a surviving spouse are raised by order from time to time.

Whether property passes under a will or on intestacy, specific categories of people who were dependent on the deceased may apply for the court to order provision under the Inheritance (Provision for Family and Dependants) Act 1975. A lawyer advising on what will happen to property on death should bear in mind the possibility of an application being made under this Act by anyone.

An originating summons action

Basically an originating summons action will be appropriate where there are doubts about the validity of a trust, or what can be done under the powers contained in it. Such an action should not be necessary if a will or trust document is drawn up with proper care in the first place, but it may arise where a trust depends on a document drawn up without proper advice, or on something done or said. As was said before, it is essential to identify clearly what property is at stake, who are the trustees and beneficiaries, and what all the possible alternatives are (see Examples 1 and 2).

The first point will be whether the trust is valid at all, that is whether it has complied with all the necessary requirements. It is of course quite possible to create a trust purely orally or by actions, the only problem then being proof, but a will has to comply with the requirements of the Wills Act 1837, and a trust in land or dealing with an existing equitable interest will have to be in writing, Law of Property Act 1925, ss. 40, 53. A private trust will also have to have the necessary certainties, and the one that arises most in practice is the need for certainty of beneficiaries, *McPhail* v *Doulton* [1971] AC 424, and the lawyer may have to consider whether a relatively wide clause is valid, *Re Barlow* [1979] 1 All ER 296, or whether potential uncertainty may be resolved by giving someone a power to make decisions, *Re Tuck* [1978] 1 All ER 1047.

If the trust is possibly charitable, it will not have to comply with the need for certainty, nor will property have to vest within a perpetuity period, but it will have to come within one of the accepted heads of charity and have any necessary degree of public benefit. You will have to prepare your arguments on these points, not least because of the tax advantages available to charities, and because the public concept of what is charitable is not the same as the legal concept, for example, it has been held that Amnesty International is not charitable, because of the political element in its aims, *McGovern* v *Attorney General* [1981] 3 All ER 493. If the trust is basically charitable but there is some difficulty such as too little money or that an intended beneficiary has ceased to exist, you will also have to consider and advise on the possibility of a cy-près scheme under the inherent power of the court or the Charities Act 1961, s. 13. You should consider whether it will be necessary and possible to show a general charitable intent, and also make inquiries as to what kind of scheme would be possible.

In considering every possible way in which the trust may be valid, it is clearly best if it is charitable because of the tax advantages and the fact that the certainty and perpetuity rules do not apply, but if it is not charitable it may still be valid as a private purpose trust if it comes within one of the special categories of trusts for specific animals or for masses or tombs and satisfies the perpetuity rules. Alternatively, the trust may be valid as a purpose trust as in *Re Denley* [1969] 1 Ch 373 provided it satisfies the perpetuity rules, or as a private trust if the rules of certainty and perpetuity are satisfied.

The other area of validity of trusts that has increased in importance over recent years is that of implied, resulting and constructive trusts. Such trusts will often involve an interpretation of facts rather than documents. As examples, a resulting trust may arise where property is voluntarily transferred without directions as to how it should be used, or where property held on trust is not fully disposed of. Where a person in a fiduciary position gains an advantage from his position a constructive trust may arise, and when one person gains an interest in property legally owned by another an implied or constructive trust may arise. These types of trust were developed by Lord Denning, but now that he has gone from the Court of Appeal there may be more reluctance in the Court to hold that a trust has arisen, see *Burns* v *Burns* [1984] 1 All ER 244. You will have to advise not only on whether there is a chance that a trust has arisen, but also on the size of interest in the property each person has, and whether their interest is a set sum or a proportion of the value of the asset. It may be necessary to ask for the asset to be sold for the client to realise their interest.

There are some other special types of trust, which are not all that common in practice. A secret or half-secret trust may arise where there is the necessary communication and acceptance of terms. There are special rules for mutual wills, protective trusts and so on that the lawyer going into a specialist practice may have to deal with.

In looking at the different possibilities of how a trust may be valid you may need to develop arguments if your client has a particular interest in the trust being valid or invalid. For example, it may sometimes be possible to persuade the court to strike out certain words that would make the trust invalid, though this will be done rarely, *Re Woodhams* [1981] 1 All ER 202.

An originating summons action may also involve a problem with the administration of the trust, if you are asking the court to construe whether there is a power in the trust to carry out a certain transaction or not, or where you are asking the court to approve a particular transaction that the trustees do not otherwise have the power to carry out. An example of this can be seen in the examples of drafting (see Example 3).

A statement of claim action

A statement of claim will normally be appropriate in a trust action where there is no doubt about the validity of a trust or the powers of the trustees under it, but where there has been some breach of powers under an existing trust by trustees. However, it may also be appropriate where there is a real dispute of fact, for example as to whether an implied, constructive or resulting trust has arisen. The approach to a statement of claim action in ascertaining facts and collecting evidence will be similar to tort and contract (for drafting, see Examples 4, 5 and 6).

The lawyer advising a beneficiary will have to advise on whether there has been a breach of trust, who to sue, and what remedies are appropriate. The first and last of these points will be considered in more detail later, but generally speaking a trustee will be strictly liable for any breach of trust and should be sued unless the breach is technical, little will actually be recovered or negotiation is possible. Any beneficiary can sue, as the proceeds will go back into the trust, and generally all the trustees should be sued as they will be jointly and severally liable, unless this is not justified on the facts. It may be possible to sue someone other than the trustees. For example, a beneficiary of a trust may be liable for a breach and may have his interest impounded if they suggested the breach or consented to it in writing. An agent of the trustees or some other person may be open to an action in tort or contract if, for example, they have given negligent advice. Alternatively such a person may be a constructive trustee if they have actually received trust property.

The lawyer representing a trustee will need to investigate whether on the law and facts there has been a breach, and should see what has happened to any property that left the trust. There is a statutory defence for a trustee who has acted honestly and reasonably in all the circumstances, Trustee Act 1925, s. 61. It may also be possible that some other person who advised or helped the trustee should be made a party to the action, and held liable for what has been lost.

The administration of a trust

All sorts of problems can arise as to whether trustees have the power to carry out a particular transaction or the court will authorise it (a matter of interpreting the trust and statutory provisions, normally raised in court in an originating summons action), or as to whether trustees have abused their powers (a matter of interpreting those powers and looking at the facts, normally raised in court in a statement of claim). The details of the law on administering a trust will have to be researched for the individual case, but some of the most important areas are as follows. As well as statutory powers, the court has inherent powers to help with the administration of a trust, and under RSC Order 85 has wide powers to help with the administration of the estate of a deceased.

Trustees must be properly appointed and removed. The original trustees will be appointed by the trust instrument or will arise from the facts. New trustees can be appointed by the trustees themselves under the trust instrument or the Trustee Act 1925, ss. 36, 39, and this should be done if necessary. If the help of the court is needed, the court can appoint new trustees under the Trustee Act 1925, s. 41 or its inherent power. The trust property must be properly vested in the new trustees. If there is any problem with an existing trustee, their removal and replacement should of course be considered.

The trustees must invest the trust property properly, and in days of inflation, high interest rates and a wide variety of possible investments this can be a real problem. They will have any powers of investment given to them by the trust instrument, which will have to be read carefully, but otherwise their powers are restricted by the Trustee Act 1925 and the Trustee Investment Act 1961, because of the need to protect beneficiaries and stop the trustees speculating unwisely. The trustees will have to take proper advice and divide the trust fund if necessary, as well as investing in something proper. If the investment powers of the trust are too narrow, the courts may authorise a particular investment or a change in the trust under the Trustee Act 1925, s. 57, and have shown that they are sympathetic to the need for wider investment powers in suitable cases, *Mason* v *Farbrother* [1983] 2 All ER 1078 and *Trustees of the British Museum* v *Attorney-General* [1984] 1 All ER 337.

Because of the strict limits on their powers of investment, trustees must be advised to act within their powers or get the approval of the court to avoid personal liability. A trustee must never get any benefit from their position as trustee, beyond any remuneration properly authorised, and must be advised on how strict this duty is. If a trustee does, for example, wish to purchase trust property, they should only do so with the consent of all the beneficiaries or the court, and must be completely open in seeking consent.

As for giving the trust property to the beneficiaries, the trustee must again act within the strict confines of the powers given by the trust instrument, or the statutory powers of maintenance and advancement provided by the Trustee Act 1925, ss. 31, 32. The entitlement of each beneficiary must be checked properly, distinguishing clearly between entitlement to capital and income, and the rights of different types of beneficiaries such as a tenant for life and remaindermen. If the trustee has any discretion, it is open to him or her to exercise it, but otherwise if there is any doubt as to possible entitlement it must be referred to the court, to protect the trustee.

Normally a trustee must personally use the care and skill of the ordinary prudent business manager in exercising all the powers and duties (or a higher standard if a professional trustee) and will be personally liable if anything goes wrong. The trustee may appoint an agent under the terms of the trust, or under the Trustee Act 1925, s. 23, and if this is done, the trustee should not be liable for the acts of the agent if the trustee acts in good faith (though there is some doubt as to the inter-relation of s. 23 and s. 30 of the Act). Here, as in all other areas, the trustee must be advised to act carefully and within the limits of the appropriate powers to avoid possible personal liability.

Possible remedies

An originating summons may only wish to seek the determination of the court on various areas of doubt, but every possible type of relief sought should be specified, see the dicta in *Belmont Finance Corporation* v *Williams Furniture* [1979] Ch 250.

The court does have a variety of powers to make orders in connection with a trust by statute, the rules of court, and under inherent powers, and several of the main possibilities such as appointing and removing trustees, authorising transactions and approving cy-près schemes have already been mentioned. If any such order is sought it must be specifically asked for in the pleading, with the statutory section quoted if necessary.

More generally, a remedy that will often be sought for breach of trust is damages, that is, that an account be prepared of the loss to the trust and an order that the sum found due be paid back into the trust. Advice will have to be given on how damages will be quantified and what will be recoverable, trying to give as exact a figure as possible, as in any other action, and the appropriate facts and figures will have to be pleaded. The situation may be complicated if there has been an unauthorised investment or a misapplication of trust funds, and the lawyer may have to develop detailed arguments as to how loss should be quantified. Interest may be claimed, and a high rate of interest may be awarded in a case of fraud, or where the trust has been deprived of a commercial rate of interest, *Bartlett* v *Barclays Bank Trust Co. (No. 2)* [1980] Ch 515.

If trust property has been misapplied, the best remedy may be tracing to recover the property itself, especially if it has gone up in value, or the trustee may be unable to pay damages (see Example 6). It is thus worth investigating what has happened to trust property if there is a chance that it has not been dissipated. Trust property may also be recoverable if a constructive trust has arisen, or in a case of fraud, see *Bankers Trust Co.* v *Shapira* [1980] 3 All ER 353.

A declaration may be made, for example, as to whether a trust has arisen, or what property is subject to a trust. An injunction, especially an interlocutory one, may be useful to stop further breaches of trust, or to stop trust property being dissipated. An account may be sought where it is not clear what a trustee owes. Other remedies may also be appropriate in a trust action, for example, an order for specific performance or the appointment of a receiver.

Drafting points

The inexperienced lawyer often finds drafting in a trust case more difficult than in contract or tort, not because the basic principles are very different, but because it can be more difficult to decide who should be parties and to produce a concise and logical draft that isolates the problem that has arisen, or gives all the alternatives in an originating summons. A real ability to do this can only come with practice, but it can be built up from clear thinking and careful analysis of whether there is a trust, what its terms are and so on. This approach in reading the brief and advising the client should result in a clear draft.

As regards parties, in any action concerning the validity of the trust or the administration of it, the trustees will normally be the plaintiffs, and any person or body with any possible interest in the trust property will need to be joined as defendants, whether their interest arises under the terms of the trust, because they are next of kin or otherwise. If people have slightly different interests, they must be joined separately, even though they may in fact choose to be represented by the same lawyer at trial, or not be represented at all.

The possibilities of representative orders were considered in the chapter on originating summonses. They should be used where possible to keep down costs, and applied for in the pleading. However, only people with a direct claim to property need to be joined, and if for example property is left to the trustee for distribution 'among the inhabitants of Stratford upon Avon', there is no need to appoint someone to represent the inhabitants as they are not a legal entity, and have no direct claim but are merely the objects of a purpose. However, this is an area where it is difficult to be categoric as different lawyers might well make different decisions as to who to join. A party should not be joined where there is no need as this will inflate costs, but if there is any real doubt as to whether they should be joined, they may be put in to ensure that they have a chance to be heard, and will be bound by the decision of the court.

An incorporated charity may be made a party in the same way as any company, but an unincorporated charity or association will have to be joined by making a treasurer or secretary a party to represent it. If there is any question as to the validity of a disposition to a charitable purpose, or some other purpose trust, the Attorney-General should be made a party to the action. This is not necessary where the property is left to a body which is clearly charitable, such as Oxfam, where the only question is whether the charity gets the money or not, and the charity itself should be a party.

The need for an 'In the matter of . . .' heading in a trust action and how it should be worded were dealt with in the chapter on originating summonses, as were the other formal parts of the draft of an originating summons. Some simple examples of originating summonses follow after the checklist and list of possibilities.

CHECKLIST OF POSSIBLE CAUSES OF ACTION IN A TRUST CASE

Statement of claim actions

This is most likely to be a beneficiary concerned about the actions of a trustee. Various possible breaches of trust may be alleged:

(a) wrongful investment of trust funds;
(b) a wrongful profit made by the trustee;
(c) a wrongful delegation of duties;
(d) a wrongful advancement of capital;
(e) dereliction of duties.

Possible defences for the trustee

1. That he has acted honestly and ought reasonably to be excused, Trustee Act 1925, s. 61.
2. That he is not liable for the acts of a properly appointed agent.
3. That a beneficiary instigated or approved the breach.

Possible remedies

1. Damages. List each head of loss and quantify. The duty of the trustee is to compensate the trust fully. Remoteness of loss is not a problem. Trustees will normally be jointly and severally liable for loss as follows:

(a) On an unauthorised investment, liability for any loss when it is sold.
(b) If an asset is improperly realised, it must be replaced, or the profit that would have been made on it.
(c) If the trustee should have made a specific investment but did not, he or she is liable to provide what it would be worth now.
(d) The trustee must account in full for any unauthorised profit.

Interest will be added to the capital loss where appropriate, but note that there is no double recovery – it is not possible to recover lost capital with interest and lost income.
2. Tracing of trust assets, where that is possible. Especially if the trustee is unlikely to have sufficient funds to pay damages.
3. Removal of the trustee and appointment of another.

POSSIBILITIES IN AN ORIGINATING SUMMONS ACTION

1. Can it be a charitable trust? Which head of charity would it come under? Public benefit? If it is charitable, no problem with perpetuity or certainty of beneficiaries! If it is potentially charitable but there is some problem, it may go cy-près, if appropriate.
2. If it is not charitable, can it be a valid private trust? Does it have certainty of beneficiaries etc.? Does it satisfy any other formal requirements, e.g., a need to be in writing? Perpetuity problems?

3. If it is not for a specific beneficiary, can it be valid as a purpose trust for one of the categories of purpose allowed, or for an unincorporated association? Any perpetuity problems etc.?
4. Special types of trust require special formalities, e.g., secret and half-secret trusts.
5. Implied, constructive or resulting trusts may arise in circumstances not covered by the above. Note the different circumstances in which each is possible.

**EXAMPLE 1   ORIGINATING SUMMONS – VALIDITY
OF DISPOSITIONS IN A WILL – CHARITY**

IN THE HIGH COURT OF JUSTICE   Ch.1997.C.No.   .

CHANCERY DIVISION

IN THE MATTER of the trusts of the will dated 15 March 1993 of J. Caesar, deceased.

BETWEEN   (1) MARK ANTHONY
          (2) CALPURNIA CAESAR and   Plaintiffs
          (1) SOOTH SAYER
          (2) ROMA PARVA DISTRICT COUNCIL
          (3) MARCUS BRUTUS
          (4) HER MAJESTY'S ATTORNEY-GENERAL   Defendants

TO   (1) Sooth Sayer of 1, Forum Court, Town Square, Roma Parva, who
              appears to represent those persons living in Roma Parva who
              may be beneficially interested under the trusts of the will;
AND TO   (2) Roma Parva District Council of The Town Hall, Roma Parva,
              who may be entitled to property as trustees under the will;
AND TO   (3) Marcus Brutus of Orchard House, Roma Parva who may be
              beneficially interested or entitled to property as a trustee under
              the will;
AND TO Her Majesty's Attorney-General.
Let the Defendants . . . (directions as to acknowledgment of service).

By this summons, which is issued on the application of the Plaintiffs, Mark Anthony of 3, Bury Court, Roma Parva and Calpurnia Caesar of Tiber Manor, Roma Parva, the executors and trustees of the estate of Julius Caesar deceased, the Plaintiffs seek the determination of the court on the following questions, and the following relief, namely:
1. That it may be determined whether in the true construction of clause 2 of the will the sum of £50,000 is held:

    (i)   On a fixed trust for the inhabitants of Roma Parva on the date of the death of the deceased.

(ii) On discretionary trust for the inhabitants of Roma Parva at the date of the death of the deceased.

(iii) On trust for those entitled to the residuary estate.

(iv) On any other, and if so what, trusts.

2. If the answer to paragraph 1 is in sense (i) or (ii), that such directions and inquiries as are necessary may be made to determine what persons may properly be considered to be inhabitants of Roma Parva at the date of the death of the deceased.

3. That it may be determined whether on the true construction of clause 3 of the will the property known as Tiber Manor, Roma Parva is held:

(i) On trust to be transferred to the second Defendant on a valid charitable trust.

(ii) On trust to be transferred to the second Defendant on a valid purpose trust.

(iii) On trust for those entitled to the residuary estate.

(iv) On any other, and if so what, trusts.

4. That it may be determined whether on the true construction of clause 4 of the will, and in the events which have happened, the sum of £20,000 is held:

(i) On trust for the third Defendant absolutely for his own use.

(ii) On trust for the third Defendant to be held on valid charitable trust.

(iii) On trust for the third Defendant to be held on such non-charitable trust as the court may determine.

(iv) On trust for those entitled to the residuary estate.

(v) On any other, and if so what, trusts.

5. If the answer to paragraph 2 is in the sense (ii), that the court may approve a scheme for the application of the said £20,000.

6. That the first Defendant may be appointed to represent all persons claiming to be inhabitants of Roma Parva at the date of the death of the deceased.

7. If, and so far as may be necessary, administration of the estate of the deceased.

8. That provision may be made for the costs of this application.

9. Further or other relief.

Settled by Cyril Cicero

AFFIDAVIT IN SUPPORT OF THE ORIGINATING SUMMONS IN 1

1st PL: M. Anthony: 1st: 1.4.97.

IN THE HIGH COURT OF JUSTICE   Ch.1997.C.No.   .

CHANCERY DIVISION

IN THE MATTER of the trusts of the will dated 15 March 1993 of J. Caesar, deceased.

BETWEEN (1) MARK ANTHONY
           (2) CALPURNIA CAESAR and   Plaintiffs
           (1) SOOTH SAYER
           (2) ROMA PARVA DISTRICT COUNCIL
           (3) MARCUS BRUTUS
           (4) HER MAJESTY'S ATTORNEY-GENERAL   Defendants

I, MARK ANTHONY, of 3, Bury Court, Roma Parva, Gloucestershire, the first Plaintiff in this action, MAKE OATH and say as follows:

1. I have been a close friend and business associate of the deceased for some 15 years and make this affidavit as executor and trustee of the will of the deceased. The matters that I depose to herein are all within my knowledge, or have come to my knowledge in the course of the administration of the estate of the deceased in my capacity as executor and trustee.
2. By his will, dated 15 March 1993, the deceased appointed myself and the second Plaintiff to be the executors and trustees thereof, and after directing the payment of his debts and all funeral and testamentary expenses, and giving certain specific legacies which he directed to be paid free of all capital transfer tax, dealt with his estate as follows:
'Clause 2. I hereby give the sum of £50,000 to my executors and trustees to be divided equally among such people as they decide were the inhabitants of Roma Parva at the date of my death.
Clause 3. I give the house, lands, orchards and estate known as Tiber Manor, Roma Parva to the Roma Parva District Council to be used as a public park where all the poor people of Roma Parva can get fit and healthy.
Clause 4. I give £20,000 to my honourable old friend, Marcus Brutus'.
3. The testator died on 15 March 1997 without having altered or revoked the said will, which was proved by the first Plaintiff and the second Plaintiff, the executors named therein, at the Roma Parva District Registry on 31 March 1997.
4. There is now produced and shown to me marked 'M.A.1' a letter which the deceased wrote to the third Defendant on 1 January 1997, in which the testator purported to direct the third Defendant to give any money he received under the deceased's will to the Order of the Vestal Virgins. The said Order had in fact been closed down on 1 June 1996 due to the lack of suitable candidates to enter it.

5. The gross value of the estate of the testator was sworn for probate at the sum of £900,000, and I estimate that after the payment of his funeral and testamentary expenses and debts, the specific legacies bequeathed by his will and the capital transfer tax thereon, his remaining real and personal estate will amount to approximately £700,000.
6. The testator was married once only, namely to the second Defendant, who is entitled to so much of the testator's estate as passes on intestacy. The testator had no children.

Sworn etc.

EXAMPLE 2 ORIGINATING SUMMONS – LIFETIME SETTLEMENT – CONSTRUCTION

IN THE HIGH COURT OF JUSTICE

CHANCERY DIVISION

IN THE MATTER of a settlement dated 1 April 1996 made between Andrew Aguecheek and Malvolio Steward.

BETWEEN	MALVOLIO STEWARD	Plaintiffs
	and	
	(1) TOBIAS BELCH	
	(2) OLIVIA ILLYRIA	
	(3) MARIA MARLENE	
	(4) FESTE CLOWNE	Defendants

TO   (1) Tobias Belch of The Manor, Upper Wallop, Somerset, (2) Olivia Illyria of The Manor, Upper Wallop, Somerset, and (3) Maria Marlene of The Manor, Upper Wallop, Somerset, all of whom claim to be beneficially entitled under the terms of the said settlement, and

AND TO   (4) Feste Clowne of The Manor, Upper Wallop, Somerset, who appears to represent the friends of the said Andrew Aguecheek who may be beneficially entitled under the terms of the said settlement.

Let the Defendants . . . (directions as to acknowledgment of service)

By this summons, which is issued on the application of the Plaintiff, Malvolio Steward of Porter's Lodge, The Manor, Upper Wallop, Somerset, the trustee of the above-mentioned settlement, the Plaintiff seeks the determination of the court on the following questions and the following relief namely:

1. That it may be determined whether on the true construction of clause 2 of the said settlement, the trust to provide the first Defendant with an annuity for the rest of his life sufficient to keep him constantly supplied with alcohol is valid or void for uncertainty or otherwise.
2. That it may be determined whether on the true construction of clause 3 of the said settlement the sum of £50,000 is held:

(i)   On trust for the third Defendant absolutely.

(ii) On trust for the third Defendant as to £10,000 for herself absolutely and as to £40,000 on trust.

(iii) On trust for the second Defendant as the person entitled to any property not otherwise disposed of by the said settlement.

(iv) On some other, and if so what, trusts.

3. If the answer to paragraph 2 is in the sense (ii), that it may be determined whether on the true construction of paragraph 3 of the said settlement, the sum of £40,000 is held:

(i)   On a valid trust to be divided equally between the friends of the settlor whom the third Defendant considers deserve it for their wit.

(ii) On a valid discretionary trust for the friends of the settlor whom the third Defendant considers deserve it for their wit.

(iii) On trust for the second Defendant as the person entitled to any property not otherwise disposed of by the said settlement.

4. That the fourth Defendant may be appointed to represent the friends of the settlor who may be entitled under clause 3 of the said settlement.

5. That provision may be made for the costs of this application.

6. Further or other relief.

Settled by Iva D. Nuff

AFFIDAVIT IN SUPPORT OF THE ORIGINATING SUMMONS IN 2

1st PL: M. Steward: 1st: 1.4.97.

IN THE HIGH COURT OF JUSTICE   Ch.1997.A.No.   .

CHANCERY DIVISION

IN THE MATTER of a settlement dated 1 April 1996 between Andrew Aguecheek and Malvolio Steward.

BETWEEN   MALVOLIO STEWARD   Plaintiffs
                                    and
                            TOBIAS BELCH and others   Defendants

I, MALVOLIO STEWARD of Porter's Lodge, The Manor, Upper Wallop, Somerset, the Plaintiff in this action, MAKE OATH and say as follows:

1. I am the Plaintiff in this action, and I swear this affidavit as trustee of a settlement made by Andrew Aguecheek on 1 April 1996. In so far as the content of this affidavit is within my personal knowledge it is true and in so far as it is not within my personal knowledge it is true to the best of my knowledge, information and belief.

2. The above mentioned settlement dated 1 April 1996 was made between Andrew Aguecheek (hereinafter called the settlor) on the one part, and

myself on the other part. By the settlement, the settlor put £100,000 in trust, and appointed myself as sole trustee of the trust. The £100,000 was paid to me on the same day.
3. The terms of the settlement provided as follows:

'Clause 2. As to one-half of the trust fund, this is to be used to provide my old friend Toby Belch with an annuity for the rest of his life which is sufficient to keep him constantly supplied with alcohol.
Clause 3. As to the other half of the trust fund, this is to be given to Maria Marlene, to keep £10,000 for herself, and to divide the rest among those friends I have whom she thinks most deserve it for their wit.
Clause 4. Any part of the trust fund which is not disposed of by the above gifts is to go to Olivia Illyria, the most beautiful girl in the world.'

4. I know from my own experience as an employee at The Manor, Upper Wallop, Somerset where the said Tobias Belch presently resides that the sum of £50,000 is barely sufficient to provide an annuity large enough to keep the said Toby Belch constantly in alcohol.
5. I have recently been advised by Maria Marlene and verily believe that the settlor had said that he had no friends in the world save the people he knew at The Manor, Upper Wallop.
6. Following an argument at The Manor, Upper Wallop on 25 December 1996 the settlor left The Manor, and despite all efforts I have been unable to contact him. I therefore seek the assistance of this Honourable Court in dealing with the trust fund.

Sworn etc.

EXAMPLE 3   ORIGINATING SUMMONS – SEEKING THE ASSISTANCE OF THE COURT IN MANAGING THE TRUST

IN THE HIGH COURT OF JUSTICE   Ch.1997.S.No.   .

CHANCERY DIVISION

IN THE MATTER of the trust of the will dated 1 November 1991 of S. Shylock, deceased.

BETWEEN   TOPOL TURBAL   Plaintiff
                                   and
              (1) JESSICA VENETIAN
              (2) LORENZO VENETIAN
              (2) LAUNCELOT VENETIAN (a minor)   Defendants

TO   (1) Jessica Venetian of 15, Merchant Terrace, Little Venice,
                  London, the tenant for life under the said will,
AND TO   (2) Lorenzo Venetian of 15, Merchant Terrace, Little Venice,
                  London, who appears to represent the unborn children of the
                  first Defendant,

AND TO   (3) Launcelot Venetian of 15, Merchant Terrace, Little Venice,
          London, a remainderman under the said will.

Let the Defendants . . .

By this summons, which is issued on the application of the Plaintiff, Topol
Turbal of 10, David Court, London E1, executor and trustee of the above-
mentioned will, the Plaintiff seeks the following relief, namely:

1. That, notwithstanding the absence of any power conferred on the trustee for
   the purpose under the above-mentioned will, the court may approve the
   application of the sum of £40,000 from the funds of the trusts of the will as
   a personal loan to the first Defendant to enable her to commence a business.
2. That the court may approve the purchase by the Plaintiff of the property
   known as Shalom House, Little Venice, London, currently property subject
   to the trusts of the above-mentioned will for a price of £100,000, notwith-
   standing his position as a trustee of the will.
3. That the second Defendant may be appointed to represent the unborn
   children of the first Defendant.
4. That provision may be made for the costs of this application.
5. Further or other relief.

This application is made under section 57 of the Trustee Act 1925.

Settled by I. Costa-Lott

**EXAMPLE 4   STATEMENT OF CLAIM – FACTS IN DISPUTE —
                POSSIBLE CONSTRUCTIVE TRUST**

IN THE HIGH COURT OF JUSTICE   Ch.1997.A.No.   .

CHANCERY DIVISION

BETWEEN   MARK ANTHONY   Plaintiff
                               and
                        CLEOPATRA PTOLEMY   Defendants

STATEMENT OF CLAIM

1. The Defendant is and was at all material times the legal owner of
   the property known as Palace House, Alexandria Road, London SW33,
   (hereinafter called 'Palace House'). Palace House is currently valued at
   approximately £95,000.
2. On 13 September 1988 the Plaintiff first met the Defendant, and on 14
   February 1989 it was orally agreed between them that:

   (i)   The Plaintiff should occupy Palace House jointly with the Defendant.
   (ii) That the Plaintiff should carry out repairs and improvements on Palace
   House, which was then in a dilapidated condition, to the value of £15,000.

(iii) That from 1 March 1989 the Plaintiff and the Defendant should contribute equally to the mortgage repayments on Palace House.

3. On 14 February, pursuant to the said agreement, the Plaintiff entered into occupation of Palace House, and lived there with the Defendant as husband and wife until 14 February 1993.

4. Pursuant to the said agreement, from 1 March 1989 to 1 March 1993 the Plaintiff made payments to the Defendant each month of a sum equal to one half of the mortgage repayments, the said mortgage repayments being £300 per month in total.

5. Further, pursuant to the said agreement, the Plaintiff began to carry out the repair and improvement work on Palace House agreed by the parties.

6. On 14 February 1993 the Plaintiff ceased to occupy Palace House and ceased to contribute to the mortgage repayments. However, he continued to visit the Defendant from time to time, and completed the agreed repair and improvement work.

7. On 14 February 1997 the Defendant orally informed the Plaintiff that she intended to sell Palace House as soon as possible, and to use the entire proceeds of sale for her own purposes.

AND the Plaintiff claims:

(1) A declaration that the Plaintiff is entitled to a beneficial interest in Palace House, Alexandria Road, London SW33 of one third, or such other share as the court may determine.

(2) A declaration that the Defendant holds Palace House, Alexandria Road, London SW33 on trust for herself and the Plaintiff in such proportions as the court may determine.

(3) An injunction restraining the Defendant from selling the property of Palace House, Alexandria Road, London SW33 before judgment in this action or further order.

(4) Further or other relief.

(5) Costs.

Served etc.   Zenda Boyes-Round

**EXAMPLE 5   STATEMENT OF CLAIM – BREACH OF
                TRUSTEE'S DUTIES**

IN THE HIGH COURT OF JUSTICE   Ch.1997.B.No.   .

CHANCERY DIVISION

IN THE MATTER of the trusts of the will dated 1 May 1992 of R. de Boys, deceased.

BETWEEN   ORLANDO DE BOYS   Plaintiff
                                   and
                            OLIVER DE BOYS   Defendant

STATEMENT OF CLAIM

1. The Defendant is the sole executor and trustee of the will dated 1 May 1992 of Roland de Boys deceased, who died on 1 June 1992. Probate of the said will was granted to the Defendant on 1 July 1992 at the Arden District Registry.
2. Under clause 2 of the will, the deceased directed that his entire estate was to be held on trust in equal shares for his three sons, namely the Plaintiff, the Defendant and one Jaques de Boys.
3. There was no power in the said will for the trust funds to be invested otherwise than as authorised by law, and there was no power for the trustee to appoint an agent to manage the trust otherwise than as authorised by law.
4. During April 1995, in breach of trust, the Defendant invested £200,000 of the trust funds in the purchase of ordinary shares in As You Like It Lingerie Ltd. The said shares were not an investment authorised by law for the investment of the trust funds in that the total issued and paid up share capital of the said company was less than £1,000,000, and in that the said company had not in the five years immediately preceding the purchase, or in each or any of the said five years paid a dividend on all or any of its issued shares.
5. Further or in the alternative, the Defendant invested the said £200,000 in breach of trust in that he failed to obtain and/or consider proper advice as to whether the said investment was satisfactory before making it, and/or in that he made the investment without regard to the suitability for the trust of that description of investment, and/or the suitability of the investment as an investment of that description.
6. Further, in breach of his duty as trustee, on or about 3 May 1996, the Defendant improperly appointed one Frederick Duke to act as his agent in the management of the trust.

PARTICULARS OF BREACH

(i)   The Defendant failed to make any or any proper inquiries as to the competence of the said Frederick Duke.
(ii) The Defendant failed to make any or any proper inquiries as to the qualifications of the said Frederick Duke.

(iii) The Defendant failed to keep any or any adequate check on the activities of the said Frederick Duke in the management of the trust.

7. In fact the said Frederick Duke had no qualifications at all, and was not competent to act, being at the time of his appointment the Defendant to proceedings for breach of trust by the beneficiaries of the Duke of Arden's estate. The Defendant knew or ought to have known of these matters by reason of his business association with the said Frederick Duke over a number of years. As a result of the incompetence and neglect of the said Frederick Duke the value of the trust funds has been substantially reduced.

8. By reason of the matters aforesaid, the trust funds have been substantially reduced, and have suffered loss and damage.

PARTICULARS

(a) Loss suffered on shares in As You Like It Lingerie Ltd	£150,000
(b) Reduction in capital of trust since April 1995	£200,000
	£350,000

9. Further the Plaintiff claims interest pursuant to section 35A of the Supreme Court Act 1981 on the amount found to be due to the Plaintiff at such rate and for such period as the court thinks fit.

AND the Plaintiff claims:

(1) An account of the monies due to the estate in respect of the losses from the matters complained of.
(2) An order for the payment to the trust of the money found due on the taking of the said account.
(3) Further or in the alternative, damages for breach of trust.
(4) The aforesaid interest pursuant to section 35A of the Supreme Court Act 1981.
(5) Further or other relief.
(6) Costs.

Served etc.   Barry Stir

**EXAMPLE 6   STATEMENT OF CLAIM – BREACH OF
TRUST – TRACING**

IN THE HIGH COURT OF JUSTICE   Ch.1997.L.No.   .

CHANCERY DIVISION

IN THE MATTER of the trusts of a settlement dated 25 December 1993 made
by Rex Lear.

BETWEEN   REX LEAR   Plaintiff
                                   and
                          (1) GONERIL ALBANY
                          (2) REGAN CORNWALL
                          (3) EDMUND GLOUCESTER   Defendant

STATEMENT OF CLAIM

1. By a written instrument dated 25 December 1993, the Plaintiff transferred to
   the first Defendant and the second Defendant the property known as Brittania
   Farm, Heath, Wessex ('the farm') and the sum of £1,000,000 to be held on
   trust for the Plaintiff as tenant for life, remainder to the first Defendant and
   the second Defendant in equal shares.
2. On or about 1 March 1995, in breach of the said trust, the first Defendant
   and the second Defendant transferred the farm into the sole name of the first
   trustee as sole legal and beneficial owner.
3. In further breach of trust, on or about 3 March 1995 the first Defendant sold
   the farm for a sum of £1,500,000, which sum she then invested in 500,000
   shares in Thatcher Armaments plc.
4. In the course of July 1995, in breach of the said trust, the second Defendant
   gave capital from the trust fund to the third Defendant to be used for the
   benefit of herself and the third Defendant.
5. By reason of the matters alleged in paragraph 4, the Plaintiff has suffered
   loss and damage.

PARTICULARS

(a) Money spent on a holiday for the second and third Defendant	£20,000
(b) Money spent on a car for the third Defendant	£30,000
	£50,000

6. Further or in the alternative, the third Defendant is accountable to the trust
   for the said £50,000 as a constructive trustee on the ground that he
   knowingly participated in the misapplication of the said sum in breach of
   trust. His knowledge came from his having been fully informed of the full
   circumstances of the case by the second Defendant.
7. Further, the Plaintiff claims interest pursuant to section 35A of the Supreme
   Court Act 1981 on the amount found to be due to the Plaintiff at such rate
   and for such period as the court thinks fit.

AND the Plaintiff claims:

As against the first Defendant and the second Defendant:

(1) An order that the said 500,000 shares in Thatcher Armaments plc be transferred to be held on the terms of the said trust.
(2) Further or in the alternative, damages for breach of trust.
(3) The aforesaid interest pursuant to section 35A of the Supreme Court Act 1981.
(4) An order that Cordelia France and Tom Edgar or some other fit and proper persons may be appointed as trustees of the settlement in the place of the first and second Defendants.
(5) All other necessary accounts, directions and enquiries.
(6) Further or other relief.
(7) Costs.

As against the third Defendant:

(1) A declaration that the third Defendant is liable as constructive trustee to restore the amount of £50,000 to the trust fund.
(2) An order that the said £50,000 be paid to the trust fund forthwith.
(3) Costs.

Served etc.   Bill Cumming-Soone

EXAMPLE 7   APPLICATION TO DECIDE SHARES IN REAL PROPERTY – ORDER FOR SALE OF PROPERTY UNDER S. 30 LAW OF PROPERTY ACT

IN THE HIGH COURT OF JUSTICE   Ch.1997.Y. No.   .

CHANCERY DIVISION

BETWEEN	HENRY YORK	Plaintiff
	and	
	EDWARD LANCASTER	Defendant

TO Edward Lancaster of 'Merrie England', Acacia Avenue, Clapham, London, the registered proprietor of the freehold house and land of 'Merrie England' aforesaid ('the property') at H M Land Registry with title absolute under title number OLD 123456

LET the Defendant etc. . .

BY this summons which is issued on the application of the Plaintiff Henry York of 'Merrie England', Acacia Avenue, Clapham, London, the Plaintiff seeks the following relief, namely:

1. A declaration that the property is held by the Defendant on trust for sale to hold the net proceeds of sale upon trust for the Plaintiff and the Defendant in equal shares, or in such shares as the Court shall determine.

2. That the Plaintiff or some other fit and proper person be appointed as trustee of the property jointly with the Defendant.
3. An order that the Defendant sell or concur with the Plaintiff in selling the property.
4. Alternatively, that the property be sold by order of the Court.
5. If necessary, that the trusts affecting the property may be carried into execution by the Court.
6. All necessary and consequential accounts, directions and enquiries.
7. An order that the costs of this application be paid by the Defendant.
8. Further or other relief.

This application is made under section 30 of the Law of Property Act 1925
If the Defendant . . .

EXAMPLE 8   DEFENCE TO 5 – COUNTERCLAIM AGAINST BENEFICIARY

IN THE HIGH COURT OF JUSTICE   Ch.1997.B.No.   .

CHANCERY DIVISION

IN THE MATTER of the trusts of the will dated 1 May 1992 of R. de Boys, deceased.

BETWEEN   ORLANDO DE BOYS   Plaintiff
                                and
                           OLIVER DE BOYS   Defendant

DEFENCE

1. Paragraphs 1, 2 and 3 of the Statement of Claim are admitted.
2. It is admitted that the Defendant invested £200,000 in shares in As You Like It Lingerie Ltd as alleged in paragraph 4 of the Statement of Claim, but it is denied that the said shares were not an investment authorised by law for the investment of the trust funds at the date of their purchase.
3. Each and every allegation in paragraph 5 of the Statement of Claim is denied. In purchasing the said shares the Defendant acted on the advice of one Jester Touchstone, carrying on business at Forest House, Arden, whom the Defendant honestly and reasonably believed to be a qualified chartered accountant and experienced financial adviser.
4. It is admitted that the Defendant appointed the said Frederick Duke to act as his agent in the management of the trust, but save for this, each and every allegation in paragraphs 6 and 7 of the Statement of Claim is denied. In appointing the said Frederick Duke, the Defendant again acted on the advice of the said Jester Touchstone, and acted in good faith in making the appointment.

5. In the circumstances, the Defendant acted honestly and reasonably, and if, which is denied, the purchase of the said shares and the appointment of the said Frederick Duke as agent were in breach of trust, the Defendant ought fairly to be excused and relieved from personal liability.
6. No admission is made as to the alleged or any loss or damage.
7. Save as is herein admitted, the Defendant denies each and every allegation in the Statement of Claim as if the same were individually set out herein and specifically denied.

COUNTERCLAIM

8. Paragraphs 1, 2 and 3 of the Defence are repeated.
9. The said investment of £200,000 in shares in As You Like It Lingerie Ltd was made at the instigation of the Plaintiff. On divers dates in March 1995 the Plaintiff orally requested the Defendant to purchase the said shares on the ground that it was a good investment where an immediate profit could be made, and that the beneficiaries of the trust would benefit from a discount on the price of the items manufactured by the company.

AND the Defendant counterclaims:

(1) Such order as may be just for the impounding of all or any part of the interest of the Plaintiff under the trusts of the will, by way of indemnity against any liability which the Defendant may incur for breach of trust.
(2) Further or other relief.
(3) Costs.

Served etc.   Idon Nuttin

21 Advising and drafting in a criminal case

Most of the points on advising and drafting in a criminal case were discussed in Chapter 16. This section adds examples of counts for the most common and most important offences, and also some examples of complete indictments. In a criminal case, drafting is of course solely a matter for the prosecution in drawing up the indictment, though the defence may wish to point out defects in the drafting as part of their case.

Most of the sample counts given here are for complete offences, but the lawyer should always fully consider the possibilities of attempt, aiding and abetting and conspiracy rather than a complete offence if appropriate.

Sample counts for offences against people

Murder

STATEMENT OF OFFENCE
Murder.

PARTICULARS OF OFFENCE
Maurice Macbeth on the 13th day of April 1997 murdered Donald Duncan.

Manslaughter

STATEMENT OF OFFENCE
Manslaughter.

PARTICULARS OF OFFENCE
Horace Hamlet on the 13th day of November 1997 unlawfully killed Percy Polonius.

Wounding with intent

STATEMENT OF OFFENCE
Wounding with intent, contrary to section 18 of the Offences against the Person Act 1861.

PARTICULARS OF OFFENCE
Claude Cornwall on the 1st day of December 1997 wounded Gerald Gloucester with intent to do him grievous bodily harm.

Unlawful wounding

STATEMENT OF OFFENCE
Unlawful wounding contrary to section 20 of the Offences against the Person Act 1861.

PARTICULARS OF OFFENCE
Andrew Aguecheek on the 1st day of February 1997 unlawfully wounded Sebastian Smith.

Common assault

STATEMENT OF OFFENCE
Common assault.

PARTICULARS OF OFFENCE
Katherina Kant on the 14th day of February 1997 assaulted Petruchio Pyne.

Rape

STATEMENT OF OFFENCE
Rape, contrary to section 1(1) of the Sexual Offences Act 1956.

PARTICULARS OF OFFENCE
Demetrius Goth on the 30th day of January 1997 raped Lavinia Andronicus
                                       or
Demetrius Goth on the 30th day of January 1997 had unlawful sexual intercourse with Lavinia Andronicus, who at the time of the said intercourse did not consent to it, the said Demetrius Goth either knowing that the said Lavinia Andronicus did not so consent, or being reckless as to whether she so consented.

Indecent assault

STATEMENT OF OFFENCE
Indecent assault, contrary to section 14(1) of the Sexual Offences Act 1956.

PARTICULARS OF OFFENCE
Harold Hamlet on the 14th day of February 1997 indecently assaulted Ophelia Osbert.

Sample counts for offences against property

Theft

STATEMENT OF OFFENCE
Theft, contrary to section 1 of the Theft Act 1968.

PARTICULARS OF OFFENCE
Henry Bolingbroke on the 1st day of January 1997 stole a gold crown, the property of Richard Plantagenet.

Burglary

STATEMENT OF OFFENCE
Burglary, contrary to section 9(1)(*a*) of the Theft Act 1968.

PARTICULARS OF OFFENCE
Iago Itch on the 21st day of February 1997 entered a building known as Castle House, Cyprus Place, Brixton, London SE1 as a trespasser with intent to steal a handkerchief therein.

or

STATEMENT OF OFFENCE
Burglary, contrary to section 9(1)(*b*) of the Theft Act 1968.

PARTICULARS OF OFFENCE
Iago Itch on the 21st day of February 1997, having entered a building known as Castle House, Cyprus Place, Brixton, London SE1 as a trespasser, stole therein a handkerchief, the property of Desdemona Moore.

Robbery

STATEMENT OF OFFENCE
Robbery, contrary to section 8(1) of the Theft Act 1968.

PARTICULARS OF OFFENCE
John Falstaff on the 9th day of March 1997 robbed John Merchant of £3,000 in money.

or

STATEMENT OF OFFENCE
Assault with intent to rob, contrary to section 8 of the Theft Act 1968.

PARTICULARS OF OFFENCE
John Falstaff on the 9th day of March 1997 assaulted John Merchant with intent to rob him.

Obtaining property by deception

STATEMENT OF OFFENCE
Obtaining property by deception, contrary to section 15 of the Theft Act 1968.

PARTICULARS OF OFFENCE
John Falstaff on the 1st day of April 1997 dishonestly obtained from Dorothy Tearsheet a pig with intention of permanently depriving Dorothy Tearsheet of the said pig, by deception, namely by falsely representing that he was an Army Officer entitled to requisition the said pig.

Handling

STATEMENT OF OFFENCE
Handling stolen goods, contrary to section 22 of the Theft Act 1968.

PARTICULARS OF OFFENCE
Richard Gloucester on the 3rd day of February 1997 dishonestly received stolen goods, namely a gold crown, the property of Edward Plantagenet, knowing or believing the same to have been stolen.

or

PARTICULARS OF OFFENCE
Richard Gloucester on the 3rd day of February 1997 dishonestly undertook or assisted in the retention, removal, disposal or realisation of stolen goods, namely a gold crown, the property of Edward Plantagenet, by or for the benefit of Henry Tudor, or dishonestly arranged so to do, knowing or believing the same to have been stolen.

Obtaining services by deception

STATEMENT OF OFFENCE
Obtaining services by deception, contrary to section 1 of the Theft Act 1978.

PARTICULARS OF OFFENCE
John Falstaff on the 3rd day of March 1997 dishonestly obtained from the Boar's Head Brewing Company Limited services, namely the laundering of clothing, by deception, namely by falsely representing that it was his intention to pay for the said service.

Evasion of liability by deception

STATEMENT OF OFFENCE
Evasion of liability by deception contrary to section 2 of the Theft Act 1978.

PARTICULARS OF OFFENCE
John Falstaff on the 3rd day of March 1997 dishonestly secured the remission of an existing liability to make payment, namely to pay Ursula Quickly for accommodation provided to him, by a deception, namely by falsely representing to Ursula Quickly that Hal Plantagenet was ready and willing to make the said payment on his behalf.

(Note the alternatives under this section of intending to make permanent default on an existing liability, or of intending to obtain abatement of an existing liability. The correct alternative should be pleaded.)

Making off without payment

STATEMENT OF OFFENCE
Making off without payment, contrary to section 3 of the Theft Act 1978.

PARTICULARS OF OFFENCE
John Falstaff, on the 3rd day of March 1997, knowing that payment on the spot for a meal that he had consumed at the Boar's Head Tavern was required of him, and with intent to avoid payment of the amount due, dishonestly made off without having paid.

Criminal damage

STATEMENT OF OFFENCE
Damaging property contrary to section 1(1) of the Criminal Damage Act 1971.

PARTICULARS OF OFFENCE
Henry Plantagenet on the 5th day of April 1997, without lawful excuse, damaged a barstool belonging to Kate Quickly intending to damage such property, or being reckless as to whether such property would be damaged.

Arson

STATEMENT OF OFFENCE
Arson, contrary to section 1(1) and (3) of the Criminal Damage Act 1971.

PARTICULARS OF OFFENCE
Octavius Caesar on the 9th day of March 1997, without lawful excuse, destroyed by fire a boat belonging to Cleopatra Ptolemy, intending to destroy such property or being reckless as to whether such property would be destroyed.

Sample counts for different types of involvement in an offence

Aiding and abetting

STATEMENT OF OFFENCE
Theft contrary to section 1 of the Theft Act 1968.

PARTICULARS OF OFFENCE
Thomas Percy on the 10th day of January 1997 aided and abetted, counselled and procured Henry Hotspur to steal a crown, the property of Henry Plantagenet. (Note that aiding and abetting can be charged separately from counselling and procuring if appropriate.)

Attempt

STATEMENT OF OFFENCE
Attempted theft contrary to section 1 of the Criminal Attempts Act 1981.

PARTICULARS OF OFFENCE
Henry Hotspur on the 13th day of January 1997 attempted to steal a crown belonging to Henry Plantagenet.

Conspiracy

STATEMENT OF OFFENCE
Conspiracy to murder.

PARTICULARS OF OFFENCE
Marcus Brutus, on a day or days unknown between the 1st day of January 1997 and the 15th day of March 1997 conspired together with Gaius Cassius and Metellus Cimber to murder Julius Caesar.

EXAMPLE 1   INDICTMENT AGAINST A SINGLE DEFENDANT

IN THE CROWN COURT AT BOSWORTH   No.

THE QUEEN v RICHARD GLOUCESTER

RICHARD GLOUCESTER is charged as follows:

COUNT 1.   STATEMENT OF OFFENCE
                                        Murder
                                PARTICULARS OF OFFENCE
Richard Gloucester on the 1st day of January 1996 aided and
abetted Edward Fourth to murder George Clarence.

COUNT 2.   STATEMENT OF OFFENCE
                                        Murder
                                PARTICULARS OF OFFENCE
Richard Gloucester on the 25th day of June 1996 counselled and
procured Richard Ratcliff to murder Earl Rivers.

COUNT 3.   STATEMENT OF OFFENCE
                                        Murder
                                PARTICULARS OF OFFENCE
Richard Gloucester on a day or days unknown between the 26th
day of June 1996 and the 1st day of October 1996 counselled and
procured James Tyrrell to murder Edward Plantagenet and
Richard Plantagenet.

COUNT 4.   STATEMENT OF OFFENCE
                                      Manslaughter
                                PARTICULARS OF OFFENCE
Richard Gloucester on the 30th day of June 1996 unlawfully
killed Anne Neville Gloucester.

COUNT 5.   STATEMENT OF OFFENCE
Conspiracy to commit robbery, contrary to section 8 of the Theft
Act 1968.
                                PARTICULARS OF OFFENCE
Richard Gloucester, on a day or days unknown between the 1st
day of July 1992 and the 22nd day of August 1996 conspired
together with John Norfolk to assault Henry Tudor with intent to
rob him.

Date   Signed   Thomas More
                                        Officer of the Court

EXAMPLE 2   INDICTMENT AGAINST CO-DEFENDANTS

IN THE CROWN COURT AT GADSHILL

REGINA v RUDOLPH BARDOLPH, PERCIVAL PISTOL and
PERCY PETO

who are charged as follows:

COUNT 1.
STATEMENT OF OFFENCE
Robbery, contrary to section 8(1) of the Theft Act 1968.
PARTICULARS OF OFFENCE
Rudolph Bardolph, Percival Pistol and Percy Peto on the 9th day of March 1997
robbed Franklin Merchant of £3,000.

COUNT 2.
STATEMENT OF OFFENCE
Burglary contrary to section 9(1)(b) of the Theft Act 1968.
PARTICULARS OF OFFENCE
Percival Pistol and Percy Peto on the 17th day of March 1997, having entered
a building known as Tailor House, Gloucester, stole therein 12 suits, the
property of Francis Feeble.

COUNT 3.
STATEMENT OF OFFENCE
Handling stolen goods, contrary to section 22 of the Theft Act 1968.
PARTICULARS OF OFFENCE
Rudolph Bardolph on a day unknown between the 17th day of March 1997 and
the 21st day of March 1997 dishonestly received stolen goods, namely 12 suits,
the property of Francis Feeble, knowing or believing the same to have been
stolen.

COUNT 4.
STATEMENT OF OFFENCE
Theft, contrary to section 1 of the Theft Act 1968.
PARTICULARS OF OFFENCE
Rudolph Bardolph on the 19th day of March 1997 stole £100, the property of
Peter Bullcalf.

Date   Signed Robert Shallow
                                                      Officer of the Court

EXAMPLE 3   GROUNDS OF APPEAL AGAINST CONVICTION AND SENTENCE

REGINA v RICHARD GLOUCESTER

THE GROUNDS OF APPEAL AGAINST CONVICTION ARE AS FOLLOWS:

1. The Learned Judge erred in allowing the prosecution to adduce evidence from William Shakespeare that 'He definitely done it all, guv'. All of William Shakespeare's testimony was based on hearsay evidence, and as such should have been excluded. The Appellant will rely on *R* v *Bacon* (1599) 3 Liz. 77.
2. The Learned Judge wrongly withdrew from the jury the Appellant's defence that George Clarence committed suicide by putting his head in a butt of Malmsey, indicating that he had decided it was physically impossible.
3. The Learned Judge in his summing up misdirected the jury in that:
   (i)   He failed to direct the jury adequately on the essential elements of the offence of murder, merely saying 'They died, they did not kill themselves, the defendant wanted them dead, what's that but murder.' For the proper direction to be given the Appellant will rely on *R* v *Ripper* (1889) 5 Vict. 5.
   (ii) He misdirected the jury as to the weight to be given to the evidence of Bill Buckingham that the Appellant loved children and little furry animals, saying only 'If you believe that you'll believe anything!'
   (iii) He misdirected the jury as to the standard of proof in that he said that the prosecution only had to produce evidence that would make a man on a farm cart in Clapham think the Appellant guilty.
   (iv) He failed to make it clear to the jury that the burden of proof rested throughout on the prosecution to prove the guilt of the Appellant, saying that since the prosecutor was an honourable man, it was for the Appellant to show his innocence.
3. The Learned Judge put pressure on the jury to reach a verdict with undue haste.
4. In all the circumstances of the case the Appellant's conviction is unsafe and unsatisfactory.

THE GROUNDS OF APPEAL AGAINST SENTENCE ARE AS FOLLOWS:

1. The sentence of death is wrong in law in that it contravenes the Hanging of Kings (Abolition) Act 1483.
2. The sentence was wrong in principle in that it failed to take into account the substantial mitigating factor that the Appellant was suffering from extreme grief, having lost several close relatives in a short period.
3. The sentence was manifestly excessive in all the circumstances of the case, in particular in the light of the persuasive evidence of Wayne Catesby as to the Appellant's good character, and the physical disabilities from which the Appellant suffered from birth.

Wanda B. A. Judge

22   Advising and drafting in a family case

This is an area that many lawyers will come across in practice, and there are a number of special points to be taken into account when advising and drafting. In a family case it is especially important for you to be very practical, as the problems that arise will often involve the major elements of a person's day-to-day life – such as where they live, how much money they have to live on, and what happens to their children. You will always have to give detailed consideration to the facts of the case and what may be achieved for the client, and show real sensitivity to the needs of the client. In family cases the courts often have wide discretionary powers as to the orders that can be made, but this does not mean that you can be vague – it gives you all the more scope to develop strong arguments as to what would be best for the client.

When you first see the client in a family law case it is especially important to obtain detailed background information on the client, including the type of accommodation they live in and any alternatives available to them, all the income and all the liabilities they have, full details of children's ages, schools and health, and so on. For this purpose it is useful to keep quite detailed forms for the first interview covering all these matters, so that nothing is forgotten. It is also necessary to have a particularly open mind as to all the possibilities of the situation, rather than rushing the client into seeking a divorce or other orders. Lawyers dealing with family law cases often feel frustrated by clients who appear to want to seek orders but then back out or seem difficult, but this can be diminished by making the effort to sort out exactly what the problem is, and what the client really wants from the start.

It is also important to advise fully in a family case. If the client does seek a divorce you should advise not only on maintenance and custody, but what will happen if the client later lives with someone else, or the possible need to make a new will. Family cases often involve quite an upheaval in the life of the client, and you should help the client to make a complete readjustment whenever possible.

Divorce

In the near future the procedure for obtaining a divorce will change quite radically under the Family Law Act 1996. Instead of a potentially contested action with a petition and an answer, the general approach will be for those who wish to obtain a divorce to attend an advice session, register that they wish to divorce (with no need to allege fault), and then obtain a divorce a year or more later, once arrangements for property and children have been made. There will be more emphasis on trying to save the marriage than there is at present, and parties will be encouraged to seek mediation rather than to take any disputes to court. All this will change the approach a lawyer should take to a divorce case quite significantly. Although the statutory provisions outlining the new procedure were passed by the time of writing, little of the detail was clear, and the new procedure will not be in general use until 1998 or later. The new procedure is therefore not covered in any detail in this edition of this book.

With the introduction of the special procedure the lawyer, especially the barrister, is less involved with the mechanics of the divorce itself, and more concerned with ancillary relief relating to property and children. Most divorces will proceed undefended in the county court with the small proportion of cases going to the High Court. The petition and any answer will often be drafted by the solicitor, or possibly by the client, but they may be dealt with by a barrister in an important case, and a barrister will often be briefed to draft affidavits or a consent order.

There is a complete bar on divorce within one year of marriage, but thereafter no bar, Matrimonial and Family Proceedings Act 1984, s. 1. When advising on the ground on which to petition for divorce every possibility will need to be considered, with tactful questions to the client, but to save time and costs only one ground should normally be put in the petition, which will probably be that which is most easily proved. Adultery and behaviour are the only immediate grounds for divorce, the others requiring at least two years' desertion or separation. It will be necessary to investigate what evidence is available, though detailed evidence will only be needed if the divorce is contested. Adultery is generally proved by circumstantial evidence or a confession, and evidence of behaviour will often be one spouse's word against the other, though independent evidence should be sought if possible. For the fact of two years' separation and consent, the consent of the other party must be specifically given in writing and can in no way be presumed.

There is no set form for a petition that must be used, but the Family Proceedings Rules 1991 specify the contents of a petition, and in practice a common form is used, and an example of this is given (see Example 1). There is a brief heading then numbered paragraphs setting out the facts. The first eight paragraphs set out the details of the marriage, any children, and any proceedings relating to the marriage, and no great pleading skills are needed beyond accuracy. The rest of the petition goes on in numbered paragraphs to set out the fact on which the petition is based with appropriate particulars, and here skills may be needed, especially for allegations of behaviour, to make clear and concise allegations with sufficient detail. Any period for which the parties have cohabited since the events on which the divorce is based should be pleaded, even if it will not prevent the divorce being granted. If there is an allegation of adultery with a named person, that person must be made a co-respondent in the suit. The prayer at the end of the petition must contain an application for all types of ancillary relief sought.

If the solicitor or barrister has not drafted the petition in the case personally, he or she should always check it to see that it is in order. If there is any defect or omission the petition can be amended. A supplemental petition may be used to allege a further ground for divorce, and this may be done to seek a divorce on the basis of two years separation and consent where a divorce was sought on another fact, but later negotiations have led to agreement between the spouses.

Many divorces are not defended and stay in the county court, but the respondent should file an answer not only if he does not want a divorce but also if he wants a divorce on a different fact, or if there is good reason for disputing the allegations made against him. The basis for the divorce can be disputed if the respondent says that the ground alleged is not true, or if there is a positive defence such as the fact that the spouses have lived together for more than six months since the alleged ground, or that the respondent will suffer grave financial or other hardship. One or more of these lines should be taken if the respondent does not want a divorce at all, but if he does want a divorce he should either not defend the fact alleged, or cross-petition for divorce.

The respondent should also file an answer if there is good reason to dispute allegations made against him in the petition, though not just because he feels they are not entirely true. Even if he wants a divorce he may wish to deny allegations or raise new facts so that allegations made by the petitioner do not prejudice him when it comes to consideration of ancillary applications for financial relief or custody. This may be more important now that conduct will be taken into account if it would be inequitable to disregard it.

In pleading an answer, there is again no set form, just some rules as to what should be included. There is a form of answer in common use (see Example 2). The respondent does not need to plead to the first eight paragraphs of the petition unless he disputes anything, though he should plead whether he agrees with what the petition says as to children of the family. As to the fact and particulars that the petitioner alleges, it is possible just to deny these, but it is preferable to plead in more detail either admitting, confessing and avoiding or adding further information as in a defence, especially where there are allegations of behaviour. You should go through the petition in detail with the respondent to do this properly. If the respondent wants a divorce on some other fact he should cross-petition pleading another fact fully, and anyone named as committing adultery with the spouse should be made a party-cited.

It is possible, though rare, to have a reply in a divorce suit, but there will be no further pleadings. However, the lawyers on both sides should make full use of all possible procedural steps. It is possible to amend the petition or answer, or to get particulars of anything in them, or interrogatories. Discovery may be used, especially to get financial details, and interlocutory injunctions, Mareva injunctions or Anton Piller orders can be sought.

Ancillary relief

The negotiation of ancillary relief will be the major part of most divorce actions, and you will need to develop skills to get information and evidence (from people who may well be seeking to hide it), to draft affidavits that will put the client's claims in the strongest possible way, and to negotiate in a strong and practical way to achieve what is best for the client. It is vital to try to envisage in detail the real position that the client will be in after the case – exactly what bills there will be and where the money will come from for each.

Most applications for financial ancillary relief need to be supported by an affidavit, and there will normally be an affidavit in reply from the other side, and perhaps further affidavits supporting each side's case. General principles for drafting affidavits were examined in an earlier chapter, but in family law they are particularly important, providing the opportunity to show the strength of your client's case to the judge immediately in an area where the judge has a wide discretion. Full information must be collected before the affidavit is drafted careful choices must be made as to what information to put into the affidavit and as to how it should be expressed, and a good structure is needed to get the main points across. The tactical opportunities of the affidavit should not be thrown away.

Where there is an application for financial provision, it must be supported by an affidavit giving full details of the applicant's property and income, and the facts relied on in making the application, including full details of any house or trust involved, Family Proceedings Rules 1991, rule 2.58. The other spouse must then file an affidavit in answer within 14 days, giving similar details, and any reasons why the court should not order the provision sought (see Examples 3 and 4). It is open to either party to file further affidavits in support of their case. There is a standard form that can be used for a financial affidavit, but it is often inappropriate, especially for someone who is self-employed, but it can be used as a guide of what to include.

A third party, such as a mistress, cannot be forced to swear an affidavit, but the husband could be compelled to say what he knows of her income, and what financial benefits he gets from her, *Wynne* v *Wynne* [1980] 3 All ER 659. Although each party must file an affidavit, there are no rules as to the form of other evidence, and the judge has a discretion to accept affidavit or oral evidence, *Krywald* v *Krywald* (1988) 18 Fam Law 431.

The client must be persuaded to give as much information as possible before the affidavit is drafted, and it must be sorted into a useful order. Details of all income must come from payslips, investments and so on, and all outgoings investigated to emphasise needs. Details of all these should be given for the same period e.g., one year (or three years if the figures fluctuate). The house, and any other valuable assets, should be valued. These facts are only the first stage in the affidavit – they must be ordered and expressed in the way that is most favourable to the client, without misrepresentation, and which supports the lines of argument that the lawyer intends to put forward in the case. This is not the legal arguments but the factual arguments, which can either be incorporated into the paragraphs where relevant or added as paragraphs at the end of the affidavit. If the client needs money for a home or feels that the other side should go out to work, they should say so in the affidavit. If the client is realistic in what he or she wants the affidavit can even ask the judge to make particular orders.

When the affidavit from the other side arrives, go through it with the client to check it is complete and accurate – they are most likely to know if there are assets that are not being revealed. This is especially the case where there are business assets, which can easily be disguised in accounts. There are many ways of getting the other side to verify the information in their affidavit, or finding out about anything that is not disclosed (though warn the client that these may be used by the other side against him!). There are the common procedural steps of discovery and interrogatories, and Anton Piller or Mareva orders can be sought. It has also been held that a writ of ne exeat may be granted where a spouse may leave the country without paying arrears of financial provision, *Thaha* v *Thaha* (1987) 17 Fam Law 234.

A further alternative is a questionnaire under the Family Proceedings Rules 1991, rule 2.63, which provides that any party to an application for ancillary relief can require any other party to give further information concerning any matter contained in any affidavit filed by or on behalf of that party, or any other relevant matter. This is one of the best ways of getting further information, though it takes skill to use it well. The extra information should first be sought by letter, and if it is not supplied within 14 days the court can order that the information be given, refusal to answer then being a contempt of court leading to a fine or imprisonment. This can be used to get bank statements, accounts, share certificates, or less obvious things that are sources of information, such as credit card statements, tax returns or mortgage application forms (where income tends to be an optimistic figure!). It is useful to build up and keep lists of questions that can usefully be asked, just adapting them to each case. If all else fails, the party that has failed to make proper disclosure can be ordered to pay costs, see *Leary* v *Leary* [1987] 1 All ER 261. To get information you do need to be able to understand accounts, as they can hide many useful things – especially when a divorce is pending! An accountant may be called in to help, but you may still have to explain points to the judge and must be able to cope on your own. If you are advising the client who is defending an application for financial provision, it is clearly unethical to advise him to conceal assets, but his conduct is ultimately up to him, and you can only advise him of the adverse view the judge may take and possible sanctions.

Although you may be able to give the client a general idea of entitlement at an early stage, it will only be with detailed information from both sides that you can advise fully. Since the courts have a wide discretion, there is plenty of scope for you to build up arguments for entitlement, within the bounds of what is reasonable. Although there are now many exceptions, the one-third rule is still often a useful starting point, with the applicant getting overall one-third of the joint income and of the joint capital. The major exceptions will be where there is a clean break (so the applicant may get half or more of the joint assets), where the couple are rich (so the court will look at the wife's needs), or where there is not enough money to provide for both (so that the court will look at the net effect of any possible order, taking the availability of social security benefits into account if there is no alternative). Although the clean break is now favoured where possible, the full implications must be considered practically. As one example, capitalised maintenance is liable for the legal aid charge, *Stewart* v *Law Society* (1987) 17 Fam Law 52.

You will need to develop arguments to increase what your client will receive, or decrease what they will have to pay, bearing in mind the relevant factors in the Matrimonial Causes Act 1973, s. 25. Clearly you have to look at the length of the marriage, the age of the parties, the contribution each has made to the marriage, and their state of health, though some factors are more complicated. Any earning capacity which it would be reasonable to expect a spouse to acquire can be taken into account, but this needs a realistic examination as to whether a spouse could get a job, perhaps with retraining, and get a new start in life, or whether there is no real chance in the present job market. Conduct is also relevant where it would be inequitable to disregard it, so should be investigated, but should only be argued where there is a clear case, as it may well be unpleasant for both sides, triggering allegations from the other side, and may make settlement very difficult.

There is now an emphasis on the need for the court to look for a clean break where possible. It was feared that this might leave women who had been married for many years with limited provision. However, the courts have shown themselves to be slow to move in this direction. In *M* v *M* (1987) 17 Fam Law 195 the wife was 47, having spent most of 20 years of married life working as a housewife, and with little chance of getting employment. The husband earned £60,000 a year, and it was held that annual payments of £14,000 from him to the wife should continue indefinitely. In *Barrett* v *Barrett* (1988) 19 Fam Law 475 the wife was looking for work, but it was difficult to predict when she would find suitable employment. It was held that periodical payments to her should not be ordered to terminate on a specified date, but should continue indefinitely, though the wife should undertake to tell the husband as soon as she found work, and should provide him with accounts of her attempts to find work.

A clean break has been held to be appropriate where there are quite substantial assets, especially where there is some bitterness between the parties, *CB* v *CB* (1988) 18 Fam Law 471, or at the other end of the scale, where there are very limited assets so that one party will have to rely on social security, *Ashley* v *Blackman* (1988) 18 Fam Law 430, and *Seaton* v *Seaton* (1986) 130 SJ 246. It may also be possible to have a clean break as between spouses before children become adults, *Suter* v *Suter and Jones* [1987] 2 All ER 336.

You do need to look at the range of possible orders as well as basic entitlement – secured provision, transfers of property and settlements can be used imaginatively to solve problems in particular cases and should be examined with the client. There are alternatives with particular assets – should the home be sold or settled? Does the client really want to stay in it or get money to go elsewhere? If the house is settled, what share should each get, and when should it be sold? A clean break order settling all rights finally at the time of divorce is now encouraged, but does require considerable forethought of what may happen in the future to see that the client is properly protected, for example, what may happen if the house needs substantial repair, *Harvey* v *Harvey* (1987) 17 Fam Law 17.

Despite the range of possibilities, you must not ultimately be vague, but should be very specific about what is best for your client. Having decided on the main orders that are appropriate, you must go into the arithmetic, explaining to the client not only gross payments, but what they will actually have left to spend after costs, tax etc. To do this you must have an up-to-date working knowledge of tax rates and allowances and where relevant, of social security benefits. The rules for the taxation of maintenance were totally changed by ss. 36–40, Finance Act 1988, making a complete distinction between payments made under agreements entered into before and after 15 March 1988. Prior to that date, maintenance payments were deductible for tax purposes by the payer, who also had to pay basic rate tax in advance on the payment, though it was then possible for the person getting the payment to reclaim all or part of this tax, depending on their own tax position. Under this system it was often better to have maintenance payments for children paid direct to the child to take advantage of the child's own tax allowance. For payments under an order made after 15 March 1988, maintenance payments are no longer deductible by the payer (though the payer does get an increased personal allowance), but they are not liable for tax in the hands of the recipient. This is clearly an advantage to the recipient, but is a drawback to the payer and may make less money available for the payment of maintenance. There is unlikely now to be any advantage in having maintenance payments made direct to the child rather than to a parent for a child.

The need to keep a careful eye on costs in a family case has been emphasised again and again, with several reported cases where the costs have had a very serious effect on the amount of money that is actually available to a party at the end of the day, which may leave the ex-spouse with a pyrrhic victory, and too little to get a new place to live. Judges have been scathing on the failure of lawyers to keep costs down in such cases, as in *P* v *P, The Times,* 3 February 1989, where the costs of getting assets valued were substantial. There must be a duty on a lawyer to give a client strong advice not to pursue a claim too strongly where there will be a serious costs effect. The *Practice Direction (Ancillary Relief: Costs Estimates)* (1988) 1 FLR 452 now highlights the importance of considering the effects of costs by providing that an estimate of costs should be prepared for the start of a hearing, including costs to date and anticipated costs of the hearing.

The other main area of ancillary relief relates to children. With the coming into force of the Children Act 1992 there have been major changes of approach and terminology in this area, though the main framework of powers on divorce has not been changed. The approach now is to try to encourage the parents to reach agreement about the future of any children, and if there is no dispute it may not be necessary to go to court for an order at all. Both parents will in any event retain their parental responsibility with regard to a child, but if it is not possible to reach complete agreement it is possible to seek a variety of orders from the court under s. 8, Children Act 1992, the main orders being with regard to the residence of the child and contact with him.

It is no longer necessary to file affidavits in support of an application for an order relating to a child. Instead parties file signed statements, and the judge in the case has control over what other evidence is filed. However, the statement will in broad terms cover what an affidavit would have covered in the past, and it will remain as important to get full information from the client, and to present it clearly with an appropriate structure. The client may not be very objective in giving these details, and the lawyer may have to take a careful line in the statement to give the client's view, but to try not to sound unreasonable to the judge. The statement should include, where relevant, details of the child's present and proposed schooling, and present and proposed living arrangements, especially where the applicant proposes that the child move. If the parent is working they should explain who will care for the child while they are not at home, and should tell the court of any new partner who will be living with them and the child. If the child has any health problems, the statement should explain how these will be cared for. If the applicant has strong views on access by the other side, they should express them.

You must explain the meaning of parental responsibility, residence and contact to your client clearly, so that misunderstandings can hopefully be avoided. In accordance with the new approach of the law it is important to seek to avoid a dispute if possible, and this is likely to be the best approach for the child in most cases. The court is now required to take the views of the child into account, and it is important to make it clear to the client that there will be little to be gained from trying to coach the child to say particular things as the judge will usually be able to detect this and will seek the truth.

If an application with regard to the future of a child is contested it will be important to look forward rather than backwards. The judge will be most interested in the details of the day-to-day life planned for the child, and if a change in house or school is planned it may well be useful to provide photographs, prospectuses and the like, subject to the directions of the judge.

Many law students tend to regard the variety of possible orders and relevant factors in family cases as a confusing quagmire, and find it difficult to cope without firm rules, but in fact this is a real advantage for the good lawyer because of the scope for developing arguments for the client. Here more than in most other legal areas one can hope to achieve what is really best for the client, by carefully sorting out those factors in the client's favour, and those factors against him, leading to concrete and detailed suggestions for the right orders in the case, supporting the arguments with evidence.

Negotiating a settlement

Increasingly, orders for financial provision are agreed by the parties, and this puts you in a critical position. General principles for settling actions were discussed earlier in the book, and they apply particularly in family cases. You can only reach a fair settlement if you have detailed information of your client's position and the other side's position, and must take great care to reach the settlement properly to avoid future problems. There is a duty of full and frank disclosure in negotiating a settlement, *Livesey* v *Jenkins* [1985] 2 WLR 47, so the parties should have the information they need. In a family case it is particularly important to concentrate on what the client wants – if they really want to live in the house they have been in for years where their friends are, you should try to achieve this. You must also explain the effects of the order to the client, *Dinch* v *Dinch* [1987] 1 All ER 818.

Agreed orders are desirable wherever possible on divorce as they do take some of the ill feeling out of the situation, and they do give the parties more chance to settle the details of their future lives themselves, rather than leaving them to the judge's wide discretion. However, the lawyers should not force the clients into a settlement, and should never usurp the function of the judge and work out a settlement they think is fair and impose it on the clients. The lawyer's first duty is to his or her own client, and professional standards must be scrupulously maintained.

There are various ways of reaching an agreement. Once the reasonable requirements of the applicant have been ascertained they can be put to the other side in an open letter, or in a without prejudice letter (reserving the right to show the letter to the court when it comes to making orders for costs, as in *Calderbank* v *Calderbank* [1975] 3 WLR 586), or in general terms at the end of the applicant's affidavit. A 'Calderbank' offer has an effect similar to a payment into court, but the same effect as to costs does not automatically follow, *Singh* v *Parksfield Group plc, The Times*, 20 March 1996. Once agreement has been reached, the most common form of putting it into effect is in a consent order by the judge at any time after decree nisi, *Board* v *Checkland* (1987) NLJ 172. This order must be drafted with great care to ensure that it is clear and covers everything, because it will only be set aside, in limited circumstances, and because it will probably be impossible for the client to seek any further provision later. This last point must be made very clear to the applicant before the order is agreed.

In the consent order, there is a fundamental distinction between the orders made and any undertakings given. The court can only order those things that it has the power to order under the Matrimonial Causes Act 1973, such as transfers of property, maintenance and orders with regard to the children. Anything else the parties agree, e.g., that one party should permit the other to do something, should be made an undertaking. It is also possible to recite facts on which the order was based in the preamble, if there is good reason, though this is rarely done. Each thing undertaken or ordered should be in a separate numbered paragraph (see Examples 6 and 7). It is useful to keep a complete list of those things the court can order, including the dismissal of any further claims by the applicant, and then selecting and adapting the right ones for each case. Never forget subsidiary issues such as costs.

If the terms are agreed, a consent order can be made without the parties attending court, provided the judge is satisfied with it. Under the Matrimonial Causes Act 1973, s. 33A the court can make an order in agreed terms (unless the court thinks there are circumstances into which it should enquire), but the court must be provided with a prescribed list of background facts relied on, such as the capital and income of each party, what is to happen with the matrimonial home, and the accommodation that any children will live in, see Matrimonial Causes Rules 1977, rule 76A, and the *Practice Direction* [1986] 1 All ER 704. It cannot be stressed enough how vitally important it is that the order covers everything, is clearly drafted and that the long-term effects are explained to the client, *Dinch* v *Dinch* [1987] 1 All ER 818.

The importance of getting clear instructions from the client and following them when negotiating a settlement is shown in *Dutfield* v *Gilbert H. Stephens & Sons* (1988) 18 Fam Law 473, where a firm of solicitors acted on divorce for a wife who told them that she wanted a quick financial settlement. A consent order was agreed, but the wife sued her solicitors for professional negligence for failing to fully investigate her husband's means. Her action failed as it was held that she had chosen to take the course she did and the solicitors had no duty to force her into steps she had not instructed them to take, but the dangers that can arise from a failure of communication are clear.

PRINCIPLES FOR PROVISION ON DIVORCE

1. Go through the complete list of possible types of provision to see what might be appropriate in the case, e.g.:

    (a) maintenance, secured or unsecured. How long for?;

(b) a lump sum;
(c) a transfer of property order;
(d) a settlement of property (often the matrimonial home);
(e) alteration of interests under a settlement etc.;
(f) maintenance for children, and/or lump sums.

2. Try to get a complete list of everything your client earns or owns, with values.
3. Try to get a complete list of everything the other side earns or owns (procedure and tactics may be important here, there are some comments on it in the text).
4. Estimate your client's entitlement as accurately as possible, at least deciding an upper and a lower figure for the possible range.

   The one-third rule has been disapproved in some cases, with more emphasis being put on the wife's reasonable needs, but other more recent cases have indicated it is still a useful starting point unless there is a reason why it is not appropriate, see *Potter* v *Potter* [1982] 3 All ER 321.

   The one-third rule is probably not appropriate in the following cases:

   (a) Where the circumstances mean a clean break is possible. The court will now try to achieve a clean break, if it can.
   (b) Where the parties are very rich, the wife will normally be given enough for her reasonable needs, not one-third.
   (c) If conduct is sufficiently bad to be taken into account.
   (d) If there is too little money for proper provision. The net effect approach may be more appropriate here.
   (e) If one spouse owned or inherited substantial assets before the marriage.
   (f) If giving one-third would result in extreme difficulty, e.g., to the husband's business.
   (g) If the marriage has been very short, provision will be merely compensation for anything lost by the marriage.
   (h) If the husband has refused to reveal or has dissipated assets.
   (i) Possibly if a party is remarrying immediately.

5. Check that the provision suggested for your client is practical – he or she will have somewhere to live and sufficient money for their needs. The effect of costs or a possible legal aid charge must be borne in mind.
6. Check that every possible matter has been covered as fully as possible, especially if there is to be a consent order.

Other types of proceedings

There is a variety of possible proceedings apart from divorce, but to the extent that these involve financial provision or custody, the points already made will apply.

Applications for injunctions relating to the occupation of the matrimonial home or domestic violence are quite common. You will have to advise on whether to go to the magistrates' court or the county court, which will depend on the types of order sought, whether there has been actual violence, whether the client wants other relief from either court, and on cost. If the client has legal aid he or she should go to the magistrates' court unless there is good reason to the contrary. Arguments and evidence, especially relating to any violence, should be properly prepared. There is sometimes a tendency to rush off for an injunction without considering the position fully, but the courts are making it clear that they will not be prepared to exclude someone from their home without good reason, and that a wife will not easily be able to exclude her husband from the home just because she wishes to live there with the children, *Richards* v *Richards* [1984] AC 174. An injunction is sometimes sought as a strategic move before financial provision or custody is sought, but this should only be done with care in a proper case.

In any event, it is essential to make it clear to the client that an injunction will only be a temporary remedy, and to advise what he or she should do in the long term, such as seeking a divorce, a transfer of property or a tenancy, rehousing from the council, or some other alternative. An application for orders will only need to state briefly the orders sought, with care being needed in preparing affidavits in support. The order should not be made by consent if either party wants to be rehoused by the council.

There may be an application for a share in property where a divorce is not sought, either under the Married Women's Property Act 1882, s. 17 or in a trust action. You will need to get all the relevant information from the client, and will have to develop detailed arguments not only as to the exact legal reason why there should be a share in the property, but what the size of the share should be. The share may be a set sum or a proportion, and may need detailed arithmetic on contributions made. It will also be necessary to advise the client on whether they can and should seek an order for the sale of the property to get their money out, or whether they can resist an order for sale because they wish to live there. Practical steps like registering an interest or getting an injunction to stop sale may be important. The drafting for court is again a straightforward statement of the orders sought, with the affidavit in support being important.

Lastly, in an application for provision from the estate of a deceased person under the Inheritance (Provision for Family and Dependants) Act 1975, the development of arguments as to why there should be a share and what the size of it should be will be crucial, and the collection of evidence of any agreement made or financial support supplied will be important. Again the application will be a simple statement of the orders sought and the concise and clear preparation of the affidavit will require skill.

EXAMPLE 1   DIVORCE PETITION

IN THE VERONASTER COUNTY COURT   No.   of 1997

The petition of JULIET MONTAGUE shows that:

1. On the 14th February 1990 the Petitioner was lawfully married to Romeo Montague (hereinafter called the Respondent) at Saint Lawrence's Church, Veronaster, Somerset.

2. The Petitioner and the Respondent last lived together at Nightingale Cottage, Dawn Lane, Veronaster, Somerset.
3. The Petitioner is domiciled in England and Wales. The Petitioner is a housewife and resides at Nightingale Cottage aforesaid: the Respondent is a fashion photographer and resides at Penthouse Flat, Mantua Road, London NW1.
4. There are six children of the marriage now living, namely Tybalt Montague born on 14 November 1989, Lawrence Montague born on 1 October 1991, Escalus Montague born on 1 October 1992, Paris Montague born on 25 October 1993, Balthasar Montague born on 1 November 1994 and Mercutio Montague born on 1 December 1996.
5. No other child now living has been born to the Petitioner during the said marriage.
6. There are or have been no other proceedings in any court in England and Wales which relate to the marriage or are capable of affecting its validity or subsistence, except in that on 1st November 1996 the Veronaster County Court made an order under the Domestic Violence and Matrimonial Proceedings Act 1976 restraining the Respondent from molesting the Petitioner and excluding the Respondent from the matrimonial home.
7. There are no proceedings continuing in any country outside England and Wales which relate to the marriage or are capable of affecting its validity or subsistence.
8. No agreement or arrangement has been made or is proposed to be made between the parties for the support of the Petitioner and the said children.
9. The said marriage has broken down irretrievably.
10. The Respondent has committed adultery and the Petitioner finds it intolerable to live with the Respondent.

PARTICULARS

The Respondent has committed adultery with Rosaline Starkers on days unknown to the Petitioner since February 1996 at places unknown to the Petitioner including Penthouse Flat, Mantua Road, London NW1.

The Petitioner therefore prays:

1. That the said marriage may be dissolved.
2. That she may be granted a residence order in respect of the said children, Tybalt Montague, Lawrence Montague, Escalus Montague, Paris Montague, Balthasar Montague and Mercutio Montague.
3. That the court may order such payments by way of maintenance pending suit and may make such orders for financial provision or adjustment of property for the benefit of the Petitioner and the said children as may be just.
4. That the Respondent may be ordered to transfer to the Petitioner his interest in the property known as Nightingale Cottage, Dawn Lane, Veronaster, Somerset.
5. That the Respondent may be ordered to pay the costs of this suit.

Dated etc.   Libby Ratian

EXAMPLE 2   ANSWER TO PETITION IN 1

IN THE VERONASTER COUNTY COURT   No.   of 1997

BETWEEN   JULIET MONTAGUE   Petitioner
                         and
                   ROMEO MONTAGUE   Respondent
                         and
                   ROSALINE STARKERS   Co-respondent

The Respondent, in ANSWER to the petition filed in this suit says that:

1. No other child now living has been born to the Petitioner during the said marriage.
2. No agreement or arrangement has been made or is proposed to be made between the parties for the support of the Petitioner and the said children.
3. The Respondent admits that the said marriage has broken down irretrievably.
4. The Respondent denies that he has committed adultery as alleged in the petition or at all.
5. The Petitioner has behaved in such a way that the Respondent cannot reasonably be expected to live with the Petitioner.

PARTICULARS

(a) The Petitioner has never fully committed herself to her marriage to the Respondent. On 7 April 1990 the Petitioner said to the Respondent, 'Mother was right, I should never have married you!' and forthwith left the matrimonial home to stay with her mother, Lucrezia Capulet, for seven days. This behaviour has been repeated frequently throughout the marriage.

(b) The Petitioner has frequently made offensive remarks about members of the family of the Respondent, alleging that they have Mafia connections. On 28 December 1992, following a visit to her mother over Christmas, the Petitioner accused the Respondent of causing serious injury to her cousin Tybalt Capulet on 1 January 1990. The injuries caused to the said Tybalt Capulet on that day were entirely his own fault, a fact that the Petitioner had previously accepted.

(c) The Petitioner has frequently voiced suspicions relating to the Respondent's profession as a fashion photographer, alleging that he has had affairs with his models, which is totally untrue. During June 1993 the Petitioner found a diary belonging to the Respondent and made offensive telephone calls to six models whose names and telephone numbers appeared therein, accusing each of them of having affairs with the Respondent and informing each of them 'I'm amazed Romeo's sex-life is not in the Guinness Book of Records'. This conduct caused substantial loss to the Respondent's business.

(d) In June 1994 the Respondent discovered that the Petitioner was drinking heavily. Despite advice from the Respondent, the Petitioner has continued to drink heavily, and refuses to discuss the problem or to seek professional help.

(e) In February 1995 the Petitioner informed the Respondent that marrying him had deprived her of her youth and the chance of a good education, and that she had therefore enrolled for a degree in Peace Studies with the Open University. The Respondent gave the Petitioner £500 to purchase books for the said course, but the sole result of the course was that the Petitioner took the four children of the family then living to live in a tent on Greenham Common for six months, from May to November 1995. On her return the Petitioner sought an order excluding the Respondent from the matrimonial home and to stop him molesting her. The Respondent did not feel it necessary to expend money on a lawyer, and the order sought was granted by the Veronaster County Court, but in December 1996 the Petitioner voluntarily allowed the Respondent to return to the matrimonial home.

(f) On 10 June 1996 the Petitioner gave to the Respondent a copy of a pornographic video entitled 'Fun for Free', together with a birthday card with the message 'This is all you seem to think about these days'. In an effort to show his real feelings the Respondent immediately placed the video in the dustbin, but on his return to the matrimonial home that evening he found his belongings packed in suitcases on the front lawn, and the Petitioner threatened violence if he re-entered the matrimonial home. As the Petitioner had clearly been drinking and the children of the family were clearly distressed, the Respondent agreed to leave and found alternative accommodation.

The Respondent therefore prays:

1. That the prayer of the petition may be rejected and the petition dismissed.
2. That the said marriage may be dissolved.
3. That the Petitioner may be ordered to pay the costs of this suit.

Dated etc.   M. C. Pigg

EXAMPLE 3   AFFIDAVIT IN SUPPORT OF AN APPLICATION FOR FINANCIAL PROVISION

Pet: O. Anthony: 1st: 1.4.97

IN THE SOUTH LONDON COUNTY COURT   No.   of 1997

BETWEEN	OCTAVIA ANTHONY	Petitioner
	and	
	MARK ANTHONY	Respondent
	and	
	CLEOPATRA PTOLEMY	Co-respondent

IN THE MATTER of section 24 of the Matrimonial Causes Act 1973

I, Octavia Anthony, of Roman Court, Appia Way, London SW35, a housewife, make oath and say as follows:

1. I am the above mentioned Petitioner, and I make this affidavit in support of my application for financial provision.

2. I was married to the Respondent on 14 February 1993. We lived together at Roman Court, Appia Way, London SW35 until 1st March 1997 when the Respondent left me. We have two children, Caesar Anthony, born on 13 October 1993 and Diana Anthony born on 1 October 1994.

3. On 30 March 1997 this Honourable Court pronounced a decree nisi of divorce in my favour on the ground that the marriage had broken down irretrievably because the Respondent had committed adultery with the Co-respondent and I found it intolerable to live with the Respondent. I was granted custody of Caesar and Diana.

4. Prior to our marriage I worked for a company which organised luxury holidays in Italy, but I gave up work when our first child was born. The Respondent expressly told me he did not wish me to work while the children were young as he thought a mother's care particularly important. I have therefore not worked since Caesar was born, and cannot do so now as Diana is only two years old and needs constant care. Even when she starts school I will need to be there when she gets home. I have no qualifications and in the present economic climate I doubt if I could get work of any kind. I intended to do a business management course, but the Respondent persuaded me to give this up when we married. If I had done the course, I would be qualified by now, and I feel I should be compensated for this.

5. The matrimonial home at Roman Court is owned solely by the Respondent under HM Land Registry Title No. AD 13579. It was purchased on 13 February 1993 for £70,000 with a mortgage of £30,000. My brother paid £30,000 towards the deposit as a wedding present, only £10,000 being provided by the Respondent. The Respondent has paid and continues to pay the mortgage instalments.

6. In addition to £100 per month maintenance paid to me by the Respondent for myself and £50 per month for each child, I receive £15 per week in child benefit. I also receive £1,000 per annum from my shares in Roman Stores plc. I have no other income.

7. My shares in Roman Stores plc are worth £10,000. Apart from them I have no capital assets. While it is correct to say that some members of my family are wealthy, I have no expectation of receiving anything from them. My family believes in self-reliance and is unlikely to leave anything to me. My family has been of great assistance to the Respondent in introducing him to business contacts and the like, and it would be most unfair if he could in any way reduce his liability to give proper financial provision to me because of its resources.

8. My current outgoings are in respect of food and clothing for myself and the children of the family. I also pay the electricity, gas and telephone bills. My current income is insufficient to cover these bills, and the children are in great need of new clothes.

9. Although my marriage to the Respondent has not been long, I have borne and am now bringing up the two children. Throughout the marriage I cared well for the children and the Respondent, who consistently refused to do anything to help in the home. We had a high standard of living during the

marriage, with expensive foreign holidays every year, and the Respondent spent a great deal on clothes for me.

10. The Respondent has now admitted to me that the Co-respondent was his mistress for several years before he married me, and that he has been committing adultery with her all the time we have been married, which has hurt me very deeply. I have become very depressed since hearing this, and the doctor has prescribed anti-depressant drugs for me. Our marriage broke up solely because of the Respondent's adultery.

11. I believe from various things the Respondent has told me that he intends to marry the Co-respondent as soon as the matters relating to this divorce are settled and that since he left me he has spent most of his time with her at her house at Palace Mansions, Alexandria Road, London SW33. I believe that as soon as this divorce is settled, he will leave the small flat where he is currently living and move in with her. She is a very wealthy woman with substantial assets.

12. I ask this Honourable Court to make an order transferring to me the whole of the Respondent's interest in the former matrimonial home, to provide a secure home for myself and the children. In view of the substantial contribution made to the purchase price by my brother on my behalf, the fact that the Respondent is likely to remarry and take on new commitments, and the possibility that he may leave the country and go to live in Egypt with the Co-respondent, I feel this is necessary to protect myself properly and the children.

13. In all the circumstances I ask this Honourable Court to make an order transferring the Respondent's title in the matrimonial home at Roman Court, Appia Way, London SW35 to me absolutely.

Sworn etc.

EXAMPLE 4   AFFIDAVIT IN ANSWER TO 3

Resp: M. Anthony: 1st: 14.4.97

IN THE SOUTH LONDON COUNTY COURT   No.   of 1997

BETWEEN	OCTAVIA ANTHONY	Petitioner
	and	
	MARK ANTHONY	Respondent
	and	
	CLEOPATRA PTOLEMY	Co-respondent

I, Mark Anthony, of 3 Actium Villas, London SW35 make oath and say that the information given herein is true to the best of my knowledge, information and belief, and is a full and accurate statement of my means. Save as set out herein I have no capital or income.

1. I am the Respondent in this action. I am employed as Professor of War Studies at the University of Clapham. I am also a journalist writing articles on middle eastern affairs.

2. I have read a copy of the petitioner's affidavit sworn on 1 April 1997. I agree with paragraphs 2 and 3 thereof.
3. As regards paragraph 4, it was by mutual agreement that the Petitioner gave up work when our first child was born. She was offered part-time work at home by the company which had employed her, but she refused to take this. It was her choice to give up the business management course, having failed the introductory examinations and done little studying. The Petitioner can operate a word processor, and I am sure she could find work with a small amount of training.
4. In addition to the assets set out in her affidavit, the Petitioner owns several items of valuable jewellery left to her by her grandmother. She has told me in the past that she and her brother will jointly inherit her father's estate on his death.
5. I totally deny that I have any intention of marrying the Co-respondent, or that I have ever indicated to the Petitioner that I would do so.
6. The matrimonial home is in my sole name, and is still occupied by the Petitioner and the children of the family. I estimate its present value to be £80,000. It is subject to a mortgage with the Pyramid Building Society with £20,000 outstanding. The repayments are £300 per month, still being paid by myself, and repayment is due to be completed in 2007. The matrimonial home is also subject to a second mortgage for £15,000 taken out by myself in June 1995. Part of this money was used by myself to pay for a research trip to Egypt, and the rest was used to pay off debts incurred by the Petitioner's high spending.
7. My own current gross income from employment is £28,000 per annum, with a further sum of approximately £2,000 from my journalism. In addition I receive approximately £300 per annum in interest from my account with the Pyramid Building Society, and £900 per annum from my shareholding in Nile Products Ltd. I have no other source of income.
8. To enable me to earn the income set out above I incur the following necessary expenses: £15 per week to travel to work and £20 per week for writing materials.
9. My gross taxable income for the last complete tax year was £28,000 from my employment and £2,300 from journalism. My income tax liability during the last complete tax year was £5,000. My National Insurance contributions are £15 per week.
10. I claim the following to be the necessary expenses of providing myself with a place to live in, namely £50 per week in rent.
11. I make maintenance payments to the Petitioner of £100 per month, and maintenance payments for the children, Caesar Anthony and Diana Anthony, at the rate of £50 per month each.
12. I own two cars. The first is a Volvo estate made in 1993, and I estimate its current value to be £5,000. The second is a Citroen 2CV made in 1985, and I estimate its current value to be £350. The second car is used solely by the Petitioner.
13. My other assets are savings of £3,000 in an account with the Pyramid Building Society, 1,000 shares in Nile Products Ltd worth £5,000, and a collection of antique swords worth £2,000.

14. My other liabilities are a bank overdraft of £1,000 and a debt of £700 on my Access credit card. I have hire-purchase agreements for the furniture in my flat on which the repayments are £40 per month until May 2000. I have a life insurance policy with an annual premium of £200 which matures in March 2005.

15. I am a member of a pension scheme run by my employer. I contribute £80 per month to it and my employer contributes an equal amount. My former wife would have been entitled to a monthly pension under this scheme in the absence of a decree absolute. To my knowledge the Petitioner is not a member of any such scheme.

16. I would seek to urge that I should not pay maintenance to the Petitioner for more than a brief interim period in view of the fact that the Petitioner has or could easily acquire skills to find employment on at least a part-time basis. Such employment is not scarce in the London area.

17. I would also ask this Honourable Court to take into account the fact that the Petitioner comes from a rich family, and can expect to benefit from various family trusts, whereas I have earned all my own money. My resources are under severe strain at present, the flat where I live being small, and I would ask that the former matrimonial home be sold to release money for me to put a deposit on a better flat. The former matrimonial home is large, and a smaller home in the same area could be bought for the Petitioner and the children. I exhibit hereto marked 'MA1' estate agents particulars of suitable properties.

18. I would also ask this Honourable Court to take into account the fact that my marriage to the Petitioner was relatively short, and that while we were married, we spent little time together due to my need to travel to Egypt to research my articles.

Sworn etc.

EXAMPLE 5 CONSENT ORDER – A SUGGESTED SETTLEMENT BASED ON THE AFFIDAVITS IN 3 AND 4

IN THE SOUTH LONDON COUNTY COURT   No.   .

Before His Honour Judge Jupiter

BETWEEN	OCTAVIA ANTHONY	Petitioner
	and	
	MARK ANTHONY	Respondent
	and	
	CLEOPATRA PTOLEMY	Co-respondent

Upon hearing Counsel for the Petitioner and for the Respondent
And upon the Respondent undertaking:

1. To keep contact between the children of the family and the Co-respondent to a minimum during periods of access.

By consent it is ordered:

1. The Respondent to pay to the Petitioner periodical payments during their joint lives or until the Petitioner shall remarry or until further order at the rate of £7,000 per annum, payable monthly, the first payment to be made on 1 May 1997.
2. The Respondent to pay to the children of the family, Caesar Anthony and Diana Anthony, periodical payments until they shall attain the age of 18 years or until further order at the rate of £40 per week to each child, the first payments to be made on 1 May 1997.
3. The Respondent to transfer the property known as Roman Court, Appia Way, London SW35 into the joint names of himself and the Petitioner to be held on trust for sale, not to be sold until the Petitioner shall die, or remarry, or until the children Caesar Anthony and Diana Anthony shall both have attained the age of 18 years, whichever is the soonest, and thereafter the said property be sold and the net proceeds of sale be divided equally between the Petitioner and the Respondent.
4. The Respondent to pay to the Petitioner a lump sum of £3,000 within 28 days of the date of this order.
5. The Respondent to pay the costs of this application.

Dated etc.

EXAMPLE 6   CONSENT ORDER – AN ALTERNATIVE TO 5

<u>IN THE SOUTH LONDON COUNTY COURT</u>   No.

Before His Honour Judge Jupiter

BETWEEN   OCTAVIA ANTHONY   <u>Petitioner</u>
                                and
                          MARK ANTHONY   <u>Respondent</u>
                                and
                          CLEOPATRA PTOLEMY   <u>Co-respondent</u>

Upon hearing Counsel for the Petitioner and for the Respondent
And upon the Petitioner undertaking:

1. To invest all or substantially all of her share of the proceeds of sale of the former matrimonial home in the purchase of a freehold property for occupation by herself and the children of the family.

By consent it is ordered:

1. That the Respondent do pay to the Petitioner periodical payments for the child of the family Diana Anthony, until she attains the age of 18, or ceases to undergo full-time education, or until further order, at the rate of £70 per week, the payments to start on the Monday following the date of this order.
2. That the Respondent do pay to the child of the family Caesar Anthony periodical payments, until he attains the age of 18, or ceases to undergo full-time education, or until further order an amount equal to (a) such sum as equals the school fees at the school the said Caesar Anthony attends in each financial year, payable by three equal instalments on the first day of each school term, and (b) the sum of £1,500 per annum, payable monthly for the general maintenance of the said child. That part of the order which relates to the school fees shall be paid to the Headmaster of the school as agent for the said child, and the receipt of that payee shall be sufficient discharge.
3. That the Respondent do sell the property known as Roman Court, Appia Way, London SW35, the net proceeds of sale to be divided between the Petitioner and the Respondent in the proportion ⅔ to the Petitioner and ⅓ to the Respondent.
4. That on the payment by the Respondent to the Petitioner of the Petitioner's share of the proceeds of sale of the former matrimonial home, all the Petitioner's claims for secured provision, lump sum and property adjustment orders, and periodical payments do stand dismissed.
5. That the Petitioner shall not on the death of the Respondent be entitled to apply for an order under section 2 of the Inheritance (Provision for Family and Dependants) Act 1975.
6. That the Respondent do pay the costs of this application, including the costs of negotiations and of accountants in connection therewith.

Dated etc.

EXAMPLE 7   ORIGINATING SUMMONS – DISPUTE AS TO OWNERSHIP OF PROPERTY

IN THE HIGH COURT OF JUSTICE   1997.S.No.

FAMILY DIVISION

IN THE MATTER of an application by Katherina Shrue under section 17 of the Married Women's Property Act 1882 and section 37 of the Matrimonial Proceedings and Property Act 1970.

BETWEEN	KATHERINA SHRUE	Applicant
	and	
	PETRUCHIO SHRUE	Respondent

Let Petruchio Shrue of 13, Verona Villas, Milton Keynes, Buckinghamshire attend before Mr Registrar Grumio in Chambers at the Divorce Registry at Somerset House, Strand, London WC2 on Wednesday the 3rd day of May 1997 at 11 o'clock on the hearing of an application by Katherina Shrue for an order in the following terms:

1. A declaration that the property at 13, Verona Villas, Milton Keynes, Buckinghamshire, is beneficially owned by the Applicant and the Respondent jointly in equal shares, or such other order as to the ownership thereof as may be just.
2. An order that the said property be sold, and the net proceeds of sale be divided equally between the Applicant and the Respondent, or otherwise as may be just.
3. A declaration that the items listed in the Schedule hereto are the property of the Applicant.
4. An order that the Respondent do pay the costs of these proceedings.

SCHEDULE

(i)   A Peugeot 205 car, registration number G 111 KS
(ii) A Sanyo Music Centre System
(iii) A mink coat

Dated etc.

Bibliography

Books on practice and procedure for practitioners

The Supreme Court Practice (The White Book) (2 vols with supplements), Sweet & Maxwell.
The County Court Practice (The Green Book), Butterworth.
Archbold's Criminal Pleading, Evidence and Practice, Sweet & Maxwell.
Atkin's Court Forms (2nd edition) (42 vols with supplements), Butterworth.
Blackstone's Criminal Practice, Blackstone Press Ltd.
Bullen and Leake's Precedents and Pleadings (13th edition), Sweet & Maxwell.

The working life of lawyers

Advocates, D. Pannick, Oxford University Press, 1992.
The Barrister's World and the Nature of Law, T. Morrison and P. Leith, Open University Press, 1992.

General legal skills

Learning Legal Skills (2nd edition), S. Lee and M. Fox, Blackstone Press Ltd, 1994.
Legal Research Law Finding and Problem Solving, V. Tunkel, Blackstone Press Ltd, 1992.
Using a Law Library: A Student's Guide to Legal Research Skills, P. Clinch, Blackstone Press Ltd, 1992.
How to Use a Law Library (3rd edition), J. Dane and P. A. Thomas, Sweet & Maxwell, 1996.
Problem Solving, M. Constanzo, Cavendish Publishing Ltd, 1995.
Fact Investigation: from Hypothesis to Proof, D. A. Binder and P. Berryman, West Publishing Co., 1984.
The Trial Book: A Total System for Preparation and Presentation of a Case, J. O. Sonsteng, R. S. Haydock and J. J. Boyd, West Publishing Co., 1984.

Advocacy

Advocacy in Court: A Beginner's Guide, K. Evans, Blackstone Press Ltd, 1995.
Advocacy Skills (3rd edition), M. Hyam, Blackstone Press Ltd, 1995.
Advocacy, A. Boon, Cavendish Publishing Ltd, 1993.
Advocacy, A. Sherr, Blackstone Press Ltd, 1993.
The Golden Rules of Advocacy, K. Evans, Blackstone Pre
The Art of the Advocate, R. du Cann QC, Penguin, 1993.
Advocacy for the Advocate (2nd edition), E. Crowther, Lo

Conference and negotiation skills

Client Interviewing for Lawyers, A. Sherr, Sweet & Maxv
Legal Interviewing and Counselling, D. A. Binder and S. C Co., 1977.
Interviewing and Counselling, J. Chapman, Cavendish Put
Effective Interviewing, H. Twist, Blackstone Press Ltd, 19
Negotiating Skills, A. Halpern, Blackstone Press Ltd, 1992
Negotiation, D. Tribe, Cavendish Publishing Ltd, 1993.
Getting to Yes, Fisher and Ury, Century Business Books, 1

Written skills

Pleadings Without Tears (3rd edition), W. Rose, Blackston
Legal Writing, M. Constanzo, Cavendish Publishing Ltd, 1

Procedure and evidence

A Practical Approach to Civil Litigation (2nd edition), S. Ltd, 1995.
Emmins on Criminal Procedure (6th edition), J. Sprack, Blac
The Modern Law of Evidence (4th edition), A. Keane, But
Criminal Evidence and Procedure — the Statutory Framew J. Sprack, Blackstone Press Ltd, 1996.

In general see the Manuals produced by the Inns of Court Bar Vocational Course. These are published by Blacks available are:

Advocacy
Case Preparation
Chancery Practice
Civil Litigation
Commercial Practice
Conference Skills
Criminal Law in Practice
Criminal Litigation and
  Sentencing
Drafting

Employment Law in Pra
Evidence
Family Law in Practice
General Practice
Negotiation
Opinion Writing
Professional Conduct
Remedies
Sale of Goods & Consur
  in Practice

Index

EXAMPLE 7 ORIGINATING SUMMONS – DISPUTE AS TO OWNERSHIP OF PROPERTY

IN THE HIGH COURT OF JUSTICE   1997.S.No.

FAMILY DIVISION

IN THE MATTER of an application by Katherina Shrue under section 17 of the Married Women's Property Act 1882 and section 37 of the Matrimonial Proceedings and Property Act 1970.

BETWEEN   KATHERINA SHRUE   Applicant
                                     and
                         PETRUCHIO SHRUE   Respondent

Let Petruchio Shrue of 13, Verona Villas, Milton Keynes, Buckinghamshire attend before Mr Registrar Grumio in Chambers at the Divorce Registry at Somerset House, Strand, London WC2 on Wednesday the 3rd day of May 1997 at 11 o'clock on the hearing of an application by Katherina Shrue for an order in the following terms:

1. A declaration that the property at 13, Verona Villas, Milton Keynes, Buckinghamshire, is beneficially owned by the Applicant and the Respondent jointly in equal shares, or such other order as to the ownership thereof as may be just.
2. An order that the said property be sold, and the net proceeds of sale be divided equally between the Applicant and the Respondent, or otherwise as may be just.
3. A declaration that the items listed in the Schedule hereto are the property of the Applicant.
4. An order that the Respondent do pay the costs of these proceedings.

SCHEDULE

(i)   A Peugeot 205 car, registration number G 111 KS
(ii) A Sanyo Music Centre System
(iii) A mink coat

Dated etc.

Bibliography

Books on practice and procedure for practitioners
The Supreme Court Practice (The White Book) (2 vols with supplements), Sweet & Maxwell.
The County Court Practice (The Green Book), Butterworth.
Archbold's Criminal Pleading, Evidence and Practice, Sweet & Maxwell.
Atkin's Court Forms (2nd edition) (42 vols with supplements), Butterworth.
Blackstone's Criminal Practice, Blackstone Press Ltd.
Bullen and Leake's Precedents and Pleadings (13th edition), Sweet & Maxwell.

The working life of lawyers

Advocates, D. Pannick, Oxford University Press, 1992.
The Barrister's World and the Nature of Law, T. Morrison and P. Leith, Open University Press, 1992.

General legal skills

Learning Legal Skills (2nd edition), S. Lee and M. Fox, Blackstone Press Ltd, 1994.
Legal Research Law Finding and Problem Solving, V. Tunkel, Blackstone Press Ltd, 1992.
Using a Law Library: A Student's Guide to Legal Research Skills, P. Clinch, Blackstone Press Ltd, 1992.
How to Use a Law Library (3rd edition), J. Dane and P. A. Thomas, Sweet & Maxwell, 1996.
Problem Solving, M. Constanzo, Cavendish Publishing Ltd, 1995.
Fact Investigation: from Hypothesis to Proof, D. A. Binder and P. Berryman, West Publishing Co., 1984.
The Trial Book: A Total System for Preparation and Presentation of a Case, J. O. Sonsteng, R. S. Haydock and J. J. Boyd, West Publishing Co., 1984.

Advocacy

Advocacy in Court: A Beginner's Guide, K. Evans, Blackstone Press Ltd, 1995.
Advocacy Skills (3rd edition), M. Hyam, Blackstone Press Ltd, 1995.
Advocacy, A. Boon, Cavendish Publishing Ltd, 1993.

Aduocacy, A. Sherr, Blackstone Press Ltd, 1993.
The Golden Rules of Advocacy, K. Evans, Blackstone Press Ltd, 1993.
The Art of the Advocate, R. du Cann QC, Penguin, 1993.
Advocacy for the Advocate (2nd edition), E. Crowther, Longman, 1990.

Conference and negotiation skills

Client Interviewing for Lawyers, A. Sherr, Sweet & Maxwell, 1986.
Legal Interviewing and Counselling, D. A. Binder and S. C. Price, West Publishing Co., 1977.
Interviewing and Counselling, J. Chapman, Cavendish Publishing Ltd, 1993.
Effective Interviewing, H. Twist, Blackstone Press Ltd, 1992.
Negotiating Skills, A. Halpern, Blackstone Press Ltd, 1992.
Negotiation, D. Tribe, Cavendish Publishing Ltd, 1993.
Getting to Yes, Fisher and Ury, Century Business Books, 1992.

Written skills

Pleadings Without Tears (3rd edition), W. Rose, Blackstone Press Ltd, 1994.
Legal Writing, M. Constanzo, Cavendish Publishing Ltd, 1993.

Procedure and evidence

A Practical Approach to Civil Litigation (2nd edition), S. Sime, Blackstone Press Ltd, 1995.
Emmins on Criminal Procedure (6th edition), J. Sprack, Blackstone Press Ltd, 1995.
The Modern Law of Evidence (4th edition), A. Keane, Butterworths, 1996.
Criminal Evidence and Procedure — the Statutory Framework, S. Seabrooke and J. Sprack, Blackstone Press Ltd, 1996.

In general see the Manuals produced by the Inns of Court School of Law for the Bar Vocational Course. These are published by Blackstone Press Ltd. Titles available are:

Advocacy	*Employment Law in Practice*
Case Preparation	*Evidence*
Chancery Practice	*Family Law in Practice*
Civil Litigation	*General Practice*
Commercial Practice	*Negotiation*
Conference Skills	*Opinion Writing*
Criminal Law in Practice	*Professional Conduct*
Criminal Litigation and	*Remedies*
Sentencing	*Sale of Goods & Consumer Credit*
Drafting	*in Practice*